«Я специалист по истории разведки. И утверждаю, что нет в мире лучших подрывников, чем в НКВД – ГПУ – КГБ.»

Олег ГОРДИЕВСКИЙ,
бывший полковник КГБ, с начала 1970-х годов британский разведчик

Юрий Фельштинский,
Александр Литвиненко

ФСБ
ВЗРЫВАЕТ РОССИЮ

Федеральная служба безопасности — организатор террористических актов, похищений и убийств

Издание четвертое, исправленное и дополненное

2024

Ю. Фельштинский, А. Литвиненко. ФСБ взрывает Россию
Издание четвертое, исправленное и дополненное

Книга бывшего офицера ФСБ Александра Литвиненко и историка Юрия Фельштинского «ФСБ взрывает Россию» – о постигшей Россию трагедии, об упущенных возможностях, о потерянных жизнях, о погибающей стране. Эта книга для тех, кто, осознав происшедшее, не побоится влиять на будущее. В ней предпринята попытка показать, что основные проблемы современной России вызваны не радикальными реформами либерального периода правления Бориса Ельцина, а тем противостоянием, которое тайно или явно оказывали этим реформам российские спецслужбы. Именно они развязали первую и вторую чеченские войны для разворота России от демократии к диктатуре, милитаризму и шовинизму. Впервые изданная в 2001 году, книга «ФСБ взрывает Россию» привлекла к себе международное внимание в конце 2006 года, вскоре после отравления в Лондоне радиоактивным ядом – полонием-210 – одного из авторов книги, Александра Литвиненко. Запрещенная в России судебным постановлением, арестованная, конфискованная и уничтоженная ФСБ при попытке ввоза тиража для распространения в России, книга оставалась доступной российскому читателю лишь в электронном формате и на русском опубликована лишь за пределами России.

Printed in Germany

ISBN 978-3-910741-56-0

Содержание

Предисловие к четвертому изданию 9
Предисловие к третьему изданию 13
Предисловие ко второму изданию 27
Предисловие к первому изданию 31

Глава 1. **Спецслужбы разжигают войну в Чечне** 39
Глава 2. **Шабаш спецслужб** 57
Глава 3. **МУР против ФСБ** 67
Глава 4. **Николай Платонович Патрушев. Биографическая справка** 87
Глава 5. **Провал ФСБ в Рязани** 91
Глава 6. **ФСБ прибегает к массовому террору: Буйнакск, Москва, Волгодонск** 139
Глава 7. **ФСБ против народа** 187
Глава 8. **Создание подконтрольных ФСБ внештатных спецгрупп** 225
Глава 9. **ФСБ организует заказные убийства** 237
Глава 10. **Спецслужбы и похищение людей** 249
Глава 11. **Реформировать или распустить ФСБ?** 263

Вместо заключения. ФСБ у власти 271
Эпилог 273

ПРИЛОЖЕНИЯ

Приложение 1. Стенограмма заседания Совета Государственной думы. 13 сентября 1999 г. 281
Приложение 2. Стенограмма пленарного заседания Государственной думы. 17 сентября 1999 г. 283
Приложение 3. Президент Чеченской Республики Масхадов о взрывах домов. 11 февраля 2002 г. (перевод с англ.) 289
Приложение 4. Первый отчет эксперта о фотографиях Ачемеза Гочияева. 295
Приложение 5. Второй отчет эксперта о фотографиях Ачемеза Гочияева. 301

Приложение 6. Оценка экспертом происшествия в Рязани 23 сентября 1999 г. 307

Приложение 7. Отчет эксперта о самодельном взрывном устройстве. 313

Приложение 8. Отчет эксперта о взрывном устройстве, обнаруженном в жилом доме в Рязани. 321

Приложение 9. Заявление Общественной комиссии по расследованию обстоятельств взрывов домов в Москве и Волгодонске и учений в Рязани в сентябре 1999 г. 327

Приложение 10. Показания старшего лейтенанта Алексея Галкина. 329

Приложение 11. Беседа Абу Мовсаева с группой иностранных журналистов о показаниях Галкина. 333

Приложение 12. Книга «ФСБ взрывает Россию»: факты или версии? 341

Приложение 13. А. Литвиненко, Ю. Фельштинский. Письмо С. Ковалеву об обстоятельствах получения показаний Гочияева. 359

Приложение 14. Письменные показания А. Гочияева, данные 24 апреля 2002 г. 365

Приложение 15. Стенограмма слушаний Общественной комиссии по расследованию обстоятельств взрывов домов в гг. Москве и Волгодонске и проведения учений в г. Рязани в сентябре 1999 г. Телемост Москва–Лондон 25 июля 2002 г. 369

Приложение 16. Открытое письмо Ю. Крымшамхалова и Т. Батчаева в Комиссию по расследованию. 401

Приложение 17. Ю. Фельштинский. Война на уничтожение свидетелей. 405

Приложение 18. Историк Юрий Фельштинский о частном расследовании терактов в Москве, Волгодонске и Буйнакске. 415

Приложение 19. Распечатка видеоинтервью А. Гочияева, данного им 20 августа 2002 г. 427

Приложение 20. А. Литвиненко, Ю. Фельштинский. Кто подставил Ачемеза Гочияева? 435

Приложение 21. Никита Чекулин. Заявление. 443

Приложение 22. Ю. Фельштинский. Гексогеновый след. 447

Приложение 23. И. Корольков. Фоторобот не первой свежести. За что арестован бывший подполковник ФСБ? 459

Приложение 24. Жена Михаила Трепашкина обратилась за помощью к Т. Блэру. 465

Приложение 25. Ю. Фельштинский, А. Подрабинек о конфискации тиража книги «ФСБ взрывает Россию». «Эхо Москвы» 13 января 2004 г. 473

Приложение 26. А. Подрабинек. ФСБ: охота за книгами. 483

Приложение 27. «Я хочу рассказать о взрывах жилых домов». Мое имя Ачемез Гочияев. Есть приказ живым меня не брать. 487

Приложение 28. ФСБ уничтожает книгу «ФСБ взрывает Россию». 493

Приложение 29. Ю. Фельштинский. Интервью Радио Свобода. 31 августа – 7 сентября 2009 г. 499

Приложение 30. Ю. Фельштинский. Открытое письмо Ю. Латыниной. 21 сентября 2009 г. 535

Приложение 31. Юрий Фельштинский против Юлии Латыниной. 3 октября 2009 г. 549

Приложение 32. Ю. Фельштинский. Сентябрь 1999 – конец свободной эпохи. 7 октября 2009 г. 567

Приложение 33. Ю. Фельштинский. Интервью интернет-газете Kasparov.ru. 12 октября 2009 г. 585

Приложение 34. Ю. Фельштинский. Путин и Березовский: кто кого использовал? 28 октября 2009 г. 593

Приложение 35. Ю. Фельштинский. Кровавый сентябрь. 15 сентября 2014 г. 601

Приложение 36. Факсимильные документы. Из архива Ю. Фельштинского. 603

Несколько слов об авторах книги 631
Использованные аббревиатуры 633
Указатель имен 637

Предисловие к четвертому изданию

Эта книга, написанная в 2001 году, стала бестселлером вопреки желанию и ожиданиям ее авторов. Мы взялись за ее написание, не предполагая, что рукопись в 270 страниц после публикации окажется с последствиями, и многие из тех, кто имел отношение к ее написанию, изданию и распространению будут убиты. Назовем этих людей: Александр Литвиненко – бывший подполковник КГБ/ФСБ и соавтор этой книги. Юрий Щекочихин, член Государственной думы РФ, заместитель главного редактора «Новой газеты», получивший от меня рукопись книги в Загребе в июле 2001 года для публикации в «Новой газете». Сергей Юшенков и Владимир Головлев – члены Государственной думы РФ, взявшиеся организовать думское расследование произошедших в России в сентябре 1999 года терактов и продемонстрировать членам Думы документальный фильм «Покушение на Россию», снятый по книге «ФСБ взрывает Россию». Это те, про кого мы точно знаем, что они были убиты. Борис Березовский, вовлеченный в различные аспекты моей и Литвиненко деятельности, связанной с написанием книги, и в финансирование фильма «Покушение на Россию», был найден повешенным в Лондоне.

Когда в 2000 году, еще без Александра Литвиненко, я приступил к изучению сентябрьских терактов 1999 года, я не предполагал, что приду к выводам о вовлеченности в эти теракты спецслужб РФ. Я долго гнал от себя эти мысли, советовался с бывшими офицерами спецслужб, которым доверял, например, с Виктором Суворовым. Общее мнение сводилось к тому, что за терактами стояли спецслужбы России. Литвиненко был последним в списке моих консультантов и единственным, кто жил в России. 23 сентября 2000 года я прилетел в Москву, как оказалось – в последний раз – для беседы с Литвиненко. В ночь на 24 сентября мы обсудили книгу и разработали план бегства Александра из России, дабы он стал моим соавтором. Неделей позже, 1 октября, он пересек границу с Грузией, откуда вскоре мы перелетели в Турцию. Туда же я перевез его семью. 1 ноября Александр, его жена Марина и сын Анатолий приземлились в Лондоне и запросили политическое убежище. 1 ноября 2006 года, ровно через шесть лет, Литвиненко был отравлен радиоактивным ядом и умер 23 ноября.

Если мой разговор с Литвиненко в Москве в ночь с 23 на 24 сентября 2000 года стал последней моей поездкой в Россию, последней поездкой в Россию Березовского стал его разговор с Путиным о тех терактах. Шла вторая половина августа 2000 года. Березовский очень хотел познакомиться с Владимиром Буковским. Нельзя сказать, что желание было взаимным, но с некоторым трудом я уговорил Буковского прилететь в Ниццу для встречи с Борисом. Пока мы ждали Березовского (он, как всегда, опаздывал), я рассказал Буковскому о книге, которая в существенной своей части была уже закончена. На Буковского мой рассказ произвел глубокое впечатление, и когда, наконец, приехал Березовский, Буковский, не подозревавший, что Борис о моей книге ничего не знает, стал обсуждать с ним рукопись и выводы, к которым я пришел. Теперь уже заинтересовался Березовский и, выслушав мой рассказ, задумчиво произнес:

— Кто же может об этом всё доподлинно знать?

— Путин! — ответил я, саркастически.

— А что! Правильная идея, — сказал Березовский. — Вы подождите меня здесь денек, а я сейчас слетаю к Путину и спрошу.

— Только не говорите ему о том, что Юрий книгу пишет! — буквально вдогонку Борису крикнул Буковский.

И Березовский улетел. Он вернулся на следующий день. Мы с нетерпением его ждали. Он был очень озабочен.

— Встретились? — спросил я.

— Да.

— И что?

— Я пришел, он тут же спросил: «Боря, ты зачем на меня наезжаешь?». «Володя, ты о чем?» «Я о подводной лодке "Курск".

Твои журналисты на Первом канале...» «Володя, я на тебя еще даже не начал наезжать. Если бы я хотел на тебя наехать, я бы поднял вопрос о том, кто взрывал дома в России в сентябре 1999 года...»

– И что он ответил? – спросил Буковский.

– Он промолчал. Он ничего не ответил. Не произнес больше ни слова. Я постоял какое-то время, и ушел.

Это была последняя поездка Березовского в Россию и последняя его встреча с Путиным. Для Березовского молчание Путина означало, что дома в России взрывались по его приказу. Молчание Путина Березовский мог трактовать только так. Путин не сказал ему: «Борис, ты сошел с ума! Что за чуть ты несешь! Как ты можешь считать, что я подрывал своих граждан! Это сделали чеченские террористы!»

Путин промолчал. И это было подтверждением тому, что дома взрывал Путин.

После публикации спецвыпуска «Новой газеты» с главами рукописи «ФСБ взрывает Россию» в августе 2021 года книга продолжала жить своей жизнью. В 2002 году она вышла на русском языке в «Нью-Йорке». Затем по ней был сделан документальный фильм, презентация которого прошла в Лондоне 5 марта 2002 года. Фильм к показу в России был запрещен. Публикация книги в России была запрещена судебным постановлением. Попытка привезти для распространения в Россию 5000-й тираж книги, отпечатанный в Латвии, не увенчалась успехом: на пути в Москву тираж был арестован ФСБ и уничтожен (о чем нам была выдана соответствующая официальная документация). Несколько позже Роскомнадзор распорядился снять текст книги (спецвыпуска) с сайта «Новой газеты».

После убийства Александра книга была переведена на все основные языки. В некоторых странах она неоднократно переиздавалась. В 2006 году «ФСБ взрывает Россию» была издана на русском в Киеве, в 2007-м – в Таллине, и в 2015 и 2016 годах снова в Киеве в издательстве «Наш формат». Новые издания дополнялись из рааза в раз приложениями – наиболее важными новыми документами и публикациями, касавшимися темы взрыва домов.

24 февраля 2022 года Россия начала полномасштабную войну против Украины, унесшую жизни сотен тысяч людей и искалечившую жизни миллионов. В свете этих событий теракты, организованные спецслужбами в России в сентябре 1999 года для обеспечения победы Путина на президентских выборах 2000 года (как оказалось – на вечные времена) выглядят мелкой подготовительной операцией к большому террору. И если в сентябре 1999 года у кого-то могли быть сомнения в том, что Путин, только что переведенный с должности директора ФСБ на пост премьер-министра России, мог руководить террористической операцией, в результате которой погибли более 300 человек, сегодня, глядя на кадры кинохроники и фотографии убитых людей и разрушенных городов и селений Украины, сомневаться в готовности Путина убивать ради захвата и удержания власти и территорий не приходится.

Эта книга рассказывает, с чего всё начиналось: с первой чеченской войны в 1994-1996; с подрыва домов и второй чеченской войны в 1999-м; с захвата власти в России ФСБ и привода Путина на пост президента в 2000-м. Продолжение этого повествования и его эпилог разворачиваются сейчас перед нашими глазами: теперь ФСБ пытается взорвать Украину и весь цивилизованный мир. Будем надеяться, что война в Украине – последняя глава этой трагической и кровавой эпопеи, и в Украине найдет свой конец и сам Путин, и Империя Зла, управляемая его чекистами.

Юрий Фельштинский
Бостон, январь 2024 года

Предисловие к третьему изданию

27 августа 2001 года спецвыпуском «Новой газеты» были опубликованы главы из книги «ФСБ взрывает Россию». Во Франции по материалам спецвыпуска был сделан документальный фильм. Однако ни один телевизионный канал не отважился показать этот фильм, и ни один российский издатель не принял рукопись к публикации книгой (она была издана за наши деньги ограниченным тиражом для бесплатного распространения и в продажу не поступала).

В 2003 году мы отпечатали 5-тысячный тираж книги в Риге и законным путем, проплатив российскую таможню, повезли «ФСБ взрывает Россию» для продажи в Москву. Однако 29 декабря 2003 года грузовик, везший тираж, был задержан ФСБ на 111-м километре Волоколамского шоссе. Груз был конфискован и несколько позже уничтожен, о чем ФСБ России предоставила нам всю формальную документацию. Находчивые читатели, разумеется, могли скачивать книгу с интернета. Но в форме книги «ФСБ взрывает Россию» оставалась в России недоступна.

Мы стали готовить второе издание. Оно состояло из изначального текста (с незначительными поправками и дополнениями) и приложений: наиболее важных и интересных документов, собранных нами с момента выхода первого издания 2001 года. Но второе издание в России повторило судьбу первого: одно за другим российские издательства отказывались публиковать книгу, теперь уже со ссылкой на официальный запрет российского правительства, запретившего издание и распространение книги под предлогом разглашения нами «государственной тайны». Да и западные издатели не спешили публиковать рукопись, вызвавшую недовольство правительства России. Так продолжалось до 1 ноября 2006 года, когда мой соавтор бывший подполковник ФСБ Александр Литвиненко был отравлен. И всё изменилось.

Я познакомился с Александром в ноябре 1998 года, в тот роковой вечер, когда он с группой офицеров-коллег из ФСБ, из Управления по борьбе с организованной преступностью, готовился к пресс-конференции, на которой планировал рассказать о полученном приказе убить Бориса Березовского. Пресс-конференция состоялась, и вскоре Литвиненко с группой товарищей был из ФСБ уволен. Он понимал, что эту пресс-конференцию руководство ФСБ ему не простит.

В 1999 году Литвиненко действительно был арестован по сфабрикованному обвинению в превышении служебных полномочий и помещен в Лефортовскую тюрьму. Следствие длилось девять месяцев. И все это время Литвиненко сидел. Однако даже главная военная прокуратура не смогла доказать, что Литвиненко виновен, и весной 2000 года его освободили; ясно, что ненадолго: прокуратура открыла новое уголовное дело, и при первом удобном случае Литвиненко должны были вновь арестовать.

В мае 2000 года я предпринял попытку вступить в переговоры с ФСБ и выторговать для Александра гарантии неприкосновенности. Мне казалось, что девять месяцев, которые Литвиненко незаконно отсидел в тюрьме, были более чем достаточным «наказанием» за ноябрьскую пресс-конференцию 1998 года. Я договорился о встрече с бывшим начальником Литвиненко генералом ФСБ Евгением Хохольковым. «Только тебе не очень легко будет с ним говорить, – напутствовал меня Александр. – Он очень серьезный человек, боевой генерал. Так что ты поосторожней с ним. И еще... Он контужен был во время боевых действий. И когда из себя выходит, виду не подает, но начинает чуть-чуть заикаться. Мы с ребятами всегда знали. Если Хохольков заикается, дело плохо».

Моя встреча с Хохольковым состоялась 22 мая в частном ресторане на Кутузовском проспекте, в элитном районе, хорошо известном москвичам. Человек, организовывавший нашу встречу, сообщил мне, что свободу и жизнь Литвиненко можно будет скорее всего купить за несколько миллионов долларов.

И, откровенно, я ожидал, что, как часто бывает в России, речь пойдет о банальной взятке или откупе, короче – о деньгах. Ресторанчик, в который я приехал к 7.30 вечера, ради нашей с Хохольковым встречи для посетителей был закрыт. Приоткрыв дверь, на которой висела надпись «закрыто», я вошел в уютное помещение, где в самом центре уже был накрыт стол. Повар, суетившийся вокруг стола, принимал какие-то указания от хозяина – крупного широкоплечего мужчины.

– Я, наверное, раньше времени пришел? У меня здесь встреча с генералом Хохольковым, – сказал я хозяину.

– Да нет, вы вовремя,– ответил любезный хозяин. – Здравствуйте, проходите. Я – генерал Хохольков.

– И это ваш ресторан? – с удивлением спросил я, совершенно не планируя начинать наш разговор с ресторанной темы.

– Да, мой. И повар мой. Я его из Ташкента привез. Он у меня еще в Ташкенте работал. Я ведь раньше в Ташкента служил.

«Ташкент. Узбекская мафия», – мелькнуло у меня в голове. Хохольков служил там, когда Узбекистан был частью Советского Союза.

– Знаете,– продолжал Хохольков, – я держу этот ресторан не для бизнеса, для своих. Очень удобно. Есть место, куда можно прийти, посидеть, поговорить, как сейчас нам с вами – где бы мы встречались, если бы этого ресторана не было? На улице что ли? Повар у меня, кстати, очень хороший. Вы водку пьете?

– Пью.

– Ну и прекрасно.

Генерал налил нам по первой рюмке и разговор потек.

Я пытался понять, готово ли ФСБ оставить Литвиненко в покое, и если да, то на каких условиях. Аргумент у меня был только один. Литвиненко уже отсидел девять месяцев. Это достаточное наказание за его «провинность», и, если ФСБ гарантирует, что Литвиненко не тронут, я готов договориться с ним о том, что компрометирующую ФСБ информацию, которой он располагает, он, как бывший сотрудник ФСБ, обнародовать не будет.

В ответ генерал объяснил мне, что прощения Александру нет, что он пошел против системы, а это не позволено никому;

что девять месяцев, уже проведенные Литвиненко в тюрьме, — только начало его проблем. И если бы он, генерал Хохольков, завтра случайно встретит Литвиненко в каком-нибудь подъезде, он задушит его своими руками.

Говоря это, генерал известным движением показал, как именно кисти его рук душили бы горло Александра. И лицо Хохолькова, до той минуты вполне доброе и спокойное, все исказилось и стало страшным.

Наступила пауза, показавшаяся мне очень долгой. Молчание нарушил генерал:

— Я о-о-образно это, конечно, сказал, о-о-образно, — произнес Хохольков сильно заикаясь. — Впрочем, — сказал он, несколько успокоившись, — есть, конечно, выход из положения. Был такой Экономический отдел ФСБ, в котором работало 300–400 наших сотрудников, специализировавшихся по экономическим вопросам. Знаете, сейчас, с развитием рыночных отношений, в стране, очень резко возросла экономическая преступность. Представляете, воруют у государства деньги, казино открывают, магазины, рестораны, налоги не платят, все расчеты ведут наличными. Учесть вообще ничего невозможно... Вот для того чтобы бороться с этими преступлениями, мы в ФСБ создали новый экономической отдел. Так наш с вами общий знакомый – Борис Березовский – насоветовал президенту этот отдел распустить. Дескать, он создан для того, чтобы в пользу ФСБ вымогать у бизнесов деньги. И 300–400 лучших наших специалистов были уволены. А у них семьи, дети. Им есть нечего. Так вот, если Березовский этот отдел восстановит, Александра Литвиненко, наверное, можно будет простить.

— А ресторан у вас для того, чтобы здесь голодные дети уволенных сотрудников бесплатно поесть могли?

— Кстати, именно для этого, — ответил находчивый Хохольков. — У нас же, у сотрудников правоохранительных органов, зарплаты очень низкие. Мы в обычных ресторанах позволить себе есть не можем. Денег нет.

— А мне Березовский рассказывал, что когда он в Швейцарии остановился в какой-то самой дорогой гостинице и спустился в бассейн поплавать, то увидел в этом бассейне генерала Александра Коржакова – бывшего начальника службы безопасности президента Ельцина, уволенного на пенсию.

– Так это был ему подарок от всех от нас. У него самого – ни рубля в кармане. Так мы скинулись по рублику, все сотрудники, знакомые его, и купили ему в подарок путевку в дорогой санаторий.

– Понятно. А Литвиненко мне рассказывал, что есть видеозапись, где вы за вечер в казино несколько десятков тысяч долларов проиграли.

– Так это я на задании был, по долгу службы. Операцию мы одну проводили в казино. Мне выдали казенные деньги, я их как бы проиграл. Ну потом, разумеется, казино эти проигранные деньги мне вернуло. То есть не мне, а нам – я имею в виду казну, государство. Так что запись та, может, и есть, но состава преступления нет, а есть государственная служба.

– А без восстановления Экономического отдела нельзя както Литвиненко в покое оставить? Вы были его начальником, вы лучше знаете, что Литвиненко знает и на что он способен. Если вы не оставите его в покое, мы будем с вами воевать. Недооценивать нас не нужно. Пистолетов за поясом и «ксив» в кармане у нас нет, но у Березовского есть деньги и влияние, у его сотрудника Литвиненко – информация. Если не оставите Литвиненко в покое – вам самим мало не покажется.

– Уже полпервого ночи,– сказал Хохольков. – Мне завтра рано утром на службу. Да и вам, наверное, пора домой. Мы на машине?

– Нет, я такси поймаю.

– Не беспокойтесь, мой повар вас отвезет. Сейчас в Москве по ночам, знаете, не очень безопасно. У нас с вами был честный и откровенный разговор. Вы тоже нас не недооценивайте, а главное – не переоценивайте влияние Березовского. Вы ведь человек ученый. Я тоже по миру ездил, на нескольких европейских языках говорю. Так что не надо нас недооценивать.

«В общем так, – сказал я Александру, когда мы увиделись. – Дело плохо, вам с Мариной надо уматывать. До конца года ты не доживешь. В лучшем случае тебя посадят. В худшем – сам понимаешь»...

Мы не закончили разговор в тот день. Мы вернулись к нему в ночь на 24 сентября 2000 года, когда я прилетел обсуждать с Александром нашу будущую книгу. Первый вариант рукописи «ФСБ взрывает Россию» мною был уже написан. Но Александра в этой книге не хватало. В Москву рукопись я везти, разумеется, не стал – это было слишком рискованно: Александр был под подпиской о невыезде, за ним следило наружное наблюдение. Шансов, что нашу встречу «засекут» было очень много. В Москву я прилетел неожиданно. О прилете моем никто не знал. К Саше я приехал без предупреждения.

– Есть разговор, очень серьезный,– сказал я.

– Едем за город, на дачу, ответил Александр.

Мы поехали к нему на дачу, довольно далеко от Москвы, оставили в доме все телефоны, даже часы – на всякий случай. Пошли в лес разговаривать.

– Послушай, есть книга, точнее – первый вариант. Суть книги...

Дальше я подробно рассказывал, что пока вырисовывается. В этой книги не хватает той информации, которая есть у тебя. Я предлагаю писать книгу вместе.

– Ну и как ты себе это представляешь? Ты в Бостоне, а я в Москве! Я из Москвы буду что ли писать?

– Нет, я предлагаю иначе. Я предлагаю тебе, Марине и Толе бежать из России. Всё равно вам тут не жить, ты это знаешь. Уголовное дело на тебя уже открыто, через месяц-два тебя всё равно арестуют.

Мой план был предельно прост. В ближайшие две недели Александр пересекает границу, причем место пересечения границы он определяет сам, и заранее об этом не сообщает никому, в том числе и мне. Как только он пересекает границу, я вылетаю к нему, туда, где он находится, удостоверяюсь, что с ним всё в порядке, что он действительно за границей (а не в кабинете следователя ФСБ), сообщаю Марине Литвиненко, что Александр на свободе, и Марина через турагентство покупает себе и сыну Анатолию групповую поездку в любую европейскую страну – куда проще и быстрее получить визу, за любые деньги, лишь бы быстрее улететь. Как только Марина и Анатолий оказываются за границей, я вступаю в переговоры с посольством какой-нибудь западноевропейской страны или с посольством США, быстро договариваюсь об убежище для семьи Литвиненко, и дело сделано.

– Ты, главное, границу перейди. Тут я тебе помочь ничем не могу. Остальное я беру на себя.

– Границу я перейду, – ответил Александр. – За это ты не беспокойся.

1 октября он действительно перешел границу. В российском городе Сочи он сел на пароход, со времен Советского Союза совершавший круизы по черноморским портам. В те годы все эти порты были частью великой советской империи. Империя распалась, порты стали принадлежать разным независимым государствам, а пароходик все еще ходил по старому маршруту.

Александр приехал в Сочи, по российскому паспорту (заграничного у него не было), сел на этот пароходик, дал пограничнику взятку в 10 дол., чтобы тот не сверял его паспорт со списком лиц, не имевших право выезжать за пределы России, и ценою этих 10 долларов добрался до ближайшего грузинского порта. Затем он доехал до Тбилиси и оттуда позвонил мне. Я вылетел в Грузию, удостоверился в том, что с Александром всё в порядке, по специально заранее полученному новому телефонному номеру позвонил Марине и сообщил ей, чтобы она немедленно купила путевку за границу. Быстрее и проще всего оказалось отправиться в двухнедельную поездку в Марбелью, в Испанию. Вместе с сыном Толей Марина должна была оказаться там уже через несколько дней.

Для Александра эти дни были самыми сложными. Вся надежда была на то, что ФСБ не сумеет сопоставить факты и понять, что из ее поля зрения исчез находившийся под подпиской о невыезде Александр. Счет шел на часы. Все вроде бы развивалось по плану, но Александр нервничал. А звонить Марине было нельзя. Любой новый звонок мог быть перехвачен и привести к провалу. К определенному дню и часу я полетел из Тбилиси в аэропорт Малаги, чтобы встретить там Марину и Анатолия. И пока я летел, как потом рассказал Александр, он не выдержал и позвонил Марине с нашего грузинского мобильного телефона, рискуя всё провалить:

— Марина, где ты?

— Мы взлетаем, сейчас прервется связь... — успела прокричать Марина.

И связь прервалась...

Я стоял у подножья эскалатора аэропорта Малаги, ожидая группу российских туристов. Марина с Анатолием были почти без багажа. Согласно данным Марине указаниям она не должна была брать с собой в поездку ничего, что минимально могло указывать на бегство. Российская таможня и пограничники должны были видеть, что Марина с Анатолием вылетают в Испанию не навсегда, а только на две недели.

Лишь издали завидев их лица, я отзвонил Александру: семья в Испании. Вместе с российской туристической группой я поехал в гостиницу, где останавливалась Марина, объяснил ей план действий, провел в Марбелье несколько дней, чтобы Марина с Анатолием чуть-чуть пришли в себя, и вылетел обратно в Тбилиси.

Потеряв из виду и Александра, и Марину, ФСБ просчитала, что Литвиненко сбежал. Безошибочно определив, что его побег организовывал я, Федеральная служба безопасности России решила отлавливать нас через мой московский мобильный телефон, который в ФСБ был известен. С интервалом раз в полчаса на мой мобильный — узнать, как у меня дела и какая погода в Бостоне, — мне названивали тогда два человека: мой старый знакомый, организовывавший майскую встречу с генералом Хохольковым, и майор ФСБ Андрей Понькин, приставленный к семье Литвиненко от ФСБ в роли «друга семьи». Я в подробностях рассказывал им про свои дела и погоду в Бостоне, и не мог отключить телефон, так как через него шла вся наша связь с внешним миром. Другого телефону у меня не было. Покупать новый телефон в Грузии я считал еще более рискованным. Расчет был только на то, что мы окажемся быстрее и мобильнее высланного в Грузию летучего отряда наемных убийц ФСБ. Так и оказалось.

По договоренности с Александром я пошел в американское

посольство в Грузии договариваться о политическом убежище для Литвиненко и его семьи. Но в определенные нами временные рамки посольство уложиться не могло. И когда ситуация, как нам показалось, стала критической, и Александр просчитал, что наемные убийцы из ФСБ уже прибыли в Тбилиси, не ставя американское посольство в известность, мы вылетели в Турцию – страну, не требующую въездной визы для российских и грузинских граждан.

В Турцию Александр летел по грузинскому паспорту, выписанному на имя Олега Чернышева. Сам паспорт и Сашина фотография были подлинные. Вымышленным было только имя. Товар оказался качественным – мы без проблем прошли паспортный контроль и в Грузии, и в Турции.

Приземлились мы в турецком курортном городе Анталия. Поселив Александра в пятизвездочной гостинице, я немедленно вылетел в Испанию, где в знакомом уже аэропорту Малаги меня ждали Марина и Анатолий. 27 октября я привез Марину и Толю к Александру в Анталию, где мы жили под вымышленной фамилией (на свою фамилию я снял несколько номеров в другой гостинице в совсем другой части города, но там мы даже не появлялись).

Американское посольство Грузии передало эстафету по принятию решения вопроса о политическом убежище Литвиненко своему посольству в Турции. Но американцы с ответом явно тянули. Литвиненко нервничал. Справедливо или нет, ему казалось, что счет идет на дни, что в Турцию будет отправлена или уже отправлена группа для его устранения. Не желая ждать и рисковать, 1 ноября вместе с семьей он вылетел в Лондон по своему грузинскому паспорту и вместе с семьей запросил там политическое убежище. (Билеты были куплены до Москвы, чтобы не вызывать у англичан подозрений. Но частью Лондон-Москва Литвиненки не воспользовались.)

В последний раз я говорил с Литвиненко по телефону 8 ноября 2006 года. Около 5 утра по бостонскому времени мне позвонили из «Новой газеты» с вопросом, могу ли я прокомментировать только что поступившее сообщение об отравлении в Лондоне Александра Литвиненко. Это было вскоре после убийства в Москве Анны Политковской, и у меня пронеслось в сонной голове: ну вот, теперь убили Сашу.

Я попросил журналиста позвонить мне через 20 минут и набрал мобильный номер Александра. Литвиненко был в одной из лондонских больниц. Состояние его было тяжелое, но голос был спокойный, сильный. Он не уставал от разговора, и мы говорили долго, минут 15–20, может быть даже дольше. Александр рассказал, что потерял 15 кг веса, что ни есть, ни пить не может. Что с организмом происходит что-то кошмарное. «Слушай, если б мне предложили еще раз через такое пройти или год в тюрьме отсидеть, я бы год тюрьмы выбрал, клянусь...» Александр считал, что всё самое страшное уже позади, что его пытались отравить, но не сумели. Он считал, что сделано это было ФСБ и что приказ убить его исходил лично от президента России Владимира Путина.

Тем не менее он был уверен, и эта уверенность передалась мне, что состоявшееся покушение он пережил и выжил. Я не стал задавать ему слишком много вопросов. Через несколько дней его должны были выписать из больницы; тогда и можно было поговорить. Однако из больницы Александр уже не вышел. 23 ноября 2006 года он скончался.

Поразительно, но пока Литвиненко был жив, его не слушали и не слышали. Он давал десятки интервью, которые большей частью публиковались в российской эмигрантской прессе и не замечались основными западными изданиями и специалистами по России. Наша книга не была опубликована ни одним иностранным издательством. Сегодня она издана на всех основных языках во многих странах мира, причем с течением лет книга не устарела; наоборот – выдержала испытание временем. То, что в 2001 году могло считаться лишь предположением, сегодня кажется очевидным фактом. После двух кровопролитных чеченских войн, убийства Политковской и Литвиненко, российского вторжения в Грузию в 2008-м, оккупации Крыма и вторжения в восточную Украину в 2014-м – трудно сомневаться в том, что в сентябре 1999 года у власти в России оказались люди, способные взорвать несколько жилых домов ради создания предпосылок для начала Второй чеченской войны и обеспечения победы ставленника ФСБ на ближайших президентских выборах.

Со смертью Литвиненко начали открываться многочисленные дверцы таинственного ларца, о котором писал и говорил мой соавтор. То, что многие относили к плоду фантазии, оказалось жестокой действительностью, причем всего лишь вершиной огромного страшного айсберга под названием «Российские спецслужбы». Эта находившаяся в тени в годы советской власти структура сегодня владеет и управляет Россией как открытое акционерное общество – своеобразная «корпорация», в которой дивиденды выплачиваются согласно проценту акций, находящихся в тех или иных руках, а акции распределяются среди политиков и чиновников, большую часть которых составляют офицеры ФСБ и других спецслужб, или покупаются российскими миллиардерами, часть которых тоже составляют бывшие сотрудники или агенты спецслужб России. Понятно, что при такой системе самым влиятельным оказывается председатель совета директоров «корпорации» – президент России Владимир Путин. Неудивительно, что и он является многолетним офицеров КГБ-ФСБ в чине полковника, бывшим директором Федеральной службы безопасности.

Вот тот пейзаж, на фоне которого произошло неожиданное и загадочное убийство Литвиненко. Но это было не просто убийство. Это была мучительная публичная казнь перед камерами всего мира. Для убийства Литвиненко российские спецслужбы выбрали изощренный способ: радиоактивный яд. К сожалению, ничего неожиданного, ничего удивительного в использовании этого яда не было. Неожиданным было то, что Литвиненко продержался дольше своих отравленных предшественников: 23 дня, и это дало возможность установить не только причину смерти, но и определить яд, которым был отравлен Александр. Удивительным было еще и то, что убийство произошло в Лондоне, столице великой европейской державы, и телевизионные репортажи о последних днях мучений Литвиненко транслировались по всему миру. В результате, сегодня об изотопе полоний-210 знают даже дети, не выучившие периодическую таблицу Менделеева.

По мнению британской полиции, главным подозреваемым в деле об отравлении Александра Литвиненко является бывший офицер ФСБ и бывший начальник охраны Егора Гайдара, Общественного российского телевидения и Бориса Березовского Андрей Луговой.

С Андреем Луговым я познакомился тогда же, когда и с Литвиненко – в Москве в 1998 году. Нашу последнюю встречу я тоже помню очень хорошо: вечером 12 октября 2006 года я случайно встретил Лугового с незнакомым мне человеком на Park Lane в центре Лондона. Мы остановились и проговорили несколько минут. Я шел по направлению к Пикадилли-сёркл. Они – по направлению к Парк-лейн. Только позже выяснилось, что незнакомым мне человеком был Дмитрий Ковтун, являвшийся, по мнению британской полиции, вторым участником операции ФСБ по отравлению Литвиненко.

Для того чтобы прийти к выводу о том, что Луговой и Ковтун были задействованы в этом убийстве, не нужно расследовать само убийство. Достаточно посмотреть на то, кем был формально и профессионально Луговой до 23 ноября 2006 года и кем он стал после. До 23 ноября 2006 года Луговой – бывший офицер КГБ-ФСБ; бывший начальник охраны Бориса Березовского; уголовник, отсидевший (по версии российского правительства) полтора года в тюрьме за неудачную организацию побега из больницы тюремного типа Николая Глушкова, бывшего директора «Аэрофлота» и партнера Бориса Березовского – беглого олигарха, проживавшего в Лондоне, обвиненного российской прокуратурой в многочисленных экономических преступлениях. Понятно, что если Луговой не имел никакого отношения к операции по устранению Литвиненко, а версия Скотланд-Ярда об обратном – результат недоразумения, на месте российских правоохранительных органов и спецслужб, много лет сводивших счеты с Березовским и всем его окружением, оставалось только злорадствовать: бывший охранник Березовского заподозрен английскими следователями в причастности к убийству бывшего сотрудника Березовского Литвиненко.

Можно даже пофантазировать и предположить, что российское правосудие, не отличающееся особой щепетильностью, могло бы попросту арестовать Лугового в Москве и получить от него признательные показания, что он отравил Литвиненко по приказу своего бывшего начальника Березовского. Лугового бы, как рецидивиста, снова посадили бы в тюрьму, теперь уже за убийство. А Березовского запросили бы из Лондона в Москву не на основании обвинений генпрокуратуры России в экономических преступлениях (к чему всерьез в Англии никто не относился), а как заказчика убийства британского подданного Литвиненко. И Литвиненко был бы мертв, и Березовский выдан, и бывший охранник Березовского Луговой снова сидел бы в тюрьме, и истинные участники операции по устранению Литвиненко – сотрудники ФСБ – остались бы вне подозрений. Все участники этой грандиозной секретной операции российской разведки получили бы награды и чины, а сама операция по устранению Литвиненко вошла бы (пока что в тайную) историю российской разведки как одна из самых блистательных.

Так было бы, если бы Луговой не был действующим офицером ФСБ и не имел бы отношения к убийству Литвиненко.

Вместо этого «неудачника» Лугового, заподозренного британской полицией в причастности к убийству, уголовника, отсидевшего по уголовной статье свои полтора года как пособник Березовского, почему-то делают членом российского парламента (Госдумы). В его распоряжение предоставляют все российские информационные ресурсы – центральное телевидение, газеты, радио – чтобы он в прямом эфире по всем основным российским каналам сообщал всему миру о том, что он не убивал Литвиненко (хотя, будем откровенны, если он действительно не убивал Литвиненко, за что Луговому столько внимания и почета в России?). Что уж совсем интересно, Луговой буквально в считанные дни оказывается владельцем и хозяином целой сети частных охранных фирм, лицензии на существование которых выдает ФСБ, и очевидно, что бывшему уголовнику и пособнику Березовского Луговому такая лицензия выдана быть не может. Иными словами, российское правительство и российское ФСБ делают все от себя зависящее, чтобы показать и доказать всему миру, что Андрей Луговой является ценнейшим сотрудников центрального аппарата ФСБ, которого Москва никогда не сдаст, как не сдала она убийц бывшего президента Чечни Зелимхана Яндарбиева, пойманных и осужденных в Катаре, но возвращенных по настоянию Путина в Россию; как не сдала она по требованию украинской генпрокуратуры одного из фигурантов отравления президента Виктора Ющенко Владимира Сацюка (вернувшегося в Украину лишь при Януковиче).

В деле отравления Литвиненко Кремль открыто встал на сторону Лугового. Путин однозначно бросился на его защиту. Этим российское правительство объявило на весь мир, что Литвиненко был отравлен по приказу Кремля сотрудниками Лубянки. Конец расследования. Потому что так, как Лугового, в Москве чествовали только убийцу Троцкого Рауля Меркадера, отсидевшего 20 лет в мексиканской тюрьме за убийство всемирно известного революционера.

Юрий Фельштинский
Бостон, 23 ноября 2014

Предисловие ко второму изданию

27 августа 2001 года в спецвыпуске «Новой газеты» были опубликованы несколько глав из книги «ФСБ взрывает Россию». Несколько позже наша книга была издана на русском и на английском языках в США, во Франции на русском, английском, французском и немецком по ней был сделан документальный фильм «Покушение на Россию».

В России и книга, и фильм запрещены по сей день. Находчивые читатели, разумеется, могли скачивать книгу с интернета. Но в опубликованном виде книга оставалась российскому читателю недоступной. В 2003 году мы приняли решение отпечатать 5-тысячный тираж книги в Риге и законным путем, проплатив таможню, привезти «ФСБ взрывает Россию» для продажи в Москву. Однако 23 декабря 2003 года на пути в Москву грузовик, перевозивший тираж, был задержан ФСБ на 111-м километре Волоколамского шоссе, и груз конфискован. Тем насущнее стала необходимость второго издания.

Однако лишать читателя возможности прочитать исходный текст мы сочли себя не в праве. Второе издание состоит из изначального текста (с незначительными поправками и дополнениями) и приложений: наиболее важных и интересных документов, собранных нами с момента выхода первого издания книги, а также наиболее существенных статей и интервью, касающихся сентябрьских событий 1999 года.

Хочется верить, что второе издание не постигнет судьба первого. Заверяем наших читателей, что понимаем, в какое время живем, и готовы при необходимости издать третье, четвертое, пятое... издание книги.

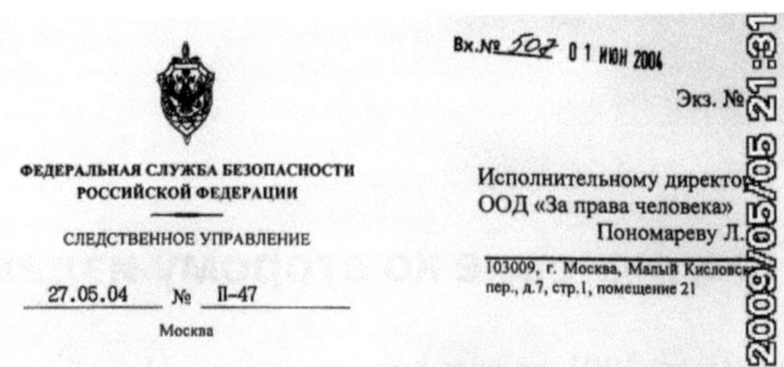

ФЕДЕРАЛЬНАЯ СЛУЖБА БЕЗОПАСНОСТИ
РОССИЙСКОЙ ФЕДЕРАЦИИ

СЛЕДСТВЕННОЕ УПРАВЛЕНИЕ

27.05.04   № П–47

Москва

Вх.№ 507 01 ИЮН 2004

Экз. №

2009/05/05 21:31

Исполнительному директору
ООД «За права человека»
Пономареву Л.

103009, г. Москва, Малый Кисловский
пер., д.7, стр.1, помещение 21

Уважаемый г-н Пономарев!

20 июня 2003 г. Следственным управлением ФСБ России с согласия Главной военной прокуратурой было возбуждено уголовное дело № 218, по факту разглашения в книгах А. Литвиненко «ЛПГ – Лубянская Преступная Группировка» и А. Литвиненко, Ю. Фельштинского «ФСБ взрывает Россию» сведений, составляющих государственную тайну, то есть по признакам преступления, предусмотренного ч. 1 ст. 283 УК РФ.

Согласно заключению экспертной комиссии отдельные сведения о лицах сотрудничающих с российскими органами безопасности на конфиденциальной основе, изложенные в названных книгах, имеют гриф «совершенно секретно» и составляют государственную тайну.

29 декабря 2003 г. Следственным управлением по настоящему уголовному делу на посту-пикете ОБ ДПС УВД СЗАО г. Москвы с санкции Главной военной прокуратуры и в соответствии с частями четвертой-шестнадцатой ст. 182 (частями второй, третьей и пятой ст. 183) УПК РФ была произведена выемка партии книг А.Литвиненко и Ю.Фельштинского «ФСБ взрывает Россию».

Изъятая партия книг в установленном законом порядке была осмотрена и приобщена к материалам уголовного дела в качестве вещественных доказательств.

Заместитель начальника
отдела Управления   И.Ю. Растворов

* * *

Эта часть предисловия ко второму изданию книги «ФСБ взрывает Россию» была написана мною и Александром Литвиненко в феврале 2004 года. Оно было несколько изменено в феврале 2005 года. Но рукопись второго издания так и оставалась неопубликованной. Издателя найти мы не могли. Затем наступило 1 ноября 2006 года, и всё изменилось. Александр был отравлен.

В последний раз я говорил с ним по телефону 8 ноября. Около 5 утра по бостонскому времени мне позвонили из «Новой газеты» с вопросом, могу ли я прокомментировать только что поступившее сообщение о том, что в Лондоне был отравлен Александр Литвиненко. Это было вскоре после убийства Анны Политковской в Москве, и у меня лишь пронеслось в сонной голове: теперь убили Сашу. Но уже через несколько секунд разговора стало ясно, что Саша жив. Я попросил журналиста позвонить мне через 20 минут и набрал мобильный Литвиненко. Александр был в одной из лондонских больниц. Состояние его было тяжелое, но голос спокойный, сильный. Он не уставал от разговора, и мы говорили долго, минут 15-20, может быть дольше. Александр рассказал, что потерял 15 кг веса, что ни есть, ни пить не может. Что с организмом происходит что-то кошмарное. «Слушай, если б мне предложили еще раз через такое пройти или год в тюрьме отсидеть, я бы год тюрьмы выбрал, клянусь...» Александр считал, что всё самое страшное уже позади.

Литвиненко знал, что его пытались отравить, что сделано это было по указанию и руками ФСБ. Литвиненко понимал, что приказ убить его исходил лично от В. Путина. Тем не менее, он был уверен, и эта уверенность передалась мне, что состоявшееся покушение он пережил и выжил. Я не стал задавать ему слишком много вопросов. Через несколько дней его должны были выписать из больницы; тогда и можно было поговорить.

23 ноября Александр Литвиненко умер. Я познакомился с ним в 1998 году, в тот роковой вечер, когда он с группой своих товарищей из ФСБ, из Управления по борьбе с организованной преступностью, готовился к пресс-конференции, на которой он планировал рассказать о полученном приказе убить Бориса Березовского. Пресс-конференция состоялась. Литвиненко вынужден был покинуть ФСБ.

Литвиненко знал, что эту пресс-конференцию ему не простят никогда. В 1999 году он был арестован и по сфабрикованному обвинению помещен в тюрьму на время ведения следствия. Следствие длилось девять месяцев. И все это время

Литвиненко сидел. Однако даже главная военная прокуратура не смогла доказать, что Литвиненко виновен, и в 2000 Александра освободили. Было ясно, что ненадолго; что при первом удобном случае Литвиненко либо посадят, либо убьют. И Александр сделал выбор: он решил уехать из России. Несмотря на подписку о невыезде и отсутствие заграничного паспорта он сумел пересечь границу. Жена Марина и сын вылетели легально в Испанию на отдых (у них были заграничные паспорта). Через Турцию все трое прибыли затем в Лондон, где Литвиненко запросил политическое убежище. Это было 1 ноября 2000 года.

Мы издали книгу в 2002 году. Мы продолжали сбор документов и материалов, касающихся темы взрывов домов в России. Мы делали всё, что могли. Мы старались работать осторожно, мы старались остаться в живых. Мы потерпели поражение. Я потерял соавтора через шесть лет после его эмиграции в Лондон. 23 ноября 2006 года он умер от отравления. Предисловие ко второму изданию книги «ФСБ взрывает Россию» будет подписано только моей фамилией.

Юрий Фельштинский
24 ноября 2006 г.

Предисловие к первому изданию

«Мы не отказались от своего прошлого, честно сказали:
«История Лубянки уходящего века – это наша история...»

Н. П. Патрушев, директор ФСБ,
из интервью «Комсомольской правде»
20 декабря 2000 г., в День чекиста

Родословная Федеральной службы безопасности Российской Федерации (ФСБ РФ) не нуждается в описании. С первых лет советской власти карательные органы коммунистической партии создавались как структуры, не знающие жалости и пощады. Начиная с октября 1917 года политическая полиция советской России (позднее СССР) являлась бесперебойной машиной по уничтожению миллионов людей.

Аналога органам государственной безопасности СССР и России нет ни в одной цивилизованной стране мира. Только в нацистской Германии политическая полиция (гестапо) имела свои оперативные и следственные подразделения, места лишения свободы (типа следственного изолятора ФСБ в Лефортове).

Августовские события 1991 года, когда была буквально сметена коммунистическая система, наглядно продемонстрировали, что либерализация политического устройства России неизбежно должна привести к ослаблению, реформированию или роспуску Комитета государственной безопасности (КГБ). О царившей в тот период панике в руководстве силовых ведомств говорят многочисленные и не всегда объяснимые роспуск или переформирование старых и образование новых спецслужб. Так, уже 6 мая 1991 года, согласно протоколу, подписанному президентом России Б.Н. Ельциным и председателем КГБ СССР В.А. Крючковым, наряду с общесоюзным

КГБ появился российский республиканский Комитет госбезопасности под председательством В.В. Иваненко. 26 ноября КГБ РСФСР был преобразован в Агентство федеральной безопасности (АФБ). Спустя неделю, 3 декабря, президент СССР М.С. Горбачев подписал указ *«О реорганизации органов государственной безопасности».* Согласно закону, КГБ был упразднен, и на его базе на переходный период была создана Межведомственная служба безопасности (МСБ) СССР.

При этом старый КГБ разбился на четыре новые структуры. 1-е (Главное) Управление – внешняя разведка – выделилось в Центральную службу разведки, позже переименованную в Службу внешней разведки (СВР). 8-е и 16-е Управления (правительственная связь, шифрование и радиоразведка) превратились в Комитет правительственной связи (будущее Федеральное агентство правительственной связи и информации – ФАПСИ). Пограничники стали Федеральной пограничной службой (ФПС). Бывшее 9-е Управление стало Управлением охраны при аппарате президента РСФСР, а бывшее 15-е Управление – Службой безопасности и охраны правительственных объектов РСФСР. Позднее эти структуры образовали соответственно Службу безопасности президента (СБП) и Федеральную службу охраны (ФСО). Кроме того, из 15-го Управления выделилась еще одна сверхсекретная спецслужба: Главное управление спецпрограмм президента (ГУСП).

24 января 1992 года Ельцин подписал указ об образовании на базе АФБ и МСБ нового министерства безопасности (МБ) РФ. Параллельно появилось министерство безопасности и внутренних дел, однако оно просуществовало недолго и вскоре было распущено. МБ в декабре 1993 года было, в свою очередь, переименовано в Федеральную службу контрразведки (ФСК), а 3 апреля 1995 года Ельцин подписал указ *«Об образовании Федеральной службы безопасности в Российской Федерации».* ФСК превратилась в ФСБ.

Эта череда многочисленных преобразований и переименований, инициированных самой спецслужбой, имела своей целью вывести из-под удара госбезопасность как структуру, сохранить не только организацию, пусть децентрализованную, но и кадры, архивы, агентуру. Огромную роль в спасении КГБ от разгрома сыграли, может быть даже сами того не понимая, Евгений Савостьянов (в Москве) и Сергей Степашин (в Ленинграде). И тот, и другой имели репутацию демократов и были поставлены демократическим движением России руководить КГБ. Они должны были сначала реформировать госбезопасность, а затем осуществлять над нею демократический контроль. На практике, однако, получилось, что именно эти назначения двух демократов на руководящие должности в КГБ обеспечили неприкосновенность госбезопасности как ведомства и застраховали ее от попыток разгона демократами или реального реформирования. Более того, если раньше КГБ находился под политическим контролем партии, являвшимся для органов своеобразным тормозом, поскольку любая серьезная операция проводилась лишь с санкции Политбюро, то после 1991 года МБ–ФСК–ФСБ стали действовать на российской почве абсолютно самостоятельно и бесконтрольно. Контроль за действиями сотрудников ФСБ осуществлялся самой ФСБ. Всепроникающая агрессивная структура оказалась за пределами не только идеологического, но и правового поля.

После периода очевидной растерянности, вызванного событиями августа 1991 года и неверным предположением, что вместе с компартией остракизму будут подвергнуты сотрудники бывшего КГБ, спецслужба осознала выгодность для себя новой, свободной от партийного контроля эпохи. Используя многочисленные собственные кадры (гласный и негласный состав), бывший КГБ смог внедрить своих людей практически во все сферы жизнедеятельности огромного государства.

В верхних эшелонах, иногда незаметно для обывателя, почему-то оказались бывшие видные кагэбэшники страны: первоначально – секретные агенты, позже – бывшие и действующие офицеры. Так, с первых дней августовских событий 1991 года за спиной Ельцина в Москве стоял кагэбэшник Александр Васильевич Коржаков, бывший телохранитель председателя КГБ и генсека Ю.В. Андропова. Службу безопасности группы МИКОМ возглавлял полковник ГРУ в отставке Богомазов, а вице-президентом Финансово-промышленной группы был

Н. Николаев, кагэбист с двадцатилетним стажем, когда-то работавший под Коржаковым.

К В. Гусинскому пристроился Филипп Денисович Бобков, первый заместитель председателя КГБ СССР, генерал армии, в советское время долгое время возглавлявший так называемую 5-ю линию КГБ (политический сыск), главными успехами в работе которого можно считать изгнание из страны А.И. Солженицына, В.К. Буковского, аресты и содержание в течение многих лет в лагерях тех, кто думал и говорил то, что считал правильным, а не что велела партия. За спиной Анатолия Собчака в Ленинграде (Санкт-Петербурге) был подполковник КГБ В.В. Путин. По словам самого Собчака, это означало, что «КГБ контролирует Санкт-Петербург».

Как именно это происходило, описал преподающий в Цюрихе руководитель Итальянского института международной политики и экономики Марко Джакони:

«Попытки КГБ установить контроль над экономической деятельностью отдельных предприятий проходят все время по одной и той же схеме. На первом этапе рэкетиры осуществляют поборы либо пытаются присвоить себе не принадлежащие им права. Вслед за этим на предприятие приходят представители спецслужбы и предлагают фирме помочь выпутаться из трудностей. С этого момента фирма навсегда лишается самостоятельности. На первом этапе предприятия, оказавшиеся в сетях КГБ, испытывают сложность с получением кредитов или даже переживают финансовые потрясения, однако впоследствии получают лицензии на торговлю в таких специфических областях, как алюминий, цинк, продукты питания, целлюлоза, древесина. После этого фирма получает мощный импульс к развитию. На этом этапе в нее внедряются бывшие сотрудники КГБ. Кроме того, с этой фирмы получают новую порцию денег».

Однако 1991–1996 годы показали, что российский бизнес, несмотря на грабительские поборы силовых структур, действовавших отчасти открыто, отчасти через организованные преступные группировки (ОПГ), контролируемые спецслужбами, сумел за короткий срок стать политической силой, не всегда и не во всем подчиненной ФСБ. Очевидно, что именно после разгрома президентом Ельциным в 1993 году хасбулатовского парламента заинтересованное в приостановке либеральных реформ в России руководство бывшего КГБ, возглавлявшее теперь ельцинскую ФСК, приняло решение о дестабилизации и компрометации режима Ельцина и его реформ через нагнетание криминогенной обстановки в России и разжигание национальных конфликтов, главным образом на Северном Кавказе – самом слабом звене многонационального российского государства.

Одновременно была начата активная идеологическая кампания в средствах массовой информации (СМИ). Смысл ее сводился к тому, что обнищание народа, рост преступности и национализма являются следствием демократизации строя, а единственный способ избежать эксцессов – отказаться от либеральных реформ и западных моделей и найти свой, российский путь развития, в основе которого будут лежать порядок и общее благосостояние. В действительности речь шла о пропаганде диктатуры, напоминающей стандартную нацистскую модель. Из всех диктаторов, больших и маленьких, просвещенных и кровожадных, был выбран самый симпатичный и статистически не очевидный – чилийский генерал Августо Пиночет. Почему-то считалось, что если в России появится диктатор, то не хуже чилийского. Между тем российский опыт подтверждает, что из возможных вариантов Россия чаще всего выбирает худший.

До 1996 года госбезопасность боролась с демократами-реформистами, так как видела основную угрозу в демократической идеологии, требующей немедленного проведения радикальных экономических и политических прозападных реформ, основанных на принципах свободной рыночной экономики и политико-экономической интеграции России в сообщество цивилизованных стран. После победы Ельцина на выборах 1996 года, когда крупный российский бизнес впервые проявил себя как политическая сила – не допустил отмены демократических выборов и введения в стране чрезвычайного положения (на чем настаивали сторонники диктатуры в лице Коржакова, начальника ФСО М.И. Барсукова и им подобных) и, что самое главное, обеспечил победу своего кандидата, госбезопасность определила для себя новое направление главного удара: российская деловая элита. Именно после победы Ельцина на выборах 1996 года начинается период пропагандистских кампаний, очерняющих ведущих бизнесменов России. Причем в авангарде этих кампаний снова мелькают знакомые лица из силовых структур.

Появилось новое определение – «олигарх», хотя и было очевидно, что даже самый богатый человек в России олигархом в буквальном смысле этого слова не является, так как отсутствовала главная составляющая олигархии – власть. Дело в том, что реальная власть по-прежнему находилась в руках спецслужб.

Постепенно с помощью журналистов, являющихся сотрудниками или агентами спецслужб, прежде всего ФСБ и СБП, и целой армии неразборчивых авторов «олигархи» российского бизнеса были объявлены ворами, аферистами и даже убийцами. Между тем основные преступники, сосредоточившие в своих руках реальную олигархическую власть и миллиарды нигде и никем не учтенных денег, сидели в креслах руководителей российских силовых ведомств: ФСБ, СБП, ФСО, СВР, Главного разведывательного управления (ГРУ), генеральной прокуратуры, ФАПСИ, министерства обороны (МО), министерства внутренних дел (МВД), таможни, налоговой полиции и т.д.

Эти люди и были настоящими олигархами, серыми кардиналами и теневыми руководителями российского бизнеса и политической жизни страны. Они обладали реальной, никем не ограниченной и неконтролируемой властью. Надежно защищенные служебными удостоверениями силовых структур, они стали поистине неуязвимыми. Занимая высокие посты, они брали взятки, воровали, сколачивали незаконным путем свой капитал, вовлекая в преступную деятельность подчиненных.

В этой книге предпринята попытка показать, что основные проблемы современной России вызваны не радикальными реформами либерального периода правления Ельцина, а тем противостоянием, которое тайно или явно оказывали этим реформам российские спецслужбы. Именно они развязали первую и вторую чеченские войны для разворота России от демократии к диктатуре, милитаризму и шовинизму. Именно они организовали в Москве и других российских городах серию беспощадных террористических актов, ставших поводом для начала первой, а затем и второй чеченских войн.

Сентябрьские взрывы 1999 года, прежде всего предотвращенный теракт в Рязани в ночь на 23 сентября, – основная тема исследования книги. По этим взрывам отчетливее всего прослеживаются тактика и стратегия российских органов государственной безопасности, стремящихся к абсолютной власти. Эта книга – о постигшей всех нас трагедии, об упущенных возможностях, о потерянных жизнях. Эта книга для тех, кто, осознав происшедшее, не побоится влиять на будущее.

После публикации отрывков книги в «Новой газете» 27 августа 2001 года, равно как и после выхода американского издания книги в январе этого года в Нью-Йорке (английское название книги: «Blowing Up Russia: Terror From Within»), нам неоднократно задавали вопрос об источниках информации. Мы хотим заверить читателей, что в этой книге нет вымышленных фактов и голословных утверждений. Мы считали, однако, что на данном этапе исторического развития России, когда многие государственные чиновники, подозреваемые нами в организации, исполнении или допущении террористических актов в России в сентябре 1999 года, входят в руководство страны, обнародование наших источников информации является преждевременным. При этом уже в первых последовавших после 27 августа 2001 года интервью мы указывали, что эти источники будут незамедлительно сообщены российской или международной независимой комиссии, созданной для расследования сентябрьских террористических актов 1999 года в России. Таковой остается наша позиция и на сегодняшний день: все материалы, являющиеся источниками для написания этой книги, будут переданы тем, кто ставит своей целью объективно разобраться в происходящем.

Глава 1

Спецслужбы разжигают войну в Чечне

Россия опять воюет. И где! На Северном Кавказе. Будто не было Афганистана. Будто заранее не ясны ход, результат и последствия этой войны, объявленной в многонациональном государстве гордому, воинственному народу. Как могло оказаться, что в самый демократический период развития Россия начнет одну из постыднейших своих войн?

Война требует мобилизации ресурсов, увеличения бюджетов силовых структур, ведомств и министерств.

Война увеличивает роль, значение и влияние людей в погонах и тормозит продолжение курса прозападных экономических реформ.

Война приводит страну к изоляции от сообщества цивилизованных государств, ибо она не поддерживается остальным миром и непонятна ему.

Когда-то любимый и популярный президент теряет поддержку и населения, и мирового сообщества. Пойманному в капкан, ему остается единственный выход – уйти в отставку до истечения срока, отдав власть в руки ФСБ в обмен на гарантии неприкосновенности себе и своей семье. Мы знаем, кому это было выгодно: тем, кто получил от Ельцина власть. Мы знаем, как это было достигнуто: через войну в Чечне. Осталось только понять, кто же все это организовал.

Самым слабым звеном многонациональной российской мозаики оказалась Чечня. Считая Джохара Дудаева своим, КГБ не возражал против его прихода к власти. Генерал Дудаев, член КПСС с 1968 года, был переведен из Эстонии в родной ему Грозный будто специально для того, чтобы стать в оппозицию местным коммунистам, быть избранным президентом Чеченской Республики и провозгласить в ноябре 1991 года независимость Чечни (Ичкерии), как бы демонстрируя российской политической элите, к какому расколу ведет Россию либеральный режим Ельцина.

К 1994 году политическое руководство России уже понимало, что не готово дать Чечне независимость. Предоставление суверенитета Чечне действительно могло привести к дальнейшему распаду России. Но можно ли было начинать на Северном Кавказе гражданскую войну? «Партия войны», опиравшаяся на силовые министерства, считала, что можно. Однако к войне нужно было подготовить общественное мнение. На общественное мнение легко было бы повлиять, если бы чеченцы стали бороться за свою независимость с помощью терактов. Осталось дело за малым: организовать в Москве взрывы с «чеченским следом».

Зная, что со дня на день российские войска и силы антидудаевской оппозиции начнут запланированный штурм Грозного, в Москве для разжигания античеченских настроений Федеральная служба контрразведки (бывший КГБ и будущая ФСБ) 18 ноября 1994 года предприняла первую попытку совершить террористический акт, объявить ответственными за него чеченских сепаратистов и, опираясь на озлобление жителей России, подавить в Чечне движение за независимость.

Обратим внимание на то, что и 18 ноября, и в будущем «чеченские террористы» крайне несвоевременно устраивают взрывы да к тому же заявляют о своей к ним непричастности (что делает сам теракт бессмысленным). В ноябре 1994 года общественное мнение России и всего мира в целом было на стороне чеченского народа. Зачем же чеченцам нужно было производить теракт в Москве? Куда естественней заниматься диверсиями в расположении российских войск на чеченской территории.

Итак, 18 ноября 1994 года в Москве на железнодорожном мосту через реку Яузу произошел взрыв. По описанию экспертов, сработали два мощных заряда примерно по полтора килограмма тротила каждый. Были искорежены двадцать метров железнодорожного полотна. Мост чуть не рухнул. Однако теракт произошел преждевременно, еще до прохождения через мост железнодорожного состава. На месте взрыва нашли разорванный в клочья труп самого подрывника – капитана Андрея Щеленкова, сотрудника нефтяной компании «Ланако». Щеленков подорвался на собственной бомбе, когда прилаживал ее на мосту.

Только благодаря этой оплошности исполнителя теракта стало известно о непосредственных организаторах взрыва. Дело в том, что руководителем фирмы «Ланако», давшим названию фирмы первые две буквы своей фамилии, был 35-летний уроженец Грозного Максим Юрьевич Лазовский, являвшийся особо ценным агентом Управления ФСБ (УФСБ) по Москве и Московской области и имеющий в уголовной среде клички Макс и Хромой. Забегая вперед, отметим, что абсолютно все работники фирмы «Ланако» были штатными или внештатными сотрудниками контрразведывательных органов России.

В день взрыва на Яузе, 18 ноября 1994 года, анонимный телефонный звонок сообщил в милицию, что у офиса фирмы «Ланако» стоит грузовик с взрывчаткой. Грузовик – «ЗИЛ-131» с тремя минами МОН-50, пятьюдесятью зарядами к гранатометам, четырнадцатью гранатами РГД-5, десятью гранатами Ф-1 и четырьмя упаковками взрывчатки типа «пластит» общим весом 6 кг – действительно был обнаружен рядом с офисом «Ланако», но, как заявило УФСБ, оно не смогло определить, кому именно принадлежит грузовик, хотя у Щеленкова было найдено удостоверение «Ланако», а при взрыве на Яузе была использована аналогичная взрывчатка. И поскольку теракт не удался, о причастности к нему чеченских сепаратистов сообщено не было.

Войной в Чечне было очень легко прикончить Ельцина политически. И те, кто затевал войну и организовывал теракты в России, хорошо это понимали. Но существовал еще примитивный экономический аспект взаимоотношений российского руководства с президентом Чеченской Республики: у Дудаева постоянно вымогали деньги. Началось это в 1992 году, когда с чеченцев были получены взятки за оставленное в 1992 году в Чечне советское вооружение. Взятки за это вооружение вымогали начальник СБП (Службы безопасности президента) Коржаков, начальник ФСО (Федеральной службы охраны) Барсуков и первый вице-премьер правительства РФ Олег Сосковец. Понятно, что не оставалось в стороне и Министерство обороны.

Когда началась война, наивные граждане России стали недоумевать, каким же образом осталось в Чечне все то оружие, которым чеченские боевики убивали российских солдат. Самым банальным образом: за многомиллионные взятки Дудаева Коржакову, Барсукову и Сосковцу.

После 1992 года сотрудничество московских чиновников с Дудаевым за взятки успешно продолжалось. Чеченское руководство постоянно посылало в Москву деньги – иначе Дудаев ни одного вопроса в Москве решить не мог. Но в 1994 году система начала буксовать. Москва вымогала все большие и большие суммы в обмен на решение политических вопросов, связанных с чеченской независимостью. Дудаев стал отказывать в деньгах. Изначально финансовый конфликт постепенно перешел в политическое, а затем силовое противостояние российского и чеченского руководства. В воздухе запахло войной. Дудаев запросил личной встречи с Ельциным. Тогда контролирующая доступ к Ельцину троица затребовала у Дудаева за организацию встречи двух президентов несколько миллионов долларов. Дудаев во взятке отказал. Более того, впервые он припугнул помогавших ранее ему (за деньги) людей, что использует против них компрометирующие их документы, подтверждающие небескорыстные связи чиновников с чеченцами. Дудаев просчитался. Шантаж не подействовал. Встреча не состоялась. Президент Чечни стал опасным свидетелем, которого необходимо было убрать. Началась спровоцированная жестокая и бессмысленная война.

22 ноября 1994 года Государственный комитет обороны (ГКО) Чеченской Республики, созданный за день до того указом Дудаева, обвинил Россию в развязывании войны против Чечни. Дудаев знал, что «партия войны» уже приняла решение

о начале военных действий. «Российские регулярные части оккупируют часть территории Чеченской Республики – Надтеречный район», – говорилось в распространенном в Грозном заявлении ГКО. В ближайшие дни планируется «оккупация территории Наурского и Шелковского районов. В этих целях используются регулярные части Северо-Кавказского военного округа, спецподразделения МВД России, а также армейская авиация Северо-Кавказского военного округа. В операции, по сведениям ГКО, задействованы и спецподразделения Федеральной службы контрразведки РФ».

Главный штаб вооруженных сил Чечни утверждал, что на границе с Наурским районом, в поселке Веселая Ставропольского края, происходит концентрация воинских частей: тяжелых танков, артиллерии, до шести батальонов пехоты. Как стало известно позже, колонна российской бронетехники, сформированная по инициативе и на деньги ФСК, с солдатами и офицерами, нанятыми ФСК на контрактной основе, в том числе среди военнослужащих Таманской и Кантемировской дивизий, действительно составляла костяк войск, сосредоточенных для штурма Грозного.

23 ноября девять российских вертолетов армейской авиации Северо-Кавказского военного округа, предположительно МИ-8, нанесли ракетный удар по городу Шали, примерно в 40 км от Грозного, пытаясь уничтожить бронетехнику расположенного в Шали танкового полка. С чеченской стороны были раненые. Чеченская сторона заявила, что располагает видеозаписью, на которой запечатлены вертолеты с российскими бортовыми опознавательными знаками.

25 ноября семь российских вертолетов с военной базы в Ставропольском крае сделали несколько ракетных залпов по аэропорту в Грозном и близлежащим жилым домам, повредив посадочную полосу и стоявшие на ней гражданские самолеты. Шесть человек погибли и около 25 получили ранения. В связи с этим министерство иностранных дел (МИД) Чечни направило заявление администрации Ставропольского края, в котором, в частности, указывалось, что руководство региона «несет ответственность за подобные акции, и в случае применения

адекватных мер с чеченской стороны» все претензии Ставрополя «должны быть отнесены к Москве».

26 ноября силы Временного совета Чечни (чеченской антидудаевской оппозиции) при поддержке российских вертолетов и бронетехники с четырех сторон атаковали Грозный. В операции со стороны оппозиции принимали участие более 1200 человек, 50 танков, 80 бронетранспортеров (БТР) и шесть самолетов СУ-27. Как заявили в московском (марионеточном) центре Временного совета Чечни, «деморализованные силы сторонников Дудаева практически не оказывают сопротивления, и к утру, вероятно, все будет закончено».

Однако операция провалилась. Наступающие потеряли около 500 человек убитыми, более 20 танков, еще 20 танков было захвачено дудаевцами. В плен были взяты около 200 военнослужащих. 28 ноября «в знак победы над силами оппозиции» колонна пленных была проведена по улицам Грозного. Тогда же чеченское руководство предъявило список четырнадцати взятых в плен солдат и офицеров, являющихся российскими военнослужащими. Пленные прямо перед телекамерами признавались в том, что служат в основном в воинских частях 43162 и 01451, базирующихся в Подмосковье. Министерство обороны РФ ответило, что указанные лица не служат в российских вооруженных силах. На запрос относительно пленных капитана Андрея Крюкова и старшего лейтенанта Евгения Жукова министерство обороны сообщило, что офицеры действительно служили в войсковой части 01451 (курсы «Выстрел»), однако с 20 октября 1994 года не появлялись в части, в связи с чем готовится приказ об их увольнении из вооруженных сил. Иными словами, МО объявило пленных солдат дезертирами. На следующий день отец Евгения Жукова опроверг данные министерства. В интервью российскому информационному агентству (РИА) «Новости» он заявил, что сын уехал из части 9 ноября, а 27-го родители увидели его в телепрограмме «Итоги» среди пленных российских военнослужащих в Грозном. На вопрос о том, как сын оказался в Чечне, командир части Жукова отвечать отказался.

Несколько позже был опубликован красочный рассказ о событиях 26 ноября майора Валерия Иванова, отпущенного из плена 8 декабря в числе семи российских военнослужащих:

«Приказом по части все завербовавшиеся были отправлены в отпуск по семейным обстоятельствам. Брали офицеров, в основном неустроенных в бытовом отношении. Половина были бесквартирные: вроде и отказаться можно, а начнут квартиры распределять – и ты окажешься на бобах. 10 ноября мы прибыли в Моздок, в Северную Осетию. За две недели подготовили 14 танков с чеченскими экипажами и 26 машин для российских военнослужащих. 25 ноября мы пошли на Грозный. [...] Я лично был в группе из трех танков, которые взяли в полдень 26-го под контроль телецентр Грозного. Сопротивления со стороны войск МВД, охранявших телецентр, не было. Однако через три часа в отсутствие связи с командованием мы подверглись атаке знаменитого абхазского батальона. Танки и пехота окружили нас, ответный огонь мы сочли бессмысленным, так как силы [антидудаевской] оппозиции нас бросили, тут же убежав. Два из трех наших танков сгорели. Экипажи успели покинуть машины и сдаться охране телецентра, которая нас передала личной охране президента Дудаева. Нас содержали хорошо, в последние дни даже почти не охраняли, да нам и бежать было некуда».

Создавалось впечатление, что 26 ноября бронетанковую колонну в Грозный вводили специально для того, чтобы ее уничтожили. Разоружить Дудаева и его армию колонна не могла. Захватить город и удерживать его – тоже. Армия Дудаева была укомплектована и хорошо вооружена. Колонна могла стать и стала живой мишенью.

Министр обороны Грачев намекал на свою непричастность к этой авантюре. С военной точки зрения задача захвата Грозного, заявил Грачев на пресс-конференции 28 ноября 1996 года, была вполне осуществима силами «...одного воздушно-десантного полка в течение двух часов. Однако все военные конфликты окончательно решаются все же политическими методами за столом переговоров. Без прикрытия пехоты вводить в город танки действительно было бессмысленно». Зачем же их тогда вводили?

Позже генерал Геннадий Трошев расскажет нам о сомнениях Грачева по поводу чеченской кампании:

«Он пытался что-то сделать. Пытался выдавить из Степашина и его спецслужбы ясную оценку ситуации, пытался перенести начало ввода войск на весну, даже пытался лично договориться с Дудаевым. Теперь мы знаем, что такая встреча была. Не договорились».

Генерал Трошев, ведя уже вторую войну в Чечне, недоумевает, почему же Грачев не смог договориться с Дудаевым. Да потому что Дудаев настаивал на личной встрече с Ельциным, а Коржаков не соглашался ее проводить.

Блистательную военную операцию по сожжению колонны российской бронетехники в Грозном действительно организовал не Грачев, а директор ФСК Степашин и начальник московского УФСБ Савостьянов, курировавшие вопросы, связанные с вводом войск в Чечню.

Однако те, кто описывал банальные ошибки российских военных, вводивших в город бронетанковую колонну, обреченную на уничтожение, не понимали тонких политических расчетов провокаторов. Сторонникам войны нужно было, чтобы колонну эффектно уничтожили чеченцы. Только так можно было спровоцировать Ельцина на начало полномасштабных военных действий.

Сразу же после разгрома бронеколонны в Грозном президент Ельцин выступил с обращением к участникам конфликта в Чеченской Республике, а Кремль начал подготавливать общественное мнение к неминуемой войне. В интервью корреспонденту РИА «Новости» консультант аналитического центра при президенте России Аркадий Попов заявил, что в самое ближайшее время Россия может выступить в Чечне в роли «принудительного миротворца» и что, судя по всему, российский президент намерен действовать решительно. В случае объявления президентом чрезвычайного положения на территории Чечни российские власти могут использовать «форму ограниченного вмешательства, которое будет выражаться в разоружении обеих конфликтующих сторон путем ввода в Грозный ограниченного контингента российских войск» – как уже было в Афганистане.

Таким образом, спровоцировав столкновения в Чечне через политическую и военную поддержку чеченской оппозиции, ФСК намерена была начать против Дудаева войну, прикрывшись миротворческой деятельностью.

Чеченская сторона расценила обращение Ельцина как «ультиматум» и «объявление войны». В заявлении чеченского правительства утверждалось, что это обращение, а тем более попытки претворения его в жизнь «противоречат нормам международного права» и дают правительству Чечни «право принятия адекватных ответных мер для защиты независимости и территориальной целостности своего государства». Угроза введения Россией чрезвычайного положения на территории Чечни, по мнению правительства Чеченской Республики, являлась «неприкрытым желанием продолжать военные действия и вмешиваться во внутренние дела другого государства».

30 ноября Грозный подвергся авиаударам российских военновоздушных сил. 1 декабря российское военное командование не пропустило в Грозный самолет парламентской делегации членов Государственной думы (ГД). Тогда делегация приземлилась в столице Ингушетии Назрани и отправилась в Грозный на встречу с Дудаевым наземным транспортом. Во время продвижения делегации к столице Чечни восемь самолетов Су-27 совершили второй налет на чеченскую столицу. Самолеты обстреляли, в частности, городской квартал, где проживал Дудаев, но были встречены плотным зенитным огнем. Один самолет, по сообщению чеченской стороны, был сбит силами ПВО.

2 декабря Сергей Юшенков, председатель комитета Думы по обороне и глава российской парламентской делегации, при-

бывшей в Грозный, заявил, что ставка на силу в российско-чеченских отношениях обречена на провал. Знакомство с обстановкой на месте, сказал Юшенков, убеждает его в том, что единственным выходом из создавшейся ситуации могут быть переговоры. По словам Юшенкова, предварительных условий чеченская сторона на переговорах не выдвигала.

Общественное мнение было все еще на стороне чеченцев. Руководство ФСК окончательно убеждается в том, что на общественное мнение можно повлиять только терактами, свалив вину за них на чеченцев. 5 декабря ФСК сообщает журналистам, что через государственные границы в Чечню устремились иностранные наемники, в связи с чем «не исключается проявление деятельности засылаемых сегодня в Россию террористических группировок и в других регионах страны». Это первое незамаскированное заявление ФСК о том, что в России скоро начнутся теракты «с чеченским следом». Правда, пока речь идет о засланных иностранных агентах, вытащенных, видимо, из старых учебных пособий КГБ советских времен, а не о чеченцах.

6 декабря Дудаев заявил в интервью, что политика России провоцирует рост исламистских настроений в Чечне: «В «чеченской карте» могут быть разыграны глобальные интересы исламского дальнего зарубежья, которые способны сделать дальнейшее развитие событий просто неуправляемым. В Чечне сейчас всплыла третья сила – исламисты, к которым постепенно переходит инициатива. «Мы уже не твои солдаты, президент, мы – солдаты Аллаха», – охарактеризовал Дудаев настроения прибывающих в Грозный. «Ситуация в Чечне, – подвел итог Дудаев, – начинает выходить из-под контроля, и это меня беспокоит».

Как бы отвечая Дудаеву, министр обороны Грачев провел пропагандистское мероприятие, внешне похожее на миротворческую акцию, но реально провоцирующее дальнейшую эскалацию конфликта. Грачев предложил чеченской оппозиции, возглавляемой Автурхановым, финансируемой, вооружаемой и комплектуемой ФСК, разоружиться – при условии, что одновременно оружие согласятся сдать сторонники Дудаева. Иными словами, Дудаеву предложили разоружиться в одностороннем порядке (поскольку о разоружении российской стороны вопрос не стоял). Понятно, что такое предложение правительством Чеченской Республики принято не было. 7 декабря Грачев встретился с Дудаевым, но переговоры оказались безрезультатными.

В тот же день в Москве состоялось заседание Совета безопасности (СБ), посвященное событиям в Чечне, а также закрытое заседание Государственной думы, на которое были приглашены руководители силовых ведомств. Последние в Думу не явились, так как не хотели отвечать на вопросы парламентариев относительно того, кто отдавал приказ вербовать российских военнослужащих и бомбить Грозный. Сегодня мы знаем, что вербовкой российских военнослужащих занималась по указанию Степашина ФСК, а директивы о бомбардировке Грозного исходили от министра обороны.

8 декабря чеченская сторона сообщила, что, по имеющейся у нее информации, Россия готовится к вводу войск на территорию республики и началу сухопутной войны с Чечней. 9 декабря на состоявшейся в Госдуме пресс-конференции председатель думского комитета по делам Федерации и региональной политике, председатель Республиканской партии России Владимир Лысенко заявил, что в этом случае он поставит в Думе вопрос об отставке правительства России. Однако еще 8 декабря рабочая комиссия по переговорам об урегулировании конфликта в Чеченской Республике достигла договоренности между представителями президента Дудаева и оппозицией о начале 12 декабря в 15 часов во Владикавказе переговоров. Со стороны федеральных властей в переговорах должны были участвовать двенадцать человек во главе с заместителем министра по делам национальностей и региональной политике РФ Вячеславом Михайловым. Со стороны Грозного – девять человек во главе с министром экономики и финансов Чечни Таймазом Абубакаровым. Со стороны оппозиции – три человека во главе с Беком Басхановым, прокурором Чечни. Прекращение кровопролития и налаживание нормальных взаимоотношений – таковы были предположительно основные проблемы, кото-

рые предстояло обсудить на переговорах между Москвой и Грозным. Переговоры со сторонниками чеченской оппозиции должны были касаться только разоружения.

Шансы на сохранение мира увеличивались, а у «партии войны» до 12 декабря оставалось не так много времени. Собственно, заявление рабочей комиссии по урегулированию чеченского конфликта предопределило дату начала сухопутных военных действий.

Если мирные переговоры должны состояться 12-го, войну нужно начинать 11-го. Именно так поступило российское руководство: 11 декабря войска пересекли демаркационную границу Чеченской Республики.

В первые дни российские военные сводки сообщали об отсутствии реального сопротивления и потерь.

«Язык мой – враг мой». Уже 13 декабря Сосковец определил основные направления своей деятельности. Общие затраты на проведение мероприятий по нормализации ситуации в Чечне, сообщил он журналистам, могут составить около одного триллиона рублей. (Это именно те деньги, которые нужно будет сначала выделить из бюджета, а затем планомерно разворовывать). Первоочередной задачей правительства является доведение выделенной помощи до населения Чечни, а особое внимание будет уделяться тому, чтобы она не была растрачена или разворована (то, что помощь до Чечни не дошла, а вся была растрачена и разворована в России, сегодня мы знаем достоверно).

Сосковец подчеркнул, что не следует рассматривать чеченскую диаспору, проживающую в Москве и других городах России, в качестве потенциальных террористов. Обратим внимание на эту фразу. Никому в голову не приходило считать чеченскую диаспору потенциальными террористами. И терактов, собственно, еще не было. И война с Чечней вроде бы даже еще не считалась войной, а скорее преподносилась как милицейская акция. И не было пока больших потерь. А первый вице-премьер почему-то допускает организацию чеченцами терактов в России. Когда Сосковец отметил, что к чеченским гражданам в целом не будет принято дискриминационных мер, а вопрос о принудительной депортации чеченцев федеральными властями даже не рассматривается, стало ясно, что «партия войны» предлагает вести ее со всем чеченским народом на всей территории России, с введением дискриминационных мер и принудительной депортации.

Прекрасно понимая, куда клонит Сосковец и во что все это обойдется России, против «партии войны» резко выступил командующий 14-й российской армией в Приднестровье генерал-лейтенант Александр Лебедь.

«Чеченский конфликт можно разрешить только дипломатическими переговорами, — заявил он в телефонном интервью из своего штаба в Тирасполе. — В Чечне один к одному повторяется афганский вариант. Мы рискуем развязать войну со всем исламским миром. Бойцы-одиночки до бесконечности могут жечь нашу бронетехнику, уничтожать солдат одиночными выстрелами. В Чечне мы наступили на те же грабли, что и в Афганистане, а это очень печально. Хорошо укрепленный Грозный с большим количеством запасов способен оказать длительное и серьезное сопротивление».

Лебедь напомнил, что генерал Дудаев в советской армии командовал дивизией стратегических бомбардировщиков, способной вести войну в континентальных масштабах, а на такие посты «дураков не назначали».

14 декабря Москву начинают переводить на полувоенное положение, а москвичей пугать непременным чеченским террором. Органы министерства внутренних дел усиливают охрану объектов жизнеобеспечения города, сотрудники ФСК проводят работу по усилению их безопасности. Охрану многих государственных учреждений осуществляют милицейские патрули, вооруженные автоматическим оружием. МВД заявляет, что это вызвано опасностью присылки в Москву из Грозного групп террористов.

Первых подозрительных террористов-чеченцев начинают отлавливать. Вечером 13 декабря возле ресторана «Прага» на

Новом Арбате был задержан и доставлен в 5-е отделение милиции Москвы уроженец и житель Грозного чеченец Исраил Гетиев, взрывавший новогодние хлопушки и петарды. Пока еще такие сообщения вызывали улыбку. Тем не менее именно 14 декабря неожиданно пришло сообщение, что «счет жертвам и с той, и с другой стороны идет уже на сотни», – за неполных три дня войны. Становилось не до смеха.

15 декабря открываются нешуточные масштабы предпринимаемой операции. Наряду с подразделениями МВД на Грозный движутся две общевойсковые дивизии Северо-Кавказского военного округа, а также десантные войска, представленные двумя десантно-штурмовыми бригадами. Кроме того, на территорию Чечни вошли сводные полки Псковской, Витебской и Тульской дивизий воздушно-десантных войск (ВДВ) по 600–800 человек в каждом. В районе Моздока начали разгрузку сводные полки Ульяновской и Костромской дивизий ВДВ. Продвижение на Грозный осуществляется по четырем основным маршрутам: один – со стороны Ингушетии, два – от Моздока, один – из Дагестана. Войска готовятся к штурму Грозного. С чеченской стороны, по данным МВД и ФСК, в Грозном и вокруг него сосредоточены более 13 тысяч вооруженных людей.

Ельцин двигался к пропасти. После рассмотрения 17 декабря на заседании Совета безопасности плана «выполнения мероприятий по восстановлению конституционной законности, правопорядка и мира в Чеченской Республике» СБ обязал министерство обороны (П. Грачев), МВД (В. Ерин), ФСК (С. Степашин) и Федеральную пограничную службу (А. Николаев) привлечь все силы для разоружения и уничтожения незаконных вооруженных формирований (НВФ) в Чечне и надежного закрытия государственной и административной границ Чеченской Республики. Координировать эту работу должен был Грачев. В этот день либерально-демократический период России закончил свое существование. Фактически президент Ельцин совершил политическое самоубийство.

17 декабря МИД России сделало заявление о том, что с 00 часов 18 декабря подразделения войск МВД и МО вынуждены будут предпринять решительные меры с использовани-

ем всех имеющихся в наличии средств для восстановления на территории Чечни конституционной законности и правопорядка. Бандформирования будут разоружены, а при сопротивлении уничтожены. В заявлении МИДа указывалось, что гражданское население Чечни оповещено о необходимости срочно завершить выход из Грозного и других населенных пунктов, в которых находятся бандформирования. Иностранным гражданам и журналистам, находящимся в зоне конфликта, МИД настоятельно рекомендовало покинуть Грозный и перебраться в безопасные районы. (Несмотря на предупреждения российского руководства, большая часть иностранных журналистов осталась в Грозном, и в гостинице «Французский двор», где они проживали, по-прежнему не хватало мест).

В тот же день Сосковец оповестил мир, что президент Дудаев вызван в Моздок на встречу с делегацией правительства России во главе с вице-премьером Николаем Егоровым и директором ФСК Степашиным. Сосковец отметил, что если Дудаев не прибудет в Моздок, то войска приступят к ликвидации незаконных вооруженных формирований. Сосковец сообщил, что расходы на проведение операции в Чечне за минувшую неделю составили по линии МВД 60 миллиардов, а по линии МО – 200 миллиардов рублей.

За четыре часа до истечения срока ультиматума, т. е. в 8 часов вечера 17 декабря, Дудаев предпринял последнюю попытку предотвратить войну и телеграфировал российскому руководству о согласии «начать без предварительных условий переговоры на соответствующем уровне и лично возглавить правительственную делегацию» Чеченской Республики.

Иными словами, Дудаев настаивал на личной встрече с Ельциным. Но так как деньги за организацию этой встречи Дудаев давать по-прежнему отказывался, ответа на свою телеграмму он не получил.

18 декабря в 9 часов утра российские войска, блокировавшие Грозный, приступили к штурму города. Фронтовой авиацией и армейскими вертолетами были нанесены «точечные удары по командному пункту Дудаева Ханкала близ Грозного, по мостам через Терек на северном направлении, а также

по маневренным группам бронетехники». После уничтожения бронетехники, говорилось в сообщении Временного информационного центра российского командования, планируется продвижение войск, блокировавших Грозный, для выполнения ими задач по разоружению незаконных вооруженных формирований на территории Чечни. Полномочный представитель президента Ельцина в Чеченской Республике заявил, что у Дудаева осталась теперь единственная возможность: сдаться в плен.

18 декабря Сосковец, получивший теперь еще одну должность – руководителя оперативного штаба при правительстве Россиипо координации деятельности органов исполнительной власти, сообщил прессе, что в Грозном «изучают возможность» проведения террористических актов на военных и гражданских объектах в центральной России и на Урале, а также захвата пассажирского самолета. Поразительная осведомленность первого вице-премьера говорила о том, что в ближайшие дни нужно ждать терактов.

22 декабря пресс-служба правительства РФ сообщила, что чеченцы сами себя взрывают, чтобы свалить вину за взрывы на российскую армию. В опубликованном заявлении говорилось следующее:

«Сегодня в 10 часов утра под председательством первого заместителя председателя правительства Олега Сосковца состоялось совещание, на котором присутствовали члены правительства, члены Совета безопасности, представители администрации президента. На совещании обсуждалась ситуация, сложившаяся в Чеченской Республике, действия, предпринимаемые президентом и правительством для восстановления конституционной законности и экономической помощи населению районов, освобожденных от вооруженных формирований дудаевского режима. Доклады участников совещания свидетельствуют, что в минувшую ночь продолжались операции по разоружению бандитских формирований, наносились бомбовые удары по опорным пунктам. Город Грозный бомбардировкам не подвергался. Однако усилиями боевиков имитировались бомбежки жилых кварталов. Около часа ночи были взорваны административное здание и жилой дом, жители которого – чеченцы и русские – не были предупреждены о готовящейся акции. Имитация бомбардировки произведена в качестве доказательства тезиса «войны против чеченского народа, которую ведет российское руководство». Этот тезис был обнародован вчера в дудаевском «обращении к мировому сообществу».

Иными словами, ответственность за разрушенные российскими войсками административное здание и жилой дом, в которых находились люди, пресс-служба правительства России пыталась свалить на чеченцев.

Инициированное Сосковцом сообщение, написанное сталинским слогом, было обнародовано за день до взрыва между станциями Кожухово и Канатчиково Московской окружной железной дороги (жертв не было, террористов не нашли). Именно 23 декабря можно считать началом террористической кампании ФСБ против России. С этого дня теракты стали обыденным явлением.

Глава 2

Шабаш спецслужб

*«Не хочу говорить высокие слова, но наши лучшие
сотрудники, честь и гордость ФСБ, работают
не ради денег. [...] Помните слова главного героя
в фильме «Брат-2»: «Не в деньгах сила, американец,
а в правде»? За эту правду сотрудники ФСБ
и сражаются.*

Н. П. Патрушев
Из интервью «Комсомольской правде»
20 декабря 2000 г.

Обратим внимание на то, как 23 декабря описывает состоявшийся теракт пресс-служба российского правительства:

«Имеются данные о направлении [из Чечни] в Москву трех опытных боевиков, среди них женщина, которым поручено возглавить засланные ранее группы террористов. Задержана группа иностранных граждан, искавших контакт с боевиками из Грозного. У них изъята партия радиоуправляемых взрывных устройств, 20 кг тротила и 16 радиоуправляемых противопехотных и противотанковых мин. 23 декабря ночью на одном из участков Московской окружной железной дороги взорваны рельсы. Еще одна мина обезврежена. Принимаются меры по выявлению диверсионных групп, действующих в Москве и области».

Расследования терактов не произведено. Но все уже и так ясно. Сначала чеченцы заслали в Москву и область «диверсионные группы». Затем – трех опытных боевиков-руководителей. На помощь чеченским террористам из-за границы заслана «группа иностранных граждан» с тротилом и минами (видимо, прямо из-за границы они эти мины на себе и везли!). И как результат этой сложной подготовительной работы – теракт на одном из участков Московской окружной железной дороги с указанием, что диверсионные группы, уже засланные в Москву и область, не обезврежены (можно предположить, что теракты продолжатся).

В заявлении пресс-службы ложью было абсолютно все, кроме сообщения о взрыве 23 декабря на участке Московской окружной железной дороги. Судя по почерку, и этот теракт был произведен людьми Лазовского. По крайней мере, нельзя считать совпадением то, что уже через четыре дня в Москве был произведен новый теракт: 27 декабря 1994 года в 9 часов вечера внештатный агент ФСБ и служащий фирмы Лазовского «Ланако» Владимир Воробьев – потомственный военный (дед до 1920 года возглавлял Тульский оружейный завод «Арсенал»), кандидат технических наук, сотрудник академии им. Жуковского, работавший над новой системой противоракетной обороны, подполковник – заложил бомбу с дистанционным управлением в автобус на конечной остановке 33-го маршрута «ВДНХ-Южная». Бомба взорвалась, когда автобус был без пассажиров. Пострадал только 23-летний водитель Дмитрий Трапезов. Он получил сильные ушибы и контузию. Стоявшие рядом троллейбусы были иссечены осколками.

Начальник Воробьева Лазовский работал не только на ФСК (ФСБ), но и на СВР (Службу внешней разведки). Куратором Лазовского по СВР был кадровый сотрудник СВР Петр Евгеньевич Суслов, 1951 года рождения. Лазовский был одним из его секретных агентов.

Формально Суслов ушел из разведки в бизнес в 1995 году и с этого времени неоднократно выезжал в охваченный войной Грозный, Багдад, Тегеран, Арабские Эмираты и другие страны Ближнего Востока.

Суслов занимался внесудебными расправами. Для выполнения заданий, связанных с организацией и проведением силовых акций и ликвидаций, Суслов привлекал бывших специалистов из спецподразделений, прежде всего из подразделения специального назначения 1-го (Главного) Управления (ПГУ) КГБ СССР «Вымпел», хорошо владеющих навыками снайперской стрельбы, взрывного дела и обращения с пиротехникой. Вымпеловцы выполняли функции как инструкторов, так и исполнителей. Для финансового обеспечения этой работы был создан специальный фонд «Вымпел». Президентом фонда стал известный в России криминальный «авторитет» Сергей Петрович Кублицкий (уголовная кличка – Воркута). Вице-президентом – Суслов. Одновременно Суслов был председателем совета директоров регионального общественного фонда «Правопорядок-центр» (Москва, ул. Воронцовская, д. 21).

Суслов сохранил обширные связи в государственных силовых структурах, в том числе в руководстве ФСБ. По оперативным данным, полученным по линии Главного управления внутренних дел (ГУВД) по Москве и Московской области, Суслов поддерживал тесный контакт с генерал-майором Евгением Григорьевичем Хохольковым – начальником созданного летом 1996 года Управления перспективных программ (УПП), на базе которого в 1997 году было сформировано Управление разработки и пресечения деятельности преступных организаций (УРПДПО) ФСБ, чаще называемое сокращено УРПО (Управление разработки преступных организаций). Именно здесь в должности начальника направления 3-го отдела УРПО служил подполковник Алексей Кимович Антропов, закончивший школу разведки СВР по линии борьбы с международным терроризмом. Лазовский и Суслов были с Антроповым в хороших отношениях.

На этом самом секретном управлении ФСБ с длинным, непонятным, не запоминающимся и часто меняющимся (из конспирации перед общественностью) названием следует остановиться подробнее. Управление было создано для определения и последующей нейтрализации (ликвидации) источников, представляющих государственную опасность. Иными словами – для внесудебных убийств, провокаций, терактов и похищений. Одним из заместителей Хохолькова был генерал-майор Н. Степанов. Другим заместителем был бывший министр госбезопасности Кабардино-Балкарской республики генерал-майор А.К. Макарычев. В составе УПП было собственное подразделение наружного наблюдения; свой помощник по безопасности – полковник Владимир Симаев; свое подразделение технических мероприятий; два частных детективных охранных агентства (частные охранные предприятия – ЧОП) – «Стелс» («Стеллс») и «Космическая альтернатива». Последнее занималось прослушиванием пейджеров, мобильных телефонов и проведением других оперативно-технических мероприятий. А вот «Стелс» была фирмой легендарной.

Эта частная охранно-детективная структура, как и УПП периодически меняющая свое название, была зарегистрирована на заре перестройки, в 1989 году, жителем Москвы Ивановым, являвшимся агентом 5-го Управления КГБ СССР (впоследствии Управления «З»). Использовался Иванов для борьбы с внутренним терроризмом и находился на связи у сотрудника Управления полковника В.В.Луценко. Это же Управление оперативно обеспечивало создание и функционирование «Стелса». За период с 1989 по 1992 год «Стелс» при содействии Луценко, который решал через ЧОП не столько оперативные, сколько личные вопросы (небезвозмездное обеспечение различного рода «крыш» коммерческим структурам), оброс обширными связями в криминальной и правоохранительной среде и выдвинулся в число известнейших охранных агентств России.

После увольнения из органов в 1992 году Луценко возглавил работу ЧОПа, предварительно переоформив его и став одним из учредителей. Наличие у Луценко устойчивых связей в различных управлениях бывшего КГБ, с одной стороны, и отток из российских спецслужб большого количества опытных оперативных сотрудников, сохранивших в свою очередь собственные наработанные связи и агентурные сети, – с другой позволили Луценко привлечь на работу в «Стелс» высококвалифицированных профессионалов.

По линии своей прошлой оперативной деятельности (борьба с террором) Луценко сохранил устойчивые контакты с представителями бывшего 9-го Управления КГБ (охрана высших руководящих лиц страны). Это позволило Луценко выйти на Коржакова, Барсукова и их окружение и предложить использовать возможности руководимого им «Стелса» в интересах СБП и ФСК для осуществления нетрадиционных форм борьбы с организованной преступностью.

Предложение встретило одобрение, и в скором времени при участии первого заместителя Коржакова генерала Георгия Георгиевича Рогозина была разработана общая программа действий. Программа предполагала использование криминальных структур, экстремистских организаций, отдельных уголовников и переподготовленных бывших военнослужащих спецназа ГРУ МО, МВД и ФСБ для разложения преступных группировок, физической ликвидации уголовных «авторитетов» и лидеров ОПГ.

На практике же все вышло по устоявшемуся российскому принципу: хотели как лучше, а получилось — как всегда. «Стелс» обеспечивала «крышу» различным коммерческим структурам, исполняла различного рода «прессинговые» операции в отношении криминальных и коммерческих конкурентов — вплоть до заказных убийств. Для обеспечения указанной деятельности с подачи Коржакова, Барсукова и Трофимова было нейтрализовано возможное оперативно-уголовное преследование ЧОПа со стороны спецслужб и правоохранительных органов (ФСБ, МВД, налоговой полиции, Генпрокуратуры и т.д). До руководителей всех этих ведомств было доведено содержание изначальной программы, ради которой создавался «Стелс». Было достигнуто понимание в вопросе о том, что силовые структуры не расследуют деятельность «Стелса».

В качестве ударной силы «Стелса» использовалась «измайловская» организованная преступная группировка. Постепенно, с учетом финансовых и кадровых влияний со стороны «измайловской» ОПГ, «Стелс» превратился в «крышу» «измайловской» группировки, а Луценко — в управляемого руководителя. В аналогичном положении оказались и другие частные охранные предприятия, например «Кмети» и «Кобальт». Все они использовались в рамках реализации существующей программы нетрадиционной борьбы с оргпреступностью. Не без их участия был осуществлен ряд достаточно известных заказных убийств уголовных лидеров, коммерсантов и банкиров.

Исполнителями этих акций были наемные убийцы из внештатных спецгрупп. Как правило, все операции отличались высокой профессиональной организацией и исполнением с последующим устранением в случае необходимости самих наемных убийц и лиц, осуществлявших их прикрытие. Расследование данных преступлений правоохранительными органами судебных перспектив не имело. Случайно задержанные исполнители из числа уголовников до суда просто не доживали.

Со временем «Стелс» стал представлять из себя эффективную, оснащенную разнообразной техникой (в том числе специальной) и вооружением (частично нелегальным) охранно-детективную структуру, численность которой доходила до 600 человек. Приблизительно 70% кадрового состава составили бывшие сотрудники ФСБ-СБП, примерно 30% – бывшие сотрудники милиции. После создания в 1996 году Управления перспективных программ «Стелс» был передан в УПП, хотя сохранил определенную автономию.

Главный принцип работы УПП – «проблемный». Есть проблема, и ее нужно решить. Признаки существования такого принципа работы сформулированы в воспоминаниях Павла Судоплатова «Разведка и Кремль» (Москва, 1996), являющихся, кстати сказать, настольной книгой руководства Управления. Примером «проблемного» подхода к решению боевой задачи следует считать убийство президента Чечни Д.М. Дудаева. Те, кто организовывал это убийство, как раз и стояли у истоков создания УПП.

В каком-то смысле убийство Дудаева было заказным. Только заказано оно было руководством государства. Формальный, хотя и устный, приказ на устранение Дудаева поступил от президента России Ельцина.

Предыстория этого решения загадочна. В двадцатых числах мая 1995 года начались неформальные переговоры между российской и чеченской сторонами о прекращении военных действий и подписании мирного соглашения. С чеченской стороны организатором переговоров выступил бывший генеральный прокурор Чечни Усман Имаев. С российской – известный бизнесмен Аркадий Вольский. Российская сторона пыталась уговорить чеченского генерала капитулировать. От имени российского руководства Вольский предложил Дудаеву выехать в любую страну и на любых условиях (как заявил Ельцин: «куда угодно, и чем дальше от России, тем лучше»).

На встрече с Дудаевым Вольский пережил не самые приятные минуты в своей жизни. Дудаев счел себя оскорбленным и был взбешен. Вольского от скорой расправы спас, видимо, только статус парламентера.

И все-таки начатые Вольским и Имаевым переговоры имели свое продолжение. Дудаев сумел договориться с Москвой о приостановке военных действий. Правда, за соответствующий указ с Дудаева затребовали очередную взятку в несколько миллионов долларов. Чтобы спасти людей, Дудаев деньги заплатил. Однако указ о приостановке военных действий российским правительством так и не был подписан. Люди из окружения Ельцина чеченцев «кинули».

Тогда Дудаев приказал Шамилю Басаеву либо вернуть деньги, либо добиться начала мирных переговоров. Басаев с этой задачей справился. В историю эта «разборка» по выколачиванию задолженности из Коржакова – Барсукова – Сосковца вошла под названием: «Захват Шамилем Басаевым 14 июня 1995 года в Буденновске больницы с заложниками». Заложников было больше тысячи.

«Альфа» уже захватила первый этаж больницы и вот-вот должна была расправиться с террористами. Но премьер-министр правительства России В.С. Черномырдин, взявший на себя роль посредника, справедливо рассудил, что чеченцев «кинули» не «по понятиям», пообещал немедленно начать мирные переговоры, настоял на прекращении операции и гарантировал беспрепятственный отход басаевцев вместе с заложниками назад в Чечню. Возможность отбить заложников и уничтожить басаевцев на обратном пути была. Стоявшее наготове спецподразделение внутренних войск «Витязь» только ждало приказа. Но приказа не последовало. Черномырдин дал Басаеву определенные гарантии и не сдержать слова не мог.

3 июля 1995 года президентом Ельциным был подписан

оплаченный Дудаевым указ № 663 «О дислокации органов военного управления соединений, воинских частей, учреждений и организаций вооруженных сил Российской Федерации на территории Чеченской Республики». 7 июля Ельцин подписал второй указ – о порядке реализации указа № 663.

После Буденновска у кремлевских чиновников в списке нежелательных свидетелей, кроме Дудаева, появился еще один человек – Шамиль Басаев. Его решили убрать силами специально созданной для этого оперативно-боевой группы под руководством начальника 3-го (разведывательного) отдела Управления военной контрразведки ФСБ РФ генерал-майора Юрия Ивановича Яровенко.

Тогда же была создана оперативно-боевая группа под командованием Хохолькова (в Чечне он работал под псевдонимом Денисов) для устранения Дудаева. В нее входили капитан 1-го ранга Александр Камышников (будущий заместитель начальника УРПО) и ряд других офицеров. Дислоцировалась группа на военной базе в Ханкале. В команду были введены сотрудники чеченской национальности, например Умар Паша. После ликвидации Дудаева он был переведен с повышением в Москву.

В операции использовалась авиация ГРУ, располагавшая двумя самолетами для наведения ракет по маяку в радиотелефоне; и Дудаеву сумели поменять обычный телефон на телефон с маяком.

22 апреля 1996 года Дудаев с женой Аллой и несколькими сопровождающими выехал из селения Гехи-Чу Урус-Мартанского района на западе Чечни, где они провели ночь, в лес. Для разговоров по телефону он выезжал из селений, так как вдали от населенных пунктов его труднее было запеленговать. Сплошного леса в том районе не было – кустарник и отдельные деревья. Алла Дудаева стала готовить еду. Мужчины стояли в стороне. Дудаев запрещал подходить к нему во время разговоров по телефону, так как ранее был случай, когда во время телефонной связи по нему был нанесен авиаудар. Ракета в цель не попала.

В тот день Дудаев говорил по телефону дольше обычного, как выяснилось – с известным российским бизнесменом и политиком Константином Боровым, который поддерживал с Дудаевым связь до тех пор, пока она не прервалась. Управляемая ракета российского штурмовика Су-24, наведенная на сигнал спутникового телефона Дудаева, разорвалась совсем близко. Дудаеву обожгло лицо, оно было желто-оранжевого цвета. Подъехала машина. Президента Чечни посадили на заднее сиденье, рядом с ним села жена. Дудаев был без сознания. С правой стороны за ухом у него была рана. Не приходя в сознание, он умер.

Похороны Государственный комитет обороны Чечни поручил Лече Дудаеву, племяннику чеченского президента. О месте захоронения Дудаева должен был знать узкий круг лиц, в том числе Зелимхан Яндарбиев, избранный после гибели Дудаева председателем ГКО и исполнявший обязанности президента Чеченской республики до выборов 1997 года. Согласно чеченским источникам, после того как в мае 1996 года в аэропорту города Нальчика были задержаны вдова чеченского президента Алла Дудаева и личный телохранитель Дудаева Муса Идигов, останки чеченского президента срочно перезахоронили. После гибели во вторую чеченскую войну Лечи Дудаева о новом месте захоронения Джохара Дудаева не знает ни один официальный источник.

Устранение Дудаева было, наверное, самой удачной операцией Хохолькова и его группы. Сам Хохольков за выполнение боевой задачи был представлен к званию Героя России, но предпочел награде должность начальника только что созданной новой структуры – УПП – и звание генерал-майора.

Летом 1996 года «Стелс» лишился поддержки в лице государственных структур и оказался полностью под контролем «измайловской» ОПГ. Единственным серьезным контактом Луценко на государственном уровне оставалось УППУРПО, которым руководил генерал Хохольков.

Поглощение оргпреступных группировок силовыми ведомствами руководству ФСБ казалось естественным и разумным шагом. Правда, логика событий все чаще и чаще толкала спецслужбы на путь чистой уголовщины. Теоретически противостоять этому должно было Управление собственной безопасности (УСБ) ФСБ. Однако реально УСБ не могло бороться против массовых преступлений, совершаемых при прямом попустительстве или участии ФСБ и СБП России. Борьбу с организованной преступностью вел теперь только уголовный розыск. В январе 1996 года на работу в Московский уголовный розыск (МУР) был переведен «последний романтик уголовного розыска» – 38-летний Владимир Ильич Цхай.

Глава 3

МУР против ФСБ

Цхай возглавил 12-й отдел, специализирующийся на раскрытии заказных убийств, а уже через десять месяцев стал заместителем начальника МУРа. «Он был сыщиком от Бога, и такого больше не будет», – говорили о нем друзья.

«С Цхаем было легко и интересно работать, – рассказывал следователь по особо важным делам московской городской прокуратуры Андрей Супруненко. – Грамотный, порядочный человек. Из романтиков. Он был связующим звеном между оперсоставом и следствием, верил в то, что можно поднять самые запутанные дела...»

Именно Цхай сумел разоблачить группу, занимавшуюся подделкой удостоверений силовых ведомств. Со стороны ФАПСИ подключилось УСБ этого ведомства под руководством полковника Сергея Юрьевича Барковского. Московский журналист Александр Хинштейн в одной из своих статей, видимо заказанной ФСБ, написал, что изготовлением фальшивых документов руководил сам Лазовский и что именно поэтому у его людей оказались «документы прикрытия» ФСБ, ФАПСИ, ГРУ и МО. Однако это не так. Лазовский к делу о фальшивых служебных удостоверениях, раскрытому Цхаем, вообще не имел отношения. Неудивительно, что Барковский в своем рассказе Лазовского не упоминает, а называет организаторами совсем других людей. Вот что говорит Барковский:

«Отличить фальшивки от настоящих документов оказалось довольно сложно даже для специалистов. Порой «липа» была даже лучшего качества. Экспертиза показала – мастерская явно одна. В результате целого комплекса оперативно-розыскных мероприятий были задержаны четыре очень даже нерядовых человека. Один из них – бывший замначальника отдела КГБ СССР, а ныне глава фирмы с симптоматичным названием «Честь». Другой – руководитель одной из московских типографий, бывший начальник типографии аппарата ЦК КПСС. В их компании был бывший лейтенант ФАПСИ, который в бытность своей службы имел отношение к оформлению пропусков. Предполагается, что именно ему принадлежала идея производства поддельных документов. И один очень талантливый гравер».

Из рассказа Барковского следует, что подделки создавались не бандитами, а бывшим номенклатурным работником (аппарат ЦК КПСС) и сотрудником спецслужбы (ФАПСИ). А если так, нельзя исключить, что и лаборатория по изготовлению качественных подделок была создана с разрешения ФСБ и ФАПСИ и ими же контролировалась.

Но вернемся к Лазовскому. Ликвидация группировки Лазовского в феврале-августе 1996 года стала главной удачей 12-го отдела МУРа.

Кадровый состав группы Лазовского не был сформирован по географическому принципу, как у обычных ОПГ. «Бригада» была интернациональной, что указывало на ее специфику. Под Лазовским работали и чеченцы, и выходцы из Казахстана, и боевики из группировок близлежащих к столице городов. Марат Васильев был москвич, Роман Полонский – из Дубны, Владимир Абросимов – из Тулы, Анзор Мусаев – из Грозного... Группа была хорошоэкипирована.

С 1995 года Лазовский находился в федеральном розыске по ст. 209 (бандитизм) УК РФ. Ему вменялось в вину несколько эпизодов. Так, в декабре 1993 года группировкой Лазовского были убиты инкассаторы, перевозившие деньги для акционерного общества ММСТ, и похищены 250 тысяч долларов.

Тогда же возникли разногласия вокруг сделок, связанных с поставками нефтепродуктов, между «Ланако» и корпорацией «Виктор». 10 января 1994 года неизвестные (очевидно, что по заказу фирмы «Виктор») обстреляли из гранатомета автомобиль председателя правления и директора фирмы «Ланако» Владимира Козловского (давшего первый слог своей фамилии в качестве третьего слога названия фирмы «Ланако»).

Чуть ли не в тот же день взорвалась бомба у двери одного из руководителей «Виктора». 12 января 1994 года у квартиры другого руководителя «Виктора» произошел столь мощный направленный взрыв, что стальная входная дверь влетела в квартиру, пробив встретившуюся на пути стену. По счастливой случайности никто из находившихся в квартире не пострадал. Но в доме начался пожар, соседи были вынуждены выпрыгивать из окон. Двое разбились насмерть, несколько человек получили ранения.

13 января неизвестные приехали в офис «Ланако» в Москве (Переведеновский пер., д. 2, корп. 3), где между ними и сотрудниками «Ланако» произошла перестрелка. Через десять минут после этого прибыл ОМОН, который взял офис штурмом (жертв по счастливой случайности не было), задержал около 60 человек и отвез в отделение, где была сделана видеозапись арестованных. После этого почти всех отпустили. На следующий день в милиции оставались только четыре охранника, имевшие при задержании оружие. Вскоре их судили. Однако за перестрелку с милицией наказание провинившиеся получили мягкое: двоих отпустили из зала суда, двоим дали по году лагерей.

4 марта 1994 года в ресторане «Дагмос» на улице Казакова между боевиками Лазовского и дагестанской банды разыгралось настоящее сражение, в котором с каждой из сторон приняло участие до тридцати человек. В результате были убиты семь человек, двое ранены. Все погибшие – члены так называемой дагестанской ОПГ.

16 июня того же 1994 года возле офиса банка «Кредит-Консенсус» из автоматов были расстреляны три члена таганской преступной группировки. Лазовский потребовал от банка заплатить ему два с половиной миллиарда рублей – проценты от спорной суммы между банком и фирмой «Росмясомолоко». Банк обратился за помощью к таганской преступной группировке, своей «крыше». Когда таганские бандиты отказались платить Лазовскому, произошел бой.

Одно из самых зверских преступлений Лазовский совершил 5 сентября 1994 года. В 1994 году между Лазовским и его партнером – совладельцем Грозненского нефтеперерабатывающего завода (НПЗ) Атланом Натаевым (давшим фирме «Ланако» две первые буквы своей фамилии для второго слога) – начались раздоры. Последний раз Натаева видели примерно в 10 часов вечера 5 сентября 1994 года у метро «Динамо» в темносинем «БМВ» 740-й модели, принадлежащем «Ланако», с двумя телохранителями – Робертом Руденко и Владимиром Липатовым, которые тоже исчезли. В милицию сообщать об исчезновении своих сотрудников Лазовский не стал.

По случайному стечению обстоятельств 7 сентября Региональное управление по борьбе с организованной преступностью (РУОП) под руководством Владимира Донцова произвело в офисе «Ланако» «оперативный досмотр». Во время досмотра сотрудники московского РУОПа обнаружили незарегистрированное оружие, в частности пистолеты ТТ. Однако этот факт не привлек к себе должного внимания. Задержан никто не был.

Как выяснилось позже, Натаев, Руденко и Липатов были похищены Полонским и Щеленковым и отвезены под Москву, на дачу в поселок Академии наук. Там Натаева убили, после чего отрезали у трупа голову. Затем вместе с пленными телохранителями труп вывезли в Ярославскую область, на торфяные болота, где расстреляли и обезглавили Руденко и Липатова. Всех троих зарыли в торф. В 1996 году три трупа выловили из торфа сотрудники МУРа. У Натаева нашли удостоверение офицера генштаба.

18 сентября в Москву прибыл обеспокоенный брат Натаева. Лазовский вызвал его на разговор на автостоянку своего дяди Николая Лазовского на улице Буракова. Хозяин автостоянки отпустил домой охрану, чтобы не было свидетелей, а когда второй Натаев прибыл на встречу, Щеленков, Полонский и Гришин встретили его огнем из автоматов, пистолетов и даже обреза охотничьего ружья. Отстреливаясь, Натаев произвел 14 выстрелов и, перед тем как был убит сам, сразил Полонского и Гришина. Огонь был настолько интенсивным, что на стоянке загорелось несколько машин. Подоспевшая

милиция застала только лужи крови и стреляные гильзы. А еще через несколько минут с подстанции «скорой помощи» поступило сообщение, что у врачей находится труп Полонского. (На улице Короленко шестеро неизвестных перегородили дорогу «Волгой», остановили автомобиль «скорой» и передали медикам тело Полонского).

Группа Лазовского совершила также убийство гендиректора туапсинского нефтеперерабатывающего завода Анатолия Василенко. Василенко, являвшийся давним партнером «Ланако», был застрелен в Туапсе перед собранием учредителей. По оперативным данным, незадолго до этого Лазовский чартерным рейсом летал в Туапсе на встречу с Василенко (в аэропорту Лазовского встречали сотрудники туапсинского ФСБ) и, видимо, не нашел с ним общего языка. Подозревался Лазовский и в похищении в 1996 году депутата Госдумы Ю.А. Полякова. Однако это дело осталось «висяком».

Очевидно, что до перевода Цхая на работу в МУР Лазовского не искали. После взрыва на Яузе «Ланако» не заинтересовались прежде всего потому, что фирма была эфэсбэшной. По сообщению МУРа, «документы прикрытия» использовали почти все члены группы Лазовского, причем речь шла не о подделках, а о подлинных документах. Из этого сотрудники МУРа сделали вывод, что «Ланако» тесно связана со спецслужбами, тем более что сам Лазовский участвовал в операциях по вызволению из чеченского плена сотрудников Лубянки.

Руководителей фирмы «Ланако» неоднократно замечали и даже задерживали в компании офицеров ФСБ, Московским управлением которой в то время заведовал Савостьянов. Личную охрану Лазовского и службу безопасности его фирмы возглавлял действующий офицер Московского управления по незаконным вооруженным формированиям УФСБ майор Алексей Юмашкин. Сотрудниками Юмашкина были офицеры ФСБ Карпычев и Мехков (именно они во время одного из задержаний милицией Лазовского достали удостоверения ФСБ и были вместе с Лазовским отпущены). Близкий друг и соратник Лазовского Роман Полонский носил в кармане удостоверение сотрудника ГРУ и офицера генштаба (когда 18 сентября 1994 года Полонского застрелили на автостоянке на улице Буракова, на поясе у него висела кобура, а в кармане лежало удостоверение сотрудника ГРУ Минобороны России).

В феврале 1996 года оперативники МУРа выследили Лазовского в Москве на квартире некоего Тростанецкого, проживавшего на Садово-Самотечной улице. Во дворе этого дома Лазовского и его телохранителя Марселя Харисова арестовали при посадке в джип, за рулем которого сидел Юмашкин. Задерживал Лазовского лично Цхай. Он же добился санкции на арест и обыск. При обыске у Лазовского нашли 1,03 г кокаина и заряженный пистолет ПМ, а в квартире Тростанецкого изъяли револьвер, гранату и охотничье ружье. Наркотики и незарегистрированный пистолет ТТ муровцы нашли также у Харисова. Обоих отвезли в следственный изолятор (СИЗО) ФСБ в Лефортово, где на вопросы следователей они отвечать отказались. Юмашкина забрал из-под ареста дежурный офицер УФСБ.

Кроме МУРа, разработкой Лазовского занимался 1-й отдел Управления по борьбе с терроризмом (УБТ) ФСК РФ. С 1994 года дело это вел старший оперуполномоченный по особо важным делам майор Евгений Макеев. Начальником 1-го отдела в то время был Александр Михайлович Платонов. Уже тогда оперативные работники понимали, что такое Лазовский и кто за ним стоит, поэтому Платонов предупредил Макеева, что дело важное и сложное, посадил его в маленький кабинет на девятом этаже реконструированного старого здания Лубянки вместе с еще одним сотрудником и попросил материалы дела оперативного учета ни с кем не обсуждать. Сотрудником, оказавшимся в кабинете Макеева, был Александр Литвиненко. Именно от Макеева он впервые услышал, что Московское управление ФСБ превратилось в банду преступников.

Однако в 1995 году Платонова отстранили от оперативной работы. Начальником отдела стал подполковник Евгений Александрович Колесников (сегодня он уже генерал-майор), пришедший в ФСБ из ФСО после того, как в июне 1995 года

Барсуков был назначен директором ФСБ. Работа по разработке группировки Лазовского в ФСБ была блокирована. Санкции на проведение мероприятий по Лазовскому продолжал давать только заместитель начальника отдела полковник Анатолий Александрович Родин, назначенный еще при Платонове. Тогда Родина и Макеева уволили.

Всего по делу Лазовского и «Ланако» МУРом были установлены как причастные к банде Лазовского шесть оперативников Московского УФСБ, что не осталось незамеченным журналистами. 11 ноября 1996 года «Новая газета» опубликовала запрос депутата Госдумы, заместителя главного редактора «Новой газеты» Юрия Щекочихина:

«Директору ФСБ Российской Федерации Ковалеву Н.Д.

Копии: Министру МВД Российской Федерации
Куликову А.С.
Генеральному прокурору Российской Федерации
Скуратову Ю.И.
Главе Администрации Президента Российской Федерации Чубайсу А.Б.

В Комитет по безопасности Государственной думы России на мое имя поступило письмо от одного из высокопоставленных офицеров МВД РФ. В нем, в частности, утверждается, что "в последнее время намечается тенденция сращивания организованных преступных группировок с сотрудниками правоохранительных органов и спецслужб". Для того чтобы иметь возможность подтвердить или опровергнуть вывод, сделанный автором письма, прошу Вас ответить на ряд нижеследующих вопросов:

1. Числятся ли в личном составе УФСБ по Москве и Московской области названные в письме люди: Карпычев С.Н., Мехков С.Н., Юмашкин А. А., Абовян Э.А., Дмитриев Л.А., Докукин А.А.?

2. Правда ли, что ранее судимый президент фирмы "Витязь", специализирующейся на операциях с нефтью,

Сергей Петрович Кублицкий с прошлого года использует в качестве личных телохранителей сотрудников УФСБ РФ по Москве и Московской области Карпычева С.Н. и Мехкова С.Н. и в их сопровождении неоднократно встречался с руководством Туапсинского нефтеперерабатывающего завода и представителями фирмы "Атлас", владеющей контрольным пакетом акций НПЗ?

3. Правда ли, что следователи прокуратуры г. Краснодара неоднократно пытались допросить в качестве свидетеля по уголовному делу об убийстве директора Туапсинского НПЗ сотрудника УФСБ по Москве и Московской области майора Юмашкина А.А., выполняющего в том числе функции личной охраны лидера межрегиональной преступной группировки Лазовского М.М., но так и не смогли этого сделать? Насколько соответствуют действительности сведения о том, что, начиная с 1994 года, майор Юмашкин А.А. является близким деловым партнером Лазовского и неоднократно вместе с ним приезжал в г. Туапсе и г. Краснодар, где они вдвоем решали вопросы, связанные с нефтяным бизнесом?

4. Правда ли, что 17 февраля текущего года работниками МВД РФ вместе с Кублицким С.П. и Лазовским М.М. были задержаны сотрудники УФСБ РФ по Москве и Московской области Юмашкин А.А., Карпычев С.Н., Мехков С.Н.? Если да, то насколько верно то, что после проверки предъявленных Карпычевым и Мехковым удостоверений сотрудников ФСБ их обоих отпустили? Были ли уведомлены о задержании сотрудников УФСБ по Москве и Московской области руководство ФСБ РФ и первый заместитель министра МВД РФ генерал-лейтенант Колесников В.И.? Действительно ли арестованный Лазовский подозревается правоохранительными органами и Прокуратурой РФ в совершении ряда заказных убийств? Допрашивался ли по ходатайству специалистов из правоохранительных органов Краснодарского края, расследующих убийство директора Туапсинского НПЗ, задержанный Кублицкий?

5. Правда ли, что 16 октября прошлого года сотрудники Московского РУОП задержали Янина А.Н., 1958 г.р., проживающего в Москве, среди изъятых документов которого находилась квитанция на сданный в камеру хранения Центрального аэровокзала багаж? Верно ли, что в багаже Янина милиционеры обнаружили не значащиеся в картотеке МВД РФ 5 автоматов АКС-74У, 5 магазинов к АКС, 30 патронов калибра 5,45 и 3 патрона калибра 7,62? Справедливо ли утверждение о том, что это оружие было изъято у преступных группировок и, согласно документам, хранилось в УФСБ по Москве и Московской области? Истинна ли информация о том, что, после того как в СКМ [Служба криминальной милиции] "Аэропорт" 17.10.95 следователем Шолоховой в отношении Янина А.Н. было возбуждено уголовное дело номер 1646 по ст. 218 4.1 УК РСФСР, в РУОП прибыли два сотрудника службы по борьбе с незаконными вооруженными формированиями и бандитизмом УФСБ по Москве и Московской области, один из которых, полковник Эдуард Арташесович Абовян, добился освобождения из-под стражи задержанного Янина? Если да, то имел ли полковник Абовян, настаивая на освобождении Янина, основания утверждать и утверждал ли вообще, что он выполняет задание своего непосредственного начальника – генерала Семенюка, причем с ведома первого заместителя директора ФСБ РФ, начальника УФСБ по Москве и Московской области генерала Трофимова? Имеет ли полковник Абовян свободный доступ к специальной технике и оружию, находящимся в распоряжении УФСБ по Москве и Московской области, в том числе к изделию "Грач-Гранит"? Какое отношение, если оно существует, имеет полковник Абовян к коммерческой деятельности банка "Мосинрасчет" и комбината "Тверское пиво"?

6. Правда ли, что 17 октября с. г. сотрудники РООП Северного округа г. Москвы задержали машину БМВ-525 со съемными номерами 41-34 МОК, которой ранее активно пользовался уже упоминавшийся мною Кублицкий С.П., в криминальных кругах больше известный как Воркута?

Находились ли в задержанном автомобиле не имевшие на него никаких документов водитель и три пассажира, предъявившие сотрудникам РООП два удостоверения работников УФСБ по Москве и Московской области: на имя капитана Дмитриева Л.А. и прапорщика Докукина А.А., после чего были отпущены?

С уважением
Юрий Щекочихин,
член Комитета по безопасности
Государственной думы РФ».

Упомянутый в запросе Щекочихина полковник ФСБ Абовян, работавший в отделе по борьбе с незаконными бандитскими формированиями, был куратором Лазовского по линии ФСБ.

23 ноября 1996 года первый заместитель министра внутренних дел Владимир Колесников направил Щекочихину в комитет Госдумы ответ, в котором сообщил:

«Действительно... в ходе проведенных в г. Москве мероприятий по захвату вооруженных преступников, помимо Лазовского, в числе доставленных в органы внутренних дел оказались лица, предъявившие удостоверения личности от имени правоохранительных и иных государственных служб... Принятыми мерами в настоящее время Лазовскому и другим соучастникам вменяется более 10 умышленных убийств в различных регионах России»...

Итак, Колесников ушел от ответов на конкретные вопросы, поставленные в запросе Щекочихина. Оставалось только ждать суда над преступниками.

Дважды со Щекочихиным встречался директор ФСБ Ковалев. В конце года Щекочихин получил от него два ответа – одинаковых по сути. Один, секретный, остался в архивах Госдумы. Другой, открытый, Щекочихин сделал достоянием общественности:

«По фактам и обстоятельствам, изложенным в депутатском запросе в «Новой газете», Федеральной службой безопасности проведено служебное расследование... Как показало разбирательство, в их [сотрудников УФСБ] действиях имели место определенные отступления от требований ведомственных нормативных актов, что в сочетании с недостатком практического опыта и профессионализма и могло послужить причиной инцидента, привлекшего Ваше внимание.

При этом особую озабоченность вызывает то обстоятельство, что конфликт произошел между сотрудниками двух ведомств, ведущих оперативно-служебную деятельность в криминальной среде. Вместе с тем, несмотря на это досадное недоразумение, основная задача решена – банда Лазовского обезврежена...»

Особую озабоченность Ковалева вызвало не сотрудничество УФСБ Москвы и Московской области с организованными преступными группировками, террористами и криминальными «авторитетами», а действия сотрудников МУРа во главе с Цхаем. Что касается самих сотрудников УФСБ, то в их поведении Ковалев усмотрел лишь «определенные отступления от требований ведомственных нормативных актов». По-своему Ковалев был прав. Принципиальной разницы между сотрудниками спецслужб и боевиками Лазовского он не видел, а потому искренне не мог понять Щекочихина.

Служебного расследования по линии ФСБ, разумеется, никто не проводил, уволен никто не был. Абовяну, кажется, изменили фамилию и оставили на службе. В суд или военную прокуратуру материалы проверок переданы не были. От первого заместителя главного военного прокурора генерал-лейтенанта юстиции Г.Н.Носина был получен ответ следующего содержания: «По результатам проверки в отношении офицеров УФСБ по Москве и Московской области, упомянутых в письме, в возбуждении уголовного дела отказано». Про Юмашкина московское УФСБ на запрос корреспондента «Коммерсанта» честно сообщило, что Юмашкин выполнял спецзадание по контролю за действиями банды Лазовского. В 1997 году майор Юмашкин все-таки засветился и стал фигурантом в уголовном деле по факту заказных убийств, возбужденном Таганской прокуратурой Москвы. Но, поскольку, видимо, и при организации заказных убийств Юмашкин выполнял очередное спецзадание, он продолжал служить в московском УФСБ и в 1999 году получил очередное воинское звание подполковника.

Единственной жертвой депутатского запроса Щекочихина стал начальник московского УФСБ, заместитель директора ФСБ России Анатолий Трофимов, отстраненный от должности в феврале 1997 года. Пресс-секретарь президента России Сергей Ястржембский заявил, что Трофимова отстранили «за грубые нарушения, вскрытые проверкой Счетной палаты РФ, и упущения в служебной деятельности».

Согласно другой версии, Трофимова уволили как раз за то, что он попытался разобраться в сути запроса Щекочихина. Рассказывают, что, прочитав запрос, Трофимов вызвал к себе одного из замов и приказал ему подготовить бумаги на увольнение всех упомянутых в нем сотрудников. А в результате уволили самого Трофимова, воспользовавшись скандалом, вызванным арестом двух его подчиненных. Они были арестованы МУРом и Главным управлением по незаконному обороту наркотиков за торговлю кокаином. Трофимов был уволен через два дня после того, как СМИ сообщили о задержании наркодельцов со служебными удостоверениями офицеров московского УФСБ.

Следует подчеркнуть, что тема вовлечения конкретных сотрудников (и ФСБ в целом) в террористическую деятельность, списываемую на чеченцев, не поднималась ни в запросе Щекочихина, ни в ответах официальных лиц. На суде никто из сотрудников силовых ведомств, обвиненных согласно заявлению Колесникова в общей сложности в более чем десяти убийствах, найден виновным не был. 31 января 1997 года Лазовский и Харисов предстали перед Тверским судом, который длился всего три дня. Подсудимых обвинили в хранении оружия, наркотиков и подделке документов ФАПСИ и МО. О терактах и заказных убийствах никто из прокуроров и судей не заикнулся. Адвокаты справедливо доказывали, что подделки документов не было, так как подсудимые носили подлинные документы сотрудников спецслужб и силовых ведомств, – и пункт о подделке документов из обвинения пришлось исключить. В уголовном деле вообще не было данных об использовании подсудимыми фальшивок (что само по себе явилось веским аргументом в пользу слияния структур Барсукова – Ковалева – Лазовского). Хранение и перевозка наркотиковтакже исчезли из обвинения, иначе Лазовского и Харисова пришлось бы судить за наркотики, а это серьезная статья.

Адвокат Лазовского Борис Кожемякин пытался отвести и обвинение в хранении оружия. Он утверждал, что в момент задержания Лазовский и Харисов находились вместе с сотрудником УФСБ Юмашкиным, с которым провели значительную часть дня, что Лазовский и Харисов находились при исполнении задания спецслужб и именно для этого они получили оружие и «документы прикрытия». Однако вопрос о сотрудничестве Лазовского и Харисова со спецслужбами судью Елену Сташину почему-то не заинтересовал, а представители УФСБ явиться в суд отказались. В результате подсудимые все-таки были признаны виновными в незаконном хранении оружия и приговорены беспристрастным судом к двум годам лишения свободы и штрафу в 40 млн рублей каждый. Выслушав приговор, Борис Кожемякин заявил, что рассчитывал на более мягкое наказание.

Свой срок Лазовский отбывал в одной из зон под Тулой вместе с подельником – телохранителем Харисовым (что категорически запрещает инструкция). В зоне Лазовский вербовал из числа уголовников в свою группу новых боевиков, штудировал Библию и даже написал трактат о благоустройстве России. В феврале 1998 года он вышел, так как ему зачли время, проведенное под следствием.

Между тем к лету 1996 года Россией была проиграна война в Чечне. Военные действия нужно было прекращать, а с чеченскими сепаратистами – вести политические переговоры. С большим трудом развязанный спецслужбами межнациональный конфликт на Северном Кавказе грозил завершиться мирным соглашением.

Чтобы сорвать мирные переговоры, ФСБ провела в Москве серию терактов. Поскольку взрывы без жертв на москвичей должного впечатления не производили, ФСБ приступила к терактам с жертвами. Обратим еще раз внимание на то, насколько своевременно производятся теракты сторонниками войны и насколько невыгодны они сторонникам мира в России и самим чеченцам.

11 июня 1996 года в десятом часу вечера на Серпуховской линии московского метро, станция «Тульская», прогремел взрыв в полупустом вагоне поезда. Четверо погибли, двенадцать человек были госпитализированы. 11 июля, ровно через месяц, происходит теракт в троллейбусе 12-го маршрута на Пушкинской площади: шестеро раненых. На следующий день, 12 июля, взрывом уничтожается троллейбус 48-го маршрута на проспекте Мира. Двадцать восемь человек ранены. По Москве упорно распространяется информация о «чеченском следе» терактов (хотя террористов не поймали и, соответственно, не определили, чеченцы они или нет). Мэр города Юрий Лужков прямо на месте взрыва последнего троллейбуса, до проведения предварительного расследования, объявил, что выселит из Москвы всю чеченскую диаспору, хотя у мэра не было никаких доказательств.

Однако вторая волна террора, как и первая, не привела к резким изменениям в общественном мнении. В начале августа 1996 года боевики с боями прорвались в Грозный, а в конце августа секретарем СБ Александром Лебедем и новым президентом Чечни Асланом Масхадовым были подписаны Хасавюртовские соглашения. Сторонники войны в Чечне проиграли. Террористические акты в Москве прекратились – до начала новой операции ФСБ по разжиганию очередной чеченской войны.

Кто именно из сотрудников ФСБ организовывал взрывы в Москве летом 1996 года, сказать трудно. Лазовский был под арестом. Но очевидно, что в распоряжении ФСБ было много аналогичных структур, причем не только в Москве. Так, 26 июня 1996 года газета «Сегодня» опубликовала заметку об эфэсбешной преступной организации в Санкт-Петербурге. Она состояла «преимущественно из бывших сотрудников КГБ». Создав несколько фирм, бывшие чекисты кроме «чистой» коммерции торговали пистолетами, взрывчаткой и наркотиками, а также занимались переправкой из Германии в Россию угнанных «Мерседесов» и «БМВ».

Наконец, взрывы в Москве могли организовывать оставшиеся на свободе люди группировки Лазовского. Основания для этой версии серьезные.

В феврале 1996 года в Москве возле ломбарда на Большой Спасской улице сотрудники МУРа при попытке продать револьвер «Таурус» задержали некоего Владимира Акимова, оказавшегося бывшим шофером Лазовского. Под влиянием сообщений СМИ о новой волне терактов на транспорте в Москве в июне-июле 1996 года находящийся под следствием Акимов стал давать показания о взрыве автобуса 27 декабря 1994 г. «Сегодня, находясь в СИЗО-48/1 и видя политическую ситуацию по телевизору, – писал Акимов, – считаю своим долгом сообщить о взрыве автобуса...»

Акимов сообщил, что 27 декабря вместе с Воробьевым выехал на «рекогносцировку» к автобусной остановке «ВДНХ-Южная» на «Жигулях». Были намечены пути отхода. Вечером того же дня на той же машине, оставив ее недалеко от конечной автобусной остановки, Акимов и Воробьев вернулись на проспект Мира, где сели в «ЛиАЗ» 33-го маршрута. Когда в автобусе осталось несколько пассажиров, показал далее Акимов, он и Воробьев заложили бомбу мощностью в 400 г аммонита под сиденье у правого заднего колеса. Выйдя на конечной остановке, Акимов пошел прогревать машину, а Воробьев привел бомбу в действие с помощью дистанционного устройства.

Утром 28 августа 1996 года к тому времени отставной подполковник Воробьев был арестован Цхаем в момент, когда шел на встречу с сотрудником ФСБ, и доставлен в МУР на Петровку, 38, где он, если верить приговору суда, все без утайки рассказал столичным сыщикам, в том числе и то, что является внештатным сотрудником ФСБ.

Вскоре Акимов от своих показаний отказался, хотя они были даны в письменной форме. Отказался от своих показаний и Воробьев. Мосгорсуд под председательством Ирины Куличковой, очевидно, под давлением ФСБ, снял с Акимова обвинение в соучастии в теракте и приговорил к трем годам за незаконную продажу револьвера. Так как обвинительный приговор выносился в конце апреля 1999 года и свои три года он провел под следствием, Акимов вышел из зала суда на волю.

Воробьев, в свою очередь, был приговорен к пяти годам лагерей. Суд был закрытым. В зал заседаний не пустили даже родственников подсудимого. ФСБ дала Воробьеву как своему сотруднику положительную характеристику, которая была подшита в уголовное дело. В последнем слове Воробьев заявил, что дело против него сфабриковано теми, кто хочет бросить тень на ФСБ и на него как внештатного агента спецслужбы. Сам приговор он объявил «издевательством над спецорганами». Позже Верховный суд РФ снизил Воробьеву срок до трех лет (которые Воробьев к тому времени фактически провел в заключении). В конце августа 1999 года Воробьев вышел, хотя и Акимов, и следователи считали его причастным к терактам 1996 года. ФСБ еще раз доказала, что не бросает своих сотрудников и в конечном итоге добивается их освобождения.

О причастности к летним взрывам группировки Лазовского Цхаю стало известно из еще одного источника – от Сергея Погосова. В конце лета – начале осени 1996 года от оперативного источника была получена информация, что в Москве в центре города (в районе Нового Арбата, недалеко от Дома книги и кинотеатра «Октябрь») в квартире 100–150 кв. м на верхнем этаже проживает некто Сергей Погосов. В квартире на первом этаже того же дома находился офис его фирмы. По имевшимся оперативным данным, Погосов был непосредственно связан с Лазовским и его боевиками. Были установлены и взяты на контроль телефоны Погосова: домашний 203-1469, рабочий 203-1632 и мобильный 960-8856. Они прослушивались в течение двух недель по заданию 1-го отдела Управления антитеррористического центра (АТЦ) ФСБ (бывший УБТ). Из прослушивания стало известно, что Погосов оплачивает адвокатские расходы арестованного Лазовского и собрал крупную сумму на взятки для его освобождения. На квартире Погосова также хранились деньги, предназначавшиеся для боевиков Макса.

Информация была доложена Цхаю, который лично получил в прокуратуре санкцию на проведение обыска в квартире и офисе Погосова в рамках расследования уголовного дела Лазовского. Через несколько дней обыск был проведен 12-м отделом МУРа совместно с 1-м отделом АТЦ ФСБ РФ (бывшими подчиненными Платонова). Обыск длился почти до утра. В квартире Погосова под кроватью нашли мешок, в котором находились 700 тысяч долларов. Рубли никто даже не брался подсчитывать, так как они лежали везде, даже на кухне в банках из-под крупы. Кроме того, в квартире обнаружили кокаин (подруга Погосова была наркоманкой). В офисе на первом этаже были найдены мобильные телефоны, один из которых был зарегистрирован на Лазовского. Погосова и его подругу забрали в милицию, но в тот же день арестованных увез сотрудник московского УФСБ. Изымать деньги милиция не стала. Налоговики заявили, что к ним все это не имеет отношения, и вообще не приехали. Уголовного дела по факту обнаружения кокаина не завели. Получалось, что ни деньги, ни хозяин квартиры никого не заинтересовали.

Зная нравы, царящие в российских силовых ведомствах, Погосов решил, что пришедшие к нему люди его вывезут и убьют. Чтобы спасти себя, он дал подписку о готовности сотрудничать (под псевдонимом Григорий) и рассказал одному из оперативных сотрудников о делах Лазовского и его связях в московском УФСБ.

От Макса Погосов знал, что его бригада — не бандиты, а скорее секретное воинское подразделение, решающее государственные задачи, устраняющее людей по приказу, организующее провокации и террористические акты. «Макс» был только исполнитель. Исходят приказы от руководства.

На вопрос о деньгах Погосов сообщил, что деньги — Лазовского, что сам Погосов — посредник, а легальным прикрытием деятельности является поставка в Россию сигарет «Парламент», что само по себе дает неплохой доход. Погосов высказал мнение, что Лазовский скоро выйдет на волю, так как не раскололся на следствии, никого не сдал, вел себя «достойно». В деятельность группировки Погосов искренне советовал не вмешиваться, объяснив, что в противном случае у Цхая возникнут серьезные проблемы.

Через несколько дней после освобождения Погосова у него состоялась вторая и последняя встреча с завербовавшим его оперативным сотрудником. Прежде всего Погосов предложил деньги в обмен на возвращение подписки о сотрудничестве. Он рассказал, что кураторы из московского УФСБ были крайне недовольны его подпиской и предложили Погосову документ «выкупить». Прямые угрозы были высказаны кураторами из московского УФСБ в адрес Цхая.

Расписку Погосову не вернули, взятку не приняли. На следующий день о вербовке агента Григория было официально доложено начальству. А еще через несколько дней в кабинете оперативного сотрудника, завербовавшего Погосова, раздался звонок из московского УФСБ. Звонили по поручению руководства и вежливо посоветовали оставить Погосова в покое, угрожая в противном случае расследованием о якобы похищенных во время обыска у Погосова деньгах.

Григория оперативный сотрудник больше не видел. Агентурных сведений от него не получал. 12 апреля 1997 года в возрасте 39 лет Цхай скоропостижно скончался от цирроза печени, хотя не пил и не курил. Ходят слухи, что он был отравлен ФСБ именно потому, что докопался до истинных руководителей группировки Лазовского и понял, кто именно организовывал в Москве взрывы летом 1996 года. Яды типа того, которым могли отравить Цхая, готовились в специальной лаборатории ФСБ, находящейся, по некоторым данным, в Москве по адресу Краснобогатырская улица, д. 42. В этом же здании, говорят, печатались и высококачественные фальшивые доллары, которыми ФСБ расплачивалась за заказные убийства и другие контрразведывательные операции. Лаборатории эти существовали еще с советских времен (считалось, что доллары печатаются на случай войны).

15 апреля 1997 года после отпевания в Богоявленском соборе Цхай был похоронен на Ваганьковском кладбище. Дело о группировке Лазовского после смерти Цхая распалось на эпизоды. Предположительно группировкой Лазовского занимались затем по линии МУРа Петр Астафьев, Андрей Потехин, Игорь Травин, В. Будкин, А. Базанов, Г. Богуславский, В. Бубнов, А. Калинин, а также следователь по особо важным делам Управления по расследованию бандитизма и убийств Мосгорпрокуратуры Андрей Борисович Супруненко, впервые допрашивавший Лазовского еще в 1996 году.

После освобождения в феврале 1998 года Лазовский купил себе роскошный особняк в элитном поселке Успенское Одинцовского района Подмосковья (по Рублевскому шоссе), создал фонд «содействия миру на Кавказе» под названием «Единение», в котором занял должность вице-президента, и продолжал сотрудничать со спецслужбами. Разрабатывал Лазовского в тот период сотрудник Управления уголовного розыска ГУВД Московской области Михаил Фонарев. Однако подробности о деятельности Лазовского в 1998–2000 годах неизвестны.

Глава 4

Николай Платонович Патрушев

Биографическая справка

Если в первую чеченскую войну 1994–1996 годов госбезопасность пыталась предотвратить разворот России в сторону либерально-демократического развития, политическиеЕ задачи второй войны были куда серьезней: спровоцировать Россию на войну с Чечней и в начавшейся суматохе захватить власть в России на ближайших (2000 года) президентских выборах. «Честь» разжигания войны выпала на долю нового директора ФСБ генерал-полковника Патрушева.

Патрушев родился 11 июля 1951 года в Ленинграде. В 1974 году окончил приборостроительный факультет Ленинградского Кораблестроительного института. Был распределен в институтское конструкторское бюро, где работал инженером, но буквально через год, в 1975 году, был приглашен в КГБ. Окончил годичные курсы повышения квалификации Высшей школы КГБ СССР по специальности «правовед». После окончания курсов служил в Ленинградском управлении. Был младшим уполномоченным, начальником городского отделения, заместителем начальника райотдела, начальником службы по борьбе с контрабандой и коррупцией Управления КГБ по Ленинграду и области. К 1990 году дослужился до чина полковника. До 1991 года состоял в коммунистической партии.

В 1990 году Патрушев был переведен в Карелию, где сначала возглавил местное управление контрразведки. С июня 1992 года был министром безопасности Карелии. В 1994 году директором ФСК стал ленинградец Степашин, забравший

Патрушева в Москву на должность руководителя одного из ключевых подразделений Лубянки – Управления собственной безопасности ФСК РФ. УСБ ФСК – контрразведка в контрразведке, отдел по сбору компромата на сотрудников ФСК. Начальник УСБ – самое доверенное лицо директора ФСК-ФСБ и подчиняется лично директору.

Переводом в Москву Степашин спас Патрушева от серьезного скандала. В Карелии он попался на хищении и контрабанде дорогостоящей карельской березы, причем по факту преступления прокуратура Петрозаводска возбудила уголовное дело, где изначально Патрушев проходил свидетелем. В ходе следствия, однако, фактически была доказана его вина как соучастника. Вот тут-то Степашин и перевел Патрушева в Москву на очень высокий пост. Для прокуратуры Карелии Патрушев стал недосягаем. Начальник УФСБ по Республике Карелии, Василий Анкудинов, который мог бы нам многое рассказать о карельской березе, удачно для Патрушева скончался на 56-м году жизни 21 мая 2001 года.

В июне 1995 года Степашина на посту директора ФСК сменяет Михаил Барсуков. Барсукова летом 1996 – Николай Ковалев. Но Барсуков и Ковалев не считают Патрушева своим человеком и не продвигают по службе. Тогда знавший Патрушева по Ленинграду Владимир Путин, возглавивший к тому времени Главное контрольное управление (ГКУ) президента, приглашает своего старого знакомого на должность первого зама.

Дальнейший стремительный рост карьеры Патрушева связан с возвышением Путина. Став в мае 1998 года первым заместителем главы кремлевской администрации, Путин продвигает Патрушева на вакантное место начальника ГКУ президента. В октябре того же года Патрушев возвращается на Лубянку сначала заместителем Путина, назначенным на эту должность указом Ельцина 25 июля 1998 года, а затем первым заместителем директора ФСБ Путина.

29 марта 1999 года Ельцин назначает Путина секретарем Совета безопасности РФ, сохраняя за ним должность директора ФСБ, а 9 августа 1999 года – премьер-министром России.

Подводя итог первым месяцам его правления, «Новая газета» писала:

«Давным-давно в весьма демократической стране престарелый президент вручил должность канцлера (премьера) молодому энергичному преемнику. После этого загорелся рейхстаг... Историки так и не ответили на вопрос, кто его поджег, история показала, кому это было выгодно». В России же «престарелый Гарант вручил должность премьер-министра преемнику, которому еще предстоит демократично избраться. Тут же взорвались жилые дома, началась новая чеченская война, которую воспевают оберлжецы».

Эти потрясшие страну события очевидным образом связаны с выдвижением еще одного человека: в день, когда премьер-министром России стал Путин, Патрушев получил пост директора Федеральной службы безопасности.

И началось...

Глава 5

Провал ФСБ в Рязани

Здесь почерк абсолютно ясен: что приискивались помещения, желательно подвальные либо на первых этажах, они снимались под видом складирования того или иного товара, и туда завозилась взрывчатка. Я так полагаю, что в течение суток-двух это спокойно можно было завезти и подготовить к взрыву. Она доставлялась сюда под видом мешков с сахаром.

Генерал Александр Зданович
Директор Центра общественных связей ФСБ
о взрывах домов в Москве

Очень важно, когда совершается преступление, задерживать сотрудников именно по горячим следам.

Николай Патрушев – о событиях в Рязани
«Итоги», 5 октября 1999 г.

В сентябре 1999 года в Буйнакске, Москве и Волгодонске произошли чудовищные террористические акты. Однако начнем с теракта, который мог оказаться самым страшным, но был предотвращен. 22 сентября случилось незапланированное: в Рязани сотрудники ФСБ были замечены при закладывании «сахарных» мешков с гексогеном в спальном микрорайоне Дашково-Песочня.

В 21.15 водитель футбольного клуба «Спартак» Алексей Картофельников – житель дома № 14/16 по улице Новоселов, одноподъездной двенадцатиэтажки, построенной более двадцати лет назад, позвонил в Дашково-Песочнинское отделение Октябрьского РОВД (районное отделение внутренних дел) Рязани. Он сообщил, что десять минут назад видел у подъезда своего дома, где на первом этаже находится круглосуточный магазин «День и ночь», «Жигули» пятой или седьмой модели белого цвета с московскими номерами Т 534 ВТ 77 RUS. Машина въехала во двор и остановилась. Мужчина и молодая женщина вышли из салона, спустились в подвал и через некоторое время вернулись. Потом машина подъехала вплотную к подвальной двери, и все трое пассажиров начали перетаскивать внутрь какие-то мешки. Один из мужчин был с усами. Женщина была в тренировочном костюме. Затем все трое сели в машину и уехали.

Отметим, что сам Картофельников действовал оперативно. Нерасторопно сработала милиция.

«Эти белые "Жигули-семерку" я увидел, когда шел из гаража,– вспоминал Картофельников. – По профессиональной привычке обратил внимание на номера. Вижу – на них номер региона заклеен бумагой, а на ней – рязанская серия 62. Побежал домой – в милицию звонить. Набрал 02, а там мне с такой ленцой отвечают: "Звони по такому-то телефону". Звоню туда – занято. Минут десять номер набирал, пока дозвонился. За это время террористы успели мешки в подвал занести и детонаторы поставить. [...] Если бы я сразу дозвонился до милиции, [...] террористов задержали бы прямо в машине».

Приехавшие в 21.58 по московскому времени сотрудники милиции под командой прапорщика милиции Андрея Чернышева обнаружили в подвале жилого 77-квартирного дома три 50килограммовых мешка из-под сахара. Чернышев, первым вошедший в заминированный подвал, вспоминает:

«Около десяти поступил сигнал от дежурного: в доме на улице Новоселов, 14/16, видели выходящих из подвала подозрительных людей. Возле дома нас встретила девушка, которая и рассказала о человеке, вышедшем из подвала и уехавшем на машине с заклеенными номерами. Одного милиционера я оставил у подъезда, а с другим спустился в подвал. Подвал в этом доме глубокий и полностью залит водой. Единственное сухое место – маленький закуточек, такой каменный чулан. Посветили фонариком – а там несколько мешков из-под сахара, сложенных штабелем. Верхний мешок надрезан, и виднеется какое-то электронное устройство: провода, обмотанные изолентой, часы... Конечно, с нами сразу шок небольшой был. Выбежали из подвала, я остался охранять вход, а ребята пошли жителей эвакуировать. Минут через пятнадцать подошло подкрепление, приехало начальство из УВД. Мешки с взрывчаткой доставали сотрудники МЧС в присутствии представителей ФСБ. Конечно, после того как наши взрывотехники их обезвредили. Никто не сомневался, что ситуация была боевая».

Итак, один из мешков был надрезан. Внутрь вложен часовой взрыватель кустарного производства. Он состоял из трех батареек, электронных часов и самодельного детонатора. Взрыватель был установлен на 5.30 утра четверга. Взрывотехники инженерно-технологического отдела милиции УВД Рязанской области под руководством начальника отдела старшего лейтенанта милиции Юрия Ткаченко за одиннадцать минут обезвредили бомбу и тут же, примерно в 11 вечера, произвели пробный подрыв смеси. Он не вызвал детонации то ли из-за малого количества пробы, то ли из-за того, что саперы взяли пробу вещества с верхних слоев, тогда как основная концентрация гексогена могла находиться внизу мешка. Экспресс-анализ находящегося в мешках вещества, произведенный с помощью газового анализатора, показал «пары взрывчатого вещества типа гексоген». Ошибки быть не могло: приборы были современными и исправными, а квалификация специалистов, проводивших исследования, высокой.

Внешне содержимое мешков не было похоже на сахарный песок. Свидетели позднее в один голос утверждали, что в мешках было вещество желтого цвета, в гранулах, напоминавших мелкую вермишель. Именно так выглядит гексоген. Пресс-центр МВД России 23 сентября также сделал заявление о том, что «при исследовании указанного вещества обнаружено наличие паров гексогена», а взрывное устройство обезврежено. Иными словами, в ночь на 23 сентября силами местных экспертов было определено, что взрыватель был боевым, а «сахар» – взрывчатой смесью.

«Наш предварительный осмотр показал наличие взрывчатых веществ. [...] Мы считали, что угроза взрыва была реальна», – заявил впоследствии начальник Октябрьского РОВД Рязани подполковник Сергей Кабашов.

Дом № 14/16 по улице Новоселов в Рязани для минирования был выбран не случайно: типовой, в непрестижном районе города, населенный простыми людьми. К первому этажу был пристроен круглосуточный магазин, торгующий продуктами питания. Жильцы не должны были заподозрить террористов в людях, разгружающих товар у люка склада круглосуточного гастронома. Дом стоял на площади, прозванной в народе Старый круг, на окраине Рязани, на небольшой возвышенности. Построен был из силикатного кирпича. Мешки с взрывчаткой в подвале были положены у опоры здания. В случае взрыва обрушился бы весь дом. Не исключено, что пострадал бы и соседний жилой дом, построенный на слабом песчаном грунте, на склоне.

Итак, жильцы рязанского дома среди ночи были подняты по тревоге и в двадцать минут эвакуированы, кто в чем, на улицу. Вот как описывала эту сцену газета «Труд»:

«Людей за считанные минуты, даже не дав собрать вещи (чем потом и воспользовались воры), заставили покинуть квартиры и собрали возле дома, опустевшего и темного. Женщины, старики, дети топтались у подъезда, не решаясь уходить в неизвестность. Некоторые были не только без верхней одежды, но даже босиком. [...] Несколько часов переминались на леденящем ветру, а инвалиды, которых снесли вниз в колясках, плакали и проклинали все на свете».

Вокруг дома было выставлено оцепление. Было холодно. Директор местного кинотеатра «Октябрь» сжалилась над людьми и впустила их в зал. Она же организовала раздачу чая. В доме оставались несколько стариков-инвалидов, которые были физически не в состоянии покинуть квартиры, в том числе одна парализованная женщина, чья дочь, Алла Савина, простояла всю ночь с оцеплением в ожидании взрыва. Вот ее воспоминания:

«В одиннадцатом часу вечера сотрудники милиции обходили квартиры и просили скорее выйти на улицу. Я как была в ночной рубашке, так лишь накинула плащ и выбежала. Во дворе узнала, что наш дом заминирован. А у меня в квартире осталась мама, которая сама не может подняться с постели. Я в ужасе бросилась к милиционерам: "Пустите в дом, помогите маму вынести!". Меня обратно не пускают. Только в полтретьего стали по очереди обходить вместе с жильцами каждую квартиру, осматривать: нет ли там чего подозрительного. Пошли и ко мне. Показала милиционеру больную маму и сказала, что без нее никуда не уйду. Тот спокойно что-то записал себе в блокнотик и исчез. А я вдруг так ясно осознала, что, наверное, только вдвоем с матерью находимся в заминированном доме. Страшно стало невыносимо... Но тут неожиданно – звонок в дверь. На пороге стоят два старших офицера милиции. Спрашивают сурово: "Вы что, женщина, заживо себя похоронить решили?!" У меня ноги подкашиваются от страха, а все равно стою на своем — без матери никуда. И они вдруг смилостивились: "Ладно, оставайтесь, ваш дом уже обезвредили". Оказалось, детонаторы из «заряда» извлекли еще до осмотра квартир. Тут уж я сама бросилась на улицу...»

К дому съехались всевозможные чрезвычайные службы и руководители. После того как экспертиза определила наличие гексогена, оцеплению была дана команда расширить зону на случай взрыва. Начальник местного УФСБ генерал-майор Александр Сергеев поздравил жильцов со вторым рождением.

Герою дня Картофельникову сообщили, что он родился в рубашке (и через несколько дней от имени администрации города вручили за обнаружение бомбы ценный подарок – цветной телевизор отечественного производства). А одно из российских телеграфных агентств оповестило о счастливой находке все человечество:

«В Рязани предотвращен теракт: в подвале жилого дома милиция обнаружила мешки со смесью сахарного песка с гексогеном. Как сообщил корреспонденту ИТАР-ТАСС первый заместитель штаба по делам гражданской обороны и чрезвычайным ситуациям Рязанской области полковник Юрий Карпеев, проводится экспертиза найденного в мешках вещества. По словам оперативного дежурного МЧС РФ в Москве, найденный взрыватель был установлен на утро четверга, на 05.30 мск. Установлены марка, цвет и номер автомобиля,на котором была привезена взрывчатка, сообщил корреспонденту ИТАР-ТАСС и. о. начальника УВД Рязанской области Алексей Савин. По его словам, специалисты проводят серию экспертиз по определению состава и взрывоопасности обнаруженной в мешках смеси. [...] По словам первого заместителя главы администрации области Владимира Маркова, обстановка в Рязани спокойная. Жильцы дома, которые немедленно были эвакуированы из квартир сразу же после обнаружения предполагаемой взрывчатки, вернулись в свои квартиры. Были проверены все соседние дома. По его словам, именно жильцы должны быть главной опорой правоохранительных органов, чтобы бороться с этим «злом, которое появилось в нашей стране. [...] Чем бдительнее мы будем, тем надежнее будет защита».

В пять минут первого мешки из подвала вынесли и погрузили в пожарную машину. Однако до четырех утра решался вопрос о том, куда вывозить обнаруженную взрывчатку. ОМОН, ФСБ и местные воинские части отказывались брать мешки к себе. В конце концов их перевезли во двор Главного управления гражданской обороны и чрезвычайных ситуаций (ГУ ГОиЧС) Рязани, убрали в гараж и выставили охрану. Как вспоминали затем спасатели, попили бы они с этим сахаром чайку, да экспертиза показала примесь гексогена.

Мешки пролежали у них на базе несколько дней. Затем их увезли в Москву, в экспертно-криминалистический центр МВД. Впрочем, пресс-служба УВД Рязанской области сообщала, что в Москву мешки увезли еще 23 сентября. В 8.30 утра работы по разминированию и проверке дома были закончены, и жильцам разрешили вернуться в свои квартиры.

Уже вечером 22 сентября в Рязани были подняты по тревоге 1200 милиционеров, введен план «Перехват», составлены фотороботы троих подозреваемых, выставлены пикеты на дорогах. Показания очевидцев были достаточно подробны. Появилась надежда, что злоумышленников схватят.

На борьбу с террористами губернатором области и администрацией города были выделены дополнительные средства. К охране жилых домов города привлечены военнослужащие, организовано ночное дежурство жителей всех домов, проведен дополнительный осмотр всего микрорайона, прежде всего жилых зданий (80% домов города к пятнице были проверены). Опустели городские рынки. По словам заместителя главы администрации Рязани Анатолия Баранова, «практически весь город не спал, а ночь на улице провели не только жители этого дома, но и весь 30-тысячный микрорайон Дашково-Песочня, в котором он расположен».

В городе усилились панические настроения: ходили слухи, что Рязань выбрана для терактов из-за нахождения здесь 137-го гвардейского парашютно-десантного полка, который воевал в Дагестане. К тому же под Рязанью был расположен Дягилевский военный аэродром, с которого войска перебрасывались на Кавказ. Автодорога из Рязани была забита, так как милиция проверяла все выезжавшие из города автомобили. Однако операция «Перехват» результатов не дала, машина террористов найдена не была, сами террористы исчезли.

Утром 23 сентября информационные агентства России передали сенсационную новость о том, что «в Рязани предотвращен теракт». С 8 часов утра телевизионные каналы начали передавать подробности о сорвавшемся злодеянии:

«По словам сотрудников правоохранительных органов Рязанского УВД, белое кристаллическое вещество, находившееся в мешках, является гексогеном», – передали все теле- и радиовещательные программы России.

В 13.00 программа «Вести» государственного канала РТР взяла интервью в прямом эфире у С. Кабашова:

«Значит, даны ориентировки предварительно на задержание автомобиля, который по приметам указали жильцы. Пока результатов нет». «Взрывотехники муниципальной милиции, – сообщают "Вести", – провели предварительный анализ и подтвердили наличие гексогена. Сейчас содержимое мешков отправлено в московскую лабораторию ФСБ для получения точного заключения. Тем временем в Рязани глава администрации Павел Дмитриевич Маматов провел экстренное совещание со своими заместителями, распорядился закрыть все подвалы в городе и более тщательно проверить арендуемые помещения».

Итак, содержимое мешков переслано на экспертизу не только в лабораторию МВД, но и в лабораторию ФСБ.

Маматов отвечает на вопросы журналистов:

«Какие бы службы мы сегодня ни задействовали, в течение одной недели провести все мероприятия по закрытию чердаков, подвалов, ремонту, установке решеток и так далее – это можно сделать только при одном условии: объединитьвсе наши с вами усилия».

Иными словами, на 13 часов дня 23 сентября вся Рязань находится на осадном положении. Ищут террористов и их автомобиль, проверяют чердаки и подвалы. В 17.00 «Вести» вышли в эфир, в целом повторив 13-часовые новости.

В 19.00 «Вести» выходят в эфир с очередной информационной программой: «Сегодня об авиаударах по грозненскому аэропорту говорил российский премьер Владимир Путин».

Оказывается, пока в Рязани ищут террористов, российские самолеты бомбят Грозный. Рязанцы отомщены! Их бессонная ночь и испорченный день дорого обойдутся организаторам теракта!

Путин отвечает на вопросы журналистов:

«Что касается удара по аэропорту Грозного, то прокомментировать его не могу. Я знаю, что есть общая установка, что бандиты будут преследоваться там, где они находятся. Я просто совершенно не в курсе, но если они оказались в аэропорту, то, значит, в аэропорту. Мне трудно добавить к тому, что уже было сказано».

Видимо, Путину как премьер-министру известно то, чего не знает еще население страны: террористы отсиживаются в грозненском аэропорту.

Путин прокомментировал и последнее чрезвычайное происшествие в Рязани:

«Что касается событий в Рязани. Я не думаю, что это какой-то прокол. Если эти мешки, в которых оказалась взрывчатка, были замечены – это значит, что все-таки плюс хотя бы есть в том, что население реагирует правильно на события, которые сегодня происходят в стране. Воспользуюсь вашим вопросом для того, чтобы поблагодарить население страны за это. Мы в неоплаченном долгу перед людьми и за то, что не уберегли, кто погиб, и благодарны им за ту реакцию, которую мы наблюдаем. А эта реакция очень правильная. Никакой паники, никакого снисхождения бандитам. Это настрой на борьбу с ними до конца. До победы. Мы обязательно это сделаем».

Сумбурно, но смысл ясен. Предотвращение теракта в Рязани – это не прокол спецслужб, просмотревших закладку взрывчатки, а победа всего российского народа, бдительно отслеживающего жестоких врагов даже в таких провинциальных городах, как Рязань. И за это премьер-министр выражает населению благодарность.

Здесь уместно сделать первые выводы. ФСБ впоследствии утверждала, что в Рязани проводились учения. Против этого свидетельствуют следующие обстоятельства. Вечером 22 сентября, после обнаружения мешков с взрывчаткой в подвале жилого дома, ФСБ не сделала заявления о том, что в Рязани проводятся учения, в мешках обычный сахар, а взрыватель является муляжом.

Вторая возможность заявить об учениях у ФСБ появилась 23 сентября, когда информационные агентства всего мира сообщали о предотвращенном в Рязани теракте. ФСБ не выступила с опровержением и не заявила, что в Рязани проводились учения. На 23 сентября включительно премьер-министр России и преемник Ельцина на посту президента страны – Путин – поддерживал версию ФСБ и искренне считал (или делал вид), что в Рязани предотвращена попытка террористического акта.

Представим только на минуту, что в Рязани действительно проводились учения. Можно ли предположить, что весь день 23 сентября, пока мир кричал о предотвращенном теракте, ФСБ молчала? Нет, такое вообразить невозможно. Можно ли предположить, что об «учениях» не был поставлен в известность премьерминистр России и бывший директор ФСБ, к тому же связанный с Патрушевым узами личных отношений? Нет, и такое нельзя себе представить даже в самом фантастическом сне. Это был бы открытый жест нелояльности Патрушева по отношению к Путину. После этого кто-то из них должен был бы уйти с политической арены. То, что на 7 часов вечера 23 сентября 1999 года со стороны Путина не последовало заявления о проводимых учениях, было самым веским указанием в пользу версии о неудавшейся попытке ФСБ взорвать жилой дом.

Об «учениях» ФСБ в Рязани не был поставлен в известность мэр Москвы Лужков, имеющий неплохие связи в силовых ведомствах. Наоборот, 23 сентября власти Москвы распорядились активизировать работу по предотвращению террористических актов в столице – прежде всего потому, что, по мнению представителей правоохранительных органов, в Москве и Рязани имелась схожесть состава взрывчатки и способа ее установки. Сотрудники столичной милиции получили предписание более тщательно проверять чердаки, подвалы и нежилые помещения домов и более серьезному досмотру подвергать весь грузовой транспорт на въезде в город. В Москве на события в Рязани смотрели как на предотвращенный теракт.

Но что самое удивительное – об учениях в Рязани ничего не знал Рушайло, возглавлявший комиссию по борьбе с терроризмом и курировавший операцию «Вихрь-Антитеррор». «Для нас, для рязанцев и [для] центрального аппарата, это полная неожиданность, отрабатывали как серьезное преступление», – сказал впоследствии начальник Управления информации МВД России Олег Аксенов. 23 сентября Аксенов в качестве пресс-секретаря МВД неоднократно общался с прессой. К стыду Рушайло, Аксенов сообщил, что министр, ознакомившись с ситуацией, дал команду в течение дня вновь проверить в Рязани все подвалы и чердаки и усилить бдительность. Исполнение приказа будет тщательно проконтролировано, подчеркнул Аксенов, поскольку «за мелкое разгильдяйство люди могут поплатиться жизнью».

Даже 24 сентября, выступая на Первом всероссийском совещании по борьбе с организованной преступностью, Рушайло говорит о предотвращенном в Рязани теракте. По его словам, «допущен ряд серьезных просчетов в деятельности органов внутренних дел», сделаны «жесткие выводы».

Указав на просчеты органов, просмотревших закладки взрывчатки, Рушайло вслед за Путиным похвалил рязанцев, вовремя предотвративших теракт.

«Борьба с терроризмом не является исключительно прерогативой органов внутренних дел», – сказал Рушайло. Значительная роль в этом вопросе отводится «местным органам власти и управления, в работе которых, однако, тоже имеются значительные изъяны». Рушайло предложил

собравшимся «незамедлительно создать межведомствен-
ные контрольно-инспекторские группы, которые с выездом
в регионы проверяли бы исполнение решений на местах и
оказывали бы практическую помощь».

В МВД такая работа уже ведется, уточнил Рушайло, и есть
определенные сдвиги – например, предотвращение взрыва
жилого дома в Рязани.

«Предотвращение новых терактов и наказание виновных
в уже совершенных преступлениях – основная задача МВД
России на данном этапе», – с гордостью подчеркнул министр
внутренних дел России Владимир Рушайло, на счету которого
теперь был один предотвращенный теракт – в Рязани.

Если на рязанский эпизод смотрел как на предотвращенный теракт сам министр, что и говорить об областных УВД.
Призывы, написанные революционным слогом, просились
быть зачитанными под музыку «Вставай, страна огромная...»
всем трудящимся России. Прямо хоть винтовку хватай!
Только непонятно, в кого стрелять, что охранять и от чего
оберегаться:

«Война, объявленная терроризмом народу России, продолжается. А значит, объединение всех сил общества и
государства для отпора коварному врагу – это насущная
необходимость сегодняшнего дня. Борьба с терроризмом
не может оставаться делом только милиции и спецслужб.
Наиболее яркое подтверждение этому – сообщение о
предотвращенном благодаря бдительности граждан взрыве
жилого дома в Рязани. 23 сентября в Рязани [...] нарядом
милиции при проверке подвала жилого многоэтажного
дома было обнаружено взрывное устройство, состоящее из
трех мешков с гексогеном и часового механизма, установ-
ленного на 5 часов 30 минут утра. Предотвратить теракт
удалось благодаря жильцам дома, который преступники
избрали своей мишенью. Накануне вечером они обратили
внимание на незнакомых людей, которые перетаскивали
из автомобиля "Жигули" с заклеенным бумагой номером

в подвал какие-то мешки. Жильцы незамедлительно обратились в милицию. Первоначальный анализ содержимого мешков показал, что в них действительно вперемешку с сахарным песком содержится вещество, напоминающее гексоген. Мешки сразу же были отправлены под охраной в Москву. После проведения экспертизы сотрудники лаборатории ФСБ дадут окончательный ответ, была ли это попытка теракта или просто провокация.

В связи с этим Управление внутренних дел области еще раз напоминает гражданам о необходимости сохранения спокойствия и организованного делового подхода к обеспечению своей безопасности. Лучшим ответом террористам будет наша с вами бдительность. Для этого необходимо лишь повнимательнее присматриваться к окружающим, обращать внимание на незнакомых людей, замеченных в подъезде, на чердаке или в подвале вашего дома, бесхозные автомобили, припаркованные в непосредственной близости от жилых зданий. При любых подозрениях немедленно звоните в милицию.

Ни в коем случае не пытайтесь изучить содержимое обнаруженных вами подозрительных коробок, пакетов и других неопознанных предметов. В подобных ситуациях следует ограничить к ним доступ посторонних и вызвать милицию.

Создание домовых комитетов, организующих охрану домов и прилегающей территории в ночное время, также позволит значительно снизить возможность террористических проявлений в нашем городе. Помните: сегодня от каждого из нас зависит, насколько эффективна будет борьба со злом.

Группа информации УВД».

На свое несчастье, 23 сентября 1999 года начальник Центра общественных связей ФСБ России генерал Александр Зданович должен был выступать в программе «Герой дня» на телеканале НТВ. Благодаря этому у нас есть еще одно важное свидетельство того, что ФСБ планировало тихо отсидеться и отдать рязанцам и журналистам на съедение версию о предотвращенном чеченском теракте. Очевидно, что к моменту выступления Здановича ФСБ не собиралась извещать об «учениях». Расчет был прост: террористов из ФСБ рязанская милиция не нашла, машину – тоже. Версия о предотвращенном теракте пока еще работала и, главное, всех устраивала, поскольку долю заслуги в предотвращении теракта каждый рад был приписать себе, даже Рушайло.

Тем временем Зданович получил указание руководства попробовать прощупать реакцию общества на сказку об «учениях» на случай утечки информации о причастности ФСБ к теракту в Рязани. Обратим внимание на то, как мягко стал намекать Зданович на отсутствие в Рязани состава преступления при попытке взорвать дом, как бы убеждая, что шуметь не из-за чего. По предварительному заключению, заявил пресс-секретарь ФСБ, гексогена в мешках, обнаруженных в подвале одного из жилых домов города, не было, а были «похожие устройства с дистанционным управлением». Взрывателя тоже не было: можно сейчас утверждать, что обнаружены «некоторые элементы взрывателя».

Вместе с тем Зданович подчеркнул, что окончательный ответ должны дать эксперты – коллеги Здановича из лаборатории ФСБ в Москве, подчиненные Патрушева. Какой именно «окончательный ответ» дадут эфэсбешные эксперты, Зданович очень хорошо знал: тот, который прикажет дать руководство (нам этот ответ сообщат с некоторым опозданием – 21 марта 2000 года, через полгода после несостоявшегося теракта и за пять дней до президентских выборов).

И все-таки к началу передачи «Герой дня» Зданович не располагал информацией о том, что ФСБ, оказывается, проводило в Рязани учения. Даже намеков на то, что речь может идти об учениях, Зданович не сделал. Сомнения относительно того, что в мешках была взрывчатка, а взрыватель был боевым, в интервью Здановича прозвучали. Но о возможных учениях он не заикнулся. Это несоответствие стало еще одним указанием на то, что в Рязани спецслужбами готовился террористический акт. Предположить, что руководство ФСБ держало в тайне от

Здановича информацию об уже завершившихся в Рязани учениях, поистине невозможно.

К вечеру 23 сентября – еще одна нелепость. Агентство РИА «Новости», передавшее в эфир распечатку интервью НТВ с генералом Здановичем, сообщает, что план «Перехват» по поиску белой модели ВАЗ-2107 все еще продолжается. «Во всей этой истории много туманного». В частности, свидетели по-разному описывают цвет автомобиля и его марку. Появились также сомнения в том, что номер машины был заклеен. Вместе с тем, как отметили в пресс-центре, розыск автомобиля «для восстановления объективной картины» не прекращается.

Итак, несмотря на заверения Здановича об отсутствии взрывчатки и взрывателя, рязанское УФСБ все еще не может «восстановить объективную картину». Утренние газеты 24 сентября сообщают подробности предотвращения в Рязани теракта, а заявления ФСБ об учениях нет.

Только в полдень 24 сентября директор ФСБ Патрушев наконец-то принимает решение объявить происшедшее в Рязани учениями.

Что же заставило Патрушева изменить линию поведения? Вопервых, основные улики – три мешка со взрывчаткой и боевой взрыватель – доставили в Москву, в лапы Патрушева. Это было хорошей для ФСБ новостью. Теперь можно было подменить мешки и уверенно утверждать, что рязанские провинциалы ошиблись и их экспертиза дала неправильное заключение.

Вторая новость была плохой: рязанское УФСБ задержало двоих террористов.

Попробуем помочь ФСБ досконально установить так рьяно утаиваемую от народа «объективную картину» происшедшего.

В упрощенном описании эта самая блистательная часть проведенной рязанской милицией и областным рязанским УФСБ совместной операции выглядит следующим образом.

После обнаружения в Рязани мешков с взрывчаткой и боевого взрывателя в городе был объявлен план «Перехват». Старший офицер по связям с общественностью (пресс-секретарь) УФСБ Рязанской области Юрий Блудов сообщил, что заявление Патрушева было для местных сотрудников органов госбезопасности полной неожиданностью:

> «До последнего момента мы работали в тесном контакте с милицией по полной программе, как если бы угроза теракта была реальной, составили фотороботы трех подозреваемых террористов; на основании результатов экспертизы возбудили уголовное дело по статье 205 УК РФ (терроризм); вели поиск машины и террористов».

Когда выезды из города были уже перекрыты, силы оперативных подразделений рязанского УВД и УФСБ пытались установить точное местонахождение разыскиваемых террористов. Не обошлось без счастливых случайностей. Сотрудница АО «Электросвязь» телефонистка Надежда Юханова зарегистрировала подозрительный звонок в Москву. «Выезжайте по одному, везде перехваты», – ответил голос на другом конце провода. Юханова немедленно сообщила о звонке в рязанское УФСБ. Все остальное было уже «делом техники». Подозрительный телефон был немедленно поставлен на контроль. У оперативников не было сомнений, что они обнаружили террористов. Однако сложности возникли из-за того, что средствами технического контроля был определен московский телефон, по которому звонили террористы. Это был номер одного из служебных помещений столичной ФСБ.

Покинув 22 сентября в начале десятого вечера улицу Новоселов, террористы не рискнули поехать в Москву, так как на пустынном ночном шоссе одинокая машина всегда заметна и шансов быть остановленными на одном из постов ГАИ было слишком много. Ночью любая остановленная машина, даже если там сидят сотрудники ФСБ или каких-то иных спецслужб, будет отмечена в дневнике дежурного, и на следующий день, когда пройдет сообщение о взрыве, постовой, безусловно, вспомнит об остановленной машине с тремя пассажирами. А если появятся еще и свидетельские показания из Рязани, то сразу же выйдут и на машину, и на пассажиров. Террористы должны были ждать утра, тем более что нельзя было покинуть объект до проведения взрыва. Боевая задача была еще не выполнена. Утром на шоссе будет много машин. Из-за теракта первые несколько часов будет паника. Если свидетели и засекли двоих мужчин и женщину на машине, ориентировка милиции будет дана на троих террористов; искать будут именно двоих мужчин и женщину. Один человек на машине всегда ускользнет от любой облавы.

Именно так описывала газета «Труд» операцию «Перехват» в действии:

«Накал в Рязани достиг предела. По улицам шли усиленные патрули милиции и курсанты местных военных институтов. Все въезды и выезды в город были блокированы вооруженной до зубов патрульно-постовой службой и автоинспекторами. Скопились многокилометровые пробки легковых и грузовых машин, двигавшихся в сторону Москвы и от нее. Обыскивали все салоны и кузова. Искали троих террористов, двух мужчин и женщину, чьи приметы были развешаны чуть ли не на каждом столбе».

Получив инструкции, один из троих террористов выехал 23 сентября в направлении Москвы, бросил машину в районе Коломны и беспрепятственно добрался до Москвы каким-то другим способом. От рязанской милиции, таким образом, один из террористов ушел и увез машину. Вечером 23 сентября на трассе Москва – Рязань в районе Коломны, приблизительно на полпути к Москве, машина была найдена милицией – без пассажиров. Это была та самая машина «с заклеенными номерами, на которой перевозилась взрывчатка», сообщал Блудов. Оказалось, автомобиль числился в розыске. Иными словами, террористы проводили операцию на угнанной машине (классический для теракта случай).

Угон машины под Коломну – не случайность. Если машина была украдена в Москве или Московской области, милиция вернет машину хозяевам по месту жительства. Никому, скорее всего, в голову не придет, что именно на этой машине неизвестные террористы перевозили гексоген для взрыва дома в совсем другой области – в Рязанской. Соответственно, не станут проводить анализ на содержание в машине микрочастиц гексогена и других взрывчатых веществ. За двумя оставшимися в Рязани террористами сообщник сможет вернуться на следующий день на обычной оперативной машине ФСБ и вывезти их в Москву без риска быть схваченными. С другой стороны, если бы обнаружилось, что именно на машине, найденной под Коломной, был совершен теракт, брошенная на полпути в Москву машина указывала бы на то, что террористы ушли. Кольцо оцепления вокруг Рязани должно было бы разжаться, и это во всех случаях облегчило бы уход оставшихся двоих террористов.

Итак, двое террористов остались в Рязани. Из предоставленной нам рязанским УФСБ информации мы знаем, что в Рязани террористы затаились на заранее снятой квартире, а не скитались в ночь с 22 на 23 сентября по подъездам домов в незнакомом городе. Можно сделать вывод, что места проживания террористы обеспечили себе заблаговременно. Понятно, что тогда у них было время и для выбора объекта, далеко не случайного, и для подготовки теракта. Застигнутые операцией «Перехват» врасплох, террористы решили переждать в городе. Аргументация, подтверждающая эту версию, следующая.

Очевидно, что о готовящемся в Рязани взрыве (все официальные участники событий, сотрудники силовых ведомств, дипломатично используют слово «учения») руководство Рязанской области не знало.

Губернатор области В.Н. Любимов заявил об этом 24 сентября в интервью в прямом эфире: «Об этом учении не знал даже я».

Глава администрации Рязани Маматов был откровенно раздражен:

«Из нас сделали подопытных кроликов. Проверили Рязань на вшивость. Я не против учений – сам служил в армии, принимал в них участие, но подобного никогда не видел».

Управление ФСБ по Рязанской области также не было поставлено в известность. Ю. Блудов сообщил, что «ФСБ не было заранее осведомлено о том, что в городе проводились учения».

Начальник рязанского УФСБ генерал-майор А.В. Сергеев сначала сообщил в интервью местной телестудии «Ока», что ему ничего не известно о проводимых «учениях». И только позже на вопрос журналистов, располагает ли он каким-нибудь официальным документом, подтверждающим проведение в Рязани учений, через своего пресс-секретаря ответил, что доказательством учений для него является телевизионное интервью директора ФСБ Патрушева. По этой причине сотрудники местного управления ФСБ, по воспоминаниям одной из жительниц дома 14/16 – Марины Витальевны Севериной, ходило затем по квартирам и извинялись: «Приходили к нам из ФСБ – несколько человек во главе с полковником. Извинялись. Говорили, что сами ничего не знали». И это тот случай, когда мы верим сотрудникам ФСБ и верим в их искренность.

Областное УФСБ понимало, что рязанцев подставили, что в организации взрыва Генпрокуратура России и общественность могут обвинить рязанское УФСБ. Потрясенные коварством своих московских коллег, рязанцы решили обеспечить себе алиби и объявить всему свету, что акция готовилась в Москве. Только так можно объяснить заявление УФСБ по Рязанской области, появившееся вскоре после интервью Патрушева об «учениях» в Рязани. Приведем текст заявления рязанского УФСБ полностью:

«Как стало известно, закладка обнаруженного 22.09.1999 имитатора взрывного устройства явилась частью проводимого межрегионального учения. Сообщение об этом стало для нас неожиданностью и последовало в тот момент, когда Управлением ФСБ были выявлены места проживания в городе Рязани причастных к закладке взрывного устройства лиц и готовилось их задержание. Это стало возможным благодаря бдительности и помощи многих жителей города Рязани, взаимодействию с органами внутренних дел, профессионализму наших сотрудников. Благодарим всех, кто содействовал нам в этой работе. Мы и впредь будем делать все возможное, чтобы обеспечить безопасность рязанцев».

Этот уникальный документ позволяет нам ответить на главные интересующие нас вопросы.

Во-первых, рязанское УФСБ не имело отношения к операции по подрыву дома в Рязани.

Во-вторых, по крайней мере два террориста были обнаружены в Рязани.

В-третьих, террористы проживали в Рязани, пусть временно, причем выявлена, видимо, была целая сеть конспиративных квартир, по крайней мере не менее двух.

В-четвертых, в момент, когда готовилось задержание террористов, из Москвы последовал приказ террористов не задерживать, поскольку теракт в Рязани – «учения» ФСБ.

Чтобы у нас не было сомнения в неслучайном и безошибочном характере заявления УФСБ, рязанское руководство почти дословно повторило его в формате интервью. 21 марта 2000 года, за пять дней до президентских выборов, когда тема сорвавшегося взрыва в Рязани была выдвинута на повестку дня политическими мотивами конкурирующих за власть сторон, начальник следственного отделения УФСБ РФ по Рязанской области подполковник Юрий Валентинович Максимов сообщил:

«Этим людям можно только посочувствовать и принести извинения. И нам непросто в этой ситуации. Мы воспринимали все события той ночи всерьез, как боевую обстановку. Сообщение об учениях ФСБ РФ стало для нас полной неожиданностью и последовало в тот момент, когда Управлением ФСБ были выявлены места проживания в Рязани причастных к закладке имитационного (как позже выяснилось) устройства и готовилось их задержание. Это стало возможным благодаря бдительности и помощи многих жителей Рязани, взаимодействию с органами внутренних дел, профессионализму наших сотрудников».

Таким образом, дважды документально было подтверждено, что террористы, заминировавшие дом в Рязани, были сотрудниками ФСБ, что на момент проведения операции они проживали в Рязани и что места их проживания были вычислены сотрудниками УФСБ по Рязанской области. Это дает нам возможность поймать Патрушева на очевидной лжи. 25 сентября в интервью одной из телекомпаний он заявил, что «те люди, которых, по идее, должны были сразу разыскать, находились среди вышедших на улицу жильцов дома, в котором якобы было заложено взрывное устройство. Они участвовали в процессе составления своих фотороботов, разговаривали с сотрудниками правоохранительных органов».

Действительность была совсем другой. Террористы разбежались по конспиративным квартирам. Но в тот момент, когда руководство рязанского УФСБ сообщило по долгу службы Патрушеву в Москву о неминуемом задержании террористов, Патрушев отдал приказ террористов не арестовывать и объявил предотвращенный в Рязани теракт учениями. Можно себе представить выражение лица сотрудника рязанского УФСБ (а скорее всего Патрушеву докладывал сам генерал-майор Сергеев), когда ему отдали приказ отпустить террористов!

Повесив телефонную трубку, Патрушев немедленно дал свое первое в те дни интервью телекомпании НТВ:

«Инцидент в Рязани не был взрывом, не было и предотвращения взрыва. Это были учения. Там был сахар, взрывчатого вещества там не было. Такие учения проводятся не только в Рязани. Но к чести рязанских правоохранительных органов и населения – они четко отреагировали. Я считаю, что учения должны быть приближенными к тому, что происходит в жизни, потому что иначе мы ничего не найдем и нигде не отреагируем ни на что».

Днем позже Патрушев добавил, что «учения» в Рязани вызваны информацией о предстоящих в России террористических актах. В Чечне уже подготовлены несколько групп террористов, которые «должны выдвинуться на российскую территорию и совершить ряд терактов. [...] Данная информация и подвела нас к тому, что необходимо провести учения, причем не такие, как были до этого, и провести их в жесткой форме. [...] Нам необходима готовность нашего личного состава, надо выявить те недостатки, которые имеются в организации работы, внести коррективы в ее организацию».

У «Московского комсомольца» (МК) хватило юмора:

«24 сентября 1999 г. глава ФСБ Николай Патрушев выступил с сенсационным заявлением: попытка взрыва в Рязани вовсе не была таковой. Это было учение. [...] В тот же день министр МВД Владимир Рушайло поздравил своих работников с успешным спасением дома в Рязани от неминуемого взрыва».

В Рязани, конечно же, было не до смеха. Несмотря на запрет Патрушева, рязанцы для страховки успешно произвели задержание террористов, сильно их при этом поколотив. Кого, где, сколько всего человек и что еще нашли рязанские сотрудники УФСБ в тех квартирах – мы, наверное, никогда не узнаем. После избиения террористы предъявили «документы прикрытия», но были задержаны до прибытия из Москвы офицеров центрального аппарата с документами, позволяющими забрать пойманных по горячим следам сотрудников ФСБ в Москву.

Дальше наше расследование упирается в привычный гриф «совершенно секретно». Уголовное дело, возбужденное в УФСБ РФ по Рязанской области по факту обнаружения взрывчатого вещества по статье «терроризм» (ст. 205 УК РФ) засекречено. Материалы дела недоступны общественности. Имена террористов (сотрудников ФСБ) скрываются. Мы даже не знаем, были ли они допрошены и что они сказали на этом допросе. А скрывать Патрушеву было что. «Ребята, ничего не могу сделать. В анализе – взрывчатые вещества, я обязан возбудить уголовное дело», – упрямо заявлял коллегам из Москвы следователь местного ФСБ, когда на него оказывалось давление. Тогда из центрального аппарата ФСБ прислали людей и попросту конфисковали результаты экспертизы.

29 сентября 1999 года газеты «Челябинский рабочий», «Красноярский рабочий», а 1 октября – и самарская «Волжская коммуна» поместили идентичные статьи:

«Как стало известно из хорошо информированного источника в МВД России, никто из оперативных работников МВД и их коллег УФСБ Рязани не верит ни в какие «учебные» закладки взрывчатки в городе. [...] По мнению высокопоставленных сотрудников МВД России, на самом деле в Рязани жилой дом был реально заминирован неизвестными с применением настоящей взрывчатки» и «тех же детонаторов, что и в Москве [...] Косвенно эту теорию подтверждает и то, что возбужденное в Рязани уголовное дело по статье «терроризм» до сих пор не закрыто. Мало того, результаты первоначальной экспертизы содержимого мешков, проведенной на первом этапе экспертами местного МВД, изъяты сотрудниками ФСБ, прибывшими из Москвы, и немедленно засекречены. А милиционеры, общавшиеся со своими коллегами-криминалистами, проводившими первую экспертизу мешков, по-прежнему утверждают, что в них действительно был гексоген и ошибки быть не может».

Оказание давления на следствие и засекречивание уголовного дела являлись незаконными деяниями. Согласно статье 7 закона РФ «О государственной тайне», принятого 21 июля 1993 года «не подлежат отнесению к государственной тайне и засекречиванию сведения [...] о чрезвычайных происшествиях и катастрофах, угрожающих безопасности и здоровью граждан, и их последствиях; [...] о фактах нарушения прав и свобод человека и гражданина; [...] о фактах нарушения законности органами государственной власти и их должностными лицами».

Более того, как написано в том же законе:

«Должностные лица, принявшие решения о засекречивании перечисленных сведений либо о включении их в этих целях в носители сведений, составляющих государственную тайну, несут уголовную, административную или дисциплинарную ответственность в зависимости от причиненного обществу, государству и гражданам материального и морального ущерба. Граждане вправе обжаловать такие решения в суд».

Увы, похоже, что засекретившие уголовное дело лица не понесут ответственности согласно закону 1993 года.

В марте 2000 года (перед самыми выборами) избирателям продемонстрировали одного из трех террористов – «сотрудника спеццентра ФСБ», который рассказал, что все трое террористов выехали из Москвы в Рязань вечером 22 сентября, что они нашли случайно незапертый подвал; на рынке купили мешки с сахарным песком, а в рязанском оружейном магазине «Кольчуга» – патрон, из которого тут же сделали «муляжи взрывного устройства. Все это дело было сконцентрировано вместе для проведения данного мероприятия... Это не диверсия, а учения. Мы особенно и не прятались».

22 марта (до выборов четыре дня) в защиту рязанских учений ФСБ выступила Ассоциация ветеранов группы «Альфа» в лице бывшего командира подразделения «Вымпел» ФСБ России генераллейтенанта запаса Дмитрия Герасимова и бывшего командира группы «Альфа» героя Советского Союза генерал-майора в отставке Геннадия Зайцева. Герасимов заявил, что боевые взрыватели на учениях в Рязани не применялись, а вместо них использовался «патрон с шариковым наполнителем», должный произвести «шокирующее действие». Шокирующее впечатление взрыватель действительно произвел, так что с этой точки зрения «учения» прошли успешно.

Версия о наличии боевых взрывателей во время учений возникла, по мнению Зайцева, из-за неисправности измерительных приборов, которые применялись сотрудниками УФСБ по Рязанской области. Зайцев сообщил, что учения в Рязани проводились в том числе и служащими «Вымпела», для чего в Рязань накануне указанных событий вечером того же дня на частной машине выехала специальная группа. При этом к группе намеренно старались привлечь внимание. В магазине

«Кольчуга» был куплен патрон с шариковым наполнителем; «злополучный сахарный песок, впоследствии названный некоторыми СМИ гексогеном, был куплен спецгруппой на местном базаре. И посему никак не мог быть взрывчаткой. Просто эксперты нарушили элементарные правила и воспользовались грязными приборами, на которых были остатки взрывчатых веществ от предыдущей экспертизы. За подобную халатность эксперты уже получили по заслугам. По данному факту возбуждено уголовное дело».

Наивность интервью «сотрудника спеццентра» и простота заявлений Герасимова и Зайцева поистине восхищают. Прежде всего, очень может быть, что трое офицеров «Вымпела» действительно выехали на частной машине в Рязань вечером 22 сентября и что ими были закуплены три мешка с сахарным песком и патрон в магазине «Кольчуга». Они старались привлечь внимание? Интересно, чем именно, если они покупали сахар? Ведь на рынке им продали сахар, а не гексоген! Чем же тут можно привлечь внимание? Одним купленным в магазине патроном для охотничьего ружья?

Патрушев, видимо, тоже считал, что в стране, где ежедневно происходят громкие убийства и взрываются дома с сотнями жителей, подозрение должны вызвать люди, покупающие сахар на рынке и охотничий патрон в магазине: «Все, что заложили условные террористы, они приобрели именно в Рязани — это и мешки с сахаром, и патроны, при покупке которых у них никто не спросил, есть ли право на их приобретение». Мелочь, конечно, но вот загадка: сколько патронов купили сотрудники ФСБ, один или несколько? (Закупки могли быть операцией прикрытия настоящих террористов, которые закладывали в подвал рязанского дома совсем другие мешки — с взрывчаткой и к «Вымпелу» никакого отношения не имели. Сами вымпеловцы в этом случае могли не знать, в чем именно смысл данного им задания по закупке одного патрона и трех мешков сахара).

Наконец, Зайцев вводил читателей в заблуждение, утверждая, что уголовное дело было возбуждено против взрывотехника инженерно-технологического отдела старшего лейтенанта милиции Юрия Ткаченко за неправильно проведенную экспертизу, в то время как возбуждено оно было против террористов, оказавшихся сотрудниками ФСБ, а Ткаченко и второй взрывотехник рязанской милиции, Петр Житников, 30 сентября 1999 года были награждены денежными премиями за проявленное мужество при обезвреживании взрывного устройства. Кстати, денежной премией за помощь в поимке террористов была награждена и Надежда Юханова, перехватившая телефонный звонок террористов в Москву.

В оправдание Зайцева можно сказать только то, что эксперт действительно несет уголовную ответственность за качество и объективность результатов экспертизы. И если бы Ткаченко провел некачественную экспертизу и выдал неправильный результат, против него действительно возбудили бы уголовное дело. Как мы знаем, его не возбудили, и именно потому, что экспертиза дала правильное заключение: в мешках было взрывчатое вещество.

В показаниях «сотрудника спеццентра» и Зайцева серьезная проблема возникает с нестыковкой времени. Террористов засекли у дома в Рязани вечером, в самом начале десятого. 180 км от Москвы до Рязани вечером в будний день террористы могли преодолеть самое быстрое за три часа. А еще им нужно было выбрать дом в незнакомом городе, купить мешки с сахаром, купить патрон в «Кольчуге», смастерить муляжи. А рынок в Рязани закрывается в будний день самое позднее в пять. А оружейный магазин «Кольчуга» закрывается самое позднее в шесть. Когда же именно и как был куплен сахар? Когда был куплен в «Кольчуге» патрон? Когда выехали террористы из Москвы? Сколько они ехали? Во сколько прибыли в Рязань?

Очевидно, что вся история про вечерний выезд сотрудников «Вымпела» из Москвы была выдумана от начала до конца. Формально-юридические доказательства этому предоставил сам Зайцев. 28 сентября 1999 года в офисе коломенской охранной фирмы «Оскордъ» состоялась пресс-конференция сотрудников силовых ведомств, где представитель Ассоциации ветеранов группы «Альфа» Г.Н.Зайцев пояснил свою позицию в отношении «инцидента» в Рязани: «Такого рода учения меня крайне возмущают. Нельзя упражняться на живых людях!». 7 октября репортаж об этой пресс-конференции опубликовала коломенская газета «Ять». Из этого заявления возмущенного Зайцева приходится сделать вывод, что в рязанской выходке он не участвовал. Лишь за четыре дня до президентских выборов, когда для организации победы Путина были мобилизованы все силы, Зайцева заставили выступить на пресс-конференции и принять на себя и вымпеловцев вину за рязанские «учения». Те, кто привлекал Зайцева к пропагандистской акции, о его пресс-конференции в Коломне, конечно, не знали.

Своим лжесвидетельством 22 марта 2000 года Зайцев продемонстрировал главное: сотрудники спецслужб могут лгать, если этого требуют интересы органов государственной безопасности и если получен соответствующий приказ.

В России половина преступников «косит» под умалишенных или непроходимых дураков. Так вернее: дают меньшие сроки, а то и просто отпускают («что с дурака взять»). Патрушев справедливо рассудил, что за терроризм против собственного народа можно получить пожизненное заключение, а за идиотизм в России даже с работы не снимут. (А кто, собственно, мог уволить Патрушева? Только Путин!) И действительно, из-за рязанской выходки не был уволен ни один сотрудник ФСБ. Более того, вскоре Патрушев получил Героя России, а недавно – еще и звание генерала армии!

Психологический расчет Патрушева оказался правильным. Политической элите России комфортнее было считать Патрушева не злодеем, а идиотом.

«Мне представляется, что это чудовищно», – прокомментировал в прямом эфире радиостанции «Эхо Москвы» заявление Патрушева об «учениях» руководитель депутатской группы «Российские регионы» Олег Морозов: «Я понимаю, что спецслужбы имеют право на проверку деятельности, но не столько нашей, сколько своей собственной». Кроме того, сложно «представить себя на месте этих людей» (в Рязани), поэтому» «не стоило, нельзя было платить такую цену за проверку» действий ФСБ и бдительности граждан.

Морозов заявил, что действия ФСБ можно будет простить,

если ФСБ гарантирует, что теракты больше не повторятся. И это было главное в его речи. Россиян нужно было спасать от террора ФСБ. Тонкий дипломат Морозов предложил террористу Патрушеву сделку: мы вас не наказываем и закрываем глаза на уже произошедшие в России взрывы, а вы прекращаете операцию по подрыву в России жилых домов. Патрушев услышал Морозова: взрывы прекратились. Патрушев остался сидеть в своем кресле с клеймом дурака. Однако вопрос о том, кто именно в этой ситуации оказался дураком, можно считать открытым.

Правда, были люди, которые придерживались мнения, что Патрушев не идиот, а умалишенный. 25 сентября 1999 года «Новые известия» поместили статью Сергея Агафонова, на которую Патрушев в сложившейся ситуации даже не обиделся:

«Интересно, насколько четко ориентируется сам глава ФСБ в том, что происходит в жизни? Адекватно ли руководитель спецслужбы воспринимает окружающую его действительность? Не путает ли цвета, узнает ли родных? Эти тревожные вопросы теребят душу, поскольку разумно объяснить всероссийскую педагогическую спецоперацию ФСБ на живых людях не представляется возможным».

Агафонов предположил, что «генерал Патрушев серьезно болен» и «его надо срочно лечить, освободив от непосильных обязанностей».

В ФСБ, конечно же, не могло быть единодушия относительно проведенной Патрушевым операции. После провала в Рязани даже подчиненные готовы были подвергнуть руководство критике (а Патрушеву приходилось эту критику сносить). Так, начальник ЦОС УФСБ по Москве и Московской области Сергей Богданов назвал «учения» в Рязани «грубой и непродуманной работой» (раз попались – грубая работа). Начальник УФСБ по Ярославской области генерал-майор А.А.Котельников на вопрос об «учениях» ответил:

«У меня есть своя точка зрения относительно рязанских учений, но комментировать действия своих коллег я бы не хотел». (Попробовал бы он их прокомментировать!)

Обратим внимание на то, что никто из действующих или отставных руководителей ФСБ не стал проводить серьезного критического анализа действий коллег. Эту почетную работу профессионалы силового ведомства предоставили журналистам. Последние, подвергаясь нападкам со стороны ФСБ, как могли делали свое дело. Начали, разумеется, с сахара.

Три мешка с сахарным песком покоя никому не давали. Террористы из ФСБ сообщили (скорее всего, это были совсем другие эфэсбэшники), что купили сахар на местном рынке и что был он производства Колпянского сахарного завода в Орловской области. Но если сахар был самый обыкновенный, из Орловской области, зачем же его отсылали на экспертизу в Москву? И, что важнее, зачем лаборатория на экспертизу его приняла? Да не одна лаборатория, а две – разных ведомств (МВД и ФСБ). И зачем проводили позже повторную экспертизу? Неужели с первого раза нельзя было распознать сахар?

И почему все это тянулось несколько месяцев? Забрать сахар для экспертизы в Москву Патрушеву имело смысл лишь для того, чтобы лишить рязанцев вещественных доказательств, и только в том случае, если в мешках была взрывчатка.

Между тем из пресс-службы ФСБ поступило сообщение, что для проверки содержимого рязанских мешков их вывезли на полигон и попытались взорвать. Взрыва не получилось, так как в них был обыкновенный сахар, победно рапортовала ФСБ. «Интересно, какой идиот повезет взрывать на полигон три мешка обычного сахара?» – иронично замечала газета «Версия». Действительно, зачем же ФСБ отсылала мешки на полигон, если знала, что в Рязани проводились учения, а в мешках был сахар, купленный сотрудниками «Вымпела» на местном базаре?

А тут еще, и опять под Рязанью, обнаружили новые мешки с гексогеном. К тому же их было много, и попахивало связью с ГРУ. На военном складе 137-го Рязанского полка ВДВ, расположенном под Рязанью, на территории специализированной базы для подготовки разведывательно-диверсионных отрядов, хранился гексоген, расфасованный в 50-килограммовые мешки из-под сахара, подобные найденным на улице Новоселов.

Осенью 1999 года рядовой воздушно-десантных войск (воинская часть 59236) Алексей Пиняев и его сослуживцы были командированы из Подмосковья в Рязань именно в этот полк. Охраняя в ноябре 1999 года «склад с оружием и боеприпасами», Пиняев с приятелем проникли на склад, скорее из любопытства, и увидели в помещении те самые мешки с надписью «Сахар».

Воины-десантники штык-ножом проделали дырку в одном из мешков и отсыпали в пластиковый пакет немного казенного сахара. Однако чай с ворованным сахаром оказался странного вкуса и не сладкий. Перепуганные бойцы отнесли кулек командиру взвода. Тот, заподозрив неладное, благо история о взрывах у всех была на слуху, решил проверить «сахар» у специалиста-подрывника. Вещество оказалось гексогеном.

Офицер доложил по начальству. В часть нагрянули сотрудники ФСБ из Москвы и Тулы (где, как и в Рязани, стояла воздушнодесантная дивизия). Полковых особистов к расследованию не допустили. Десантников, обнаруживших гексоген, таскали на допросы за «раскрытие государственной тайны». «Вы даже не догадываетесь, ребята, в какое серьезное дело влезли», – сказал один из офицеров. Прессе объявили, что солдата по фамилии Пиняев в части вообще нет, а информация о найденных на военном складе мешках с гексогеном – выдумка журналиста «Новой газеты» Павла Волошина. ФСБ по данному инциденту провела служебное расследование. Вопрос о взрывчатке успешно замяли, а командира и сослуживцев Пиняева отправили служить в Чечню.

Самому Пиняеву придумали более мучительное наказание. Сначала его заставили отказаться от своих слов (можно представить, какое давление оказало на него ФСБ!). Затем начальник Следственного управления ФСБ РФ заявил, что «солдат будет допрошен в рамках возбужденного против него уголовного дела». А сотрудница ЦОС ФСБ подвела итог: «Попал солдатик...»

Уголовное дело против Пиняева возбудили в марте 2000 года за кражу с армейского склада с боеприпасами... кулька с сахаром. Все-таки в остроумии ФСБ не откажешь. Только трудно понять, какое отношение к мелкой краже продуктов питания имело Следственное управление ФСБ России.

Как утверждали рязанские саперы, взрывчатку в 50-килограммовых мешках не держат, не упаковывают и не перевозят — слишком опасно. Для взрыва небольшого строения достаточно 500 г взрывчатой смеси. 50-килограммовые мешки, замаскированные под сахар, нужны исключительно для террористических актов. Видимо, именно с этого склада и были получены три мешка, уложенные затем под несущую опору дома в Рязани. Приборы рязанских экспертов не ошиблись.

История со 137-м полком ВДВ имела свое продолжение. В марте 2000 года, перед самыми выборами, десантники подали в суд на «Новую газету», опубликовавшую интервью с Пиняевым. Исковое заявление «О защите чести, достоинства и деловой репутации» было подано в Басманный межмуниципальный суд командованием полка. Как заявил командир полка Олег Чурилов, данная статья оскорбила не только честь полка, но и всей российской армии, поскольку такого рядового в сентябре 1999 года в полку не было:

«И то, что солдат может проникнуть на склад, где хранятся вооружение и взрывчатые вещества, не соответствует действительности, потому что он не имеет права в него войти во время несения караульной службы».

В общем, Пиняева не было, но под суд его отдали. В мешках был сахар, но имело место «раскрытие государственной тайны». А в суд на «Новую газету» 137-й полк подал не из-за статей о гексогене, а потому, что караульный во время службы не имеет права зайти на охраняемый им склад и обратные утверждения на эту тему оскорбляли российскую армию.

Со взрывателями тоже выходило не гладко. Взрыватель, как бы ни пытался убедить в обратном Зданович, был настоящий, боевой, о чем твердо заявил в интервью агентству «Интерфакс» 24 сентября председатель Рязанской областной Думы Владимир Федоткин: «Это было самое настоящее взрывное устройство, никаких учений».

Взрыватель – очень важный формальный момент. По инструкции учения с боевым взрывателем на гражданском объекте и с гражданским населением проводить нельзя. Посудите сами, взрыватель могут украсть (тогда за это кто-то должен нести ответственность), его могут взорвать дети или бомжи, если найдут взрыватель в мешках с сахаром. Если бы взрыватель не был боевым, уголовное дело не могли бы возбудить по статье 205-й УК РФ (терроризм), оно было бы возбуждено по факту обнаружения взрывчатки и передано в МВД, а не в ФСБ. В конце концов, если говорить об «учениях», бдительность рязанцев проверялась на проворное обнаружение мешков со взрывчатым веществом, а не на работу с взрывателем. С боевым взрывателем такую проверку ФСБ проводить не могла.

Чтобы убедиться, что это действительно так, «Новая газета» обратилась к одному из военных специалистов, полковнику, и задала ему вопрос: проводятся ли учения с применением реальных взрывчатых веществ и существуют ли инструкции и постановления, которые регламентируют подобную активность? Вот что ответил полковник:

«Мощные взрывные устройства не используют даже в учениях с боевой стрельбой. Обходятся взрывпакетами. Если же нужно проверить умение находить и обезвреживать взрывное устройство, к примеру мину, используют макеты, в которых нет ни взрывателя, ни тротила. Занятия по подрывному делу, конечно, включают реальный подрыв достаточно сильных взрывных устройств (специалисты должны уметь их уничтожать). Но [...] проводятся такие учения локально, без посторонних. Присутствуют исключительно подготовленные люди. О вовлечении гражданского населения и речи не идет. Все это строго регламентировано. Есть наставления по инженерному обеспечению, наставления по разминированию, соответствующие инструкции и приказы. Безусловно, для армии и спецслужб они сходные».

Непосвященному трудно понять, что скрывается за невинной фразой «возбуждено уголовное дело по ст. 205». Прежде всего это означает, что следствие будет проводиться не по линии МВД, а по линии ФСБ, так как теракт – это подследственность ФСБ. ФСБ и так перегружена делами, лишнего дела не возьмет. И раз уж она приняла дело, то, значит, основания были веские (этими вескими основаниями были результаты экспертизы). Надзор за следствием ФСБ осуществляет прокуратура, а розыск преступников совместно с ФСБ осуществляет МВД. Преступление, по которому возбуждено уголовное дело, в течение суток докладывается дежурному по ФСБ России по телефонам (095) 224-3858 и 224-1869; либо по телефонам оперативной связи 890-726 и 890-818; либо по телефону высокочастотной связи 52816. Обо всех поступивших сообщениях дежурный докладывает каждое утро в форме составленной им сводки лично директору СБ. Если же происходит что-то серьезное, например, предотвращение теракта в Рязани, дежурный вправе позвонить директору ФСБ домой, даже ночью. Отдельной сводкой ежедневно докладываются материалы СМИ о ФСБ и о сотрудниках ФСБ.

В течение нескольких суток со дня возбуждения уголовного дела по линии ФСБ составляется еще и аналитическая справка по линиям работы. Например, начальник отдела по борьбе с терроризмом рязанского УФСБ составляет справку на имя начальника Управления по борьбе с терроризмом ФСБ России. Эта справка затем поступает через секретариат заместителю директора ФСБ, курирующему соответствующий департамент. Оттуда справка поступает директору ФСБ. Так что об обнаружении в подвале рязанского дома мешков с взрывчаткой и боевого взрывателя Патрушев знал не позднее 7 часов утра 23 сентября. Когда кругом взрывы, подчиненному не доложить наверх о предотвращенном теракте – равносильно самоубийству. Ведь предотвращение теракта – радостное событие. Это и награды, и повышения в должности, и премиальные. И общественный резонанс, наконец.

А тут вместо праздника – неловкое положение. В связи с инцидентом в Рязани Зданович заявил 24 сентября, что ФСБ приносит жителям города извинения. Обратим внимание на то, что еще сутки назад в интервью НТВ Зданович не извинялся. Следовательно, директива свести все к идиотизму, чтобы не получить обвинения в терроризме, Здановичу была спущена Патрушевым именно 24 сентября:

«Генерал Александр Зданович принес сегодня от лица Федеральной службы безопасности России извинения жителям Рязани за причиненные им в ходе антитеррористических учений вынужденные неудобства, а также пережитое ими психологическое напряжение. "Спецслужба благодарит рязанцев за проявленные бдительность, выдержку и терпение",– подчеркнул он. В то же время Зданович призвал россиян отнестись с пониманием к необходимости проведения "в жестком режиме" проверки уровня готовности, в первую очередь правоохранительных органов, к обеспечению безопасности населения, а также бдительности самих граждан в условиях активизировавшегося терроризма. Генерал рассказал, что на этой неделе ФСБ РФ провела в ряде городов России в рамках операции "Вихрь-Антитеррор" мероприятия по проверке реакции местных правоохранительных органов, включая территориальные подразделения самой ФСБ, и населения на "смоделированные" действия террористов по закладке взрывчатых устройств. Как констатировал представитель спецслужбы, при этом "были выявлены серьезные недостатки". "К сожалению, в некоторых из проверенных городов никакой реакции на потенциальные закладки правоохранительными органами проявлено не было". ФСБ, по словам Здановича, проводила операцию в максимально приближенных к реальной террористической угрозе условиях – иначе не было бы никакого смысла в подобных проверках. Естественно, что при этом ни местные органы власти, ни местные правоохранительные структуры в известность о "террористах" не ставились. Именно поэтому результаты проверки дают истинную картину обеспеченности уровня безопасности россиян в различных городах страны. Последняя в ряду проверенных городов, Рязань оказалась, как подчеркнул генерал, далеко не последней по бдительности населения, но, к сожалению, не столь же благополучной по действиям правоохранительных органов. В настоящее время в ФСБ РФ идет анализ результатов проведенной проверки с тем, чтобы срочно внести необходимые коррективы в работу правоохранительных органов по обеспечению безопасности жизни россиян. После подведения итогов и выяснения причин "сбоев" в самой операции, заверил Александр Зданович, незамедлительно будут приняты надлежащие меры».

Таким образом, ФСБ сделала однозначное заявление о том, что Рязань была последним городом, в котором проводились учения. Между тем именно с 23 сентября ФСБ начинает в срочном порядке (и вопреки заявлению Здановича) организовывать учения по проверке бдительности населения. Пресса пестрит сообщениями об «учебных закладках», которые совершенно невозможно отличить от хулиганских выходок телефонных террористов: то в одном, то в другом людном месте – на почтах, в учреждениях, в магазинах – закладываются муляжи бомб, а на следующий день в СМИ даются красочные описания того, как именно измученные жители не обратили на муляж внимания. Это Патрушев обеспечивал себе алиби – пытался доказать, что рязанские «учения» были звеном в цепи проверок, организованных глупой ФСБ по всей России.

Как только не изощрялись журналисты. Как только они не обзывали этих тупых эфэсбэшников, не поймавших ни одного настоящего террориста, но зато проводящих глупые военные игры в стране, где действительно орудует терроризм. Названия типа «Подлость и тупость ФСБ», «Федеральная служба провокаций», «Страна напуганных идиотов», «Человек человеку – собака Павлова» или «Спецслужбы поимели рязанцев» – не сильно выделялись на общем фоне. Но «подлое и тупое» руководство ФСБ с поразительным упрямством проводило все новые и новые «учебные закладки» и почему-то не слишком обижалось на осмелевших журналистов. Кроме одного случая: когда они писали о Рязани. Вот несколько стандартных «учений» конца сентября – октября 1999 года:

– В Москве сотрудники ФСБ пришли в отделение милиции с коробкой, на которой было написано «бомба». Им позволили пройти в помещение, где проверяющие оставили груз в одном из кабинетов и удалились. Обнаружили коробку только через два дня.

– Муляж взрывного устройства подложен в Москве в пиццерии на Волхонке (не обнаружен).

– В подмосковной Балашихе в начале октября нашли заброшенное здание, сделали вид, что в нем произведен взрыв, и проводили затем в здании и вокруг него учения с привлечением милиции, ФСБ и МЧС по спасению пострадавших от произошедшего взрыва.

– То ли учения, то ли акты хулиганства с подкладыванием муляжей бомб неоднократно происходили в Туле и в Челябинске.

– В конце октября в Омске сотрудники Управления ФСБОмской области по фальшивым документам беспрепятственно заехали на автомобиле на территорию предприятия Омскводоканал и, преодолев трехуровневую защиту предприятия, «взорвали» емкости с жидким хлором.

– В Иванове эфэсбэшники заложили мешки с сахарным песком в подвал пятиэтажного жилого дома (не обнаружены).

– Там же муляж взрывного устройства был оставлен в троллейбусе. Бдительные пассажиры сразу заметили коробку с проводами и отдали ее водителю. Тот забрал ее к себе в кабину и ездил с нею весь день. Потом привез коробку на конечную остановку и сам ее разобрал.

– Снова в Иванове оставили в такси коробку с муляжом бомбы. Водитель возил ее целый день, а потом выбросил на обочину, где она пролежала еще несколько часов, так и не замеченная прохожими.

– 22 сентября в туалете Центрального рынка в Иванове обнаружили взрывное устройство. Рынок оцепили, всех продавцов и покупателей срочно эвакуировали. Прибывшим военным потребовался час, чтобы разобраться, с какой именно бомбой они имеют дело. Бомба оказалась муляжом. Правоохранительные органы взялись выяснять, кто так профессионально «пошутил», тем более что муляж находился в туалете, предназначенном для узкого круга работников рынка, и запирался на замок. На поиски злоумышленников бросили весь личный состав ивановской милиции. В разгар операции представители ФСБ Москвы сделали официальное заявление: на рынке проходили учения. Муляж подложили московские сотрудники ФСБ.

— В Тольятти «заминировали» Волжский автозавод (ВАЗ). Муляж взрывного устройства нашли и обезвредили. Там же «взорвали» одну из городских гостиниц, в которой находилось до 50 человек. На «спасение» отвели полтора часа. В учениях участвовали милиция, пожарные, МЧС, «скорая помощь» и газовики. На Чапаевском мясокомбинате тоже провели учебное минирование. Работник, нашедший «взрывное устройство», разобрал его, а часовой механизм, заложенный в муляже, забрал себе.

— В Новомосковске Тульской области переодевшийся в диверсанта сотрудник ФСБ проник на химический комбинат «Азот», написал на цистерне с аммиаком «заминировано» и, никем не замеченный, удалился. За две недели до учений на заседании губернской антитеррористической комиссии представитель «Азота» заявил, что собственными силами они не в состоянии охранять предприятие, а на вневедомственную охрану денег нет.

Учения с последствиями были проведены в Санкт-Петербурге. Грузовик с иногородним номером, наполненный мешками с условной взрывчаткой, припарковали на спецстоянке перед зданием Следственного управления ГУВД и УФСБ Санкт-Петербурга и Ленинградской области на Захарьевской улице. Машина «террористов», не привлекая внимания, простояла там целые сутки, хотя грузовиков на ведомственной стоянке отродясь не было. Результатом проведенного учения было увольнение с должности начальника ГУВД Санкт-Петербурга и Ленинградской области генерал-майора милиции Виктора Власова (ради этого, собственно, и припарковывали к ГУВД грузовик).

Любой несостоявшийся или предотвращенный теракт, а то и просто бандитскую выходку теперь легко списывали на возможные учения ФСБ. В начале октября из девятиэтажного дома 4 по 3-й Гражданской улице в Москве были спешно эвакуированы жильцы. На каменных ступеньках, ведущих в подвал, кто-то обнаружил четыре ящика с 288 минными взрывателями. Такого количества взрывчатого вещества было достаточно, чтобы взорвать дом.

Как утверждали жильцы, во дворе их дома остановились две автомашины «Жигули». Несколько крепких мужчин вытащили из багажников машин четыре массивных деревянных ящика, обитых железом, и, оставив их на подвальных ступеньках, скрылись. Через полторы минуты первые милицейские наряды уже работали на месте происшествия. Еще через пятнадцать минут ящики осматривали специалисты-взрывотехники ФСБ, а вокруг дома была создана так называемая зона отторжения.

Милиция не смогла установить, кому принадлежат машины, из которых выгружали боеприпасы. Фотороботы террористов спортивного телосложения составить также не удалось. А у ведущих расследование милиционеров кроме традиционной версии о «чеченском следе» появилась еще и версия о проверке бдительности, проводимой спецслужбами.

Обратим внимание на то, в каком режиме работали правоохранительные органы Рязани в дни, когда Патрушев решил провести там «учения». В период с 13 по 22 сентября рязанские спецгруппы более сорока раз выезжали на сообщения жителей о заложенных взрывных устройствах. Так, 13 сентября в течение 20 минут из дома 18 по улице Костюшко и прилегающих к нему домов были эвакуированы все жители. За полтора часа дом был обследован от подвалов до чердаков. В операции приняли участие курсанты ВДВ, наряды милиции, бригады «скорой помощи», сотрудники ГОиЧС, саперы ОМОНа. Подобная эвакуация была проведена также из дома по улице Интернациональной. В эти же дни пришлось эвакуировать редакцию газеты «Вечерняя Рязань» и учеников школы № 45. Всюду тревога оказалась ложной.

В один из подъездов дома № 32 на Станкозаводской школьники из озорства подбросили боевой снаряд РПГ-22.

Операция по разминированию проводилась также в центре города, на площади Победы. Там подозрительным предметом оказался вкопанный в землю пустой газовый баллон.

Помимо этого в городе шла операция «Вихрь-Антитеррор» по направлениям «Динамит» и «Иностранец». Спецотряды ежесуточно три раза в день проверяли 3812 городских подвалов и 4430 чердаков.

Днем 22 сентября из московского ФСБ в Рязань пришло сообщение, что по имеющейся в Москве информации один из домов по улице Бирюзова заминирован. Какой именно, неизвестно.

В Рязани немедленно началась проверка всех домов улицы. Временно были эвакуированы тысячи людей, проверены все квартиры. Найдено ничего не было. Позже выяснилось, что тревога была ложной и организовал ее телефонный террорист. Тут-то Патрушев и решил проверить бдительность рязанцев в ночных условиях.

Закладка мешков в жилом доме в Рязани не могла быть учебной по ряду формальных обстоятельств. При проведении учений в обязательном порядке должен иметься заранее составленный план учений. В нем должны быть определены: руководитель учений, его заместитель, наблюдатели и проверяемые, т. е. те, кого проверяют (жители Рязани, сотрудники УФСБ по Рязанской области и т. д.). План должен расписать вопросы, подлежащие проверке. План должен иметь так называемую легенду, своеобразный сценарий разыгрываемого спектакля. В случае с Рязанью – сценарий закладывания в подвал жилого дома мешков с сахарным песком. В плане должно быть оговорено материальное обеспечение учений: автотранспорт, денежные средства (например, на покупку трех мешков сахара по 50 кг каждый), питание (если в учениях принимает участие большое количество людей), вооружение, средства связи, система кодовой связи (кодовые таблицы).

После всего этого план утверждается у вышестоящего руководства, и только затем на основании утвержденного плана издается письменный (и только письменный) приказ о проведении учений. Перед непосредственным началом учений лицу, утвердившему план учений и отдавшему приказ об их проведении, докладывается о начале учений. После окончания учений – докладывается об их окончании. В обязательном порядке составляется докладная записка о результатах учений, где определяются положительные итоги и недостатки, поощряются отличившиеся, указываются провинившиеся. Этим же приказом списываются материальные ценности, израсходованные или уничтоженные в ходе учений (в рязанском случае – как минимум три мешка с сахарным песком и патрон для детонатора).

О планируемом проведении учений в обязательном порядке должен быть поставлен в известность начальник местного УФСБ. Он находится в прямом подчинении у директора ФСБ, и проверять Сергеева без санкции Патрушева никто не имеет права. Точно так же без санкции Сергеева не имеют права проверять сотрудников рязанского УФСБ, подчиненных Сергеева. Значит, Патрушев и Сергеев должны были быть в курсе «учений» и обязаны были сделать заявление о проводимых «учениях» уже вечером 22 сентября. Между тем со стороны Патрушева такое заявление последовало только 24 сентября, а со стороны Сергеева не последовало вовсе, так как об «учениях» он ничего не знал.

Согласно положению ФСБ имеет право проверять только себя. Она не может проверять другие структуры или же частных граждан. Если ФСБ проверяет МВД (например, рязанскую милицию), то это уже совместные с МВД учения, и о них ставятся в известность еще и соответствующие руководители МВД в центре и на местах. Если учения затрагивают гражданское население (как было в Рязани), то привлекаются еще и службы гражданской обороны и МЧС. Во всех случаях составляется совместный план учений, подписываемый руководителями всех ведомств. Утверждается этот план у лица, курирующего все вовлеченные в учения силовые структуры.

Учения могут быть максимально приближенными к реальной ситуации, например учения с боевой стрельбой. Однако проводить учения, при которых могут пострадать люди или же может возникнуть опасность заражения окружающей среды, категорически воспрещается. Особо оговорен запрет на проведение учений в отношении военнослужащих и подразделений, несущих боевую службу, или кораблей, стоящих на боевой вахте. Если пограничник стоит на посту, запрещено ради проверки его бдительности имитировать переход границы. Если есть охраняемый объект, нельзя в рамках учений нападать на объект.

Боевая служба отличается от учений тем, что во время службы решаются боевые задачи с боевым оружием. В каждом роде войск (и в милиции) есть устав боевой службы, в котором все расписано до деталей. 22-23 сентября 1999 года в Рязани рязанские милицейские патрули несли боевую службу с оружием и специальными средствами, которые имели право применять при задержании сотрудников ФСБ, закладывающих непонятные мешки в подвал жилого дома. Вся милиция Рязани после серии взрывов в России работала в усиленном режиме, в условиях реальной опасности совершения терактов. А значит, при проведении необъявленных учений незадачливых сотрудников ФСБ могли просто пристрелить.

А тут еще уголовное дело по ст. 205. Это означает, что следователь выписал постановление о розыске и задержании подозреваемых и что их при задержании могли убить. Основания для возбуждения уголовного дела четко определены в Уголовно-процессуальном кодексе (УПК) РФ. Там нет подпункта о возбуждении уголовного дела в ходе учений или в связи с учениями. Необоснованное или незаконное возбуждение уголовного дела есть преступление само по себе, равно как и его незаконное прекращение.

И, наконец, учения не могли проходить без наблюдателей, т. е. тех, кто со стороны оценивает результаты учений, составляет затем отчеты о достижениях и промахах, поощряет, взыскивает, делает выводы. В Рязани наблюдателей не было.

Если бы Патрушев вопреки всем существующим нормам, уставам и положениям отважился все-таки отдать приказ на проведение тайных учений, его поступок следовало бы считать преступлением. Начнем с того, что Патрушев нарушил Федеральный закон «Об органах Федеральной службы безопасности в Российской Федерации», принятый Государственной думой 22 февраля 1995 года и утвержденный президентом. Статья 8-я этого закона гласит, что «деятельность органов Федеральной службы безопасности, применяемые ими методы и средства не должны причинять ущерб жизни и здоровью людей и наносить вред окружающей среде». Статья 6-я этого же закона пространно описывает обязанности ФСБ и права граждан:

«Государство гарантирует соблюдение прав и свобод человека и гражданина при осуществлении органами Федеральной службы безопасности своей деятельности. Не допускается ограничение прав и свобод человека и гражданина, за исключением случаев, предусмотренных федеральными конституционными законами и федеральными законами.

Лицо, полагающее, что органами Федеральной службы безопасности либо их должностными лицами нарушены его права и свободы, вправе обжаловать действия указанных органов и должностных лиц в вышестоящий орган Федеральной службы безопасности, прокуратуру или суд.

Государственные органы, предприятия, учреждения и организации, независимо от форм собственности, а также общественные объединения и граждане имеют право в соответствии с законодательством Российской Федерации получать разъяснения и информацию от органов Федеральной службы безопасности в случае ограничения своих прав и свобод. [...]

В случае нарушения сотрудниками органов федеральной службы безопасности прав и свобод человека и гражданина руководитель соответствующего органа Федеральной службы безопасности, прокурор или судья обязаны принять меры по восстановлению этих прав и свобод, возмещению причиненного ущерба и привлечению виновных к ответственности, предусмотренной законодательством Российской Федерации.

Должностные лица органов федеральной службы безопасности, допустившие злоупотребление властью или превышение служебных полномочий, несут ответственность, предусмотренную законодательством Российской Федерации».

Согласно статьям УК РФ описанные в 6-й статье федерального закона об ФСБ преступления подпадают под следующие статьи уголовного кодекса:

Ст. 286. Превышение должностных полномочий. Совершение должностным лицом действий, явно выходящих за пределы его полномочий и повлекших существенное нарушение прав и законных интересов граждан или организаций [...]. То же деяние, совершенное лицом, занимающим государственную должность Российской Федерации; [...] с применением насилия или с угрозой его применения; с применением оружия или специальных средств; с причинением тяжких последствий, наказывается лишением свободы на срок от трех до десяти лет с лишением права занимать определенные должности или заниматься определенной деятельностью на срок до трех лет.

Ст. 207. Заведомо ложное сообщение об акте терроризма. Заведомо ложное сообщение о готовящихся взрыве, поджоге или иных действиях, создающих опасность гибели людей, причинения значительного имущественного ущерба, [...] наказывается штрафом [...] либо лишением свободы на срок до трех лет.

И, наконец, статья 213. Хулиганство – грубое нарушение общественного порядка, выражающее явное неуважение к обществу, [...] наказывается [...] лишением свободы на срок до двух лет.

Должностное лицо, занимающее государственную должность, – директор ФСБ Патрушев – отдал приказ о проведении спомощью специальных средств (мешков с непонятным содержимым и охотничьим патроном) насильственного выселения на всю ночь жильцов рязанского дома. Результатом этого абсолютно противоправного действия, не предусмотренного военными или гражданскими уставами, положениями и законами, явились тяжкие последствия в форме ущерба здоровью и психологических потрясений граждан, в частности серьезная простуда одного ребенка, которого мать по приказу милиции вытащила на улицу прямо из ванны, не успев его толком одеть, а также сердечные приступы и гипертонические кризы у нескольких жильцов.

По крайней мере два специалиста-медика дали заключения относительно психологических последствий «учений» для выгнанных из дома людей. По мнению главы организационной службы психотерапевтической помощи Комитета здравоохранения Москвы Николая Кырова, жильцы дома в Рязани получили серьезную психологическую травму:

«Это сравнимо с тем, что люди пережили бы во время настоящего теракта. А люди, пережившие взрыв, – это уже совсем другие люди, они непосредственно приблизились к границе жизни и смерти. Такие серьезные моменты уже никогда не покидают сознание. Хотя бы в середине эксперимента надо было сообщить жильцам дома, что тревога не настоящая, а учебная».

Главный психотерапевт Москвы Юрий Бойко нарисовал даже более безрадостную картину:

«В результате неуверенности и страха резко увеличится потребление никотина, спиртного и просто продуктов питания. Часть населения уже сегодня стремится получить помощь у непрофессионалов: возрастает интерес людей к различного рода сектам, магам, гадалкам». (От трех до десяти лет с отстранением от должности на три года.)

Зная о том, что в Рязани проводятся учения, Патрушев в течение полутора суток не сообщал об этом общественности и жителям дома в Рязани, а это равнозначно заведомо ложному сообщению о теракте. (Ограничимся денежным штрафом.)

Ну и, согласно 213-й статье, за явное неуважение к обществу — еще два года.

Отметим также, что согласно части IV «Положения о Федеральной службе безопасности Российской Федерации» от 6 июля 1998 года «директор ФСБ России несет персональную ответственность за выполнение задач, возложенных на ФСБ России и органы Федеральной службы безопасности».

Интересно, возьмется ли за это дело Генпрокуратура России?

Чтобы сравнить происшедшее в Рязани с мировой практикой, приведем выдержки из интервью бригадного генерала Джона О'Коннора, возглавлявшего так называемый летучий отряд британского Скотланд-Ярда — спецназ, использующийся в борьбе с террористами и особо опасными преступниками. На вопрос, что он думает о событиях в Рязани, генерал ответил:

«Я был абсолютно шокирован. [...] Если бы нечто подобное случилось в Великобритании, то организатор такой провокации был бы предан за это суду. За 38 лет службы в полиции я ни разу не слышал ни о чем подобном. Причем не только в британской полицейской практике, но и в полицейской практике других европейских стран. Мне даже трудно понять возможные мотивы, которыми руководствовались организаторы этой акции. Даже если они хотели проверить бдительность населения, его реакцию на возможную находку бомбы и взрывчатого вещества, то такую реакцию подсказывает элементарная логика. Это может породить лишь страх и панику. Возможная реакция населения на потенциальные теракты должна изучаться психологами и социологами, а не проверяться безответственными людьми с помощью незаконных и, я бы даже сказал, преступных методов. Ведь организаторы этой так называемой проверки бдительности, возможно, сами того не желая, стирают грань между террористами и полицией.

С точки зрения профессиональной морали они использовали методы тех сил, с которыми призваны бороться».

Учения не могли проводиться на угнанной машине. Угон автомашины согласно УК РФ является преступлением, кражей. Лицо, совершившее такое преступление, несет уголовную ответственность. По закону об ФСБ совершать преступления сотрудники не имеют права даже при решении боевых задач. При проведении оперативных учений с оперативным составом используется только служебный транспорт ФСБ (в том числе оперативные автомашины, которых в ФСБ два автопарка только в центральном аппарате). Если такую машину останавливает ГАИ, например, за превышение скорости на трассе Москва – Рязань, или же задерживает рязанская милиция, потому что московский номер машины заклеен подозрительной бумажкой, машина сразу определяется как находящаяся на спецучете. Для любого милиционера это всегда указание на то, что машина является оперативным транспортом правоохранительных органов или спецслужб.

Учения непременно проводились бы на оперативном транспортном средстве. Напротив, теракт на оперативной машине ФСБ совершать не могла. Машину могли заметить (и заметили), определить (и определили). И как бы некрасиво выглядело, если бы террористы взорвали дом в Рязани, используя машину, числящуюся за автопарком ФСБ. А если террористы взрывают дом на угнанной машине, это привычно и естественно. С другой стороны, если сотрудников ФСБ днем (не ночью) остановят на угнанной машине для рутинной проверки или за превышение скорости, они покажут свои служебные удостоверения или «документы прикрытия», и никакой милиционер не станет проверять документацию на машину, а потому не узнает, что машина в розыске.

На оперативной работе у сотрудников ФСБ в виде «документа прикрытия» в кармане часто лежит удостоверение работника МУРа, отпечатанное в специальной лаборатории ФСБ. Именно муровское удостоверение капитана уголовного розыска Александра Евгеньевича Матвеева, выданное ГУВД

Москвы за номером 03726, показал при задержании 14 мая 1999 года журналист «Московского комсомольца» Хинштейн, известный своей удивительной и далеко не случайной осведомленностью в делах, хранящихся в сейфах спецслужб. Кстати, у Хинштейна был еще и спецталон, запрещающий милиции осматривать машину. На вопрос милиции о происхождении документов Хинштейн честно ответил, что они принадлежат ему и являются «документами прикрытия».

Если такие служебные удостоверения нашлись у Хинштейна, можно себе представить, какой арсенал «документов прикрытия» имели при себе эфэсбэшники, отправляющиеся на взрыв дома в Рязани. А если вдруг при проверке документации на машину открывается, что она угнанная, всегда можно сказать, что машину только что нашли и гонят, чтобы вернуть владельцу.

Автомашина, на которой приехали террористы, — единственная улика, остающаяся после взрыва жилого дома. Единственный след, который может вывести на преступников. Автомашина – самое слабое звено в подготовке и проведении любого террористического акта. Иначе как на угнанной машине нельзя было взрывать дом в Рязани.

В заключение хотелось бы привести мнение бывшего генерального прокурора России Ю.И. Скуратова, высказанное им в интервью парижской газете «Русская мысль» (29 октября 1999 г.):

«Меня очень сильно смутило и насторожило произошедшее в Рязани. Здесь действительно можно выстроить схему: сами спецслужбы были причастны к подготовке взрыва в Рязани, а когда их прихватили, они очень неуклюже оправдывались. Меня очень удивляет, почему прокуратура так до конца и не разобралась с этим эпизодом. Это ее задача».

Таким образом, нет никаких указаний на то, что в Рязани проводились учения, кроме голословных заявлений руководителя ФСБ Патрушева, Здановича и некоторых других офицеров ФСБ. Наоборот, все говорит за то, что в Рязани действительно был предотвращен теракт. Осталось только, чтобы заказчики, организаторы, виновники и пособники этого преступления были судимы и осуждены. Поскольку мы знаем их имена, должности, служебные и домашние адреса, задержать подозреваемых преступников труда не составит.

Глава 6

ФСБ прибегает к массовому террору: Буйнакс, Москва, Волгодонск

Это не люди, это настоящие выродки, которых, как бешеных собак, надо просто отстреливать. Но поскольку мы действуем в рамках закона, то, естественно, надо их изобличить и чтобы они предстали перед судом. Террористы... какие-то системы страховки могут придумать. В том числе и уничтожение непосредственных исполнителей. Я это совершенно не исключаю.

Из интервью А.Здановича радиостанции «Эхо Москвы» 16 сентября 1999 г.

За участие в терактах в Буйнакске, Москве и Волгодонске было осуждено несколько человек, объявленными исполнителями этих преступлений. Об организаторах мы можем догадываться лишь по аналогии с Рязанью. В этих трех городах рязанский вариант «учений» был доведен до запланированного конца – оборвавшего и изуродовавшего жизни нескольких сотен людей.

В августе 1999 года на свободе оказались все участники группировки Лазовского, даже Воробьев. В это время как раз подходила к концу очередная военная операция в Дагестане, куда вторглись чеченские сепаратисты. С того времени многое было сказано и написано о вторжении чеченцев в Дагестан. Утверждали, что эта операция была спланирована в Кремле и спровоцирована спецслужбами. Российские СМИ пестрели статьями о конспиративной встрече Шамиля Басаева и руководителя администрации президента Александра Волошина во Франции, организованной сотрудником российской разведки А. Суриковым.

Фактов для однозначных выводов в нашем распоряжении мало. Начнем с интервью Сурикова.

24 августа 1999 г. газета «Версия», принадлежавшая холдингу «Совершенно секретно», тому самому, которым руководил Боровик, погибший в авиационной катастрофе вместе с чеченским бизнесменом Бажаевым 9 марта 2000 года, опубликовала интервью с полковником ГРУ Суриковым, приближенным Евгения Примакова, с одной стороны, и Юрия Маслюкова, с другой. Во время грузино-абхазского конфликта Суриков был подчиненным министра обороны Абхазии Султана Сосналиева. На войне он познакомился с Басаевым. С тех пор считался специалистом по Кавказу. В редакционной заметке, предшествовавшей интервью, «Версия» сообщила, что именно Суриков организовал «тайную встречу с руководителем администрации президента Волошиным» Басаева. Ни Суриков, ни Волошин опровергать эту информацию не стали. Суриков сообщил, что:

«Шамиль Басаев и Хаттаб создали в Дагестане укрепрайоны, о масштабах которых пресса даже не подозревает. Вырыты линии окопов, построены фортификационные сооружения, налажен подвоз оружия и боеприпасов из Чечни. Они также наладили связь и транспортное сообщение друг с другом и с Чечней. Укрепрайоны окружены минными полями. Как военный могу утверждать, что одной лишь артиллерии и авиации, которую используют в дагестанских горах федеральные войска, мало. Пока действия федералов неэффективны и не наносят ущерба живой силе и фортификациям боевиков. Для того чтобы ликвидировать укрепрайоны, необходимо масштабное наступление сухопутных войск при поддержке авиации. [...]

Федеральная группировка, которая создается в Дагестане, набрана с миру по нитке. Это милиция с Урала, ОМОН из Мурманска, разрозненные части Министерства обороны, много призывников. По моим данным, призывников – треть, вопреки утверждениям генералов, что солдат срочной службы в Дагестан не посылают. Ни о каком боевом «слаживании» этой разношерстной команды говорить не приходится. В регионе сейчас находится до трех десятков генералов, хотя операция по ликвидации боевиков по силам одному слаженному полку. И командовать здесь мог бы полковник при условии единоначалия и скоординированности действий. Сейчас же эти генералы способствуют бардаку в управлении войсками, так как принадлежат к разным ведомствам.

Поэтому в нынешней ситуации военная операция приведет к многочисленным жертвам среди наших солдат и милиционеров. Могу спрогнозировать, что при штурме погибнут 300–400 человек, и это при том, что уже сейчас убитых и раненых среди наших около 250 человек. Вопреки заявлениям генералов у боевиков потери минимальные – примерно 40 человек. Столько же они могут потерять при штурме. Вообще данные о потерях боевиков – тысячах убитых в день – мне напоминают сообщения с чеченской войны 1995–1997 годов.

Наши генералы, очевидно, не принимают в расчет, что Шамиль Басаев – опытный партизан и диверсант, который стал асом в этом деле задолго до чеченской войны. Он прошел подготовку по полной программе в одном из российских разведывательных ведомств. Это было в разгар грузино-абхазской войны. Тогда Москва заняла трусливую позицию, и, вместо того чтобы выступить в защиту Абхазии, которая подверглась геноциду, все свелось к тому, что российские силовые структуры неофициально помогали добровольческим отрядам, которые отправлялись на войну. Бывший в то время министром обороны Павел Сергеевич Грачев делал вид, что не знает об этом. Из той массы добровольцев, которые прибыли воевать в Абхазию, половину составляли чеченцы. И возглавлял их Шамиль Басаев.

Сейчас Басаев вносит существенные коррективы в тактику боевых действий в Дагестане. Он удерживает укрепрайон в Ботлихе, но это лишь отвлекающий маневр. Он начинает развертывать партизанское движение. Вместе с диверсионной деятельностью это наиболее эффективный способ ведения войны в горно-лесистой местности. Теперь его тактика – короткие нападения на колонны федеральных сил, организация засад, минирование дорог, минометный обстрел стратегических объектов. [...]

В Кремле знали о предстоящем вторжении ваххабитов в Дагестан. Не могли не знать. Об этом предупреждали спецслужбы. Об этом, в конце концов, писала «Версия». Почему прозевали? Потому что в Кремле есть люди, которые вполне серьезно считают, что деятелям типа Басаева можно заплатить и они будут делать все, что скажет Москва».

По большому счету, российские спецслужбы тоже проспали вторжение Басаева в Дагестан. Потому что наши спецслужбы находятся в той степени разложения, когда уже сложно справляться с прямыми обязанностями по причине занятости коммерцией. Они способны разве что наехать на журналиста Пасько, да и то неудачно. Ситуацию на Кавказе еще можно спасти. Но некому.

Удивительно даже не то, что Суриков дал интервью «Версии», а то, что это интервью было дано через три недели после публикации в «Версии» изначального материала о встрече Волошина и Басаева. Если бы Суриков считал, что первая статья «Версии» не соответствовала действительности, он либо отказался бы дать «Версии» интервью, либо использовал бы представившуюся возможность для опровержения.

Исходная статья «Версии» называлась «Сговор» и была опубликована 3 августа 1999 года:

«Роскошная вилла во французском городе Булье, расположенном между Ниццей и княжеством Монако, давно находится в поле зрения французских спецслужб. Вилла эта принадлежит международному торговцу оружием Адану Хашогги. И хотя с точки зрения французского уголовного законодательства к Хашогги претензий нет, но у миллиардера из Саудовской Аравии сомнительная репутация.

О повысившемся интересе своих коллег к вилле Хашогги нам сообщил источник "Версии" во французских спецслужбах, имени которого мы не называем. Это профессор политологии и одновременно специалист по вопросам российской обороны, безопасности, оргпреступности. Он часто выступает в прессе, ведет журналистские расследования. Работает по контрактам французских правительственных учреждений, в том числе французской контрразведки.

Он сообщил, что французы начали пристальное наблюдение за виллой в начале июля, когда там обосновался венесуэльский банкир Альфонсо Давидович вместе с молодой секретаршей-негритянкой. В латиноамериканской прессе ему приписывают отмывание средств колумбийской левой повстанческой организации ФАРК (Форсе Армаде Революционаре де Колумбия), ведущей несколько десятилетий вооруженную борьбу с официальными властями. Считается, что основным источником финансирования ФАРК является контроль над наркобизнесом.

Вскоре обнаружилось, что весьма частым посетителем Давидовича был некий французский бизнесмен израильско-советского происхождения, уроженец Сухуми, 53-летний Яков Косман. Вскоре он приехал на виллу и привез с собой шесть человек, которые прибыли через Австрию с турецкими паспортами. В одном из турок спецслужбы распознали господина Цвейбу, который в свое время так проявил себя в грузино-абхазской войне, что тбилисские власти до сих пор обвиняют его в военных преступлениях, в том числе и в расправах над гражданским населением. Все шестеро поселились на вилле и в течение трех недель не покидали ее территорию.

Наконец спецслужбам удалось зафиксировать, как Косман в сопровождении Цвейбы и еще одного гостя – предположительно абхаза – направился в местный аэропорт Ниццы. Сюда же на частном самолете из Парижа прибыли два человека. Один из них – Султан Сосналиев – в годы все той же грузино-абхазской войны был министром обороны Абхазии и являлся фактически вторым человеком в республике после Владислава Ардзинбы. Вторым вышедшим из самолета был еще один уроженец Сухуми – Антон Суриков. В годы войны в Абхазии Суриков был подчиненным Сосналиева. Действуя под псевдонимом Мансур, он отвечал за вопросы организации диверсий. Впоследствии, уже под собственным именем, Суриков занимал ключевой пост в аппарате правительства Евгения Примакова, хотя и числился лишь помощником первого вице-премьера Юрия Маслюкова. Оба проследовали на виллу в Булье.

В середине июля, через пару дней после приезда «дуэта», в порт Булье вошла частная английская яхта "Магия", прибывшая с Мальты. С нее на берег сошли два "англичанина". Если верить паспортным данным, одним из "англичан" являлся некий турок Мехмед, в прошлом советник исламистского премьера Турции Эрбакана, достаточно влиятельная фигура в ваххабитских кругах Турции, Ближнего Востока и Северного Кавказа. Вторым человеком, к удивлению спецслужбистов, был небезызвестный чеченский полевой командир Шамиль Басаев. Между прочим, в свое время он тоже был заместителем Сосналиева и возглавлял в Абхазии чеченский батальон. Французы напряглись и усилили наблюдение. И не зря. На самолете одной из российских нефтяных компаний поздно вечером в аэропорт Ниццы прилетел человек – лысоватый, с бородой, колючим взглядом, внешне очень сильно похожий на главу кремлевской администрации. Пройдя уже контроль французской пограничной службы, этот человек настороженно посмотрел по сторонам. Он был в строгом костюме, с портфелем и без всякой охраны. Лысоватый человек успокоился, только когда увидел встречающих – двоих абхазов и Сурикова. Все они сели в "роллс-ройс" и умчались на виллу в Булье.

Всю ночь на вилле что-то происходило, была повышена бдительность охраны виллы, а пространство вокруг нее распространяло такое сильное магнитное излучение, что мобильные телефоны в радиусе нескольких сотен метров не работали. Утром тот же "роллс-ройс" умчался в аэропорт и человек, похожий на Волошина, улетел в Москву. В течение суток виллу покинули и все остальные ее обитатели».

Следует отметить, что «Версия» оказалась удивительно настойчивой, даже настырной в проповедывании теории о том, что вторжение в Дагестан в августе 1999 года было организовано спецслужбами России. В частности, 29 февраля 2000 года, за несколько дней до гибели Боровика и Бажаева и президентских выборов, на которых победил Путин, в газете была опубликована статья «Заговор Хасбулатова»:

«После того как Хасбулатов известил Кремль о готовящемся перевороте [в Чечне], руководитель администрации президента Александр Волошин, по некоторым данным, спешно встречается во Франции с Шамилем Басаевым. Эту встречу организует для Волошина Антон Суриков, полковник ГРУ, приближенный к властным структурам, а если точнее – приближенный к окружению Евгения Примакова, бывшего шефа федеральной разведки. Сразу после переговоров во Франции Шамиль Басаев осуществляет вторжение в Дагестан. Потом следуют взрывы жилых домов в Москве и других городах России. Потом – вторая чеченская кампания. Так начинаются войны».

Библиография встречи Волошина и Басаева не была бы полной без упоминания последней статьи этой серии, опубликованной в той же «Версии» 2 июля 2000 года: «Сговор-2», когда Путин уже одержал на выборах победу и публикация материала, безусловно, проводилась не в рамках предвыборной кампании. Это был расширенный вариант старой статьи «Сговор»:

«Встреча, которая будто бы проходила на даче международного торговца оружием Аднана Хашогги в местечке Булье под Ниццей, состоялась 4 июля 1999 года. [...] В свое время источники во Франции и в спецслужбах Израиля, от которых и была получена информация, сообщали о том, что "существует видеозапись встречи на вилле в Булье". Однако никаких доказательств не приводили. В конце июня в редакцию "Версии" пришел большой почтовый конверт без обратного адреса. В нем находилась фотография, на которой были изображены три человека. Слева – человек, напоминавший помощника бывшего первого вице-премьера правительства Юрия Маслюкова – Антон Суриков. В центре находился человек, очень похожий на главу кремлевской администрации Александра Волошина, – лысоватый и с такой же бородкой. Рядом с двумя этими персонажами на корточках сидит также человек в шортах – лысоватый, но с более мощной бородой. Спустя еще некоторое время в редакции раздался телефонный звонок, и позвонивший человек, не представившись, сказал: "Это фотография встречи Волошина с Басаевым. Волошина легко узнать, а Басаев – это тот бородатый, крайний справа". [...] Незнакомец пояснил, что это снимок со стопкадра, а запись сделана аналоговой видеокамерой. [...]

На момент той встречи Суриков числился советником гендиректора РСК "МиГ", а в настоящее время он по-прежнему работает с Маслюковым, но уже возглавляет аппарат комитета по промышленности, строительству и наукоемким технологиям в Государственной думе. [...]

По уточненным данным французов и израильтян, 3 июля в порт Булье вошла частная английская яхта "Магия", прибывшая с Мальты. С нее на берег сошли два пассажира. Если верить паспортным данным, одним из "англичан" являлся некий турок Мехмет [...]. Вторым человеком, к удивлению разведчиков, был чеченский полевой командир Шамиль Басаев.

[...] 4 июля поздно вечером в аэропорт Ниццы на частном самолете одной из российских нефтяных компаний прилетел человек – лысоватый, с бородкой, колючим взглядом, внешне похожий на главу кремлевской администрации».

Случайно это или нет, но спустя некоторое время, в августе, произошло вторжение банды Шамиля Басаева в Дагестан. Вскоре последовала отставка с поста премьер-министра правительства Сергея Степашина, а на его место назначили экс-главу ФСБ. Федеральные войска после этого успешно отбили атаку на Дагестан и на спинах чеченских боевиков вновь вошли в мятежную Чечню. С тех пор «антитеррористическая операция» в Чеченской республике продолжается и вряд ли завершится в ближайшее время. Надо отметить, что из разных источников мы получили различающиеся сведения о целях визита в Булье людей, похожих на Волошина и Басаева. По одним предположениям, последовавшее вторжение в Дагестан было своеобразной PR-акцией в рамках операции «Наследник». По другим же предположениям, напоминавший главу кремлевской администрации человек, наоборот, узнал от российских спецслужб о намерениях Басаева и попросил когда-то сотрудничавших с ним людей – предположительно Антона Сурикова – о встрече с ним, чтобы каким-то образом избежать нападения.

Бывший министр иностранных дел Чеченской республики в правительстве Аслана Масхадова Ильяс Ахмадов считал, что дагестанская операция была спровоцирована Москвой:

> «Руководство Чечни осудило дагестанский поход. Это действительно для нас большая проблема. Но вспомните, что было в июле, когда российская армия уничтожила наш блокпост, а потом на нашу территорию вошел целый батальон российских солдат. Разве это не провокация? К Басаеву приходили паломники из Дагестана с просьбой освободить их от «русского ига», а когда он начал поход, стали говорить с экрана телевизора, что им этого не надо и они хотят жить в России. Это шито белыми нитками».

По мнению Абдурашида Саидова, основателя и бывшего председателя Исламско-Демократической партии Дагестана, начиная с 1997 года, после принятия парламентом Дагестана известного закона «О борьбе с исламским фундаментализмом», шло активное «выдавливание» религиозного меньшинства (ваххабитов) из Дагестана в Чечню. Ваххабитам в Дагестане создавали невыносимые условия жизни, их преследовали и угрожали физической расправой. При этом руководство Дагестана отдавало себе отчет в том, что в Чечне ваххабитов встретят с радостью. «Выдавленные» в Чечню дагестанские исламисты становились оппозиционерами и со временем готовы были вернуться в Дагестан, но уже в другом качестве – как новые руководители государства. Слухи о предстоящем из Чечни вторжении ходили по Дагестану уже в 1997– 1998 годах. В те же годы Россия оголила границы с Чечней в Цумадинском, Ботлихском, Казбековском районах Дагестана.

Активисты радикальной дагестанской оппозиции свободно перемещались по территории двух республик. Но ФСБ, которую тогда возглавлял Путин, на это не реагировала. Не исключено, что в окружении лидера дагестанских исламистов-радикалов Багаудина, скрывавшегося в Чечне от преследований, были провокаторы, выполнявшие задание определенных российских силовых ведомств, и что именно эти люди в нужное время подтолкнули Багаудина, а через него Басаева и Хаттаба к вторжению в Дагестан.

С мая-июня 1999 года в Грозном уже любой рыночный торговец знал, что вторжение в Дагестан неминуемо. Только российские спецслужбы почему-то об этом не догадывались. С июля в дагестанском селе Эчеда, в России, находились несколько сот вооруженных ваххабитов-дагестанцев, которые заранее окопались, укрепились в труднодоступных ущельях на границе с Чечней и Грузией. Задолго до прихода в Цумадинский район исламских мятежников эти места были нашпигованы оружием. В конце июля, в пик топливного кризиса в районе, прямо под окнами УВД и УФСБ Цумадинского района в лагеря боевиков многотонные грузовики доставляли топливо. ФСБ и на это не реагировала, поскольку предстоящее вооруженное столкновение между чеченцами и дагестанцами Кремлю было выгодно.

Одновременно Багаудину шли обнадеживающие сообщения агентов: «Кроме работников милиции, в Цумада никого нет, да и они своих трогать не будут. Мы в два счета будем в райцентре. Это твой родной район, народ ждет тебя, поддержка обеспечена, вперед!». И Багаудин попал в ловушку. Кстати, накануне вторжения Басаев предлагал Багаудину совместные действия, но последний помощь отверг, и потому Басаев с Хаттабом вынуждены были выступить отдельно, в Ботлихском направлении, очень кстати и очень вовремя для российского руководства и организаторов предвыборной кампании Путина. Тут-то и начались в России невиданные до тех пор теракты.

Мотивировку сентябрьских терактов предоставила сама ФСБ. В официальной справке УФСБ по Москве и области были сформулированы цели террористов, подорвавших в сентябре 1999 года в Москве жилые дома: «Одной из основных версий, разрабатываемых следствием, стало совершение террористического акта, направленного на дестабилизацию обстановки в Москве, устрашение населения и оказание воздействия на принятие властями определенных решений, выгодных организаторам акции». Ту же самую мысль, но на уровне фельетона сформулировала газета «Вечерняя Москва»: «Главная цель террористов – создать в обществе гнетущую и гнусную атмосферу. Чтобы я, струсив, дал по морде моему соседу-кавказцу, а он бы схватил «кынжал», и понеслась... Чтобы партия идиотов вышла из подполья и начались массовые аресты. Не спрашивай, что это за партия и где оно, это подполье».

Понятно, на какие «определенные решения» властей можно было повлиять взрывами, а на какие – нельзя. На решение о вводе войск в Чечню взрывами повлиять было легко. А вот на решение о предоставлении Чечне формальной независимости (неформальная независимость у Чечни к тому времени была) повлиять в нужную для чеченцев сторону терактами было совершенно невозможно. Иными словами, взрывы были нужны спецслужбам в России для начала войны с Чечней, а не повстанцам в Чечне для юридического признания независимости республики. То, что это именно так, доказало время: война началась, спецслужбы пришли к власти в России, независимость Чечни закончилась. И все это – результат произведенных в сентябре терактов.

31 августа 1999 года производится пробный теракт в торговом комплексе «Охотный ряд» на Манежной площади. Погиб один человек, 40 получили ранения. Правительство немедленно предложило к рассмотрению «чеченскую версию», хотя трудно было предположить, что чеченцы будут устраивать теракт в комплексе, генеральным директором которого является известный чеченец Умар Джабраилов (нынешний представи-

тель Чечни в Совете Федерации). За подготовку и проведение теракта впоследствии был арестован «некий Рыженков», согласно версии ФСБ «выдающий себя за генерала ФСБ». Между тем о генерале ФСБ Рыженкове, «определенно работающем» на террористов, еще в 1996 году докладывал в ФСБ полковник Николай Васильевич Зеленько, начальник войсковой разведки 8-го армейского корпуса генерала Рохлина.

Военная разведка действительно занимается оперативной работой, в том числе на территории России, и имеет свою агентуру. 8-й армейский корпус был дислоцирован в Волгограде, воевал в Чечне и особенно активно занимался вербовкой агентов среди чеченцев. В Волгограде на полигоне ГРУ проходил подготовку Шамиль Басаев перед грузино-абхазским конфликтом, причем его обучение вела именно военная разведка. Если Зеленько уже в 1996–1998 годах узнал что-то о будущих организаторах теракта в «Охотном ряду» и о Рыженкове или же о подготовляемых в России терактах, он, безусловно, доложил об этом генералу Рохлину, так как последний был председателем комитета Госдумы по обороне. Рыженков в то время задержан не был. Наоборот, был арестован сам Зеленько.

Почти всю службу Зеленько провел на Кавказе. Побывал во всех горячих точках: Карабахе, Баку, Тбилиси, Абхазии, Дагестане и Чечне. В Грозном побывать не успел, так как был тяжело ранен. К раненому Зеленько на двадцатый день после операции на сердце в госпиталь им. Бурденко в Москве пришли сотрудники ФСБ, обвинили его в хранении неучтенного пистолета и намерении совершить убийство некоего бизнесмена и увезли подальше из Москвы – в тюрьму в Челябинск.

За что же был арестован Зеленько? Рохлин поддерживал дружеские отношения с Владимиром Ивановичем Петрищевым, в то время начальником военной контрразведки ФСБ. Об информации, полученной от Зеленько, Рохлин обязан был Петрищеву доложить. Тогда и стали происходить странные истории. Сначала был арестован Зеленько, затем 3 июля 1998 года был убит генерал Рохлин.

ФСБ сама подтвердила, что арест Зеленько, убийство Рохлина и террористические акты в России – события взаимосвязанные. Всеми делами занимался один следователь Генпрокуратуры – Н.П.Индюков, имевший большой опыт расследования заказных дел, в которых важно было направить следствие по ложному следу. Именно Индюкову поручили вести следствие по делу Тамары Павловны Рохлиной, обвиненной в убийстве мужа. Этапы этого шедевра российской юриспруденции хорошо известны. После убийства генерала Тамара Рохлина была арестована, в ноябре 2000 года приговорена к восьми годам лишения свободы. В декабре срок заключения был сокращен вдвое. 7 июня 2001 года Верховный суд РФ отменил приговор Рохлиной, и 8 июня она была освобождена из-под стражи. Версию о том, что генерала убили трое неизвестных в масках, Индюков расследовать не стал.

Но самое удивительное, что и дело Зеленько, арестованного по совсем другим обвинениям, тянущим на обычную уголовщину, тоже вел Индюков, причем до суда дело не довели, а после смерти Рохлина Зеленько без лишнего шума освободили.

На фоне этих странных убийств, спорных расследований и спровоцированных вторжений 4 сентября 1999 года происходит взрыв дома в военном городке в Буйнакске, в Дагестане. Погибли 64 его жителя. Этот теракт однозначно связывали с поражением отрядов чеченских боевиков в Дагестане, хотя чеченцев среди исполнителей терактов не было, а обвиненные в организации взрыва люди утверждали, что невиновны. В тот же день в Буйнакске обнаружили заминированный автомобиль ЗИЛ-130, в котором находились 2706 кг взрывчатого вещества. Автомобиль стоял на стоянке в районе жилых домов и военного госпиталя. Взрыв был предотвращен только благодаря бдительности местных граждан. Иными словами, второй теракт в Буйнакске предотвратили не спецслужбы, а граждане, так же, как и в Рязани.

В ночь на 9 сентября в Москве взлетел на воздух девятиэтажный жилой дом № 19 по улице Гурьянова. От взрыва бомбы погибли 94 человека, 164 получили ранения. Самая первая версия: взрыв газа. Однако уже на следующий день УФСБ по Москве и Московской области сообщило, что «обрушение 3-го и 4-го подъездов дома произошло в результате подрыва бризантного смесевого вещества массой около 350 кг. Взрывное устройство находилось на уровне 1-го этажа. Проведенными физико-химическими исследованиями изъятых на месте происшествия объектов на их поверхности обнаружены следы [...] гексогена и тротила».

Сразу же после первого взрыва жилого дома стало ясно, что теракт является делом рук профессионалов. Речь шла не столько об исполнении теракта, сколько о его организации и подготовке. Большой теракт, в котором использованы сотни килограммов взрывчатки, транспорт и люди, трудно подготовить быстро. По мнению многих бывших и действующих сотрудников спецслужб, в том числе бывшего сотрудника ГРУ, полковника в отставке Роберта Быкова, террористы должны были завозить взрывчатку в Москву несколькими партиями на протяжении четырехшести месяцев. Моделирование терактов показало, что быстрее подготовить такого типа взрывы было невозможно. При построении модели учитывались все этапы: получение заказа, первоначальный расчет по плану дома, выезд на место, корректировка расчета, определение оптимального состава взрывчатки, заказ на ее изготовление, окончательный расчет с поправкой на реальный состав взрывчатки, аренда помещения, завоз туда взрывчатки и т.д. Таким образом, подготовка должна была начаться еще весной 1999 года. В это время чеченцы никак не могли готовиться к терактам в ответ на контрнаступление российских войск, так как в Дагестан чеченцы еще даже не вошли.

Слухи о предстоящих терактах висели в воздухе задолго до первых взрывов. 2 июля 1999 года журналист Александр Жилин получил в свое распоряжение некий документ, датированный 29 июня 1999 года. Жилин считал, что документ исходит из Кремля, что утечку организовал Сергей Зверев, заместитель главы президентской администрации, и что за это он был отправлен в отставку.

Содержание документа вызывало недоумение. Тем не менее Жилин передал его вице-премьеру московского правительства Сергею Ястржембскому. Реакции Ястржембского не последовало (а еще через какое-то время Ястржембский ушел от

Лужкова, что неудивительно, и был взят на работу Путиным — а вот это удивительно). Если бы документ опубликовали после взрывов, все бы решили, что он является поздней фальсификацией. До взрывов опубликовать документ под названием «Буря в Москве» отважилась 22 июля «Московская правда»:

«Конфиденциально
Некоторая информация о планах в отношении
Лужкова Ю. М. и обстановке в Москве

Из надежных источников стало известно следующее. Одной из аналитических групп, работающих на администрацию президента, разработан план дискредитации Лужкова с помощью провокационных мероприятий, призванных дестабилизировать социально-психологическую ситуацию в Москве. Между собой разработчики называют его "Бурей в Москве".

По утверждению источников, город ожидают потрясения. Так, планируется проведение громких террористических актов (или попыток терактов) в отношении ряда государственных учреждений: зданий ФСБ, МВД, Совета Федерации, Мосгорсуда, Московского арбитражного суда, ряда зданий. Предусмотрено похищение известных людей и обычных граждан "чеченскими боевиками".

Отдельной главой прописаны "криминально-силовые" действия против коммерческих структур и бизнесменов, поддерживающих Лужкова. Дана команда поднять и наработать дополнительно "оперативный" материал по Кобзону, Гусинскому и "Мостмедиа", Джабраилову, Лучанскому, Тарпищеву, Таранцеву, Орджоникидзе, Батуриной (жена Лужкова), Громову, Евтушенкову, П.Гусеву и другим персонам. В частности, инциденты вблизи офиса Кобзона и "Русского золота" якобы произошли согласно плану, о котором идет речь. Цель — создать твердое убеждение, что бизнес тех, кто поддерживает Лужкова, будет разрушен, а безопасность самих единомышленников не гарантирована.

Разработана отдельная программа, направленная на стравливание между собой действующих в Москве организованных преступных групп и провоцирование войны между ними, что, по замыслу авторов, создаст в столице невыносимую криминогенную обстановку, с одной стороны, и позволит прикрыть спланированные теракты против госучреждений криминальными разборками и хаосом – с другой.

Данные "мероприятия" преследуют несколько целей. Создание в Москве обстановки страха и иллюзии криминального беспредела. Инициирование отстранения от должности нынешнего главы УВД Москвы. Насаждение москвичам убеждения, что Лужков потерял контроль над ситуацией в городе.

Кроме того, по информации источников, параллельно с этим в прессу будет сделан мощный вброс информации о том, кто в правительстве Москвы связан с мафией и организованной преступностью. В частности, главным куратором этнических организованных преступных групп будет представлен г-н Орджоникидзе, которого в прессе свяжут в том числе с чеченскими преступниками, получившими в распоряжение Киевский вокзал, отель "Рэдиссон-Славянская", торговый комплекс на Манежной площади и т.д. Через "красную" и "патриотическую" прессу пойдут материалы о засилье Москвы кавказцами, об их беспределе в столице в ущерб безопасности и благополучию москвичей. Статистика на сей счет в МВД уже подбирается. Кроме того, через этот же канал будут реализованы уже сфабрикованные материалы о "связях Лужкова со всемирной сионистской или сектантской организацией"».

За несколько дней до взрывов с депутатом Госдумы Константином Боровым встретился один из офицеров ГРУ и передал ему список участников теракта, состоящий из нескольких фамилий. Боровой сразу же передал список в ФСБ, но последствий это предупреждение не имело. Боровой считает, что он не был единственным каналом, по которому в спецслужбы шли предупреждения о готовящемся теракте, но мер по предотвращению взрывов принято не было.

Точку зрения Борового можно бы было игнорировать, если бы такого же мнения не придерживался один из самых известных российских специалистов в области диверсионно-террористической деятельности – бывший сотрудник ГРУ, полковник в отставке Илья Старинов. Он заявил, что в его ведомстве просто не могли не знать о предстоящих взрывах. Столь фатальное игнорирование сигналов о терактах можно объяснить только тем, что их готовила сама ФСБ.

Не исключено, что одним из организаторов взрывов в Москве был майор ФСБ Владимир Кондратьев. 11 марта 2000 года по интернету он прислал свое покаянное письмо «Я взорвал Москву!» в электронное издание «Агентство федеральных расследований» (FLB – FreeLance Bureau). Как и подобает гражданам-патриотам, сотрудники сайта FLB немедленно сообщили о письме в ФСБ. Содержание письма было доложено Патрушеву. Из ФСБ прибыли два специалиста-компьютерщика, «скачали» письмо и обещали во всем разобраться. Больше их никто не видел. Приведем выдержки из этого письма. Следует, однако, подчеркнуть, что независимой информации о том, является ли письмо подлинным, у нас нет:

«Да, это я взорвал дом по улице Гурьянова в Москве. Я не чеченец, не араб и не дагестанец, а самый настоящий русский – Владимир Кондратьев, майор ФСБ, сотрудник строго засекреченного отдела К-20. Наш отдел был создан сразу после подписания Хасавюртовских соглашений. Перед нами была поставлена задача – организация и проведение операций по дискредитации Чеченской Республики с целью недопущения ее мирового признания. Для этого нам были даны очень широкие полномочия и самые неограниченные финансовые и технические возможности.

Одна из самых первых разработанных нами и удачно осуществленных операций называлась "Ковпак". Суть ее заключалась в том, что мы ездили по всем колониям России и вербовали уголовников (предпочтение отдавалось лицам кавказских национальностей), комплектовали их в группы, давали им оружие, деньги, затем отвозили на территорию Чечни и там их выпускали с единственной конкретно поставленной задачей – похищение людей, в частности иностранцев. И надо сказать, наши питомцы очень удачно с ней справились.

Масхадов и его люди ездили по всему миру, тщетно пытаясь заручиться зарубежной поддержкой, а в это время на территории их республики пропадали иностранцы. Самую эффектную точку в этой операции поставило похищение и убийство британских и новозеландского инженеров, осуществленные по нашему приказу.

В июне прошлого года перед нашим отделом была поставлена новая задача – вызвать в стране всеобщую ненависть к Чечне и чеченцам. При разработке идей в нашем отделе эффективно практиковался brainstorm. Так, во время очередной "мозговой атаки" родилось несколько идей, среди которых: распространение по всей стране листовок с угрозами со стороны чеченцев, убийство всеобщей любимицы Аллы Пугачевой, взрывы в жилых домах, свалив затем все это на чеченцев. Все эти предложения были доложены руководству ФСБ, которая остановила свой выбор на последней идее как на самой эффективной и дала нам «добро» на ее осуществление.

Нами были запланированы взрывы в Москве, Волгодонске, Рязани, Самаре, а также в Дагестане и Ингушетии. Были выбраны конкретные дома, подобрана и рассчитана взрывчатка. Операции было дано кодовое название "Хиросима". Непосредственное же ее осуществление было поручено мне, так как я был единственный в нашем отделе специалист по взрывному делу, к тому же имеющий сравнительно большой опыт. Хотя в душе я и не был согласен с идеей взрыва жилых домов, но не мог отказаться от выполнения приказа, так как каждый сотрудник нашего отдела с первых дней его создания был поставлен в такие условия, что обязан был выполнять любой приказ. Иначе его просто превращали в Вечное Молчание. И я выполнил приказ!

На следующий день после взрыва я поехал на место проведения операции с целью ее оценки и анализа результатов. Увиденное же там поразило меня. Я уже упоминал, что мне и раньше приходилось взрывать, но то были не жилые объекты, к тому же за пределами России. А здесь я взорвал русский дом, убил русских людей, и русские женщины, рыдая над русскими трупами, на родном мне языке проклинали того, кто это сделал. И я, стоя рядом с ними, физически чувствовал, как проклятие обволакивает меня, проникает в голову, грудь, заполняет все мое тело, пропитывает каждую мою клетку. И я понял, что Я – ПРОКЛЯТ!

Вернувшись в отдел, вместо отчета о проделанной операции я написал рапорт с просьбой перевести меня в другой отдел, объяснив это моральной и физической усталостью. Видя мое состояние, меня временно отстранили от участия во всех операциях и осуществление второго взрыва, который был запланирован на понедельник, поручили моему напарнику. Меня же, чтобы я не смог этому помешать, решили просто-напросто ликвидировать.

В субботу, чтобы, оставшись наедине с собой, подумать над тем, что же мне делать дальше, и прийти в себя, я выехал к себе на дачу. По дороге я почувствовал, что у моей машины, за которой я всегда тщательно ухаживал и которая меня никогда не подводила, вдруг отказали тормоза.

Я понял, что меня решили убрать классическим методом, принятым в нашей организации. И я, точно так же, как нас учили поступать в подобных ситуациях, направил машину в воду, благо речка оказалась по пути, а сам благополучно выбрался на берег. Затем на попутке добрался до Москвы и в тот же день по оперативным каналам покинул пределы России.

Сейчас я живу за тысячи километров вдали от Родины. С документами у меня все в порядке – теперь я официально гражданин этой небольшой страны. У меня нерусское имя и фамилия, и здесь никто не догадывается, кто я такой на самом деле. Я знаю, ФСБ способна на все, но все-таки надеюсь, что мои коллеги не найдут меня здесь.

На моей новой родине я открыл свой маленький бизнес, деньги у меня есть, и теперь могу спокойно прожить здесь до конца своих дней. Тогда зачем же Вам пишу все это, рискуя засветиться? (Хотя я и принял меры предосторожности, отправляя письмо из третьей страны и через третьи руки).

[...] Я уже упоминал Самару среди прочих подготовленных к взрыву городов. Жертвой тогда должны были стать жильцы дома по улице Ново-Вокзальная. Хотя не исключаю, что после неудавшейся попытки взрыва дома в Рязани в нашем отделе могли полностью отказаться от подобных операций. Но все-таки считаю своим долгом предупредить о ней».

После публикации в интернете письма Кондратьева Ассоциация ветеранов «Альфы» за несколько дней до президентских выборов выступила с опровержением, в котором, в частности, указывалось, что отдела К-20 в спецслужбах не существует. В этой связи следует указать на историю создания Управления «К».

Еще в 1996 году в ФСБ на базе Управления по борьбе с терроризмом был создан так называемый Антитеррористический центр (АТЦ), в состав которого входили Оперативное управление (ОУ), занимавшееся разработкой и розыском террористов, и Управление по защите конституционного строя (Управление «К»), бывшее 5-е Управление КГБ, разрабатывавшее политические и религиозные группы и организации, в том числе диссидентов. Затем АТЦ был преобразован (скорее – просто переименован) в Департамент по борьбе с терроризмом и Управление конституционной безопасности (Управление «К»). 28 августа 1999 года, перед началом «сентябрьской» волны взрывов, последовало новое преобразование – в Департамент по защите конституционного строя и борьбе с терроризмом.

Многочисленные реорганизации не следует считать случайными. Переформировывая различные «департаменты» и «управления», ФСБ самым банальным образом заметала следы. Разобраться в том, кто за что ответствен, кто чем руководит, кто отдает приказы и кто в чьем подчинении, – при такой частоте преобразований человеку постороннему не представлялось возможным. Абсолютно намеренно делались сложные и путаные названия, похожие друг на друга. Все это еще и для того, чтобы сбить со следа журналистов. Реально же все люди оставались на своих местах, и офицеры госбезопасности как сидели в своих кабинетах на 7-м и 9-м этажах Большой Лубянки, 1, где еще во времена Сталина работал Судоплатов, так и сидят. Ничего не изменилось.

Новый департамент возглавил вице-адмирал Герман Алексеевич Угрюмов, скончавшийся в своем рабочем кабинете в Чечне, в Ханкале, 31 мая 2001 года. Сразу же после его смерти появилась информация, что Угрюмов покончил жизнь самоубийством. Сообщалось, что в 13.00 в кабинет Угрюмова вошел человек в штатском. Он покинул кабинет через полчаса, а еще через 15–20 минут вице-адмирал застрелился.

Если бывшим сотрудникам 5-го Управления КГБ была поручена борьба с терроризмом и защита конституционного строя демократической России, можно быть уверенным в том, что Управление «К» ничем, кроме организации терактов и борьбой с демократией, не занималось. Как сказал в свое время Собчак, речь идет о людях, для которых слова «законность» и «демократия» просто лишены смысла. «Для них существуют лишь приказы, а законы и права являются для них препятствием». Означает ли это, что кроме секретного отдела «К-20», о котором упоминает майор Кондратьев, существовало еще по крайней мере 19 спецгрупп?

Удивительно, но сами чекисты считали теракты делом рук ФСБ. Журналист «Московской правды» Эрик Котляр в статье 10 февраля 2000 года рассказал об одном эпизоде:

«Осенью прошлого года мне довелось встретиться с работником суперсекретной службы. [...] И вот что он рассказал: "В тот вечер я приехал поздно. Дома никого не было. Дочка, жена и теща на даче. Только разбил яичницу на сковородку, как за окном раздался оглушительный взрыв. Стеклопакеты прямо влетели в комнаты с клубами гари и пыли! Выскочил на площадку, там соседи в панике. Зачем-то вызывают лифт. Я им кричу: "Спускайтесь по лестнице, лифт может сорваться!" [...] Выскочил на улицу, а от середины дома напротив почти ничего не осталось! [...] На следующий день кое в чем разобрался и твердо решил: семью увезу из России, жить здесь опасно, а дочка у меня единственная!".

— Но ведь это чеченцы устроили взрывы в Москве...

— Какие там к... чеченцы, — в сердцах махнул он рукой».

Э.Котляр сделал вывод, что его приятель что-то знает. Уже 10 сентября губернатор Алтайского края Александр Суриков заявил, что «взрывы в Москве связаны с отголосками из Дагестана», но что люди, заинтересованные в терактах, находятся в России и в Москве. Суриков предложил собрать внеочередное заседание Совета Федерации (СФ) для обсуждения вопроса о введении в стране чрезвычайного положения.

В ночь на 13 сентября газета «Московский комсомолец» подготовила в печать статью под названием «Секретная версия взрыва», где пыталась проанализировать случившееся:

«Непосредственно в подготовке теракта чеченские боевики не принимали участия. Судя по картине взрыва, бомбу закладывали специалисты, прошедшие подготовку в российских секретных ведомствах. Дело в том, что все предыдущие теракты, имеющие, как принято считать, чеченский след, совершались по одному и тому же сценарию: около здания взрывался автомобиль с начинкой. Такая машина обычно паркуется перед предполагаемым объектом взрыва всего за несколько часов. Детонатор оснащается часовым механизмом. Даже в случае обнаружения передвижной мины у взрывотехников остаются лишь считанные минуты, чтобы ее обезвредить (как это случилось в прошлое воскресенье у здания военного госпиталя в Буйнакске). [...] Такая любовь к заминированным машинам объясняется очень просто.

Взрывчатка нынче дорога, а террористы за каждый килограмм тротила или другого вещества платят наличными. И минирование объекта хотя бы за сутки до «часа икс» чревато провалом – слишком велик риск обнаружения бомбы. [...] Картина же взрыва на улице Гурьянова позволяет предположить, что его готовили люди, не привыкшие экономить, – то есть сотрудники спецслужб. [...] Эксперты установили,что основной заряд в доме на Гурьянова был заложен в арендуемом помещении – магазине на 1-м этаже. Причем взрывчатка оказалась там задолго до взрыва. Видимо, преступники не мелочились – в случае обнаружения взрывчатки аналогичная акция просто была бы перенесена в другой район столицы. Такая тактика сродни использованию конспиративных квартир, столь любимых спецслужбами всего мира. При провале одной из них операция проходит в другом районе. Специалисты, способные провести такой теракт, во времена СССР служили как в КГБ, так и во 2-м Главном управлении генштаба (более известном как ГРУ)».

Иными словами, очень мягко, «МК» намекала на то, что за взрывами стоит ФСБ.

12 сентября в московской милиции раздался звонок. Звонили жители дома по Каширскому шоссе, 6/3: «У нас в подвале чтото не в порядке», – сообщили граждане. Приехал наряд милиции. У входа в подвал их встретил, как они считали, один из работников Районного эксплуатационного управления (РЭУ) и сказал, что в подвале все в порядке, в нем «свои». Милиция потолкалась у входа в подвал, внутрь не вошла и вскоре уехала.

Ранним утром, когда газета «МК» со статьей «Секретная версия взрыва» развозилась по киоскам Москвы, взлетел на воздух восьмиэтажный дом по Каширскому шоссе, 6/3, тот самый, у подъезда которого вежливый «сотрудник РЭУ» разговаривал с милиционерами. По-своему он оказался прав: в подвале все оказалось «в порядке» – для проведения теракта.

Через несколько дней «МК» пыталась разыскать находчивого «сотрудника РЭУ»: «Я встречался с главами управ в районе Каширки, – рассказывал корреспондент газеты. – До сих пор не можем вычислить, кто из работников РЭУ покрывал человека, который втихаря снимал «в субаренду» помещение в подвале дома № 6. Никто не признается. Это или техник, или мастер, или начальник участка». Не нашли ни «сотрудника», ни тех, кто сдавал подвал.

На 14.00 по московскому времени 13 сентября из-под обломков взорванного на Каширке дома были извлечены 119 погибших и 13 фрагментов тел. Среди погибших было 12 детей. Эксперты сразу же установили, что характер обоих взрывов полностью идентичен, как и состав взрывчатки. Начались тотальные проверки домов, чердаков, подвалов. По одному из адресов – на улице Борисовские пруды, 16/2 – был обнаружен склад взрывчатки. Помимо гексогеновой смеси и 8 кг пластита, который использовался как детонатор, там нашли шесть электронных таймеров, сделанных из портативных часов-будильников «Casio». Пять из них уже были запрограммированы на определенное время. Террористам оставалось лишь развезти таймеры по адресам и подсоединить их к детонаторам. В частности, был заминирован дом на Краснодарской улице.

Последним террористы собирались разрушить здание на улице Борисовские пруды – 21 сентября в 4 часа 5 минут утра. Поразительно, что ФСБ, проводившая в Москве поиск террористов, вместо того чтобы оставить на Борисовских прудах засаду и задержать террористов, которые, безусловно, рано или поздно пришли бы за детонаторами, поспешила через средства массовой информации оповестить преступников, что склад на Борисовских прудах провален. Предположить, что сделанное ФСБ заявление об обнаружении конспиративного склада террористов – случайность, абсолютно невозможно. Такой ошибки не сделал бы даже начинающий рядовой следователь.

Информация о найденной после терактов взрывчатке и ее количествах была противоречива. В Москве нашли 13 тонн взрывчатки. Три-четыре тонны – в доме на Борисовских прудах, еще больше – на складе в Люблине, четыре тонны – в гаражном боксе в Капотне. Со временем было установлено, что шесть тонн гептила (ракетного топлива, одним из компонентов которого является гексоген) были вывезены с Невинномысского химического комбината Ставропольского края. Из шести тонн гептила можно было сделать десять тонн взрывчатого вещества. На кухне, в гараже, в подпольной лаборатории шесть тонн гептила в десять тонн взрывчатки не переработаешь. Перерабатывали гептил, видимо, где-то на армейском складе. Затем мешки нужно было загрузить в машины, вывезти на глазах у охраны, предъявить какие-то документы.

Для перевозки нужны были водители и грузовики. В общем, в операцию была вовлечена целая группа людей, а если так, информация должна была поступить и по линии агентуры ФСБ, и по линии агентуры армейской контрразведки.

В Москве взрывчатка была расфасована в мешки для сахара с надписью «Черкесский сахарный завод». Но такого завода не существует. Есть «Карачаево-черкесский сахарный завод». Если бы «сахар» в таких мешках везли через всю Россию, да еще по поддельной документации, слишком много было бы шансов попасться. Проще было бы заготовить документацию для «сахара» с правильными надписями на мешках. Из этого факта можно сделать сразу несколько выводов, например, что организаторы теракта хотели направить следствие именно в КЧР, так как было очевидно, что рано или поздно хоть один мешок «Черкесского сахарного завода» попадет в руки следователей; что террористы не боялись везти мешки с неправильной надписью и документацией в Москву, так как, видимо, были абсолютно спокойны за собственную безопасность, равно как и за сохранность своего товара. Наконец, мы не знаем, что именно везли в мешках террористы, потому что директор Центра общественных связей ФСБ генерал ФСБ Александр Зданович рассказал нам впоследствии, что взрывались совсем другие мешки, с гексогеном, и что привезли их на место взрыва за день-два до теракта: «Здесь почерк абсолютно ясен: что приискивались помещения, желательно подвальные либо на первых этажах, они снимались под видом складирования того или иного товара, и туда завозилась взрывчатка. Я так полагаю, что в течение суток-двух это спокойно можно было завезти и подготовить к взрыву. Она доставлялась сюда под видом мешков с сахаром».

Финансирование теракта трудно было провести, не оставив следов. О крупной пропаже гептила или гексогена со складов разведка должна была хоть что-то слышать, поскольку бесплатно террористам взрывчатку никто бы не дал. Бесплатно с завода или со склада гексоген могли получить только органы госбезопасности или военные.

Именно к таким выводам приходили многочисленные журналисты и специалисты, ломавшие голову над хитроумными схемами о поставках гексогена в Москву. А схема эта оказалась до примитивного проста, так как разработана была самой ФСБ. Суть схемы была в следующем.

24 октября 1991 года в Москве был учрежден научно-исследовательский институт Росконверсвзрывцентр. Институт располагался в самом центре – по адресу: Большая Лубянка, д. 18, строение 3 – и был создан для «утилизации конверсируемых взрывчатых материалов в народном хозяйстве». Бессменным руководителем института с 1991 по 2000 год был Ю. Г. Щукин.

В действительности институт был прикрытием, ширмой – буфером-посредником между армией и «потребителем» – и занимался незаконной торговлей взрывчаткой. Через институт проводились сотни тысяч тонн взрывчатых веществ, в основном тротила. Институт покупал взрывчатку в воинских частях для утилизации и конверсии или же у химических заводов для «изучения». А затем продавал потребителям взрывчатки, в числе которых были легальные и реальные коммерческие структуры, например белорусское государственное предприятие «Гранит». Разумеется, институт не имел права заниматься продажей взрывчатки. Но на это почему-то все смотрели сквозь пальцы, в том числе руководители силовых ведомств, включая Патрушева.

Среди многочисленных крупных контрактов на поставки сотен тысяч тонн тротила и тротиловых шашек, подписанных институтом с поставщиками (армией) и потребителями (коммерческими структурами), почему-то попадались мелкие контракты на одну-две тонны тротиловых шашек, с подробно расписанными обязательствами сторон, хотя за тонну «товара» выручались всего-то 300–350 долларов, ради которых и машину гонять не стоит. Эти мелкие контракты на поставку «тротиловых шашек» как раз и были соглашениями о поставках гексогена. Через институт гексоген закупался в армии и передавался террористам для взрыва домов в Москве и других городах России. Эти поставки были возможны лишь потому, что НИИ «Росконверсвзрывцентр» Ю. Г. Щукина был создан спецслужбами, а получавшие «тротиловые шашки» террористы являлись сотрудниками ФСБ.

Итак... Гексоген, расфасованный в 50-килограммовые мешки с надписью «Сахар», находился там, где только и мог быть, — на складах воинских частей, охраняемых вооруженным караулом. Одним из таких складов был склад 137-го рязанского воздушно-десантного полка. Одним из таких караульных – рядовой Алексей Пиняев. По цене тротиловых шашек, а именно 8900 рублей за тонну, т. е. примерно за 300–350 долларов, институт закупал гексосен со склада воинской части формально для исследовательской работы. В накладных гексоген проходил как тротиловые шашки. Доверенность выписывалась на «получателя» – посредника между институтом и террористами. В доверенностяхтротиловые шашки обозначались невинной маркировкой А-IX-1.

Только крайне узкий круг лиц знал о том, что маркировкой А-IX-1 обозначается гексоген. Не исключено, что посредники, вывозившие гексоген на собственном автотранспорте со складов воинских частей, об этом тоже не знали.

Вывезенные со складов воинских частей мелкие партии «тротиловых шашек» (гексогена) буквально исчезали (передавались террористам). Мелкие заказы по 300–600 долларов в общих потоках в сотни тысяч тонн тротиловых шашек отследить было невозможно.

Журналисты пытались понять, каким же образом террористы перевозили гексоген по просторам России. А его и не нужно было перевозить. Гексоген использовался по месту нахождения. Так, гексоген со склада 137-го рязанского ВДП использовался на улице Новоселов города Рязани. Гексоген со складов подмосковных воинских частей оказывался в Москве... Система была до гениального проста. Она предусмотрела все, кроме, пожалуй, совсем случайных проколов, которые, конечно же, не стоило учитывать: наблюдательного водителя Алексея Картофельникова, любознательного рядового Алексея Пиняева, бесстрашного журналиста «Новой газеты» Павла Волошина. И уж абсолютно нельзя было предусмотреть выезд в Лондон с документами и видеоматериалами агента ФСБ и члена консультативного совета комиссии Государственной думы по борьбе с коррупцией Н.С. Чекулина, по иронии судьбы исполнявшего в 2000–2001 годах обязанности директора Росконверсвзрывцентра.

Тем временем в Москве после взрыва двух жилых домов продолжалась проверка жилого фонда. За одни сутки столичной милицией была проверена 26561 квартира. Особое внимание было уделено нежилым помещениям на первых этажах зданий, подвалам и полуподвалам, то есть местам, которые часто используются под склады. Таких помещений было проверено 7908. Проверялись также общественные учреждения – 180 гостиниц, 415 общежитий, 548 увеселительных заведений (казино, баров, кафе). Эта работа проводилась в рамках поиска подозреваемых в причастности к терактам в Москве. В проверке приняли участие 14,5 тысяч сотрудников ГУВД и 9,5 тысяч военнослужащих внутренних войск, в том числе отдельной дивизии оперативного назначения (бывшая дивизия имени Ф.Э. Дзержинского). Сотрудники МВД и ГУВД работали без выходных по двенадцать часов в сутки.

Были установлены помещения, заминированные террористами. По официальной версии следствия (не имеющей, может быть, вообще ничего общего с действительностью), их арендовал Ачимез (Мухит) Шагабанович Гочияев (Лайпанов). Настоящий Лайпанов был уроженцем Карачаево-Черкесской Республики (КЧР) и погиб в феврале 1999 года в автомобильной катастрофе в Краснодарском крае. Документы погибшего Лайпанова стали «документами прикрытия» настоящего террориста. «Подобная практика является обычной схемой легализации агентов всех спецслужб мира. Это классика, описанная во всех учебниках. Якобы погибшему человеку даруется новая жизнь», – комментировал происшедшее бывший работник

ГРУ, всю жизнь занимавшийся развертыванием агентурной сети за рубежом.

Еще в июле 1999 года Гочияев-Лайпанов обратился в одно из московских агентств по аренде недвижимости, расположенное на Беговой улице, и получил там информацию о 41 помещении. 38 помещений после первого взрыва были проверены следователями на предмет нахождения в них взрывчатки.

Определен был и молодой напарник «Лайпанова». По утверждению ФСБ, им был вынужденный переселенец из Узбекистана, бывший послушник медресе «Йолдыз» в Татарстане, в Набережных Челнах, русский по матери и башкир по отцу, 21-летний Денис Сайтаков. ФСБ считало, что именно он во время подготовки теракта снял вместе с «Лайпановым» номер в гостинице «Алтай» и активно обзванивал фирмы, сдающие в аренду грузовики. И хотя КГБ Татарстана уже на второй день после теракта по требованию Москвы начал искать подозреваемого, в татарстанском КГБ не было уверенности, что Сайтаков причастен к взрывам. По крайней мере заместитель председателя КГБ Татарстана Ильгиз Минуллин подчеркнул:

«Никто не может объявлять Сайтакова террористом, пока его вина не доказана. [...] На сегодняшний день органы безопасности фактами, указывающими на причастность к террористическим актам в Москве [...] учащихся медресе "Йолдыз", не располагают».

КГБ Набережных Челнов тоже выпустил заявление, в котором указывал, что обвинение жителей Татарстана в пособничестве террористам не имеет оснований и что информации о причастности жителей республики к взрывам в татарстанском КГБ нет.

Террористы, готовившие сентябрьские взрывы, пошли по пути наименьшего сопротивления. Сначала они по «документам прикрытия» сняли несколько подвальных и полуподвальных помещений, в том числе на улице Гурьянова и на Каширском шоссе. Затем завезли туда взрывчатку, обложив ящики с гексогеном продуктами питания (мешками с сахаром и чаем) и упаковками с сантехникой (так было на улице Гурьянова). Объекты диверсий были выбраны идеально. Вероятность встретить милицию у домов в нереспектабельных «спальных» районах обычно была невысока, в подъездах, как правило, не было консьержек. Как считал Старинов, «расположение этих домов и обстановка вокруг них» соответствовала «двум самым необходимым для террористовподрывников условиям – это уязвимость и доступность».

Террористы заложили столько взрывчатки, сколько было необходимо для полного обрушения объектов. Диверсант Старинов предположил, что взрывы можно было произвести силами трех человек. Похоже, террористы имели прекрасную подготовку, причем не только диверсионную, но и разведывательную: умели уходить от наблюдения, жить под «легендой»... Научиться всему этому невозможно даже за год, пройдя курс подготовки в самом лучшем спеццентре. Москвичи стали жертвой террористов-профессионалов. А такие на российской территории работали только в системе ФСБ и ГРУ.

Петра Прохазкова, чешская журналистка, бравшая интервью у Хаттаба как раз в дни взрывов, запомнила ошеломляющую реакцию Хаттаба на сообщения о терактах в Москве. Он переменился в лице, и испуг этот был неподдельный. Это был искренний испуг человека, который понял, что теперь на него спишут все. Хаттаб, по единодушному мнению знающих его людей, не актер и не смог бы изобразить недоумение и страх.

Чеченцам было невыгодно производить теракты. Общественное мнение было на их стороне. Это общественное мнение, как российское, так и международное, было ценнее двух-трех сотен взорванных жизней. Именно поэтому чеченцы не могли стоять за терактами в сентябре 1999 года. Вот что сказал по этому поводу министр иностранных дел в правительстве Аслана Масхадова Ильяс Ахмадов:

«ВОПРОС: Во Франции вы говорите, будто всем известно, что теракты в Москве и Волгодонске были организованы российскими спецслужбами [...]. У вас есть доказательства?

ОТВЕТ: Безусловно. У нас на протяжении прошлой войны никогда не было поползновений к подобных вещам. Но если бы это организовали Басаев или Хаттаб, я вас уверяю, они бы не постеснялись признаться в этом России. Кроме того, все знают, что несостоявшийся взрыв в Рязани был организован СБ. [...] Я сам служил в армии подрывником на испытательном полигоне и прекрасно знаю, как сильно отличается взрывчатое вещество от сахара».

Вот мнение еще одного осведомленного лица, с которым трудно не согласиться, – министра обороны Чечни, командира президентской гвардии Магомета Хамбиева:

«Теперь о взрывах в Москве. Почему чеченцы не совершают теракты сейчас, когда идет уничтожение нашего народа? Почему российские власти оставили без внимания инцидент с гексогеном в Рязани, когда милиция задержала сотрудника спецслужбы с этой взрывчаткой? Ведь нет ни единого доказательства так называемого чеченского следа этих взрывов. И менее всего эти взрывы были выгодны чеченцам. Но тайное обязательно станет явным. Я уверяю вас, что исполнители и организаторы взрывов в Москве и других городах России станут известны со сменой политического режима в Кремле. Потому что заказчиков нужно искать именно в кремлевских коридорах. Эти взрывы нужны были, чтобы начать войну, чтобы отвлечь внимание россиян и всего мира от скандалов и грязных махинаций в Кремле».

В Москве тем временем появились подозрения, что взрывы проводят люди, пытающиеся заставить правительство ввести чрезвычайное положение и отменить выборы. Со стороны ряда политиков последовали опровержения: «Я не согласен с заявлениями некоторых аналитиков, которые связывают эту цепочку терактов с чьими-то намерениями ввести чрезвычайное положение в России и отменить выборы в Государственную думу», – заявил бывший министр внутренних дел России Куликов в интервью «Независимой газете» 11 сентября.

Ни к президентским выборам, ни к введению чрезвычайного положения в России чеченцы отношения иметь не могли. В 1996 году за отмену выборов выступала группировка Коржакова–Барсукова–Сосковца и стоящие за ними спецслужбы. Кто же пытался спровоцировать введение чрезвычайного положения в 1999-м?

Министр обороны Игорь Сергеев не исключал, что в Москве могут появиться военные патрули. «Наряду с силами МВД в патрулировании города могут принять участие военные», – заявил он журналистам после встречи в Кремле с Борисом Ельциным.

Перед военными «поставлена задача» принять участие в защите граждан от террористической деятельности, сообщил министр. Игорь Сергеев сказал, что по линии ГРУ «ведется очень активная работа» по установлению возможных контактов организаторов взрывов в российских городах с международными террористами (намек на иностранных диверсантов!).

Защита военными мирных граждан от террористов походила на введение военного положения. Одновременно Игорь Сергеев выступил «за проведение широкомасштабных антитеррористических акций и антитеррористических операций». Иными словами, министр обороны России призывал к войне с неназванным противником, хотя каждому было ясно, что призывают к войне с Чечней.

Окончательное решение по всем вопросам оставалось за Ельциным. Однако спецслужбы имели практически неограниченные возможности для подтасовки или фальсификации информации, подаваемой президенту. Это подтвердил в интервью 12 ноября 1999 года, в части, касающейся чеченской проблемы, президент Грузии, бывший руководитель МВД Грузинской ССР Эдуард Шеварднадзе:

«Обычно ссылаются, что есть такие данные у ГРУ. Я знаю, какими данными ГРУ исторически пользовалось, как они сочиняются, как они докладываются вначале генштабу, потом министру обороны, потом Верховному главнокомандующему. Я знаю, что есть большие фальсификации».

Иначе сформулировал свои сомнения еще один осведомленный человек, кандидат в президенты на выборах 2000 года, бывший премьер-министр, бывший министр иностранных дел и бывший руководитель СВР Евгений Примаков. Когда его попросили прокомментировать теракты в Москве, он высказал мнение, что взрывами в Москве дело не ограничится; что они могут прогреметь по всей России; и одной из причин сложившейся ситуации является связь людей из правоохранительных органов с преступным миром.

Таким образом, Примаков признал, что взрывами в России занимаются люди, связанные со спецслужбами. Это же подтвердил президент Грузии Эдуард Шеварднадзе во время выступления по национальному телевидению 15 ноября 1999 года:

«Я еще на встрече в Кишиневе информировал Бориса Ельцина о том, что его спецслужбы контактируют с чеченскими террористами. Но Россия не слушает друзей».

Дипломатическая этика не допускала более резкого заявления.

Между тем очевидно, что Шеварднадзе подозревал в организации взрывов именно российские спецслужбы. Дело в том, что по имевшейся информации спецслужбы России были причастны к двум покушениям на самого Шеварднадзе.

Чтобы не быть голословными, приведем мнение бывшего директора Национальной службы безопасности США, генерал-лейтенанта в отставке Вильяма Одома, высказанное им в октябре 1999 года:

«Премьер-министр Путин и его окружение из числа военных используют эту чеченскую кампанию для того, чтобы оказать жесткое давление на Шеварднадзе. Они уже сделали попытку расчленить Грузию, отобрав у нее Абхазию и Южную Осетию. Сейчас они хотят использовать чеченские события для того, чтобы разместить там войска, противником чего выступает нынешний президент Грузии. Российское правительство, начиная со времени правления

Примакова, предприняло по крайней мере две попытки совершить покушение на Шеварднадзе. Руководство Грузии предоставило правительствам ряда зарубежных стран убедительные доказательства. Примаков лично был вовлечен в это. Он использовал агентуру российской внешней разведки в Белоруссии, и с его ведома было совершено покушение в мае на Шеварднадзе и на некоторых лиц из его окружения. В нашем распоряжении есть пленки с записями разговоров, которые сделали сами киллеры, которые исполняли покушение. И за год до этого первая попытка убить Шеварднадзе была совершена отнюдь не любителями, а настоящими профессионалами, хорошо подготовленными военными группами. Они могли быть подготовлены только в России. Кроме того, есть масса вещественных доказательств, собранных на месте преступления, которые все это подтверждают».

То, что постеснялся сказать о взрывах в Москве Шеварднадзе, заявил Лебедь. На вопрос французской газеты «Фигаро»: «Вы хотите сказать, что за взрывами стоит действующая власть?» – Лебедь ответил: «В этом я почти убежден».

Лебедь указал, что за взрывами жилых домов в Москве и Волгодонске видны не чеченские террористы, а «рука власти», точнее, Кремля и президента, который «по шею в г....», полностью изолирован и вместе с «семьей» ставит перед собой «лишь одну цель – дестабилизировать положение с тем, чтобы избежать выборов».

14 сентября ФСБ и МВД сделали то самое заявление, ради которого производились взрывы: правоохранительные органы не сомневаются, что серия взрывов от Буйнакска до дома на Каширском шоссе в Москве является «широкомасштабной террористической операцией, инициированной боевиками Басаева и Хаттаба в поддержку своих военных действий в Дагестане», – сообщил Зданович.

«Сейчас мы без всякого сомнения можем заявить, что за этими взрывами стоят Басаев и Хаттаб», – подтвердил заместитель министра внутренних дел России Игорь Зубов.

Утверждения Здановича и Зубова не соответствовали действительности. Днем позже начальник ГУБОП МВД России Владимир Козлов сообщил, что «установлен ряд лиц, причастных к этим терактам», и что речь идет о группе террористов, имеющих связи в столице и в соседних с Москвою регионах и городах. Ни Чечню, ни даже Дагестан Козлов не упоминал. Зданович и Зубов занимались откровенной дезинформацией.

Выводы ФСБ не звучали убедительно, а действия силовых ведомств по поимке преступников выглядели анекдотично. В обстановке античеченской истерии в Москве, через несколько дней после второго взрыва, сотрудники ФСБ и ГУ-БОП задержали двоих подозреваемых в исполнении московских терактов, причем их имена без опасения повредить следствию были сразу же публично названы: уроженцы Грозного 32-летний Тимур Дахкильгов и его тесть, 40-летний Бекмарс Саутиев.

Тимур Дахкильгов, ингуш, родился и жил в Чечне, в грозненском районе Трампарк. Перебрался в Москву. Был красильщиком на комбинате «Красный суконщик». 10 сентября, сразу после теракта на улице Гурьянова, к Дахкильговым заехал Саутиев, сказал, что всем нужно ехать в отделение милиции «Северное Бутово» на перерегистрацию.

В милиции Тимура Дахкильгова и его жену Лиду сфотографировали, сняли отпечатки пальцев, сделали смывы с ладоней и отпустили. Вскоре после второго взрыва к Дахкильговым и к Саутиеву нагрянули оперативники, сказали, что у Тимура Дахкильгова на руках следы гексогена (он ведь красильщик!) и арестовали. У Саутиева гексогена на руках не было, поэтому у него под ванной нашли пистолет, а на дверной ручке его квартиры, правда снаружи, т. е. на лестничной клетке, – следы гексогена.

Подозреваемых допрашивали трое суток. Саутиева затем отпустили, забыв о найденном у него пистолете. Тимура Дахкильгова отвезли на Петровку, 38 и обвинили в хранении взрывчатки и в терроризме. Все это время его показывали по телевидению как пойманного преступника, а Рушайло даже доложил о поимке террориста в Совете Федерации.

По словам Дахкильгова, с ним работали трое следователей, которые ему не представлялись и даже по имени друг друга не называли. Про себя подследственный называл их Пожилым, Рыжим и Вежливым. Последний получил свое прозвище за то, что ни разу Дахкильгова не ударил. Так продолжалось три дня, после чего Дахкильгова перевели в СИЗО ФСБ в Лефортове.

ФСБ было крайне важно продержать Дахкильгова в тюрьме как можно дольше, поскольку ингуш Дахкильгов был единственным основанием для версии о «чеченском следе». Началась внутрикамерная разработка Дахкильгова, о которой последний, разумеется, не знал. В камеру посадили агента внутрикамерника, представившегося «авторитетным» уголовником. Агент расположил к себе ингуша, и тот рассказал об обстоятельствах своего дела и о том, что ко взрывам отношения не имеет. А еще через какое-то время Дахкильгова отпустили. Экспертиза смыва с его ладоней подтвердила присутствие гексана – растворителя, который используется на комбинате для очистки шерсти. Гексогена на руках не было. «Чеченский след» был потерян. Но война с Чечней уже шла полным ходом, так что Дахкильгов в тюрьме отсидел со смыслом.

Когда 16 марта 2000 года руководство ФСБ отчитывалось перед общественностью о ходе расследования сентябрьских взрывов, один из журналистов задал вопрос заместителю начальника Следственного управления ФСБ Николаю Георгиевичу Сапожкову:

«Скажите, пожалуйста, почему Тимур Дахкильгов три месяца просидел в тюрьме как террорист?»

То, что ответил Сапожков, уже несколько месяцев занимавшийся расследованием терактов в составе группы из многих десятков следователей, повергло журналистов в уныние, так как стало ясно, что следствие идет по ложному следу:

«– Могу пояснить. На него были прямые показания тех лиц, которые привезли сахар и взрывчатку в Москву...

– То есть они называли его фамилию?

– Нет, они его... Имеются в виду прямые показания – они его опознавали в лицо как человека, который участвовал в разгрузке вот этих мешков. Значит, впоследствии, когда мы более тщательно... Ну вы знаете, что там гексоген на руках и, значит, другие детали, которые однозначно тогда давали основание для работы с ним как с подозреваемым. Впоследствии мы очень тщательно поработали в направлении Дахкильгова. Пришлось перепроверить еще раз, предъявить для опознания уже в спокойной обстановке. И мы убедились, что те признаки, по которым его опознавали, они для лиц славянской национальности, опознающих так называемых кавказцев, когда дали такие вот сомнения для тех, кто давал показания на него, и мы путем тщательного исследования, установления его алиби, пришли к выводу о том, что к этому преступлению он не причастен. Дело было рассмотрено с участием сотрудников Генеральной прокуратуры. Они согласились с нашими доводами».

Мы вынуждены извиниться перед читателями за русский язык Сапожкова. Планировал Сапожков сказать следующее: когда следователи арестовали Дахкильгова и стали «предъявлять» его жителям домов, чтобы они определили, не он ли закладывал мешки со взрывчаткой и таймеры с детонаторами, жители, для которых все кавказцы на одно лицо, признали в нем человека, причастного к терактам. С Дахкильговым «тщательно поработали» (мы знаем, что его допрашивали, били, пытали, надевали полиэтиленовые мешки на голову, душили, проводили внутрикамерную разработку). Но главное — тянули время. Через три месяца Дахкильгов был уже никому не нужен, и по согласованию с Генпрокуратурой его отпустили, а дело против него закрыли.

Итак, Дахкильгов сидел по двум причинам. Во-первых, толпа опознала в нем злоумышленника, во-вторых, на руках его нашли гексоген. Однако со взрывчатым веществом у ФСБ не все обстояло благополучно. Вскоре после взрывов в СМИ стали появляться материалы о том, что «версия с гексогеном, по словам ФСБ, отвлекающая. На самом деле во всех взрывах террористы использовали другое взрывчатое вещество». Западные обозреватели указывали, что обломки домов в Москве разобрали и вывезли с молниеносной для России скоростью — за трое суток. Подозрительным иностранцам казалось, что если в России работают столь усердно, то непременно заметают следы. «Отвлекающей» версия ФСБ была в отношении общественности. Террористы хорошо знали, какое взрывчатое вещество они использовали, и скрывать от них компоненты взрывчатки не имело смысла.

В качестве взрывчатого вещества во время сентябрьских взрывов использовался гексоген, который в России производили на закрытых военных предприятиях. «Гексоген тщательно охраняется, а его использование тщательно контролируется», — подтвердили в сентябре 1999 года на российском научно-производственном предприятии «Регион», где работали с гексогеном. Там были убеждены, что утечка гексогена с так называемых номерных оборонных заводов практически невозможна.

Поскольку гексоген террористами использовался в больших количествах, легко можно было установить, кто именно закупил или получил гексоген, тем более что специалисты всегда могли определить, где именно изготовлена та или иная партия. Украсть десятки тонн гексогена незаметно было невозможно. Тысячи тонн смеси ТГ (тротилгексоген) хранились на военных складах и складах оружейных заводов для последующего использования в боеголовках ракет, минах и торпедах, снарядах. Но гексоген, извлеченный из готовых боеприпасов, выглядел определенным образом, и в больших количествах извлекать его было трудно и рискованно. Приведем несколько примеров.

8 октября 1999 года одно из информационных агентств сообщило, что Главная военная прокуратура возбудила дело в отношении ряда должностных лиц центрального аппарата войск противовоздушной обороны (ПВО). По сообщению главного военного прокурора Ю. Демина, используя свое служебное положение, путем подлога и фальсификации отчетных документов на протяжении нескольких лет высокопоставленные военные похищали запасное имущество для различных зенитно-ракетных комплексов, которое реализовывали коммерческим фирмам и частным предпринимателям. Только по

некоторым эпизодам преступной деятельности этой группы государству был причинен ущерб на общую сумму более двух миллионов долларов. Легко можно представить себе, какие «коммерческие структуры и частные предприниматели» покупали ворованные запчасти для зенитно-ракетных комплексов. И совершенно очевидно, что без участия ФСБ и ГРУ несколько лет разворовывать средства ПВО было невозможно.

28 сентября 1999 года сотрудники Рязанского управления по борьбе с организованной преступностью (УБОП) арестовали начальника мастерской по ремонту автомобильной техники склада авиационных средств поражения 35-летнего прапорщика Вячеслава Корнева, служившего на военном аэродроме в Дягилеве, где базировались бомбардировщики. Во время задержания при нем были обнаружены 11 кг тротила. Корнев признался, что тротил похищен с воинского склада и что группа сотрудников, в которую входил Корнев, добывала его из хранившихся на складе под открытым небом фугасных бомб ФАБ-300.

В тот же день военный суд Рязанского гарнизона огласил приговор начальнику полевого расходного склада Рязанского института ВДВ прапорщику А. Ашарину, похитившему свыше трех килограммов тротила и намеревавшемуся сбыть его за три тысячи долларов. Хотя соответствующая статья УК РФ предусматривала наказание сроком от трех до семи лет, военнослужащего оштрафовали на 20 тысяч рублей.

Таким образом, воровать тротил-гексоген мелкими порциями было сложно. Вывозить крупными — легко, но имея на то соответствующие разрешения, а значит — непременно оставляя следы. Эти следы могли привести в ФСБ. Многие представители российского военно-промышленного комплекса утверждали после взрывов, что такое количество взрывчатых веществ могло быть похищено только при участии высокопоставленных должностных лиц. 15 сентября начальник Главного управления по борьбе с организованной преступностью (ГУБОП) МВД Владимир Козлов подтвердил, что при взрыве на улице Гурьянова использовалась не пиротехническая смесь кустарного производства, а промышленная взрывчатка.

Чтобы сбить со следа пронырливых журналистов и добросовестных сотрудников угрозыска, ФСБ подбросила в СМИ сообщение о гексогене как «отвлекающую версию»: на самом деле, мол, взрывчатым веществом была аммиачная селитра. Дело в том, что аммиачная селитра, являющаяся удобрением, могла закупаться, перевозиться и складироваться открыто. Она обладала хорошим фугасным эффектом и с добавлением в нее гексогена, тротила или алюминиевой пудры становилась мощной взрывчаткой. Правда, детонатор к ней требовался сложный, не каждый террорист с таким детонатором умеет работать.

Почему же первоначально было объявлено о гексогене? Да потому что взрывали дома одни сотрудники ФСБ, экспертизу взрывчатки (совместно с угрозыском) проводили другие, а пропагандистское (или, как сейчас говорят, – пиарное) освещение терактов осуществляли третьи. Первая группа успешно (за исключением Рязани) провела теракты. Вторая легко определила, что взрывали гексогеном. А третья спохватилась, что гексоген производят в России на закрытых военных предприятиях и установить, кто именно и когда купил тот самый гексоген, которым взорвали дома, не стоит ничего. Тут началась паника. За три дня вывезли все вещественные доказательства (взорванные дома), срочно забросили в СМИ версию об аммиачной селитре. 16 марта 2000 года первый заместитель начальника второго департамента (по защите конституционного строя и борьбе с терроризмом – Управление «К») и Оперативно-розыскного управления ФСБ Александр Дмитриевич Шагако заявил на пресс-конференции, что взрывчатое вещество, используемое в абсолютно всех взрывах в России, определено, и это вещество – селитра:

«Мне хочется отметить, что в результате проведенных криминалистических исследований специалистами ФСБ России получены подтверждения того, что составы взрывчатых веществ, примененных в Москве, и составы взрывчатых веществ, которые были обнаружены в подвальном помещении дома по улице Борисовские Пруды в Москве, а также составы взрывчатых веществ, которые были обнаружены в городе Буйнакске 4 сентября в автомобиле ЗИЛ-130, невзорвавшемся, они идентичны, т. е. в состав этих всех веществ входит аммиачная селитра, алюминиевая пудра, в отдельных случаях есть добавки гексогена и в отдельных случаях есть добавки тротила».

Оставалось только определить, откуда селитра взялась в Москве и других городах России. С этой задачей Шагако и присутствовавший на пресс-конференции Зданович успешно справились.

«Были ли хищения этой взрывчатки с государственных заводов, где она производится по определенным технологиям? – задал себе вопрос Зданович и сам же ответил: – Сразу могу сказать – не было, или по крайней мере у нас таких данных в распоряжении следствия нет».

Установить производителя и покупателей-злоумышленников по селитре невозможно. Слишком много ее по всей стране, в том числе и в Чечне. Небольшие количества тротила, гексогена и алюминиевой пудры мог украсть кто угодно с любого военного склада (о чем с подачи ФСБ и Главной военной прокуратуры было организовано несколько публикаций в СМИ). Дезинформируя общественное мнение по вопросу о составе взрывчатого вещества, ФСБ отводила от себя подозрения в организации и исполнении терактов. Все, что нужно было теперь сделать, это найти на территории Чечни склад химических удобрений. Оказалось, что и это уже сделано, и очень удачно, что успели завершить расследование за несколько дней до президентских выборов:

«Мне хотелось бы еще при этом обратить ваше внимание на то, – сообщил Шагако, – что два месяца тому назад сотрудниками Федеральной службы безопасности в Урус-Мартане был обнаружен центр по подготовке подрывников. На территории этого центра было обнаружено пять тонн аммиачной селитры. Здесь же были обнаружены исполнительные механизмы, аналогичные тем механизмам, которые использовались в вышеперечисленных мной взрывах. [...] Исполнительные механизмы, обнаруженные в автомобиле ЗИЛ-130 в городе Буйнакске, а также исполнительные механизмы, обнаруженные в подвальном помещении в городе Москве по улице Борисовские Пруды, в ходе криминалистического исследования доказана их идентичность. Во всех этих исполнительных механизмах использовались в виде замедлителя электронные часы типа «Касио». Во всех этих исполнительных механизмах использовались светодиоды одинаковой конструкции, электронные платы, даже цвета проводов, которые использовались для пайки, — они имеют один цвет во всех механизмах. Я хочу ваше внимание при этом обратить на то, что несколько дней тому назад сотрудниками Федеральной службы безопасности на территории Чеченской Республики были обнаружены в вещах погибших боевиков, которые прорывались из окружения из города Грозного, было обнаружено несколько исполнительных механизмов. Проведенные исследования специалистами Федеральной службы безопасности показали, что исполнительные механизмы, изъятые в Грозном, исполнительные механизмы, изъятые в автомобиле ЗИЛ-130 в Буйнакске, и исполнительные механизмы, изъятые на Борисовских Прудах в городе Москве, — они все являются одной конструкции. Они все между собой идентичны. [...] В марте месяце в населенном пункте Дуба-Юрт было обнаружено отдельно стоящее здание, в котором была найдена литература по минно-подрывному делу на арабском языке, инструкции по военной подготовке, и кроме этого в этом же помещении были найдены инструкции по использованию часов "Касио". Данные часы, как я ранее вам говорил, — они активно использовались преступниками во всех вышеперечисленных взрывах. В марте месяце на территории населенного пункта Чири-Юрт было обнаружено отдельно стоящее здание, обнесенное железным забором, внутри которого выяснено и выявлено и обнаружено 50 мешков с аммиачной селитрой, это где-то порядка двух с половиной тонн».

Если бы террористы действительно использовали аммиачную селитру, следователи РУОПа не искали бы гексоген на руках Дахкильгова и Саутиева, а сосредоточились бы на селитре. Гексоген на руках арестованных милиция искала именно потому, что экспертиза в Москве выдала следствию официальное заключение: при взрыве домов использовался гексоген. Никакие позднейшие экспертизы не могли быть более точными, в том числе повторные экспертизы, проводившиеся затем следственными органами ФСБ и обнародованные в марте 2000 года. Наоборот, есть все основания считать, что в марте 2000 года, за несколько дней до президентских выборов, ФСБ занималась намеренной дезинформацией.

13 сентября 1999 года Лужковым в Москве были подписаны три нормативных документа, противоречащих Конституции и законам РФ. По первому акту в Москве была объявлена перерегистрация беженцев и переселенцев. Второй документ требовал выселения из столицы людей, нарушивших административные правила регистрации. Третий – прекращал регистрацию в Москве беженцев и переселенцев. В тот же день губернатор Подмосковья Анатолий Тяжлов подписал распоряжение о задержании лиц, не имеющих прописки в Москве или области. Чеченцев, конечно же, нормативные документы не упоминали. Кавказцев – тоже.

С 15 сентября в Москве началось совместное патрулирование милиции и военных, а по всей территории России начали проводить с привлечением внутренних войск антитеррористическую операцию «Вихрь-Антитеррор». Москвичи тогда еще не знали, что волна террора в столице на этом закончилась. Настала очередь провинции. Ранним утром 16 сентября был произведен подрыв жилого многоквартирного дома в Ростовской области, в Волгодонске. Семнадцать человек погибли.

На внеочередном заседании Совета Федерации, проходившем в закрытом режиме 17 сентября с участием главы правительства и силовых министров, СФ одобрил предложения о создании «советов гражданской безопасности» в российских регионах. Председатель СФ Егор Строев отметил, что сенаторы намерены «дать политическую оценку событий и предложить ряд конкретных экономических и социальных мер в зоне конфликта, в том числе в поддержку мирного населения и армии».

Спикер отметил, что взрыв в Волгодонске «усилил настрой сенаторов на необходимость более решительных и жестких действий для борьбы с терроризмом». Строев не обвинял в организации терактов чеченцев, но очевидным образом связывал «зону конфликта» в Дагестане и «борьбу с терроризмом».

На заседании с докладом выступил председатель правительства России Владимир Путин. В качестве «мер по защите от терроризма» он предложил установить «санитарный кордон» по периметру всей российско-чеченской границы, а также активизировать авиабомбардировки и артиллерийские обстрелы территории Чечни. Таким образом, Путин объявил Чеченскую республику ответственной за теракты и призвал к началу военных действий против Чечни.

По окончании заседания Путин заявил, что члены СФ поддержали действия правительства «самого жесткого характера» для урегулирования ситуации на Северном Кавказе, в том числе и «предложение о введении карантина вокруг Чечни». Отвечая на вопросы журналистов, Путин подчеркнул, что превентивные удары по базам бандитов в Чечне «наносились и будут наноситься», но что вопрос о возможности введения войск на территорию Чеченской Республики на заседании СФ не обсуждался.

Путин подчеркнул, что «бандиты должны быть уничтожены – здесь не может быть никаких других действий». Под бандитами Путин подразумевал чеченскую армию, а не террористов. Иными словами, правительство остановилось на одной-единственной версии взрывов: чеченской, причем готово было использовать взрывы как повод к войне.

Руководители северокавказских регионов понимали, что Россия затевает новую войну против Чеченской Республики.

20 сентября на встрече в Ингушетии, в Магасе, А. Масхадова, А. Дзасохова и Р. Аушева президенты Ингушетии и Северной Осетии поддержали идею Масхадова о необходимости переговоров между Масхадовым и Ельциным. Кроме того, Дзасохов и Аушев намеревались организовать встречу президента Чечни с премьерминистром Путиным в Нальчике или Пятигорске не позднее конца сентября 1999 года. На встрече должны были присутствовать все северокавказские лидеры.

Понятно, что политические переговоры могли предотвратить войну и пролить свет на произошедшие в России теракты. Именно поэтому ФСБ сделала все от нее зависящее, чтобы встреча руководителей северокавказских регионов не состоялась. До конца сентября предполагалось взорвать жилые здания в Рязани, Туле, Пскове и Самаре.

Как всегда, когда готовился большой теракт, в котором принимали участие группы террористов, произошла утечка информации.

«По нашим данным, именно Рязань была намечена террористами для следующего взрыва. Из-за Рязанского училища ВДВ», – рассказывал глава администрации Рязани Маматов.

Этим «следующим взрывом» должен был быть предотвращенный вечером 22 сентября взрыв дома на улице Новоселов.

23 сентября Зданович сообщил, что ФСБ установила всех участников терактов в Буйнакске, Москве и Волгодонске. «Ни одного этнического чеченца среди них нет».

Ни одного. После этого, разумеется, последовало извинение генерала ФСБ перед чеченским народом и чеченской диаспорой в России... Нет, конечно. После этого Зданович стал с упорством двоечника искать «чеченский след». И, нужно отдать ему должное, Зданович «чеченский след» нашел. Он не исключил, что после осуществления взрывов террористы, готовившие свои акции с середины августа, имели пути отхода. Возможно, они скрылись в странах СНГ, но наиболее вероятно, что они ушли в Чечню. В общем, чеченцев бомбили из-за того, что, по мнению Здановича, туда, вероятно, ушли террористы (среди которых этнических чеченцев не было). Но почему же тогда не бомбили страны СНГ?

«Мы имеем определенные источники информации на территории Чечни и знаем, что там происходит», – подчеркнул Зданович.

С 1991 по 1994 годы ФСК фактически не вела оперативную работу на территории этой республики, но затем «мы определенную работу проделали». Мы знаем о тех людях, которые разрабатывают террористические операции, осуществляют финансовые вливания, вербуют наемников, готовят взрывчатку. Сегодня в стране легко получить информацию об изготовлении взрывного устройства, и кроме этого есть множество людей, повоевавших в горячих точках, которые имеют необходимые знания и навыки. Многие из них воевали в Карабахе, Таджикистане и Чечне. Это не означает, что кто-либо обвиняет население Чечни или Аслана Масхадова.

«Мы обвиняем конкретных преступников, террористов, которые находятся на территории Чечни. Вот откуда появилось название "чеченский след"», – закончил Зданович, так и не назвавший ни одного «конкретного» преступника.

Использовать «вероятный» отход террористов в Чечню как повод дня начала войны против чеченского народа, признавая при этом, что взрывы проведены не чеченцами, – верх цинизма. Если из-за этого «вероятно» правительство Путина сочло возможным начать вторую чеченскую войну, нужно понимать, что взрывы были только предлогом, а война – давно спланированной в генштабе операцией. Определенный свет на этот вопрос пролил в январе 2000 года Степашин, сообщивший, что политическое «решение о вторжении в Чечню было принято еще в марте 1999 года»; что интервенция была «запланирована» на «август-сентябрь» и что «это произошло бы, даже если бы не было взрывов в Москве».

«Я готовился к активной интервенции, – рассказывал Степашин. – Мы планировали оказаться к северу от Терека в августе-сентябре» 1999 года. Путин, «бывший в то время директором ФСБ, обладал этой информацией».

Показания бывшего руководителя ФСК и бывшего премьер-министра Степашина расходятся с показаниями бывшего руководителя ФСБ и бывшего премьер-министра Путина:

«Летом прошлого года мы начали борьбу не против самостоятельности Чечни, а против агрессивных устремлений, которые начали нарождаться на этой территории. Мы не нападаем. Мы защищаемся. И мы их выбили из Дагестана. [...] А когда дали им серьезно по зубам, они взорвали дома в Москве, в Буйнакске, в Волгодонске.

ВОПРОС: Решение продолжить операцию в Чечне вы принимали до взрывов домов или после?

ОТВЕТ: После.

ВОПРОС: Вы знаете, что есть версия о том, что дома взрывались не случайно, а чтобы оправдать начало военных действий в Чечне? То есть это якобы делали российские спецслужбы?

ОТВЕТ: Что?! Взрывали свои собственные дома? Ну, знаете... Чушь! Бред собачий. Нет в российских спецслужбах людей, которые были бы способны на такое преступление против своего народа. Даже предположение об этом аморально и по сути своей не что иное, как элемент информационной войны против России».

Когда-нибудь, когда откроются архивы Министерства обороны, мы увидим эти военные документы: карты, планы, директивы, приказы по войскам о нанесении воздушных ударов и о развертывании сухопутных сил. Там будут стоять даты. Мы окончательно определим, насколько спонтанным было решение российского правительства начать сухопутные операции в Чечне и не оказалось ли, что генштаб закончил разработку военных действий до первого сентябрьского взрыва. Мы зададимся вопросом, почему взрывы происходили до предвыборной кампании и до вторжения в Чечню (когда это было невыгодно чеченцам) и прекратились после избрания Путина президентом и начала полномасштабной войны с Чеченской республикой (когда чеченцы как раз и должны были начинать мстить захватчикам). Но на эти вопросы, а их очень много, исчерпывающие ответы мы сможем получить только после смены власти в России.

Глава 7

ФСБ против народа

Освещение некоторыми средствами массовой информации конкретных террористических акций несет в себе порой не менее опасный потенциал, чем сами террористы. В этой связи интересам обеспечения безопасности общества отвечает продуктивное взаимодействие средств массовой информации с властями, в том числе и правоохранительными органами.

Н. П. Патрушев.
Из речи на международной научно-практической конференции «Международный терроризм: истоки и противодействие». Санкт-Петербург, 18 апреля 2001 г.

Итак, террористы не определены, точнее, определены как не чеченцы. Несостоявшийся взрыв в Рязани дает все основания полагать, что за взрывами стоит ФСБ. Для «партии войны» это сигнал к тому, что большую войну в Чечне нужно начинать немедленно. Не случайно именно на 24 сентября, как если бы взрыв в Рязани состоялся, было назначено жесткое выступление Путина и всех силовых министров.

24 сентября, как в хорошо спланированном спектакле, российские политики начинают дружно требовать войны. Патрушев сообщает, что террористы, осуществившие взрывы жилых домов в Москве, в настоящее время находятся в Чечне. Мы знаем, что это ложь. Источники информации Патрушев не указывает, так как их нет. Доказательств не приводит. Его пресс-секретарь Зданович говорил лишь о возможном или вероятном отходе террористов в Чечню (или в страны СНГ). Но

Патрушеву нужно начинать войну, и он утверждает, что Чечня превратилась в рассадник терроризма.

Рушайло указывает, что оргпреступность, в том числе и зарубежная, опираясь на чеченский плацдарм, развернула «широко-масштабную подрывную деятельность против России. [...] Правоохранительные органы и вооруженные силы обладают достаточным потенциалом для защиты интересов России на Северном Кавказе. [...] Федеральные силы готовы к проведению силовых операций».

Иными словами, МВД собирается воевать с Чечней в рамках борьбы с организованной преступностью, в том числе и с международными ОПГ. Можно подумать, что на всей остальной территории России с преступностью обстоит благополучно.

О ситуации на Северном Кавказе и возможных последствиях для России в интервью газете «Сегодня» рассказывает председатель комитета СФ по безопасности и обороне Александр Рябов. По его мнению, происходит геополитический передел мира под прикрытием мусульманских лозунгов. Для врагов России главное — создать в «мягком подбрюшье» России слабую зону. Это уже похоже на заговор Сионских мудрецов, только мусульманских. «Геополитический передел мира» — это серьезно. Тут без большой войны никак не обойтись.

Газета «Век» публикует интервью вице-президента коллегии военных экспертов Александра Владимирова, который считает, что лучший выход сейчас — это маленькая победоносная война в Чечне. По его мнению, санитарный кордон вокруг Чечни, предлагаемый Путиным, — хорошо, но это должно быть только первым шагом, так как кордон ради кордона — занятие бессмысленное. (Точку зрения Владимирова, безусловно, приняли во внимание и начали сразу со второго шага — полномасштабной войны).

Последний решающий голос за войну был подан находящимся в Астане премьер-министром Путиным:

«Российское государство не намерено спускать ситуацию на тормозах. [...] Происходившие в последнее время неспровоцированные нападения на сопредельные с Чечней территории, варварские акции, приведшие к человеческим жертвам среди мирного населения, поставили террористов не только вне рамок закона, но и вне рамок человеческого общества и современной цивилизации». Авиаудары наносятся «исключительно по базам боевиков, и это будет продолжаться, где бы террористы ни находились. [...] Мы будем преследовать террористов всюду. Если, пардон, в туалете поймаем, то и в сортире их замочим».

Настроение в обществе в те дни лучше всего характеризовал тот факт, что после крылатой фразы «в сортире замочим» рейтинг Путина вырос. Пропагандистская кампания сторонников войны достигала желаемого результата. Согласно опросу, проведенному Всероссийским центром изучения общественного мнения (ВЦИОМ), почти половина россиян была убеждена в том, что взрывы в российских городах осуществляли боевики Басаева, еще треть винила в этом ваххабитов во главе с Хаттабом. 88% процентов опрошенных опасались стать жертвой теракта. 64% согласны были с тем, что всех чеченцев следует выслать из страны. Такой же процент высказался за массированные бомбардировки Чечни.

Взрывы домов переломили общественное мнение. Маленькая победоносная война казалась естественным и единственным способом борьбы с терроризмом. То, что террористы не чеченцы, а война не будет маленькой и победоносной, одурманенная страна еще не знала.

Обратим внимание на вопиющее отсутствие логики. Чеченское руководство отрицает свою причастность к терактам. Зданович подтверждает, что чеченцев среди исполнителей теракта нет. Чечню пока что начинают бомбить. Масхадов заявляет о готовности вести переговоры, но его не слышат. ФСБ важно втянуть Россию в войну как можно скорее, чтобы выборы президента России происходили на фоне большой войны и чтобы новый президент, пришедший к власти, получил в наследство войну вместе с теми политическими последствиями, которые она в себе несет: опору президента на силовые структуры. Только через войну власть в стране окончательно может захватить ФСБ. Речь идет о банальном заговоре с целью захвата власти бывшим КГБ под флагом борьбы с чеченским терроризмом.

4 октября переворот завершился победой заговорщиков: в этот день российские войска перешли границу Чечни. Большинство населения поддержало решение бывшего руководителя ФСБ премьер-министра Путина, директора ФСБ Патрушева и генерала ФСБ главы СБ Сергея Иванова.

В это непростое для российской политической элиты время определились те, кто выступил категорически против войны. «Новую газету» следует назвать одним из самых принципиальных противников войны с Чеченской Республикой:

«Подполковник КГБ с блатной лексикой, чудом оказавшийся во главе великой страны, спешит воспользоваться произведенным эффектом. Любой военачальник или политик, планирующий военную операцию, всегда стремится уменьшить количество своих врагов и увеличить количество союзников. Путин сознательно бомбит Грозный, чтобы сделать невозможным переговоры с Масхадовым, чтобы в кровавой бойне похоронить все предыдущие преступления режима. Уходящий режим стремится готовящимся преступлением – геноцидом чеченского народа – повязать кровью весь русский народ, сделать его своим сообщником и заложником. Еще не поздно остановиться на пути к гибели России».

Поздно, было уже поздно. Константин Титов, губернатор Самарской области, считал, что наземная операция в Чечне – для России катастрофа: «Я вообще не верю в чисто силовые методы решения глобальных проблем. И в Самаре никогда не допущу таких этнических чисток, как в Москве».

Константин Титов, разумеется, не знал, что для взрыва жилого дома в Самаре, на улице Нововокзальной, в те дни все было готово, но после провала в Рязани ФСБ приостановила теракты.

Настроение обеспокоенной части демократического общества описал в те дни известный российский адвокат Анатолий Кучерена:

«КОГДА ГРОХОЧУТ ПУШКИ, ПРОКУРОРЫ МОЛЧАТ

Ярчайшая иллюстрация – "учения", проведенные ФСБ в Рязани. Эта акция свидетельствует о глубочайшей деградации, в первую очередь нравственной, отечественных спецслужб. Спецслужбы по-прежнему мнят себя "государством в государстве". Их руководителям, вероятно, кажется, что они не подчиняются никаким законам и действуют исключительно на основе политической целесообразности, как в те славные времена, когда органы организовывали похищения и политические убийства на территории других государств, "легендировали" несуществующие антисоветские организации, писали сценарии показательных процессов. Многочисленные "шпионские дела" последних лет – Платона Обухова, Григория Пасько, капитана Никитина; операция "мордой в снег"; различные антиправовые акции накануне президентских выборов 1996 года, такие, как попытка "опечатать" Государственную думу; авантюра с вербовкой российских военнослужащих для штурма Грозного силами так называемой антидудаевской оппозиции в ноябре 1994 года – все это свидетельствует о том, что антиправовые тенденции в деятельности спецслужб сохраняются и по сей день. Складывается впечатление, что и действующая власть, и так называемая оппозиция полагают, что на демократическом проекте в России можно ставить крест. Власть не способна навести порядок, основанный на Законе, не в ее силах построить правовое государство. Альтернатива правовому государству – государство бандитско-полицейское, то есть такое положение дел, когда действия террористов, бандитов, с одной стороны, и правоохранительных органов – с другой уже не различаются ни по целям, ни по используемым методам. В обществе нарастает массовое убеждение, что демократия как форма правления себя не оправдала.

А коль скоро с демократическим проектом ничего не вышло, у многих политических игроков возникает искушение покончить с ним раз и навсегда. Каждый из них при этом преследует свои цели, но объективно вектор их усилий совпадает. Кого-то страшит надвигающийся передел собственности, кто-то хочет уйти от ответственности за совершенные противоправные деяния, кто-то видит в себе нового Бонапарта или Пиночета, и ему не терпится "порулить" железной рукой.

Правление посредством демократических учреждений в очередной раз в России не удалось. Наступает время правления посредством страха. Время террора – как бандитского, так и государственного. А может быть, это и есть "политический проект" действующей власти для новой России?»

Если опасения демократической части населения сформулировал Кучерена, цели и планы заговорщиков, отстоявших вторжение в Чечню, раскрыл 8 марта 2000 года в статье «Стране нужен новый КГБ» член Государственной думы и бывший руководитель СБП Коржаков:

«В подготовке к президентским выборам наблюдается одна принципиально важная особенность. Характеризуя кандидата номер один на высший государственный пост Владимира Путина, практически никто не высказывает неудовлетворения тем, что он выходец из спецслужб, а точнее, из недр КГБ. Лет несколько тому назад такое и представить себе было невозможно. А теперь налицо симпатии общественного мнения к политическому деятелю, начавшему свой путь в спецслужбе. Высокий рейтинг Владимира Путина свидетельствует в первую очередь о том, что в нем, выходце из КГБ, люди видят государственного деятеля, способного навести в стране порядок, организовать работу всех властных структур таким образом, чтобы начать наконец реально выходить из общественно-политического кризиса. Выдвижение бывшего сотрудника КГБ на высший государственный пост дает мне повод еще раз привлечь внимание к некоторым момен там деятельности спецслужб и их роли в целом на современном этапе нашего экономического и политического развития.

Известные случаи со взрывами домов в Москве и других городах страны, повлекшие за собой гибель десятков мирных, ни в чем не повинных людей, продолжающийся вывоз национального богатства из страны за рубеж, процветающая махровым цветом коррупция в государственных структурах, случаи работорговли и торговли детьми — все это вызывает законное возмущение граждан страны. Люди с недоумением спрашивают: где же наши спецслужбы, которые для того и существуют, чтобы бороться с подобного рода явлениями? И сил, и необходимых спецслужб у нас достаточно: ФСБ, МВД, ГРУ, СВР, ФАПСИ — все они способны решать самые сложные задачи. Проблема в том, что спецслужбы действуют разрозненно, по принципу разжатого кулака.

В свое время нашу демократическую общественность страшно пугало существование КГБ. Тогда решили разрушить «монстра», чтобы обезопасить себя от всякого рода неожиданностей. Кое-кому казалось, что так будет легче контролировать деятельность спецслужб. Однако с контролем, как задумывалось, не получилось, и с координацией действий спецслужб дело далеко не пошло. Подтверждение тому — хрестоматийные ошибки и провалы, допущенные в борьбе с чеченскими и международными террористами. Теперь даже самым ярым противникам КГБ становится понятно, что разрушение этой структуры ничего полезного нам не дало. Не случайно Александр Солженицын заметил однажды в узком кругу, что нам не хватает КГБ.

Есть и другая реальность. Наворованные и вывезенные за рубеж наши общенародные средства никто и никогда добровольно в страну не вернет. Ни одна иностранная спецслужба никогда не упустит шанс получить у нас важные секретные сведения из научной или другой важной области, если не перекрыть ей путь к нашим секретам. Коррупция будет существовать до тех пор, пока соответствующие службы, которым положено выявлять взяточников, будут действовать разрозненно, каждая сама по себе. Казнокрадство будет продолжаться до тех пор, пока наши законы будут гуманными по отношению к любителям совать свои грабли в государственную казну.

Поддерживая кандидатуру Владимира Путина на должность президента страны, наши люди тем самым дают сигнал власти, смысл которого совершенно понятен: пора наконец собрать спецслужбы в единый кулак и ударить им по тем, кто мешает нам нормально строить свою жизнь. России нужен свой КГБ! Пора сказать об этом без стеснений! Разделяя подобное мнение, считаю, что первым шагом на пути создания нового Комитета государственной безопасности должно быть образование Координационного совета спецслужб (КСС) при Совете безопасности с непосредственным подчинением главе государства. Это позволит сформировать структуру будущего КГБ, определить его функции и задачи. В случае создания Координационного совета спецслужб уже в ближайшее время можно будет более эффективно решать проблему возврата в страну незаконно вывезенных капиталов. Говорю это с уверенностью, поскольку в свое время Служба безопасности президента начала работать в этом направлении и добилась конкретных результатов. Служба на деле доказала, что возвращать капиталы в страну не только нужно, но и можно, если заниматься этим серьезно.

Вторая первостепенная задача – борьба с терроризмом специфическими методами и средствами, исключающими применение крупных военных сил и гибель мирного населения. Никто не сомневается в том, что чеченские и международные террористы будут разбиты. Однако на этом угроза терроризма не исчезнет. Не следует забывать, что в Чечне уже выросло поколение молодых людей в условиях войны и ненависти к русским. Стремление сегодняшних чеченских мальчишек отомстить «обидчикам» любым способом будет проявляться не только на территории Чечни.

Использовать армию для борьбы с локальными проявлениями терроризма больше нельзя, лимит таких возможностей исчерпан. Этим будут заниматься спецслужбы.

Третья задача – выявление фактов незаконной приватизации объектов стратегического значения, искусственного банкротства заводов, фабрик, шахт с целью захвата их в личную собственность. Практика показала, что без участия спецслужб в этой работе нам тоже не обойтись».

Кучерена считает, что беды России – от бандитско-полицейского государства. Коржаков утверждает, что все несчастья – от недостаточно твердой руки власти, так как спецслужбы действуют «по принципу разжатого кулака». Он предлагает сжать кулак, создать Координационный совет спецслужб (КСС), подчинить его секретарю СБ (генералу ФСБ Сергею Иванову). Можно предположить, что во главе этого нового органа Коржаков видит себя, подчеркивая, что возглавляемая им ранее СБП работала именно в этом направлении и добилась конкретных результатов. Иными словами, Коржаков признает, что злоупотреблял властью и превышал должностные полномочия, что по российскому законодательству считается преступлением и карается лишением свободы (в функции Коржакова входила охрана президента и членов его семьи).

Только из этого заявления становится понятно, чем на самом деле занималась все эти годы СБП во главе с Коржаковым, а затем и сам Коржаков – на правах частного гражданина со связями в силовых структурах. Назовем вещи своими именами. Оказавшись вне властных структур, отстраненные от госслужбы, Сосковец вместе с отставными генералами Коржаковым и Барсуковым с помощью ранее используемых ими ЧОПов, типа «Стелс», пытались активно внедриться в передел собственности в России с целью установления контроля над бизнесами и извлечения личных финансовых выгод. Финансирование их деятельности осуществлялось «измайловской» ОПГ. Агентурно-оперативной работой занимались различные ЧОПы. Информационно-пропагандистское прикрытие осуществлялось рядом подконтрольных или купленных СМИ. Боевое обеспечение предоставляли организованные криминальные группы и отдельные боевики из числа бывших сотрудников спецподразделений МО, ФСБ и МВД.

Возврат капитала из-за границы «по Коржакову» – на самом деле банальное вымогательство. На практике, получив через спецслужбы конфиденциальную финансовую информацию, Коржаков вызывал бизнесмена к себе, говорил, что ему известно о «вывезенных» за границу деньгах, и требовал вернуть их в Россию. Однако очень важно понять, что бизнесмен возвращал деньги не на казенные счета, а на счета, указанные Коржаковым.

Коржаков раскрыл и политические цели своей структуры. Первая: подчинение всех спецслужб Службе безопасности президента (или новой структуре – КСС). Вторая: карт-бланш на карательные акции по всей стране, т. е. диктаторские полномочия. Более того, Коржаков открыто заявил, что государственной политикой России должен стать геноцид чеченского народа. Вчитаемся еще раз:

> «Не следует забывать, что в Чечне уже выросло поколение молодых людей в условиях войны и ненависти к русским. Стремление сегодняшних чеченских мальчишек отомстить «обидчикам» любым способом будет проявляться не только на территории Чечни».

Похоже, что чеченских «мальчишек» Коржаков хочет отстреливать по всей территории России, дабы они не дорастали до возраста, когда смогут отомстить за убитых отцов и разоренную родину.

То, что обращение Коржакова «Стране нужен новый КГБ» не случайность, а тенденция, продемонстрировал в июле 2001 года кадровый сотрудник ФСБ, директор Института проблем экономической безопасности Ю. Овченко. На встрече с узким кругом журналистов он сообщил, что ряд чиновников, имеющих «выход на президента» и связанных с силовыми структурами, в том числе заместитель директора ФСБ Ю. Заостровцев, намерены кардинально изменить экономическую политику правительства и перейти «от олигархической системы к национальной». Согласно газете «Аргументы и факты», Овченко сказал буквально следующее:

«Особенно важна роль спецслужб в процессе деприватизации и розыске незаконно вывезенного капитала. Контроль над процессом смены собственников должен быть передан в систему ФСБ. [...] Функции контроля за результатами приватизации необходимо передать в Совбез, секретарем которого должен быть человек системы ФСБ. [...] Чтобы остановить дальнейшую утечку капитала, необходимо передать под реальный контроль системы Центральный банк и Государственный таможенный комитет России. [...] В состав руководства этих органов должны быть введены представители экономической безопасности, которые располагают полной информацией об уже вывезенных ресурсах и в состоянии говорить с олигархами на понятном последним языке. [...] При том, что предлагаемые мероприятия [...] будут чрезвычайно популярны среди населения, их решение потребует установления контроля государства над основными электронными медиа. Следовало бы законодательно запретить частному капиталу иметь в собственности контрольные пакеты акций метровых каналов и газет с тиражом выше 200 тыс. экз.».

На вопрос о сроках реализации плана Овченко ответил: «К концу года перемены будут. Но, возможно, и раньше, если созреют предпосылки».

Общество разделилось. Одни требовали отстроить новые спецслужбы. Другие считали, что и старые – хуже любых террористов. Однако дальше едких журналистских статей дело не шло. Адвокат Павел Астахов попытался сделать в ФСБ запрос о том, какие оперативные действия стали причиной нарушения свобод граждан Рязани, отправленных на улицу в тот холодный осенний вечер. ФСБ сослалась на закон «Об оперативно-розыскной деятельности». Получалось, что согласно этому закону ФСБ имела право проводить учения где угодно и когда угодно. И на этот закон у народа управы нет.

Между тем инцидент в Рязани не вписывался в рамки федерального законодательства и в компетенцию ФСБ. В «Федеральном законе о Федеральной службе безопасности» написано, что деятельность органов ФСБ «осуществляется в соответствии с законом РФ «Об оперативно-розыскной деятельности в Российской Федерации», уголовным и уголовно-процессуальным законодательством Российской Федерации, а также настоящим федеральным законом». Ни в одном из этих документов, равно как и в «Положении о Федеральной службе безопасности Российской Федерации», не предусматривалась возможность проведения учений. Более того, в законе «Об оперативно-розыскной деятельности», на который неоднократно ссылались руководители ФСБ, об учениях не говорилось ни слова. При этом 5-я статья закона – о «соблюдении прав и свобод человека и гражданина при осуществлении оперативно-розыскной деятельности» – предоставляла гражданам формальные гарантии того, что со стороны правоохранительных органов не будет злоупотреблений:

«Органы (должностные лица), осуществляющие оперативно-розыскную деятельность, при проведении оперативно-розыскных мероприятий должны обеспечивать соблюдение прав человека и гражданина на неприкосновенность частной жизни, [...] неприкосновенность жилища [...]. Не допускается осуществление оперативно-розыскной деятельности для достижения целей и решения задач, не предусмотренных настоящим федеральным законом. Лицо, полагающее, что действия органов, осуществляющих оперативно-розыскную деятельность, привели к нарушению его прав и свобод, вправе обжаловать эти действия в вышестоящий орган, осуществляющий оперативно-розыскную деятельность, прокуратуру или суд. [...] При нарушении органом (или должностным лицом), осуществляющим оперативно-розыскную деятельность, прав и законных интересов физических и юридических лиц вышестоящий орган, прокурор либо судья в соответствии с законодательством

Российской Федерации обязаны принять меры по восстановлению этих прав и законных интересов, возмещению причиненного вреда. Нарушения настоящего Федерального закона при осуществлении оперативно-розыскной деятельности влекут ответственность, предусмотренную законодательством Российской Федерации».

Таким образом, Зданович, а вместе с ним и Патрушев откровенно лгали, когда ссылались на российское законодательство.

Забыть рязанскую историю Путину и Патрушеву не давали до самых президентских выборов. В ночь на 4 октября 1999 года в Надтеречном районе Чечни без вести пропали три офицера ГРУ – полковник Зурико Иванов, майор Виктор Пахомов, старшийлейтенант Алексей Галкин и сотрудник ГРУ, чеченец по национальности, Весами Абдулаев.

Руководитель группы Зурико Иванов окончил Рязанское училище ВДВ, попал в разведку специального назначения, служил в известной еще по Афганистану 15-й бригаде спецназа, потом в Северо-Кавказском военном округе. Руководил личной охраной связанного с Москвой Доку Завгаева. Незадолго до начала второй чеченской войны Иванова перевели в центральный аппарат, в Москву. Его новая должность не предполагала рейдов по враждебным тылам, но как только начали готовить наземную операцию в Чечне, Иванов потребовался в зоне конфликта.

19 октября в Грозном руководитель пресс-центра вооруженных сил Чечни Ваха Ибрагимов от имени военного командования сообщил собравшимся журналистам, что эти офицеры ГРУ «инициативно вышли на контакт с чеченскими военными» и изъявили желание сотрудничать с чеченскими властями. Ибрагимов утверждал, что офицеры ГРУ и их агент готовы предоставить информацию об организаторах взрывов в Москве, Буйнакске и Волгодонске. Министерство обороны России назвало заявление чеченской стороны провокацией, направленной на дискредитацию внутренней политики российского руководства и действий федеральных сил на Северном Кавказе. Однако в конце декабря 1999 года ГРУ официально

признало факт гибели руководителя группы Иванова: федеральным силам был передан обезглавленный труп человека и залитое кровью удостоверение личности полковника Зурико Амирановича Иванова (отрубленную голову офицера нашли позже). 24 марта 2000 года Зданович сообщил, что вся группа сотрудников ГРУ была казнена чеченцами.

6 января 2000 г. выходящая в Лондоне газета *The Independent* опубликовала статью корреспондентки Елены Вомак «Российские агенты взорвали дома в Москве»:

«*The Independent* получила видеопленку, на которой российский офицер, захваченный чеченцами, "признается", что российские спецслужбы совершили в Москве взрывы жилых домов, которые разожгли нынешнюю войну в Чечне и привели Владимира Путина в Кремль. На пленке, отснятой турецким журналистом [Седатом Аралем] в прошлом месяце, до того, как Грозный был окончательно отрезан российскими войсками, пленный россиянин называет себя сотрудником ГРУ (Главное разведывательное управление) Алексеем Галкиным. Заросший бородою пленный признает, и это подтверждается его собственными документами, демонстрируемыми чеченцами, что он "старший лейтенант спецназа, войск специального назначения генерального штаба Российской Федерации". Министерство обороны вчера занималось проверкой того, существует ли в действительности такой офицер ГРУ. "Даже если он существует, вы понимаете, какие методы могли быть к нему применены в плену", – сказал один из младших офицеров, просивший не называть его имени.

Полковник Яков Фирсов из Министерства обороны формально заявил следующее: "Чеченские бандиты чувствуют, что им приходит конец, и в информационной войне используют любые грязные приемы. Это провокация. Это вранье. Российские вооруженные силы защищают людей. Невозможно предположить, что они воюют с собственным народом".

На видеопленке лейтенант Галкин говорит, что он был пленен на чечено-дагестанской границе, когда выполнял задание по минированию местности. "Я не принимал участия во взрывах домов в Москве и Дагестане, но у меня есть об этом информация. Я знаю, кто ответствен за взрывы в Москве (и Дагестане). За взрывы в Волгодонске и Москве ответственно ФСБ (Федеральная служба безопасности) вместе с ГРУ". После этого он назвал других офицеров ГРУ. Около трехсот человек погибло, когда четыре многоэтажных дома были взорваны террористами в сентябре. Эти теракты дали возможность господину Путину, за месяц до того ставшему премьер-министром, начать новую войну в Чечне.

Фотограф агентства новостей ISF Седат Арал сказал, что он отснял эту видеопленку в бункере в городе Грозном, где он встретился с руководителем чеченской службы безопасности Абу Мовсаевым. Господин Мовсаев сказал, что чеченцы могут доказать, что не причастны к взрывам многоквартирных домов.

Российская общественность поддерживает "антитеррористическую кампанию" в Чечне, которая настолько резко подняла популярность ее автора господина Путина, что Борис Ельцин досрочно ушел в отставку, чтобы уступить место избранному им преемнику. Война началась к явной выгоде господина Путина. Бывший руководитель Службы безопасности России теперь готов реализовывать свои президентские амбиции».

Обозреватель Би-би-си Хэзлетт, комментируя статью, утверждал, что гипотеза заговора спецслужб существовала с тех самых пор, как произошли взрывы, поскольку ФСБ могла подложить бомбы, чтобы оправдать военную операцию в Чечне. В этой связи Хэзлетт отметил, что власти до сих пор не представили убедительных доказательств причастности чеченцев к взрывам, а Шамиль Басаев – один из тех, кого обвиняют в этих злодеяниях, – категорически отрицал свое к ним отношение. Хэзлетт полагал,что в преддверии президентских выборов репутация Путина может сильно пострадать из-за скандала с видеозаписью показаний Галкина, поскольку популярность Путина – до недавнего времени малоизвестного офицера ФСБ – значительно возросла после начала военных действий в Чечне.

Французская газета «Ле Монд» также писала об опасности для Путина разоблачений о причастности спецслужб к сентябрьским взрывам:

«Укрепив свою популярность и победив на выборах в Государственную думу в результате войны, развязанной против чеченского народа, Владимир Путин понимает, что есть только две причины, могущие помешать ему стать президентом на выборах в марте. Это крупные военные неудачи и потери в живой силе в Чечне, а также признание возможной причастности российских спецслужб к взрывам жилых домов, унесшим жизни около трехсот человек в сентябре прошлого года и послужившим официальным обоснованием для начала антитеррористической операции в Чечне».

Интересно, что по делу о взрывах в Москве ни Лазовский, ни кто-либо из его людей не допрашивался, хотя можно было предположить, что за этими терактами стоят те же люди, что и за терактами 1994–1996 годов. Только весной 2000 года прокуратура дала согласие на арест Лазовского. Одновременно теми, кто стоял за Лазовским, а очевидно, что за Лазовским стояло прежде всего московское УФСБ, было принято решение не допустить задержания Лазовского. По оперативной информации, сразу же после того, как был выписан ордер на арест Лазовского, его убили: 28 апреля 2000 года на пороге Успенского собора в своем поселке он был расстрелян из автомата Калашникова с глушителем и оптическим прицелом. Четыре пули, одна из которых попала в горло, были смертельными. Стрельба велась из зарослей кустарника с расстояния примерно в 150 м. Джипа с охраной, который неотступно следовал за Лазовским в последнее время, рядом почему-то не оказалось. Убийца бросил оружие и скрылся. Кто-то оттащил окровавленное тело к больнице неподалеку и положил на лавку. Местная милиция привлекла для осмотра трупа врача из одинцовской поликлиники. Документы освидетельствования убитого и осмотра места происшествия были составлены крайне неряшливо и непрофессионально, и это дало повод утверждать, что убит не Лазовский, а его двойник.

Вечером 22 мая 2000 года в засаду спецназа ГРУ в районе между селениями Сержень-Юрт и Шали попал небольшой отряд боевиков. В результате скоротечного боя десять боевиков были убиты, остальные рассеяны. Среди убитых оказался 38-летний полевой командир и глава военной контрразведки Чечни Абу Мовсаев, допрашивавший старшего лейтенанта Галкина и, наверное, располагавший дополнительной информацией о взрывах. Местные жители рассказывали, что в мае Мовсаев несколько раз тайком приходил ночевать к живущим в Шали родственникам. Один из членов местной администрации сообщил об этом уполномоченному УФСБ. Тот не принял мер. Когда спецназ ГРУ попытался захватить полевого командира, ФСБ выступила против. Разразился скандал, дело передали в Москву, где приняли решение Мовсаева брать. Однако живым он взят не был.

9 марта 2000 года при взлете в Москве разбился самолет, на борту которого находилось девять человек: президент холдинга «Совершенно секретно» Артем Боровик, глава холдинга АО «Группа Альянс» чеченец по национальности Зия Бажаев, два его телохранителя и пять членов экипажа.

Як-40, около года назад арендованный Бажаевым у Вологодского авиапредприятия через столичную авиакомпанию «Аэротекс», должен был вылететь в Киев. В сообщении комиссии по расследованию происшествий на воздушном транспорте говорилось, что вологодские авиатехники перед взлетом не обработали самолет специальной жидкостью против обледенения, а его закрылки были выпущены всего на 10 градусов при необходимых для взлета 20 градусах. Между тем утром 9 марта в Шереметьеве было всего четыре градуса мороза, без осадков. И обрабатывать самолет жидкостью «Арктика» не было необходимости. Кроме того, Як-40 без проблем можно было поднять в воздух и при выпущенных на 10 градусов закрылках: просто удлинился бы разбег, а взлет стал бы «ленивым». Судя по тому, что самолет рухнул примерно в середине взлетной полосы, которая в Шереметьеве имеет длину 3,6 км, разбег у самолета был штатный – около 800 м.

Узнав о трагедии, лидер «Яблока» и депутат Государственной думы Григорий Явлинский заявил, что в последнее время Боровик и его команда занимались независимым расследованием взрывов в Москве. К каким выводам пришел бы Боровик, остается только догадываться.

Бывший генерал КГБ Олег Калугин по вопросу о взрывах имел свое мнение. Он считал, что ФСБ как организация не была непосредственно причастна к организации терактов и что взрывы были заказаны одной из «группировок российской власти», которая была заинтересована в повышении политического рейтинга Путина. Не исключено, что заказчики терактов использовали отдельных специалистов ФСБ или бывшего КГБ, однако сама государственная структура была подключена к операции только после провала в Рязани и обеспечивала прикрытие провалившейся операции и ее организаторов.

Конечно, возникает вопрос о том, что же это была за «группировка» и кто во главе нее стоял, если после провала в Рязани вся ФСБ, да и другие силовые ведомства были брошены на «прикрытие провалившейся операции и ее организаторов». Понятно, что руководить такой «группировкой» должен был Путин и что в «группировку российской власти», повышающую рейтинг Путина, входили те, кто сегодня стоит у власти в России, продолжает войну в Чечне и сжимает в кулак спецслужбы.

Свое профессиональное суждение о взрыве в Рязани высказали неназванные сотрудники ФСБ в интервью журналистам «Новой газеты»:

«Если бы взрыв в Рязани действительно готовили спецслужбы, то для этого должна была быть создана хорошо законспирированная группа (5–6 человек), состоящая из офицеров-фанатиков двух категорий. Первых – непосредственных исполнителей – должны были бы сразу уничтожить. И, разумеется, руководство не давало бы им непосредственных инструкций». Кроме того, «существует маловероятная, но в наших условиях весьма возможная версия рязанских событий. Разруха внутри спецслужб привела к тому, что внутри, например, ФСБ возникла группа офицеров-"патриотов", которая вышла из-под контроля. (Нынешняя степень скоординированности действий внутри этой структуры позволяет сделать такое предположение). Допустим, она была достаточно законспирированной, автономной, выполняла определенные негласные задания, но помимо своей основной деятельности стала заниматься отсебятиной. К примеру, некоторые подобные "автономии" в свободное от работы время могут проявлять себя как неуловимые преступные группы. А эти из соображений политической целесообразности захотели взорвать дом, для того чтобы повысить боевой дух нации и т. д. Даже если руководство ФСБ выявит нерегламентированную деятельность такой отколовшейся группы, то никогда не признает факта ее существования. Конечно, на раскольников объявят охоту и в итоге ликвидируют, но без лишнего шума. Эту тайну, если бы она существовала, хранили бы особенно ревностно. А на попытки ее раскрыть реагировали примерно так же, как сейчас».

И все-таки теория заговора внутри ФСБ разбивается об очевидное покровительство высшего руководства ФСБ и государства. Да и неправильно предполагать, что в самом ФСБ прозевали столь крупный внутренний заговор. Чтобы дослужиться до генерала ФСБ, нужно пройти такие медные трубы и иметь такой нюх, что любой заговор подчиненных улавливаешь на большом расстоянии. К тому же внутриведомственное доносительство в ФСБ поставлено на широкую ногу. Пять-шесть человек самостоятельно договориться о теракте не могут. А взрывы в четырех городах – это уже не пять-шесть человек, а много больше.

Депутат Государственной думы Владимир Волков также считал, что сентябрьские взрывы были делом спецслужб:

«Вот уже дважды подряд президентские выборы словно бы случайно совпадают с обострением событий в Чечне. На этот раз чеченскую кампанию предварили теракты в Москве, Буйнакске, Волгодонске, Ростове... Но почему-то сорвался взрыв жилого дома в Рязани, ныне выдаваемый за учения. Как военный знаю, что ни одно учение не проводится с настоящими взрывными устройствами, что об учениях обязательно должна была знать местная милиция и ФСБ. Увы, в Рязани все было по-другому, и пресса уже в открытую высказывается о том, что все "чеченские" теракты в русских городах — дело спецслужб, подготавливавших "маленькую войнушку" под Путина. Поиск ответа на эти подозрения еще предстоит, но уже сегодня ясно, что вместо белого коня Путину подсунули красного, чрезмерно окропленного народной кровью».

По-своему отмечая годовщину взрывов в Буйнакске, Москве и Волгодонске, сотрудники ФСБ, известные по «документам прикрытия» как майор Исмаилов и капитан Федоров, 8 августа 2000 года совершили теракт в подземном переходе Пушкинской площади. Тринадцать человек погибли, более ста получили ранения различной тяжести. Неподалеку от места взрыва специалисты Московского УФСБ обнаружили еще два взрывных устройства и расстреляли их из гидропушки.

Взрыв на Пушкинской был выстрелом в сердце. «Неизвестные пока злоумышленники очень точно выбрали место для своей акции, — писал 12 августа в киевской газете "Зеркало недели" Виталий Портников. — Для того чтобы понять, что такое Пушкинская площадь для жителя российской столицы, нужно, конечно же, быть москвичом. Потому что Красная площадь, Александровский сад, подземный комплекс в Охотном ряду, старый Арбат — скорее места туристических прогулок. Москвичи назначают встречи на Пушкинской [...].

Старый кинотеатр "Россия", перелицованный в "Пушкинский" и ультрасовременный "Кодак-Киномир", место молодежной «тусовки», первый в СССР "Макдональдс" и восточная закусочная системы "Елки-Палки", кофейни и офис "Мобильных телесистем", Ленком и доронинский МХАТ, бутики в галерее "Актер" и самый модный в среде политической элиты ресторан русской национальной кухни "Пушкин" – именно в нем московский мэр Юрий Лужков договаривался с министром печати Михаилом Лесиным о судьбе своего телеканала ТВ-Центр... Пушкинская – не просто центр города, площадь или станция метро. Это среда обитания [...]. Взорвать среду обитания для террориста важнее, чем даже подложить бомбу под жилой дом. Потому что дом может оказаться соседским, а среда обитания – всегда ваша».

Юрий Лужков поспешно попытался списать и этот взрыв на чеченцев: «На сто процентов это – Чечня». Уставшие от постоянных обвинений чеченцы на этот раз решили одернуть мэра. Глава администрации Чечни Ахмад Кадыров выразил возмущение тем, что во взрыве бездоказательно снова обвиняют чеченцев. Представитель Кадырова при российском правительстве, бывший министр иностранных дел в администрации Джохара Дудаева Шамиль Бено пригрозил демонстрацией чеченцев в Москве, а председатель Госсовета Чечни Малик Сайдуллаев пообещал внушительную премию за информацию об истинных организаторах взрыва. Аслан Масхадов также отмежевался от теракта и выразил соболезнование россиянам.

5 августа 2000 года двенадцать человек – члены спецгруппы Андрея Александровича Морева, прибывшие на Петровку, 38 для инструктажа перед очередной операцией, – стали свидетелями разговора Исмаилова и Федорова о работе на Пушкинской площади. Через три дня там действительно произошел теракт, а в фотороботах Морев опознал двух офицеров ФСБ. Только эта случайность позволяет нам сегодня утверждать, что за взрывом на Пушкинской площади стояли спецслужбы, а не чеченцы.

Пройдут годы. Россия, конечно же, будет другой. У нее будет другое политическое руководство. И если мы еще будем живы, нас спросят наши дети: почему вы молчали? Когда вас взрывали в Москве, Волгодонске, Буйнакске, Рязани – почему вы молчали?

Мы не молчали. Мы возмущались, кричали, писали... Жители дома № 14/16 по улице Новоселов подали в суд на ФСБ. В письме, отправленном в генпрокуратуру России, говорилось:

«Над нами поставили чудовищный эксперимент, в котором двумстам сорока ни в чем не повинным людям отвели роль статистов. Всем нам нанесли не только тяжелую психическую травму, но и невосполнимый вред здоровью».

Рязанцев поддержала администрация Рязанской области. Однако дальше слов дело не пошло, а коллективное заявление в прокуратуре затерялось.

18 марта депутаты фракции «Яблоко» Сергей Иваненко и Юрий Щекочихин подготовили проект постановления Госдумы о парламентском запросе и. о. генерального прокурора Владимиру Устинову «О факте обнаружения в г. Рязани 22 сентября 1999 года взрывчатого вещества и обстоятельствах его расследования». Иваненко и Щекочихин предлагали депутатам Госдумы получить ответы на следующие вопросы:

«На какой стадии находится уголовное дело по факту обнаружения в Рязани взрывчатого вещества 22 сентября 1999 г.; проводилась ли экспертиза найденного вещества; кто и когда отдал приказ о проведении учений, каковы были цели и задачи учений; какие средства и вещества – взрывчатые или имитирующие их – использовались при проведении учений; провести проверку публикаций «Новой газеты» № 10 за 2000 г. о том, что на складе оружия и боеприпасов одной из учебных частей ВДВ хранился гексоген, расфасованный в мешки из-под сахара».

В проекте запроса говорилось также о том, что руководство ФСБ в течение двух дней со дня происшествия изменило официальную позицию. Согласно первой версии, 22 сентября 1999 г. был успешно предотвращен террористический акт. Согласно второй – в Рязани проводились учения по проверке боеготовности правоохранительных органов. «Ряд приведенных фактов ставит под сомнение официальную версию событий, происшедших в Рязани», – говорилось в запросе. Информация, связанная с учениями, закрыта. Недоступны материалы уголовного дела, возбужденного УФСБ по Рязанской области по факту обнаружения взрывчатых веществ. Не названы лица, заложившие имитационное взрывное устройство, а также те, кто издал приказ о проведении учений. «Заявление руководства ФСБ о том, что найденное в Рязани вещество состояло из сахарного песка, не выдерживает критики». В частности, прибор, использованный для анализа найденного вещества, указывал на наличие гексогена и был совершенно исправен, а детонатор взрывного устройства не был имитацией.

Увы, большинство членов Думы проголосовало запрос не делать. Против направления запроса выступили проправительственная фракция «Единство», группа «Народный депутат», часть фракции «Регионов России» и часть Либерально-демократической партии России (ЛДПР). За запрос высказались «Яблоко», Союз правых сил (СПС), коммунисты (КПРФ) и Аграрно-промышленная группа (АПГ). В результате сторонники Щекочихина и Иваненко набрали 103 парламентских голоса (при необходимых 226). Членов российского парламента правда о сентябрьских взрывах почему-то не интересовала.

Вторая попытка поставить вопрос на голосование, предпринятая 31 марта, приблизила Щекочихина и Иваненко к цели, но победой не увенчалась. При голосовании на пленарном заседании Думы, несмотря на поддержку КПРФ, АПГ и «Яблока», а также частичную поддержку фракций «Отечество – вся Россия» (ОВР) и СПС, проект запроса набрал 197 голосов против 137, при одном воздержавшемся. Из фракции «Единство» «за» не проголосовал ни один человек.

16 марта 2000 года Зданович указал в одном из своих ин-

тервью, что, по имеющейся в ФСБ информации, журналист Николай Николаев, ведущий на НТВ цикл передач «Независимое расследование», намерен в ближайшие дни, еще до президентских выборов, провести расследование рязанских учений в студии НТВ. Программа была намечена на 24 марта. Неудивительно, что за несколько дней до этого пришло известие, которого ждали много месяцев: 21 марта Федеральное агентство новостей (ФАН) передало сообщение о результатах экспертизы образцов сахара, найденного в Рязани 22 сентября 1999 года.

В ФАН информация пришла из Рязанской области, от начальника УФСБ по Рязанской области генерал-майора Сергеева. По его словам, экспертизой было установлено, что в найденных мешках содержался сахар без примеси каких-либо взрывчатых веществ. «В результате проведенных исследований образцов сахара следов тротила, гексогена, нитроглицерина и других взрывчатых веществ не обнаружено», — было отрапортовано в заключении экспертов. Кроме того, по словам Сергеева, экспертиза подтвердила, что взрывное устройство, найденное вместе с мешками с сахаром, являлось муляжом. «Следовательно, можно сделать вывод, что данное устройство взрывным не являлось, так как в нем отсутствовали заряд взрывчатого вещества и средство взрывания», — говорилось в заключении.

Постепенно становилось ясно, что ФСБ пытается закрыть уголовное дело до программы Николаева и президентских выборов. Уголовное дело, возбужденное 23 сентября 1999 года начальником следственного отделения УФСБ РФ по Рязанской области подполковником Максимовым, после заявления Патрушева об «учениях» было 27 сентября прекращено. Однако 2 декабря, т. е. через два с лишним месяца, Генпрокуратура сочла, что уголовное дело прекращено преждевременно, и, отменив постановление рязанского УФСБ от 27 сентября, возобновила следствие, дав понять, что с версией об «учениях» у ФСБ не все обстоит благополучно. Правда, «доследование» было поручено не независимому следствию (такого не существовало), а заинтересованной стороне – ФСБ, структуре, обвиняемой в планировании теракта. И все-таки дело закрыто не было.

Рязанское УФСБ повторно запросило в лаборатории ФСБ в Москве результаты полной экспертизы вещества, находившегося в мешках из-под сахара, и механического устройства, найденного при них. 15 марта 2000 года УФСБ получило из Москвы долгожданный ответ (на который так надеялось руководство):

«Установлено, что вещество во всех образцах (взятых из трех мешков) представляет собой сахарозу – основу сахара, получаемого из свекловичного и тростникового сырья. По химическому составу и внешнему виду исследуемое вещество соответствует сахару в виде пищевого продукта. В представленных образцах следов взрывчатых веществ не обнаружено. Инициирующее устройство не могло быть использовано в качестве средства взрывания, т.к. в нем нет заряда взрывчатого вещества. Следовательно, реально жильцам ничто не угрожало».

А значит, нет признаков «терроризма».

«На мой взгляд, мы получили достаточно веские основания для того, чтобы дело прекратить в связи с учебным характером событий, имевших место 22 сентября 1999 года в доме по улице Новоселов»,– сообщил в интервью 21 марта 2000 года возбудивший дело следователь Максимов.

Теперь предстояло дезавуировать результаты экспертизы, проведенной Ткаченко. Эта честь также выпала 21 марта на долю Максимова:

«Анализ проводил начальник ИТО [инженерно-технического отдела] Юрий Васильевич Ткаченко. На его руках, как позже выяснилось, после суточного дежурства остались следы пластита, в состав которого входит гексоген.

Необходимо отметить, что подобный «фон» в виде микрочастиц может присутствовать на коже длительное время — до трех месяцев. Чистоты проводимого анализа можно было достичь только при работе в одноразовых перчатках. Увы, они не входят в рабочий комплект специалиста-взрывотехника, а средств на их приобретение нет. Мы пришли к выводу, что только поэтому милиционеры «поставили диагноз» — наличие взрывчатого вещества».

Наверное, тоже самое Максимов написал и в сопроводительной документации в Генпрокуратуру, объясняя необходимость закрытия дела против ФСБ по статье «терроризм». Требовать от следователя героизма мы не вправе. У Максимова, как и у всех, семья. Идти против руководства ФСБ было непрактично и рискованно. Однако следует отметить, что мнение Максимова расходится с точкой зрения Ткаченко, которого никак нельзя заподозрить в заинтересованности в этом вопросе. Ничего, кроме неприятностей, принципиальность Ткаченко принести ему не могла. И действительно — после рязанского эпизода он был командирован в Чечню.

Рязанское отделение специалистов-взрывотехников, которым руководил Ткаченко, было уникальным не только для Рязани, но и для всех близлежащих областей. В нем трудились тринадцать человек саперов-профессионалов, имевших большой опыт работы, неоднократно проходивших курсы повышения квалификации в Москве на базе научно-технического центра «Взрывиспытание» и раз в два года сдававших специальные экзамены. Ткаченко утверждал, что техника в его отделе была на мировом уровне. Использованный для анализа найденного вещества газовый анализатор — прибор, стоящий около 20 тысяч долларов, — был совершенно исправен (иначе и быть не могло, так как жизнь сапера зависит от исправности техники). Согласно своим техническим характеристикам газовый анализатор обладает высокой надежностью и точностью, поэтому результаты анализа, показавшего наличие паров гексогена в содержимом мешков, сомнений вызывать не должны. Следовательно, в состав имитационного заряда входило боевое, а не учебное взрывчатое вещество. Обезвреженный специалистами-взрывотехниками детонатор, по словам Ткаченко, также был изготовлен на профессиональном уровне и муляжом не был.

Теоретически ошибка могла произойти в случае, если за техникой не было надлежащего ухода и если газовый анализатор «сохранил» следы прежнего исследования. Отвечая на заданный по этому поводу вопрос, Ткаченко сказал следующее: «Техническое обслуживание газового анализатора проводит только узкий специалист и строго по графику: есть плановые работы, есть профилактические проверки, поскольку в приборе существует источник постоянной радиации». «Следы» остаться не могли еще и потому, что в практике любой лаборатории определение паров гексогена – довольно редкий случай. Припомнить, когда бы пришлось определять прибором гексоген, Ткаченко и его сотрудники не смогли.

20 марта жильцы дома по улице Новоселов собрались для записи программы «Независимое расследование» в студии НТВ.

Вместе с ними на телевидение прибыли представители ФСБ. В эфир программа вышла 24-го. В публичном телерасследовании принимали участие Александр Зданович, первый заместитель начальника Следственного управления ФСБ Станислав Воронов, Юрий Щекочихин, Олег Калугин, Савостьянов, глава рязанского УФСБ Сергеев, следователи и эксперты ФСБ, независимые эксперты, юристы, правозащитники и психологи.

Выступая без масок и без оружия, сотрудники ФСБ очевидным образом проиграли битву с населением. Экспертиза над сахаром, проводившаяся почти полгода, выглядела анекдотично.

«Если вы утверждаете, что в мешках был сахар, то уголовное дело по обвинению в терроризме должно быть прекращено. Но уголовное дело до сих пор не прекращено. Значит, там был не сахар», – восклицал адвокат Павел Астахов, не знавший о том, что 21-го дело закроют.

Было очевидно, что на повторную экспертизу в Москву ушли другие мешки, не те, которые нашли в Рязани. Только доказать эту очевидность никто не мог.

Присутствовавший в зале эксперт-взрывник «Трансвзрыв-прома» Рафаэль Гильманов подтвердил, что гексоген совершенно невозможно перепутать с сахаром. Даже по внешнему виду они не похожи. Версию следователей ФСБ о том, что во время первой экспертизы перепачканный чемодан пиротехника «дал след», эксперт назвал неправдоподобной. Столь же неправдоподобно выглядели и утверждения представителей ФСБ о том, что саперы, вызванные на место происшествия, приняли муляж за настоящее взрывное устройство. Сотрудники ФСБ объяснили, что генерал Сергеев, сообщивший о взрывателе и присутствующий теперь в зале, «не является тонким специалистом в области взрывных устройств» и 22 сентября просто ошибся. Генерал Сергеев на обвинения в свой адрес в непрофессионализме почему-то не обиделся, хотя 22 сентября делал публичное заявление о взрывателе, основываясь на выводах подчиненных ему экспертов, в чьем профессионализме сомнений не было.

Оказалось, что в зале много военных. Они с уверенностью заявляли, что происшедшее в Рязани не похоже даже «максимально приближенные» к боевым учения. Подготовка боевых учений всегда сопровождается обязательными подготовительными мероприятиями, в частности, на случай возможных ЧП готовится скорая медицинская помощь, медикаменты, перевязочные средства, теплая одежда. Даже важные учения, если они связаны с действиями среди гражданского населения, обязательно согласовываются с местным руководством и заинтересованными ведомствами. В данном случае ничего не подготавливалось и не согласовывалось. Так учения не проводятся – категорически заявил один из жильцов дома, профессиональный военный.

В целом аргументы сотрудников ФСБ были настолько нелепы, что один из жильцов итоги подвел по-своему: «Не надо нам вешать лапшу на уши».

Вот небольшой отрывок из теледебатов:

«НАРОД: Следственное управление ФСБ возбудило уголовное дело. Оно что, возбудило дело против самой себя?

ФСБ: Уголовное дело возбуждено по факту обнаружения.

НАРОД: Но если это были учения, то по какому факту?

ФСБ: Вы не дослушали. Учения проводились с целью проверки взаимодействия различных правоохранительных органов. На тот момент, когда возбуждалось уголовное дело, ни милиция Рязани, ни федеральные органы не знали, что это учения...

НАРОД: Так против кого же возбуждено дело?

ФСБ: Я еще раз говорю – уголовное дело возбуждалось по факту обнаружения.

НАРОД: По какому факту? По факту учений в Рязани?

ФСБ: Человеку, который не разбирается в уголовно-процессуальном законодательстве, бесполезно объяснять...

НАРОД: В чем же заключалась безопасность граждан, которые всю ночь провели на улице, в чем безопасность здесь для физического и психического здоровья? И второе – вы возмущены тем, что звонят телефонные террористы и грозят взрывами, а чем вы от них отличаетесь?

ФСБ: Что такое обеспечение безопасности граждан? Это какой-то конечный эффект, когда взрывы не прогремят...

НАРОД: Я сам бывший военный. Учений провел за 28 лет ну знаете сколько, и то, что здесь рассказывают солидные люди, генералы, об учениях, вы знаете, уши вянут!

ФСБ: Вы как бывший военный проводили, наверное, военные учения. У нас специальная служба, и в этой службе используются специальные силы и средства на основании закона об оперативно-розыскной деятельности...

(Вмешаемся в спор народа с ФСБ и еще раз подчеркнем, что в законе «Об оперативно-розыскной деятельности в Российской Федерации» об учениях не говорится).

НАРОД: Если кто-то фиксировал ход учений, то где эти люди?

ФСБ: Если бы, конечно, нам раз в 10 увеличить личный состав, то, конечно...

НАРОД: Не надо нам лапшу вешать на уши! Люди, которые видели гексоген, никогда его с сахаром не спутают...

ФСБ: Порошок насыпали на крышку чемодана, с которым они с 95-го года ездили на все учения. И в Чечню в свое время брали. Короче, среагировали бумажки на пары гексогена...

НАРОД: Я видел мешки с трех метров. Во-первых, желтоватые. Во-вторых, мелкие гранулы, как вермишель.

ФСБ: Сахар производства Курской области. Сахар производства Воронежской области отличается. А сахар, который производят у нас на Кубе, он вообще желтый!»

Присутствовавший в студии рязанский журналист Александр Баданов писал на следующий день в местной рязанской газете:

«Что же все-таки произошло? – пытались выяснить на телепередаче рязанцы. Однако на большинство их вопросов представители ФСБ не дали удовлетворительного ответа. [...] По словам Здановича, ФСБ расследует сейчас уголовное дело по факту сентябрьских событий в Рязани. Абсурд, возможный, вероятно, только в России: ФСБ расследует уголовное дело по факту учений, проведенных ею же! Но ведь дело может быть возбуждено лишь по факту предполагаемых противоправных действий. Как же тогда относиться ко всем предыдущим заявлениям высокопоставленных спецслужбистов о том, что никаких нарушений закона при проведении учений не было? Жильцы дома №14 пытались подать в Рязанскую прокуратуру иск к ФСБ с требованием возмещения причиненного морального ущерба. Жильцам сказали, что иск согласно процессуальным нормам они могут предъявить только к конкретному человеку, который отдал приказ о проведении учений. Шесть раз Здановичу и Сергееву задавался один и тот же вопрос: кто отдал приказ провести в Рязани учения? Шесть раз Зданович и Сергеев уходили от ответа, мотивируя это интересами следствия. [...] Отсутствие правдивой информации породило версию о том, что спецслужбы действительно хотели взорвать жилой дом в Рязани для оправдания наступления федеральных войск в Чечне и поднятия боевого духа солдат. "Я видел содержимое мешков, на сахар это никак не похоже, – сказал в заключение Алексей Картофельников. – Я уверен в том, что в мешках был не сахар, а настоящий гексоген". С ним согласны другие жильцы дома. Так что, думается, в интересах самой ФСБ было бы назвать того, кто подписал приказ о проведении учений, подорвавших доверие и престиж российских спецслужб».

Практическим результатом встречи в студии стало вмешательство адвоката Астахова в старый коллективный иск рязанцев. Потерпевшая сторона попросила Генпрокуратуру разъяснить ей цель операции, а также определить размеры и форму компенсации морального ущерба. На этот раз ответ пришел подозрительно быстро: «Сотрудники ФСБ действовали в рамках своей компетенции»,– сообщила Генпрокуратура. И ясно, почему она торопилась. На 24 марта была запланирована пресс-конференция Здановича, на которой руководство ФСБ планировало «наехать» на СМИ, а на 26 марта 2000 года были назначены президентские выборы.

После позорного поражения Здановича и его коллег в студии Николаева руководство ФСБ приняло решение в открытых дебатах с населением больше не участвовать и в НТВ не ездить. Более того, видимо, именно в эти роковые для всей страны дни ФСБ постановила начать планомерное уничтожение НТВ. 26 марта, в ночь после президентских выборов, об опасности закрытия НТВ властями в связи с показом программы Николаева «Рязанский сахар – учения спецслужб или неудавшийся взрыв?» открыто заявил в «Итогах» Евгения Киселева Борис Немцов:

«Я не знаю, что будет с НТВ. После того как один из авторов, по-моему Николаев его фамилия, изложил свою версию взрывов в Москве и других городах. Я думаю, что над НТВ нависла реальная угроза... Я считаю своим долгом защищать НТВ, если будут какие-то попытки его закрыть. А я не исключаю, что такая возможность существует. По крайней мере по отношению к ряду журналистов подобные попытки, может, не со стороны Путина, но со стороны его окружения делались».

В неформальной обстановке генералы ФСБ признавались, что ими принято решение о «вытеснении» из России руководителей НТВ Гусинского, Игоря Малашенко и Киселева. Буквально на следующий день после прихода к власти Путин действительно приступил к разгрому НТВ и империи Гусинского «Мост», а из названных руководителей канала в России сумел удержаться только Киселев.

К 24 марта 2000 года Здановичу было крайне необходимо иметь на руках постановление Генпрокуратуры России о законности проведения ФСБ «учений» в Рязани в сентябре 1999 года. И Зданович этот документ получил перед самой пресс-конференцией, 23 марта. Генеральная прокуратура России отказала жителям Рязани в возбуждении уголовного дела в отношении сотрудников ФСБ «за отсутствием состава преступления». Прокуратура пришла к заключению, что действия сотрудников органов безопасности по проверке эффективности принимаемых органами правопорядка мер были осуществлены в рамках компетенции органов ФСБ России в связи с проводимым «комплексом предупредительно-профилактических мероприятий, направленных на обеспечение безопасности граждан» в ходе операции «Вихрь-Антитеррор» «в связи с резким осложнением оперативной обстановки в стране, вызванным серией террористических актов».

Учитывая это, а также то, что действия сотрудников ФСБ не имели общественно опасных последствий и не повлекли нарушений прав и интересов граждан, Генпрокуратура приняла решение об отказе в возбуждении уголовного дела.

В тот же день начальник Управления Генпрокуратуры по

надзору за ФСБ Владимир Титов победно отрапортовал об этом государственному каналу РТР в 17-часовых новостях. В пересказе РТР и Титова знакомая всем рязанская история от 22 сентября выглядела рядовым событием, недостойным внимания общественности и журналистов:

«РТР: Жильцов эвакуировали. Прибывший взрывотехник не обнаружил в мешках взрывчатого вещества. Милиционеры сначала хотели объявить этот инцидент чьей-то дурацкой шуткой.

ТИТОВ: Вместе с тем на место приехал начальник отдела экспертизы Ткаченко. Имеющимся у него прибором проверил мешки. Прибор показал наличие гексогена.

РТР: Из каждого мешка взяли по килограмму содержимого и отвезли на полигон. Но вещество не сдетонировало. В мешках находился сахар. Два дня спустя директор ФСБ Николай Патрушев заявил, что в Рязани проводились контртеррористические учения. И эксперты объяснили, почему прибор, которым пользовался Ткаченко, показал наличие гексогена.

ТИТОВ: Этот начальник постоянно занимался проведением экспертиз, и прибор сработал на наличие микрочастиц на его руках.

РТР: Сегодня в деле о «рязанском гексогене» поставлена точка. Копии постановления Генпрокуратуры отсылают в Рязанское УФСБ и для депутатов фракции "Яблоко", которые подготовили запрос о ходе проверки.

Первоначальные выводы экспертов о том, что в мешках, обнаруженных в подвале жилого дома в Рязани, находился гексоген, в ходе проверки Генпрокуратуры опровергнуты. Повторная экспертиза доказала, что мешки были наполнены сахаром. Однако в прессе и на телевидении появились сообщения о том, что на учениях использовался гексоген и ФСБ проводила эти учения с риском для населения.

ТИТОВ: Можно делать только один вывод – заинтересованность определенных корреспондентов, я бы даже сказал недобросовестность... просто подавать жареную фактуру, только и всего... для поднятия тиража.

РТР: Теперь жители дома номер 14 дробь 16 по улице Новоселов наконец узнают, ради чего им пришлось провести всю ночь на улице, ожидая взрыва.

ТИТОВ: Это была проверка начальника местного УФСБ. Надо было посмотреть, как он будет действовать в экстремальных ситуациях.

РТР: В итоге Генпрокуратура постановила, что эти учения проводились без общественно опасных последствий и в рамках компетенции спецслужб. Следственное дело по статье "терроризм", которое рязанские следователи завели осенью прошлого года, будет закрыто».

24 сентября, имея в своем распоряжении своеобразную индульгенцию – документ об отказе Генпрокуратуры рязанцам в праве возбуждения иска против ФСБ, – Зданович перешел в наступление против журналистов. Сильно нервничая, на отвратительном русском языке, он приступил к откровенным угрозам:

«Я бы хотел обратить ваше внимание на то, что мы не оставляли и не оставим впредь – я хочу это официально заявить – без внимания ни одну провокацию, которые против государственной службы, государственного института организуют отдельные журналисты. [...] Значит, чтобы конкретно указать: вот из "Новой газеты" корреспондент, который публиковал эти статьи, я не боюсь называть его провокатором, поскольку у нас сейчас есть полностью показания того солдата, который потом, так сказать, был использован как перепев и в "Общей газете", как все происходило и как из него вытаскивали, так сказать, эти слова и что ему сулили за все это. Это все доказано. В рамках уголовного дела, которое существует по этой... по вашим же публикациям, может, не вашим, а по другим – уголовное дело – оно будет завершено в начале апреля. Значит, в рамках этого уголовного дела будет допрошен сам корреспондент, почему он такие действия, так сказать, совершал. И в рамках этого уже есть определенные иски со стороны представителей воздушно-десантных войск, и, когда это все будет закреплено процессуально и ляжет в виде протоколов в уголовное дело и будет оценено соответствующим образом и прокуратурой, и нашими представителями Договорно-правового управления, я не исключаю совершенно, что мы предъявим определенные иски, в том числе и в судебном порядке, потому что провокациями заниматься никому не позволено».

Выслушав угрозы Здановича, один из присутствующих на брифинге журналистов, видимо, не сильно испугавшийся, спросил:

«Я вот, честно говоря, не хотел вам задавать вопрос по поводу Рязани, меня эта тема как бы мало интересует, но вы сами вступили в полемику. Объясните мне, пожалуйста, вот предположим, у меня есть в деревне свой частный дом, вы можете там провести учебную тревогу и подложить вот под мой дом учебную бомбу, имеете вы законные основания?»

Ответ Здановича еще раз продемонстрировал, что ФСБ и российское общество говорят на разных языках, хотя и живут в одном государстве:

«Значит, я понял, значит, я еще раз говорю, что мы действовали строго в рамках закона по борьбе с терроризмом. Все наши действия [...] исследованы прокуратурой, и ни одного действия, которое бы нарушало тот или иной закон, не зафиксировано. Вот я вам могу такой ответ дать».

Слишком много событий наслоилось на вторую половину марта 2000 года. Видимо, именно из-за выборов 26 марта не вышел очередной номер опальной «Новой газеты», содержащий материалы о финансировании предвыборной кампании Путина и о ФСБ. 17 марта неизвестные хакеры взломали компьютер газеты и уничтожили компьютерную верстку выпуска. Щекочихин на это заявил, что взлом компьютерной системы стал последним в целом ряду инцидентов, направленных на то, чтобы помешать газете нормально работать. В частности, не так давно офис газеты был взломан, а компьютер, содержащий информацию о рекламодателях, похищен. За последние два года налоговая полиция четыре раза проводила проверки в офисе «Новой газеты», а от некоторых ее спонсоров Кремль требовал прекращения финансирования строптивого органа.

Руководство «Новой газеты» попыталось понять, что именно завело его в столь серьезное противостояние с ФСБ. С просьбой проанализировать ситуацию журналисты «Новой газеты» обратились к самим сотрудникам ведомства. Ответ, который получила газета, следует назвать откровенным:

«Такая активность со стороны государства по отношению к изданию, безусловно, свидетельствует о том, что вы вторглись в запретную зону, наступили кому-то на хвост. Не исключено, что вы стали нежелательными свидетелями не самого удачного эпизода внутренних разборок в спецслужбах. Если факт имел место, никто из противоборствующих системных группировок его не подтвердит. Все заинтересованы в том, чтобы его скрыть. Они явно опасаются, что найдутся новые живые свидетели подготовки рязанских событий».

К этому времени Рязань из провинциального города превратилась в место паломничества иностранных журналистов. Как остроумно заметил Павел Волошин, Рязань «по количеству иностранных журналистов на душу населения скоро сравняется с Москвой». Номера «люкс» местных гостиниц были заняты теперь иностранными корреспондентами, и все они, вместе со своими съемочными бригадами, осаждали местные милицию, ФСБ и даже МЧС. По этой причине из Москвы в Рязань пришел приказ в УФСБ и УВД контакты с прессой прекратить.

Кто-то из офицеров, уже успевших дать интервью, поспешно отказывался от своих слов. По факту утечки информации в рязанских силовых ведомствах началась служебная проверка. А на все журналистские запросы Юрий Блудов сухо отвечал: «Без комментариев».

От намерения судиться с ФСБ все без исключения жильцы рязанского дома отказались, хотя уверенности в невиновности ФСБ не было. В дом № 14/16 неоднократно приезжали офицеры милиции и ФСБ, уговаривали не подавать на организаторов учений в суд. Даже генерал Сергеев приезжал, просил не жаловаться, извинялся за своих московских коллег. Когда 20 сентября 2000 года НТВ передавало репортаж о приближающемся скорбном юбилее, одна из женщин сказала:

«Скоро подходит это число, вообще из дома хочется уйти. Потому что боюсь, что годовщину, не дай Бог, отметят опять таким же учением. Я лично сомневаюсь, что это были учения. Я сомневаюсь». «С нами обошлись, как с быдлом, – говорила другая жительница дома. – Если бы нам хотя бы под утро сказали, что это проверка, а то ведь только через два дня... Мы не верим, что это были учения». «Я не верю, что это были учения, – сказала Людмила Картофельникова. – Ну разве можно так издеваться над людьми? В нашем доме на восьмом этаже пожилая женщина не смогла вывезти парализованную мать и эвакуировалась одна. Как же она рыдала потом в кинотеатре».

Герой рязанских событий Алексей Картофельников тоже сомневался:

«Никто нам в тот день не объяснил, что это были учения. Да мы и не верим. У нас ведь как – если что-то взорвалось, значит, теракт. Если разминировали – учения».

Сомневались не только жители злополучного рязанского дома, но и российская пресса:

«Если власти убедительно докажут, – писала "Версия", – что именно чеченские террористы взрывали дома со спящими жителями, мы если не одобрим, то поймем ту жестокость, с которой обрушились на чеченские города и села наши войска. Но если взрыв заказали не чеченцы, не Хаттаб, не Басаев, не Радуев? Если не они, то кто? Подумать страшно. [...] Мы уже понимаем, что просто так заявлять о том, что взрывы организовали чеченцы, мы не можем».

Наконец, сомневались многочисленные иностранные специалисты. Вот что ответил на вопрос о причинах возникновения войны в Чечне Вильям Одом:

«Россия, по моему мнению, сама сфабриковала предлог для этой войны. Есть достаточно убедительные доказательства того, что полиция инсценировала некоторые взрывы в Москве. Они попались на таких действиях в Рязани – и попытались представить свои действия в качестве учений. Я думаю, что российский режим сфабриковал целую цепочку заранее спланированных событий с тем, чтобы сформировать российское общественное мнение и направить страну по пути, который неприемлем для большинства россиян».

Выйдя за рамки правового поля, ФСБ основывала свою деятельность не на Конституции РФ и не на уголовном и уголовнопроцессуальном кодексах, а на собственных политических пристрастиях, сформулированных в инструкциях и устных приказах. Беспредел, в который погрузилась Россия, возник прежде всего потому, что спецслужбы планомерно и целенаправлено разрушали законодательные основы российской государственности. В этой войне самым страшным оружием спецслужб были организуемые ими по всей стране подконтрольные внештатные спецгруппы.

Глава 8

Создание подконтрольных ФСБ внештатных спецгрупп

Внештатные конспиративные боевые группы из бывших и действующих сотрудников специальных воинских подразделений и силовых структур начинают создаваться в РосВсии в 1980-е годы. Всего в России существует около 30 силовых ведомств. Воинские подразделения были при каждом из них. Трудно сказать, насколько эта акция носила организованный, а насколько стихийный характер. Очевидно, что ФСБ пытается везде иметь своих людей и, если не всегда организует группировки в формальном смысле слова, то в той или иной степени контролирует их деятельность с самого начала. Показательной является история создания в Приморье группировки братьев Александра и Сергея Ларионовых.

В конце 80-х годов в одно из самых крупных производственных объединений Владивостока «Востоктрансфлот» по распределению отправляются два брата Александр и Сергей Ларионовы. Вскоре С. Ларионов становится руководителем комсомольской организации объединения. Когда началось акционирование госпредприятия, братья Ларионовы, где-то раздобыв деньги, сами и через подставных лиц скупили крупный пакет акций и зарегистрировали при «Востоктрансфлоте» службу безопасности производственного объединения под названием «Система СБ». На базе этой структуры была затем создана самая мощная и кровавая в истории Приморья ОПГ.

Люди Ларионовых объезжали воинские части Тихоокеанского флота, шли к командиру или его заместителю по работе с личным составом, рассказывали, что занимаются трудоустройством увольняющихся в запас бойцов спецподразделений в «Систему СБ», занимающуюся борьбой с оргпреступностью; и после увольнения в запас бойцы диверсионных подразделений поступали к ним на работу. Группировка была построена по системе ГРУ; имела свою разведку и контрразведку, своих «чистильщиков», бригады наружного наблюдения, взрывников и аналитиков. В Японии было приобретено самое современное оборудование – сканеры, позволяющие перехватывать пейджинговые сообщения и разговоры по радиотелефонам, «жучки», приборы ночного видения и направленные микрофоны, спрятанные в различные предметы.

Бригада Ларионовых действовала в тесной связи с приморскими спецслужбами, прежде всего с военно-морской разведкой ГРУ. Заказы на отстрел преступных авторитетов поступали из местного УФСБ. Аналитики Ларионовых определили семь «преступных авторитетов», возглавлявших группировки, контролирующие владивостокские бизнесы. Эту семерку Ларионовы решили «убрать», а бизнесы забрать себе.

Первым в списке стоял бандит по уголовной кличке Чехов. Двое ликвидаторов бригады Ларионовых организовали засаду на трассе за городом и расстреляли из автоматов машину Чехова. Выскочивший из машины водитель был убит выстрелом в голову, а раненого «авторитета» увезли в сопки, облили бензином и сожгли.

Другому «приговоренному» бросили в спальню взрывное устройство большой мощности. Объект теракта уцелел, но обрушился подъезд жилого дома, погибли четыре случайных человека.

В 1993 году внутри группировки Ларионовых возник конфликт. Один из ее лидеров, Вадим Голдберг (или Гольдберг), и его подельники похитили А. Ларионова, вывезли его в лес и убили, нанеся несколько десятков ударов ножами. Узнав о смерти брата, С. Ларионов скрылся. К концу года все члены банды, в том числе С. Ларионов и Голдберг, были задержаны уголовным розыском. На одном из первых допросов С. Ларионов заявил, что пока говорить ничего не будет, но все расскажет на суде: и о «Системе СБ», и о кураторах из спецслужб. Чтобы этого не произошло, Ларионова убили.

Содержался он во Владивостокском СИЗО № 1, в усиленно охраняемой одиночной камере. По пути на очередной допрос навстречу Ларионову в коридор вывели Евгения Демьяненко, проведшего за решеткой 19 лет. Проходя мимо, Демьяненко выхватил «заточку» и убил Ларионова одним ударом.

Месть Ларионову на этом не закончилась. В 1999 году неизвестные подорвали квартиру Ларионова, где находилась его жена, которая не пострадала. Некоторое время спустя наемный убийца расстрелял адвоката Ларионова Надежду Самихову. По Владивостоку поползли слухи, что «спецслужбы убирают свидетелей». Действительно, прокуратура подозрительно долго тянула с судом. Следствие длилось несколько лет, обвинительное заключение было вынесено только 14 января 2000 года. Уголовное дело по группировке Ларионовых насчитывало 108 томов. Но на скамье подсудимых оказались всего девять человек. Трое вышли прямо из зала суда, так как им засчитали время, проведенное под следствием. Остальные получили от 8 до 15 лет лишения свободы (в частности, 15 лет получил Голдберг).

Есть основания предполагать, что на ФСБ работала бригада известного самарского криминального «авторитета» Александра Литвинки (уголовная кличка Ниссан). Литвинка жил на Украине. В начале 80-х годов приехал в Самару и вскоре за серию разбойных нападений был осужден на семь лет. Из колонии вышел «авторитетом», уголовную кличку Ниссан получил за любовь к японским автомобилям. Заручившись поддержкой самарских «авторитетов», таких, как Дмитрий Рузляев (Дима Большой) и Михаил Бесфамильный (Бес), Литвинка создал свою «бригаду», костяк которой составили бывшие спортсмены-каратисты, строго соблюдавшие «сухой закон» и беспрекословно подчинявшиеся приказу.

Вскоре Литвинка начинает участвовать в войне за контроль над Волжским автозаводом (ВАЗом). В начале 1996 года в пансионате «Дубки» проходит встреча представителей двух самарских преступных группировок. После того как переговоры удачно завершились, четверо неизвестных расстреляли собравшихся из «калашниковых». Четыре криминальных «авторитета» и один «вор в законе» были убиты. В одном из нападавших был узнан Литвинка, вскоре арестованный. Спустя месяц Литвинка из тюрьмы был освобожден, обвинений предъявлено ему не было.

С этой минуты в криминальной среде Самары уже не сомневались в том, что Литвинка работает на спецслужбы. На одной из «воровских» сходок Литвинку объявили вне закона. Чтобы не быть убитым, Литвинка уехал из Самарской области и появлялся там редко, в основном для того, чтобы совершить очередное заказное убийство «авторитета». Видимо, именно он убил в Самаре в 1998 году Дмитрия Рузляева, а в 1999 – «авторитета» Константина Беркута.

Днем 23 сентября 2000 года Александр Литвинка был убит в Москве в районе дома 27 по улице Крылатские Холмы. Стреляли четыре человека. На месте убийства сотрудниками милиции были обнаружены брошенные два пистолета Макарова с глушителями, пистолет-пулемет «Кедр» и пистолет «Иж-Байкал». Там же был найден пистолет Макарова, принадлежавший убитому. Преступники скрылись с места происшествия на белом автомобиле ВАЗ-2107. Кто именно убрал Литвинку – сотрудники ФСБ или самарские «авторитеты», – остается только догадываться.

Известная «курганская» бригада Александра Солоника (Саши Македонского), состоявшая в основном из бывших и действующих сотрудников российских спецслужб и подразделений, также курировалась спецслужбами, в частности, СБП и ФСБ. «Курганская» группировка появилась в Москве в начале 90-х и была взята под контроль лидером «ореховской» группировки Сергеем Тимофеевым (Сильвестром). Тимофеев являлся агентом МБ-ФСК и плотно общался с бывшим офицером 5-го Управления КГБ СССР Майоровым, позже возглавлявшим одну из охранных структур в Токо-Банке. Майоров регулярно посещал начальника Оперативного управления (ОУ) АТЦ ФСБ генерал-лейтенанта Ивана Кузьмича Миронова, бывшего секретаря партийной организации 5-го Управления КГБ СССР, в чьи непосредственные обязанности теперь входил розыск террористов.

В середине 90-х внутри «ореховской» группировки наметились крупные перемены: у Тимофеева появился соперник – Сергей Буторин (Ося). В сентябре 1994 года Тимофеев был взорван в своем «Мерседесе». Друг за другом исчезли верные Тимофееву люди. Буторин создал собственную группировку, в которую вошли люди из «ореховской», «курганской» и «медведковской» ОПГ. Среди «чистильщиков» находились бойцы спецназов ГРУ, МВД, ВДВ. В окружении Буторина появились действующие сотрудники силовых ведомств, в том числе один подполковник из контрразведки (он был обвинен затем в ряде тяжких преступлений, но позже обвинения были сняты).

К концу 1994 года у «курганцев» четко обозначились лидеры – Колигов, Нелюбин и Игнатов. Слава о «чистильщиках кургана» разносилась по всей России. Одним из самых известных наемных убийц стал Александр Солоник. Однако наиболее активным и опасным убийцей в «курганской» ОПГ был Конахович.

Жестокой была война «курганцев» против «бауманской» ОПГ. Со слов одного из агентов, работавших у «курганцев», во время этой войны погибло несколько десятков членов «бауманской» бригады, причем людей, как правило, похищали, жесточайшим образом пытали (выкалывали глаза, жгли огнем) и только потом убивали. «Бауманских» «курганцы» окрестили «звериной бригадой». По их словам, там было много дагестанцев. Война шла, в частности, за контроль над одной из фирм, продающих американские автомашины. Хитрость состояла в том, что в автопокрышках этих машин из Колумбии переправляли наркотики.

Разработкой «курганцев» занимался 12-й отдел МУРа. Оперативное дело вел Олег Плохих. Два члена «курганской» ОПГ были наконец задержаны и посажены в СИЗО «Матросская тишина». Один из них в беседе с адвокатом сказал, что если к нему применят психотропные средства, он может «расколоться» и все рассказать, а рассказов будет на десяток крупных заказных дел, включая убийство Листьева. Арестованный просил перевести его в Лефортово и обещал начать сотрудничать со следствием, если ему дадут определенные гарантии безопасности, так как на счету «курганских» было множество убийств, в том числе и так называемых воров в законе, за что по неписаным правилам российской тюрьмы была положена смерть.

МУР уже начал готовить перевод обоих арестованных, но не успел. Произошла утечка информации, и «курганцев» в одну ночь убили, хотя они и сидели в разных камерах. А ведь их показания помогли бы раскрыть не одно громкое заказное убийство.

Солоник оказался более удачлив. После задержания он был помещен в специальный корпус тюрьмы «Матросская тишина», откуда ему был организован побег в Грецию.

К разгрому «курганцев» непосредственное отношение мог иметь лидер «коптевской» ОПГ Василий Наумов (Наум), состоявший в агентурном аппарате МВД РФ. В свое время «курганцы» вошли в доверие к «коптевской» ОПГ и, выявив практически все доходные точки соперников, стали убирать их лидеров. Поняв, кто именно их убирает, Наумов сдал «курганцев» 12-му отделу МУРа. Тогда в конфликт вмешалась ФСБ, не заинтересованная в разгроме «курганской» группировки, которую она курировала, а главное – опасающаяся утечки информации и скандала. В ФСБ быстро определили, что информация о «курганских» поступает в МУР через Наумова, плотно общающегося с членами «курганской» группировки. Эта информация была передана «курганцам».

27 января 1997 года Наумов в сопровождении охранявших его бойцов милицейского спецназа «Сатурн» подъехал для встречи с оперативным сотрудником МУРа, у которого он был на связи, к зданию ГУВД на Петровке, 38. По мобильному телефону он вызвал к себе оперуполномоченного и стал ждать в машине. В этот момент к машине Наумова сзади пристроились «Жигули», и находившиеся в них люди расстреляли Наумова. Так «курганцы» дали понять, что в курсе сотрудничества Наумова с МУРом.

Работа агента МВД Наумова не смогла бы привести к разгрому «курганской» бригады, если бы не два дополнительных обстоятельства. Первым было снятие Коржакова с должности руководителя СБП и последующая ликвидация этой структуры. Без поддержки Коржакова «курганцы» стали уязвимы. Вторым — «проплаченный» в центральный аппарат МВД заказ на уничтожение «курганской» группы. Заказ был «проплачен» «бауманскими» бандитами, которые традиционно имели в руководстве МВД хорошие связи и после отставки Коржакова смогли поставить в министерстве вопрос об устранении «курганцев».

Кроме МУРа за «курганцами» охотился еще и Буторин, давший команду на их отстрел. Все спланированные группировкой Буторина убийства проводились на уровне профессиональной спецслужбы, включая буквально поминутный отчет участников операции. Предполагалось собрать костяк «курганских» боевиков (Колигов, Нелюбин, Игнатов и Солоник) в Греции и убить всех разом.

Операция Буторина по устранению группы Солоника проводилась под контролем ФСБ и ГРУ. Наверное, именно поэтому произошла утечка информации, и две недели круглосуточного наблюдения за греческой виллой Солоника были потрачены впустую. Колигов, Нелюбин и Игнатов у Солоника не появились. Тогда двое верных Буторину людей — Саша Солдат и Сережа — получили команду убрать одного Солоника. 2 февраля 1997 года Солдат и Сережа подъехали к дому Солоника, с которым были знакомы, вызвали его и поехали в сторону Афин. По пути сидевший сзади Солдат набросил Солонику на шею удавку и задушил его.

В Грецию тем временем вылетели сотрудники московского РУОПа, получившие от Буторина информацию, что Солоник живет в пригороде Афин в местечке Варибоби. Двигаясь по переданной Буториным схеме, руоповцы 3 февраля 1997 года обнаружили труп Солоника. Прилети они на сутки раньше — могли бы застать его в живых. Но те, кто составлял график операции, знали, кто, куда и когда должен был прилететь.

Потому РУОП и опоздал, что не должен был застать живого Солоника.

В общем, это официальная версия. А что произошло на самом деле, мы никогда не узнаем. Четыре аудиокассеты с записью своих воспоминаний Солоник оставил в номерном сейфе в банке на Кипре. В январе 1997 года, за несколько дней до «гибели», он позвонил своему адвокату Валерию Карышеву и попросил его в случае смерти пленки издать. 2 февраля Солоник действительно «ушел из жизни», почему-то прихватив с собой деньги со счета. Из уголовного дела Солоника куда-то делись его отпечатки пальцев. Как сквозь землю провалилась находившаяся с ним в Варибоби подруга.

С достойной адвоката оперативностью Карышев в том же году издал записи Солоника. И было очевидно, что книга, где рассказано многое, но без фамилий, – своеобразная страховка Солоника: не ищите, иначе назову фамилии. Кстати, Буторин, объявленный в федеральный розыск «за совершение особо тяжких преступлений», тоже не найден. Говорят, он стал крупным коммерсантом.

Еще одна внештатная спецгруппа – организация полковника ГРУ Валерия Радчикова, руководителя Российского фонда инвалидов войны в Афганистане (РФИВА), – была создана в 1991 году по линии ГРУ. Из тех, кто имел отношение к фонду, 37 человек были убиты и 62 ранены.

В 1994 году в подъезде своего дома был взорван первый руководитель фонда Михаил Лиходей. В октябре 1995 года чудом уцелел сам Радчиков. Он получил шесть пуль, был тяжело ранен, но сумел на машине уйти от убийц. А вот его юрисконсульт и доверенное лицо Дмитрий Матешев в той перестрелке был убит.

10 ноября 1996 года 14 человек были разорваны на куски и 26 искалечены во время взрыва на Котляковском кладбище. Среди погибших была вдова Лиходея Елена Краснолуцкая, занимавшая пост финансового директора РФИВА, а также друг и преемник Лиходея Сергей Трахиров. В организации взрыва был обвинен Радчиков. 3 сентября 1998 года, когда Радчиков уже сидел в тюрьме, был застрелен другой его помощник – генеральный директор нового афганского фонда Валерий Вуколов.

Все эти годы из фонда расхищались деньги, что для России обычно. Но необычны были размеры хищений. По самым скромным подсчетам, речь шла о 200 миллионах долларов. Дело расследовали лучшие силы генеральной прокуратуры во главе со следователем по особо важным делам Даниловым. Ему помогали еще четыре «важняка» и свыше 100 оперативников (всего 180 человек). Но они так и не смогли понять, куда подевались миллионы, похищенные у инвалидов-«афганцев». Самому Радчикову в вину вменялась кража только 2,5 миллиона.

Через несколько дней после ареста Радчикова его заместитель по фонду Валерий Вощевоз, курировавший все финансовые потоки фонда, а во время президентской кампании 1996 года являвшийся доверенным лицом Бориса Ельцина, был спешно отправлен полномочным представителем президента в Амурскую область. Суд над Радчиковым и двумя его подельниками – Михаилом Смуровым и Андреем Анохиным – длился десять месяцев. 17 января 2000 года государственный обвинитель потребовал дать подсудимым соответственно 13, 15 и 10 лет лишения свободы.

Радчиков обвинялся в том, что летом 1996 года задумал убить своего конкурента по «афганскому» движению – председателя РФИВА Сергея Трахирова – и передал для этого своему соседу по дому ветерану Афганистана Андрею Анохину пистолет и не менее 50 тысяч долларов в качестве вознаграждения. Анохин же склонил к соучастию в убийстве за 10 тысяч долларов Михаила Смурова.

Убить Трахирова было не просто. Его повсюду сопровождали телохранители из отряда «Витязь», находящегося в подчинении у С. И. Лысюка, тесно сотрудничавшего с ФСБ. «Герой России» Сергей Иванович Лысюк, создатель и первый командир отряда внутренних войск специального назначения МВД РФ «Витязь», еще старшим лейтенантом был завербован в агентурный аппарат Особого отдела КГБ. Последним сотрудником спецслужбы, у которого Лысюк находился на связи, был начальник отдела военной контрразведки полковник Владимир Евгеньевич Власов, который исключил Лысюка из агентурного аппарата ФСБ (чтобы у того не появился новый куратор) и сделал его так называемым архивным агентом. «Героя России» Лысюк получил за командование отрядом «Витязь» при защите «Останкина» в 1993 году. Именно он отдал приказ открыть огонь по путчистам.

Власов был одним из заместителей Лысюка в возглавляемой последним коммерческой фирме, которая, по оперативным данным, тренировала наемных убийц, в том числе членов группировки Лазовского.

Итак, заговорщики решили взорвать Трахирова на Котляковском кладбище, на поминках по убитому в 1994 году первому председателю РФИВА Михаилу Лиходею. Удивительно то, что за несколько дней до взрыва у Трахирова сменили охрану. Новая охрана при взрыве погибла. Старые телохранители из «Витязя» уцелели. Можно предположить, что о предстоящем покушении Лысюк мог знать от Власова или каких-то других людей.

18 января завершились судебные слушания по делу о взрыве. Подсудимым было предоставлено последнее слово. Все трое заявили о своей «полной непричастности» к теракту и попросили суд признать их невиновными. Адвокат Радчикова П. Юшин заявил, что дело сфабриковано. 21 января Московский окружной военный суд под председательством полковника юстиции Владимира Сердюкова оправдал подсудимых за «недоказанностью участия в совершенном преступлении».

Аргументы следствия по делу о взрыве на Котляковском кладбище суд счел неубедительными. Основанием для оправдательного приговора стали результаты судебной экспертизы остатков взрывного устройства, которые выявили существенные расхождения с данными экспертизы, проведенной в ходе следствия. Кроме того, знакомая одного из обвиняемых, Михаила Смурова, на суде неожиданно заявила, что в день взрыва Смуров находился дома и не мог привести в действие взрывное устройство, что ему инкриминировалось следствием.

Валерий Радчиков был также оправдан по делу о хищении из фонда 2,5 миллионов долларов. Все трое были освобождены изпод стражи в зале суда. 25 июля 2000 года Генпрокуратура проиграла в Верховном суде ходатайство об отмене оправдательного приговора. Радчиков предполагал вынести спор в Европейский суд. Однако 31 января 2001 года, примерно в 8 часов утра, он погиб в автокатастрофе на 39-м километре Минского шоссе, когда возвращался в Москву на машине марки «Москвич-2141». В тот же день агентство РИА «Новости» передало, что, по мнению правоохранительных органов, его гибель может оказаться не просто несчастным случаем.

Десятки трупов, пропавшие миллионы и ни одного пойманного преступника – для банальной уголовщины вещь статистически невозможная. Не нужно быть Шерлоком Холмсом, чтобы вычислить, кто стоял за этой сложной и, безусловно, успешной игрой, в которой главный герой так вовремя погиб в автокатастрофе.

Глава 9

ФСБ организует заказные убийства

С 1993 года на Лазовского работала «узбекская четверка». Все четверо были русские, родом из Узбекистана. Группа состояла из бывших спецназовцев, которые, по словам начальника 10-го отдела московского РУОПа Виталия Сердюкова, в совершенстве владели всеми видами стрелкового оружия и из подручных предметов могли изготовить мощные бомбы. Специализацией преступников были заказные убийства. По предварительным подсчетам оперативников, на ее счету было около двадцати убийств по контрактам в Москве, Санкт-Петербурге, Липецке, Тамбове, Архангельске и других городах. За спиной убийц стоял некий «генеральный подрядчик», своего рода диспетчер, который принимал заказы. На заказчиков при такой организации работы выйти было практически невозможно. Первым «узбекскую систему» просчитал Цхай.

Проживала «узбекская четверка» в одном из домов на Петровке, рядом со зданием московского ГУВД. Жертвами наемных убийц, видимо, были нескольких нефтяных и алюминиевых магнатов, банкиров и крупных предпринимателей. Не исключено, что на счету «узбекской четверки» убийство вице-губернатора Санкт-Петербурга Михаила Маневича, генерального директора Общественного российского телевидения (ОРТ) Владислава Листьева, председателя республиканского союза предпринимателей Олега Зверева и многих других. Во всяком случае, руоповцы утверждали, что четверка по количеству жертв и «качеству работы» шла в сравнение только с «курганской» бригадой. Правда, последние убивали в основном «воров в законе» и «авторитетов» преступного мира.

«Узбекская четверка» и люди Лазовского подозревались

в похищении из зала VIP в аэропорту Шереметьево-1 и последующем убийстве российского представителя американской корпорации AIOC Феликса Львова. Фирма Львова соперничала за контроль над Новосибирским электродным заводом, являвшимся основным поставщиком электродов на Красноярский алюминиевый завод, а также за приобретение крупного пакета акций самого Красноярского алюминиевого завода (КрАЗа). В конце 1994 года руководство КрАЗа во главе с гендиректором Юрием Колпаковым подписало контракт с компанией AIOC, тесно сотрудничавшей в Москве с коммерческим банком «Югорский». Президент банка Олег Кантор и его заместитель Вадим Яфясов рассчитывали привлечь КрАЗ в банк в качестве клиента, а затем сделать из него партнера и через переориентацию банка на обслуживание алюминиевых заводов заработать неплохие деньги.

Переговоры продвигались успешно. В марте 1995 года Яфясов был назначен заместителем гендиректора КрАЗа по внешнеэкономическим связям. Попутно Львов, который к тому времени уже сотрудничал с руководством КрАЗа и отвечал за связи с силовыми структурами, добился переключения на AIOC практически всех товарно-сырьевых потоков КрАЗа и вел дело к тому, чтобы американской компании был передан в управление с последующей продажей 20-процентный пакет акций Ачинского глиноземного комбината – поставщика сырья КрАЗа. 10 апреля 1995 года, за четыре дня до собрания акционеров Ачинского глиноземного комбината, которое должно было переизбрать гендиректора, Яфясов был убит в собственной машине у подъезда своего дома в Москве.

Понятно, что Феликс Львов был этим событием напуган. В конце мая он выступил на слушаниях в Госдуме, где рассказал о незаконных операциях по скупке акций алюминиевых заводов в России и о вовлеченности в этот бизнес узбекской и российской мафий. Но обращение к общественности и власти не помогло. Днем 20 июля на территории круглосуточно охраняемого подмосковного дачного комплекса был зарезан президент банка «Югорский» Олег Кантор. В конце июля был дан еще один сигнал: похищен неизвестными и через несколько дней освобожден водитель фирмы «Форвард», принадлежавшей Львову.

6 сентября 1995 года Львов вылетал из Шереметьева-1 в АлмаАту. Он уже прошел таможенный контроль, когда к нему подошли два сотрудника ФСК, предъявили удостоверения и увели. Позже свидетелями по фотографии (высокий, худощавый, с черными волосами) был опознан один из сотрудников ФСК, задерживавших Львова, боевик Лазовского Леха. Есть основания полагать, что к организации этого похищения, кроме Лазовского, непосредственное отношение имел Петр Суслов.

8 сентября тело Феликса Львова обнаружили на 107-м километре Волоколамского шоссе с пятью огнестрельными ранениями, на куче мусора, в пяти метрах от асфальтированной площадки для отдыха. В карманах убитого были найдены 205 тысяч рублей, визитная карточка члена совета директоров «Альфа-банка» и удостоверение сотрудника МИД с фотографией Львова и вымышленной фамилией (к МИДу Львов отношения не имел).

Боевиков «узбекской четверки» поймали случайно. Лидер группировки, по прозвищу Ферганец, попался с фальшивыми документами, когда пересекал таджикско-киргизскую границу. По картотеке было установлено, что Ферганец находится в розыске по подозрению в убийстве Маневича. На допросе Ферганец сообщил, где в Киргизии скрывались остальные члены группы. В середине июля 1998 года сообщники Ферганца были арестованы. В Москву арестованных перевозили с особыми мерами предосторожности. Местонахождение их под арестом никому не сообщалось.

Правда, в убийстве Маневича прокуратура Санкт-Петербурга подозревала еще одну петербургскую группировку, тоже спецназовскую. Возглавляли ее бывший прапорщик 40-летний Владимир Борисов (Прапорщик) и бывший капитан-танкист Юрий Бирюченко (Бирюк). На группировку сотрудникам угрозыска удалось выйти в конце лета 1998 года. 21 августа в двух районах Санкт-Петербурга – Центральном и Красногвардейском – практически одновременно были совершены покушения на двух бригадиров «акуловской» преступной группировки, также бывших офицеров армейского спецназа, Раззувайло и Лося. Первого смертельно ранил из пистолета в подъезде дома на Лиговском проспекте боевик, загримированный под бомжа профессиональными гримерами на Ленфильме. Второго пытались взорвать в автомобиле БМВ на Свердловской набережной Невы, но бомба оказалась недостаточно мощной, Лось выжил и рассказал сыщикам, кто мог стоять за обоими преступлениями.

Борисов и Бирюченко, как подозревало следствие, организовали также убийство в Пскове в 1998 году еще одного бригадира «акуловской» группировки – Изморосина. Дело об убийстве двух «авторитетов» и покушениина третьего объединили в одно производство. Для его расследования создали оперативно-следственную группу, которую возглавил старший следователь прокуратуры Вадим Поздняк.

Членами бригады Юрия Бирюченко в основном были бывшие спецназовцы. Тренировки по стрельбе они проводили в тире Петербургского гарнизона, а технике наружного наблюдения и прослушивания телефонных переговоров обучались, как позднее установило следствие, у кадровых сотрудников ГРУ и петербургского УФСБ. Каждый боец Бирюченко был экипирован по последнему слову техники: машина, пейджер, радиотелефон, специальные технические средства. Квартиры и машины боевиков оформлялись на подставных лиц, боевики имели по нескольку комплектов документов, носили вымышленные имена и пользовались системой цифровых кодов для общения друг с другом.

Вскоре после неудачного покушения на Лося оперативники задержали Борисова, его ближайшего помощника Сергея Кустова (тренера по восточным единоборствам) и нескольких рядовых боевиков, которые числились менеджерами в обществе с ограниченной ответственностью «Петровский автоцентр». Бирюченко и членов его команды ловили по всей России – в Пскове, Вологде, Ростове, в деревнях Новгородской области. Сам Бирюченко долгое время скрывался в Праге, где он наконец был арестован с помощью Интерпола и этапирован в Санкт-Петербург.

В большинстве случаев убийства совершались в подъездах домов, причем наемные убийцы использовали самое разное оружие – от пистолетов ТТ и снайперских винтовок СВД до самодельных взрывных устройств на основе пластита. «Зарплата» наемного убийцы в обычное время составляла 200–500 долларов в месяц, а за каждое выполненное задание выплачивалась премия в две тысячи долларов.

Следствие обвинило Борисова, Бирюченко и Кустова в четырех заказных убийствах, бандитизме, вымогательстве и других тяжких преступлениях. Участников группировки подозревали практически во всех громких убийствах, совершенных на территории Санкт-Петербурга и Северо-Запада начиная с осени 1997 года. В частности, проверялась их возможная причастность к смерти Маневича и к покушению на заместителя начальника РУБОПа Николая Аулова, но доказать их вину не удалось.

Некоторые оперативники, работавшие по этому делу, до сих пор уверены, что им удалось обнаружить лишь верхушку айсберга. В частности, руководитель оперативно-следственной группы Вадим Поздняк заявил, что «если бы нас освободили от других текущих дел, мы бы наверняка подняли еще не один десяток эпизодов преступной деятельности этой банды». В конце 2007 года все обвинения с Борисова были сняты, он был признан невиновным и освобожден из тюрьмы.

В 1995 году Лазовский создал аналог «узбекской группы», состоящей из ветеранов спецподразделений «Витязь» и «Вымпел»: Кирилла Борисова, Алексея Сукача, награжденного за боевые операции в Чечне орденом Мужества и несколькими значками внутренних войск МВД, Армена Шехояна и Павла Смирнова. Группа проработала четыре года. «Подрядчиком» группы был, судя по всему, Марат Васильев.

В 1999 году Васильев был арестован и осужден на 13 лет колонии строгого режима за убийство в 1993 году Алиева, владельца торгового ряда на Люблинском рынке (это единственное преступление, за которое был осужден Васильев). Осенью 2000 года был задержан Борисов, затем и остальные спецназовцы: Шехоян, Смирнов и Сукач. В квартире последнего нашли арсенал группировки: семь автоматов, десять пистолетов Макарова, два пистолета CZ MOD-83 чешского производства и немецкий револьвер Rohm. Суд над арестованными начался в Москве в апреле 2001 года. Ни в одном из вменяемых им преступлений подсудимые не сознались. Вопрос о возможной причастности их или Лазовского к терактам в Москве в сентябре 1999 года следствие и прокуратура не поднимали. Супруненко учел печальный опыт своего предшественника Владимира Цхая и решил не давать ФСБ повода к своему устранению.

Вымпеловцам вменялись в вину чисто уголовные преступления. Так, прокуратура утверждала, что 21 мая 1996 года Марат Васильев предложил Борисову и Сукачу «разобраться» с владельцами кафе-шашлычной «Усадьба», расположенной на 36-м километре московской кольцевой дороги. В три часа ночи боевики приехали к шашлычной, облили ее бензином и подожгли. Выбежавших из горящего заведения владельцев кафе Газаряна и Дуляна обстреляли из пистолетов (стреляли над головами, для острастки).

23 сентября 1996 года был убит глава итальянской фирмы «Dimex» Дмитрий Наумов. Он продавал за границей нефтепродукты чеченцев и присвоил значительную часть выручки. В России Наумов, известный также под прозвищем Бендер, появлялся довольно редко – получив двойное гражданство, он проводил большую часть времени в Италии. В мае 1996 года он приехал по делам в Москву и остановился в гостинице «Балчуг-Кемпински». Здесь его впервые увидели Борисов и Сукач.

23 сентября Наумов снова появился в Москве и остановился в «Тверской». Около шести вечера Сукач, находившийся в это время на Триумфальной площади, у станции метро «Маяковская», получил от посредника два пистолета ТТ с глушителями, которые затем передал Борисову. Исполнителя в «Жигулях», за рулем которых сидел Павел Смирнов, привезли к гостинице. Борисов поднялся на четвертый этаж, в холле наткнулся на Наумова и открыл огонь одновременно из двух «стволов». Все

пять выпущенных им пуль попали в голову жертве. Выходя из отеля, Борисов сказал охраннику: «У вас там людей расстреливают, а вы тут спите». Охранник бросился наверх, а Борисов сел в «Жигули» и уехал. Через пару дней участники убийства были уже в Чечне.

Вскоре группа вернулась в Москву и 11 июля 1997 года по указанию Марата Васильева, как и считало следствие, убила гендиректора фирмы «Harley Enterprises» Александра Байрамова, занимавшегося поставками в Россию сигарет на льготной основе. Бизнесмен не захотел поделиться прибылью от последней сделки, которая принесла ему 8 млн долларов. В 1-м Красногвардейском проезде одна из машин «вымпеловцев» подрезала «Мерседес» Байрамова так, чтобы он врезался в другой автомобиль (с убийцами). Когда участники столкновения вышли из машин, Борисов и Шехоян буквально изрешетили Байрамова (у Сукача пистолет заклинило).

Группа снова на время уехала в Чечню. В мае 1998 года она вернулась в Москву для выполнения еще одного заказа: убийства гендиректора фирмы «Ветер века» Александра Редько, числившегося помощником депутата Госдумы от ЛДПР Алексея Зуева. 18 июня убийцы приехали к гаражам на улице Кравченко и стали поджидать жертву. Когда предприниматель вывел машину и пошел закрывать гараж, Борисов и Сукач, по версии следователей, открыли огонь. Охранники Редько организовали погоню, но догнать бывших спецназовцев не смогли. Редько был тяжело ранен, но выжил.

25 июня 1998 года был убит глава администрации Нефтеюганска Петухов. Оперативная информация, полученная в рамках дела оперативной разработки (ДОР) под много говорящим кодовым названием «Хищники», привела оперативников к выводу, что убийство было заказано Сусловым и проведено Лазовским.

23 августа 1998 года Борисовым и Сукачом за кражу у Сукача большой партии наркотиков был убит член группировки Лазовского Дмитрий Заикин. В час ночи Сукач вывез Заикина на «Волге» в Марьино и застрелил прямо в машине. Затем Сукач и Борисов отвезли труп на пустырь Верхних по-

лей, расчленили его лопатой и закопали, а голову выбросили в Москва-реку.

В 1998 году начинает работу спецгруппа Морева. История ее создания банальна. Морев служил в Чечне, в отдельном разведбатальоне 8-го полка спецназа ВДВ (воинская часть 3866). Под Аргуном разведчики напоролись на засаду. В живых остались трое. Их спасли вертолеты. Через несколько дней эти трое отправились в аул Свободный, расположенный рядом. Разведчики открывали двери домов и бросали внутрь гранаты. Аул из пяти домов был уничтожен полностью, вместе с женщинами, детьми и стариками. Военная прокуратура возбудила уголовное дело. Всем троим грозил трибунал. Вот тогда, в апреле 1996 года, в спецотделе, куда привели Андрея Морева, его завербовал полковник ФСБ. Он предложил Мореву сделать простой выбор: либо сесть, либо сотрудничать. Морев выбрал второе и получил агентурную кличку Ярослав. Уволившись в запас, Морев отправился домой, в Ярославль. Два года о нем не вспоминали. В 1998 году вспомнили и вызвали в Москву.

В спецгруппе было двенадцать человек, все прошли Чечню, за всеми числились прощенные в обмен на сотрудничество грехи. Группе сообщили, что ее главная задача – ликвидация особо опасных преступников, криминальных «авторитетов». Команда работала не только в России. Выезжали в командировки – в Ирак, Югославию, Украину, Молдавию. На спецзадания всегда отправлялись группами из двух-трех человек. В Ираке ликвидировали бывшего разведчика – то ли из СВР, то ли из ГРУ.

На Украине ликвидировали местного бизнесмена по фамилии Тищенко. В Киев группа прилетела самолетом. Фотографию Тищенко выдали еще в Москве. Там же боевики получили информацию об адресе конспиративной квартиры на центральном проспекте в Киеве, марке и номере машины жертвы. В камере хранения железнодорожного вокзала из ячейки, номер и код которой были даны тоже в Москве, взяли сумку с оружием. Это была разобранная снайперская винтовка СВД. Квартира в Киеве была пустой. Окнами она выходила на перекресток со светофором. Тищенко всегда ездил по одному и тому же маршруту, и его машина часто останавливалась на этом перекрестке. Там его и застрелили – из окна квартиры. Операция заняла один день.

На ликвидацию обычно отводилось не более двух дней, хотя период подготовки мог длиться до года: уточнялись маршруты движения объекта, адреса, знакомства, привычки, график работы. За два дня до «часа Х» наемный убийца получал информацию о жертве и приезжал на все подготовленное, чтобы поставить точку. Так, ярославского «авторитета» по уголовной кличке Перелом расстреляли из автоматов в центре города, когда тот подъехал к своему дому. Группа работала прицельно, чтобы не пострадали сидящие в машине подруги бандитов. Автоматы бросили на «точке» вместе с удостоверением на имя некоего чеченца (идея направить следствие по «чеченскому следу» родилась у московских кураторов операции). Последняя операция группы по устранению объекта была 2 июня, когда в Воронеже убирали местного милиционера. Группа вывела из строя тормоза его машины, и милиционер на скорости врезался в специально подставленный грузовик.

На инструктаж группа собиралась раз в неделю, по субботам, в московской квартире по адресу улица Вагоноремонтная, д. 5, корп. 1 (в квартире жила женщина с ребенком).

Здесь группу встречал куратор – офицер ФСБ по имени Вячеслав (фамилии своей ни разу не называл). От него группа получала задания. У всех членов спецгруппы были «документы прикрытия» с фальшивыми фамилиями. Так, у Морева было три паспорта (Расторгуев Андрей Алексеевич, Козлов Михаил Васильевич, Зимин Александр Сергеевич). На последнюю фамилию был выдан и загранпаспорт.

Спецгруппа не числилась в штате силовых ведомств или спецсил. Иными словами, формально она не существовала. Нештатная спецкоманда работала высокопрофессионально. За два года работы был только один срыв из-за того, что в Москве объект (один из помощников Геннадия Зюганова) не появился на точке. И один отбой – в Кишиневе, когда нужно было по команде людей из ФАПСИ убрать директора местного винзавода, но в последнюю минуту операцию отменили (по странному стечению обстоятельств именно прапорщики ФАПСИ в Москве в свободное от службы время подрабатывали в охране одной из фирм, занимающихся поставкой вина из Молдавии, о чем был поставлен в известность начальник службы безопасности ФАПСИ).

Несколько раз спецгруппа вывозила оружие из Чечни. Инструктаж перед такими командировками проходил не в квартире на Вагоноремонтной, а на Петровке, 38, в здании Московского уголовного розыска. Перед отправкой группа получала милицейскую форму и соответствующие удостоверения. Типична одна из таких поездок. На грузовых фургонах «Газель» через Волгоград добрались до Моздока; там на подъезде к городу колонну ждал армейский «КамАЗ» с оружием (автоматы, снайперские винтовки СВД и тротил). Все это выгрузили из зеленых армейских ящиков и запаяли в цинковые гробы, как если бы везли трупы.

Потом колонна «Газелей» «с грузом 200» отправилась в Москву. Сопровождали колонну сотрудники ФСБ, поэтому неожиданностей в пути не было.

Разгрузка производилась в 9-м микрорайоне Солнцева. Там же у спецгруппы забрали милицейскую форму и удостоверения, раздали премии. Вся командировка заняла две недели. В зависимости от количества привезенного оружия каждому участнику за такую поездку выдавали от 700 до 2000 долларов.

Последняя операция группы по переброске оружия состоялась в первой половине августа 2000 года. В этот период у спецкоманды начались проблемы. Сначала исчезли несколько членов группы. Потом в Волге утонул еще один. В июне прямо в машине сгорели Геннадий Чугунов, Михаил Васильев и Сергей Тарасев (имена и фамилии подлинные). Морев ехал в тех же «Жигулях», но вышел раньше, так как у него была назначена встреча с двоюродным братом. Перед поездкой «Жигули» простояли некоторое время на автостоянке Петровки, 38.

Узнав о гибели товарищей, Морев, сделав для страховки видеозапись своих показаний и раскидав пленки по нескольким адресам, бежал из Москвы. Тогда он был объявлен в федеральный розыск за вывоз оружия из Чечни и за покушение на убийство. Теперь Морев скитается по России и не спит в одном месте более двух ночей подряд. В отличие от своих товарищей он жив.

В убийстве 20 ноября 1998 года в Санкт-Петербурге депутата Госдумы, лидера движения «Демократическая Россия» (ДР) Галины Старовойтовой и ранении ее помощника Руслана Линькова также были замешаны спецслужбы. Если пистолет-пулемет Agran2000 и Beretta, из которых была убита Старовойтова, преступники бросили на месте убийства, то пистолет USP, из которого ранили в голову Линькова, они почему-то унесли с собой. В ноябре 1999 года в Латвии был арестован бывший боец советского рижского ОМОНа Константин Никулин. При обыске у него был обнаружен 9-миллиметровый пистолет, из которого, как показала экспертиза, был тяжело ранен Линьков.

Однако Санкт-Петербургское УФСБ отказалось принять эту версию. По словам пресс-секретаря УФСБ А. Вострецова, «на сегодняшний день нет сведений об участии Никулина в этом деле». Взамен следственные органы выдвинули экономическую версию убийства Старовойтовой. Суть этой версии была в том, что за несколько дней до убийства в столичном офисе ДР прошло собрание спонсоров объединения, которые выделили на проведение выборов в законодательное собрание Санкт-Петербурга 890 тысяч долларов. В ФСБ утверждали, что деньги были переданы Старовойтовой, о чем она написала расписку, положенную в сейф штабквартиры ДР. Правда, расписку эту никто не видел, так как через неделю после убийства офис ДР ограбили и расписка Старовойтовой исчезла. В ДР версию об убийстве с целью ограбления с самого начала отвергали.

Глава 10

Спецслужбы и похищения людей

Общеизвестно, что похищениями заложников в надежде на выкуп занимаются главным образом чеченские бандиты. О том, насколько непростой является работа по освобождению заложников, можно судить по известному случаю похищения Магомета Келигова, 1955 года рождения. Келигов был похищен 15 сентября 1998 года в городе Малгобеке чеченской преступной группировкой из Урус-Мартана, возглавляемой Ризваном Вараевым. Наводчиком и организатором преступления был сосед Келигова – житель города Малгобек. Похитители считали, что их не установят, и стали направлять к Келиговым посредников, которые передали требование об уплате выкупа в сумме пяти миллионов долларов. Келиговы платить отказались. Наводчик вскоре был изобличен и заключен под стражу. Был установлен полный состав группировки Вараева. Тогда Вараев открыто признал, что Магомет Келигов находится у него в заложниках и потребовал выкупа.

Семья похищенного твердо решила выкупа не платить (наверно, таких денег просто не было). Более того, на деньги семьи Келиговых (и с участием мужчин – членов семьи) государственное спецподразделение по борьбе с похищениями людей подготовило операцию по захвату и уничтожению банды Вараева. 22 июля 1999 года в 14 часов Келиговы и сотрудники спецподразделения устроили засаду возвращавшимся на трех автомобилях из села Гойское в Урус-Мартан членам банды. В течение 20-минутного боя колонна была расстреляна из автоматов и гранатометов. Было убито семь членов банды, ранено пять. Забрав с собой труп Аслана Вараева и тяжелораненого Ризвана Вараева, Келиговы и сотрудники спецподразделения прибыли в Ингушетию. Ризван вскоре скончался. Несмотря на это Келиговы объявили, что братья Вараевы ранены и могут быть обменены на Магомета Келигова. Во время дальнейших переговоров с представителями банды Вараева Келиговым пришлось признать, что братья Вараевы убиты. Тем не менее бандиты согласились обменять Магомета Келигова на трупы братьев Вараевых. Обмен состоялся 31 августа 1999 года в 17 часов дня на административной границе с Чеченской республикой в районе села Аки-Юрт. Магомет пробыл в заложниках почти год.

Вараевым не повезло. Куда удачнее оказались другие известные чеченские похитители людей: Арби Бараев из Алханкалы (Ермоловки), Резван Читигов, Апти Абитаев, Идрис Межидов (Абдул-Малик), Аслан Гачаев (Абдулла) и другие. Как и в случае с другими преступными спецгруппами, здесь тоже не обходится без обвинений, что к похищениям людей в Чечне причастны спецслужбы. Серьезные улики имелись в отношении Арби Бараева.

По мнению Руслана Юсупова, чеченца, бывшего офицера советской, а затем российской армии, являющегося завербованным сотрудником ФСБ в Чечне, Бараев, безусловно, работал на российские спецслужбы, которые, в свою очередь, оберегали Бараева и его людей.

Так, в середине июля 2000 года к Юсупову обратился Магомет С. – его бывший одноклассник. Магомет сообщил, что хотел бы связаться с ФСБ и передать информацию по Бараеву. Именно Бараев, как по крайней мере считал Магомет, был ответственен за захват в Чечне десятков заложников, в том числе сотрудников ФСБ, представителя президента России в Чечне Валентина Власова, журналистов ОРТ и НТВ. Бараев был также причастен к убийству сотрудников Красного креста, трех граждан Великобритании и новозеландца.

Договорились, что за 25 тысяч долларов Магомет в ближайшие 20 дней выведет ФСБ на точное место встречи Бараева с чеченскими полевыми командирами. Как связаться с Юсуповым и с заместителем начальника районного отдела ФСБ, Магомету объяснили.

Через пять дней состоялась новая встреча заместителя начальника районного отдела ФСБ с Магометом. На эту встречу, под гарантии ФСБ, Магомет привез одного из самых близких Бараеву людей – Аслаханова. Последний находился в федеральном розыске и в розыске Интерпола за участие в казни англичан и новозеландца, за похищение поляков, захваченных в Дагестане, фотокорреспондента Яцины и солдатских матерей, искавших в Чечне своих сыновей. По Чечне Аслаханов передвигался, имея в кармане удостоверение чеченского МВД на имя Саралиева. Во время переговоров с ФСБ условия сделки были изменены. Магомет, сам бывший боевик, и Аслаханов соглашались сдать Бараева без денег, в обмен на амнистию.

Вскоре Аслаханов сообщил о предстоящей встрече Бараева с полевыми командирами Цагараевым и Ахмадовым в Грозном, на химзаводе. За четыре часа до встречи Юсупов получил подтверждающую информацию, которая была доложена начальнику районного отдела ФСБ. Встреча Бараева, Цагараева и Ахмадова состоялась в назначенное время. Но ФСБ операции по задержанию проводить не стала. Когда Юсупов начал выяснять у заместителя начальника отдела ФСБ, почему операцию по захвату отменили, тот ответил: «Если я буду лезть выше, голову снимут и с меня и с тебя. Мы здесь только пешки, мы ничего не решаем».

Еще через пару дней Аслаханов сообщил, что они с Магометом вынуждены бежать, так как людям Бараева все стало известно. Юсупов немедленно связался с районным руководством ФСБ и договорился о встрече. Когда Магомет и Аслаханов прибыли в условленное место в соседний районный центр, вместо сотрудников ФСБ их ждали боевики, расстрелявшие их прямо на улице. В тот же день на автобусной остановке неизвестные захватили жену Юсупова и ее сестру и отвезли их в здание республиканского ОМОНа, где сообщили милиционерам, что «у этих гулящих мужики работают на русских». Женщины плакали, объясняли, что они замужем. Но за них никто не заступился. Похитители увезли их на какой-то заброшенный двор, избили до полусмерти и изнасиловали.

Юсупов обратился в уголовный розыск Ленинского района Грозного с просьбой найти владельцев белой «шестерки» 023 ВАЗ 21-26, на которой передвигались похитители. В угрозыске Юсупову сообщили, что люди эти в Грозном не проживают и их никто не знает. Вскоре Юсупов установил, что похитители – из отряда Бараева, бывшие сотрудники чеченского ОМОНа, уроженцы Ачхой-Мартана, что на их счету много преступлений, но, поскольку они люди Бараева, их не ищут.

Спустя неделю к Юсупову явились двое чеченцев из республиканской ФСБ и русский, сотрудник ГРУ. Заявив, что Аслаханова убили из-за Юсупова, они избили Юсупова на глазах жены и детей, после чего отвезли его в соседний район в частный дом. Через час туда же прибыли двое боевиков Бараева. По тем вопросам, которые они задавали Юсупову, стало ясно, что все присутствующие в курсе работы Юсупова на ФСБ. Так как Юсупов сотрудничество с ФСБ отрицал, его начали избивать. Били чеченцы из ФСБ. На следующий день Юсупова привезли в Грозный и выкинули в развалинах. Через два дня вместе с семьей Юсупов покинул Грозный.

У чеченцев в ходу была шутка: «На каждый квадратный метр в Чечне приходится три с половиной БТРа, десять спецслужб и один чеченец». И еще одна: уберите от нас агентуру ГРУ, ФСБ и МВД – и наступит мир. Кто на какую российскую спецслужбу работает – угадать трудно. Ходили упорные слухи, что на российские спецслужбы работал не только Арби Бараев, но и братья Ахмадовы из Урус-Мартана. По рассказам местных жителей братья Ахмадовы и Арби Бараев до последнего времени проживали в своих домах. Во время второй чеченской войны Бараев дважды в своем доме в Алханкале шумно справлял свадьбы. Ахмадовы и Бараев спокойно передвигались по республике на собственных автомобилях и не испытывали затруднений на блокпостах при проверке документов. Рядовые на блокпостах Бараеву отдавали честь. Летом 2000 года стало известно, что братья Ахмадовы имеют на руках удостоверения сотрудников ФСБ. Возможно, именно за утечку информации и рассекречивание агентов уволили уполномоченного УФСБ по Урус-Мартановскому району Юнуса Магомадова.

Бараев был причастен к работе ФСБ по печатанию в Чечне фальшивых долларов. С началом чеченской кампании печатание фальшивых долларов было перенесено на чеченскую территорию, поскольку в случае огласки или обнаружения типографий ответственность за преступление падала на чеченское руководство. Одна из типографий Бараева была обнаружена в апреле 2000 года (дом, в котором находилась типография, принадлежал его родственникам). Через Ингушетию доллары завозились в центральные регионы России и обменивались по курсу 30–35 центов за один фальшивый доллар.

Фальшивки были высокого качества; выявить их с помощью детекторов валюты в пунктах обмена было практически невозможно – для этого требовалось спецоборудование, имеющееся только вбанках. Большая часть вырученных денег пускалась на зарплаты боевикам, закупку оружия и боеприпасов. Фальшивые доллары имели хождение и за пределами России. Считается, что за последние несколько лет могло быть пущено в оборот до десяти миллиардов фальшивых долларов, т.е. примерно по 10 тысяч поддельных долларов на каждого чеченца. Предположить, что за этим стоял один Бараев, очень сложно. Скорее Бараев использовался как прикрытие для организованного ФСБ бизнеса по изготовлению фальшивок.

Дипломатичные, но абсолютно однозначные намеки на сотрудничество Бараева с ФСБ во время пресс-конференции 6 июня 2000 года сделал президент Ингушетии Руслан Аушев. На вопрос о том, кто виновен в недавнем нападении на колонну войск в Ингушетии, Аушев ответил:

«На колонну в Ингушетии нападал отряд Арби Бараева. Кстати, я не могу одну вещь понять: Арби Бараев дислоцируется в поселке Ермоловка, вы знаете, кто в Грозном был из вас, что это почти пригород. Он находится там, по-моему, в пятый раз женился. Все нормально – он находится там, все знают, где он находится. Надо, мне кажется, как-то энергичнее действовать объединенной группировке, тем более Бараев нападает на колонны. [...] Я знаю, что Арби Бараев, по моим данным, находится в Ермоловке, которую... ну, никаких нет проблем, это решить. Я говорю, он недавно еще очередной раз женился. [...] И наше Управление Федеральной службы безопасности об этом знает. Это все знают».

Депутат Думы, известный правозащитник Сергей Ковалев был более откровенен:

«Возьмем одного из самых главных торговцев людьми, Арби Бараева, это такой молодой мерзавец, вероятно, довольно смелый. Уж забудем, что на Северном Кавказе абсолютно все говорят: "Арби Бараев? Так это же агент КГБ!". Ладно, это уверенные предположения, но их не проверишь. Но вот вам несколько загадок. Несколько месяцев назад всем было известно, что он живет недалеко от Грозного, в деревне Ермоловке. Он там женился в энный раз, как позволяет ислам, и жил с молодой женой. Коменданта федеральных войск спрашивают: "Почему вы не берете Бараева?". Он с армейской наивностью отвечает: "Скажут – мы его возьмем". А почему не говорят?! [...] Мы встречались с чеченскими парламентариями. Один из них, очень солидный и уважаемый человек, рассказал, что его родственник, недавно спустившись с гор, пришел в Ермоловку. А тут началась так называемая зачистка. А у него документы не в порядке – как быть? Ему доброжелатели говорят: "Иди в дом Бараева, там тебя никто не тронет". Он пошел в дом Бараева, и зачистка его не коснулась».

Видимо, через ГРУ или МУР была организована утечка информации в прессу, указывающая на то, что покровителями Ахмадовых и Бараева в Москве являются люди, занимающие высокое должностное положение. Ряд московских газет опубликовал материалы о том, что в августе 2000 года Бараев был в Москве и останавливался в доме на Кутузовском проспекте. Было установлено, что Бараев встречался с рядом высокопоставленных российских чиновников. Как указывалось, в числе машин, подъезжавших к подъезду с «нехорошей квартирой», была машина с номером руководителя администрации президента РФ Александра Волошина.

Возможно, заявление президента Аушева и скандальные публикации о нахождении Бараева в Москве стали последней каплей в пользу аргументации сторонников ликвидации Бараева. Подробности его гибели до сих пор неясны. Предположительно, он был убит в период между 22 и 24 июня 2001 года в своем родном селении Алханкала в ходе операции, проводившейся, по одним сведениям, сводным отрядом МВД и ФСБ, по другим – спецотрядом ГРУ, сформированным из лиц чеченской национальности. А по информации депутата Госдумы от Чечни генерала МВД Асланбека Аслаханова, Бараева убили кровники, т.е. те, чьих родственников убил Бараев.

Показания живого Бараева были невыгодны целому ряду высокопоставленных чиновников, сотрудников спецслужб и военных. Поэтому живой Бараев, могущий многое рассказать и на многое пролить свет, никому нужен не был. А на мертвого Бараева можно будет сейчас списывать и списывать...

Если Бараев был самым известным похитителем, то журналист радиостанции «Свобода» Андрей Бабицкий был одним из самых нестандартных похищенных. Несмотря на очевидное отличие дела Бабицкого от остальных случаев кражи людей, оно стало новым доказательством причастности российских спецслужб к похищениям.

После начала второй чеченской войны военные власти в Моздоке не дали Бабицкому аккредитации. Требование наличия ведомственной аккредитации было незаконно, так как в Чечне не было введено чрезвычайное положение и не была определена зона «антитеррористической» операции. Согласно постановлению Конституционного суда РФ неопубликованные акты российского правительства или военных ведомств, если они затрагивают права и свободы граждан, считались недействительными. Основываясь на этом понимании российских законов, корреспондент радио «Свобода», российский гражданин Андрей Бабицкий поехал в Чечню в обход ведомственного запрета. В конце декабря 1999 года он на несколько дней вернулся из Грозного в Москву и привез видеокадры, показанные затем в программе НТВ «Итоги». 27 декабря он возвратился в Грозный, а 15 января 2000 года снова собрался в Москву.

16 января на выезде из Грозного, возле Урус-Мартановского перекрестка трассы Ростов – Баку, Бабицкого и его проводника-чеченца задержал блокпост пензенского ОМОНа. В постановлении следователя Генпрокуратуры сообщалось, что именно сотрудник УФСБ проводил досмотр Бабицкого и изъятие его вещей. Таким образом, было документально подтверждено, что Бабицкого задерживало УФСБ. Затем Бабицкого передали в чеченский ОМОН Б. Гантамирова, где его лично избивал один из гантамировских командиров – Лом-Али, после чего передал Бабицкого начальнику Управления ФСБ Фомину в Урус-Мартан.

Формально Бабицкого арестовали по указу о бродяжничестве и «для установления личности» отправили в фильтрационный лагерь в Чернокозово. Там Бабицкого снова били, под пытками заставляли часами петь. На показанной 5 февраля по телевидению видеопленке отчетливо были видны следы побоев. Вопреки Уголовно-процессуальному кодексу в Чернокозове не был составлен протокол задержания Бабицкого. Ему не было предоставлено право на свидание с родственниками и на встречу с адвокатом (согласно 96-й статье, части 6-й УПК). На запросы адвокатов, в том числе известного адвоката Генри Резника, Генеральная прокуратура России не отвечала. Не было ответа и на запрос о Бабицком депутата Думы Сергея Юшенкова.

Коллеги начали искать Бабицкого 20 января. Но, поскольку российские власти отрицали, что он задержан, целую неделю не было ясности. 27 января власти объявили, что Бабицкий арестован, имеет статус подозреваемого и задержан на 10 дней (которые истекли 26 января). Прокуратура планировала предъявить Бабицкому обвинение по 208-й статье УК РФ (организация незаконного вооруженного формирования или участие в нем). «Если твой друг у наших, а я думаю, что это именно так, то все, кранты, его ты больше не увидишь. И никто не увидит. Уж прости за прямоту», – сказал корреспонденту «Комсомольской правды» Александру Евтушенко старый знакомый, офицер ФСБ.

2 февраля в Чернокозове для Бабицкого была принята передача. Однако встретиться с ним следователь Юрий Чернявский не разрешил, намекнув, что Бабицкого через четыре дня освободят. Освобождения журналиста требовали радио «Свобода», Совет Европы, госдепартамент США, Союз журналистов, правозащитники (в том числе вдова А. Д. Сахарова Елена Боннэр). Министр иностранных дел Игорь Иванов на переговорах с госсекретарем США Олбрайт объявил, что дело находится «под контролем» и. о. президента Путина.

В 16.00 2 февраля прокурор Наурского района Чечни Виталий Ткачев сообщил, что мера пресечения Бабицкому изменена на подписку о невыезде из Москвы, куда он вот-вот должен быть отправлен из Гудермеса. Позже пресс-секретарь прокуратуры РФ по Северному Кавказу Сергей Прокопов объявил, что Бабицкий 2 февраля был освобожден. (Только позже стало известно, что Бабицкий освобожден не был и ночь со 2 на 3 февраля провел в автозаке – машине для перевозки арестованных). На следующий день, в 3 часа дня, не сильно смущающийся Ястржембский объявил об обмене «освобожденного» Бабицкого на трех военнопленных. Потом поправился, что на двух.

Так как на Бабицком была рубашка, переданная в Чернокозово 2 февраля, можно было сделать вывод, что Бабицкого передали 3-го. Никто в Чечне не знал «чеченских полевых командиров», которым, по сообщению Москвы, передали Бабицкого в обмен на «пленных российских военнослужащих». Президент Чечни Масхадов заявил, что не знает, где находится Бабицкий. Да и «обмененных» российских военных никто не видел.

На самом деле все участники обмена, за исключением Бабицкого, были сотрудниками ФСБ. Один из них – работающий на ФСБ чеченец – помог обмануть Бабицкого. Когда Бабицкий все понял, было уже поздно.

Вечером 8 февраля в интервью НТВ заместитель министра внутренних дел Иван Голубев сообщил, что это он принял решение об обмене Бабицкого. Другой чиновник убеждал журналистов, что «обмен», наоборот, местная инициатива и что Кремль разбирается, кто виноват в случившемся, так как «дело Бабицкого» работает против Путина.

Официальные представители правительства утверждали, что Бабицкий жив и завтра в Москву придет доказывающая это видеопленка. Действительно, вечером 8 февраля, даже раньше обещанного срока, на «Свободу» неизвестными была передана кассета. Один из «чеченцев», передававший ее и якобы приехавший из Чечни, был в форме сотрудника МВД. На пленке – измученный Бабицкий.

Журналисты анализировали пленку, говорили, что чеченцы не берут за руку так, как взяли Бабицкого, что это милицейский жест. Собственно, фальсификацию не скрывали и сотрудники ФСБ, участвовавшие в «обмене». Один из них – в отделе ФСБ отмечали годовщину вывода советских войск из Афганистана – признался в тот день Александру Евтушенко: «Ты же видел бойцов в масках. И того, кто прихватил Бабицкого. По телевизору показывали. Так то я же и был».

Территория, на которой производился «обмен», – недалеко от полностью контролируемого федеральными войсками Шали, рядом с селением Мескер-Юрт, которое также контролировалось федералами. Там стояли блокпосты, проезжали БТРы, там находились солдаты федеральных сил.

Люди в масках увезли Бабицкого, как потом оказалось, в чеченское село Автуры. Хотя село в этот момент еще не было занято федеральными войсками, попал журналист вовсе не к бойцам сопротивления. Он стал пленником в доме родственников Адама Дениева, известного своим сотрудничеством с московскими властями (у его религиозно-проимперской организации «Адамалла» был офис в Москве). В этом доме Бабицкого продержали три недели, ни разу не позволив связаться с внешним миром.

23 февраля похитители вывели Андрея из дома, приказали лечь в багажник «Волги» и повезли в Дагестан. В этот день – годовщину депортации чеченцев – федеральные посты были многократно усилены, и жители Чечни предпочитали не выхо-

дить лишний раз из дома, но машины похитителей – «Волгу» и сопровождавшие ее «Жигули» – ни разу не остановили: на каждом блокпосту водители только притормаживали, чтобы на ходу показать какие-то документы.

Таким образом Бабицкого доставили в Махачкалу. Здесь ему вручили паспорт на чужое имя, но с профессионально вклеенной фотографией Андрея (как потом выяснилось, чистый бланк паспорта с этим номером был совершенно законно выдан одним из паспортных столов МВД России). Похитители требовали, чтобы Бабицкий с чужим паспортом перешел через границу в Азербайджан. Но Андрею удалось бежать. Вернувшись в Махачкалу, он из гостиницы (где пришлось предъявить фальшивый паспорт) позвонил друзьям, и мир наконец узнал, что журналист жив. Затем он сдался дагестанской милиции.

Несмотря на то, что милиционеры получили потом премии за спасение жизни Андрея, самого Бабицкого власти обвинили в использовании фальшивого паспорта, несколько дней продержали в махачкалинской тюрьме, а позже судили, приговорили к большому штрафу, но амнистировали...

То, что Бабицкого похитили, арестовали, избивали и пытали, – Генпрокуратуру почему-то не волновало. А вот использование полуживым человеком чужого паспорта оказалось преступлением. Этот паспорт стал основной уликой в деле Бабицкого.

За всем этим, конечно же, стояла уверенность вовлеченных в дело Бабицкого сотрудников силовых ведомств и чиновников в абсолютной безнаказанности, а безнаказанность эта основывалась на том, что санкция на устранение Бабицкого была получена от руководства ФСБ.

Почти все персонажи этой истории известны. О группе Дениева мы уже сказали. Был опознан и человек, производивший «обмен» Андрея, – полковник ФСБ Игорь Петелин (его узнал в телекадрах военный обозреватель «Новой газеты» Вячеслав Измайлов). А фотографию одного из тех, кто держал Бабицкого в заложниках, Андрей увидел позже в газете – в группе телохранителей «президента Чечни» Ахмада Кадырова.

На чеченской войне спецслужбы расправлялись с врагами

без оглядки на закон. Странная история с похищением в Чечне 9 января 2001 года в районе селения Старые Атаги представителя американской благотворительной медицинской организации Кеннета Глака слишком многих навела на мысль о том, что Глак был похищен российскими спецслужбами. 18 апреля 2001 года на пресс-конференции в Санкт-Петербурге в присутствии Патрушева Зданович дал понять, что ФСБ в работе Глака в Чечне заинтересована не была:

> «У ФСБ, мягко говоря, большие сомнения и в том, что Кеннет Глак являлся на самом деле представителем гуманитарной организации».

После этого Зданович рассказал, что на ЦРУ в Чечне работает известный полевой командир и торговец людьми Резван Читигов.

Стало ясно, что ФСБ считает Глака сотрудником ЦРУ, занимающимся шпионажем в пользу США. Видимо, именно по этой причине ФСБ решила выдворить Глака с территории Чеченской республики. Сначала Глак был украден; затем, 4 февраля, было инсценировано его освобождение: «без всяких условий и выкупа в результате спецоперации, проведенной сотрудниками ФСБ».

Абсолютно всем было понятно, что спецоперация по освобождению Глака не проводилась, что он был просто отпущен похитителями, решившими его не убивать. После случая с Бабицким ФСБ перестала конспирироваться, так как уверовала в абсолютную безнаказанность. Случай с Глаком был столь же очевиден. Всему миру было понятно, что Глака похитила ФСБ. «Поэтому и вся история с захватом и освобождением Глака была такой странной», – заявил Зданович на одной из пресс-конференций. С ним трудно не согласиться. Когда одна и та же структура крадет и освобождает, это действительно выглядит странно.

На этом фоне почти естественной и законной выглядит история о похищении сотрудниками ГРУ бывшего председателя парламента Чечни Руслана Алихаджиева. Будучи известным полевым командиром в первую чеченскую войну, он не участвовал в боевых действиях 1999–2000 годов. В середине мая 2000 года Алихаджиев был задержан в собственном доме в Шали. По словам местных жителей, задержание осуществили сотрудники ГРУ генштаба, которые доставили бывшего спикера в Аргун, где его следы потерялись.

После 15 мая Алихаджиева не видел даже его адвокат Абдулла Хамзаев. Он рассказывал, что неоднократно запрашивал различные инстанции о судьбе своего подзащитного, но встретиться с ним не сумел. Из прокуратуры Чеченской республики пришла информация, что по факту исчезновения Алихаджиева возбуждено уголовное дело по ст. 126 УК РФ (похищение человека). При этом уголовного дела против Алихаджиева прокуратура не возбуждала и, следовательно, не санкционировала его задержания. В МВД о судьбе Алихаджиева ничего не знали. 8 июня 2000 года Хамзаев получил справку из ФСБ о том, что Алихаджиев в СИЗО ФСБ Лефортово не содержится. Из генпрокуратуры Хамзаев ответа на свой запрос не получил. Наконец 3 сентября 2000 года радиостанция «Эхо Москвы» сообщила, что Алихаджиев скончался от инфаркта в Лефортове и что семья Алихаджиева уже получила официальное извещение о его смерти.

Похищения чеченцев в Чечне федеральными силовыми ведомствами ради наказания, выкупа или убийства – почти что служебный долг. Милиция Октябрьского временного отдела внутренних дел Грозного во главе с полковником Суховым и майором В. В. Ивановским подозревалась журналистами и общественными деятелями в похищении и убийстве примерно 120 жителей Грозного и других районов Чечни. Предположительно, трупы сбрасывались в подвал здания, находившегося на охраняемой территории Октябрьского временного отдела внутренних дел (ВОВД). Позже здание было взорвано самими милиционерами для сокрытия следов преступлений.

Организация «зачисток» ради похищения чеченцев и получения выкупа за освобождение задержанных стала обыденным явлением, буднями войны. Известны случаи продажи российским офицерами в рабство чеченским бандитам российских солдат, объявляемых затем дезертирами.

Война в Чечне обесценила человеческую жизнь. Зверские убийства и торговля рабами-заложниками стали нормой. Через войну проходят десятки тысяч молодых людей. Они не смогут вернуться в гражданскую жизнь.

Чечня – это кузница ФСБ. В ней воспитываются будущие кадры российских спецслужб и внештатных бригад наемных убийц. Чем дольше ведется эта война, тем необратимее становятся ее последствия. Самое страшное из них – ненависть. Чеченцев – к русским. Русских – к чеченцам. Этот конфликт был искусственно создан российскими силовыми ведомствами, главным образом – Федеральной службой безопасности России.

Глава 11

Реформировать или распустить ФСБ?

Молодежный лозунг, придуманный
«пиаровцами» Путина.

Зря на нас клевещете, умники речистые.
Все путем у нечисти, и даже совесть чистая.

Владимир Высоцкий

Объективности ради укажем, что попытки реформировать ФСБ предпринимались единичными представителями этой системы, но к успеху не привели. Борьба отдельных офиОцеров ФСБ за чистоту рядов органов всегда завершалась сокрушительным поражением. История этой борьбы доказывает, что реформировать ФСБ невозможно и данная государственная структура должна быть уничтожена. В подтверждение этого можно привести один документ, адресованный президенту РФ Ельцину задолго до взрывов домов в России – 5 мая 1997 года. Поскольку документ публикуется без ведома автора, в первом издании книги мы не считали себя в праве называть его имя. Однако к моменту второго издания книги в жизни автора все-таки произошли существенные перемены: его арестовали. По этой причине мы приняли решение указать, что автором послания к Ельцину был бывший полковник ФСБ адвокат Михаил Трепашкин, арестованный в Москве в 2003 году по сфабрикованному обвинению в незаконном хранении оружия:

О ПРОТИВОПРАВНОЙ ДЕЯТЕЛЬНОСТИ
РЯДА ДОЛЖНОСТНЫХ ЛИЦ ФСБ РФ

Уважаемый Борис Николаевич!

Обстоятельства вынуждают обратиться лично к Вам в связи с тем, что директор Федеральной службы безопасности генерал-полковник Ковалев Н.Д. и другие руководители ФСБ РФ не принимают мер по проблемам государственной безопасности России, поднятым мной в рапортах и заявлениях, которые я направлял им начиная с 1996 г.

Организованные преступные группировки на протяжении последних лет всеми путями стремились проникнуть в ФСБ РФ. Вначале наиболее распространенной формой было установление отношений с отдельными сотрудниками ФСБ РФ и занятие преступной деятельностью под их прикрытием («крышей»). А затем эти группировки перешли на путь делегирования своих членов в ряды ФСБ РФ. Поступление на службу идет через знакомых им работников кадровых аппаратов и руководителей подразделений.

Особенно активно проникновение членов преступных группировок в ряды ФСБ РФ шло при Барсукове М.И. и Ковалеве Н.Д. При этих руководителях был принят на службу ряд членов солнцевской, подольской (в частности, Кузовкин В.А. – на должность начальника направления 3 отдела УЭК) и других преступных группировок. Для обеспечения их безопасности на ключевые посты выдвигались «свои люди».

В то же время был необоснованно уволен ряд профессионалов с большим опытом оперативной работы. Все это происходило при попустительстве бывшего сотрудника кадрового аппарата Патрушева Н.П.

Действия руководителей ФСБ РФ Барсукова, Ковалева, Патрушева направлены на то, чтобы выжить профессиональных работников из системы ФСБ РФ в угоду криминальным элементам. Так, Патрушев, будучи назначен на должность начальника Управления собственной безопасности ФСБ РФ, вместо борьбы с преступными группировками начал преследовать сотрудников ФСБ – профессионалов с большим опытом борьбы с преступностью, заставил их уволиться из органов безопасности. В связи с этим в Управлении прекратилась реализация дел на вооруженные преступные группировки.

В настоящее время начальник Управления собственной безопасности ФСБ РФ Патрушев переведен на должность начальника Организационно-инспекторского управления ФСБ РФ, а вместо него Ковалевым на эту должность назначен Зотов, о связи которого с криминальными структурами в ФСБ поступало немало информации. До этого назначения Зотов курировал антитеррористический центр, не имеющий практически реализаций дел оперативного учета, в то время как кругом совершались и совершаются террористические акты, а в незаконном обороте только в гор. Москве находится большое количество оружия и боеприпасов. Именно Зотов приложил немало усилий для блокировки в декабре 1995 года разворота дела по чеченской организованной преступной группировке (ОПГ). По оперативным источникам, Зотов получил в качестве подарка от одной из группировок автомашину – джип иностранного производства, которую продал при назначении на генеральскую должность, чтобы скрыть указанный факт.

Ковалевым на генеральские должности назначен ряд сотрудников не по профессиональным качествам и не по боевым заслугам, а по признакам знакомства и преданности директору. Так, в августе 1996 года в системе ФСБ РФ было создано Управление перспективных программ. В это Управление, подчиненное непосредственно директору ФСБ РФ Ковалеву, было переброшено из других подразделений значительное число профессионалов. Однако никто в ФСБ не знает, для чего Ковалев держит это подразделение, так как до сих пор не определены цели и задачи Управления, а также функциональные обязанности его сотрудников. Практически Управление перспективных программ ФСБ РФ не занимается борьбой с преступностью, а обеспечивает безопасность негосударственных структур (например, ассоциации «Стелс» и др). Тем не менее на генеральские должности в УПП были назначены приятели Ковалева – Хохольков, Степанов и Овчинников. Первые двое уже получили генеральские погоны. Причем Хохольков и Овчинников ранее являлись объектами разработок УСБ ФСБ РФ. Первый поддерживал тесные отношения с бандитами, получал от них денежные вознаграждения, что позволяло ему за один вечер проигрывать в казино до 25.000 долларов США. [...]

Известный в РУОП ГУВД гор. Москвы бандит Стальмахов в беседе с одним из источников заявил, что с 1993 года членами его группы, в которую входит ряд бывших сотрудников КГБ СССР, совершается контрабанда товаров. Прикрывают же их преступную деятельность за денежные вознаграждения высокопоставленные сотрудники ФСБ РФ, включая генералов УЭК Порядина и Кононова, генерала УФСБ по гор. Москве и Московской области Трофимова, о чем директор ФСБ РФ Ковалев Н.Д. осведомлен. В феврале 1994 года мною как старшим следователем по особо важным делам Следственного управления МБ РФ было задержано девять автомашин («фур») с контрабандными товарами на сумму свыше 3 млн. долларов США. Предпринятыми мерами со стороны указанных должностных лиц контрабанда была освобождена и сокрыта на заводе «Серп и молот», откуда затем незаконно реализована. На меня же был инспирирован ряд заявлений о вымогательстве, что не позволило мне работать по выявлению указанной контрабанды.

Беспокоят также факты утечки оперативной информации из ФСБ РФ в криминальные структуры.

Руководители ФСБ РФ Ковалев Н.Д. (а до него Барсуков М.И), начальники Управлений Патрушев и Зотов блокируют работу по пресечению преступной деятельности организованных группирований, совершающих тяжкие преступления, в частности по пресечению преступной деятельности чеченцев в гор. Москве. [...] В ходе реализации имеющихся материалов в служебном помещении коммерческого банка «Сольди» при вымогательстве 1,5 млрд. рублей и 30 000 долларов США были задержаны члены «чеченской» ОПГ Новиков В.Д., Бакаев Л.М., а также Азизбекян К.Н. – руководитель охранного предприятия «Кобра-9», начальник группы генерального штаба Российской армии, полковник Голубовский Г.У., оперуполномоченный ОБПСЭ ГУВД Мосгорисполкома, старший лейтенант милиции Угланов В.В.

Из числа лиц, осуществлявших прикрытие вымогателей на входе в банк, были задержаны члены ОПГ Ханшев Б.Б. и Айтупаев С.А., а также сотрудники МВД РФ старший оперуполномоченный ОЭП ГУВД гор. Москвы, майор милиции Дмитриев Г.Ф., инспектор отдела ГАИ, майор милиции Павлов В.И. (оба вооружены пистолетами ПМ) и прапорщик милиции Колесников И.А.

Во время допроса установлено, что существенную помощь в решении вопросов криминального порядка для данной ОПГ оказывал консультант Академии ГШ ВС РФ генералмайор Тарасенко Ю.И., которому Новиков В.Д. ежемесячно выплачивал по 5–10 тыс. долларов США. Будучи допрошенным по делу, Тарасенко признал факты получения денежных вознаграждений от Новикова В.Д. и Азизбекяна К.Н., а также то, что он направлял на помощь «чеченской» ОПГ военнослужащих генштаба и сотрудников милиции.

1 декабря 1995 года следственным отделом 3-го РУВД ЦАО г. Москвы было возбуждено уголовное дело № 055277 по ч. 5 ст. 148 УК РФ.

В ходе первоначальных следственных действий и оперативно-розыскных мероприятий было установлено, что помимо вымогательства члены названной ОПГ совершали убийства в г. Москве и в Чечне, хранили оружие и боеприпасы на нелегальном складе в Подмосковье и переправляли оружие и боеприпасы с военных складов г. Электрогорска в районы боевых действий в Чечне.

Поскольку я был одним из руководителей операции, то мне отводилась немаловажная роль в раскрытии преступной деятельности «чеченской» ОПГ. Однако уже в начале декабря 1995 года меня отстранили от дела в связи с инспирированным служебным разбирательством и изъяли табельное оружие. Причины и основания проведения служебного разбирательства мне неизвестны до настоящего времени.

По окончании «служебного разбирательства» был издан приказ от 8 февраля 1996 года № 034 о моем наказании якобы за срыв операции, хотя в материалах уголовного дела № 055277, в письмах РУОП ГУВД гор. Москвы, 3-го РУВД

ЦАО гор. Москвы, Тверской межрайонной прокуратуры гор. Москвы утверждается обратное.

Члены комиссий, ссылаясь на указания «сверху», сфабриковали заключение, расценив задержание опасных преступников как превышение мною должностных полномочий. Это обстоятельство послужило поводом для отстранения меня от работы по разоблачению деятельности преступных группирований.

По имеющимся оперативным данным, члены упомянутой преступной группировки для блокирования работы по делу выделили 100 000 долларов США, заявляя, что у них хватит средств, чтобы «купить и ФСБ, и МВД, и Министерство обороны.

* * *

Несколько слов о том, чем закончилось противостояние Трепашкина на момент выхода первого издания книги в 2002 году. После своего письма Ельцину Трепашкин был уволен. Зданович оклеветал его в СМИ, обвинив в совершении уголовного преступления. Уволенный Трепашкин подал на руководство ФСБ в суд. Во время судебных слушаний, длившихся более года, руководством ФСБ было подготовлено и совершено два покушения на Трепашкина. Однако он умудрился выжить и даже выиграл суд, где одним из ответчиков был Патрушев. Правда, решение суда, вступившее в законную силу, новый директор ФСБ (тогда им стал Путин) исполнять отказался, лишний раз продемонстрировав невозможность реформирования ФСБ или борьбы с нею, опираясь на существующее законодательство. В 2003 году, после того, как бывший офицер ФСБ стал адвокатом сестер Татьяны и Алены Морозовых (чья мать погибла в Москве при взрыве дома в сентябре 1999 года) и вызвался представлять интересы их семьи в деле о расследовании терактов российскими правоохранительными органами, Трепашкина все-таки арестовали.

В идее роспуска ФСБ нет ничего неожиданного. Уже в декабре 1999 года, возможно под влиянием сентябрьских взрывов в России, в прессе появилась информация о планируемом расформировании ФСБ. Одна из московских газет писала:

«По данным осведомленных источников, в ближайшие дни возможно создание новой силовой структуры, построенной по примеру ФБР США. Возглавить новую структуру должен, предположительно, руководитель в ранге первого вице-премьера. По нашим сведениям, планируется, что это будет нынешний министр внутренних дел Владимир Рушайло. [...] Новое ведомство собираются наделить функциями кураторства над всеми силовыми структурами, включая ФАПСИ, МВД, ФСБ, Министерство обороны и так далее. Основной базой для нового департамента послужат структуры МВД. Из ФСБ к нему на первом этапе должны отойти департаменты по борьбе с терроризмом и политическим экстремизмом, экономическая контрразведка. Если же в дальнейшем новое ведомство включит в себя и функции контрразведки, то ФСБ фактически будет ликвидирована».

Однако мирным вливанием ФСБ в МВД ограничиваться нельзя. Верховный суд РФ обязан начать полномасштабное расследование всех громких террористических актов, прежде всего сентябрьских взрывов, как состоявшихся, так и предотвращенных, в том числе в Рязани, причем следствие должно быть передано из распускаемого ФСБ в специально созданный при МВД орган, а лица, причастные к организации терактов в России, должны понести наказание, предусмотренное законом.

Государственная дума обязана в кратчайшие сроки разработать и утвердить закон, воспрещающий бывшим и нынешним сотрудникам органов государственной безопасности занимать в ближайшие 25 лет выборные или государственные посты и предписывающий всем бывшим и нынешним сотрудникам органов государственной безопасности уйти в отставку в согласованные со специально созданной для этого комиссией сроки. Вышеупомянутый указ Государственной думы должен быть распространен и на нынешнего президента России – бывшего руководителя ФСБ Путина Владимира Владимировича.

Вместо заключения: ФСБ у власти

Федеральная служба безопасности провела в президенты своего кандидата. Выступая 20 декабря 1999 года, в годовщину создания Всероссийской чрезвычайной комиссии (ВЧК), перед своими коллегами, Путин начал речь фразой о том, что задание ФСБ выполнил – стал премьерминистром России.

Восстановление мемориальной доски Андропову на здании Большой Лубянки, где располагается ФСБ, тост с лидером российских коммунистов Зюгановым за здоровье Сталина, взрывы жилых домов и новая война в Чечне, принятие закона, разрешающего возбуждать расследования по анонимкам, привод во власть генералов ФСБ и военных, наконец, тотальное разрушение основ конституционного общества, построенного пусть на хлипких, но все же демократических ценностях и рыночной экономике, удушение свободы слова – вот лишь некоторые достижения премьерминистра и президента Путина за первые месяцы его правления.

К этому следует добавить милитаризацию экономики России, начало новой гонки вооружений, увеличение контрабанды и продаж Россией оружия и военных технологий правительствам, враждебно настроенным к развитым странам мира, контрабанду наркотиков из центральной и юго-восточной Азии под руководством и прикрытием ФСБ в Россию и далее на Запад.

Историкам еще предстоит ответить на вопрос, кем столь блистательно была проведена многоходовая операция по приводу Путина к власти и кто подложил его кандидатуру ближайшему окружению первого президента, которое, в свою очередь, представило бывшего руководителя ФСБ Ельцину в качестве преемника. Удивительнее другое: два предшествующих Путину кандидата на роль преемника – Степашин и Примаков – тоже были из силовых ведомств. С поразительным упрямством Ельцин пытался посадить в свое кресло человека из органов государственной безопасности.

На выборах 2000 года перед российским избирателем был восхитительный список претендентов: старый чекист Примаков, самоуверенно заявлявший, что в случае прихода к власти посадит 90 тысяч бизнесменов, т. е. всю деловую элиту России, молодой чекист Путин, до прихода к власти подчеркивавший необходимость продолжения политики Ельцина, и коммунист Зюганов, чьи будущие действия были легко предсказуемы.

Чтобы посадить 90 тысяч бизнесменов, президент Примаков должен был бы арестовывать по 60 человек в день, без выходных и праздников, в течение четырехлетнего срока президентского правления. Молодой чекист Путин обещал быть не столь кровожадным. Может быть, предвыборная пьеса кем-то разыгрывалась по сценарию плохого и хорошего следователя? Плохой следователь Примаков добровольно снял кандидатуру после разгрома на думских выборах. Остались молодой чекист и старый коммунист. Все свелось к черно-белому варианту 1996 года, и победил Путин. В чем-то он не обманул доверия. До 60 человек в день Путин, кажется, не доводит, если не считать вихрей террора, антитеррора и чеченской войны. Но титул тирана Путин, безусловно, заслуживает, поскольку зачатки самоуправления в России он старательно разрушил первыми же своими указами и сейчас его власть опирается на очевидный произвол, в народе называемый беспределом. Именно так определяет слово «тиран» Советский энциклопедический словарь 1989 года: «правитель, власть которого основана на произволе и насилии».

Однако Россия – страна непредсказуемая. Это единственное, что про нее известно достоверно. Может оказаться, что именно в этом заключается сила помощнее сжатого кулака спецслужб.

Эпилог

Организация признается террористической, если хотя бы одно из ее структурных подразделений осуществляет террористическую деятельность с ведома хотя бы одного из руководящих органов данной организации. [...]

Организация признается террористической и подлежит ликвидации на основании решения суда.

При ликвидации организации, признанной террористической, принадлежащее ей имущество конфискуется и обращается в доход государства.

Федеральный закон Российской Федерации о борьбе с терроризмом. Принят Государственной думой 3 июля 1998 г. Одобрен Советом Федерации 9 июля 1998 г. Подписан президентом Б.Н. Ельциным 25 июля 1998 г.

ПРОЕКТ УКАЗА
ПРЕЗИДЕНТА РОССИЙСКОЙ ФЕДЕРАЦИИ

...сентября ... года в 00 часов Указом президента Российской Федерации была распущена Федеральная служба безопасности России. Этот поистине исторический документ стал началом новой эпохи развития демократических институтов страны. Мы хотели бы познакомить читателей с этим Указом в связи с его очевидной важностью:

УКАЗ ПРЕЗИДЕНТА РОССИЙСКОЙ ФЕДЕРАЦИИ
О роспуске органов государственной безопасности – Федеральной службы безопасности, Службы внешней раз-

ведки, Федеральной службы охраны, Федерального агентства правительственной связи и информации

1. Деятельность органов государственной безопасности СССР и России с декабря 1917 года по настоящее время признать противоречащей законам Российской Федерации, провозглашенным Конституцией РФ, и интересам народа.

2. Органы государственной безопасности – Федеральную службу безопасности, Службу внешней разведки, Федеральную службу охраны, Федеральное агентство правительственной связи и информации – распустить.

3. Документы, регламентирующие их деятельность, признать утратившими силу со дня публикации Указа.

4. В течение 30 дней со дня публикации Указа создать Общественную комиссию по расследованию преступлений, совершенных органами государственной безопасности против собственных граждан как на территории России, так и за ее пределами. В состав данной комиссии включить видных общественных деятелей, правозащитников, юристов, депутатов Государственной думы, представителей СМИ. Председатель Общественной комиссии назначается президентом РФ и подотчетен ему лично.

5. Объявить открытыми без каких-либо ограничений архивы органов государственной безопасности. Поручить Общественной комиссии по расследованию преступлений, совершенных органами государственной безопасности против собственных граждан, разработать и реализовать проект публикации документов, представляющих особый интерес для общественности.

6. Передать российским и иностранным гражданам, в отношении которых органами государственной безопасности проводились оперативные мероприятия, или их родственникам, в случае смерти объектов оперативных мероприятий, материалы оперативных мероприятий.

7. В случае, если граждане, являвшиеся объектом оперативных мероприятий со стороны органов государственной безопасности, сочтут, что органами государ-

ственной безопасности были нарушены их гражданские права, в результате чего граждане понесли моральный или материальный ущерб, в соответствии с действующим законодательством они будут иметь право обратиться в судебные органы России или страны проживания с требованием возбуждения судебных исков в отношении конкретных сотрудников органов государственной безопасности.

8. Органам Министерства внутренних дел с 00 часов 2 сентября 2002 года взять под охрану все служебные помещения органов государственной безопасности и охранять их до особого распоряжения.

9. Министру внутренних дел назначить коменданта (представителя МВД), отвечающего за охрану служебных помещений органов государственной безопасности на всей территории России. Сотрудникам МВД жестко пресекать любые акции неповиновения со стороны сотрудников органов государственной безопасности.

10. Общественной комиссии по расследованию преступлений, совершенных органами государственной безопасности против собственных граждан, совместно с МВД РФ в 90-дневный срок со дня публикации Указа разработать проект о передаче ряда функций упраздняемых органов государственной безопасности в ведение МВД.

11. Администрации президента подготовить проект закона, запрещающего как действующим, так и бывшим сотрудникам органов государственной безопасности и их агентам занимать в последующие 25 лет государственные должности, и в десятидневный срок со дня публикации Указа направить проект закона на рассмотрение в Государственную думу. Обратить особое внимание на тех сотрудников органов государственной безопасности, чья деятельность имела отношение к так называемой борьбе с инакомыслием.

12. Сотрудникам органов государственной безопасности, как действующим, так и уволенным, в месячный срок представить в территориальные налоговые органы РФ декларации об имеющейся личной и близких родственников

(включая родителей, братьев и сестер, близких родственников жен и мужей, как нынешних, так и бывших) собственности: недвижимости, транспортных средствах, счетах в российских и зарубежных банках, акциях и ценных бумагах российских и зарубежных предприятий и организаций, с подробным указанием источников дохода, на которые это имущество было приобретено; времени и места покупки, а также продавца данного имущества. Налоговым органам РФ в течение 2002 года произвести соответствующую проверку деклараций и решать вопрос в установленном порядке согласно российскому налоговому законодательству.

Всем гражданским лицам и организациям с момента подписания и публикации Указа и до окончания налоговой проверки запрещается проводить какие-либо сделки по купле, продаже, дарению или отчуждению, залогу недвижимости, транспортных средств, акций и ценных бумаг, переводу денег со счетов, принадлежащих действующим или уволенным сотрудникам органов госбезопасности или их родственникам. Все сделки, произведенные в указанный период с участием действующих или уволенных сотрудников органов госбезопасности или их родственников, будут признаны недействительными.

13. Военнослужащим органов государственной безопасности до их увольнения в запас Вооруженных сил РФ:

а) находиться в местах проживания;

б) в течение семи суток со дня публикации указа встать на временный учет в местных управлениях внутренних дел по месту регистрации, для чего в МВД РФ назначить уполномоченных из числа офицерского состава;

в) в течение суток со дня публикации Указа сдать личное табельное оружие, служебные удостоверения, документы прикрытия, ключи и печати уполномоченному в УВД с подробным описанием своих рабочих мест и функциональных обязанностей, названием управлений, отделов и должностей;

г) до увольнения в запас военнослужащим органов государственной безопасности отмечаться лично у уполномоченных УВД по месту регистрации: генералам и адмиралам – один раз в три дня; старшим и младшим офицерам – один раз в пять дней; прапорщикам, старшинам, сержантам и рядовым – один раз в семь дней; для чего уполномоченным в УВД завести специальные учеты;

д) за нарушение данного распоряжения начальникам УВД взыскивать с провинившихся вплоть до ареста на гарнизонной гауптвахте. Неявку на регистрацию рассматривать как невыход на службу;

е) выплату денежных пособий обеспечивать через финансовые органы указанных УВД по нормам довольствия, положенным для военнослужащих, находящихся за штатом, до решения об увольнении.

14. Сотрудникам органов государственной безопасности в течение семи суток со дня публикации Указа составить подробное объяснение о своей работе в органах государственной безопасности со дня зачисления и до дня Указа о запрещении органов.

а) Особо указать участие в оперативных мероприятиях и их наименование, в отношении кого проводились, по чьему распоряжению, а также что известно о проведении мероприятий другими сотрудниками и органами.

б) Указать полные установочные данные агентов (резидентов), доверенных лиц, содержателей явочных квартир; адреса конспиративных квартир; имена и адреса людей, находящихся на связи; места хранения их личных и рабочих дел; названия дел оперучета; установочные данные объектов данных дел; места хранения дел.

в) Руководящим работникам органов государственной безопасности указать полные наименования подразделений, установочные данные и места проживания подчиненных.

г) Указанные объяснения должны быть переданы уполномоченным в отделениях внутренних дел, зарегистрированы в журнале учета заявлений от граждан и направлены лично председателю Общественной комиссии.

д) К лицам из числа сотрудников органов государственной безопасности, допустившим самовольное уничтожение оперативных дел, применять меры уголовно-процессуального характера.

15. Лица, ранее служившие в органах государственной безопасности СССР и России, продолжающие в настоящее время службу в государственных учреждениях РФ, должны быть в пятидневный срок выведены за штат и до вступления в силу закона о запрете действующим и бывшим сотрудникам органов государственной безопасности СССР и России занимать государственные должности находиться в распоряжении этих ведомств.

16. Настоящий Указ распространяется на всех действующих или уволенных сотрудников органов государственной безопасности, а также на всех лиц, когда-либо служивших или состоящих в агентурном аппарате органов государственной безопасности СССР и России.

17. Настоящий указ рассматривать каждым военнослужащим органов государственной безопасности как письменный приказ Верховного главнокомандующего. За неисполнение приказа виновные будут нести уголовную ответственность.

18. Указ вступает в силу со дня его подписания и опубликования в СМИ.

Президент Российской Федерации
Верховный главнокомандующий

ПРИЛОЖЕНИЯ

ПРИЛОЖЕНИЕ 1

СТЕНОГРАММА ЗАСЕДАНИЯ СОВЕТА ГОСУДАРСТВЕННОЙ ДУМЫ ФЕДЕРАЛЬНОГО СОБРАНИЯ РОССИЙСКОЙ ФЕДЕРАЦИИ

13 сентября 1999 года

Председательствует СЕЛЕЗНЕВ Г. Н.

СЕЛЕЗНЕВ Г.Н. Здравствуйте, уважаемые коллеги!

Наша пресс-служба просит, чтобы на протокольную съемку мы могли на две минуты запустить камеры. Нет возражений? Пожалуйста, Виктор Иванович, тогда пусть зайдут.

(Идет протокольная съемка.)

Уважаемые коллеги! Сегодня в России день траура. Давайте мы тоже начнем наше заседание с того, что почтим память всех погибших в Дагестане и Москве.

(Минута молчания.)

Пожалуйста, садитесь.

Как видите, повестка Совета первого нашего в этой сессии огромна. Но, я думаю, нам сейчас надо будет обменяться мнениями по поводу завтрашнего и послезавтрашнего дней. Придется, видимо, в тот предложенный заранее регламент внести определенные коррективы. Поэтому вы видите, что первый день – он в основном предусматривает рассмотрение программы законотворчества на эту сессию завтра.

Но, я думаю, сейчас мы обменяемся мнениями, какие внести коррективы, как вообще построить завтрашнее заседание Государственной думы. Нужно будет, конечно же, заслушать вопрос о ситуации в связи с событиями в Дагестане и терактами в Москве. Надо нам будет определиться со временем. Председатель Правительства появится только завтра в два часа. Он вылетел, но сутки дорога оттуда и восемь часов разница. Я разговаривал с его секретариатом, они сказали, что завтра в два его встречают.

Поэтому сейчас давайте обменяемся мнениями. [...]

Вот сообщение еще передают. По сообщению из Ростова-на-Дону, сегодня ночью был взорван жилой дом в городе Волгодонске.

ЖИРИНОВСКИЙ В.В. А в Волгодонске атомная станция.

ИВАНЕНКО С.В. Конечно, откладывать совершенно невозможно, проявлять такую трусость в этой ситуации, а ничем иным это я не назову. Просто неприлично для страны, которая воюет, и для органов власти, которые должны отвечать соответственно моменту.

По поводу ответственности я хочу сказать господину Жириновскому, что надо было голосовать за импичмент и не морочить голову. За импичмент по Чечне.

(Шум в зале.)

Что касается завтрашнего заседания, то я полагаю, что необходимо запланировать с 10 до 14 часов вопрос о ситуации на Северном Кавказе и о террористических акциях в Российской Федерации. По этому вопросу, мне кажется, можно заслушать информацию министра обороны, министра внутренних дел, директора ФСБ и обменяться мнениями. Выступят руководители фракций. Не предопределяя, какие документы мы будем принимать. Потому что сейчас пока еще говорить о том, что мы способны сделать что-то содержательное, пока рано. Если удастся сделать нам постановление хорошее, значит, хорошо, значит, примем завтра. Не удастся – значит, не удастся.

СЕЛЕЗНЕВ Г.Н. Я хочу еще послушать председателей комитетов по обороне и по безопасности. Роман Семенович, пожалуйста.

ПОПКОВИЧ Р.С. Уважаемые коллеги, первое, что я хочу сказать, я убедительно прошу всех лидеров фракций и всех остальных, когда мы будем обсуждать ситуацию в Дагестане и так далее, очень взвешенно подойти к тому, что вы будете говорить. Там, в Дагестане, военные и все остальные именно боятся, что мы в своих дебатах уйдем от основного вопроса, что нам там надо делать, как закончить все это дело, и перейдем опять к выяснению взаимоотношений друг с другом. [...]

ПРИЛОЖЕНИЕ 2

СТЕНОГРАММА ПЛЕНАРНОГО ЗАСЕДАНИЯ ГОСУДАРСТВЕННОЙ ДУМЫ

17 сентября 1999 года

Утреннее заседание

Председательствует председатель Государственной думы Г.Н.Селезнев

ПРЕДСЕДАТЕЛЬСТВУЮЩИЙ. Уважаемые депутаты, доброе утро! Пожалуйста, пройдите в зал.

Уважаемые коллеги, пожалуйста, присаживайтесь. Включите режим регистрации депутатов. Кто без карточки, пожалуйста, зарегистрируйтесь в секретариате.

Покажите результаты.

Результаты регистрации (10 час. 02 мин. 17 сек.)

Присутствуют 352 чел. – 78,2%

Отсутствуют 98 чел. – 21,8%

Всего депутатов 450 чел.

Кворум есть

Кворум имеется. Уважаемые коллеги, позвольте от вашего имени поздравить с днем рождения Медикова Виктора Яковлевича и Степанкова Валентина Георгиевича.

(Аплодисменты.)

Уважаемые депутаты, у вас на руках есть порядок сегодняшней работы. Предлагаю проголосовать его за основу. Кто без карточки и желал бы проголосовать? Покажите результаты.

Результаты голосования (10 час. 03 мин. 10 сек.)

Проголосовало за 274 чел. – 60,9%

Проголосовало против 0 чел. – 0,0%

Воздержалось 0 чел. – 0,0% Голосовало 274 чел.

Не голосовало 176 чел.

Результат: принято

За основу принимается.

В связи с сегодняшней повесткой дня, с «правительственным часом», слово – Борису Юрьевичу Кузнецову. Пожалуйста.

КУЗНЕЦОВ Б.Ю., первый заместитель Председателя Государственной думы: Уважаемые депутаты, в разделе «Правительственный час» нашей сегодняшней повестки дня первым значится вопрос о деятельности МИДа и Министерства обороны, ну, для краткости скажу, по Приднестровью. Это внесла депутат Жанна Михайловна Лозинская, и Палатой этот вопрос был проголосован.

Министерство иностранных дел, министр Иванов лично и в письменном виде (это письмо у вас есть, оно роздано сегодня) и вчера в устном разговоре со мной просил о переносе этого вопроса на более поздний срок. Они сейчас интенсивно ведут переговоры с Приднестровской Республикой, Смирнов должен приехать и встретиться с председателем правительства. Очень убедительно просят о переносе и готовы рассматривать этот вопрос 1 октября. Наши возможности совпадают с их предложением, и мы можем перенести этот вопрос на 1 октября. Если же мы будем всетаки сегодня рассматривать, то надо иметь в виду, что министр Иванов находится в командировке и к нам для участия в работе готов прийти Средин Василий Дмитриевич, статс-секретарь, заместитель министра. Палата сейчас должна решить: или перенести этот вопрос нашего «правительственного часа» на 1 октября, или все-таки его сегодня осуществить в закрытом режиме, но отсутствие министра иностранных дел зафиксировано в документах. Спасибо.

ПРЕДСЕДАТЕЛЬСТВУЮЩИЙ: Ну, мне кажется, что пришло письмо и от Министерства обороны. Там тоже предлагается: на уровне начальников управлений.

Уважаемые коллеги, я не вижу, к сожалению, Жанну Михайловну Лозинскую, автора этого документа. Пожалуйста, давайте от фракций обменяемся мнениями, как нам с этим сегодняшним вопросом поступить. Владимир Вольфович, пожалуйста.

ЖИРИНОВСКИЙ В.В., руководитель фракции Либерально-демократической партии России: Я думаю, отсутствие инициатора вопроса лучше всего говорит о том, что вопрос лишний, ненужный. Оставьте в покое сегодня наших министров. Видите, что происходит в стране?! Вспомните, Геннадий Николаевич, вы нам в понедельник сказали, что дом в Волгодонске взорван, за три дня до взрыва.

Это же можно как провокацию расценивать: если Государственная дума знает, что дом уже взорван якобы в понедельник, а его взрывают в четверг. И в это время мы с вами занимаемся совсем другими делами. Давайте этим займемся лучше. Как это произошло: вам докладывают, что в 11 утра в понедельник взорван дом, а администрация Ростовской области не знала о том, что вам об этом доложили? Все спят, через три дня взрывают, тогда начинают принимать меры.

Вчера вы очень хорошо говорили о смене руководства «Транснефти», а в это время, сейчас, рабочие в Красноярске отбиваются от такого же ОМОНа, когда Лебедь пытается захватить предприятие, уже давно приватизированное. Давайте без двойных стандартов! Если вас интересует «Транснефть»...

(Микрофон отключен.)

ПРЕДСЕДАТЕЛЬСТВУЮЩИЙ: Владимир Вольфович, нас с вами все должно интересовать. Там, где царит беззаконие, мы должны вмешиваться.

(Выкрики из зала.)

Да, хорошо, я понял позицию вашей фракции.Сергей Николаевич Решульский, пожалуйста.

РЕШУЛЬСКИЙ С.Н., фракция Коммунистической партии Российской Федерации: Конечно, необходимо, чтобы здесь присутствовал министр, и надо получить наиболее достоверную информацию о той работе, которая ведется. Я полагаю, что фракция не возражает против переноса на 1-е число.

ПРЕДСЕДАТЕЛЬСТВУЮЩИЙ: На 1 октября. Фракция НДР тоже согласна. Голов, пожалуйста.

ГОЛОВ А.Г., фракция «Яблоко»: Фракция «Яблоко» предлагает пригласить 1 октября на «правительственный час» Валентину Ивановну Матвиенко.

ПРЕДСЕДАТЕЛЬСТВУЮЩИЙ: Анатолий Григорьевич, мы сейчас не об этом. Мы говорим о том, чтобы сегодняшний «правительственный час» по Приднестровью перенести на 1 октября для участия министра иностранных дел. Не возражаете? Хорошо. Николай Иванович Рыжков, ваше мнение.

РЫЖКОВ Н. И., руководитель депутатской группы «Народовластие»: Мы считаем, что этот вопрос должен рассматриваться в присутствии министра. Это важнейший вопрос. Но оттого, что мы перенесем, ничего страшного не случится, поэтому мы не возражаем перенести на 1-е число.

ПРЕДСЕДАТЕЛЬСТВУЮЩИЙ: Вот Жанна Михайловна подошла, она согласна.

Давайте все-таки мы проголосуем. Да, Геннадий Иванович Райков тоже считает, что это возможно.

Ставлю на голосование: перенести данный вопрос на 1 октября.

Кто без карточки?

Покажите результаты.

Результаты голосования (10 час. 08 мин. 13 сек.)

Проголосовало за 216 чел. – 48,0%

Проголосовало против 4 чел. – 0,9%

Воздержалось 1 чел. – 0,2%

Голосовало 221 чел.

Не голосовало 229 чел.

Результат: не принято

Пожалуйста, Лозинской включите микрофон.

ЛОЗИНСКАЯ Ж.М., депутатская группа «Народовластие»: Я прошу прощения, что получилась накладка.

Уважаемые коллеги, я прошу вас, давайте проявим организованность и проголосуем. Есть прямая целесообразность. Конечно, нам резоннее по очень важному вопросу поговорить с первыми лицами. И неделя-две совершенно ничего не решат, у нас нет никакого в этом плане пожара.

Я прошу, давайте организованно проголосуем о переносе на 1 октября.

ПРЕДСЕДАТЕЛЬСТВУЮЩИЙ: Коллеги, я предлагаю вернуться к голосованию по данному вопросу и вопрос этот решить. Голосуем вопрос о возвращении к голосованию.

Кто без карточки?

Покажите результаты.

Результаты голосования (10 час. 09 мин. 16 сек.)
Проголосовало за 288 чел. – 100,0%
Проголосовало против 0 чел. – 0,0%
Воздержалось 0 чел. – 0,0%
Голосовало 288 чел.
Не голосовало 0 чел.
Результат: принято

Вернулись к голосованию.

Ставлю на голосование: перенести рассмотрение данного вопроса на пятницу, 1 октября. Пожалуйста, голосуйте. Коллеги, идет голосование.

Кто без карточки?

Покажите результаты.

Результаты голосования (10 час. 09 мин. 48 сек.)
Проголосовало за 321 чел. – 71,3%
Проголосовало против 0 чел.– 0,0%
Воздержалось 0 чел. – 0,0%
Голосовало 321 чел.
Не голосовало 129 чел.
Результат: принято

Принимается. Включите, пожалуйста, режим записи депутатов для внесения предложений по повестке дня.

(Шум в зале.)

Там и Анатолий Григорьевич выступит.

Пожалуйста, покажите список. Депутат Астраханкина, пожалуйста.

(Выкрики из зала.)

Потом вы – от фракции. Я дам слово от фракции, да. Татьяна Александровна, пожалуйста.

Из зала: Не слышно.

ПРЕДСЕДАТЕЛЬСТВУЮЩИЙ: Снимаете.

Владимир Вольфович, – от фракции, пожалуйста.

ЖИРИНОВСКИЙ В.В.: Геннадий Николаевич, мне кажется, всетаки наши комитеты, депутаты должны сами без напоминания реагировать на ситуацию.

Вот в Волгодонске произошло – где шесть депутатов фракции КПРФ?! Они должны выехать туда и помогать, раз там спят местные органы и ждут. Мы в Москве уже за три дня знали о взрыве, а они проснулись, только когда прогремело.

ПРИЛОЖЕНИЕ 3

ПРЕЗИДЕНТ ЧЕЧЕНСКОЙ РЕСПУБЛИКИ МАСХАДОВ О ВЗРЫВАХ ДОМОВ

[Перевод с английского]
№ 10-718 11 февраля 2002 г.

Пошел третий год жестокой оккупации Чеченской Республики Россией. В то время как весь цивилизованный мир сражается с угрозой международного терроризма, государственный террор, проводимый Кремлем на Кавказе, практически игнорируется этим же сообществом государств, торжественно обещающих защищать демократию и права человека от угрозы агрессии со стороны экстремистов.

Молчание вокруг Чечни – это цена, заплаченная за создание коалиции: сближение Запада с Москвой, жизненно важное для проведения союзнических операций в Центральной Азии, зиждется на дипломатии целесообразности и забывчивости, и поэтому страдания, голод, ужас, страх, жестокость и смерть, ставшие ежедневными спутниками чеченского народа, могут быть забыты до тех пор, пока российский президент Владимир Путин одобряет войну с терроризмом.

Россия называет серию взрывов, потрясших ее города в сентябре 1999 г., в качестве casus belli ее вторжения в Чечню, и сейчас это вторжение широко рекламируется как еще одно сражение в рамках всеобщей борьбы с терроризмом радикального крыла ислама.

В этих взрывах обвинили чеченцев, и вскоре после этого танки и истребители Москвы обрушили свой огонь на мою нацию. Тем временем Путин выиграл свою президентскую гонку на волне бредовых рассуждений националистов, которые с помощью инъекции милитаристского авантюризма заставили на время забыть о хронических социально-экономических проблемах страны.

Однако ответственность чеченцев за упомянутые выше взрывы никогда не была доказана, не было проведено заслуживающее доверия расследование, подозреваемым не было предъявлено неопровержимое обвинение. Более того, несколько позднее была обнаружена группа агентов Федеральной службы безопасности России в момент закладки ими взрывчатых веществ и детонаторов в подвал жилого дома в г. Рязани, расположенном к юговостоку от Москвы. Официальное объяснение этого случая заключалось в том, что эти агенты занимались проверкой готовности в рамках учений по борьбе с терроризмом. Это объяснение выглядело сомнительным тогда, таким же оно остается и сейчас.

Некоторые сознательные члены российского парламента попытались заняться более глубоким расследованием этого события, будучи особенно озабоченными возможным участием секретных служб, однако в марте 2000 г. Дума сняла свой запрос. По мере эскалации военных действий в Чечне высшие чины российского правительства начали, после своей отставки, сообщать о том, что российское вторжение в Чечню планировалось за много месяцев до начала взрывов. Атака на российские города в 1999 г. остается загадкой, однако несостоятельность приведенных здесь доводов Кремля в пользу проводимой им войны не является какой-то тайной гипотезой – это документированный факт, неоднократно опубликованный ведущими западными газетами.

Часто повторяемая ложь, к нашему сожалению, превращается в разменную монету. По крайней мере, безответственные преступные обвинения, распространяемые российскими силами безопасности и охотно подхватываемые средствами массовой информации, о том, что легионы чеченских боевиков воевали в Афганистане, оказались ложными. И, несмотря на это, Сергей Иванов, российский министр обороны, и глава службы безопасности Николай Патрушев все еще не могут отказаться от своих мифических заготовок, в соответствии с которыми именно чеченцы обвиняются в имевших место террористических актах, которые и явились той искрой, которая разожгла в Москве пламя ненависти к чеченскому народу и желание истребить его.

Борис Березовский, влияние которого помогало российским президентам «сесть на трон», попавший недавно в немилость и проживающий в настоящее время в изгнании в Лондоне, обещает доказать обратное. Если у Березовского, бывшего совсем недавно привилегированным членом ближайшего окружения Путина, хватило мужества, чтобы выступить, и если у него действительно есть доказательства кремлевского одурачивания народа в самом начале войны, то Запад обязан в дальнейшем прислушаться к информации, которую он может представить.

Во всяком случае, Чеченская Республика еще раз недвусмысленно доказывает несостоятельность обвинений о ее каком-нибудь моральном или материальном участии во взрывах 1999 г. и просит международные организации, готовые начать открытое (прозрачное), а не партизанское их расследование и выяснение их происхождения, делать это без помех.

Мы также просим уважаемых членов Думы, которые занимались этим делом, возобновить их усилия и попытаться получить доказательства, с помощью которых можно будет с определенностью доказать, что российская агрессия против моего народа не имеет оснований и должна быть прекращена, что необходимо открыть дорогу к мирным переговорам. Мы также призываем Соединенные Штаты, Европейский Союз, ОБСЕ, ООН и Интерпол по доброй воле помочь их усилиям путем направления для участия в этих действиях независимых наблюдателей и следователей. Мы также просим, чтобы обнаруженные в результате такого расследования факты и материалы были представлены в международный суд для принятия окончательного решения и чтобы все фигуранты, участие которых в этом преступном сговоре будет доказано, предстали перед международным судом.

Чеченская Республика отнюдь не является преступной диктатурой, средневековым религиозным государством или всеми презираемой террористической организацией. Наше правительство было избрано демократически, на законных основаниях чеченским народом без всяких предубеждений или силового давления, выборы проходили под защитой международного права, в соответствии с принципами ОБСЕ, представители которой осуществляли мониторинг наших знаменательных выборов, которые последовали после нашей войны за свою независимость.

Чечня, которую описывает Путин, это страна, которую мы не можем узнать и никогда не признаем. Ненавистную ложь о том, что террористы намерены все разрушить, мы отвергаем как апофеоз фанатизма. Мы такие, какие мы есть, и правда о нашей трагедии должна быть всем известна, а нам должно быть позволено жить в мире и свободе.

Аслан Масхадов [подпись] Президент,
Чеченская Республика Ичкерия

**NOXÇIYN RESPUBLIKA
NOXÇIYÇÖ**

**CHECHEN REPUBLIC
OF ICHKERIA**

P R E Z I D E N T

No: *10-718*   *11 February 2002*

Statement of the President

The Russian occupation of the Chechen republic is now in its third brutal year. As the civilized world grapples with the menace of international terrorism, the state terror perpetrated by the Kremlin in the Caucasus is all but ignored by the same community of nations pledged to defend democracy and human rights in the face of extremist aggression.

The silence over Chechnya is the price of coalition-building: the Western rapprochement with Moscow, vital to allied operations in Central Asia, hinges on the diplomacy of expediency and amnesia, and the daily suffering, hunger, horror, fear, violence and death visited upon the Chechen people can be forgotten so long as Russian President Vladimir Putin endorses the war on terror.

Russia cites the spate of bombings that struck its cities in September of 1999 as the *casus belli* for its invasion of Chechnya, an effort it now happily cites as another battle in the common global struggle against the terror of radicalized Islam.

Chechens were held responsible and Moscow's tanks and fighter planes were soon wreaking destruction on my nation. Meanwhile, Putin won his presidential bid on a wave of delirious nationalist sentiment that numbed awareness of Russia's chronic socio-economic problems with the intoxication of military adventurism.

Yet Chechen responsibility for the bombings was never proven, a credible investigation and cast iron prosecution of suspects never carried out. Worse, a team of Russian Federal Security agents was later caught planting explosives and detonators in the basement of an apartment building in the City of Ryazan, southeast of Moscow. The official response was that the agents had engaged in a counter-terror readiness exercise. It was a dubious explanation then and it still is now.

Some conscientious Russian parliament members moved for an in-depth probe of the affair, especially concerned over possible security service complicity, but the Duma quashed the inquiry in March of 2000. As the Russian military campaign escalated, a top Russian cabinet member revealed after his resignation that the Russian invasion of Chechnya had been planned many months in advance of the bombings. The attacks on Russia's cities in 1999 remain a mystery, but the inconsistencies of the Kremlin's rationale for its war cited here are not an esoteric hypothesis but documented fact repeatedly published in leading Western newspapers.

An often circulated lie however, sadly gains currency. The criminally irresponsible fallacy circulated by Russian intelligence and parroted by the media that legions of Chechen fighters were present in Afghanistan has at least been proven false. Yet again, Russian Defense Minister Sergei Ivanov and Federal Security Service boss Nikolai Patrushev are still touting the myth that Chechens were behind the terror bombings that sparked Moscow's genocidal war.

*Первая страница английского
оригинала письма Аслана Масхадова*

In exile in London, Boris Berezovsky, the Russian kingmaker fallen from grace, promises to reveal the opposite. If Berezovsky, once a privileged member of Putin's inner circle, is brave enough to come forward and genuinely has proof of the Kremlin's skullduggery at the outset of the war, the West would do well to heed any future evidence offered by him.

In any case, once more the Chechen republic unequivocally refutes any moral or material complicity in the 1999 bombings and asks such bodies of the international community as are willing to launch a transparent and non-partisan investigation into their origin without hindrance.

We further ask that those honorable members of the Duma who pursued the case renew their efforts and seek to obtain the evidence that will definitively remove cause for Russia's aggression against my nation, lead to an immediate cessation of hostilities and open the path to a negotiated peace. We also urge in good faith that the United States, the European Union, the OSCE, the UN and INTERPOL aid such an effort by contributing independent observers and investigators. We also ask that the findings of such an inquiry be submitted before an international court of law for final judgement and that all the actors found guilty of their role in this conspiracy be submitted to international justice.

The Chechen Republic is not a rogue dictatorship, a medieval theocracy or a pariah terrorist organization: it is a legally and democratically constituted government, freely elected by its citizens without prejudice or coercion under the protection of international law and abiding by the standards of the OSCE which monitored our landmark elections following our war of independence.

The Chechnya that Putin describes is one we could never recognize. The hateful narrow creed that terrorists bent on destruction claim as their guide, we reject as the apostasy of fanaticism. We are only ourselves and we simply ask that the truth of our tragedy be known and that we be allowed to live in peace and freedom.

Aslan Maskhadov   President,
                                          The Chechen Republic of Ichkeria

*Вторая страница английского оригинала
письма Аслана Масхадова*

ПРИЛОЖЕНИЕ 4

ПЕРВЫЙ ОТЧЕТ ЭКСПЕРТА
О ФОТОГРАФИЯХ АЧЕМЕЗА ГОЧИЯЕВА

Бюро интерпретации изображений, Калгейт
Отчет Джеффри Джона Оксли
Специализация: судебный аналитик изображений

СРАВНЕНИЕ ДВУХ ЛИЦ,
НАЗЫВАЕМЫХ ЧЕЛОВЕК «А» И ЧЕЛОВЕК «В»

ВВЕДЕНИЕ

Я, Джеффри Джон Оксли, – старший аналитик Бюро интерпретации изображений, Калгейт. Мне было предложено посмотреть на 8 фотографий, на каждой из которых был изображен человек, названный объектом. Затем меня попросили ответить на 3 вопроса, относящиеся к этим фотографиям.

Анализ фотографий осуществлялся с использованием стереоскопа Абрамса и точного измерительного усилителя «Бауш и Лом». Ввиду того что на некоторых фотографиях отсутствовали подробности, мне удалось осуществить лишь небольшое число фотограмметрических измерительных сравнений.

Результаты фотограмметрии приведены в Приложении А.

ВОПРОС 1. На фотографиях с №1-GO по №6-GO представлено одно и то же лицо или разные лица?

ОТВЕТ. На фотографиях представлено одно и то же лицо. Огромное количество сходных черт лица позволяет утверждать, что только однояйцевые близнецы могут обладать таким сходством. Далее это лицо называется человеком А.

ВОПРОС 2. На фотографиях с №7-GO по №8-GO представлено одно и то же лицо или разные лица?

ОТВЕТ. Эти фотографии не являются оригиналами, и, похоже, что они подвергались цифровой обработке. На обеих фотографиях изображено одно и то же лицо. Черты лица, которые можно рассмотреть на фотографиях, совпадают, растительность на лице и одежда идентичны. Далее это лицо называется человеком В.

N3-GO

N4-GO

ВОПРОС 3. Можно на основании этих фотографий определить, являются ли человек А и человек В одним и тем же лицом или это разные лица?

ОТВЕТ. На этот вопрос ответить нельзя. Для надежного сравнения не хватает подробностей черт лица человека В. Верхняя часть лица человека В скрыта его шляпой, а нижняя – волосяным покровом лица. Имеются определенные сходства, например в общей форме лица и общей форме носа. Однако такого рода сходство может наблюдаться у значительного числа лиц.

Фотографии А. Гочияева (№№ 1-6), полученные от него и отданные А. Литвиненко и Ю. Фельштинским на экспертизу для сравнения с фотографиями с официального сайта ФСБ (№№ 7 и 8), на которых, по утверждению ФСБ, А. Гочияев сфотографирован вместе с Хаттабом. № 8

ВОПРОС 4. Является ли разумным использование для идентификации с положительным результатом только фотографий 7-GO и №8-GO?

ОТВЕТ. Нет, это было бы как неразумно, так и ненадежно с судебной точки зрения. Здесь имеется недостаточное количество подробностей черт лица, и поэтому можно провести явно недостаточное количество измерений.

Результаты фотограмметрии

Были использованы фотографии №3-GO и №8-GO. Они выполнены в различных масштабах. Однако если используется отношение величин (расстояний), то можно избежать необходимости перемасштабирования. В каждом случае было выполнено 10 измерений каждого расстояния, затем, с целью уменьшения ошибок измерения, использовалось среднее значение результатов этих измерений.

	Человек А	Человек В
Nasion (верх носа)	0 мм = 0%	0 мм = 0%
Pronasale (кончик носа)	6,5 mm = 70,6%	3,8 мм = 69,1%
Stomion (центр рта)	9,2 мм = 100%	5,5 мм = 100%
Уши	7,4 мм = 80,4%	4,0 мм = 72,7%
Глазное расстояние	8,6 мм = 93,4%	5,1 мм = 92,7%

Из этих результатов видно, что в пределах математически допустимого отклонения оба лица являются идентичными в большей части измерений. Исключением является пропорциональный размер ушей. Хотя это обстоятельство и может привести к сомнению в идентичности Человека А и Человека В, тем не менее одного отличия такого масштаба недостаточно для утверждения о том, что это два различных человека.

ПРИЛОЖЕНИЕ 5

ВТОРОЙ ОТЧЕТ ЭКСПЕРТА О ФОТОГРАФИЯХ АЧЕМЕЗА ГОЧИЯЕВА

Калгейт, Бюро интерпретации изображений Отчет аналитика изображений представлен Джеффри Джоном Оксли 31 июля 2002 г. Специализация: аналитик изображений По указанию: Александра Литвиненко Предмет: сравнение человека А и человека В

ВВЕДЕНИЕ

Официальные данные

1. Я, Джеффри Джон Оксли, – старший аналитик изображений в Бюро интерпретации изображений, Калгейт. У меня имеется математическое и естественнонаучное университетское образование. Я являюсь действительным членом Ассоциации юристов и юрисконсультов и членом Королевского авиационного общества. Я являюсь членом-учредителем Общества свидетелейэкспертов, членом Института свидетелей-экспертов и занесен в Справочник свидетелей-экспертов Юридического общества. Я был приглашен Александром Литвиненко.

Формат отчета

2. Данный отчет разделен на две части. Первая часть посвящена работе по выданным мне инструкциям. Вторая часть, в форме Приложения, содержит схемы, на которых показаны наименования опознавательных антропометрических точек на лице, которые могут быть использованы в работе.

Указания

3. Бюро Калгейта было предложено подготовить отчет об анализе изображений, в котором должно быть указано – возможно или невозможно, что человек А и человек В являются одним и тем же лицом.

ОБЩАЯ ЧАСТЬ

Изображение

4. После моего первого отчета по этому вопросу я проанализировал более качественные копии фотографий человека В. Кроме того, я проанализировал еще одну фотографию (которую я назвал №9-GO). Она более ясно изображает человека В, который сфотографирован с открытым во время разговора ртом. Помимо этого я получил с вебсайта в интернете фотографию в фас человека А. К сожалению, эта последняя фотография выполнена в мелком масштабе, и поэтому многие подробности на ней утрачены. Я запросил копию этой фотографии в оригинальном масштабе; если она окажется удовлетворительной и сможет что-то добавить к уже имеющимся свидетельствам, то я выпущу дополнение к данному отчету.

Методология

5. Моя методология заключалась в использовании как высококачественных оптических инструментов, так и увеличенных изображений на экране ПК с целью внимательного просмотра различных фотографий и выполнения надлежащего анализа.

АНАЛИЗ

Сходство

6. Мой анализ свидетельствует о наличии определенного сходства между человеком А и человеком В. Нижние части лица схожи по форме и по пропорциональным размерам. У обоих аналогичным образом утончен нос в месте стыка носовой кости и верхнего бокового хряща. Кончик носа наклонен вперед и немного заострен. Это могло бы привести к заключению, что человек А и человек В являются одним и тем же лицом, однако такой вывод был бы неразумным, поскольку указанные совпадения не являются ни уникальными, ни достаточными в качественном и количественном отношении для обеспечения надежной положительной идентификации.

Возможные отличия

Представляется, что между человеком А и человеком В имеется три отличия. Однако, поскольку эти отличия могут иметь приемлемые объяснения, то они являются недостаточными для исключения человека А. Тем не менее они бросают тень сомнения на утверждение о том, что человек А и человек В являются одним и тем же лицом. Эти отличия иллюстрируются ниже и сопровождаются моими комментариями.

Фото человека, похожего на А. Гочияева.
Сайт fsb.ru

а) Глаза

1. По общему очертанию глаза человека В представляются более широкими, при этом верхние веки менее прикрыты и левый глаз представляется более узким, чем правый.

2. По общему очертанию глаза человека А представляются более узкими, при этом верхние веки несколько более прикрыты и правый глаз представляется более узким, чем левый.

3. Эти отличия могут быть вызваны различными условиями освещения и/или степенью расслабленности человека А и человека В либо иными причинами. Поэтому я не могу прийти

к заключению, что эти отличия являются определяющим доказательством того, что эти два человека не являются одним и тем же лицом.

Глаза человека А.

Глаза человека В.

б) Уши

1. Оба левых уха неплотно прилегают к голове, и хотя ухо человека А представляется менее хорошо очерченным, тем не менее имеется ряд сходств в выступе противозавитка ушной раковины. Однако если завиток ушной раковины человека А представляется завернутым нормально, то у человека В наблюдается разрыв в районе верхней части ушной раковины. Кроме того, представляется меньшим расстояние между головой и верхней частью ушной раковины. Первое из этих видимых отличий может быть вызвано изменением угла зрения, а последнее может быть преувеличено из-за наличия толстого слоя волос в районе верхней части уха человека В.

2. Поэтому вновь эти очевидные отличия в строении уха сами по себе не являются определяющим доказательством того, что человек А и человек В не являются одним и тем же лицом

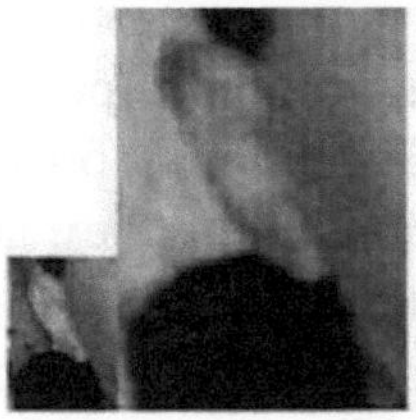

в) Зубы

1. В отличие от человека А, у человека В виден явный зазор между передними зубами. Это могло бы представляться основательным отличием, однако поскольку эти фотографии были сделаны в разное время, то я не могу исключить, что причиной появления зазора могло быть последующее повреждение или разрушение зубов.

Зубы человека А. Зубы человека Б.

ВЫВОДЫ

7. Я прихожу к следующему выводу.

Свидетельств, полученных с исследованных мною до сих пор фотографий, недостаточно, чтобы доказать, что человек А и человек В являются одним и тем же лицом.

Хотя я и не могу исключить возможность того, что оба эти человека являются одним и тем же лицом, тем не менее очевидные различия левых ушей, глаз и зубов бросают тень сомнения на заявление о том, что эти два человека являются одним и тем же лицом.

Джеффри Джон Оксли,
старший судебный аналитик изображений 30 июля 2002 г.

ПРИЛОЖЕНИЕ 6

ОЦЕНКА ЭКСПЕРТОМ ПРОИСШЕСТВИЯ В РЯЗАНИ 22 СЕНТЯБРЯ 1999 Г.

ПРЕДИСЛОВИЕ

1. Приведенное ниже является совершенно независимым комментарием, базирующимся на информации, представленной нам 28 февраля 2002 г. Эта информация намеренно предоставлялась поэтапно, чтобы не подменять собой и не оказывать влияния на наше мнение.

2. В некоторой степени эксперт полагается на информацию, полученную им во время интервью и брифингов. Эта информация была использована вполне добросовестно, однако эксперт не может взять на себя ответственность за ее точность. Многие аспекты данной оценки базируются на собственном профессиональном опыте эксперта и его профессиональных знаниях, а также на данных, к которым у него был доступ.

3. Данная оценка содержит в себе как предположение, так и факт. Из имевшейся в наличии информации были сделаны разумные дедуктивные выводы, однако в ряде случаев не представляется возможным сделать более точные выводы, поскольку со времени происшествия прошло 2,5 года и эксперт на месте происшествия не присутствовал.

4. Эксперт является офицером-сапером в отставке, он занимался обезвреживанием неразорвавшихся бомб, находился в рядах армии 23 года и проходил службу в различных странах мира.

5. Не предоставив никакой исходной информации, эксперта попросили прокомментировать ряд фотографий.

ФОТОГРАФИИ

Фотографии детонатора и патрона от детонатора, найденного в Рязани в подвале дома на улице Новоселов вечером 22 сентября 1999 г. Фотографии сделаны с видеозаписи, произведенной правоохранительными органами Рязани 23 сентября и приобщенной к уголовному делу, возбужденному по статье «терроризм». Фокусируя камеру на патроне, следствие подчеркивает, что патрон был боевым.

КОММЕНТАРИЙ

5.1. На фотографии представлена типичная схема IED (самодельного взрывного устройства). IED состоит из ряда основных компонентов:

заряд (взрывной, зажигательный и т. д.);

средство инициализации (детонации);

замыкатель (ключ);

ключ безопасности (не обязателен);

источник питания.

5.2. На фотографии виден охотничий патрон; представляется, что он был подключен для замены ударного капсюля. Он должен обеспечить детонацию, которая инициирует некую взрывчатую смесь.

5.3. В цепь включен таймер или пейджер (по этой фотографии точнее трудно определить). Он должен обеспечить включение. Оба типа соответствуют modus operandi (образу действия) диверсанта, поскольку позволяют осуществить дистанционный взрыв.

5.4. Батарея (PP3 на 9 В или эквивалентная) является источником питания.

5.5. Имеется еще один объект. Он имеет вид небольшого контейнера, в котором, возможно, находятся еще две батареи. Качество фотографии не позволяет идентифицировать что-либо иное. Это может быть либо какое-то устройство обеспечения безопасности, либо большой источник питания, обеспечивающий достаточный импульс на входе инициирующего (детонирующего) патрона.

ЗАКЛЮЧЕНИЕ

На фотографии представлено IED (самодельное взрывное устройство).

ЗАРЯД

6. Затем эксперту было сообщено, что эта схема была найдена подключенной к 3 большим мешкам (примерно по 50 кг каждый). Эти мешки были уложены один на другой, при этом средний мешок был разорван с целью обеспечения подключения. Первоначальный анализ, проведенный офицеромсапером, показал, что в мешках находился гексоген. Его заключение базировалось на наличии желтоватых гранул и показаниях детектора взрывчатых веществ, использующего метод газовой хроматографии.

КОММЕНТАРИЙ

6.1. Если это был гексоген, то мог ли инициирующий патрон привести к его детонации? Гексоген (или циклонит, или RDX) обычно имеет вид бесцветных кристаллов (желтоватые гранулы подходят под это описание). Это вещество используется довольно часто, поскольку оно является, вероятно, наиболее важным из веществ с большим бризантным действием; большое значение его бризантной мощности обусловлено высокой плотностью и большой скоростью детонации. Это вещество относительно нечувствительно (по сравнению, скажем, с PETN, который является взрывчатым веществом аналогичной мощности). Оно является также весьма стабильным. Нефлегматизированный циклонит в комбинации с TNT используется в качестве сыпучей смеси для кумулятивных зарядов и бризантных взрывных зарядов. Смеси циклонита с алюминиевым порошком используются также в качестве торпедных зарядов (гексотонал, торпекс и др.).

6.2. Маловероятно, чтобы обычный охотничий патрон мог привести к детонации чистого гексогена. Однако здесь имеются две неизвестные переменные:

– содержание патрона – в него могло быть что-то подмешано;

– точность описания заряда – согласно приведенному описанию гексоген мог быть смешан с чем-то иным для придания ему большей чувствительности. Однако ответ на этот вопрос требует физического описания и ознакомления с оборудованием.

6.3. Размещение инициирующей схемы в центральном мешке является стандартной практикой, поскольку это с наибольшей вероятностью приводит к детонации всего материала, в то время как при размещении этой схемы сверху нижний мешок может не сдетонировать.

6.4. Насколько мне известно, офицер-сапер использовал детектор паров взрывчатых веществ Sinex MO2 вначале для обнаружения самого вещества. Показанный здесь сигнал является реакцией на RDX (гексоген). Далее это вещество было проанализировано с использованием газовой хроматографии, которая является обычно используемым методом для такого рода операций и обладает исключительно высокой надежностью. И вновь был обнаружен RDX. Хотя обнаружение паров и не является столь же точным методом, тем не менее, при больших объемах взрывчатых веществ, является весьма надежным, и маловероятно, чтобы он привел к ложной тревоге в результате наличия небольшого количества частиц, например в виде загрязнения окружающей среды или находящихся на руках оператора. Насколько мне известно, офицер-сапер, о котором идет речь, обладал чрезвычайно большим опытом и хорошей квалификацией, позволяющей ему правильно использовать прибор и обеспечить отсутствие загрязнения на нем самом и его коллегах.

7. Затем эксперта попросили прокомментировать возможность перепутать гексоген и сахар.

КОММЕНТАРИЙ

7.1. Эксперт считает это весьма абсурдным. На самом деле между этими двумя веществами нет ничего похожего. Сахар был бы моментально распознан любым опытным оператором и, возможно, большинством простых людей, поскольку представляет собой широко распространенный продукт ежедневного потребления. Сахар не привел бы к положительному отклику ни одного из приборов любого типа.

ЗАКЛЮЧЕНИЕ
Вероятнее всего, это был гексоген или гексогеновая смесь.

ОБСТОЯТЕЛЬСТВА
8. Насколько мне известно, официальное объяснение данного происшествия заключалось в том, что это были учения, направленные на проверку готовности публики и милиции к такого рода угрозе.

КОММЕНТАРИЙ
8.1 Помимо психологической неприемлемости такого мероприятия, не поддаются логике технические факты. Чтобы изучить реакцию неквалифицированных наблюдателей, нет необходимости создавать такое сложное устройство – несколько проводников, часы и батарея приведут к желаемому эффекту. В частности, конфигурация патрона является совсем ненужной подробностью для проведения учений, равно, как и подключение к среднему мешку, – лучше было бы к верхнему. Зачем нужны 3 мешка? Достаточно было бы одного.

8.2. Наиболее правдоподобным ответом было бы проведение контрольных учений для офицеров-саперов, однако такой ответ никогда не был упомянут, и милиция не была предупреждена.

ЗАКЛЮЧЕНИЕ
Эта версия не является невозможной, однако весьма маловероятна, а если к этому добавить предыдущее заключение (о том, что это был гексоген), то в нее вообще трудно поверить.

Д-р Джон Уайатт
Крэнбрук, Кент

ПРИЛОЖЕНИЕ 7

ОТЧЕТ ЭКСПЕРТА
О САМОДЕЛЬНОМ ВЗРЫВНОМ УСТРОЙСТВЕ,
Г. РЯЗАНЬ (РОССИЯ, СЕНТЯБРЬ 1999 Г.)

ВСТУПЛЕНИЕ

Фирма «Тауэр Мэнэджмент», 4-6 Saville Row, Лондон, привлекла меня в качестве консультанта для предоставления заключения относительно возможного самодельного взрывного устройства (СВУ) и предложила мне изучить фотографии, видеозапись и обсудить ряд соображений.

ОБЩАЯ ЧАСТЬ

Самодельное взрывное устройство (СВУ) – это обобщающий термин, который употребляется для обозначения различных нестандартных взрывных устройств, в отличие от стандартных устройств промышленного производства для военных целей или иных законных видов использования. Такие нестандартные устройства бывают самого различного типа: от простейших устройств ручного метания (например, фугасные бомбы и бомбы из отрезка трубы) до устройств, снабженных сравнительно изощренными электронными системами, в том числе часовыми механизмами замедления, элементами неизвлекаемости, средствами применения вне досягаемости средств поражения противника и устройствами дистанционного управления.

За общим исключением устройств для ручного метания и устройств артиллерийского типа, большинство СВУ содержат, как правило, какой-либо вид электрической схемы (цепь поджигания) для обеспечения начала детонации. Такое устройство обычно содержит источник питания (батарею или несколько батарей), один или несколько электрических переключателей, взрывной заряд и средство поджигания – зачастую это детонатор. Переключатели бывают либо простыми (включено/выключено), выполняющими функцию предохранительно-исполнительного механизма, либо переключателями часового механизма замедления, либо эти переключатели предназначены для приведения в действие самой жертвой. Иногда они являются радиоприемниками, а иногда сочетают в себе несколько из перечисленных функций. Компоненты электрической схемы соединены между собой проводником. Независимо от схемы и выбранных функций, в какой-то момент времени все переключатели схемы будут находиться в положении «включено», чем обеспечивается подача тока от источника питания на детонатор, который и приводит в действие взрывной заряд.

Существует огромное разнообразие взрывчатых веществ (ВВ): от простых, на базе одного химического соединения, до сложных смесей с различной степенью чувствительности (от чрезвычайно чувствительных, типа ртутного фульмината, до сравнительно малочувствительных типа гексогена). Многие ВВ представляют собой смеси окислителя и соответствующего топлива, например нитрата аммония и мазута; в других ВВ окислитель и топливо объединены в одну молекулу, как, например, в ртутном фульминате или гексогене. Выбор зажигательного устройства в значительной степени определяется чувствительностью ВВ.

Некоторые чрезвычайно высокобризантные ВВ почти не имеют промышленного или коммерческого применения за пределами вооруженных сил.

Наиболее чувствительные ВВ могут быть детонированы с помощью тепла, например искрой от горящего взрывателя (который также является дистанционным взрывателем замедленного действия) или, чаще всего в коммерческом исполнении, – с помощью детонатора (небольшого самостоятельного взрывного устройства).

Самодельный детонатор можно изготовить из сравнительно простых и общедоступных материалов. В Северной Ирландии часто встречались именно такие самодельные детонаторы. Среди пригодных для их изготовления материалов можно перечислить следующие: ртутный фульминат, триацетонтрипероксид (в английском сокращении и далее по тексту ТАТР) и гексаметилентрипероксидиамин (в английском сокращении и далее по тексту HMTD), формулы, исходные материалы и процедуры изготовления которых свободно доступны в сети интернет.

При наличии минимальных знаний и элементарной тщательности самодельное взрывное устройство (СВУ) можно без особого труда изготовить из общедоступных материалов.

Я получил информацию о том, что рассматриваемое в данном случае устройство было сопряжено с тремя 50-килограммовыми мешками вещества, которое назвали гексогеном (усовершенствованное В8 или RDX; циклонит, циклотриметалентринстрамин); это прозвучало из уст офицера по обезвреживанию неразорвавшихся боеприпасов и относилось к мешкам, содержащим желтое зернистое вещество, не сладкое на вкус. Мне сообщили также, что эти мешки были поставлены в ряд, а компоненты ВУ были вставлены в средний мешок сбоку, через разрезанное отверстие.

Следует подчеркнуть, что из фотографий можно извлечь лишь ограниченный объем сведений и выводов. Даже если имеется возможность установить наличие различных компонентов, то часто невозможно с уверенностью судить о том, как они соединены между собой, и соединены ли они вообще. Имея все это в виду, я могу высказать следующие соображения.

1. ИЗУЧЕНИЕ ФОТОГРАФИЙ

Мне было показано пять фотографий, на которых, как мне было сообщено, изображены элементы самодельного взрывного устройства (СВУ), найденного в г. Рязани, Россия. Меня попросили прокомментировать эти фотографии и, в частности, обсудить потенциальную боеспособность компонентов, которые видны на этом СВУ. На фотографиях, по всей видимости, изображены (а) электронный таймер или пейджер; (б) возможно, три батарейки РР3 (9 В) – две батарейки помещены в маленький круглый контейнер; (в) гильза ружья 12-го калибра, отрезки электрической проволоки и пластиковой клейкой ленты. Такое впечатление, что эти компоненты были соединены друг с другом с помощью электрического проводника.

(а) Электронный таймер или пейджер. Устройство, изображенное на фотографиях, скорее всего является таймером, который показывает время 13.14. На фотографии указано время 13.13 и дата 23.9.1999. Если этот таймер был компонентом цепи поджигания, то он выполнял функцию переключателя замедления действия и был подключен к электрической схеме через будильник.

(б) Если батарейки были полностью заряжены и подключены в цепь последовательно, то они обеспечивали напряжение в 27 вольт.

(в) Несмотря на то что провода расположены рядом с гильзой, а около основания гильзы намотана клейкая лента, невозможно установить, была ли гильза модифицирована или провода просто примотаны лентой снаружи гильзы. (I) Если провода примотаны с наружной стороны гильзы, то гильза не могла быть боеспособным элементом цепи зажигания. (II) Если провода вставлены внутрь гильзы, например через отверстие в стенке гильзы, и если концы проводов заканчиваются каким-либо поджигателем накального типа, тогда можно инициировать артиллерийский заряд и произойдет выброс пламени. В то время как такая система может инициировать взрыв чувствительного ВВ, она не способна вызвать взрыв менее чувствительного ВВ – такого, как гексоген.

Чтобы изготовить детонатор, способный вызвать взрыв менее чувствительных ВВ, необходимо было бы опорожнить гильзу, вставить в нее поджигатель накального типа и заполнить гильзу высокочувствительным ВВ типа ртутного фульмината, ТАТР или HMTD.

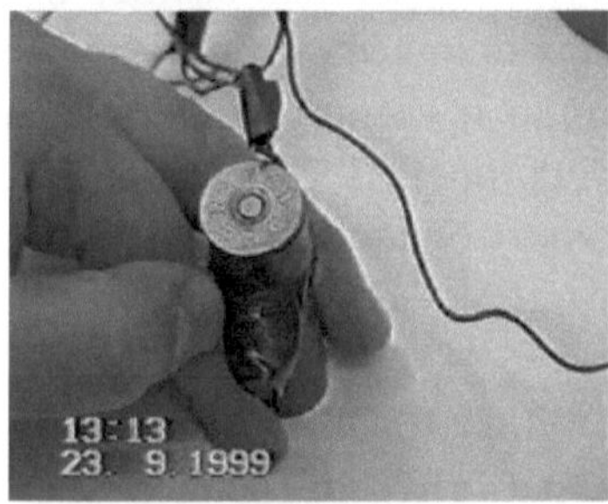

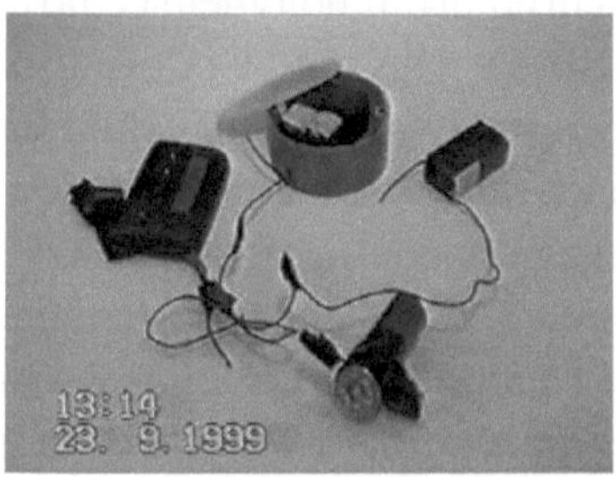

2. ГЕКСОГЕН

В чистой форме гексоген представляет собой белый кристаллический материал, мощное бризантное ВВ. Соответственно, гексоген широко применяется вооруженным силами в качестве подрывных зарядов и в составе боеприпасов. Однако за пределами этих видов использования гексоген имеет весьма ограниченное применение. Для простоты использования его иногда смешивают со связующими материалами и пластификаторами. Такие связующие материалы и пластификаторы могут быть окрашены.

Кристаллическое строение и внешний вид гексогена отличаются от сахара кристаллического вида (в зависимости от сорта сахара, с которым сравнивается гексоген); гексоген не сладок на вкус.

3. ЛОЖНОЕ ИЛИ НАСТОЯЩЕЕ УСТРОЙСТВО

Меня попросили ответить на вопрос, мог ли опытный офицер по обезвреживанию неразорвавшихся боеприпасов не отличить ложное устройство от настоящего СВУ. После того как он обезвредил ВУ, обученный офицер по обезвреживанию неразорвавшихся боеприпасов и бомб должен иметь возможность, квалификацию и компетентность для того, чтобы отличить ложное (обманное) ВУ от настоящего, особенно если у него была возможность более детально ознакомиться с различными компонентами ВУ.

4. ПЕРВОНАЧАЛЬНОЕ ОБНАРУЖЕНИЕ ГЕКСОГЕНА

Мне сообщили, что первоначально положительные результаты на гексоген были получены с помощью устройства по обнаружению ВВ. Обнаружение остаточных ВВ с помощью приборов зависит от наличия чрезвычайно малых объемов ВВ. Чем меньше количество остаточного ВВ, тем серьезнее становится потенциальная проблема загрязнения. Это может привести к так называемой «ложной положительной реакции», когда прибор показывает наличие ВВ, а проверяемое вещество или среда не являются источником этого ВВ. Если прибор загрязнен, положительные результаты тестирования могут оказаться недействительными. Однако, если этот же прибор не давал ложноположительных реакций на данное ВВ до или после тестирования, то загрязнение можно исключить.

5. 150 кг ВОЗМОЖНОГО ГЕКСОГЕНА

На основе моего опыта изучения мест взрывов в Северной Ирландии я считаю, что 150 кг правильно размещенного гексогена достаточны для того, чтобы взорвать и разрушить 8-этажное здание.

6. УСТРОЙСТВО

Если предположить, что гильза была должным образом модифицирована и заполнена чувствительным ВВ типа фульмината ртути или ТАТР, то полученная в результате зажигания ударная волна привела бы к единовременной и немедленной детонации всего гексогена.

Подозреваемое самодельное взрывное устройство, г. Рязань, Россия, в сентябре 1999 г.

Отчет Г.Т. Марри,

0ВЕ (кавалер Ордена Британской империи),

BSc (бакалавр наук), PhD (доктор наук),

С Chem, FRSC (Почетный

член Королевского Общества химиков)

4 марта 2002 г.
По поручению фирмы «Тауэр Менеджмент»,
4-6 Савиль Роу, Лондон

ПРИЛОЖЕНИЕ 8

ОТЧЕТ ЭКСПЕРТА О ВЗРЫВНОМ УСТРОЙСТВЕ, ОБНАРУЖЕННОМ В ЖИЛОМ ДОМЕ В РЯЗАНИ

(Россия, сентябрь 1999 г.)

Мне предложили написать отчет, базируясь на серии фотографий, видеозаписи и ряде устных пояснений.

ВВЕДЕНИЕ

Прежде чем приступить к обсуждению работы самодельных взрывных устройств, может оказаться полезным объяснить, каким образом происходит их детонация с помощью «взрывной цепочки». Гексоген является относительно стабильным взрывчатым веществом (ВВ), с ним можно обращаться довольно небрежно, его можно даже уронить – детонации при этом не произойдет. Это объясняется его «нечувствительностью». Это вещество известно как вторичное ВВ. Чтобы инициировать взрыв гексогена, необходим небольшой взрыв, который обеспечивается детонатором, содержащим очень чувствительное ВВ, способное детонировать при неправильном с ним обращении. Такие ВВ называют первичными. Для взрыва некоторых нечувствительных ВВ необходимо наличие бустерного заряда (усилителя детонатора), расположенного между основным зарядом и детонатором.

ОБЩАЯ ЧАСТЬ

Мне были показаны фотографии устройства, содержащие детали, которые выглядят как основные компоненты, необходимые для изготовления самодельного взрывного устройства (IED). IED определяется как «устройство, изготовленное самодельным способом, которое содержит разрушающие, смертельные, отравляющие, пиротехнические или зажигательные химические продукты, предназначенные для разрушения, обезображивания, создания паники или беспокойства. Оно может содержать компоненты военной техники, однако обычно в нем используются небоевые компоненты». Обратитесь к Приложению А, где приведена схема базового IED. На приведенных фотографиях я могу идентифицировать следующие основные компоненты:

1. Таймер/пейджер. Этот элемент выглядит, как стандартные электронные часы, изготовленные такими компаниями, как Casio, и предназначенные для использования в качестве будильника при путешествиях. Эти часы могут быть применены в качестве ключа-пускателя данного устройства путем использования либо самого часового механизма, либо, что более вероятно, путем установки будильника на определенное время.

2. Элементы питания в виде 3 батарей и соединительных проводников. Соединения представляются рабочими, однако это лишь чистое предположение, поскольку мы не знаем, куда ведут эти проводники и к чему они подключены. Например, должна ли третья батарея находиться внутри пластикового контейнера? Соединены батареи последовательно или параллельно? Если они соединены последовательно, то может быть подано напряжение 27 В, приводящее к соответствующему увеличенному значению тока. Именно ток используется для инициирования детонаторов/инициирующих ВВ. Как подключен к системе патрон от ружья?

3. Патрон от ружья, который может быть использован в качестве детонатора заряда основного ВВ. На фотографии не видно, был ли патрон изменен таким образом, чтобы он мог служить в качестве детонатора/инициатора. Если через хвостовик патрона пропущена проволока (см. схему в Приложении В), которая проходит через порох, то при протекании тока проволока раскаляется и поджигает порох. Остальная часть патрона заполнена очень чувствительным ВВ под названием триацетонтрипероксид (ТАТР), которое было обнаружено в целом ряде террористических устройств. Этого было бы достаточно для детонации основного заряда гексогена.

Неоспоримым является тот факт, что все самодельные взрывные устройства требуют наличия элементов, представленных на этих фотографиях. Однако, несмотря на то что все эти компоненты представляются реальными и работоспособными, невозможно подтвердить работоспособность всего устройства в целом при отсутствии более подробного его описания. Я бы хотел увидеть полную схему соединений и убедиться в том, что система может работать так, как это задумано.

Полезно было бы получить фотографии, сделанные с разных сторон и под разными углами, а также несколько более подробную информацию, поскольку я уверен, что мы могли бы создать работающее устройство с целью проведения испытаний.

Гексоген известен также под наименованием усовершенствованного ВВ (RDX) — в основном он представляет собой ВВ исключительно военного применения, используемое в боеприпасах типа снарядов и бомб. Он является также составной частью большинства видов пластиковых взрывчаток типа РЕ4. В чистом виде гексоген представляет собой белое кристаллическое вещество, однако после смешивания с TNT приобретает желто-коричневый цвет. После обсуждения с другими специалистами мы пришли к выводу, что гексоген отдаленно напоминает сахар только на ранних стадиях изготовления. [...]

Имея 30-летний стаж работы с вооружением и ВВ, я лично могу немедленно идентифицировать некоторые ВВ, однако существуют некоторые вещества, которые не очень просто идентифицировать в качестве взрывчатых. Поэтому могут иметь место веские причины, по которым сапер не распознал гексоген в качестве взрывчатого вещества. Если бы он был обученным оперативником, имеющим опыт работы по разоружению самодельных взрывных устройств (IED), то я считаю, что он немедленно распознал бы угрозу, увидев задающий время механизм. Если процедура безопасного обезвреживания (RSP) осуществлялась так, как это предлагается в видеофильме, то из этого следует, что действия сапера не были максимально безопасными.

Общего количества ВВ, равного 150 кг, более чем достаточно, на мой взгляд, для разрушения здания. Степень разрушения зависела бы от реальной конструкции здания, т. е. от наличия в нем железобетонных плит, кирпичей и т. д. Она зависит также от расположения заряда по отношению к стойчатым опорам, окнам, коридорам, открытым пространствам, вентиляционным системам и т. д. При детонации ВВ внутри здания проявляется эффект воздействия сжатого воздуха внутри замкнутого помещения. Поэтому для достижения наибольшего результата заряд должен быть расположен внутри помещения с максимальной воздухопроницаемостью. Если в этом помещении нет ни окон, ни дверей, вызванное взрывом напорное давление должно было устремиться через наиболее слабое место здания.

После обсуждения с Александром мы пришли к выводу, что мешки были расположены, по-видимому, возле одной из стойчатых опор в подвале. Если именно это и имело место, то при срабатывании гексогена именно так, как и предполагалось, здание должно было быть разрушено при первичном взрыве, а его обрушение и пожар должны были довершить дело. Такая картина была отображена графически при нескольких нападениях – таких, как на башню Кхо-бар в Дхахране, посольство в Найроби и здание федеральной службы в Оклахоме.

Как показано на приложенной схеме, мешки с гексогеном были уложены друг на друга. Таймер был единственным видимым элементом схемы питания/установки времени. Патрон от ружья был установлен, по-видимому, внутри гексогена. При уложенных друг на друга мешках с гексогеном место размещения детонатора не играет большой роли: если устройство сработало бы так, как ему положено, то детонировал бы весь гексоген.

В период моей службы в Королевских ВВС (RAF) я был офицером штаба, отвечавшим за проводимые RAF в разных странах мира операции по обезвреживанию неразорвавшихся бомб и снарядов (EOD) и обезвреживанию самодельных взрывных устройств (IEDD). В этом качестве я прошел обучение и стал экспертом НАТО, отвечавшим за проверку специалистов НАТО, занимавшихся обезвреживанием ВВ. В качестве такого проверяющего лица я отвечал за разработку учебных сценариев, максимально приближенных к реальности, и за последующее применение этих сценариев в различных странах мира. Иногда такие сценарии разыгрывались в центре городов типа Стамбула и Афин. Ни в одном из этих случаев никогда не использовались реальные ВВ, а вся программа учений была заранее известна местным жителям, представителям местных властей, военному руководству, а иногда даже представителям местных средств массовой информации.

Алан И. Хэтчер,
4 марта 2002 г.

ПРИЛОЖЕНИЕ 9

ЗАЯВЛЕНИЕ ОБЩЕСТВЕННОЙ КОМИССИИ ПО РАССЛЕДОВАНИЮ ОБСТОЯТЕЛЬСТВ ВЗРЫВОВ ДОМОВ В МОСКВЕ И ВОЛГОДОНСКЕ И УЧЕНИЙ В РЯЗАНИ В СЕНТЯБРЕ 1999 Г.

ЗАЯВЛЕНИЕ

4 апреля 2002 года нами образована Общественная комиссия по расследованию обстоятельств взрывов домов в городах Москве и Волгодонске и проведения учений в городе Рязани в сентябре 1999 года.

Война в Чечне продолжается. А значит, трагические события, предшествовавшие ее началу, не ушли в прошлое.

С сожалением восприняли мы отказ Государственной думы начать парламентскую процедуру проверки обстоятельств террористических актов 1999 года и сопутствовавших им происшествий. Тем большего уважения заслуживает позиция фракций КПРФ, СПС, «Яблоко» и Аграрной депутатской группы, проголосовавших 3 апреля за предложение о создании парламентской комиссии.

Но полномочия комиссии Государственной думы (если бы таковая была образована), несмотря на ее высокий статус и политические возможности, были бы ограничены отсутствием в Конституции института парламентского контроля, отчего в названии думской комиссии предполагалось использовать выражение «по изучению обстоятельств». Общественность же имеет право на большее: проводить собственное расследование. Такая возможность вытекает из конституционного принципа непосредственного осуществления народом своей власти.

Однако проводить эту непростую работу нам будет трудно без поддержки гражданских организаций, средств массовой информации, всех честных людей – подлинных патриотов своей страны. Мы надеемся и на диалог с государственными органами, на понимание ими необходимости и значимости общественного контроля. Мы призываем всех имеющих информацию по изучаемым нами вопросам направлять ее по адресу:

103265, Москва, Охотный ряд, дом 1 Государственная дума Депутату Ковалеву Сергею Адамовичу Электронный адрес: kovalev_sa@duma.gov.ru факс 292-98-25 Телефон ответственного секретаря Комиссии Левинсона Льва Семеновича 722-54-74.

По поручению Общественной комиссии
председатель Комиссии
Сергей Ковалев,
заместитель председателя Комиссии
Сергей Юшенков

ПРИЛОЖЕНИЕ 10

ПОКАЗАНИЯ СТАРШЕГО ЛЕЙТЕНАНТА АЛЕКСЕЯ ГАЛКИНА (ПОСЛЕ 18 НОЯБРЯ 1999 Г.)

[Старший лейтенант А. В. Галкин дает интервью группе иностранных журналистов, в том числе американскому и турецкому. Вопросы задаются на английском и переводятся на русский. В распечатке даются русские переводы вопросов, озвученные переводчиком, и ответы Галкина.]

ПЕРЕВОДЧИК-ЖУРНАЛИСТ (далее: ЖУРНАЛИСТ): Можете представиться, пожалуйста.

ГАЛКИН: Помощник начальника направления, старший лейтенант Галкин Алексей Викторович, сотрудник...

(Иностранные журналисты указывают, что Галкин плохо сидит и на него не попадает свет камеры. Галкина пересаживают правее.)

ЖУРНАЛИСТ: Вот сюда можете, поближе к свету. Еще раз в камеру скажите, пожалуйста.

ГАЛКИН: Помощник начальника направления, старший лейтенант Галкин Алексей Викторович, сотрудник Главного разведывательного управления Российской Федерации.

ЖУРНАЛИСТ: Могу ли я спросить, пожалуйста, как вы сюда попали?

ГАЛКИН: Я вместе с полковником Ивановым и старшим лейтенантом Похомовым был задержан 3 октября на территории Чеченской Республики Ичкерия при попытке проехать из Моздока в селение Беной-Юрт для выполнения специального задания.

ЖУРНАЛИСТ: И при попытке пересечения вот эти все документы – вот это ваше удостоверение, вот это – оно находилось при вас? [Показывает удостоверение.]

ГАЛКИН: Это удостоверение находилось при мне, и вот эти вот документы находились в наших личных вещах.

ЖУРНАЛИСТ: И какую именно цель несет вот эта информация, которая находится в этой книжке, что это за информация здесь находится?

ГАЛКИН: Здесь находится переговорная таблица [показывает] для работы по средствам связи, то есть таблица кодированных сообщений для передачи информации по открытым каналам связи – таким, как УКВ-радиостанция типа «Моторола», «Кенвуд» и радиостанция ФТ.

ЖУРНАЛИСТ: С какой целью информация вот в этой книжке [показывает книжку]?

ГАЛКИН: Это блокнот с расчетными формулами для подрыва конструкций, строений, зданий и разных сооружений.

ЖУРНАЛИСТ: Это ваша запись, ваш почерк?

ГАЛКИН: Да, это мой почерк.

ЖУРНАЛИСТ: Что вы собирались делать с этой информацией, с помощью этой информации?

ГАЛКИН: Наша задача была минирование автомобильных дорог с целью уничтожения автотранспорта с беженцами и мирным населением, а также в дальнейшем для минирования зданий и подрыва зданий с мирным населением.

ЖУРНАЛИСТ: Принимали ли вы участие во взрывах зданий в Москве и Дагестане?

ГАЛКИН: Лично я участия во взрывах зданий в Москве и в Дагестане не принимал, но мне известно, кто подорвал, кто стоит за подрывом зданий в Москве и кто подорвал здания в Буйнакске.

ЖУРНАЛИСТ: Вы можете сказать, кто?

ГАЛКИН: За подрыв зданий в Москве, в Волгодонске ответственны спецслужбы России – ФСБ совместно с Главным разведывательным управлением. Подрыв зданий в Буйнакске – это дело рук сотрудников нашей группы, которая в это время находилась в командировке в Дагестане.

ЖУРНАЛИСТ: И, насколько я знаю, уже здесь вы были сняты на пленку, сознавались во всем этом, по-видимому, вы были сняты на видеокамеру. И когда вы... во время съемок вы действовали по собственному желанию?

ГОЛОС ЗА КАДРОМ РУКОВОДИТЕЛЯ ЧЕЧЕНСКОЙ СЛУЖБЫ БЕЗОПАСНОСТИ АБУ МОВСАЕВА: Это... На этот вопрос не надо отвечать.

ЖУРНАЛИСТ: Как к вам здесь относились?

ГАЛКИН: Ко мне здесь относились хорошо. Меня как военнопленного здесь не били, три раза в день кормили и при необходимости оказывали медицинскую помощь.

ЖУРНАЛИСТ: Здесь заявление, сделанное вами. Вы подтверждаете, что вы сделали это добровольно, без какого-либо давления с чьей либо стороны?

ГАЛКИН: Это заявление отпечатано с моих слов, я написал это заявление от руки [держит бумажку перед лицом], с моей личной подписью.

ЖУРНАЛИСТ: Сейчас, на данный момент, когда вы с нами говорите, вы боитесь чего-нибудь?

ГАЛКИН: Нет, просто я первый раз выступаю перед журналистами... журналистами западных телекомпаний, поэтому немного волнуюсь.

ГОЛОС ЗА КАДРОМ АБУ МОВСАЕВА: Ихние службы не должны выступать по...

ГАЛКИН: Просто-напросто по роду нашей службы мы должны... перед телекамерами не должны показываться. [Напряженно улыбается.]

ЖУРНАЛИСТ: Спасибо.

ГОЛОС ЗА КАДРОМ: А, да, теперь вопросы, только на турецком языке... Сюда переходите...

ЖУРНАЛИСТ: Это те же вопросы, только на турецком, спросят и все...

[Вопросы задаются на турецком языке, затем переводятся на русский.]

ЖУРНАЛИСТ: Вы подтверждаете, что все эти документы принадлежат вам? Вот это удостоверение, вот это заявление, все это принадлежит вам. [Галкин показывает удостоверение в развернутом виде.]

ГАЛКИН: Да, все эти документы принадлежат мне.

ЖУРНАЛИСТ: С какой целью вы прибыли в этот регион – Дагестан, потом в Чечню?

ГАЛКИН: В Дагестан и Чечню мы прибыли для проведения террористических актов на территории Дагестана и на территории Чеченской Республики Ичкерия.

ЖУРНАЛИСТ: И против кого были эти акты направлены? Вы должны были сделать взрывы против мирного населения или когонибудь еще?

ГАЛКИН: Эти взрывы были направлены против мирного населения.

ЖУРНАЛИСТ: И кто... С чьей стороны вы были назначены?

ГАЛКИН: Мы были назначены и отправлены в командировку распоряжением начальника Главного разведывательного управления вооруженных сил Российской Федерации.

ЖУРНАЛИСТ: Можете назвать имя именно вот этого человека, который вас послал?

ГАЛКИН: Это генерал-полковник Корабельников, начальник Главного разведывательного управления, и начальник 14-го управления Главного разведывательного управления генерал-лейтенант Костечко.

ЖУРНАЛИСТ: Вы лично и ваше подразделение имеете ли отношение к взрывам в Москве?

ГАЛКИН: Лично наше подразделение к взрывам в Москве отношения не имеет, так как в то время мы находились в Дагестане. Сотрудниками нашего подразделения, численностью в 12 человек, которые находились в это время в Дагестане, был произведен взрыв дома в Буйнакске.

ПРИЛОЖЕНИЕ 11

БЕСЕДА АБУ МОВСАЕВА С ГРУППОЙ ИНОСТРАННЫХ ЖУРНАЛИСТОВ О ПОКАЗАНИЯХ ГАЛКИНА

АБУ МОВСАЕВ: В данное время, в которое у нас находится сотрудник ГРУ, ихний руководитель полковник Иванов, который именно руководил – Иванов – взрывом дома. ГРУ... В данной ситуации вы можете заснять старшего лейтенанта (показывает удостоверение)... старшего лейтенанта Галкина Алексея, который являлся переброшенным на территорию Чеченской Республики Ичкерии с Дагестана. Все, засняли? (Фотографируют.) Еще? В Волгодонске также взрывы совершили сотрудники спецслужб. И поэтому сегодня то, что нас называют террористами, – это доказывает обратное. (Показывает.) Это у них шифрограммы, то есть шифрограммы здесь. Это книга для взрывов, для взрывной деятельности, для взрывной деятельности: какие, сколько должно применяться. Все это имеется у нас полностью – доказательная база и ихние все... Это все (демонстрирует), все это доказывает (фотографируют)... Это все. Ну, дальше, следующий момент...

ВОПРОС: (Вопросы задаются обычно на английском и переводятся затем на русский переводчиком, не всегда точно и правильно.) Именно у кого-то, у кого-то эту книгу нашли?

АБУ МОВСАЕВ: Ихняя группа, которая у нас задержана, ГРУ. То есть которая была, чтобы понятно вам сегодня было, – это Главное разведывательное управление Российской Федерации, 14-е управление.

ВОПРОС: Именно какого числа вы эту книгу нашли?

ОТВЕТ: Это мы задержали их 3–4 октября 1999 года, эту группу.

ВОПРОС: Когда они нашли этого человека?

ОТВЕТ ПЕРЕВОДЧИКА: В тот же день, 4-го октября.

ВОПРОС: 14-е управление ГРУ. Главное разведывательное управление Российской Федерации занимается в первую очередь убийствами политических руководителей и подрывной деятельностью. Вот заявление, которое сделал старший лейтенант Галкин. (Показывает.)

ВОПРОС: Добровольное имеет заявление?

ОТВЕТ: Да. Вот его подпись.

ВОПРОС: Почему 4 октября сразу он не сделал заявление?

ОТВЕТ: А, не... ну сначала мы с ним, сначала работали, долгое время работали, потом он обратился, кассету мы направили в Стамбул на 18 ноября саммит, где он конкретно... они указывали для чего они... После этого, слушайте дальше, после этого российское руководство, Главное разведывательное управление, сделали заявление, якобы они думали, что мы их расстреляли. Так как мы пустили слух.

ВОПРОС: Мотивацию его признаться? Что его мотивировало?

ОТВЕТ: Мотивировало то, что он, когда увидел, что полностью уничтожается чеченский народ, без разбора. Мы показывали ему кассеты убийства детей, убийства женщин, стариков, и, так как еще я как-никак являюсь руководителем спецслужбы, зная ихнее Управление, чем они занимаются, и, когда мы доказали ему юридически, и так, после последующего, признался.

ВОПРОС: И он принимает на себя ответственность за один взрыв, это правильно?

ОТВЕТ: Не... Взрыв – в то время он находился в Буйнакске. Взрывами данными в Буйнакске руководил полковник Иванов, который являлся его руководителем и вместе с ним был заброшен в Чечню. Он называет фамилию Иванова и других сотрудников, да, не... но он не участвовал в этом деле.

ВОПРОС: На основании этого одного признания вы делаете вывод, что другие взрывы, в Москве, также были работой российского правительства? Вы только думаете...

ОТВЕТ: Э, не... Мы это «не думаем», у нас есть доказательства. Первое доказательство, первое доказательство – это то, что любая группа, которую забрасывают в тыл к противнику, они уже знают, ихний руководитель докладывает, что мы идем на территорию Чеченской Республики, так как мы сделали взрывы в Москве, Волгодонске, Буйнакске. То есть не именно ихняя группа во всех, то есть мы из них перед мировым сообществом сделали террористами, убийцами в похищении людей, мы должны сегодня доказать, что эти люди являются... необходимо уничтожить, то есть чеченский народ. На политзанятиях. До сих пор... Второй момент, где у нас имеются доказательства, это то, что я до этого повторял и сейчас повторяю: был применен гексоген. На территории Чечни гексогена не имеется. Гексоген под красной полоской «совершенно секретно» имеется только у спецслужб Российской Федерации, и никто не имеет права без руководителей Главного разведуправления и ФСБ брать хоть грамм этого гексогена. И в последующем задержанные нами сотрудники ГРУ объясняли, что при последнем выходе ихний полковник Иванов при политзанятии им объяснял, что эти взрывы совершили наши сотрудники совместно с ФСБ. Да, да, и еще один, они все об этом...

ВОПРОС: Обвиняете за эти взрывы правительство России, Главное разведывательное управление, ФСБ или именно какого-то одного человека?

ОТВЕТ: Во-первых, я вам конкретно скажу. Разрабатывал Путин Владимир, председатель. Конкретно – руководителями этих спецслужб Российской Федерации, бывшие разведчики внешней разведки, которые были назначены Путиным, и это самые доверенные люди на сегодняшний день у Путина. Здесь второй момент: то, что сегодня на политической арене Путин любой ценой, любыми убийствами хочет стать президентом Российской Федерации.

(Гаснет свет, съемку прерывают. Абу Мовсаев закуривает.) Я когда курю, пожалуйста, не снимай меня.

(Свет включают, съемка возобновляется, Абу Мовсаев продолжает.)

Еще одно: я не хочу сегодня вам вот доказывать, что мы ангелы, я не хочу доказывать, что мы хорошие. Мы хотим доказать одно: что Россия является как государство террористическое. Больше ничего. Все, что мы сегодня... на что мы идем, это ради Аллаха идем, если Запад вмешается... Если честно сказать, мы уверены, что Запад сегодня, руководство Запада в крайнем случае, не будет вмешиваться в убийство чеченского народа... Все остальное знаете: все войны заканчивались переговорами. Я считаю, что мы прошлую войну выиграли, я думаю, мы выиграем и эту войну. Чтобы информация у вас конкретно была: сегодня все передавали, что Аргун русскими взят. Сейчас идут ожесточенные бои в Аргуне, и российские войска отходят назад. Так, еще ко мне вопросы? Потом... А у меня единственная просьба: переведи им... Слишком много вопросов я не дам задавать сотруднику Главного разведывательного управления. Вы можете у него спросить... спрашивать, с какой целью они были переброшены на территорию Чечни, в отношении Дагестана, где они до этого работали, вот и все остальное... ну и вот заявление (показывает) – мы его заставили или не заставили. Прошу сегодня не думать, что мы этого человека... Если наши попадают им в руки, они их сразу убивают. Ну, хотя сегодня мы не можем его одеть, накормить так, как положено, – это вина самих русских, потому что мы полностью блокированы. Еще одно: любой международный закон предусматривает сотрудников спецслужбы, которые перешли для подрыва, убийства политических лидеров, – их судебным... проводят судебное расследование – и к расстрелу. Мы могли бы их до этого расстрелять. (Показывает книжку сотрудника ГРУ, показывает шифроблокнот другого задержанного.)

ВОПРОС: Это почерк именно вот этого офицера или еще когото?

ОТВЕТ: Это второго сотрудника ГРУ, это... А, его самого, его... Это шифрограммы второго сотрудника, шифрограммы и кодовые шифрограммы, которые они передавали, это заранее подготовленные шифрограммы, это все то, что они передавали, это маршруты ихние, где... да, это ихние шифрограммы, связист и подрывник... Это ихние, да... это... такие кодовые названия, космическая связь... Вот... Вот смотри... Вот переговорная таблица по радиолокации спутниковой связи для ведения службы радиообмена. Это...

ВОПРОС: Для разведчика это глупо – при себе такие бумаги носить.

ОТВЕТ: Они не думали... Их перевозили чеченцы на скрытой машине, так как иногда мы не проверяем чеченские машины, с бородой тем более. Менталитет... Они рассчитывали на это. Вот значение, то, что... Вот смотрите, противник обозначается – лист. (Показывает и рассказывает обозначения из шифроблокнота.) Если они увидели противника, то есть нас. Они... Кодовые названия...

ПЕРЕВОДЧИК: «Жук» – «бронетранспортер», «паук» – «машина», «струна» – «самолет».

ОТВЕТ: Ну, вообще, что это. Так, еще что?

ВОПРОС: Это только в крайних случаях используют?

ОТВЕТ: Это когда они натыкаются на наш, к примеру, населенный пункт, когда они должны наносить удары, они передавали кодовые названия, если мы сидим там, чтобы не было понятно. Вот, к примеру, Берлин, называют «город Берлин». На территории Чечни есть Братское. Надтеречный район. Бар, слово «Бар» – тоже Надтеречный район. Это те населенные пункты, где они должны были первоначально работать и наносить удары.

ВОПРОС: Все ли запланированные взрывы состоялись или же некоторые взрывы были предотвращены? Должны ли были состояться еще взрывы?

ОТВЕТ: Естественно. Они, по моим оперативным данным, в Пензе они не были бы, в Рязани то есть... в Рязани не были бы пойманы сотрудниками МВД нечаянно, то взрывы должны были быть в Волгограде, в Ставропольском крае, в Саратовской области, ну, то есть, в основном, где большинство живут чеченцы. (Повторяет.) Саратов... Ну и в основном, где компактно...

ВОПРОС: Должность ваша?

ОТВЕТ: Начальник Особого управления при Президенте. Я тогда давал доказательства убийства... убийства Красного Креста. Я тогда руководил отрядом специального назначения. Что убийство Красного Креста совершили люди Дениева, которые в данное время находятся в Москве. Вот, и там везде...

ПЕРЕВОДЧИК: Адам Дениев...

АБУ МОВСАЕВ: И который является сотрудником, агентом спецслужб. У него имеется удостоверение ГРУ, все у него удостоверения... Когда мы подписали соглашение между ФСБ Российской Федерации и Национальной службой безопасности, официально к Ковалеву, руководителю, тогдашнему руководителю ФСБ, заявили, с доказательствами, чтобы он выдал нам Дениева, на что мне Ковалев ответил, что он не сможет отдать Дениева мне, так как они очень заинтересованы в дальнейшей его работе. И наш прокурор Чеченской Республики Ичкерия неоднократно официально у прокуратуры Российской Федерации требовал выдачи Дениева, именно по убийству Красного Креста, но мы никак не смогли получить его.

ВОПРОС: Почему Дениев убил людей Красного Креста?

ОТВЕТ: Материал, когда я подал в отставку, оставил нашей службе, спецслужбе, и в прокуратуру, нашу прокуратуру.

ВОПРОС: Вы знаете, кто убил Фреда Кенинга?

ОТВЕТ: Прекрасно знаю. Так как у меня дома в период до войны в то время... И перед тем, как в последний раз уехать, он ночевал у меня. С некоторыми доказательствами, что творится в фильтрационных лагерях российской республики. После того как он пропал без вести, Джохар Дудаев, президент, был первый президент Чеченской Республики, создал бригаду по розыску и местонахождению Кенинга. Я как руководитель спецслужбы входил в эту бригаду, то есть мы установили, что последний раз его видели на перекрестке у Чечен-Аула, где в то время стояли российские войска. С уверенностью... Если сегодня в Российской Федерации... Потом пошел слух, что в Ачхой-Мартановском районе (неразборчиво) мы до сих пор не нашли, я уверен, что если российские войска войдут в этот район, захватят, то обязательно они найдут место захоронения, то есть они единственные знают место захоронения. В 1996 году к нам обратился один офицер Российской Федерации, что он сможет показать место захоронения, но хотел сто тысяч долларов. Так как у нас не было таких денег (неразборчиво)... Потом этот офицер как-то пропал (неразборчиво). Мне сказали, что именно продаст медальончик, который находился на его теле.

ВОПРОС: Что вы знаете об убийстве сотрудников британской телекомпании?

ОТВЕТ: Знаю. (Неразборчиво.) Один из тех людей именно был похищен. Я в прошлый раз, когда приезжали американские и немецкие журналисты (неразборчиво), мы им давали конкретно, но все запомнить в голове как-то... По этому документу можно уголовное дело (неразборчиво). Это, понимаете, сегодня я могу (неразборчиво)... масса похищенных людей находились на территории Дагестана, Ингушетии и Северной Осетии. И также их содержали там же. У нас организованные преступные группировки всех республик и нашего государства имели между собой какую-то даже (неразборчиво)... Наши преступные группировки сообщали родственникам того или иного и якобы брали на себя ответственность. Конкретно могу: к примеру, Арби Бараев, которого все считали, что он злодей, что он совершал кражи людей.

Если вы вспомните, в Махачкале были похищены четыре француза. Если вы помните, четыре француза были похищены. Помните? Вот это дагестанцы вышли на Бараева попросили его сказать, что эти французы находятся в Чечне. За этот звонок Бараев получил двести тысяч долларов. Так как Бараев в то время (неразборчиво)... На границе Чечни и Дагестана, в Герзели, Бараев получил три миллиона. Двести тысяч долларов оставил себе, два миллиона восемьсот тысяч долларов отдал дагестанцам, и на территорию Дагестана привезли французов и передали. Таких случаев очень много.

ПРИЛОЖЕНИЕ 12

КНИГА «ФСБ ВЗРЫВАЕТ РОССИЮ»:
ФАКТЫ ИЛИ ВЕРСИИ?*

*Радио «Свобода». Передача «Факты и мнения».
11 июня 2002 г. Ведущий – Лев Ройтман*

ЛЕВ РОЙТМАН: В Америке в январе этого года на английском языке вышла книга «Взрывая Россию. Террор изнутри». Под таким же заголовком радио «Свобода» дало в нескольких передачах детальное изложение этой книги, а в августе прошлого года отрывки из этой книги публиковала московская «Новая газета». В феврале в нью-йоркском издательстве «Либерти Паблишинг Хаус» вышел русский оригинал книги под названием «ФСБ взрывает Россию», подзаголовок: «Федеральная служба безопасности – организатор террористических актов, похищений и убийств».

Авторы книги – бывший подполковник ФСБ Александр Литвиненко и известный историк Юрий Фельштинский, который участвует в предстоящем разговоре из Бостона по телефону. А в нашем московском бюро у микрофона правозащитники Сергей Ковалев, Олег Орлов и Александр Черкасов.

Юрий Георгиевич Фельштинский! 5 марта в Лондоне, уже после выхода вашей книги, был показан во время пресс-конференции Бориса Березовского французский документальный фильм «Покушение на Россию» – о вероятном участии ФСБ во взрывах жилых домов в сентябре 1999 года. Взрывы – как пролог и повод ко второй чеченской войне. Вы же описываете ФСБ на более широком материале вообще как организацию преступную.

Во-первых, есть ли связь между вашей книгой и французским документальным фильмом? И второе: ваши источники информации – поддаются ли они проверке?

ЮРИЙ ФЕЛЬШТИНСКИЙ: Связь между книгой и фильмом безусловна. Потому что инициатором фильма был я, и идея сделать фильм по книге была моя. А дальше уже встает вопрос о том, как именно все это организовывалось, как именно искалась команда французских режиссеров и прочее. Но связь между книгой и фильмом прямая. Это первое.

И второе – ответ на вопрос об источниках книги. В самом издании, и в английском, и в русском, как все обратили внимание, источники не указывались. Это делалось умышленно: я не хотел облегчать работу ФСБ по критике книги. Потому что если источник указан – тогда есть возможность критиковать не книгу и спорить не с фактами, изложенными в книге, а с самими источниками. То есть я как историк, как профессионал знал, что с этой книгой спорить будет намного сложнее, если источников нет.

Но вот уже на пресс-конференции 5 марта всем журналистам, кроме английского издания книги, раздавался еще и компактный диск. И на этом компактном диске были не просто источники, а была вся исходная база данных, по которым писалась эта книга. И это, наоборот, уже было сделано для того, чтобы абсолютно все журналисты, у которых есть время и желание заниматься этим вопросом, могли понять, что ни одна фраза, написанная в этой книге, не выдумана и не взята с потолка, что для абсолютно каждого слова, которое в этой книге написано, для любого вывода есть источник, есть исходный материал, на основании которого авторы, я и Александр Литвиненко, пришли к тем или другим выводам.

ЛЕВ РОЙТМАН: Спасибо, Юрий Георгиевич. Теперь очень коротко о вас: вы историк – трудно сказать, американский или русский. Вы защитили докторскую диссертацию в 1993 году в академическом институте в Москве, ваши книги и отредактированные вами сборники документов выходили в Америке еще до этого. В частности, в Париже книга «Большевики и левые эсеры», затем «К истории нашей закрытости» (Лондон, 1988 год), «Крушение мировой революции» – там же, в Лондоне, в 1991 году, а потом уже и в Москве в 1992-м. И последняя ваша книга – «Вожди в законе». То есть у вас, в сущности, репутация научная безупречна. Это к аттестации, так сказать, вашей научной добросовестности.

Теперь вопрос в Москву, где находятся гости передачи. Александр Владимирович Черкасов, член правления общества «Мемориал», сотрудник Правозащитного центра (в частности, программа «Горячие точки»). Вы были и работали в Чечне во время первой и уже во время второй войны. Следующий сюжет, если хотите: во время моего недавнего пребывания в Москве мы с вами встретились и вы были очень критически настроены в отношении книги Литвиненко и Фельштинского. В то время как раз шли наши передачи, изложение этой книги, и вы были даже против этих передач. Ваша позиция: во-первых, чем она объяснялась? (Я не хотел выслушать тогда вашу позицию, чтобы вы, простите, по-журналистски не расхолаживались). Это во-первых: ваша позиция. А во-вторых, быть может, она изменилась все-таки?

АЛЕКСАНДР ЧЕРКАСОВ: Знаете, теперь, когда я имел возможность ознакомиться с текстом книги в целом, я могу сказать, что она разная. В ней есть фрагменты, главы, которые содержат ссылки на источники (или по крайней мере ссылки на источники, которые появились сейчас в открытой публикации). Например, об организации взрывов в Москве в конце 1994 года. Сейчас «Новая газета» напечатала это как материалы судебных слушаний в Московском городском суде. То есть есть возможность перепроверки. Или по Рязани, где просто хорошая сводка материалов вокруг неудавшегося взрыва.

Но дело в том, что российскому читателю исходно в «Новой газете» были доступны три главы книги: глава, посвященная первой чеченской войне, глава, посвященная взрыву в Рязани, и глава, посвященная другим эпизодам, другим взрывам, на источниках, которые непроверяемы, у нас нет возможности их проверить.

Как раз события первой чеченской войны мои коллеги и в какой-то степени я знаем достаточно неплохо. И именно там есть много натяжек, много произвольных толкований для того, чтобы доказать авторскую концепцию. Ясно, что господин Фельштинский это не выдумал, он взял из каких-то источников, видимо, достаточно некритически.

Кое-где это просто даже ставит в ложное положение,

например, моих коллег. Оказывается, они не знали, что делали в Буденновске. Вот сейчас у нас будет годовщина – семь лет со времени буденновских событий. В книге изложена концепция того, что же там произошло. И поскольку всю эту книгу мы здесь разобрать не можем, хотелось бы по некоторым эпизодам показать, что в общем возможны другие толкования.

Оговорюсь: разумеется, книга необходима, и она должна быть прочитана, как многие другие книги, для того чтобы с ней спорить. Но с ней нужно спорить уже сейчас, чтобы отделить действительно доказуемые и доказанные моменты от некритического повторения бытующих в прессе – в российской, иной ли – версий.

ЛЕВ РОЙТМАН: Сергей Адамович Ковалев, депутат Государственной думы, председатель российского общества «Мемориал». Во время первой чеченской войны, Сергей Адамович, вы были руководителем так называемой «группы Ковалева». Это была наблюдательная комиссия правозащитных организаций в зоне военных действий в Чечне. Вы были и в Буденновске (коль скоро мы говорим о Басаеве, о захвате больницы в Буденновске). 14 июня – годовщина этого террористического, с моей точки зрения, актав чистом виде. Сейчас вы председатель Общественной комиссии по расследованию обстоятельств взрывов в городах России осенью 1999 года, а это основная тема книги Александра Литвиненко и Юрия Фельштинского «ФСБ взрывает Россию».

Вопрос: факты, которые приводятся в этой книге (при том, что не все факты документированы, мы слышали мотивировку автора, Юрия Фельштинского, почему не все документированы), как бы то ни было, способствуют ли вашей расследовательской работе эти факты?

СЕРГЕЙ КОВАЛЕВ: Видите ли, книга нам, несомненно, нужна, более чем полезна, просто необходима. Тем не менее я целиком согласен с замечаниями, сделанными Черкасовым.

Вот речь о том же Буденновске. Это всего один эпизод, но, между прочим, эпизод чрезвычайно, я бы сказал, демонстративный. Гипотеза авторов: была получена взятка за предстоящее перемирие, взятка миллионная. Чеченцев, грубо говоря, кинули, деньги взяли, а перемирие замотали. И тогда Дудаев поручает Басаеву провести некую акцию, которая должна либо привести к миру, либо вернуть деньги. Вот такая удивительно наивная, скажем, конструкция. А дальше события в Буденновске излагаются так: почти захвачена спецчастями больница, вот-вот будут добиты боевики Басаева, и вдруг Черномырдин ни с того ни с сего вспоминает о том, что надо действовать «по понятиям», и хочет восстановить добросовестность со стороны Москвы: приказывает остановить операцию.

Ничего подобного не было. Я не знаю, могли ли быть какие-то обмены деньгами, чего не знаю, того не знаю. Верится в это с трудом, но доказывать я этого не могу. Но уж я точно знаю, что никакой Черномырдин не останавливал атаку ОМОНа. Атака была отбита, атака захлебнулась, больница вовсе не была взята, основные жертвы понесли заложники, а вовсе не боевики. И вот тогда нам удалось дозвониться Гайдару. Гайдар вступил во взаимодействие с Черномырдиным, и Черномырдин поручил мне сформировать делегацию для переговоров с Басаевым, что и состоялось. Что же касается переговоров, которые велись параллельно между Вольским с одной стороны и Имаевым (не только ими, конечно) – с другой, то на самом деле эти переговоры официально начались уже тогда, когда мы в автобусах ехали из Буденновска.

ЛЕВ РОЙТМАН: Спасибо, Сергей Адамович. Итак, вы ставите версию Юрия Фельштинского и Александра Литвиненко под сомнение. Естественно, Юрий Фельштинский сейчас выскажется.

Хочу заметить следующее – по поводу того, что «в это верится с трудом». Верится ведь с трудом и в то, что ФСБ взрывала дома в России. По этому поводу очень многие, по чувству и по логике, согласны со следующим заявлением Путина. Он буквально вскричал: «Что? Взрывали свои собственные дома?» Ему был задан соответствующий вопрос журналистом. «Ну, знаете, чушь, бред собачий. Нет в российских спецслужбах людей, которые были бы способны на такое преступление против своего народа. Даже предположение об этом аморально и по сути своей не что иное, как элемент информационной войны против России».

Итак, и это предположение, а это центр всей книги Фельштинского и Литвиненко, говоря на жаргоне, многим на голову не налазит. И тем не менее вы занимаетесь расследованием этих обстоятельств, Сергей Адамович. Не верится, а вдруг так оно и было?

ЮРИЙ ФЕЛЬШТИНСКИЙ: Во-первых, мне бы хотелось подчеркнуть, что книга «ФСБ взрывает Россию» в основном своем блоке касается не событий в Буденновске, а более важных для этой книги событий, а именно — истории взрывов в Москве и в Рязани.

Во-вторых, мне не хочется действительно сосредоточивать всю нашу дискуссию вокруг одного эпизода, независимо от того, насколько он аккуратен или неаккуратен с точки зрения участников этого «круглого стола».

В-третьих, нам хотелось обратить внимание не на те эпизоды даже истории Буденновска, которая всем известна, а на тот один эпизод этой сложной истории, который никому не известен. А именно — о взятках, которые давались в этот момент. И то, что Сергей Адамович поставил вопрос, что сомнительно, что все это делалось за деньги, я бы чуть-чуть иначе сформулировал: абсолютно очевидно, что все, что делалось в российской политике в этот период, делалось только за деньги, и никогда ничего не делалось бесплатно. Так что здесь, конечно, есть о чем поспорить.

Но, повторяю, мне хочется и в интересах наших слушателей все-таки передвинуть нашу дискуссию с поминутного и почасового разбора событий буденновских (которые, кстати говоря, не дописаны, эта история еще не дописана, там, я думаю, много нового еще есть и интересного, когда-нибудь мы, наверное, об этом узнаем), а переместить всех нас в сторону основной темы книги, а именно взрывов в России в сентябре 1999 года.

ЛЕВ РОЙТМАН: Спасибо, Юрий Георгиевич. Я полностью с вами согласен, и как ведущий я на этом ставлю точку в разборе эпизода с Буденновском. Он действительно далеко не центральный для вашей книги, и, наверное, книги бы не было, если бы речь шла только об этом.

Олег Петрович Орлов – член правления общества «Мемориал», председатель совета Правозащитного центра (та же программа «Горячие точки», ее руководитель). Вы были участником «группы Ковалева», работали в Чечне и во время первой, и во время второй войны. С вашей точки зрения, основные посылки книги «ФСБ взрывает Россию» – заслуживают ли они общественного внимания?

ОЛЕГ ОРЛОВ: Безусловно. Дискуссия вокруг этого вопроса, вокруг посылок этой книги безусловно нужна, она очень полезна. Другое дело, что я к этой книге отношусь, пожалуй, значительно более критически, чем мои коллеги.

Понимаете, нам говорят: давайте оставим в стороне события первой войны, книга посвящена другому, мол, это все частности, речь идет о взрывах. Но в той части, где речь идет о взрывах в Москве, я не могу проверить точность фактов, тем более что в книге нет точных ссылок (я с диском не ознакомился). Но в той части, которая касается описания первой войны, – оставим в стороне Буденновск, многие другие эпизоды той войны описаны, мягко говоря, неточно. Или не то что неточно подчас, а берется одна версия, удобная для той основной версии, которая проходит через всю книгу. И когда я сталкиваюсь с таким подходом, с таким отбором фактов в той части, которая посвящена первой чеченской войне, у меня действительно вызывает сомнения скрупулезная точность изложения и подбора фактов в остальных частях книги.

Именно вот эта неточность, именно эта, скажем так, размашистость в описании фактов (Буденновск – это только вопиющий пример, такие примеры есть еще) обесценивает практически эту книгу. И поэтому та дискуссия, которая очень важна вокруг этого вопроса: кто взрывал дома, участвовали ли спецслужбы во взрывах домов? – когда эта дискуссия строится вокруг этой книги, к сожалению, это снижает уровень этой дискуссии.

ЛЕВ РОЙТМАН: Спасибо, Олег Петрович. Для ясности, ради наших слушателей, просто приведу цитату для пояснения мотивов и направленности изложения в книге «ФСБ взрывает Россию»: «Если в первую чеченскую войну 1994–1996 годов госбезопасность пыталась предотвратить разворот России в сторону либерально-демократического развития, политические задачи второй войны были куда серьезнее: спровоцировать Россию на войну с Чечней и в начавшейся суматохе захватить власть в России на ближайших, 2000 года, президентских выборах. «Честь» разжигания войны выпала на долю нового директора ФСБ генералполковника Патрушева».

ЮРИЙ ФЕЛЬШТИНСКИЙ: Вы знаете, я как автор, наверное, был бы нескромен, если бы призывал организовывать всю дискуссию по взрывам в сентябре 1999 года вокруг собственной книжки. Ради бога, можно поставить ее на полку и просто говорить на эту тему безотносительно к тому, что написано в книге. Трупы-то не виртуальные, а реальные, и с трупами ошибок нет – независимо от того, кто описывает и как описывает эти события.

И на вопрос о том, кто виноват в этих трупах, пока что мы не получили ответа. И если трудно предположить, по мнению президента Путина, что российские офицеры взрывали собственные дома с собственными живыми гражданами, то, по-моему, очень легко предположить, что российские офицеры убивают мирное население в той же Чечне, причем не только чеченцев, а еще и русских. По-моему, очень легко предположить, что не чеченцы взрывали эти дома, поскольку нет никаких указаний на то, что эти дома взрывали чеченцы, и так далее.

Мне кажется, мы все время сужаем наш разговор. Про взрывы мы не хотим говорить, потому что факты, изложенные в книге, может быть, и убедительны, но, если сравнивать их с главой номер один про чеченские события, то эти моменты не очень убедительны, а тогда не очень убедительна и вся книга, и давайте тогда помолчим и не будем говорить о взрывах... В конце концов, нас же волнует, наверное, не то, насколько мастерски Литвиненко и Фельштинский изложили свою концепцию. Наверное, нас все-таки больше интересует вопрос, кто же и почему взорвал дома в России в сентябре 1999 года. И мне кажется, что правильнее всего сосредоточиться именно на этом вопросе. И почему-то до тех пор, пока мы не написали эту книжку, и до тех пор, пока французские журналисты с помощью денег Березовского не сделали фильм, об этой теме никто не говорил.

ЛЕВ РОЙТМАН: Спасибо, Юрий Георгиевич. Это не совсем верно, потому что еще до этого фильма (кстати, вы сами это описываете в книге) депутаты Госдумы Щекочихин и Иваненко пытались добиться парламентского запроса прокуратуре о происходившем, об обстоятельствах событий в Рязани. Другое дело, что эти попытки подвигнуть Государственную думу на запрос не увенчались успехом. И в результате, – правда, уже после фильма и после вашей книги – возникла та Общественная комиссия по расследованию обстоятельств взрывов в городах России осенью 1999 года, которую и возглавляет Сергей Адамович Ковалев.

Сергей Адамович, вырисовывается ли какая-то основная версия у вас? Ведь речь идет о расследовании, в конце концов, а расследование занимается не чем иным, как проверкой различных версий. Какова ваша версия, которую вы проверяете, о взрывах?

СЕРГЕЙ КОВАЛЕВ: Если говорить о комиссии, которую мы создали, я хотел бы только сказать, что созданию этой общественной комиссии с широким участием депутатов предшествовала очередная попытка создать парламентскую комиссию. Она, как это принято у нас в стране, у нас в Думе во всяком случае, блистательно провалилась. Хотя должен сказать, что довольно многие голосовали за – 180 человек, это все-таки немало.

Что за цели стоят перед этой комиссией, какую версию мы исследуем? Мы начали исследовать, как это и положено, все версии, существующие на этот счет. Что касается версии об участии спецслужб в этих взрывах, об организации... Мне страшно верить в эту версию, но это не значит, что мы ее отвергаем.

Я бы сказал так: нет достоверных доказательств ни версии чеченского следа (есть очень серьезные сомнения в том, что чеченцы осуществили бы это), также я бы сказал, что нет неопровержимых доказательств и версии кремлевской. Есть логические аргументы против обеих версий.

Поручился ли бы я за то, что какая-то из них окажется ложной? Ну, скажем, поручился ли бы я за то, что спецслужбы тут ни при чем? Нет, ни в коем случае не поручился бы. Задача нашей комиссии и состоит в том, чтобы получить достоверные факты.

ЛЕВ РОЙТМАН: Вы бы не поручились, а президент Путин поручился. И, можно думать, это не очень способствует работе вашей комиссии. Ошибаюсь ли я?

СЕРГЕЙ КОВАЛЕВ: Вообще говоря, по логике событий именно власть должна быть более всех заинтересована в подробнейшем и объективном расследовании этих чудовищных преступлений, ибо подозрения ведь на нее падают. Поэтому очень хочется надеяться, что власть будет всячески способствовать работе нашей комиссии. Пока этого не происходит, увы.

АЛЕКСАНДР ЧЕРКАСОВ: Если речь идет о взрывах и о роли спецслужб в российской истории, то мы можем поставить вот это расследование, эту книгу, эту версию (как вы правильно сказали, – это версия) в контекст других расследований.

Знаете, были уже реальные попытки, например, спецслужб прийти к власти на волне взрывов, и были успешные расследования. Например, когда на излете народовольчества один из лидеров народовольцев, Дегаев, сговорился с одним из руководителей охранки, Судейкиным, о том, что они организуют серию терактов, и государь император, убоявшись, дает Судейкину диктаторские полномочия. Было проведено расследование самими народовольцами. Герман Александрович Лопатин это дело выявил. Заговор не удался, неудавшийся диктатор Судейкин был убит, а Дегаеву позволили выехать в эмиграцию. Но тогда было проведено скрупулезное именно в отдельных фактах расследование.

Были и другие эпизоды взаимодействия спецслужб и террористов. Вспомните азефовщину – для нашего сюжета это весьма важно. Если считать, что террористы всегда управляемы спецслужбами, то где же Азеф? Он, оказывается, был связан и со спецслужбами, и он же организовывал теракты против руководства тогдашней России. Что, он был целиком контролируем спецслужбами? Нет, ситуация была сложнее.

Вообще взаимодействие террористического подполья и спецслужб – это сложная материя, нужно там разбираться весьма скрупулезно, чтобы не впасть в такую одностороннюю версию – «все диктуется из одной точки».

ЛЕВ РОЙТМАН: Спасибо, Александр Владимирович. Насколько я понимаю книгу, там ведь и нет разговора о подполье. Там разговор о «надполье» – самом высшем эшелоне Федеральной службы безопасности, который организовывал все это ради конкретных политических целей.

ОЛЕГ ОРЛОВ: Я абсолютно согласен с Юрием Георгиевичем, когда он говорит, что люди, которые такое могут творить в Чечне, люди, которые так относятся к своему собственному народу, к российским гражданам в Чечне, люди, которые так могут лгать своему народу на протяжении первой и второй войны, – что от этих людей действительно ждать такого можно, что эта версия очень правдоподобна, исходя из этих общих соображений. А дальше нужно действительно искать факты. Фактов пока таких, которые бы доказывали точно, что за этим стоят спецслужбы, нет, а что это очень вероятно – да, конечно.

ЮРИЙ ФЕЛЬШТИНСКИЙ: Вы знаете, мне бы хотелось обратить внимание и слушателей, и участников нашей беседы на эпизод с Рязанью. Мы, я имею в виду себя и Литвиненко, безусловно считаем, что в рязанском эпизоде доказано абсолютно все. И я могу чисто формально, отвлекаясь от эмоций, сейчас за одну минуту изложить вот эту именно версию.

Что мы знаем про Рязань? Мы знаем, что там были заложены мешки с непонятным веществом. У нас есть экспертиза – экспертиза рязанского ФСБ, причем несколько экспертиз, подтверждающих, что в этих мешках была взрывчатка. У нас есть экспертиза детонатора и фотография детонатора, подтверждающая, что это был боевой детонатор. У нас, кстати, есть еще экспертизы независимых экспертов из нескольких стран, тоже подтверждающих, что детонатор был боевой. У нас есть уголовное дело, которое было возбуждено по факту обнаружения боевого детонатора и мешков со взрывчаткой.

И у нас есть совершенно наглые, ложные заявления ФСБ на самых разных этапах, которые, уж по крайней мере, говорят нам о том, что ФСБ врет от начала до конца по всему рязанскому эпизоду. У нас есть сотрудники «Вымпела», которых показало само ФСБ и сказало, что да, именно эти люди заложили в подвал в Рязани вот эти самые мешки, про которые есть экспертиза, что там взрывчатка, и вот этот самый детонатор, про который есть экспертиза, что этот детонатор – боевой.

Скажите, пожалуйста, какие еще доказательства нужны нам в отношении Рязани? Ведь единственный как бы слабый момент во всей этой концепции – что дом не взорвался. Ну так слава богу!

ЛЕВ РОЙТМАН: Спасибо, Юрий Георгиевич. Ну что ж, я думаю, что если бы в нашей передаче участвовал адвокат кого бы то ни было из тех, кто закладывал эти мешки, он привел бы доводы, которые могут опровергать вашу концепцию. Ибо были и повторные экспертизы, и эти повторные экспертизы, которые проводило уже центральное ФСБ, московское, – они как раз показывают, что там был просто сахар и что это был не боевой взрыватель, а муляж, макет. Это, естественно, повод для общественного разбирательства, которым и занята комиссия Сергея Ковалева.

Вы ведь пишете в своей книге: «Патрушев справедливо рассудил, что за терроризм против собственного народа можно получить пожизненное заключение, а за идиотизм в России даже с работы не снимут». Ну вот и сыграли в идиотов.

Сергей Адамович, а что если ваша комиссия выявит, с вашей точки зрения, только непреложный идиотизм? Как вы будете в этом случае реагировать?

СЕРГЕЙ КОВАЛЕВ (смеется): Вы знаете, давайте подождем, пока комиссия что-нибудь выявит совершенно непреложное.

Что касается рязанского эпизода, должен я сказать, что это действительно в книге наилучшая глава, это очень аккуратно сделанный компендиум всех существовавших публичных заявлений этого рода и вполне логичный анализ.

А может ли существовать иная версия рязанского эпизода? Я позволю себе – совершенно голословно, конечно, – привести свою версию в пользу КГБ.

Да, несомненно, КГБ завралось. Несомненно, КГБ совершило противозаконные действия. Но ведь вот вопрос: собирались ли они взорвать дом?

Я, например, готов предложить такую версию. ФСБ играло в следующую игру: во-первых, убедить, что террорист не дремлет и по-прежнему стремится терроризировать наше население. А вовторых, что доблестные органы удачно и своевременно пресекают эти попытки. Вот эта задуманная операция по техническим причинам сорвалась, и КГБ – простите, ФСБ – пришлось вылезать на версию учений, лживо вылезать: там огромное количество совершенно необъяснимых неувязок, вплоть до того, что аж президент заявляет о готовившемся теракте, а потом оказывается, что это были странные учения (учения, между прочим, тоже противозаконные).

Возможен и такой вариант. Я на нем не настаиваю, но отбросить такого рода версии, этого направления версии было бы чрезвычайно опасно.

ЛЕВ РОЙТМАН: Спасибо, Сергей Адамович. Ваша версия ведь тоже – если, представим себе, она верна – свидетельствует о чудовищном характере этой организации. В книге «ФСБ взрывает Россию» есть глава «Вместо заключения. ФСБ у власти», в которой описывается, что такое власть этой организации над страной.

Вы, Юрий Георгиевич, приходите к выводу, что ФСБ очень недалека от власти в России. Не преувеличиваете ли вы, кстати?

ЮРИЙ ФЕЛЬШТИНСКИЙ: Нет. В этом основная проблема книги. Главная проблема – в величайшей нашей недооценке той глобально преступной роли, которую играет ФСБ. Главная проблема этой книги в том, что нам удалось показать только маленькую верхушечку огромного айсберга и что действительность намного страшнее. Главная проблема этой книги – что она писалась тогда, когда ФСБ захватывала власть, но, может быть, еще до конца ее не захватила.

А я боюсь, что будущее, которое нас ожидает в перспективе нескольких лет куда страшнее, чем даже сегодняшний день. И когда ФСБ и российское правительство абсолютно внаглую назначают генерала Здановича главным цензором страны в виде заместителя гендиректора ВГТРК по вопросам безопасности и во всей огромной стране (не надо воспринимать это буквально) не находится ни одного человека, который в состоянии выйти и громко сказать, что это позор, что позор, когда мелкий Геббельс становится цензором государственной телестанции в годы, когда Россия считается свободной, то, простите, единственное, о чем можно говорить, — это о том, что мы далеко не все события описали, что эта преступная деятельность куда серьезнее. Когда тот же Зданович внаглую в интервью «Известиям», если не ошибаюсь, говорит о том, что бывших чекистов не бывает, и говорит это уже не со стыдом, а с гордостью. Когда у нас ведущие члены Государственной думы, и общество, и журналисты выступают в защиту (Сергей Адамович оговорился, но не случайно) КГБ, да-да, именно КГБ, потому что все те же люди, которые работали в КГБ, работают сегодня в ФСБ, это все тот же кадровый состав, эти люди не изменились, — то, по-моему, будущее, которое нас ждет, далеко не светлое.

ЛЕВ РОЙТМАН: Юрий Георгиевич, кстати, я не вполне могу как ведущий согласиться с тем (поскольку речь идет о фактах), что в России никто всерьез не поднял голос, не записался в протестующие в связи с назначением генерала Здановича. Были такие голоса, были такие публикации. Были и в той радиопередаче, которую я вел, она называлась «Генерал Зданович назначен фельдфебелем Вольтером» — как раз по этому случаю.

Сергей Адамович, вы депутат Государственной думы. С вашей точки зрения, ФСБ уже у власти, возле власти, недалека от власти?

СЕРГЕЙ КОВАЛЕВ: Несомненно, уже у власти. И вот в этом заключении я ни в какой детали спорить с Юрием Георгиевичем не буду. Для меня это очевидно. Мы строим, и очень эффективно строим, «управляемую демократию», как это и было провозглашено нашими политическими лидерами.

Сейчас они осеклись и замолчали на этот счет – ну, наверное, опытные консультанты объяснили им, что такие словосочетания употреблять не надлежит.

Более того, некий сотрудник президентской администрации, имеющий отношение к правовым проблемам, сказал как-то в разговоре своему оппоненту: «Вы не понимаете: мы строим антигитлеровское законодательство». И пояснил свои слова следующим образом. Представьте себе, сказал он, что в Германии 1933 года председателем Центральной избирательной комиссии был бы Вешняков. Неужели вы думаете, что тогда Гитлер имел бы шансы прийти к власти? Понимаете, вот это они и делают, это делают выходцы из КГБ.

И я, обращаясь к проблематике книги и к проблематике нашей сегодняшней беседы, хочу сказать, что, с моей точки зрения, главное мое расхождение с Юрием Георгиевичем состоит в следующем. То обстоятельство, что вторая чеченская война обеспечила избрание подполковника Путина президентом, несомненно. То обстоятельство, что взрывы жилых домов оказались самым важным из психологических факторов одобрения обществом этой войны, тоже несомненно. Вопрос состоит в следующем: эти взрывы были организованы ФСБ или они были использованы ФСБ?

И это вопрос не пустой. Понимаете, книга тенденциозна. Нельзя строить столь тяжкие обвинения, обвинения, которые, между прочим, делают невозможным жить в этой стране, – нельзя строить столь тяжкие обвинения на натяжках, которые мы все втроем, московская часть нашего «круглого стола», пытались показать. Буденновск – это ведь только иллюстрация. Ведь можно было привести и другие примеры заведомой тенденциозности.

Книга важна и необходима, потому что в ней собран достаточно большой материал и высказана пусть тенденциозная, но логически непротиворечивая, с моей точки зрения (я согласен с Черкасовым), несколько наивная версия. Но она есть.

Давайте будем тщательно и скрупулезно исследовать все версии этих трагических событий.

ЛЕВ РОЙТМАН: Спасибо, Сергей Адамович. Могу только заметить, что любой коллаж из фактов будет выглядеть тенденциозным, может выглядеть легкомысленным до тех пор, пока внутренняя суть этих фактов, то есть мотивация, не будет обоснована беспристрастным судебным приговором. Но дождаться судебного приговора по этим делам – по взрывам, – наверное, не придется.

А по поводу политической концепции Юрия Фельштинского и Александра Литвиненко никакой суд принимать никакого решения, естественно, не будет в России, да и не стал бы ни в одной стране мира. Так что любая концепция будет так или иначе иметь какие-то лакуны, дыры, через которые проливается вода, и ничего с этим не поделаешь.

Но следующий вопрос. Мы обсуждали книгу. А каким образом наш слушатель, буде он захочет, может эту книгу получить?

ЮРИЙ ФЕЛЬШТИНСКИЙ: Я должен сказать, что я обращался в очень многие издательства, не буду их сейчас называть, с предложением опубликовать эту книгу в России. Абсолютно все издатели, с которыми я разговаривал (а у меня хорошие связи в издательском мире, я опубликовал в России очень много книг), объяснили мне, что они не в состоянии этого сделать, потому что боятся. Боятся физически за свою жизнь и боятся экономически за жизнь своих издательств, потому что понимают, что государство их после этого как минимум разорит экономически.

Мне хотелось бы воспользоваться поводом и участием в этой передаче и сказать, что у меня и у Литвиненко нет никаких возражений против того, чтобы эта книга издавалась в России любыми издателями и издательствами без дальнейшего согласования с нами и без выплаты нам каких-то гонораров. То есть мы даем разрешение всем издательствам ее опубликовать.

На сегодня книгу можно прочитать реально только в электронных СМИ. Я знаю, что она помещена на сайте Grani.ru. Я знаю, что буквально на днях Grani.ru открывают специальный сайт, посвященный сентябрьским событиям 1999 года. И вот там полный текст книги помещен уже несколько месяцев.

И еще, если позволите, я прокомментирую последнее высказывание Сергея Адамовича, потому что оно очень интересно.

Я боюсь, что еще одна серьезнейшая проблема с этой книгой именно в том, что, как Сергей Адамович сказал, если принять эту книгу, то невозможно жить в этой стране. И я боюсь, что это самая главная проблема. Что поскольку и слушателям, и читателям очень страшно принять то, что изложено в этой книге, то все существо организма пытается уцепиться за какие-то неточности, за какие-то промахи книги, за какие-то не очень убедительные аргументы, чтобы сказать себе: нет, все-таки этого не может быть, наверное, авторы ошиблись. Потому что иначе действительно житьто в этой стране невозможно.

А что касается доказательств, упрека, что обвинения очень веские, а доказательств мало, то по Рязани-то доказательств много.

ПРИЛОЖЕНИЕ 13

А. ЛИТВИНЕНКО Ю. ФЕЛЬШТИНСКИЙ
ПИСЬМО С. КОВАЛЕВУ ОБ ОБСТОЯТЕЛЬСТВАХ
ПОЛУЧЕНИЯ ПОКАЗАНИЙ ГОЧИЯЕВА

Председателю Общественной комиссии
по расследованию взрывов жилых домов в Москве,
депутату Государственной думы РФ
Ковалеву С. А.
г. Москва
Лондон, 25 июля 2002 г.

Уважаемый Сергей Адамович!
Направляем Вам материалы о показаниях Ачемеза ГОЧИ-
ЯЕВА для рассмотрения на заседании Комиссии.
С уважением,

Александр Литвиненко, Юрий Фельштинский

ПОКАЗАНИЯ АЧЕМЕЗА ГОЧИЯЕВА
Материалы к заседанию Общественной комиссии по
расследованию взрывов жилых домов в Москве
Подготовлены Александром Литвиненко и Юрием Фельштинском.

25 июля 2002 г.

1. ОБСТОЯТЕЛЬСТВА КОНТАКТОВ С ГОЧИЯЕВЫМ

В конце марта 2002 г. неизвестный позвонил Юрию Фельштинскому и предложил информацию в отношении Гочияева.

Для принятия решения мы взяли паузу. Второй телефонный звонок от неизвестного был получен в середине апреля.
Была достигнута договоренность о встрече в одной из европейских стран.

В конце апреля 2002 г. состоялась встреча Фельштинского и Литвиненко с курьером. Курьеру были переданы список вопросов к Гочияеву, касающихся (1) аутентичности личности Гочияева и (2) обстоятельств терактов в Москве в сентябре 1999 г., а также видеокамера для записи ответов Гочияева.

Через несколько дней в другой европейской стране состоялась встреча с неким посредником. Нам были переданы видеозапись и несколько фотографий, устанавливающих личность Гочияева, а также его рукописные показания.

Материалы получены бесплатно, никаких денег и материальных ценностей за них не передавалось (за исключением видеокамеры, которую не вернули из-за сложностей пересылки техники через границы).

2. АУТЕНТИЧНОСТЬ ЛИЧНОСТИ ГОЧИЯЕВА

Изучив фото, видеоматериалы и показания Гочияева, в которых он указал, что не был связан с Хаттабом и Басаевым, мы при очередном разговоре с посредником попросили его получить у Гочияева ответ на вопрос относительно подлинности его совместной фотографии с Хаттабом, опубликованной на официальном сайте FSB.ru. Через несколько дней посредник сообщил, что на фотографии не Гочияев, а какой-то другой человек.

Для проверки этого утверждения мы обратились к независимому эксперту Джеффри Джону Оксли (лондонский мобильный телефон – 07970-884-954).

Независимому эксперту были представлены восемь фотографий. №№ 1, 2 – выставленные на интернет-сайте FSB.ru. в разделе «Розыск»; четыре фотографии (№№ 3, 4, 5, 6), полученные от Гочияева, а также выставленные на интернет-сайте FSB.ru. две фотографии с Хаттабом (№№ 7, 8).

По заключению эксперта, на фотографиях №№ 1-6 изображен Гочияев. Из этого следует, что на фотографиях №№ 4-6, полученных нами от Гочияева, действительно изображен сам Гочияев. Относительно фотографий № № 7, 8, где, по утверждению ФСБ, Хаттаб сфотографирован вместе с Гочияевым, экспертиза установила, что фотографии не являются оригиналами и, похоже, были подвергнуты цифровой обработке (иными словами, это «фотомонтаж»).

На вопрос, является ли человек, изображенный на фотографиях №№ 1–6 и фотографиях №№ 7–8, одним и тем же лицом, эксперт ответил, что фотографии №№ 7 и 8 не являются криминалистически достоверными и не могут быть использованы в качестве доказательств.

3. СУТЬ ПОКАЗАНИЙ ГОЧИЯЕВА

Гочияев предоставил о себе достаточно подробные биографические данные (учеба, служба в армии, служебное положение). Кроме этого, он указал, что начиная с 1996 года он проживал в Москве по адресу Строгино, улица маршала Катукова, дом 6, кв. 188, где был официально зарегистрирован. С 1997 года он являлся руководителем фирмы «Капстрой-2000».

Гочияев утверждает, что в июне 1999 г. арендовал для коммерческих целей помещения в подвалах впоследствии взорванных домов, а также в двух других домах, где взрывы были предотвращены: в Капотне и на Борисовских Прудах. Он утверждает, что его использовал для аренды этих помещений «втемную» человек, которого он знал «со школьной скамьи» и который, по его мнению, являлся агентом ФСБ.

Именно этот человек утром 9 сентября сообщил Гочияеву по телефону о небольшом пожаре на его складе на улице Гурьянова и просил Гочияева немедленно прибыть к месту происшествия.

После второго взрыва, 13 сентября, Гочияев понял, что взрываются арендованные им склады, и немедленно сообщил в дежурные службы – милицию, «скорую помощь» и службу спасения «911» – о возможных взрывах по адресам Борисовские Пруды и Капотня.

Эта часть показаний Гочияева является наиболее важной. Именно он предупредил власти о двух других помещениях, в Капотне и на Борисовских Прудах (где затем были обнаружены склады с взрывчаткой и шестью таймерами), и тем самым предотвратил новые теракты.

Гочияев также отрицает, что он связан с Басаевым и Хаттабом, что проходил подготовку в лагере в Урус-Мартане и что получил за взрывы финансовое вознаграждение.

Гочияев утверждает, что существует приказ ФСБ его «живым не брать», ссылаясь на информацию от своего родственника – работника милиции в г. Карачаевске.

По словам Гочияева, его сестра подвергалась избиениям со стороны ФСБ с целью дать заведомо ложные показания против него.

4. РЕКОМЕНДАЦИИ

• Подтвердить биографические данные Гочияева, указанные в объяснении (учеба, служба в армии, место жительства и работы в Москве).

• Провести всестороннее расследование эпизода с обнаружением взрывных устройств в Капотне и на Борисовских Прудах. В частности, выяснить, кто и при каких обстоятельствах сообщил об этих адресах. Истребовать и прослушать магнитофонные записи сообщений 13 сентября 1999 года в дежурных службах МВД, «скорой помощи» и службы спасения.

• Выяснить, какие подразделения правоохранительных органов выезжали по этим сигналам. Установить причины, по которым после обнаружения взрывчатки и шести готовых к использованию таймеров взрывных устройств на Борисовских Прудах и в Капотне не была выставлена засада для задержания террористов, а вместо этого информация о находках была дана в СМИ.

• Установить номер мобильного телефона Гочияева и получить распечатки звонков за сентябрь 1999 г. Выяснить, кто звонил Гочияеву около пяти часов утра 9 сентября 1999 г.

• Опросить знакомых Гочияева в Москве для установления его местонахождения с 8 по 13 сентября 1999 г. и оценки его психологического состояния в момент терактов.

• Проверить, была ли зарегистрирована в Москве фирма Гочияева «Капстрой-2000». Изучить деловые операции Гочияева в Москве начиная с июня 1999 г. В частности, проверить сделку с минеральной водой, которая, по словам Гочияева, была заключена с человеком, которого он считает «агентом ФСБ» и который использовал его, Гочияева, «втемную».

• Опросить знакомых, родственников и сотрудников Гочияева на предмет установления личности человека, которого он называет инициатором аренды подвалов.

• Просить правоохранительные органы третьих стран в случае задержания Гочияева не передавать его в руки ФСБ, в отношении которой имеются многочисленные факты сокрытия данных, уничтожения доказательств, запугивания свидетелей, фальсификаций и использования недозволенных методов ведения следствия. Гочияев, который является важным свидетелем терактов, должен быть допрошен независимыми и беспристрастными следователями.

ПРИЛОЖЕНИЕ 14

ПИСЬМЕННЫЕ ПОКАЗАНИЯ А. ГОЧИЯЕВА, ДАННЫЕ 24 АПРЕЛЯ 2002 Г

(Публикуется полностью, с сохранением орфографии и пунктуации автора)
24.04.2002 г.

Мое имя Гочияев Ачемез Шагабанович. Родился 28 сентября 1970 г. в г. Карачаевске КЧР (раньше Ставропольский край).

До 16 лет жил в г. Карачаевске окончил среднюю школу № 3 проживал по адресу ул. Курджиева 14 кв 34. По окончании школы поехал учится в Моску, там я поступил учится в ПТУ № 67 которая находилась на станции «Первомайская». Через год я окончил училище и призвался в армию. Потом в Ракетные войска стратегического назначения учебку прошел в Белоруссии полгода, а остальные служил в Сибири Алтайский кр. пос. Первомайский. После армии около двух лет находился дома, затем вернулся в Москву работал, пытался заниматься комерцией. 1996 г. женился, получил прописку прописан: Строгино ул. Маршала Катукова 6 кв 188. 1997 г. Открыл собственную фирму, занимался строительством катеджей и торг. Фирма называлась «Капстрой 2000».

То, что касается утверждения ФСБ что я являюсь организатором Московских взрывов, что я связан с Басаевым и Хаттабом и то, что они заплатили мне за эти взрывы 500 тыс. $ то, что я проходил подготовку в лагере в Урус-Мартане, все эти утверждения абсолютная ложь.

С ФСБ и другими подобными структурами не когда не чего не имел.

Как я писал ранее, я жил и работал в Москве, в июне 1999 г. Ко мне на фирму пришел один человек которого я очень хорошо знал, еще со школьной скамьи. Он предложил мне совместно заняться одним делом, он сказал что имеет хорошие возможности для реализации продуктов питания. Сначала он заказал мне минеральную воду, я ему ее привез он ее реализовал и расчитался со мной в срок. Потом он мне сказал, что ему нужно помещения на юго-востоке Москвы где якобы у него точки реализации.

Страница рукописных показаний А. Гочияева

Я помог ему реализовать эти помещения на Гурьянова, на Каширке, Борисовские пруды и Копотне. 9 сентября я находился в гостях и мне часа в 5 утра позвонил на мобильный это человек и сказал, что на складе на Гурьянова не большой пожар и мне нужно туда поехать я сказал, что приеду и стал собираться включил телевизор и увидел что произошло на самом деле и я решил не куда не ехать и переждать. 13 сентября когда произошел взрыв дома на Каширском шоссе, я окончательно понял, что меня подставили. Я сразу позвонил в милицию, в скорую даже в службу спасения 911 и сообщил о складах на Борисовских прудах и Копотне, где после этого взрывы удалось предотвратить. Меня объявили подозреваемым, затем организатором и с тех пор мне приходится скрываться. Анализируя все эти события я прихожу к выводу, что весь этот чудовищный план был разработан и реализован теми людьми которым это тогда было выгодно. Но в ихнем плане произошла одна осечка, то что мне удалось от них уйти, я думаю, что то что я 9 сентября находился не дома в гостях сыграло свою роль. Сейчас я почти уверен, что этот человек с которым я работал (все данные на него я предоставлю позже) является агентом ФСБ.

Сотрудники внутренних дел г. Карачаевска на запрос с Москвы, когда готовили для них документы, то указали в них, что я являюсь уроженцем Чечни, чтобы как-то меня связать с Чечней, когда на самом деле я в Чечне не когда не жил.

От своего брата Гочияева Бориса который работает в районном отделе милиции я узнал, что у них приказ меня живым не брать. Тогда я понял, что та реклама которую мне дало ФСБ объявив меня террористом, организатором взрывов, злодеем и т.д., что все это делалось специально они надеялись ликвидировав меня трубить на всю страну и весь мир, что уничтожен такой «супертеррорист» который взорвал дома в Москве и этим закрыть эту страшную тему.

На счет своей сестры, я знаю что ее часто допрашивали, сначала предлогали деньги затем пугали, угрожали, били, добиваясь от нее показаний против меня, чтобы она публично заявила, чтоя совершил эти взрывы. После этого они посадили ее мужа Французова Таукана, обвинив его в участии взрывов в Москве, потом это обвинение как всем известно с треском провалилось, но его все равно приплюсовали к какой-то группе и осудили на 13,5 лет, я расцениваю это как месть мне. (Если будет необходимость я смогу предоставить свидетельские показаня моей сестры, только будет нужно немного времени).

То, что касается Рязани, то я там не когда не был и этот город не знаю.

На вопрос готов ли я выехать в третью страну, чтобы дать публичные заявления. В такой ситуации в которой я оказался гарантий которые гарантировали мою безопасность просто не существует, а, что касается публичного заявления, то я готов встретиться с журналистом (журналистами) ответить на все интересующие вопросы.

Это краткое описание, всех произошедших событий (о деталях будем говорить позже).

ПРИЛОЖЕНИЕ 15

СТЕНОГРАММА СЛУШАНИЙ ОБЩЕСТВЕННОЙ КОМИССИИ ПО РАССЛЕДОВАНИЮ ОБСТОЯТЕЛЬСТВ ВЗРЫВОВ ДОМОВ В ГГ. МОСКВЕ И ВОЛГОДОНСКЕ И ПРОВЕДЕНИЯ УЧЕНИЙ В Г. РЯЗАНИ В СЕНТЯБРЕ 1999 Г.

Телемост Москва–Лондон, 25 июля 2002 г.

ИЗ МОСКВЫ: председатель Комиссии Сергей Ковалев, заместитель председателя Комиссии Сергей Юшенков, ответственный секретарь Комиссии Лев Левинсон, члены Комиссии Леонид Баткин, Валерий Борщев, Александр Даниэль, Геннадий Жаворонков, Отто Лацис, Каринна Москаленко, Лев Пономарев, Юрий Просвирин, Юрий Самодуров, Александр Ткаченко, и, возможно, другие члены Общественной комиссии по расследованию обстоятельств взрывов домов в городах Москве и Волгодонске и проведения учений в городе Рязани в сентябре 1999 года; журналисты.

ИЗ ЛОНДОНА: Александр Литвиненко, Татьяна Морозова, Юрий Фельштинский.

КОВАЛЕВ: Уважаемые господа, позвольте мне открыть наше сегодняшнее... я даже не знаю, как сказать, ну, скажем, собрание. Оно коренным образом отличается от тех методов работы, которыми пользуется до сих пор Общественная комиссия по расследованию, отличается от ее рабочих заседаний. Отличие понятно, в чем состоит: это первое столь широко публичное действие.

Нельзя сказать, чтобы мы были очень этим довольны. Присланные сегодня материалы представляют чрезвычайный интерес для нашей работы. И так уж получилось, что сегодня публичности не только нельзя было избежать, но она оказалась необходима.

Мы не знакомы заранее – вот сегодня утром только получили основное содержание материалов, передаваемых в нашу комиссию. Мы их не анализировали, не оценивали – это еще предстоит. Вероятно, у нас возникнут дополнительные вопросы, и мы надеемся, что наши зарубежные партнеры согласятся на последующие сеансы связи с тем, чтобы эти вопросы могли быть разрешены.

Я хочу сказать буквально несколько слов об основных принципах работы нашей комиссии и о том, что делалось до сих пор и будет продолжать делаться. Совсем коротко. И для этой краткости есть веские основания.

Первое. Ни одна из версий тех варварских взрывов, которые были проведены в сентябре 1999 года, не является для нас предпочтительной. Мы стремимся оставаться абсолютно беспристрастными, нудными я бы сказал, тщательными в своих анализах и выводах. Этих выводов, даже предварительных, покуда нет.

Версии взрывов. Крайних версий две – так называемая версия чеченского следа и версия преступления со стороны московских спецслужб. Подчеркиваю: это крайние версии. Обе имеют свои «за», и обе имеют свои очень веские «против». Мы, повторяю, будем абсолютно беспристрастны.

Но это крайние версии, и довольно вероятно, что ни одна из них не окажется справедливой. Потому что возможны и другие версии – я бы назвал их промежуточными. Мы будем действовать в строгом соответствии с теми требованиями, которые разумно предъявлять и предъявляются во всем мире к работе следствия: ни одна из версий не может остаться без проверки.

Теперь два слова о том, что мы делали до сих пор и продолжаем делать, так сказать, в нашей повседневной работе. Мы встречаемся с разными людьми, беседуем с ними и фиксируем эти беседы. Мы надеемся, что нам будет предоставлена все-таки рано или поздно возможность встретиться с официальными представителями государственных органов и задать им очень животрепещущие для нас вопросы. Мы широко пользуемся запросами, поскольку в рядах комиссии есть несколько депутатов, а депутатский запрос имеет некий установленный законом особый статус, и «коллекционируем» ответы на эти запросы. Я не стал бы сейчас характеризовать эту нашу официальную переписку. Мы получаем разные ответы. В качестве редких исключений – весьма содержательные и обстоятельные ответы на все заданные вопросы, ну а в качестве некой усредненной нормы – либо, простите меня за грубое слово, мычание, либо что-то бессодержательное.

Тем не менее лично я очень рассчитываю, что государственные инстанции изменят свое отношение к нашей работе и окажутся нашими деятельными партнерами. На чем основана эта надежда? Ведь на самом деле власти предъявляются чрезвычайно страшные обвинения. Единственный способ, которым эти обвинения могли бы быть опровергнуты, – это всестороннее и открытое расследование с полным предъявлением взволнованному обществу всех подробностей, всех результатов. Вот на этом и основана надежда.

Теперь мы приступим к основной части нашего собрания: мы послушаем наших лондонских партнеров, и вы будете иметь возможность задать вопросы – вы и мы. Кроме того, я еще раз подчеркиваю, что этот наш контакт, я надеюсь, не окажется последним и что в рабочем порядке мы будем иметь возможность более подробных обсуждений. Спасибо за внимание.

ЮШЕНКОВ: Давайте я сейчас представлю наших лондонских партнеров. Слева направо: Александр Литвиненко, Татьяна Морозова, Юрий Фельштинский.

ФЕЛЬШТИНСКИЙ: Добрый день.

ЮШЕНКОВ: Кто у нас будет?.. Александр, вы, да?

ФЕЛЬШТИНСКИЙ: Вы знаете, нет, мне по праву старшинства из трех присутствующих хочется передать слово Тане Морозовой – буквально на пару минут.

МОРОЗОВА: Я очень признательна всей комиссии, которая сейчас собралась в Москве, и всем журналистам за то, что вы пришли обсудить и послушать, что происходит. Здесь у нас очень много новостей. Вы можете представить, что называется, <миру> какую-то часть этих новостей. Меня, с моей точки зрения, не интересуют никакие политические разговоры. Что меня интересует? Меня интересует правда, меня интересует истина. Поэтому я здесь.

Сергей Адамович, я знаю, что у вас была встреча с Михаилом Трепашкиным, и я бы очень хотела, чтобы вы его рассматривали как нашего представителя – моей сестры и меня.

ФЕЛЬШТИНСКИЙ: Мне бы хотелось добавить, тоже обращаясь к Сергею Адамовичу: мы на самом деле признательны за то, что это обсуждение у нас публичное, потому что единственное, что на самом деле важно во всем этом деле, – чтобы наша дискуссия, наше обсуждение проходило абсолютно открыто. Единственное, что может погубить, собственно, все наше дело, – это если будут предприниматься попытки делать заседания комиссии закрытыми. Потому что на самом деле, как уже много раз повторялось и даже на сайте, по-моему, в интернете вывешено как лозунг: нас интересует правда. И нам очень важно, чтобы наша сторона – по крайней мере наша сторона – выступала открыто и публично. Потому что, к сожалению, противная сторона (назовем ее властью, назовем ее ФСБ...) делает все возможное, чтобы наши обсуждения публичными не были, наши факты и выводы не становились известны широкой общественности и чтобы в результате правду о том, кто же на самом деле несет ответственность за сентябрьские теракты 1999 года, не узнал никто. Поэтому еще раз я вам хочу выразить свою признательность за то, что это наше собрание, эта наша дискуссия – открытая и публичная. И хочется пожелать, чтобы все остальные заседания Общественной комиссии также были публичными, потому что это единственная возможность для российской общественности узнать, что же происходит нового в этом деле. Спасибо. Наверное, сейчас могу передать слово Александру.

ЛИТВИНЕНКО: Здравствуйте. Огромное вам спасибо за то, что вы нас пригласили на это заседание. Я передаю эти материалы вместе с Юрием Фельштинским именно вам. Почему? Потому что вы работаете публично и гласно.

Я хочу дополнить то, что говорил Фельштинский, еще вот

чем. Я бы хотел, чтобы тех лиц, кого мы будем называть в качестве очевидцев, вы опрашивали так же публично и гласно, в присутствии журналистов. Это нас всех спасет от всякого рода фабрикаций, махинаций, инсинуаций и обвинений в том, что кто-то где-то пытается что-то сфабриковать либо придать этому делу какую-либо политическую сторону. То есть чтобы мы нашли истину и чтобы люди нам поверили, что это действительно так, — мы должны, я считаю, делать это только гласно. Вот моя позиция. И поэтому я обращаюсь именно к вам.

ФЕЛЬШТИНСКИЙ: Наверно, теперь мы готовы передать слово Москве и отвечать на любые вопросы, которые могут возникнуть или уже возникли.

ЮШЕНКОВ: Юрий, я думаю, все-таки нужно, чтобы Александр очень кратко хотя бы изложил содержание тех документов, которые он нам направил, чтобы представители прессы могли иметь возможность включиться, что называется, в суть вопроса.

ЛИТВИНЕНКО: Да, безусловно, конечно. Значит, что я хочу сказать по сути материалов.

Нам с Юрием Фельштинским удалось установить контакт с Ачемезом Гочияевым, который, по версии ФСБ, является руководителем террористической группы, которая организовала взрывы жилых домов в городе Москве в сентябре 1999 года. В связи с этим я считаю, что материалы, которые нам передал Гочияев, имеют крайне важное значение для установления истины.

При этом я хочу отметить главное: что Ачемез Гочияев вышел на нас инициативно сам, и, насколько мне известно, эти материалы, которые он нам передал, то есть эти свои объяснения, он давал, будучи на свободе и добровольно.

В своем объяснении Ачемез Гочияев достаточно подробно указал свои биографические данные, которые не представит труда проверить вам, уважаемые члены комиссии.

Кроме того, Ачемез Гочияев заявил, что он действительно арендовал те помещения, в которых произошли взрывы. Но сделал это по просьбе своего знакомого.

Наиболее важным заявлением в этом объяснении я считаю то, что Ачемез Гочияев, после того как произошел второй взрыв – на Каширском шоссе 13 сентября, именно он, по его утверждению, поставил в известность милицию, «скорую помощь» и службу спасения «911» о том, что по другим адресам, арендованным им, в том числе на Борисовских Прудах и в Капотне, возможно, произойдут следующие взрывы.

При этом я хочу отметить следующее: что действительно в адресе на Борисовских Прудах был обнаружен склад взрывчатки и шесть таймеров, готовых к дальнейшему применению. И вот здесь у меня как у бывшего оперативного работника возникает вопрос, очень серьезный вопрос к правоохранительным органам. Если вы действительно пришли в этот адрес и обнаружили там шесть таймеров, то есть склад взрывчатки, почему вы не выставили там засаду, как говорят оперативные работники, и не задержали преступников, когда они придут за этой взрывчаткой, а объявили об этом по телевизору? То есть предупредили преступников о том, что явочное место, где находятся эта взрывчатка и эти таймеры, известно правоохранительным органам.

Следующее. Ачемез Гочияев дает <...> информацию в отношении того человека, по просьбе которого он снимал эти склады. И, я думаю, найти этого человека не будет так сложно, если использовать все имеющиеся, в том числе у адвокатов, возможности для розыска человека. Адвокат имеет право это сделать, он может обнаружить этого человека. Я думаю, правоохранительные органы тоже должны в этом помочь.

Кроме этого, очень серьезным заявлением Ачемеза Гочияева является то, что его сестра подвергалась недозволенным методам следствия (ее пытали с целью, чтобы она оклеветала своего брата), а также заявление о том, что его брат, который работает сотрудником милиции в Карачаево-Черкесии, предупредил его, что есть команда его не задерживать, а при задержании уничтожить.

Эти сведения также можно проверить, и я бы хотел, чтобы вы их проверили публично и гласно, то есть на следующее заседание комиссии вызвали этих людей, чтобы они в присутствии журналистов, в присутствии общественности дали свои показания или объяснили, почему они их не хотят давать.

Вот эти заявления я считаю наиболее важными. Если они подтвердятся, то они помогут найти истину в этом деле. У меня все.

ЮШЕНКОВ: Александр, вы можете сейчас продемонстрировать вот эти видеозаписи, фотографии? Второе: когда последний раз вы связывались с Гочияевым? Вы уверены, что он сейчас еще жив, и так далее?

ЛИТВИНЕНКО: Начнем с его объяснений. Вот его рукописное объяснение на шести листах.

ЮШЕНКОВ: Мы его получили, у нас оно имеется. Фотографии и видеозаписи мы не получили.

ЛИТВИНЕНКО: То есть я вам скажу, что путем сличения почерка, я думаю, не представит сложности установить, им это написано или нет.

Второе. Вот его личные фотографии, которые он передал нам. Это вот в большом виде сделаны фотографии. Первая фотография...

ЮШЕНКОВ: Почетче нельзя? Оператора нет там – сделать?.. Может быть, к камере, Юрий? Не получается...

ФЕЛЬШТИНСКИЙ: Эти фотографии в электронном виде будут вам предоставлены. Они уже вывешены, вот мне подсказывают, на сайте Grani.ru. Это та причина, по которой мы вам их не пересылали, их проще будет посмотреть в интернете.

ЛИТВИНЕНКО: Вот одна фотография, вторая его фотография личная. Вот еще одна фотография личная, еще одна фотография личная.

ЮШЕНКОВ: Спасибо, раз они будут вывешены – не надо.

ЛИТВИНЕНКО: Для установления того, является ли этот человек Гочияевым, мы обратились к эксперту и предоставили эксперту вот эти фотографии и фотографии, официально вывешенные на сайте ФСБ, то есть фотография из раздела «Розыск» – это вот эта фотография, фотография из раздела «Розыск» – вот эта фотография и две фотографии, где он запечатлен с Хаттабом. Якобы он.

Эксперт дал заключение, что вот по тем фотографиям, которые нам передал Гочияев, и по тем фотографиям, которые вывешены в сайте в розыск, он полностью идентифицировал Гочияева. То есть вот это и это – один человек. При этом эксперт заявил, что вот эта фотография, где Гочияев находится с Хаттабом, – по этой фотографии идентифицировать Гочияева невозможно. Эта фотография не может являться доказательством в суде, а также возможны признаки цифрового монтажа. То есть эта фотография, если сказать простым языком, – фальшивка, которая не может быть документом.

И тут сразу же возникает следующий вопрос: для чего правоохранительным органам предъявлять общественности фальшивку?

Сергей Николаевич, повторите еще раз вопросы.

ЮШЕНКОВ: Когда последний раз вы имели связь с Гочияевым? Вы непосредственно с ним не имели, только через посредников, да?

ЛИТВИНЕНКО: Вот по поводу установления связи с Гочияевым, установления с ним контактов – я бы хотел, чтобы этот вопрос прояснил Юрий Фельштинский, потому что все контакты... Значит, первый контакт с посредником был у него, потом у меня. И, вы знаете, здесь ситуация следующая. Мы сейчас стараемся не терять эту связь как бы, этот контакт, потому что по договоренности с посредником после проверки этих материалов... Гочияев же пишет, что «это краткое описание, о деталях будем говорить позже».

То есть я надеюсь, что Гочияеву самому будет известно о том, что происходит, и, если у нас будут дополнительные какие-то вопросы, я думаю, он нам даст на них ответы. То есть, пожалуйста, я попросил бы, чтобы Юрий Фельштинский более подробно рассказал об этих контактах.

ФЕЛЬШТИНСКИЙ: Вы знаете, как я понимаю, какая-то информация вам уже была роздана и находится у членов комиссии в напечатанном виде. А я сразу же хочу сказать и предотвратить наверняка вопросы журналистов на эту тему, что наши контакты носят инициативно односторонний характер.

Скажем так, у Гочияева, у людей, которые рядом с Гочияевым, у посредников Гочияева, курьеров Гочияева – как угодно называйте – есть возможность выходить на нас, а у нас нет возможности выходить на них.

Тем не менее этот диалог – он абсолютно реален. Возможность выйти на Гочияева, разговаривать с Гочияевым безусловно есть. Есть возможность получать ответы на какие-то вопросы. И в этом смысле мы работаем, по-моему, намного более эффективно, чем некоторые государственные структуры. Я думаю, понятно, почему это происходит. По все той же самой причине: потому что абсолютно всем, и даже Гочияеву, ясно, что нас-то интересует правда, в то время как Федеральную службу безопасности интересуют совсем другие проблемы. Это в двух словах ответ на этот вопрос.

Был задан вопрос, когда именно был установлен контакт. Эта история тоже описана нами. В несколько этапов показания Гочияевым были даны 24 апреля, если не ошибаюсь.

Мне хотелось бы добавить несколько слов по поводу фотографий. Вот эти фотографии, которые наша лондонская независимая экспертиза признала не сильно убедительными или недостоверными и даже назвала фотомонтажом, – это единственная связь между Хаттабом и Гочияевым. Вообще, надо сказать, что эти фотографии – на данный момент единственная связь между Хаттабом, Чечней и сентябрьскими взрывами 1999 года. Иными словами, после многих-многих месяцев кропотливой работы Федеральной службы безопасности Российской Федерации у них нет никаких доказательств и никаких указаний в пользу того, что за сентябрьскими операциями в Москве в 1999 году стоят чеченцы, чеченские полевые командиры и в том числе Хаттаб.

Более того, все мы знаем, что некоторое время назад Федеральной службой безопасности был задержан Деккушев и доставлен в Москву, и Деккушев, по заявлению ФСБ, дал показания о том, что за терактами в Москве стоят все тот же Хаттаб, все те же чеченцы.

Я хочу заявить в связи с этим, что в нашем распоряжении имеются письменные показания еще двух участников, по версии ФСБ, террористических актов в Москве в сентябре 1999 года – Крымшамхалова и Батчаева, – что эти показания нам ужеданы. И согласно этим показаниям (которые имеются в письменной форме, равно как и видеозапись имеется) ни Хаттаб, ни какие-либо чеченские полевые командиры, ни чеченцы вообще не имели никакого отношения к сентябрьским терактам в Москве в 1999 году. Я делаю это заявление в связи с тем, что Федеральная служба безопасности в настоящее время ведет вполне реальную, серьезную охоту за этими людьми, что вполне возможно, что рано или поздно этих людей может постигнуть та же судьба, которая постигла Деккушева, и мы не знаем, какие показания эти люди будут давать после того, как они окажутся в руках ФСБ.

Более того, если ФСБ интересуют участники терактов на «нижнем» уровне – люди типа Деккушева, Батчаева и Крымшамхалова, которых ФСБ объявляет участниками терактов, – то нас, в отличие от ФСБ, интересуют не только те, кто взрывал дома физически, но и те, кто давал заказ на взрыв этих домов, и те, кто руководил этой операцией на среднем уровне.

Так вот я должен заявить, опять же публично и официально, что согласно показаниям Крымшамхалова и показаниям Батчаева руководителями операции по взрывам домов в Москве в сентябре 1999 года является Федеральная служба <безопасности> Российской Федерации. Что согласно этим же показаниям, данным письменно, руководителем этой операции назван директор ФСБ Николай Платонович Патрушев. Что согласно этим же показаниям, данным письменно, куратором операции на уровне реализации являлся вице-адмирал, директор Департамента по защите конституционного строя Герман Алексеевич Угрюмов, погибший при невыясненных обстоятельствах 31 мая 2001 года (есть очень серьезные основания считать, что он был убит самой Федеральной службой безопасности).

Также нами сейчас проверяется версия о том, что одним из реальных руководителей на рабочем уровне этой операции был известный сотрудник спецслужб Макс Лазовский. Как вы знаете, про него в судебном порядке в общем-то было доказано, что он имеет отношение и к терактам в Москве в 1994 году и, скорее всего, к терактам в Москве в 1996 году.

Вот всю эту информацию мы сейчас проверяем. Это дополнительная информация к информации Гочияева, которую мы вам сообщили раньше.

ЮШЕНКОВ: Спасибо. Кто-нибудь из представителей ФСБ здесь есть? Который хотел бы задать вопрос – имеется в виду. В этом смысле.

(Смех в зале.)

Нет, да? Сергей Адамович, тогда мы как договаривались? Члены комиссии вначале задают вопросы какие-то уточняющие, а потом журналисты, да?

БОРЩЕВ: Александр, уточните: Гочияев лично звонил, предупреждая о возможных взрывах на Борисовских Прудах и в Капотне? И известна ли фамилия того человека, который принял эту информацию?

ЛИТВИНЕНКО: По утверждению Гочияева, он лично позвонил 13-го числа утром по телефонам в милицию, «скорую помощь» и «911». Мне как бывшему сотруднику правоохранительных органов хорошо известно, что все такого рода сообщения записываются на магнитофонную пленку. Поэтому комиссия, я думаю, если истребует в правоохранительных органах магнитофонную запись <звонков> в службу «911», в милицию и «скорую помощь» и прослушает их на своем заседании – публично, открыто, гласно, то, я думаю, вот эту информацию можно проверить.

Кроме того, можно установить мобильный телефон, которым пользовался Гочияев, и посмотреть распечатки: какие звонки исходили из этого телефона 13-го числа утром – то есть взять, допустим, определенный промежуток времени и установить. Это работа специалистов. Я думаю, что адвокат Трепашкин и другие адвокаты в состоянии эту работу организовать – написать запросы, получить материалы, сдать их проверить, дать им правовую, юридическую оценку и, я думаю, предоставить эти материалы в полном объеме для комиссии, а также для российской общественности.

ЮШЕНКОВ: Спасибо. Леонид Михайлович Баткин.

БАТКИН: Здравствуйте. У меня вот какой вопрос.Показания Гочияева очень конкретны и в этом смысле вызывают доверие, кажутся искренними. Кроме одного пункта, который к тому же, с моей точки зрения, является центральным и крайне меня озадачил. Я цитирую: «Ко мне на фирму пришел один человек, которого я очень хорошо знал еще со школьной скамьи..». и так далее. Этот «один человек» поручил снять помещения в домах, которые были взорваны или затем указаны Гочияевым как объекты предстоящих взрывов. Сам Гочияев утверждает, что он его хорошо очень знает – «со школьной скамьи». Именно с ним была вся эта историясвязана, и он выступает как организатор реальный (на среднем уровне, как вы выражаетесь) московских взрывов. Но почему не названа фамилия этого человека? Почему о нем не сказано ничего конкретно? Кто он такой? Почему это все время «один человек», хотя в нем-то – суть проблемы? Что Гочияеву скрывать? И почему вы не поставили такой вопрос перед ним?

ЛИТВИНЕНКО: Я вас понял. Значит, первое. Я хотел бы вас немножко поправить. Этот человек не поручил Гочияеву снять помещения, а предложил снять помещения. То есть Гочияев не находился в его подчинении.

Второе. Гочияев указывает некоторые данные на этого человека. Он указывает, что он с ним знаком со школьной скамьи, то есть этот человек является его земляком, но поэтому он не называет его фамилию.

Мы задавали такой вопрос посреднику: почему Гочияев не называет фамилию этого человека? Посредник показал нам на последнее его заявление: это краткое описание всех произошедших событий, а об остальном будем говорить позже.

То есть я так понял, что это первое объяснение Гочияева.

Гочияев нас не знает, он нам не доверяет до конца. После того как пытали его сестру, после того как дали команду его «живым не брать» – он, естественно, боится называть этого важного свидетеля.

Но я вам скажу как оперативный работник, что, конечно, это мое мнение, почему он боится называть... Обратились к посреднику, посредник говорит: он боится называть. Я считаю, Гочияев делает глупость в этом плане, но я не могу же его заставить.

Даже по тем данным, которые есть, этого человека несложно найти. Опросить людей, с которыми Гочияев работал на фирме в этот период, и установить всех земляков, которые к нему обращались и которым он реализовывал минеральную воду. То есть проблем нет.

И если взять распечатку телефонов – по этим телефонам можно найти этого человека, как здесь указано, который звонил ему 9-го числа в пять утра. То есть вы понимаете, да? То есть Гочияев как бы нам не называет его фамилию, пытается как бы спасти свидетеля, но тем самым он его полностью перед нами раскрыл. Вам скажет это любой оперативный работник. То есть этого человека идентифицировать и обнаружить – ну, я вам скажу, работа на двое-трое суток для хорошего опера.

ЮШЕНКОВ: Юрий Владимирович Самодуров. И сразу же – Геннадий Жаворонков.

САМОДУРОВ: Александр, вот в показаниях Гочияева, которые вы нам передали, есть такая фраза: «Сейчас я почти уверен, что этот человек, с которым я работал, является агентом ФСБ. Все данные на него я представлю позже». Это слова Гочияева. Если Гочияев выйдет с вами на связь, не можете ли вы его попросить представить Общественной комиссии данные этого человека? Он может сам решить, в какой форме он хочет это сделать – в открытой или закрытой.

ЛИТВИНЕНКО: Я, конечно, после нашей комиссии попытаюсь установить контакт с Гочияевым и задать ему ряд вопросов. Почему я не делал этого до вот этого заседания? Я хотел, чтобы Гочияев лично убедился через средства массовой информации, что мы его заявление не спрятали, не поставили на него гриф «секретно», как это делают некоторые господа в Российской Федерации, не стали закулисно это заявление использовать, не стали его продавать кому-то (потому что есть люди, которые, допустим, пытаются этой информацией торговать – сами понимаете, да? Мошенников много разного вида). Я бы хотел, чтобы Гочияев увидел, что расследование пошло гласно. И я всетаки надеюсь, что... Используя вот этот даже телемост – я думаю, он это увидит, – я обратился бы к нему и сказал следующее: что все материалы, которые он нам передаст, будут переданы вашей комиссии. Публично и гласно.

При этом поймите меня правильно. Я не пытаюсь обвинить или оправдать Гочияева самого. Я не могу утверждать, что Гочияев невиновен. Я только могу сказать одно: что это объяснение передал Гочияев, здесь сведения, которые заслуживают самого серьезного внимания, и они должны быть всесторонне, объективно рассмотрены и преданы гласности.

Я исполню вашу просьбу и, если у нас будет еще контакт с Гочияевым, задам ему этот вопрос: назвать имя этого человека, который, по его мнению, является агентом ФСБ. Но я думаю, что адвокат Трепашкин и другие адвокаты... Если на все их запросы правоохранительные органы дадут объективные и полные ответы и не будут им мешать, они этого человека могут найти раньше, установить, чем нам о нем расскажет сам Гочияев.

То есть весь вопрос в том, будут нам мешать правоохранительные органы или не будут мешать. Будут правоохранительные органы оказывать давление на свидетелей или не будут оказывать давление на свидетелей. Вот в чем вопрос.

И при этом я бы хотел поставить небольшой вопрос перед комиссией. Вопрос чрезвычайно серьезный и чрезвычайно важный.

В связи с тем, что мы имеем прямые доказательства по Рязани причастности ФСБ к подрыву жилого дома (там не учение было, а подрыв жилого дома, и мы имеем прямые доказательства того, сейчас я просто не хочу об этом много говорить, потому что, я думаю, на следующем заседании мы их представим), я бы хотел, чтобы комиссия официально обратилась к директору ФСБ Патрушеву с требованием, с просьбой – снять гриф секретности с дела по Рязани и представить его на следующее заседание. Чтобы мы могли объективно и гласно проверить те материалы, которые там есть и которые есть у нас. Вот о чем вопрос.

ЖАВОРОНКОВ: Александр, а почему вы так уверены, на чем строится ваша уверенность, что курьер Гочияева – не агент ФСБ? Мало ли игр за свою историю провела ВЧК. Не вам мне рассказывать про дело Савинкова, которого заманили в Россию и потом сбросили в пролет лестничный.

ЛИТВИНЕНКО: Я ни разу нигде не заявил, что курьер – агент или не агент ФСБ. Я этого ни разу нигде не заявил. Я только говорю одно: что мы получили рукописный документ, где написано, что этот документ написан Гочияевым, и получили его личные фотографии. Что я мог в Лондоне – я проверил. Я обратился к экспертам, эксперты дали заключение, что на фотографиях личных именно Гочияев. То есть на официальном сайте вывешена фотография его в розыске. То есть это тот человек. А вот все остальное – почерк Гочияева сверять – это дело рук адвокатов, которые находятся в Москве.

И по поводу этого курьера: я не могу дать никаких ему характеристик. То есть вы понимаете меня, да? Если это, допустим, разработка ФСБ, какая-то определенная операция... Слушайте, но зачем ФСБ это надо? Послушайте, если это вскроется, то это лишний раз подтвердит, что ФСБ пытается... вместо того чтобы установить истину, тратит, извините, силы и средства налогоплательщиков на то, чтобы вести какую-то мышиную возню вокруг меня, которую они ведут уже пять лет. Вот о чем разговор.

ТКАЧЕНКО: Александр, здравствуйте. Это Александр Ткаченко. Я хочу спросить вас вот о чем. Вы сказали, что Гочияев сам сообщил о возможных следующих взрывах в Капотне и на Борисовских Прудах, да? Как вы думаете, сохранились ли записи, фиксация в милиции, в «скорой помощи» о том, что это действительно он предупредил?

ЛИТВИНЕНКО: Во-первых, надо установить подразделение, которое выезжало на Борисовские Пруды, установить начальника этого подразделения и установить, откуда был получен сигнал. Если они начнут заявлять, что «агенты, секреты», – вот это, знаете, на данном этапе уже не работает.

Следующий момент. Если бы я был руководителем и офицером, который участвует в розыске преступника, совершившего террористические акты, что бы я сделал в первую очередь, планируя мероприятия? Я бы направил официальный запрос в МВД, во все эти структуры, дежурные службы с требованием: кассеты за этот день и вообще за весь этот период сохранить, их упаковать в пакеты и передать следствию. И я бы эти документы, эти все сообщения тщательно изучал, устанавливал бы лиц, которые звонят, и этих бы лиц допрашивал в качестве свидетелей. То есть даже не только в тот день, не только за 13-е, а за все дни, когда вся эта ситуация была, весь сентябрь. Если правоохранительные органы этого не сделали, то надо разбираться, почему это не сделали: либо это непрофессионализм, либо это сделано умышленно. А если они это сделали, то, я думаю, эти записи они вам предоставят.

Кроме того, если, допустим, в этих записях не будет Гочияева, то надо смотреть по мобильному телефону – был ли звонок с мобильного телефона. Это ж тоже важный вопрос. То есть это проверяемо.

ЮШЕНКОВ: У членов комиссии, как я понял, больше нет вопросов? Или у вас еще, Леонид Михайлович?

БАТКИН: Да, у меня еще один вопрос совершенно иного порядка. В сообщении ФСБ упоминаются некие ваххабиты. Вообще надо сказать, что вся эта версия новая ФСБ опровергает полностью слова о чеченском следе, которые, хотя и при полном отсутствии фактов, фигурировали два с половиной года. Теперь приходится поневоле говорить о дагестанском следе. Тогда нужно объяснить мотивы и обстоятельства, которые могли вынудить людей из Дагестана каким-то образом решиться взрывать дома в Москве. Кроме упоминания фигуры Хаттаба (так сказать, арабский след) на основании фальшивой фотографии, никаких сведений нет. Но где эти ваххабиты? В городе, где родился Гочияев, – в Карачаевске – есть ли там ваххабиты сейчас? Были ли онитогда? Кто ими руководил? Можно ли что-либо узнать по поводу этой среды, из которой якобы вышли взрыватели в Москве?

И последнее. Возвращаясь к этому загадочному «одному человеку», я хочу сказать, предупредить, что я лично не верю в то, что он будет найден. Потому что это центральная фигура. Если Гочияев сказал правду, а у нас есть определенные основания так думать, то этот человек должен быть либо надежно укрыт, изолирован – или уничтожен, или его давно уже нет. Потому что на нем сходятся все нити этого дела (если, повторяю, Гочияев сказал правду). А опровергнуть эти слова Гочияева невозможно, потому что есть наверняка множество документов и фактов, связанных с его фирмой и всей этой торговой деятельностью, тут он врать не может.

ЛИТВИНЕНКО: Я хочу ответить на ваш вопрос следующее. По поводу мотива. Я бы не хотел, чтобы меня опять обвинили в том, что... К сожалению... Я иногда даю интервью, что-то пытаюсь объяснить, и есть вещи, когда, допустим, выхватывается из контекста какая-то фраза и придается совсем другой смысл сказанному. Поэтому я сейчас <не очень сложно> хочу объяснить так. По поводу мотива.

Я никого не оправдываю. Вот нам объясняют, что Хаттаб сделал заказ Гочияеву и что мотив у Хаттаба был – отомстить за то, что их побили в Дагестане (это заявление генерал-лейтенанта Миронова, начальника оперативно-розыскного управления, которое ведет розыск, одно из подразделений ФСБ). То есть мотив – вот то, что побили в Дагестане. Все, однозначно.

Теперь давайте смотреть. Если у человека возникает мотив... Возьмем человека Х. Если у человека Х. возникает мотив совершить преступление за то, что его где-то побили, а побили этого человека в августе, то планировать это преступление он будет только после августа. Правильно? Сначала его побили, потом у него возникает мотив, и он начинает его планировать. Но если человека Х. побили в конце августа, 26 августа, с 7 августа по 26-е его били, то не может он начинать планировать преступление в июле. Понимаете, какой абсурд?

Умышленных преступлений не может быть без мотива. Не может преступление начинать планироваться до того, как возник мотив. Это вам скажет любой юрист, вот обратитесь, там у вас есть юристы уважаемые, они вам объяснят, что не может планироваться преступление до возникновения мотива. Это же все понимают. То есть надо установить мотив. Если мы обвиняем человека в совершении преступления – мы первое, что должны сделать, – установить мотив: а почему он это сделал? И уже потом разбираться, что он сделал для того, чтобы мысли воплотить в действительность.

По поводу ваххабитов. Я не являюсь специалистом по Корану, по мусульманству. Я не служил в подразделениях, которые занимаются борьбой с инакомыслием, с политическими партиями, с различными религиозными движениями. Я служил в подразделении, которое занималось борьбой с терроризмом и организованной преступностью. Кстати, моя последняя должность – начальник подразделения по розыску лиц, которые объявлены в международный розыск. Поэтому на этот вопрос я подробно не могу ответить, но если это интересно, я могу изучить документы, связанные с ваххабизмом, и на следующем заседании вам дать более... Или пригласить специалистов, кто понимает, что такое ваххабизм вот как религия, то есть что такое религия, на чем она основана и что движет людьми, которые вступают в ту или иную религиозную группу, и эти люди вас проконсультируют.

МОСКАЛЕНКО: Здравствуйте. У меня вот какой вопрос – скорее рекомендация. Возможно (вы полагаете, что это возможно), что Гочияев захочет сотрудничать с комиссией. В этом случае я хотела бы ему передать наши рекомендации – если, конечно, он нас слышит сейчас.

Нам сейчас один из коллег сказал, что опровергнуть показания Гочияева невозможно. Пока я хотела бы сказать, что опровергнуть их невозможно, так же как и подтвердить. Если у него существуют какие-то, я бы назвала это, несмываемые следы, то есть те обстоятельства, которые вычеркнуть невозможно и легко идентифицировать, легко их установить, — он должен нам сообщить эти обстоятельства, и мы их сможем в определенных пределах проверить. Вот это было бы моей рекомендацией.

А вообще мы изучим ваши документы, материалы, и, наверно, у членов комиссии могут возникнуть к вам еще вопросы.

ЛИТВИНЕНКО: Хорошо, я обязательно вашу просьбу передам. Но я бы хотел сказать, что в тех материалах, которые передал Гочияев, он указал свой адрес, он указал место, где он проживал, он указал свои биографические данные, их можно проверить, также опросить людей, которые его видели в то или иное время. Там же, по официальной версии, он подготавливался в лагерях там каких-то террористических на территории Чечни. По времени можно установить — где, сколько времени он находился.

Но опять же я бы хотел вам сказать что? Я обращаюсь к сотрудникам правоохранительных органов, к тем людям, с которыми вместе, бок о бок я двадцать лет находился в строю. Я бы хотел обратиться к этим людям, чтобы они все-таки вам помогли. Потому что все-таки адвокатам самим будет крайне сложно это делать. Хотя бы чтобы не мешали, понимаете?

ЛАЦИС: Вы знаете, если комиссия не против, может быть, мы предоставим слово журналистам? Я боюсь, что мы оставляем им не очень много времени.

КОВАЛЕВ: Вы предварили мое предложение. Я и хотел бы сказать, что комиссия свои вопросы подготовит и впоследствии — но в скором времени — постарается задать их вам. Такихвопросов много. А сейчас, вероятно, надо дать возможность прессе задать вопросы.

Но только я хотел бы сделать одно короткое замечание. В ваших словах, уважаемые лондонские коллеги, постоянно и настойчиво звучит один мотив: все шаги расследования должны быть прозрачны с самого начала. Позвольте с вами не согласиться. Я объясню, что я имею в виду.

Комиссия, несомненно, опубликует огромнейший, нуднейший доклад о своей работе – когда сочтет это возможным и нужным, когда эта работа будет близиться к концу. Делать все промежуточные шаги гласными? Знаете, я немножко удивлен. Ведь уважаемый господин Литвиненко принимал участие в расследованиях. А ведь к гадалке не надо ходить, чтобы видеть, что вы стоите жестко на некоторой версии (между прочим, комиссия, я еще раз подчеркиваю, никакой одной версии не имеет и не рассматривает, она рассматривает разные версии, как это и надлежит делать комиссии по расследованию). Вы стоите на некой вполне определенной версии. Это ваше право. Но ведь, делая все шаги прозрачными с самого начала – все промежуточные, технические шаги, вы ведь даете возможность тем, кого вы подозреваете, иметь в виду ваш следующий шаг.

Вы часто ссылаетесь на свою профессиональность в оперативной работе. Меня лично вот такое настойчивое требование абсолютной прозрачности всех технических и промежуточных шагов очень сильно удивляет. Мы имеем возможность в комиссии обсуждать принципы нашей работы. Пусть поправят меня мои коллеги, но я полагаю, что большинство комиссии склонилось к тому, что многие рабочие заседания комиссии будут закрытыми и что это целесообразно и что открытым, абсолютно прозрачным и абсолютно подробным, не скрывающим никаких деталей может быть только окончательное заключение.

Я счел нужным сделать это замечание именно потому, что и вы, Александр, и вы, Юрий, постоянно настаиваете на обратном. Я призываю вас подумать об этом.

АШОТ НАСИБОВ: В пресс-релизе для журналистов, розданном нам здесь, сказано, что через курьера Гочияеву была передана видеокамера для записи ответов и что обратно были переданы видеозапись и несколько фотографий. Фотографии нам показали. Почему бы не продемонстрировать видеозапись журналистам?

ФЕЛЬШТИНСКИЙ: Вы знаете, чисто по техническим причинам мы как бы не понимаем, как это сделать. Да, мы, безусловно, готовы предоставить видеопленку в распоряжение журналистов. Будем считать, что это вопрос очень короткого времени, связанного с технической передачей этой информации, с практической передачей этой информации в руки журналистов.

ЛИТВИНЕНКО: Вы можете сами к нам приехать, мы вам отдадим копию, пожалуйста. Лично вам в руки.

ФЕЛЬШТИНСКИЙ: К сожалению, мы не можем сейчас приехать в Москву.

ЗОЯ ОРЬЯХОВА (информационное агентство «Прима»): У меня два вопроса. Вчера в Париже лидер Чеченской демократической ассоциации Борзали Исмаилов дал пресс-конференцию, на которой заявил, что заявлением Гочияева располагала чеченская общественная комиссия по расследованию терактов, он обнародовал этот документ и сказал, что, по его мнению, вы получили этот документ через американского журналиста. Как вы можете прокомментировать это заявление?

Второй вопрос: в заявлении он говорит, что готов сделать публичное заявление перед журналистами, но считает, что в третьей стране гарантии безопасности будут не больше, чем <...>. А вы могли бы помочь Гочияеву выступить в третьей стране <...>?

ЛИТВИНЕНКО: По поводу того, что Гочияев может встретиться с журналистами и выступить перед прессой. Мы неизбежно этот вопрос зададим, только я не знаю, как он это будет делать. Честно сказать, это его проблема – как он будет это организовывать. Выехать в третью страну у меня нет никакой возможности, потому что я не являюсь сотрудником правоохранительных органов и не могу – ни я, ни Фельштинский – проводить какие-то тайные операции, вы сами понимаете. Выезд человека в какуюто страну – это тайная операция, и мы ее не полномочны проводить и не можем проводить.

ФЕЛЬШТИНСКИЙ: Относительно публикации в чеченских СМИ (я так понимаю, что речь идет об интернетовских СМИ) материала Гочияева – это еще одно указание на то, что материалы подлинные и что подлинность их подтверждается в том числе и чеченской стороной. Материалы были получены нами напрямую, без каких-то хитростей. Мне непонятно, о чем идет речь, когда речь идет о получении этих материалов через некоего американского журналиста.

ЮШЕНКОВ: Материалы-то подлинные, агентство «Прима»?

ЛИТВИНЕНКО: У вас есть возможность сейчас проверить: взять почерк Гочияева – я думаю, есть в паспортном столе. Обратиться к его жене, к его сестре, она принесет его письма, тетради, его записи, и проверить: его почерк или не его почерк? Это же не проблема, это просто делается.

«ЕЖЕНЕДЕЛЬНЫЙ ЖУРНАЛ»: Насколько следует из пресс-релиза, который нам роздан, ваши контакты с представителем Гочияева были в марте-апреле. А почему только сегодня, спустя четыре месяца, эта информация обнародована? На что у вас ушли четыре месяца, почему не сразу?

ЛИТВИНЕНКО: Первое: мы проверяли материалы, проверяли здесь, что могли. Второе: мы связывались с членами комиссии и просили их, чтобы эти материалы обнародовать. Просьбу свою об обнародовании этих материалов мы высказали где-то, по-моему, месяца полтора назад или месяц назад, после того как мы их дополнительно проверили, и было назначено 25-е число. Мы не видели необходимости, получив материал, в этот же день куда-то с ним бежать. Надо было проверить, надо было еще установить контакт, сказать, что мы их опубликуем, что мы их предадим гласности, и получить ответ. Чтобы, допустим, контакт не оборвался, если будут какие-то дополнительные вопросы. Здесь вопрос корректности тоже определенный.

ФЕЛЬШТИНСКИЙ: Кроме того, еще два соображения. Во-первых, мы до какого-то момента ждали, что получение нашей информации от Гочияева примет более активный характер. А кроме этого, мы занимались (об этом уже говорилось) экспертизой фотографий.

ГАЗЕТА «КОММЕРСАНТ»: Не могли бы вы назвать лабораторию, в которой работает эксперт, который утверждает, что фото Хаттаба с Гочияевым смонтировано?

ЛИТВИНЕНКО: Вот его визитная карточка, фамилия его...

ГАЗЕТА «КОММЕРСАНТ»: Это все есть в пресс-релизе, назовите лабораторию, в которой он работает.

ЛИТВИНЕНКО: <...> Этот человек является официальным экспертом, он выступает в британских судах и международных и дает свои заключения. Я знаю, что вчера ему звонили журналисты, он выступал в британском суде в качестве эксперта. Он имеет лицензию, вот, пожалуйста, есть нотариальное подтверждение его заключения.

ГАЗЕТА «КОММЕРСАНТ»: Почему бы вам не представить полученную видеозапись?

ФЕЛЬШТИНСКИЙ: Это вопрос к тем, кто занимался технической стороной передачи материалов, я в этом деле мало что понимаю. Но я знаю, что фотографии передали, а... Вы лично можете приехать или кого-то попросить, мы вам дадим. Мы сделаем копии, размножим. Вопросов здесь нет никаких. На данный момент просто запись имеется в двух-трех экземплярах, будем откровенны. Кроме этого, мы не понимали до конца, в каком формате будет проходить передача самих фотографий, текстов... Тексты и фотографии были нам пересланы только, по-моему, либо сегодня, либо вчера поздно вечером. Вот, собственно, и все. Повторяю, это только вопрос времени.

ГАЗЕТА «КОММЕРСАНТ»: К господину Фельштинскому. Вы сказали о каких-то дополнительных показаниях от некоего Батчаева, который утверждает, что Хаттаб не имеет никакого отношения ко взрывам в Москве и Гочияев, соответственно, тоже. Что это за люди, которые так утверждают?

ФЕЛЬШТИНСКИЙ: Это очень известные люди. Это люди, которые обвиняются Федеральной службой безопасности как организаторы террористических актов в Москве и Волгодонске. Это те люди, за которыми сейчас ФСБ ведет достаточно активную охоту на территории Грузии. Это те люди, о которых ФСБ объявляет (такое заявление было сделано, по-моему, два дня назад одному из телеграфных агентств), что вопрос об их аресте – это только вопрос времени, причем короткого времени. Я охотно верю, что вопрос об их аресте может быть действительно вопросом короткого времени.

Именно потому, что практика показывает, что люди, попадающие в застенки ФСБ, почему-то дают показания, которые выгодны исключительно ФСБ, причем даже эти показания, в отличие от тех показаний, которые даются нам в письменном виде и которые мы демонстрируем публично, общественности не демонстрируются... Чтобы не получилась та же история, когда после того, как эти люди окажутся в руках ФСБ, они начнут давать показания о том, что заказ на взрывы домов они получили от Хаттаба или от каких-нибудь чеченских полевых командиров, я и хотел засвидетельствовать, пользуясь случаем, что в нашем распоряжении уже есть письменные показания и Батчаева, и Крымшамхалова.

И эти письменные показания, повторяю, свидетельствуют не о том, в чем нас пытается убедить ФСБ. Они свидетельствуют о том, что ни Хаттаб, ни кто-либо из чеченских полевых командиров, ни кто-либо из чеченского руководства не стоял за взрывами в сентябре 1999 года, не выплачивал деньги за организацию взрывов в сентябре 1999 года, а что за этими взрывами стоят совсем другие люди, а именно, повторяю, Федеральная служба безопасности во главе с конкретно названными людьми: Патрушевым и Германом Угрюмовым.

ГАЗЕТА «КОММЕРСАНТ»: На чем основываются...

ЛИТВИНЕНКО: Я хочу дополнить Фельштинского. Нам же ФСБ когда выдает, допустим, показания Деккушева – они же, кроме показаний, больше ничего не выдают. Вы понимаете: «Деккушев сказал...» – и все. Но <...> Гочияев сказал так, а если Гочияева задержит ФСБ – ФСБ скажет: «Гочияев сказал так...». То есть, кроме показаний, ничего нет. Это первое.

И второе. Вы понимаете, что ФСБ является заинтересованной стороной. В Рязани – есть прямые доказательства, что была попытка подрыва жилого дома. Ведь уже два-три года в отношении Патрушева звучат прямые обвинения в терроризме. Это не только я говорю, это говорят средства массовой информации. Прямо заявляют, что Патрушев организовывал эти взрывы. И ни одного вразумительного ответа! Вы понимаете, что происходит? И ни один сотрудник ФСБ не пришел на эту комиссию, чтобы... <Они обратились к> секретной службе Англии. Почему секретной? Потому что эти службы секретные. Вот поэтому они туда обращаются. Они надеются, что эти материалы я передам в секретные службы Англии, из этих секретных служб по секрету эти материалы перейдут к господину Патрушеву и мы о них никогда не узнаем.

Так вот я еще раз заявляю: я готов ответить на вопросы любых секретных служб только гласно.

ФЕЛЬШТИНСКИЙ: Тем не менее у меня впечатление, что мы вас перебили и вы недозадали вопрос – из региона.

ВОПРОС: Вопрос из региона дайте, пожалуйста, задать! Вопрос из региона!

(Шум в зале.)

ВОПРОС: Господин Фельштинский, скажите, пожалуйста, на чем основываются показания этих людей? При чем здесь Патрушев, при чем здесь Хаттаб? Ничего не понятно.

ФЕЛЬШТИНСКИЙ: Дело в том, что эти люди являются, по утверждению ФСБ и по нашему мнению, главными свидетелями по вопросу о сентябрьских взрывах 1999 года. Эти люди официально объявлены Генпрокуратурой Российской Федерации в розыск. Повторяю: и по утверждению ФСБ, и по нашему мнению, они являются как минимум основными свидетелями (вместе с Деккушевым, может быть) по взрывам в сентябре 1999 года. Это очень ценные, очень важные свидетели. И, если с этими свидетелями завтра что-нибудь случится, если их, например, случайно завтра убьют в Грузии при задержании, – мы рискуем никогда не узнать того, что знают эти люди о сентябрьских взрывах в Москве в 1999 году.

У меня есть письменные показания и одного и другого участника (или подозреваемого участника) этих событий о том, что о событиях в сентябре 1999 года они знают все и готовы об этом рассказать.

СЕРГЕЙ КУЗНЕЦОВ: У меня вопрос из региона. Сергей Кузнецов, это издание «Радио «Свобода», Екатеринбург. Вопрос к Александру Фельштинскому. Вот как раз по поводу того, что вы только что... Извините, к Александру Литвиненко.

2 сентября (возвращаясь к книге) исполняется дата возможного подписания указа, который опубликован в вашей книге: о роспуске ФСБ. Вам не кажется, что это решение было бы удивительно вовремя сейчас? Это бы дало возможность и комиссии работать максимально эффективно. Не изменилось ли ваше отношение к этому указу? И, по крайней мере, не могли бы вы рекомендовать нашему президенту немедленно отстранить господина Патрушева – хотя бы на время расследования этой комиссией?

ЛИТВИНЕНКО: Рекомендовать Путину кого-то отстранить от должности? Я считаю, это некорректно. Он взрослый человек, занимает высокий пост, и ему самому решать, кого куда назначать и кого откуда убирать. Он несет ответственность за своих подчиненных лично.

По поводу указа. Есть закон о терроризме, о борьбе с терроризмом в Российской Федерации. В законе ясно написано, что организация, одно из звеньев которой занимается терроризмом и об этом известно руководству, должна быть объявлена террористической и распущена.

Мы уже имеем факты, когда агенты Федеральной службы безопасности совершали террористические акты: это 1994 год, капитан Щеленков, подрыв железнодорожного полотна; это взрыв автобуса – подполковник Воробьев, это перед началом первой чеченской войны. Даже по этим фактам мы уже можем ставить вопрос согласно закону о борьбе с терроризмом: вообще ФСБ РФ – она в современных условиях России, в условиях действующей Конституции и законов – она вообще укладывается в рамки понимания того, что происходит в государстве, или не укладывается? То есть если поднимать эти факты...

(Шум в зале.)

ЮШЕНКОВ: Александр, все понятно. Юрий и Александр, все-таки вы не ответили на вопрос «Коммерсанта» в отношении того, откуда у вас, где вы взяли показания этих новых фигурантов по этому делу? И на каком основании они в общем-то давали вам эти показания и так далее? И чем подтверждаются –

объективные подтверждения есть этих показаний, которые у вас имеются?

ФЕЛЬШТИНСКИЙ: Форма выхода на нас была примерно такая же, как и с Гочияевым. Да, на нас вышли люди и сказали, что они хотят рассказать правду о том, что произошло в сентябре 1999 года. Мы сейчас находимся с этими людьми в активном контакте. Естественно, как всегда, это не прямой контакт, а через их посредников. Я даже не знаю, как точнее ответить на этот вопрос. Эти люди, повторяю, являются либо участниками, либо по крайней мере свидетелями. Они утверждают, что знают все – все о том, что произошло в сентябре 1999 года в Москве.

Мной были заданы им вопросы, очень много вопросов, на которые даны обширные ответы. И вот согласно их ответам на эти вопросы вырисовывается очень четкая картина.

Повторяю: эта картина заключается в том, что чеченцы ни на каком уровне, ни даже наемные Хаттабы и прочее не имеют никакого отношения к заказу взрывов в Москве и в Волгодонске (и в Дагестане, кстати говоря) в 1999 году, что за организацией всей кампании взрывов стоит Федеральная служба безопасности. Повторяю: названы конкретные люди.

ЮШЕНКОВ: Юрий, когда вы нам эти материалы, показания предоставите?

ФЕЛЬШТИНСКИЙ: Вы знаете, мне бы хотелось сказать следующее. Вы все-таки должны понимать, и, я надеюсь, это поймут журналисты тоже, что мы с Александром – два частных гражданина, у нас нет ксив в кармане, у нас нет кобуры на поясе, за нами не стоят российские или иностранные правоохранительные органы. Мы ведем на самом деле достаточно тяжелую, изнурительную и даже опасную работу против очень мощной структуры, которая называется Федеральной службой безопасности, в которой работают десятки тысяч человек. При том, что мы стараемся быть максимально открытыми, – возвращаясь к вопросу об открытости, – максимально открытыми и с максимальной быстротой доводить до общественного мнения каждый новый наш рывок в этом независимом расследовании, – мы (я надеюсь, вы поймете нас) должны чуть-чуть думать о безопасности нашей этой работы. И просто на этом этапе, вот сейчас, мне не хочется передавать вам те кусочки информации, которые уже имеются в нашем распоряжении, просто потому, что, повторяю, с этими людьми мы – в отличие от Гочияева, с которым мы сейчас не находимся в активном контакте, – с этими людьми, Крымшамхаловым и Батчаевым, мы находимся в активном контакте, и от них постоянно поступает небольшими порциями новая информация и новые...

ЮШЕНКОВ: Юра, все понятно. Коль скоро тема сегодня – только Гочияев, давайте <не будем> затрагивать вот тему...

ЛИТВИНЕНКО: Сергей Николаевич, и еще я хотел бы здесь сказать, обратить ваше внимание, что, вы понимаете, за нами за самими же слежка идет постоянно. Вот недавно ко мне, допустим, пытались сотрудники российской разведки войти в квартиру. Моя жена их не пустила. В суде подтвердили, что это были не дипломаты, а сотрудники российской разведки. Документы их <есть в суде>, я могу вам их предоставить. Вы понимаете, что делается? Давят <на> моих родственников. Моих близких родственников, которые приезжают ко мне сюда, задерживают, обыскивают в Шереметьеве, раздевают догола, вы понимаете? Тещу 65-летнюю догола раздевали в «Шереметьеве-2». И постоянные угрозы. Вот там сидит адвокат Трепашкин, который подтвердит, как передавали угрозу, что меня убьют, бросят под поезд, если я не успокоюсь. Вы понимаете, что делается?

ЮШЕНКОВ: Нет, мы понимаем ваше положение...

ЛИТВИНЕНКО: Эти факты я вам тоже дам на комиссию. Я вам передам эти факты.

ЮШЕНКОВ: Хорошо, хорошо.

ЛИТВИНЕНКО: Для чего они это делают? Значит, они не заинтересованы в объективном...

ЮШЕНКОВ: Пожалуйста, следующий вопрос.

ИНФОРМАГЕНТСТВО   «РОСБИЗНЕСКОНСАЛТИНГ»: У меня вопрос к Татьяне Морозовой. Если я не ошибаюсь, ранее вы заявляли о своем намерении подать иск против России в связи с ненадлежащим расследованием этих взрывов, <при которых> погибла ваша мать. Скажите, пожалуйста, вы осуществили свое намерение, подали?

МОРОЗОВА: Да, подали иск, и сейчас этим занимаются адвокаты. 4 марта в этом году, прямо перед пресс-конференцией, которая была 5 марта, был подан иск в Люблинский муниципальный суд.

Я очень благодарна вам, что уважаемые журналисты и представители прессы пришли в эту студию, и я очень хочу, чтобы передали мою просьбу, мой призыв ко всем тем, кто принимал те звонки, о которых Александр говорил, в службе «03», в службе «911», чтобы эти люди откликнулись и проконтактировали с московской комиссией, которая занимается расследованием этой трагедии. Я очень надеюсь, что люди откликнутся. Я думаю, что их сердца еще не очерствели и помощь к нам обязательно придет. Пожалуйста, передайте мою просьбу.

ЮШЕНКОВ: Да... Спасибо. У кого вопросы? Поднимите руку, просто чтоб было видно.

ЛЕВ МОСКОВКИН: У меня вопрос скорее идеологический. В настоящее время позиции спецслужб в массовом сознании удивительно прочны, в отличие от <...> назад. Даже если встать на вашу сторону и принять ваши аргументы – как понять, на что вы рассчитываете, почему вы стараетесь <...>?

ЮШЕНКОВ: По-моему, мы все сказали, что мы расследуем факты и хотим установить истину. «Эль Паис», пожалуйста.

ЛЕВ МОСКОВКИН: Пожалуй, это общий для комиссии вопрос и для вас... А, ну вы ж не сказали... Александр, вопрос к вам.

ЛИТВИНЕНКО: Я вам хочу сказать следующее. Эти взрывы, которые произошли, – они вошли в каждую российскую семью. Каким образом? Кто-то погиб под обломками этих домов. Кто-то сейчас воюет в Чечне – президент России прямо сказал, что началу войны в Чечне предлогом были эти взрывы. Кто-то воюет в Чечне, гибнет, убивает. А основная часть российских граждан – она свою свободу отдала в обмен на безопасность. То есть люди российские дали разрешение правоохранительным органам в обмен на безопасность проверять багажники их машин, заходить к ним в квартиры. Они вынуждены дежурить, охраняя свои подъезды, и за двадцать метров от своей квартиры не отходить без паспорта в кармане с пропиской, с регистрацией. Вот о чем разговор, понимаете.

И поэтому я считаю, что каждый человек должен сейчас обозначить свою гражданскую позицию. И каждый гражданин России должен проявить интерес к этому. То есть найти истину. И я хочу эту истину найти, вы понимаете? И использовать в том числе тот опыт, который у меня за двадцать лет службы накопился. Я не являюсь, допустим, самым опытным сотрудником или неопытным сотрудником, я бы не хотел этого говорить, просто я 20 лет отслужил, и я бы хотел те знания, которые у меня есть, все-таки посвятить тому, чтобы найти тех преступников, которые совершили эти взрывы. Вот моя позиция.

ЮШЕНКОВ: «Эль Паис», Испания.

«EL PAIS»: У меня очень конкретный вопрос. В показаниях Гочияева от 24 апреля говорится, что к нему на фирму пришел один человек, которого он очень хорошо знал, и из текста следует, что это тот человек, который подставил его. Так вот вопрос: почему не называется этот человек?

ЮШЕНКОВ: Этот вопрос задавался.

«EL PAIS»: Задавался? Извините. А он из ФСБ или нет?

(Смех в зале.)

ФЕЛЬШТИНСКИЙ: В прошлый раз Саша отвечал, теперь я отвечу. Понимаете, в чем дело, ведь то, что мы представили вам, что нами получено, – это, повторяю, на сегодняшний день первые и пока что единственные письменные показания Гочияева, которые у нас имеются. Повторяю: расчет был, – видимо, и Гочияева, и наш, конечно, – на то, что этот контакт еще будет продолжен.

По каким соображениям Гочияев решил не открывать нам имя (которое нас очень интересовало, и поверьте, что этот вопрос задавался неоднократно, упрямо и упорно), я сейчас не могу сказать. Но, как объяснил Александр, вычислить имя этого человека – для любого следователя это вопрос двух суток.

«НЕЗАВИСИМАЯ ГАЗЕТА»: У меня вопрос к членам комиссии. Сергей Адамович, вы говорили, что используете практику запросов – отправляете письма в различные инстанции, органы власти. Мне бы хотелось узнать конкретно: какие службы и как реагируют? Идут на контакт? Кто старается вас не замечать, а кто <...>?

КОВАЛЕВ: Видите ли, я не случайно сказал, что сегодня подробностей на этот счет не будет. Их, вероятно, не будет еще достаточно долго. Почему? Отвечаю. Мы не ограничиваемся единичными запросами, а ведем активную переписку. Если хотите, у меня есть некоторый опыт шестидесятых-восьмидесятых годов. Вот не каждый ответ... Отчет о переписке должен состояться тогда, когда вы отчетливо понимаете, что переписка кончена, исчерпаны позиции, они обозначены. Вот тогда вы можете их предъявить общественности.

ЮШЕНКОВ: Некоторые давали очень подробные ответы.

КОВАЛЕВ: Самый достоверный и подробный ответ – от министра образования господина Филиппова.

ЮШЕНКОВ: Просто по гексогену, по этому вот научно-исследовательскому институту.

Я понял так, что вопросов больше нет. Спасибо журналистам. Спасибо, Александр, Татьяна, Юрий. Сергей Адамыч, мы, наверно, тогда сегодня вот эту вот часть комиссии завершим, да? У членов комиссии есть вопросы? Когда мы в следующий раз соберемся? <...> Да, хорошо. Уважаемые журналисты, спасибо вам. Может быть, мы перерыв объявим, а потом сюда зайдем? Так, перерыв тогда объявим для членов комиссии. Спасибо, Александр, Татьяна, Юрий. До свиданья!

ПРИЛОЖЕНИЕ 16

ОТКРЫТОЕ ПИСЬМО Ю. КРЫМШАМХАЛОВА И Т. БАТЧАЕВА В КОМИССИЮ ПО РАССЛЕДОВАНИЮ

Уважаемая комиссия!

В силу обстоятельств мы оказались соучастниками преступления, унесшего жизни почти трех сотен человек. Мы имеем в виду сентябрьские 1999 года теракты в Москве и Волгодонске.

С тех пор мы находимся объявленными в федеральный и международный розыск и вынуждены скрываться от правоохранительных органов РФ.

После сентября 1999 года спецслужбами России предпринимались неоднократные попытки нашего ареста или устранения. Из-за сделанных недавно нами и Гочияевым заявлений в последнее время эти попытки усилились. Похоже, в недалеком будущем нас действительно постигнут задержание или смерть.

Это те причины, по которым мы хотим именно сейчас обратиться к вам с этим открытым письмом.

1. Мы признаем себя соучастниками террористических актов,состоявшихся в Москве и Волгодонске в сентябре 1999 года.

Мы заявляем, что ни Хаттаб, ни Басаев, ни кто-либо из чеченских полевых командиров и политических лидеров, ни ктолибо из чеченцев вообще не имели никакого отношения к сентябрьским терактам 1999 года. Они не заказывали, не финансировали и не организовывали эти теракты.

С Хаттабом и какими-то полевыми командирами мы впервые встретились только после того, как бежали в Чечню от преследований российских правоохранительных органов после терактов.

2. Мы являемся соучастниками терактов на низшем исполнительском уровне, причем к самим взрывам отношения не имеем. Мы имели отношение только к транспортировке меш-

ков, как мы считали, со взрывчаткой для временного складирования их и для последующего использования для подрыва административных зданий спецслужб и военных, а не жилых домов.

То, что взрывы произойдут по месту хранения мешков, в подвалах жилых зданий, мы не предполагали. Время совершения терактов известно нам не было.

Узнав об этих взрывах, мы бежали в Чечню.

3. Не будучи чеченцами по национальности, мы являлисьискренними сторонниками борьбы чеченского народа за независимость. Именно эти наши взгляды позволили тем, кто действительно стоял за организацией и реализацией терактов в Москве и Волгодонске в сентябре 1999 года, завербовать нас для участия в организации терактов. Сегодня мы понимаем, что нас использовали «втемную», что в 1999 году мы не понимали, кто на самом деле является нашими начальниками и на кого мы на самом деле работаем.

Сегодня мы это понимаем и знаем. Почти три года ушло на то, чтобы осознать происшедшее, собрать информацию и доказательства о том, кто же на самом деле стоял за нашими спинами.

Многих из тех, кто участвовал в сентябрьской операции 1999-го в Москве, Волгодонске, Рязани и Дагестане, уже нет в живых. Пока мы живы, мы хотим, чтобы все узнали главное. Согласно собранной нами информации, полученной от различных участников операции разного уровня, заказчиком операции по взрывам в России в сентябре 1999 года является Федеральная служба безопасности РФ. В этой связи неоднократно и точно упоминалась фамилия директора ФСБ Николая Платоновича Патрушева.

Куратором всей программы взрывов являлся Герман Угрюмов, ликвидированный затем, по нашим сведениям, самой ФСБ. Общее число членов группы составляло, по нашей информации, более тридцати человек. Как руководителей среднего звена мы знаем только двоих: 1) подполковник, татарин по национальности, кличка (псевдоним) Абубакар; 2) полковник, русский по национальности, псевдоним Абдулгафур. Мы предполагаем, что Абдулгафур и известный сотрудник российских спецслужб Макс Лазовский – это одно и то же лицо.

4. Мы оказались частью трагедии чеченского и русского народов. Мы просим прощения у тех, кому принесли горе в сентябре 1999 года. Мы просим прощения еще и у чеченского народа за то, что были использованы «втемную» ФСБ для начала второй чеченской войны. Мы не просим к себе снисхождения и остаток своей жизни посвятим борьбе за независимость чеченского народа.

Крымшамхалов Юсуф Ибрагимович, карачаевец,
16 ноября 1966 г. р.,
Батчаев Тимур Амурович, карачаевец,
27 июня 1978 г. р.,
28 июля 2002 г.

ПРИЛОЖЕНИЕ 17

ЮРИЙ ФЕЛЬШТИНСКИЙ
ВОЙНА НА УНИЧТОЖЕНИЕ СВИДЕТЕЛЕЙ

19 сентября 2002 г., интернет-сайт:
Somnenie.narod.Ru

— Юрий Георгиевич, в прессе не видно ни ваших статей, ни интервью. Журналисты к вам не обращаются или вы всем отказываете?

— За все это время, начиная с 27 августа 2001 года, когда «Новая газета» опубликовала отрывки из нашей с Александром Литвиненко книги «ФСБ взрывает Россиию», российские журналисты связывались со мною два раза. И в первом, и во втором случае я исчерпывающе ответил на все заданные мне вопросы. Несколько раз звонили с просьбой об интервью корреспонденты и сотрудники западных радиостанций, в том числе «Свобода». Абсолютно всем, кто просил дать интервью, я его давал.

Как ученого и историка меня потрясает тот факт, что российские журналисты, прежде чем опубликовать ту или иную статью с теми или иными предположениями и догадками (очень часто, кстати, ошибочными), не считают правильным и профессионально необходимым позвонить мне или Литвиненко и задать нам интересующие их вопросы. Ни одному журналисту, насколько мне известно, ни разу не отказал в интервью и мой соавтор Александр Литвиненко. Мой телефон поисковая машина американского интернета выдает всем желающим за несколько секунд. Да и общих знакомых всегда много. Так что дело не в трудности связи, а в отсутствии желания узнать правду.

— При всех недоработках (за которые я первый вас жесточайше критиковал) несомненно одно: вы больше всех сделали для общественного расследования. Когда вы заинтересовались этой темой? Была ли это инициатива Бориса Березовского?

— Идея разрабатывать тему взрывов пришла в голову мне.

Литвиненко (позвольте, я буду далее говорить Александр, а то получается как-то очень формально) тогда еще был в Москве, только что был освобожден из тюрьмы. Я собрал кое-какие материалы. Получалось, что темой этой стоит заниматься и дальше. Хочу напомнить, что я всю свою сознательную жизнь занимался изучением советской истории: Столыпиным, революцией, советскогерманскими отношениями, Троцким, Лениным, Сталиным... Жанр научного (исторического) исследования был мне хорошо знаком.

В этом привычном мне жанре я и стал изучать историю взрывов домов в России в сентябре 1999 года. Но мне не хватало информации «изнутри», потому что есть вещи чисто психологические, которые в голове человека, не служившего в спецслужбах России, не умещаются.

Ведь до сих пор самая большая проблема читателя с нашей книгой – психологическая. Очень трудно поверить в то, что офицер российской спецслужбы (ФСБ или ГРУ) может подорвать жилой дом. Все факты, документы, доказательства – на нашей стороне. Но «простому человеку» в это поверить настолько сложно, что он ищет какие-то другие более понятные объяснения, хотя эти объяснения фактами не подтверждаются вовсе. Но так проще жить. А ведь читатель живет в России (я живу в Бостоне, мне легче). Кстати, с нашими соотечественниками, живущими за границей, в целом этой проблемы нет. С западным читателем – тоже. На Западе очень хорошо известно, на что способна ФСБ, и аргумента «не может быть» не возникает.

Так вот, мне не хватало «внутренней информации». Я полетел в Москву, к Александру, которого знал с 1998 года. Сказал, что несколько месяцев занимаюсь изучением темы взрывов. Сказал, что у меня есть определенные подозрения, и попросил его помочь мне в моем расследовании.

Мы уже тогда конспирировались, как могли. За Александром постоянно следили. Две машины наружного наблюдения по три человека в каждой ездили за ним днем, стояли у подъезда его дома ночью... Мы поехали за город, разговаривали шепотом в лесу. Александр сказал, что займется этим вопросом.

Я улетел к себе в США. И оказалось, что это была последняя моя поездка в Россию.

Через какое-то время Александр передал, что им собраны очень важные и интересные документы, касающиеся взрывов, что они полностью подтверждают мою версию и что он считает необходимым продолжать работу над этой темой.

К тому времени было понятно, что Александру и его семье в России жить спокойно не дадут. У прокуратуры развалились одно за другим абсолютно анекдотичные дела, состряпанные против Александра, а посадить его очень уж хотелось, так как Александр пошел против системы, и система (ФСБ) хотела ему отомстить. Я настоятельно посоветовал Александру обдумать вопрос об эмиграции из России, поскольку в противном случае убьют и его, и его семью. Угрозы в адрес его семьи действительно были. А тут еще и наша книга, писать которую в России было просто самоубийством... Конец этой части биографии Александра теперь всем хорошо известен. Александр покинул Россию и сумел добраться до Англии. В первом же своем интервью в Лондоне он заявил, что покинул Россию, так как располагает материалами о причастности российских спецслужб ко взрывам домов в России в сентябре 1999 года. На это интервью тогда никто не обратил внимания.

Летом 2001 года рукопись в целом была готова. Мы отдали ее на пробное чтение нескольким людям. Одним из них был Борис Абрамович Березовский, с которым и я, и Александр были хорошо знакомы. Б. А. прочитал рукопись и спросил:

– Ну и что вы теперь собираетесь делать?

Я ответил:

– Попробуем предложить этот текст «Новой газете». Они этой темой много занимались, я считаю, что право первенства в публикации должно быть у них.

Б.А.: И что будет, как вы думаете?

– Ну, как что будет...

И тут я красочно описал ему наше победоносное шествие: как посыплются запросы в Думу и в правительство, как будет создана думская комиссия по расследованию сентябрьских терактов, как Путин снимет Патрушева – хотя бы на время расследования терактов комиссией, так как иначе станет ясно, что президент действовал заодно с Патрушевым и другими террористами...

Б.А. выслушал меня и сказал:

— Хотите, я вам скажу, что будет?

— Ну?

— Ничего не будет.

— То есть как ничего не будет? Мы опубликуем вот этот текст — и ничего не будет?!

— Не будет ничего.

27 августа вышел спецвыпуск «Новой газеты» с пространными отрывками нашей книги. И не было ничего. Через какое-то время, когда мы снова встретились, Б.А. спросил:

— Ну что?

И мне и ему было ясно, о чем задан вопрос. Я лишь понуро опустил голову и подумал: «Как всегда, он оказался прав...».

Отклики на нашу публикацию, конечно, были. Мне не хочется сейчас заниматься их разбором. Скажем так: было много публикаций, которые больше говорили об их авторах, чем о нас и нашей книге...

В начале января 2002 года в Нью-Йорке вышло английское издание книги под названием «Blowing Up Russia». Снова молчание. (Полным ходом шла работа над документальным фильмом «Покушение на Россию», но об этом знало всего несколько человек.) В конце января в Нью-Йорке же вышло русское издание. Опять молчание.

Тогда я выслал книгу Березовскому. Неожиданно для нас в феврале в интервью НТВ он показал ее в эфире всей стране, заявив, что за взрывами домов в России стоит ФСБ. Тут-то все и началось. Тема взрывов всех стразу же заинтересовала. И с тех пор нам с Александром постоянно задают вопрос... о Березовском.

Мы безумно признательны Борису Абрамовичу за то, что он сделал из нашей книги всемирно известную. Мы понимаем, что только благодаря ему эта тема вышла на первые полосы всей мировой прессы. Что только благодаря ему эту тему никогда уже не забудут и на вопрос о том, кто стоит за взрывами в России в сентябре 1999 года, рано или поздно придется давать ответ. И поверьте, что подсудимые на этом процессе еще будут сидеть на скамье, что будет еще оглашен приговор. Что будут названы все, кто был причастен к этому самому страшному террористическому акту в истории России. И все это – только благодаря Б.А. Березовскому.

Когда я читаю статьи российских журналистов, чьи дома, собственно, взрывали ФСБ и ГРУ в сентябре 1999 года, и натыкаюсь на высказывания типа: «Версия авторов выглядела бы более достоверной, если бы к фильму не имел отношения Березовский», я вспоминаю период между концом августа 2001 года и серединой февраля 2002-го, когда на нашу «более достоверную» версию без участия Березовского внимания вообще никто не обращал.

– Сколько еще лет, по вашему ощущению, займет общественное расследование взрывов? Или вам уже все ясно?

– Вы знаете, то, что происходит сейчас в России в связи или вокруг нашего расследования, больше характеризует состояние умов в России, чем сами несчастные взрывы.

В конце концов, за организацией взрывов стояла относительно компактная группа людей – несколько десятков человек. Они – безусловные злодеи, они, разумеется, террористы. Они, конечно же, члены террористической организации.

Эта террористическая организация называется «российская госбезопасность».

Да, нам уже все ясно. Мы не знаем всех исполнителей по фамилиям. Но это не столь важно, так как не наша задача доводить дело до суда. Это задача России, российских правоохранительных органов. К тому же многих из этих людей уже нет в живых. Мы знаем, что взрывы в Москве и Волгодонске проводила ФСБ совместно с ГРУ; что подрыв дома в Буйнакске 4 сентября осуществлен подразделением ГРУ из 12 человек.

Учитывая, что мы с Александром проводили это расследование как частные граждане, я считаю, что успехи наши очевидны. Мы определили заказчиков и организаторов этих терактов. Нелишне упомянуть, что во главе группы заказчиков стоит нынешний президент России В.В. Путин и, пока он не уйдет со своего поста, расследовать это преступление в России никто не будет.

Мы знаем имена людей, которые руководили операцией на среднем (практическом) уровне. Часть этих фамилий нами называлась. Часть – еще нет. Когда я говорю «мы знаем имена», это не значит, что мы догадываемся о том, кто курировал операцию или отдавал приказ о ее проведении. Это значит, что у нас есть свидетельские показания исполнителей, называющих имена заказчиков, кураторов и руководителей операции.

Мы уже не говорим о том, что по рязанскому эпизоду мы знаем просто все, так как сама ФСБ созналась, что она проводила рязанскую операцию.

– Согласны ли вы, что собранные вами доказательства не одинаково убедительны? Какие из них вы предложили бы суду, если бы вам поставили условие уложиться в страницу?

– Начнем с Рязани. Патрушев сознался, что лично отдал приказ о проведении операции. Сотрудник ФСБ под камеру (съемка сзади) сознался, что лично загружал мешки в подвал рязанского дома. Эксперт рязанского УВД подтвердил, что лично разминировал бомбу, которая была настоящей и состояла из взрывателя, детонатора и взрывчатого вещества. Прокуратура тогда же возбудила уголовное дело по статье «терроризм». Рязанская милиция заявила, что она задержала по крайней мере двух террористов, оказавшихся сотрудниками ФСБ.

Соответственно, мы обязаны арестовать сотрудника ФСБ, сознавшегося в том, что именно он закладывал мешки в подвал, установить личности террористов (задержанных и затем отпущенных рязанской милицией) и снова их арестовать, арестовать Патрушева, сознавшегося, что он отдал приказ о проведении операции. И уверен, что после нескольких допросов Патрушева и других все остальные участники акции будут названы и арестованы.

Отдельно, разумеется, должен стоять вопрос о том, кто участвовал в сокрытии следов преступления, в дезинформации общественности. Здесь очень важными свидетелями будут Зданович и другие высокопоставленные сотрудники ФСБ, участвовавшие в операции прикрытия.

Москва. Уверен, что Патрушев в курсе того, кто именно руководил операцией по подрыву жилых домов в Москве. Крымшамхалов и Батчаев, имевшие, видимо, самое непосредственное отношение к этой операции, назвали руководителем операции Патрушева, куратором – Германа Угрюмова, а одним из исполнителей высшего уровня – сотрудника ФСБ Макса Лазовского. Так как Лазовского застрелили в Москве, а Угрюмов умер при невыясненных обстоятельствах в Чечне, мы обязаны допросить того же Патрушева. Уверен, что опытный следователь получит у него ответы на все вопросы.

Проще всего с Буйнакском, про который нам известно абсолютно все: весь ряд лиц от заказчиков до исполнителей. Но сейчас я не буду касаться этого вопроса, так как по ряду причин мне не хочется указывать источник информации по Буйнакску, а если я назову все фамилии, ГРУ легко определит источник информации.

Так или иначе, если «на одной странице» излагать дело для суда, то правильнее всего перечислить фамилии людей, которые должны быть вызваны для допросов как обвиняемые; затребовать материалы «рязанского дела» из Генпрокуратуры; затребовать материалы уголовных дел по взрывам домов в Буйнакске, Москве и Волгодонске. И тогда всем станет ясно еще и то, что все судебные дела, которые ведет ФСБ, – это сплошная фальсификация и сокрытие следов преступлений и истинных преступников.

– Удалось ли вам после июльского телемоста получить дополнительные доказательства подлинности письма Гочияева или дополнительные к этому письму сведения? Не допускаете ли вы, что это письмо – подделка. Кому она была бы выгодна?

– После июльского телемоста (после которого, кстати, ни мне, ни Александру за вопросами и разъяснениями не позвонил ни один журналист или член комиссии) нами были получены не только новые фотографии Гочияева, лишний раз доказывающие, что ФСБ помещает на своем сайте фотографии другого человека, но и новая записка Гочияева, подтверждающая подлинность его первого письма.

Информация, сообщаемая в письме Гочияева, была нами, насколько мы это могли сделать, будучи частными гражданами, проверена и подтверждена другими источниками. Таким образом, считать письмо Гочияева фальшивкой у нас нет оснований. Соответственно, я оставляю без ответа ваш вопрос о том, «кому это было выгодно».

А вот кому было и остается выгодно помещать фальшивки на сайте ФСБ – очень хорошо известно: самой ФСБ. Причем обратите внимание, как нагло это делается. После нашего телемоста было объявлено, что ФСБ поместит новые доказательства связи Гочияева и Хаттаба. Вместо этих новых доказательств появилась еще одна старая фотография – даже не с Хаттабом, а с кем-то еще – снова того же человека, про которого мы с помощью экспертизы уже доказали, что это не Гочияев.

Я хочу, чтобы к этой моей фразе вы отнеслись очень серьезно: у ФСБ нет вообще никаких доказательств причастности чеченцев или Хаттаба к взрывам, кроме этой одной-единственной фотографии, на которой, повторяю, изображен не Гочияев, а какой-то другой, неизвестный человек.

У ФСБ вообще нет никаких доказательств того, что теракты производились чеченцами. Потому что теракты производились не чеченцами, а ФСБ и ГРУ.

– После прошлогодней атаки террористов на Нью-Йорки Вашингтон многие москвичи приносили цветы к американскому посольству. В сентябре 1999 года было ли что-то подобное у российских посольства и консульств в Америке?

– Приносить цветы к российскому государственному учреждению (а посольство – это представительство России и российского правительства прежде всего), когда известно, что именно это правительство само произвело теракты (а про сентябрьские теракты в России это в целом на Западе известно), – как-то неуместно. Нет, никто цветов к посольству не приносил.

Да и посмотрите, как «скромно» отметили эту трагическую дату в самой России. Правительство траурных церемоний не проводило, так как хорошо знает, кто именно взорвал дома. Разыгрывать театральную постановку перед камерами всего мира было глупо и рискованно. Пресса скромно молчала. Вообще нелюбопытство прессы в этом вопросе поистине удивительно и показательно. Народ провел несколько траурных церемоний, в которых приняли участие местные власти. Для местных властей, уверен, это действительно была трагедия, как и для пострадавшего народа. Конечно, отказ Путина отметить траурную годовщину — это лишнее доказательство того, что во главе операции по подрыву домов в России три года назад стоял именно Путин. Но это доказательство психологическое, на нем в суде далеко не уедешь.

— Как вы думаете, почему цэрушник сказал Литвиненко о взрывах домов: «Это не по нашей части»? ЦРУ все знает или они настолько нелюбопытны?

— ЦРУ безусловно знает, что дома в России взрывала ФСБ. И у ЦРУ на эту тему нет психологических сложностей типа «этого не может быть». Весь опыт работы ЦРУ с КГБ и ФСБ (точнее, против КГБ и ФСБ) показывает, что здесь не просто «может быть», а — не может быть иначе.

— Чего бы вы пожелали московской комиссии?

— Чтобы в результатах ее объективного расследования было заинтересовано население России. Сегодня оно в них не заинтересовано, и поэтому комиссия работает в вакууме. Ей в общем-то некому докладывать о результатах своей работы. Правительство в этой комиссии не заинтересовано. Дума — тоже. Правоохранительные органы — тем более. Журналисты стыдливо прячут головы.

Народ в лучшем случае безмолвствует, а в худшем — с любопытством наблюдает, как правительство на глазах у всего народа и всей российской общественности, включая журналистов, нагло развязывает войну против Грузии (абсолютно так же, как Сталин развязывал войну против Финляндии).

И ведь обратите внимание: войну с Грузией начинают только ради того, чтобы уничтожить осевших там (как считает российское правительство) Гочияева, Крымшамхалова и Батчаева — людей, дающих нам показания. Никаких других поводов для вторжения в Грузию у России, поверьте, нет. Все остальное — выдумки кремлевских пиарщиков.

Помните, перед вторжением в Финляндию были «провокации финской военщины против Советского Союза»? В 1991 году мы узнали, что провокаций не было, а было неспровоцированное нападение Сталина на Финляндию. Поверьте, если Россия нападет на Грузию, через какое-то время мы узнаем, что «провокаций» с грузинской стороны не было, а было неспровоцированное нападение Путина на Грузию. И очень многим членам Думы, голосующим сегодня за новую войну на Кавказе (при не завершенной, а может быть, даже проигранной уже войне в Чечне), будет как минимум стыдно за соучастие в очередном преступлении российских спецслужб. И детям их будет стыдно. А чьи-то дети, уверен, погибнут в Грузии. И среди них будут, может быть, дети членов Думы.

Марк Уленш

ПРИЛОЖЕНИЕ 18

ИСТОРИК ЮРИЙ ФЕЛЬШТИНСКИЙ О ЧАСТНОМ РАССЛЕДОВАНИИ ТЕРАКТОВ В МОСКВЕ, ВОЛГОДОНСКЕ И БУЙНАКСКЕ

«Новая газета», Москва, 9 декабря 2002 г.

Террористы требовали за свои показания 3 миллиона долларов

– Крымшамхалов и Батчаев в своих показаниях ссылаются на трех людей, причастных, по их мнению, к террористическим актам – взрывам домов в Москве и Волгодонске: Лазовского, Угрюмова и Патрушева. Хочу спросить сначала про первых двух. Не кажется ли тебе странным, что ссылаются они только на умерших? Угрюмов, по официальной версии, умер от инфаркта в аэропорту Грозного, где находился его кабинет. Лазовский был убит недалеко от церкви, которая находилась возле его подмосковной дачи...

– Мне, конечно, не кажется это странным. Объясню, почему. Про Лазовского не стопроцентно понятно, что убит он. Должно быть проведено серьезное опознание по фотографиям. Однако есть большая вероятность, что это он. Думаю, что вся логика событий говорит о том, что это должен быть он. Потому что Лазовский – серьезный сотрудник спецслужб, замешанный, на сто процентов, в целой серии терактов, которые состоялись до этого в Москве.

Предположить, что этот человек не был замешан в операциях в 1999 году, я лично не могу. В опубликованном вами интервью с Галкиным (кстати, и эта история еще требует своих комментариев) – во втором интервью – есть одна интересная фраза: «Но мне кажется, в жизни случайностей не бывает». Вот я тоже не верю в такие случайности: не могли случайно убить Макса Лазовского в районе, где он живет, в не самом, кстати говоря, непрестижном районе.

Напомню, что Лазовский был убит 28 апреля 2000 года на пороге Успенского собора в своем поселке, вскоре после того, как Генпрокуратура дала согласие на его задержание. Подробнее мы описываем этот эпизод в нашей с А. Литвиненко книге «ФСБ взрывает Россию». Есть еще и версия о том, что убили двойника Лазовского, а сам Лазовский жив по сей день. Об этом мне рассказывали по крайней мере три офицера ФСБ.

Про Угрюмова была информация сразу после его смерти, что смерть его не была случайной, что он умер не от сердечного приступа, что к нему приехал курьер, передавший ему пакет, а может, и предложение застрелиться.

Информация эта была опубликована в первый раз (по крайней мере, я ее видел там впервые) на сайте Stringer Коржакова. То есть информация эта была, как мне кажется, из серьезного источника.

— Что, действительно считаешь Коржакова серьезным источником?

Я считаю, что Коржаков безусловно имеет отношение к людям, располагающим информацией. Могу привести один пример. Еще в 1999 году один человек, побывавший среди приглашенных на дне рождения Коржакова, рассказал мне, что принято решение «выдавить» из России Березовского, Гусинского, Доренко и Киселева. Как видите, информация оказалась достоверной. «Недовыдавили» только Киселева. У людей есть привычка говорить. У меня есть привычка слушать.

— Но ты же серьезный человек, серьезный исследователь. Ты считаешь, что действительно сохраняется практика фильмов типа «Шизофрении», когда некто на расстоянии или даже через курьера отдает людям приказ застрелиться? Ты всерьез думаешь, что какой-нибудь генерал ФСБ до сих пор способен выполнить такой приказ?

Нет, я не знаю ответа на этот вопрос. Но я точно знаю, что Угрюмов не умер своей смертью от сердечного приступа.

Это личное твое допущение?

— Ну конечно, это допущение. Но это допущение, в котором я лично убежден. То, что Лазовский имел отношение к терактам сентября 1999 года, — тоже допущение. Но это допущение, в котором я тоже убежден. И не только потому, что Лазовский был вице-президентом фонда, в котором президентом был известный сотрудник СВР Суслов.

Таких случайностей тоже не бывает. У нас ведь остался один единственный живой свидетель – это Патрушев.

– Но каков, по-твоему, уровень информированности, компетентности и даже, скажем так, личной грамотности боевиков Крымшамхалова и Батчаева? Они что, находятся в курсе деятельности Патрушева? Или, например, возможно предположить, они знают, что Патрушев кому-то отдал приказ? Они что, допущены на верхние этажи Лубянки?

– Нет, конечно. На этом уровне их информированность должна быть равна нулю. Однако чисто формально Крымшамхалов и Батчаев являются подозреваемыми в преступлениях, совершенных в России в сентябре 1999 года. Такими подозреваемыми их считают российские правоохранительные органы. И если эти подозреваемые называют всего три имени и одно из них – Патрушев, мне кажется, к такому заявлению мы должны отнестись очень серьезно и выяснить у них, почему и на каком основании именно Патрушева они считают заказчиком и организатором терактов, совершенных в России в 1999 году.

Кроме того, в истории не бывает ситуаций, когда переворот устраивают одни люди, а к власти приходят другие. Понятно, что те, кто берет на себя риск быть казненным за переворот, получают власть в случае успешного результата. Вот это ровно тот случай, который мы имеем с Патрушевым. Это люди, пошедшие на серьезный риск, поскольку случайностей, как вам сказал Галкин, не бывает.

Не может быть случайностью то, что Патрушев был назначен руководителем ФСБ за несколько дней до начала серии терактов; не может быть случайностью и то, что до этого ФСБ возглавлял Путин. Это люди, пошедшие на серьезный риск ради крупной политической операции, ради огромной награды под названием «Россия». В этой операции, между нами говоря, 300 погибших людей не должны для них звучать как серьезная цифра, учитывая, что в чеченской войне гибнут столь же невинные люди и в принципиально большем количестве. Даже по тому, как освобождали заложников на Дубровке, можно понять, что человеческий фактор — не главный для людей типа Патрушева и Путина.

— Если возвращаться к Дубровке, думаю, это была операция не столько по освобождению заложников, сколько по уничтожению террористов. Но у меня-то вопрос другой! Показания Крымшамхалова и Батчаева опровергают версию о том, что все происшедшее — некий заговор спецслужб. Ведь Крымшамхалов и Батчаев признают себя причастными к тому, что они развозили взрывчатку. А затем ссылаются только на мертвых. Что делать с этим? И зачем они дали вот эти показания, это заявление в комиссию прислали?

— Я не согласен с тем, что показания Крымшамхалова и Батчаева опровергают версию о том, что теракты произведены спецслужбами. Наоборот, именно эти показания доказывают, что операция готовилась очень серьезно, что была предусмотрена и необходимость ареста подставленных террористов. Этими подставленными и должны были быть люди типа Крымшамхалова и Батчаева, способные сообщить миру лишь то, что признают себя виновными. Представим себе на минуту, что было бы, если бы все это нижнее звено было задержано российскими правоохранительными органами. Они рассказали бы, что перевозили взрывчатку по указанию Хаттаба и Басаева. И дело было бы закрыто.

Почему сегодня Крымшамхалов и Батчаев дали показания, прислали это заявление — это вопрос, конечно, не ко мне, а к ним. Но у меня нет проблем с объяснением логики их преступления, логики их поведения. Эта логика очень проста. Относительно молодые люди (Батчаеву был 21 год, а Крымшамхалову — 32. Все эти данные у меня есть в форме заполненных ими ответов на мои вопросники). Это были молодые люди. Они считают — и будем исходить из того, что они правы, — что именно они развозили взрывчатку. То есть они думают, что то, что они развозили из точки А в точку Б, и было взрывчаткой. Между нами говоря, возможно, что все было не так. И все, что делали эти молодые люди, как раз и было операцией прикрытия со стороны ФСБ.

— Все бы так. Но взорвались-то ведь дома, расположенные по адресам, куда они развозили взрывчатку! То есть личной ответственности избежать невозможно.

— Да, но не те дома, которые, как им говорили, должны были взлететь на воздух, не «федеральные объекты». В этом основная загадка. Как я понимаю ситуацию, Крымшамхалова и Батчаева наняли некие люди, представившиеся чеченскими сепаратистами, сказавшие, что у них есть приказ Хаттаба, Басаева или, может быть, президента Чечни взорвать федеральные объекты на российской территории. И эти молодые, не сильно образованные, не сильно сведущие, как я понимаю, люди дали свое согласие на участие в этой операции.

— И эти несведущие молодые люди знают об участии Патрушева? Не складывается, Юра.

— Нет-нет. Все, что знали эти молодые люди в тот момент, — это то, что они участвуют в операции чеченских сепаратистов. В их задачу входил, как они считали, перевоз взрывчатки из точки А в точку Б в Москве и в Волгодонске.

— То есть они знали, что это взрывчатка.

— Они утверждают, что знали. Но взрывы произошли не тогда, когда им сказали, и не там, где им сказали.

— Но все-таки, повторю, по тем адресам, куда они взрывчатку развозили.

— Я считал бы, что да — по тем адресам, куда взрывчатка развозилась. Но, по их мнению, взрывы произошли преждевременно. Я задавал им вопрос: вас не смутил тот факт, что взрывы везде произошли преждевременно? Они ответили, что нет.

— Ты задавал эти вопросы письменно?

— Да, конечно. А все, что они знали, — вместо зданий федерального значения взлетели на воздух здания с мирными жителями. Вот это уже для них было сигналом, что происходит что-то не то и что нужно бежать. Бежать в той ситуации они могли только в Чечню, что и сделали. И в Чечню они прибыли как люди, заявившие о себе, что они участвовали в теракте в Москве и в Волгодонске в сентябре 99-го.

У чеченцев с этой информацией возникла очень большая проблема: они не понимали, что им делать с появившимися в Чечне людьми, утверждавшими, что они произвели в Москве теракт по указанию Хаттаба. Все считали, что они самозванцы, которые лгут и пытаются заработать какой-то политический капитал.

— Тут возникает простой вопрос. Какие чеченцы, собственно говоря, не понимали, что с ними делать? С чего ты взял, что такие есть?

— Крымшамхалов и Батчаев — не чеченцы по национальности. А надо понимать, что Чечня — это маленькая страна или как бы большая деревня, где все друг друга знают. Как только в Чечне появились люди, сказавшие, что они произвели по указанию Хаттаба и Басаева теракты, они очень быстро оказались у Хаттаба, который сказал им, что никакого указания на проведение терактов в Москве и в Волгодонске не было и никто из чеченского руководства, в том числе и военного, таких указаний не давал. Это сказал им Хаттаб. Хочу подчеркнуть, что с первых же дней чеченское руководство отрицало свою причастность к терактам в Москве, в Волгодонске и Буйнакске.

— А тогда какие же чеченцы нашли Крымшамхалова и Батчаева в Москве и предложили им поучаствовать в борьбе за, по их мнению, правое дело?

— Во-первых, никто не сказал, что это были чеченцы. Это были люди, представившиеся чеченскими сепаратистами. А что это были за люди, на кого они на самом деле работали — мы не знаем. Можно предположить, если принять за основу версию, что теракты в России в 1999 году готовили ФСБ и ГРУ, — это были люди из ФСБ или ГРУ.

— Это шаткие предположения. Зачем нужны были такие сложности? Зачем тогда ФСБ и ГРУ отпустили Крымшамхалова и Батчаева? Почему позволили им, как утверждают Крымшамхалов и Батчаев, куда-то позвонить, в некую службу спасения, и сказать, что где-то еще заложена взрывчатка? Бред.

— Давай разбираться. Крымхамхалова и Батчаева не отпустили. Они бежали. За ними до сих пор охотятся, как за Деккушевым, которого задержали в Грузии и доставили в Москву. Таким образом, очевидно, что их намеревались арестовать сразу же после терактов, но поскольку взрывы произошли «преждевременно» и в местах складирования, а не на федеральных объектах, Крымшамхалов, Батчаев и другие поняли, что их «подставили», не стали дожидаться выяснения ситуации, а быстро унесли ноги.

Аналогично было и с Гочияевым, за тем исключением, что Гочияев предоставил свои складские помещения под сахар и не знал, что на его склады Крымшамхалов и Батчаев завезли гексоген. В службу спасения звонил именно Гочияев, о взрывчатке не знавший, но после второго взрыва понявший, что взрываются его «мешки с сахаром». Именно Гочияев позвонил в службу спасения и, сообщив адрес склада на Борисовских прудах, предотвратил дальнейшие взрывы в Москве.

— Тогда почему они называют фамилии Лазовского, Патрушева, Угрюмова?

— Вот это самое интересное.

— По твоей логике, есть некие непонятные люди, которые от имени чеченских сепаратистов попросили «помочь в борьбе». Потом, когда «не вовремя» рвануло, Крымшамхалову и Батчаеву это не понравилось. И они сбежали в Чечню, где Хаттаб им объявил, что не отдавал такого приказа.

Но тогда откуда всплывают в их показаниях фамилии того же Патрушева, Угрюмова и просто бандита Лазовского, который действительно был агентом ФСБ? Ведь по их логике — они никого не знали!

— С того момента, как они прибыли в Чечню и объявили, что были завербованы людьми, представившимися сторонниками сепаратистов, чеченскому руководству стало ясно, что события в Москве, в Волгодонске и Буйнакске были намеренной провокацией российских спецслужб, направленной против чеченцев. С этого момента само чеченское руководство начинает проводить расследование о состоявшихся в России в 1999 году терактах. То есть сами чеченские руководители — а там, естественно, нет сейчас единовластия — начинают собирать информацию, выяснять, каждый сам по себе, кто же стоит за терактами 1999 года. Потому что сами они знают про себя, что за этими терактами стоят не они. Вот именно отсюда попытка получения этой информации у того же Галкина; именно отсюда аналогичные попытки получения этой же информации у всех попадающих в плен к чеченцам сотрудников спецслужб.

Этих людей, попавших в чеченский плен за последние два-три года, было довольно много. И от всех этих людей появлялась какая-то информация, имевшая и прямое, и косвенное отношение в том числе и к событиям 99-го года.

Но тогда же получается, что показания Крымшамхалова и Гочияева — это не показания свидетелей, которые на самом деле были знакомы, например, хотя бы с Лазовским, а показания людей, которым только потом объяснили, кто бы мог отдавать им приказы.

— В принципе это так, хотя подчеркиваю: про Лазовского-Абдулгафура, русского, они утверждают, что знали его лично и что именно он был руководителем всей группы террористов. Знали они и другого руководителя террористов: подполковника Абубакара (Абу-Бакара) — татарина, 32 года, низкого роста, в очках. Но я далек от мысли, что Крымшамхалов и Батчаев без юридического, военного и образования вообще способны были провести свое независимое расследование, даже в том случае, если они к этим событиям имели непосредственное отношение.

— Но возникает простой вопрос: они так наивны, что у людей, представившихся им чеченскими сепаратистами, не спросили даже имен? Не были с ними знакомы и не попросили никаких рекомендаций? Что, просто так подходишь к «лицу чеченской национальности» и говоришь: «Старик, не хотел бы ты взорвать дом или федеральный объект во имя нашей общей идеи?».

— Должен сказать, что их ответы на все мои вопросы и все мои анкеты содержат всегда одну и ту же повторяющуюся фразу: подробнее на все вопросы ответим при встрече. А вся информация, которая выдается мне сейчас, она настолько регламентирована теми, кто ее выдает, что мы можем только догадываться о том, что эти люди на самом деле знают и могут рассказать. Потому что про абсолютно все говорится: знаем все, но подробности расскажем при встрече; имена знаем все, но назовем при встрече.

– А почему не называют? С чего вдруг? Они ведь первыми должны говорить правду о себе, для того чтобы прекратилась эта абсолютно смертоубийственная война. Почему же они все время говорят: «подробности при встрече»; почему они не обращаются срочно в комиссию, которую создали вы по расследованию этих терактов; почему они не проявляют инициативу; почему ты – независимый исторический исследователь – делаешь сейчас больше, чем они?

– Ответ простой. Они сейчас скрываются. За головы этих людей обещана награда. За ними охотятся ФСБ и ГРУ. В тех местах, где они скрываются, они отсиживаются не в одиночку, а в коллективе людей.

– Охотятся одни, а содержат другие? Если их наняло ГРУ, то почему ГРУ за ними охотится? Чтобы убить или чтобы схватить?

– Либо чтобы убить, либо чтобы схватить. Во всех случаях – заставить их замолчать. В их показаниях нужно разбираться, нужно задать действительно много вопросов. Нужно проводить настоящее серьезное расследование, чтобы выявить всех террористов, на всех уровнях, причастных к терактам в России в 1999 году. Для меня их показания не являются фальсификацией, так как тогда, поверь, это были бы простые черно-белые показания типа: «подтверждаем, что были завербованы российскими спецслужбами и произвели взрывы по указанию ФСБ и ГРУ». А их показания, как ты сам видишь, рождают больше вопросов, чем дают ответов. Сегодня Крымшамхалов, Батчаев и Гочияев находятся под контролем каких-то групп людей. Они не свободны ни в передвижении, ни в вынесении решений.

– Чеченцев? Боевиков?

– Чеченцев. Никто из них троих не может выжить самостоятельно: их либо убьют, либо продадут, потому что за ними охотятся серьезные спецслужбы России.

– То есть группировки чеченцев охраняют их? Владеют ими?

– Владеют скорее, чем охраняют. Но и охраняют, безусловно.

– То есть возможен торг по продаже террористов?

— С Гочияевым это стопроцентно так. Он, безусловно, не свободен в своих желаниях. То есть не Гочияев определяет, будет ли он давать интервью, отвечать на вопросы.

— И ты с этим лично столкнулся?

— Это тот вывод, к которому я пришел. Не могу сказать, что я с этим столкнулся, потому что хочу подчеркнуть: никого из этих людей я не видел. Получение и сбор информации происходит разными путями, но никого из этих людей ни я, ни Александр Литвиненко не видели ни разу. Поэтому я говорю сейчас о своих ощущениях и выводах. Думаю, что они абсолютно правильны. Уровень свободы Крымшамхалова и Батчаева, безусловно, принципиально больший, чем Гочияева. Кстати, по материалам, которые я передал в «Новую газету», это достаточно очевидно.

— А если Гочияев, по его утверждениям, ни при чем, топочему его так охраняют и держат под таким контролем? Фактически чуть ли не в заключении? Чего бы ему не приехать в Генпрокуратуру?

— Думаю, что мы не должны тут чего-то недоговаривать и представлять ситуацию в розовом свете. Российским правоохранительным органам он не может сдаться, так как это — заинтересованные структуры. Правды мы тогда вообще никогда не узнаем. Однако проблема упирается в то, что люди, контролирующие Гочияева, требуют за его освобождение денег.

Во время телемоста из Лондона в июле этого года мне и Литвиненко задали вопрос: почему мы не добились от Гочияева фамилии того самого сотрудника ФСБ, который завез на склады Гочияева в сахарных мешках гексоген? Ведь без этой фамилии заявление Гочияева выглядит куда менее убедительным, чем с нею. Поверь, что выяснить фамилию сотрудника ФСБ я пытался неоднократно при каждом удобном случае. Все, что мне удалось выяснить, — это то, что офицер ФСБ, складировавший у Гочияева взрывчатку, с тех пор сделал неплохую карьеру, продвинулся по службе, по сей день служит в органах. Что это личность сегодня известная. Но дальнейшая информация может быть предоставлена только в обмен на деньги. И без денег Гочияев фамилию не назовет. А поскольку с самого начала и до сегодняшнего дня мы платить не собирались, объясняя, что не можем платить за информацию, поскольку купленная информация перестает быть достоверной, нам не сообщают фамилию сотрудника ФСБ, который нанял Гочияева для складирования взрывчатки.

— Получается замкнутый круг. Ведь если заплатить, то вы узнаете ту фамилию, которую захочет услышать тот, кто заплатил деньги, а не получите реальную информацию. Я правильно понял, что им деньги много важнее, чем те страдания, которые терпит их народ во время войны?

— На эту тему я проговорил с ними не один час. И мой аргумент: в первую очередь это нужно вам — пока не действует. Да, это нужно им, но пока что им нужны еще и деньги. Моральную оценку поведению этих людей я давать не стану. Это та реальность, с которой мы столкнулись. С такой же проблемой мы столкнулись при сборе показаний от Крымшамхалова и Батчаева, контролируемых другими людьми. На вопрос, знают ли они все, они отвечают: да, мы знаем все. На вопрос, готовы ли они рассказать все, они отвечают тоже «да». На вопрос, готовы ли они предстать перед Европейским судом в третьей стране, они отвечают: да, готовы, но пока нам не дадут денег, на которые мы сможем обеспечить своих близких, мы не дадим информацию, которой мы располагаем. И что хотите, то и делайте.

— Но, согласись, это позиция действительно какая-то людоедская, да? Сначала взрываются дома с живыми людьми, целые семьи с детьми... Потом садисты говорят: да, мы взорвали, но для того чтобы сказать, кто конкретно в этом участвовал, нам нужны деньги, чтобы обеспечить свои семьи...

— Да-да... Но поскольку я же — сторона слушающая, от меня здесь ничего не зависит. Все, что я могу сделать, — это, как попугай, в сотый раз говорить, что мы уже через это прошли, что мы не платим деньги за информацию.

— А что дальше делать? Вот смотри: они есть, они живы. Это вывод? Вывод. Они находятся под контролем неких людей, которые не относятся сейчас к федеральным структурам России. Или относятся?

— Не относятся. Более того, уверен, что они относятся так или иначе к тем людям, которых мы называем чеченскими партизанами и чеченскими сепаратистами. Но это опять же мое предположение.

— И эти люди торгуют находящимися у них в заложниках террористами! Можно так сказать?

— Можно. Правда, Гочияев себя террористом не считает.

— И за то, чтобы террористы заговорили, они требуют с нас, которые являются заложниками террористов, денег. Да? Что дальше делать?

— Ничего. Это та причина, по которой лично я считаю, что мое и Александра Литвиненко журналистское расследование этой темы в смысле снятия показаний Крымшамхалова, Батчаева и Гочияева зашло в тупик. Откровенно так считаю.

— Ты говоришь про то, что они требуют денег. Скажи, вот конкретно с тебя, для того чтобы встретиться с объявленными в федеральный розыск Гочияевым, Батчаевым и Крымшамхаловым, сколько требовали денег?

— Ну, ты знаешь, в таких ситуациях все любят большие круглые цифры. И не чтобы встретиться, а чтобы встретиться и снять показания на видеопленку с гарантией получения ответов на все вопросы.

— «Большая круглая цифра» — по их мнению, это сколько?

— Была названа сумма три миллиона долларов. Понятно, что трех миллионов долларов у меня нет при всем желании. Поэтому мои моральные соображения здесь, безусловно, сочетаются с абсолютной практической невозможностью заплатить такие деньги.

Вопросы задавал Дмитрий Муратов

ПРИЛОЖЕНИЕ 19

РАСПЕЧАТКА ИНТЕРВЬЮ А. ГОЧИЯЕВА, ДАННОГО ИМ 20 АВГУСТА 2002 Г.

Интервью дано «близкому человеку» и записано на видеокамеру. Как доказательство имеющейся пленки нам передана первая минута видеоинтервью. Рукописный транскрипт передан нам 18 января 2003 г. Текст с видеопленки записан с многими неточностями.Точная распечатка первой минуты видеопленки приводится ниже. Однако существенных смысловых искажений, если судить по этой первой минуте видеоинтервью, нет. В тексте рукописного транскрипта по инициативе владельцев пленки, о чем мы были предупреждены заранее, опущены две фамилии – (К.) и (Х.). Люди, контролирующие Гочияева и владеющие пленкой, рассчитывают на то, что именно за эти фамилии мы согласимся заплатить деньги.

ТЕКСТ ПЕРВОЙ МИНУТЫ ИНТЕРВЬЮ, ВЫВЕРЕННЫЙ ПО ПЛЕНКЕ:

ВОПРОС: Расскажите о себе, где вы родились?

ОТВЕТ: Мое имя Гочияев Ачемез Шагабанович. Родом из Карачаево-Черкессии. До 1988 года проживал в республике. В 1988 году после окончания школы поехал учиться в Москву, призвался в армию, вернулся и опять жил в Москве. До сентября 1999 года проживал в Москве. Проживал в Москве в районе Строгино, улица Маршала Катукова.

ВОПРОС: Как случилось так, что именно ваше имя стали связывать со взрывами домов в Москве? Спецслужбы России обвиняют непосредственно вас, что вы организовали эти взрывы (запись обрывается).

РАСПЕЧАТКА РУКОПИСНОГО ТРАНСКРИПТА ВИДЕОИНТЕРВЬЮ А. ГОЧИЯЕВА, 20 АВГУСТА 2002 Г.

Сохранены орфография и пунктуация документа

В данном интервью многое осталось за кадром. Известны имена и фамилии тех ныне действующих сотрудников ФСБ, причастных к этим событиям. Они и по сей день спокойно живут в своих домах и занимают высокие должности.

Это единственное интервью. Кореспондент – близкий ему человек.

ВОПРОС: Представьтесь, пожалуйста?

ОТВЕТ: Я, Гочияев Ачемез Шагабанович. Родился в Карачаево-Черкесской республике. До 1988 г. проживал в КЧР. После окончания школы в 1988 г. поехал в Москву – учиться. Оттуда был призван в армию. Вернулся и опять жил в Москве. До сентября 1999 г. проживал в Москве по ул. Маршала Батукова.

ВОПРОС: Как случилось так, что именно ваше имя стали связывать со взрывами в Москве? Спец. службы России обвиняют именно вас, что вы организовали эти взрывы в Москве. Почему именно на вас?

ОТВЕТ: Как я именно оказался в этой ситуации. В 1997 г. я открыл фирму по строительству котеджей. Я занимался строительством. Летом 1999 г. ко мне на фирму пришел мой давний знакомый, которого я знал еще со школьной скамьи. Его зовут (К.). Предложил мне заняться совместным бизнесом. Он сказал, что у него есть места для реализации товара, т.е. продуктов питания, и чтоб я помог ему. Я ему поставляю продукты питания, он реализовывает и расплачивается со мной. Один раз он заказал мне минеральную воду, я ему доставил, он расплатился со мной. Потом попросил, чтоб я помог ему арендовать склады на юге Москвы, он сказал, что у него есть там хорошие точки реализации. Я нашел 4 помещения, показал ему и помог арендовать их. Непосредственно после этого произошел взрыв на ул. Гурьянова 9 сентября. В этот день меня не было дома, я находился в гостях. Он позвонил мне на мобильный и сказал, что какой-то пожар случился на складе, и мне нужно туда приехать. Я сказал: «Хорошо», – и стал собираться. Это уже было под утро. Я вызвал такси и включил телевизор. По утренним новостям и увидел, что дом фактически отсутствует. Это меня насторожило, и я стал ждать. А когда, через несколько дней, произошел второй взрыв на Каширском шоссе, я понял окончательно, что меня подставили. Я сразу же позвонил в милицию и даже в службу спасения и сообщил еще о двух складах: на Борисовских прудах, в районе Капотни, там в гаражном боксе еще склад был. После этого мне пришлось покинуть Москву. Вернулся обратно в республику и проживал там определенное время. Сейчас, что я могу сказать. Я знаю, что этот человек (К.) сейчас уже не скрывает, что он работник ФСБ, работает в г. Черкесске в ФСБ. До этого я этого не знал, когда помогал ему.

ВОПРОС: Вы считаете, что именно (К.) вас подставил?

ОТВЕТ: Да, конечно. Я в этом уверен, что это его работа. Кто с ним был, как это было сделано я точно не знаю, и этих людей тоже. Единственное, могу рассказать, что когда однажды я, возвращаясь домой, решил заехать к нему в гости – он меня не ждал. Когда я зашел к нему домой, там с ним вместе был еще один человек. После того, как я поздоровался, тот человек сразу ушел. Следя за прессой, просматривая интернет, совсем недавно я узнал, кто был этот человек. Это был (Х.)...!!

ВОПРОС: Вы уверены, что это был именно тот человек, которого вы видели?

ОТВЕТ: Да, я узнал его по фотографии!.. Кроме этого, в конце августа – начале сентября (К.) несколько раз ездил в г. Рязань и меня просил, чтобы я помог ему и там тоже. У него там якобы тоже есть места сбыта товара, но т.к. своей фирмы у него не было, как он мне говорил, и он хотел, чтобы я оформлял на свою фирму аренду этих складов. Но потом он вроде бы нашел какуюто другую фирму, которая помогла ему арендовать помещения. Я точно знаю, что (К.) ездил в г. Рязань в начале сентября.

ВОПРОС: Как вы думаете, почему он выбрал именно вас, а не кого-нибудь другого арендовать эти склады?

ОТВЕТ: Как я думаю, дело в том, что я работал в Москве.

ВОПРОС: Когда вы работали?

ОТВЕТ: В 1997 г. я непосредственно работал, занимаясь строительством котеджей.

ВОПРОС: Фирмы была зарегистрирована?

ОТВЕТ: Да. Фирма называлась «КАПСТРОЙ-2000». Мой строительный офис находился в районе метро Барикадное. Рядом с метро двухэтажное здание.

ВОПРОС: В прессе часто преподносилась информация, что вы чеченец, что именно терракты – взрывы домов в Москве организованы Хаттабом, что вы входили в группировку Хатаба. Есть фотография, опубликованная в интернете, где вы с Хатабом запечатлены в одном кадре. Насколько правдивы эти фотографии?

ОТВЕТ: На счет этого я могу сказать следующее. Если вы о той фотографии в интернете, где якобы я с бородой и в шапке рядом с Хатабом, – я видел эту фотографию в интернете. Этот человек не я и близко на меня не похож, и это уже доказано, что это – фотомонтаж! Хотя ФСБ России по сегодняшний день утверждают, что это я. Для чего это сделано, мы сейчас видим и понимаем. Нужен был чеченский след. Даже в моих розыскных документах я фигурировал как чеченец, хотя мои документы были выданы карачаевским РОВД, и, следовательно, в ФСБ определенно знали, что я – карачаевец. Им надо было связать меня с Чечней. Это было сделано для этого. Ни с Хатабом, ни с его группировкой я никогда не был знаком и ничего общего не имел. Для чего это было им необходимо, теперь очевидно.

ВОПРОС: Вы говорите, что вы невиновны. Какова же причина того, что вы скрываетесь?

ОТВЕТ: Причина в том, что спецслужбы усердно ищут меня. После взрывов в Москве я вернулся на родину и, зная что меня подставили, понимал, что теперь я вынужден скрываться. Я жил некоторое время на родине и скрывался – это было после событий в Москве 1999 года. Мой родной брат работал тогда начальником Уголовного розыска района, и он меня предупредил через родственников, что у них есть негласный приказ – меня живым не брать, т.е. ликвидировать, предупредили меня об осторожности. Сейчас я знаю, что его сняли с должности. Я также знаю, что

ФСБ России дает большие деньги, чтоб ликвидировать меня.

ВОПРОС: А зачем нужна им ваша ликвидация?

ОТВЕТ: Потому что я обладаю информацией, я знаю некоторые факты, имена этих «людей»-сотрудников, истинных виновников того, что произошло. Это нетрудно проверить. Они – и поныне действующие сотрудники ФСБ, которые часто ездят в Москву.

ВОПРОС: Почему бы вам не обратиться в посольство России и не рассказать как все было на самом деле?

ОТВЕТ: Смысла нет. Эта система НКВД, КГБ, ФСБ – одна система. Название меняется, а суть, методы работы и цели одни и те же. У них действительно богатая родословная, и доверять им нет никакого смысла. Я знаю, что пользы не будет для меня никакой. Просто сейчас я разговор веду лишь для того, чтобы мир узнал истину, как все это было. Я на это надеюсь.

ВОПРОС: Вы чувствуете какую-нибудь вину, что раньше не пытались донести до мира истину об этих событиях в Москве? Ведь одним из мотивов России вторжения в Чечню явились эти взрывы. Почему вы раньше не заявили об этом?

ОТВЕТ: Только сейчас появились люди, готовые выслушать, заинтересованные, чтобы правда вышла в свет. Раньше это никому не было нужно. У меня были попытки, но делу не был дан ход – люди боялись себя показывать.

ВОПРОС: Боялись именно российской власти?

ОТВЕТ: Да. Боятся и сейчас, и очень сильно боятся.

ВОПРОС: Что вы еще хотели бы сказать? Есть факты более убедительные?

ОТВЕТ: О некоторых фактах я уже упоминул. Имеются и другие, очень многое осталось за кадром.

ВОПРОС: Что вас побудило в конечном счете скрываться от власти? Когда вы поняли, что именно вас хотят подставить? Когда вы пришли к этому мнению?

ОТВЕТ: Сразу после второго взрыва я понял, что меня подставили окончательно. После первого взрыва я до конца ничего не понял. Единственное, меня насторожило то, что (К.) сразу не сказал, что и в правду там проиозошло. Он позвонил на мобильный и сказал мне: «Приезжай, случился небольшой пожар», хотя на самом деле тогда же я увидел по телевизору, что произошло ужасное. Позже я поехал туда, посмотрел – это было жуткое зрелище. Но с (К.) я не встретился. Я приехал, посмотрел и уехал. Все те фальшивые документы, которыми якобы пользовался я, были заготовлены ими заранее, чтобы их операция прошла успешно, и нигде ничего не сорвалось. Они не думали меня не застать дома, иначе бы я сейчас не разговаривал с вами, да и ни с кем.

ВОПРОС: После произошедшего кто-нибудь с вами связывался?

Ответ: Нет. После 13-го числа я покинул Москву. Я знаю, потом уже московские сотрудники ФСБ работали у нас в республике. Родственников ломали, запугивали очень сильно. Сестре, я слышал, сначала деньги предлагали. Потом, когда она отказалась, начались угрозы и требования, чтобы она дала интервью, что я способен на это. Сначала подкупом, потом угрозой. Я знаю, что ее вывозили на кладбище с маленьким ребенком, которому не было и трех лет, чтобы она дала порочащие меня показания, иначе они убьют ее и ее ребенка. Таковы методы работы ФСБ.

ВОПРОС: Как ваши друзья, знакомые относятся к этому?

ОТВЕТ: Насчет друзей, знакомых: все, кто меня знает, не верят в то, что я мог это сделать.

ВОПРОС: Показания некоторых заключенных против вас?

ОТВЕТ: Я знаю, что есть некоторые люди, которых вроде бы тоже обвиняют в террактах, и эти заключенные дают показания против меня. Но зная систему КГБ, ФСБ, в России проживает 150 млн. Людей, и по этой системе их всегда можно сделать свидетелями определенного дела. Для ФСБ это не составит никакого труда. И еще есть момент такой: когда они говорят, как все это было там, я больше всего удивляюсь наивности наших вот российских граждан. Как можно думать, что возможно завести в Москву, как они говорят, 10 тонн взрывчатки и осуществить взрыв – это невозможно. Кроме спец. служб это никто не сможет сделать. Эта наивность наших граждан меня удивляет сильно.

ВОПРОС: В средствах массовой информации говорится о

том, что в Западной Грузии в Аджарии был задержан один из подозреваемых в причастности к террактам в России и якобы он сейчас дает показания, которые удовлетворяют российские спец. службы. Вы не допускаете такое, что он может дать показания против вас? И вообще, вы знакомы с этим человеком?

ОТВЕТ: Все, что я знаю, это то, что был задержан некий Адам Деккушев и он дает какие-то показания. Я нисколько не сомневаюсь, что он дает именно те показания, которые выгодны ФСБ. Он будет говорить то, что от него требует ФСБ. И это не удивительно, зная эту систему. Давайте вспомним один пример из истории – арест Берии. Берия на второй день после своего ареста уже признался в том, что он работает на 10 иностранных разведок. Следовательно, все, кто попадает в руки ФСБ, будут говорить то, что устраивает ФСБ, и все, что они хотят услышать.

ВОПРОС: Следует ли из этого, что все эти показания надуманы и выбиваются из подследственных силой?

ОТВЕТ: Конечно. Любой человек, который хоть раз попадал к ним в руки, сталкивался хоть каким-то образом с этой системой, для него это не является секретом.

ВОПРОС: Вы не боитесь за свою жизнь? Не боитесь попасть в руки спец. службам?

Ответ: Я, конечно же, этого не исключаю. Я знаю, что спец. службы дают большие деньги, чтобы меня ликвидировать.

ВОПРОС: Вопрос идет о ликвидации?

ОТВЕТ: Вопрос идет в спец. службах только о ликвидации. Т. е. им не выгодно взять меня живым, потому что я буду говорить. Но не исключено, что со мной может произойти то же самое, что и с этим человеком. И я буду говорить то, что они хотят от меня услышать, даже если своими словами я подпишу себе смертный приговор. Истина то, что я сейчас говорю, находясь на свободе. Не в их руках.

ВОПРОС: Так вы не даете гарантии именно за себя, что в случае вашей поимки вы не будете давать ложных показаний против себя?

ОТВЕТ: Нет, конечно. Если я окажусь в их руках, в руках

ФСБ, то, что я сейчас говорю – не буду говорить, я буду говорить то, что они хотят.

ВОПРОС: Ну если Берия не смог выдержать эти пытки, я думаю, наверное, мало кто сможет противостоять ФСБ. И у них есть много способов выбивать информацию.

ОТВЕТ: Конечно.

КОРЕСПОНДЕНТ: Спасибо вам за то, что вы согласились дать нам интервью. Спасибо большое. И мы надеемся, что именно ваше интервью прольет свет на истинных виновников и заказчиков этого преступления.

ОТВЕТ: Я тоже очень на это надеюсь.

ПРИЛОЖЕНИЕ 20

А. ЛИТВИНЕНКО Ю. ФЕЛЬШТИНСКИЙ
КТО ПОДСТАВИЛ АЧЕМЕЗА ГОЧИЯЕВА?

Grani.ru, 12 марта 2003 г.

В течение нескольких последних месяцев мы вели телефонные переговоры с несколькими людьми, предлагавшими нам купить получасовое интервью с Ачемезом Гочияевым, являющимся, по версии ФСБ и прочих российских правоохранительных органов, одним из организаторов сентябрьских терактов 1999 года. Сам Гочияев говорит, что он обычный бизнесмен, много лет жил и работал в Москве, не имел отношения ни к чеченцам, ни к Чечне, ни к мусульманскому экстремизму, а «подставил» его давний знакомый, оказавшийся сотрудником ФСБ. Сегодня, как утверждает Гочияев, этот человек работает в ФСБ в Черкесске. Именно его сам Гочияев считает организатором терактов в городах России в сентябре 1999 года.

Пленку с интервью Гочияева нам предлагали за 3 миллиона долларов. Мы отказались платить и по финансовым, и по принципиальным соображениям. За заявление Гочияева, полученное нами в апреле 2002 года и обнародованное 25 июля во время телемоста Москва–Лондон с Общественной комиссией по расследованию обстоятельств взрывов домов, денег мы не платили. Собственно, за это заявление денег никто и не просил – просили за видеопленку с именами людей, якобы виновных в организации терактов.

В конце июня на нас вышли уже другие люди и предложили возобновить связь с Гочияевым. Такая связь действительно была вскоре налажена, но не с Гочияевым, а с участниками терактов Юсуфом Крымшамхаловым и Тимуром Батчаевым. Начался новый этап нашей работы – получение показаний Батчаева и Крымшамхалова об их участии в терактах 1999 года. 25 июля о существовании этих показаний и об их сути мы также сообщили Общественной комиссии.

В начале августа мы получили «Открытое письмо» Батчаева и Крымшамхалова в Общественную комиссию, датированное 28 июля. Получила ли такое же письмо Общественная комиссия и посылалось ли оно туда, мы не знали. С публикацией письма, адресованного не нам, мы решили подождать; стали собирать дополнительную информацию. Мы достали пленку с показаниями старшего лейтенанта ГРУ Алексея Галкина, оказавшегося в чеченском плену при невыясненных обстоятельствах вскоре после сентябрьских терактов, и комментариями Абу Мовсаева, проводившего допрос. Была получена очень важная новая информация о том, что Батчаев и Крымшамхалов не знакомы с Гочияевым, а последний не знаком с Хаттабом и никогда с ним не фотографировался.

Вновь была налажена связь с Гочияевым. В ходе этого раунда переговоров нам было разрешено составить вопросы к Гочияеву. Мы надеялись получить на них развернутые ответы. Но вместо этого получили одну рукописную приписку: «На все вопросы ответы готовы, о деталях обговорите при встрече». Имелась в виду встреча с человеком, который помогал нам организовывать связь. Но этой встречи не произошло.

Шел август 2002 года. Предполагалось, что мы встретимся в Грузии... Все помнят, как в августе-сентябре Москва стала оказывать на Тбилиси беспрецедентное для отношений между независимыми государствами давление с целью заставить грузинское правительство занять жесткую позицию в отношении Чечни и чеченских беженцев. Мы знали, что в очень большой степени это давление вызвано нашей активностью по снятию показаний о сентябрьских терактах с Гочияева, Крымшамхалова и Батчаева, находившихся в тот момент в Грузии, что не было ни для кого секретом.

Время работало против нас. Связь становилась редкой. Сообщалось, что российская сторона заплатила крупные суммы денег на контрактной основе нескольким группам людей, взявшимся задержать или убить Батчаева и Крымшамхалова. Доходила информация о первых (неудачных) попытках реализовать этот план, о перестрелках при попытках задержания, о гибели людей.

Проверить точность этой информации, разумеется, не представлялось возможным. Тем не менее от планов вылета в Грузию мы отказались, сочтя их небезопасными и для себя, и для тех, с кем мы планировали встречаться.

В сентябре-октябре легче не стало. Связь с Гочияевым снова была потеряна. Про Батчаева и Крымшамхалова известно было только то, что за ними идет настоящая охота, петля стягивается. Новых сведений получить от них мы уже не рассчитывали. 23 октября в Берлине один из нас (Юрий Фельштинский) передал собранные к тому времени материалы главному редактору «Новой газеты» Дмитрию Муратову. Предполагалось, что «Новая газета» начнет их немедленную публикацию. 24 октября г-н Муратов действительно срочно вылетел в Москву. Он возвращался в уже другую страну – вечером 23 октября террористы захватили «Норд-Ост».

После гибели заложников на Дубровке российские спецслужбы заметно активизировались в Грузии. В ноябре к нам поступила информация о том, что ситуация крайне серьезная и шансов уцелеть у Батчаева с Крымшамхаловым мало. Интуиция подсказывала, что нужно торопиться с публикацией открытого письма, пока Батчаев и Крымшамхалов живы. 2 декабря «Новая газета» опубликовала показания Галкина. В тот же день в Хельсинки Юрий Фельштинский дал развернутое интервью Дмитрию Муратову. Оно было опубликовано 9 декабря вместе с открытым письмом Крымшамхалова (задержанного в Грузии 7 декабря) и Батчаева (убитого в тот же день при задержании).

Что именно произошло в Грузии 7 декабря, сказать трудно. Полученные нами сведения нельзя считать проверенными. Легковой автомобиль с пятью людьми, в числе которых были Батчаев и Крымшамхалов, выехал из Панкисского ущелья. Машину вел Алекс Кавтарашвили, 1970 года рождения. Рядом с ним находился Эльдар Маргошвили, 1968 года рождения. Оба служили по контракту во внутренних войсках Грузии. Проехав через селение Кабали, где живут в основном азербайджанцы, и через соседствующее с ним грузинское село Баисубани, автомобиль стал въезжать в лесной массив, где ждала засада.

Шедшая навстречу автомашина устроила аварию, а когда из первой машины вышли пассажиры, над их головами раздались автоматные очереди и всем было приказано лечь. Крымшамхалова как самого ценного взяли живым. Остальных в упор расстреляли. Сопротивления со стороны задержанных не было. «Поясами смертников» ни Батчаев, ни Крымшамхалов не воспользовались.

В том же месяце с уже другими людьми возобновились переговоры о покупке пленки с интервью Гочияева. Иногда нам казалось, что еще чуть-чуть – и наши собеседники отдадут пленку бесплатно. Исходную сумму в 3 миллиона долларов сразу снизили до 500 тысяч. В конце концов доторговались до 150 тысяч. Нам удалось договориться о присылке первой минуты записи и транскрипта всего текста интервью с одной существенной оговоркой: из текста будут удалены две фамилии – сотрудника ФСБ, служащего теперь в Черкесске, старого знакомого Гочияева, подставившего своего друга; и еще одного человека, случайно увиденного Гочияевым в гостях у неназванного сотрудника ФСБ. Эти две фамилии как раз и стоили 150 тысяч.

В январе 2003 года мы действительно получили эти материалы. Вырезанные фамилии были обозначены как К. и Х. Дальнейшие многочасовые телефонные переговоры не увенчались успехом. Убедить наших собеседников дать пленку бесплатно мы не смогли. В конце февраля распечатка интервью Гочияева была передана Анне Политковской для публикации в «Новой газете». 3 марта показания Гочияева, хотя и не полностью, были опубликованы.

Минутная запись интервью с Гочияевым датирована 20 августа 2002 года. Из этого, конечно, не следует, что запись сделана в тот день. Удивляет спокойствие Гочияева, на которого день и ночь идет охота российских спецслужб. Создается впечатление, что Гочияев дает интервью не из Грузии, а из какой-то другой страны. Впрочем, это только предположение.

Мы считали бы этот этап работы завершенным, если бы сумели получить запись и узнать, кто же скрывается за К. и Х. Бывший следователь ФСБ, полковник, ныне адвокат Михаил Трепашкин недавно обнаружил, что соучредителем фирмы «Капстрой-2000», которая снимала злополучные подвалы в Москве, с 1996 года (что зафиксировано в Московской регистрационной палате) был вместе с Гочияевым еще один человек – Александр Юрьевич Кармишин. Все это навело редактора сайта Somnenie.Narod.ru Марка Уленша, тесно работающего с Общественной комиссией, на мысль о том, что именно Кармишин является таинственным К. Нетрудно проверить, работает ли в ФСБ Черкесска человек по фамилии Кармишин. Труднее ответить на вопрос о том, почему молчат следственные органы России.

Гочияева обвинили в причастности к сентябрьским терактам только на основании того, что им и на его имя были сняты подвалы взорванных домов. Между тем соучредитель его фирмы, о существовании которого знают и следственные органы, и ФСБ, не только не обвинен в причастности к терактам, но даже не назван. Мы не призываем спешить с обвинениями. Мы требуем, чтобы общественности было сообщено, кем является Александр Кармишин, имеет ли он отношение к ФСБ или другим российским силовым ведомствам, где он в настоящий момент находится и почему он не был объявлен подозреваемым в причастности к взрывам домов в Москве и Волгодонске в сентябре 1999 года.

Александр Литвиненко
Юрий Фельштинский
11.03.2003

ВОПРОСЫ К А. ГОЧИЯЕВУ

1. На сайте FSB.ru помещены три групповые фотографии. На двух Гочияев (по утверждению ФСБ) сфотографирован вместе с Хаттабом. На третьей Гочияев (по утверждению АСБ) сфотографирован вместе с каким-то другим человеком. Можете ли Вы сообщить, Вы ли сфотографированы на этих фотографиях? Если на них сфотографированы Вы, когда и при каких обстоятельствах сделаны эти фотографии и действительно ли Вы фотографировались вместе с Хаттабом? Почему Вы фо-

тографировались с Хаттабом и почему Хаттаб фотографировался с Вами?

2. Вашей ли рукой написаны показания, опубликованные нами на сайте Grani.ru. и представленные нами в Комиссию?

3. Подтверждаете ли Вы, что это Ваши показания?

4. Можете ли Вы указать имя своего приятеля, являющегося по Вашему мнению агентом ФСБ?

5. Можете ли Вы доказать, что Ваш приятель являлся сотрудником ФСБ? Почему Вы так считаете, как, от кого и когда Вы об этом узнали или стали догадываться?

6. Кто еще, по Вашему мнению, имели отношение к этой операции? Были ли эти люди, по Вашему мнению, сотрудниками или агентами российских спецслужб?

7. Говорит ли Вам о чем-нибудь фамилия Лайпанов и какое отношение Лайпанов имеет к Вам?

8. Подробно опишите Ваши действия после того, как Ваш знакомый позвонил Вам ночью на мобильный телефон и сообщил о пожаре на Вашем складе, и до того момента, как Вы бежали из Москвы.

9. Помните ли Вы номер своего мобильного телефона и телефонный номер (номера) своего приятеля? По какому адресу он жил, где и когда, как часто Вы с ним встречались? Как нам его сейчас можно найти?

10. Подробно укажите, в какие именно службы Вы звонили, предупреждая о возможных взрывах, что именно Вы сообщили, какие именно адреса Вы назвали, указали ли Вы свое имя и причину, по которой звоните. Опишите эти свои звонки максимально подробно, с указанием времени суток, числа, обстоятельств, при которых были сделаны звонки.

11. С какого телефона Вы звонили? Что Вам ответила телефонистка (оператор службы) (операторы служб)?

12. Знакомы ли Вы с Крымшамхаловым и (или) Батчаевым? Если да, как и когда, при каких обстоятельствах Вы с ними познакомились. Что Вас связывало? С какой периодичностью Вы виделись?

13. Что Вы знаете или можете рассказать об этих людях?

14. Из Ваших показаний следует, что Вы не знали о томи,

что на арендованных Вами складах находится взрывчатка. Подтверждаете ли Вы это?

15. Знаете ли Вы, какая именно взрывчатка, какой тип взрывчатки и сколько находились на Ваших складах?

16. Когда именно ее завезли, помните ли Вы расписание этих завозов, кто именно ее завозил? Можете ли Вы указать фамилии этих людей?

17. Если Вы правы, считая, что Ваш приятель был агентом ФСБ, кто, по Вашему мнению, стоял за его спиной и для чего планировалась и проводилась эта операция?

18. Что Вы знаете сегодня о вовлеченности (или невовлеченности) ФСБ или каких-то других спецслужб РФ или каких-то других государств в эту операцию? Когда и для чего эта операция была начата?

19. Можете ли Вы доказать, что ничего не знали о подготовке терактов?

20. Можете ли Вы назвать имена людей, которые могли или точно участвовали в этой операции?

21. Что бы Вы могли возразить, если бы кто-нибудь из этих людей стал утверждать на очной ставке, что Вы было в курсе того, что на арендованных Вами складах находится взрывчатка, а не сахар?

22. Что бы Вы стали возражать, если бы на очной ставке ктонибудь из этих людей указал, что был в Вашем подчинении и получал указания о перевозке взрывчатки от Вас?

23. Является ли Вашим родственником осужденный на днях Р. Гочияев и есть ли связь между его арестом и осуждением и Вами?

Рукою Гочияева написано:

На все вопросы ответы готовы, о деталях обговорите при встрече с Цория.

04.08.02

А. Гочияев, сфотографированный вместе с вопросами, составленными Ю. Фельштинским.

ПРИЛОЖЕНИЕ 21

НИКИТА ЧЕКУЛИН

ЗАЯВЛЕНИЕ

Я, Чекулин Никита Сергеевич, бывший и.о. директора НИИ Росконверсвзрывцентр Министерства образования России, 5 марта 2002 года сделал заявление с критикой официальных российских лиц за сокрытие ими фактов и предотвращение расследования схемы хищения взрывчатых веществ, их незаконного распространения на территории страны, а также неправомерного вывоза компонентов реактивных снарядов и ракет за рубеж.

За прошедший год мною не было получено никакого ответа.

В это же время в некоторых средствах массовой информации были распространены клеветнические утверждения в мой адрес на основе материалов, полученных якобы из Федеральной службы безопасности и имеющих якобы грифы секретности.

Опровержений со стороны ФСБ не последовало.

Одновременно официальные лица ФСБ, МВД и Генпрокуратуры по запросам депутата Государственной думы Ковалева С.А. предоставили ему недостоверную информацию в части, касающейся моего заявления.

Так, например, заместитель генерального прокурора Колмогоров в своем пиьме от 13 августа 2002 года со ссылкой на якобы проведенную ФСБ проверку утверждает, что войсковая часть № 92919 с НИИ Росконверсвзрывцентр якобы никогда «никаких отношений не имела и не имеет».

Я располагаю достоверными документами, подтверждающими систематические факты заключения контрактов между командиром войсковой части № 92919 Шатовым и директором НИИ Росконверсвзрывцентр Щукиным на поставку взрывчатых веществ начиная с 1997 года. У меня находятся данные о произведенных оплатах со счета НИИ на счет указанной войсковой части, сведения об объемах и наименованиях поставленных взрывчатых веществ, в том числе и за рубеж, в 1998, 1999 и 2000 годах.

5 марта 2002 года я впервые обнародовал факт признаков хищения 5 тонн гексогеновых шашек именно из войсковой части № 92919. Но они никак не исследовались.

Эти и другие примеры свидетельствуют о том, что официальные российские лица по-прежнему осуществляют действия в явном противоречии с российским законодательством по исследованию заявленных мною фактов.

Произведенный мною анализ заявлений официальных представителей российских спецслужб о происхождении взрывчатых веществ, использовавшихся при взрывах жилых домов в 1999 году, позволяет сделать вывод об их недостоверности.

Никита Сергеевич Чекулин
Лондон, 5 марта 2003 года

ЗАЯВЛЕНИЕ

Я, Чекулин Никота Сергеевич, бывший и.о. Директора НИИ «Росконверсвзрывцентр» в 2000 году был завербован ФСБ в качестве секретного агента департамента Т (борьба с терроризмом).

В моем распоряжении имеются документальные доказательства тайной схемы хищения взрывчатых веществ с военных складов и участия высших чиновников российского правительства в сокрытии фактов и предотвращении расследования по этому поводу.

Согласно имеющимся у меня накладным, платежным поручениям, доверенностям и иным документам НИИ Росконверсвзрывцентр Министерства образования России, располагавшийся по адресу Большая Лубянка, дом 18, строение 3, в 1999 – 2000 г.г.закупал значительные количества гексогена. Источником взрывчатки были в частности В/Ч No 68586 и No 92919. Тонны этого материала с фальшивой маркировкой (порох и тротил) по доверенностям института направлялись различным подставным учреждениям в регионах.

Внутреннее расследование этой цепи в Министерстве Образования привело к обращению министра Владимира Филипова к высшим должностным лицам России с просьбой о расследовании с привлечением ФСБ. Среди лиц, поставленных в известность о возможной террористической деятельности были Вице-премьеры Валентина Матвиенко и Илья Клебанов, Директор ФСБ Николай Патрушев, Министр Внутренних Дел Владимир Рушайло и Секретарь СБ Сергей Иванов.

Однако господин Патрушев запретил расследование, о чем его заместитель Юрий Заостровцев официально уведомил Министерство Образования.

Лондон 05 марта 2002 года

Чекулин Никита Сергеевич

ПРИЛОЖЕНИЕ 22

ГЕКСОГЕНОВЫЙ СЛЕД

10 ноября 2003 г. «Новая газета»; Grani.ru

После убийства Батчаева и ареста Крымшамхалова 7 декабря 2002 года единственным моим контактом оставался А. Гочияев. Однако неоднократные попытки получить дополнительную информацию упирались в финансовый вопрос: люди, контролировавшие Гочияева, требовали в обмен за информацию деньги. Многочасовые телефонные торги были скучны и утомительны, по крайней мере для меня. Ситуация была тупиковая. Выхода из нее не было, так как мы не собирались платить за информацию, а гочияевских знакомых стала порядком раздражать наша несговорчивость.

Вскоре после очередного занудного разговора о деньгах в обмен на пленку 7 мая 2003 года на мой домашний факс в Бостоне пришла записка, написанная знакомым почерком Гочияева. С тех пор друзья Гочияева не тревожили меня ни по факсу, ни по телефону, ни по имейлу. Я с ними тоже не связывался. Вот эта записка (сохранены орфография и пунктуация оригинала):

«Есть один человек, действующий работник ФСБ, офицер. Он может выехать к вам и дать свидетельские показания по этому делу. Но ему нужны 100% гарантии безопасности. Вы сами понимаете что после этого, обратно возвратиться ему никак нельзя. Если вы сможете ему предоставить: гарантии безопасности, помочь ему с убежищем и решить его финансовую сторону, то в этом случае к вам приедет человек для переговоров. После вашего разговора с этим человеком, где вы обговорите все условия и гарантии, приедет этот человек.

Кроме этого я хочу вам сказать, что я через своих друзей выходил на Юшенкова Сергея. После встречи моих друзей с Юшенковым, которые хотели передать ему мою кассету, ровно через 1 неделю после их встречи Юшенков был убит. Эта вам тема для размышления. Я могу сделать видеозапись, где раскажу и про этот случай.

Все, что я предложил выше, может решиться только тогда, когда вы со своей стороны решите то, что вы до сих пор не решили. Без этого никаких дальнейших дел с вами не получится.

Кстати, с БАБом я знаком, мы познакомились в Москве, когда он был еще директором «Логоваза», и потом встречались, когда он был депутатом в Госдуму от нашей республики.

Поверьте мне я могу найти с кем иметь дело, которые дадут очень большие деньги, мне даже их искать не надо они меня сами ищут, которые заинтересованы в ваших личностях больше чем в моей.

Если то, что я вам пишу вас интересует и вас устраивают мои предложения, то вы в течении трех дней после того, как получите письмо позвоните, номер у вас есть, если в течении этого времени вы не позвоните это будет ответом.

С уважением Ачемез».

Понятное дело – шантаж. Я переслал по факсу распечатку записки тем самым «личностям», которых имел в виду Гочияев и которыми российские спецслужбы интересовались даже больше, чем Гочияевым: Борису Березовскому и Александру Литвиненко. Откровенно, мы эту записку даже не обсуждали. Просто забыли про нее, и все; хотя я живо представлял себе, как появится пленка Гочияева, где он рассказывает, что теракты в Москве организовывал Березовский, у которого до того Гочияев и «Жигули» покупал, и в Думе в кабинете посиживал, и приветливо махал ему рукой на встрече Березовского с избирателями КЧР. В общем, все это казалось таким сюром, что неловко было по этому поводу скандалить в СМИ и вывешивать записку с комментариями на интернете.

Я бы и сегодня не стал этого делать, если бы не представился случай ещё раз вспомнить о Гочияеве. А вспомнил я о нем потому, что занялся анализом данных о юридических лицах, зарегистрированных в Москве. Электронные справочники — источник объективный. И этот источник указывает на причастность сотрудника Управления ФСБ по Москве и Московской области Максима Юрьевича Лазовского (клички «Макс» и «Хромой») к террористическим актам в России в сентябре 1999 года.

Несколько слов о Лазовском. Лазовский был основателем фирмы «Ланако», давшим названию фирмы первые две буквы своей фамилии. В 1994 году Лазовским была сформирована спецгруппа, состоявшая из штатных и внештатных сотрудников российских спецслужб и спецподразделений. Куратором Лазовского по линии ФСБ был полковник ФСБ Э.А. Абовян, работавший в отделе по борьбе с незаконными бандитскими формированиями. По линии СВР Лазовского курировал кадровый сотрудник службы внешней разведки П.Е. Суслов.

Как всегда в истории разведки и конспиративных организаций, мы знаем об этих людях только по их провалам (о тех, кто не провалился, нам почти ничего не известно). Так, 18 сентября 1994 года в перестрелке с одной из бандитских группировок погиб член группы Лазовского офицер ГРУ Роман Полонский. 18 ноября 1994 года при попытке подрыва железнодорожного полотна на мосту через реку Яуза погиб от преждевременного взрыва закладываемой им бомбы член отряда Лазовского капитан Андрей Щеленков. 27 декабря 1994 года член группировки Лазовского подполковник академии им. Жуковского Владимир Воробьев подорвал бомбу с дистанционным управлением в автобусе 33-го маршрута на конечной остановке «ВДНХ-Южная». Он был арестован в августе 1996 года. Суд был закрытым. В зал заседаний не пустили даже родственников Воробьева. ФСБ дало Воробьеву как своему сотруднику положительную характеристику, которая была подшита в уголовное дело. За совершенный теракт Воробьев был приговорен к пяти годам, но Верховный суд РФ снизил Воробьеву срок до трех лет (которые Воробьев к тому времени фактически провел в заключении), и в конце августа 1999 года Воробьев вышел. Не для того ли, чтоб участвовать в сентябрьской операции?

В феврале 1996 года МУР арестовал личного шофера Лазовского Владимира Акимова, давшего показания против своего шефа. Лазовский был задержан. Были выявлены шесть оперативников ФСБ, служивших у Лазовского, в том числе майор московского Управления ФСБ по незаконным вооруженным формированиям Алексей Юмашкин, офицеры ФСБ Карпычев и Мехков. Однако представители УФСБ в суд явиться отказались, причастность к терактам судом не обсуждалась вообще, а подсудимые были найдены виновными в незаконном хранении оружия и приговорены гуманным российским судом к двум годам лишения свободы (с зачетом времени, проведенного под следствием). В феврале 1998 года Лазовский вышел, купил себе роскошный особняк в элитном поселке Успенское Одинцовского района Подмосковья (по Рублевскому шоссе), создал фонд «содействия миру на Кавказе» под названием «Единение», в котором занял должность вице-президента. 28 апреля 2000 года на пороге Успенского собора в своем поселке он был расстрелян из автомата Калашникова с глушителем и оптическим прицелом. Четыре пули, одна из которых попала в горло, были смертельными. Стрельба велась из зарослей кустарника с расстояния примерно в 150 метров. Джипа с охраной, который неотступно следовал за Лазовским в последнее время, рядом почему-то не оказалось. Убийца бросил оружие и скрыся. Кто-то оттащил окровавленное тело к больнице неподалеку и положил на лавку. Местная милиция привлекла для осмотра трупа врача из одинцовской поликлиники. Документы освидетельствования убитого и осмотра места происшествия были составлены крайне неряшливо и непрофессионально, и это дало повод утверждать, что убит не Лазовский, а его двойник. Версию о том, что Лазовский жив, мне подтверждали затем по меньшей мере три офицера ФСБ.

Так вот, согласно базе данных «Юридические лица Москвы»:

1. Руководителем фирмы Лазовского «Ланако» с 1997 года был некий Г.Н. Косна (разночтения: Касна и Косиа).

2. Г.Н. Косна был также руководителем фирмы «МАМ-1», зарегистрированной в Москве по адресу: проезд Шокальского, дом 17, тел. 928-8172, 928-5039. Основателем фирмы «МАМ1» был житель г. Мытищи Андрей Евгеньевич Мамчиц. Очевидно, что название фирмы «МАМ-1» составлено из первых трех букв фамилии Мамчиц.

3. Этот же телефон (928-8172) числился телефоном экологической организации НПО «Природа», зарегистрированной по адресу: Фуркасовский переулок, дом 3. НПО «Природа» находится по этому адресу и сегодня, но уже с другим телефоном: 924-42-14.

4. Юридическими фирмами, оформлявшими фирму «Капстрой-2000», учредителями которой были А. Гочияев и Александр Юрьевич Кармишин (которого, в отличие от Гочияева, ФСБ почему-то в розыск не объявила), были фирмы «Деловая компания», зарегистрированная по адресу: проезд Шокальского, дом 17, т.е. по тому же адресу, где находились фирма «МАМ-1», руководителем которой был Г.Н. Косна, являвшийся с 1997 года руководителем фирмы «Ланако», принадлежавшей Лазовскому, и уже упоминавшееся НПО «Природа».

5. 23 июня 1998 года в Москве была учреждена еще одна фирма: «Лантана-Л», зарегистрированная по адресу: Стремянный переулок, дом 31/3, но имевшая те же телефонные номера, что и фирмы «Деловая компания», «МАМ-1» и НПО «Природа», а именно номера: 928-8172 и 928-5039.

6. Очевидно также, что название «Лантана-Л» составлено из первых трех букв фирмы Лазовского «Ланако» – ЛАН и букв имени жены Лазовского – Татьяны Лазовской: ТАтьяНА. «Л» – первая буква фамилии Лазовского и его жены. Получается: ЛАНТАНА-Л. Правда, может быть, это была другая Татьяна, но об этом чуть ниже.

7. Учредителем НПО «Природа» была Екатерина Марковна Быховская, проживавшая в одном доме с женой Лазовского

Татьяной, что в данном случае вряд ли следует считать статистической случайностью.

8. Учитывая, что в «Открытом письме Ю. Крымшамхалова и Т. Батчаева» Лазовский также назван как один из организаторов терактов, причастность Лазовского к терактам 1999 года можно считать формально доказанной.

9. Фуркасовский переулок – тыльная сторона главного здания ФСБ; дом 3 по Фуркасовскому переулку – напротив, в 20 метрах. Будем считать это фактом, не имеющим никакого значения.

Но это только одна сторона медали. Есть еще и другая. 10 октября 1999 года «Коммерсант» опубликовал следующую статью:

ВЗРЫВА НА КАШИРКЕ МОГЛО НЕ БЫТЬ

Юрий Сюн

Сотрудники ФСБ и МВД могли предотвратить теракт в жилом доме на Каширском шоссе, где погибли 130 человек. За несколько часов до взрыва была задержана 26-летняя Татьяна Королева – любовница организатора как этого, так и предыдущего теракта на улице Гурьянова Ачемеза Гочияева. Сыщики могли узнать у нее все, но, так толком и не допросив, почему-то отпустили. Теперь ее нигде не могут найти.

На Татьяну Королеву, сотрудницу юридической фирмы «Деловая компания», чекисты вышли, расследуя теракт на улице Гурьянова. Они установили, что бомба, уничтожившая дом, была заложена в офисе компании «Бранд-2», которая располагалась на его первом этаже.

Учредителем «Бранда» значился житель Карачаевска Мухит Лайпанов. Его сразу объявили в розыск, но вскоре выяснилось, что разыскивается мертвец. Лайпанов погиб в ДТП еще в феврале этого года, а паспортом пользуется его земляк Ачемез Гочияев.

В Московской регистрационной палате чекистам рассказали, что подготовкой к регистрации документов «Бранд-2» занималась фирма «Деловая компания». Но когда оперативная группа приехала по ее юридическому адресу на Волгоградском проспекте, офис оказался закрыт.

Перелопатив огромную кучу хлама в мусорных баках на заднем дворе конторы, чекисты нашли обрывки каких-то бумаг. Из этих обрывков стало ясно, что фирма собралась перерегистрироваться. Удалось установить и ее новое название – «Агентство Лантана-Л».

В агентстве сказали, что документы Лайпанову готовила Татьяна Королева, правда, регистрировала она «Бранд-2» через третье юридическое лицо – «Консул-Бизнес». [...]

Допрашивая сотрудников бывшей «Деловой компании», чекисты узнали, что Королева не только оформляла документы Гочияеву, но и была его любовницей. Сама она приехала в Москву из Волгограда, снимала здесь квартиру, причем без регистрации.

Задержали Королеву в ночь на 13 сентября. Но когда сотрудники правоохранительных органов приехали к ней домой, Гочияева там уже не было. Судя по всему, в это время он находился на Каширском шоссе, в том самом доме, где была заложена бомба.

Королева, находившаяся на 3-м месяце беременности от Гочияева (его жена Мадина Абаева страдает бесплодием. – «Ъ»), сказала, что у ее сожителя возникли какие-то деловые проблемы и он велел ей на время уехать из Москвы. «Я знала, что он пользуется чужими документами, и подозревала что-то неладное, но он меня в свои дела не посвящал», – заявила она.

Допрос решили продолжить на следующий день, а Королеву отправили в изолятор. Но уже утром, через несколько часов после взрыва на Каширке, ее почему-то отпустили. Возможно, оперативники надеялись, что беременная женщина поможет им выйти на Гочияева, но еще через несколько дней она исчезла. Сейчас объявленная в розыск Королева, по оперативным данным, находится в одном из горных районов Чечни. Там же скрываются и супруги Гочияевы.

В статье много неточностей. Она писалась по горячим следам, и у автора не было возможности проверять достоверность информации.

Действительно ли Королева была любовницей Гочияева и была ли она беременна? Очевидно, что трехмесячная беременность женщины не может быть заметна (вряд ли арестованную Королеву немедленно подвергли столь тщательному медицинскому осмотру). Еще больший вопрос, была ли Королева беременна от Гочияева (если она была беременна). Указание на то, что жена Гочияева страдала бесплодием, не соответствует действительности. Об этом свидетельствуют присланные мне в свое время Гочияевым многочисленные фотографии, подтверждающие его личность, в том числе фотографии Гочияева со своими детьми.

Оставим на совести ФСБ и российских следственных органов отсутствие объяснений причин стремительного освобождения Королевой из милицейского изолятора. Указания автора статьи в «Коммерсанте» на то, что Королева разыскивалась следственными органами, исчезла из Москвы и бежала в Чечню, не соответствуют действительности. Согласно прилагаемой таблице фирм, возглавляемых или учрежденных Татьяной Викторовной Королевой, она продолжала заниматься юридической деятельностью в Москве, по крайней мере, до 20 июня 2000 года. (Будем считать совпадением, что ряд фирм зарегистрирован на Малой Лубянке и в Малом Кисельном переулке — в соседнем с Московским управлением ФСБ здании.)

Фирмы, учрежденные или возглавляемые Королевой Татьяной Викторовной

Дата регистрации	Название фирмы	Руководитель (по соображениям этики не публикуем никого кроме самой Т. В. Королевой)	Адрес	Телефон
1.3.93	Ломбард для вас		Молодогвардейская ул. 13	241-06-61
23.12.99	Унификон-Строй		Новочеремушкинская ул. 44, стр.1	Тот же
	Транс-Мега УТК		М. Лубянка 8/7, стр. 10	Тот же
	Спецмонтаж		Новочеремушкинская ул. 44, стр. 1	Тот же
	То же		Новочеремушкинская ул. 44, стр. 1	Тот же
	То же		Новочеремушкинская ул. 44, стр. 1	422-15-65
	Ремкомплект-99		Новочеремушкинская ул. 44, стр. 1	241-06-61
	То же		Новочеремушкинская ул. 44, стр. 1	422-01-44;
30.12.99	Дасти-Тур		М. Лубянка 8/7, стр. 10	241-06-61
	Унификон-С		М. Лубянка 8/7, стр. 10	Тот же
	Диал-Конт		М.Кисельный пер. 6, стр. 1	Тот же
	Деконт-Сервис		М.Кисельный пер. 6, стр. 1	Тот же
	Деконт-Дизайн		Печатников пер. 15а	Тот же
	То же		М.Кисельный пер. 6, стр. 1	Тот же

18.1.2000 Денти-Конт		Новочеремушкинская ул. 44, стр. 1	422-01-44
ТВК-Бизнес	Королева Т. В.	Новочеремушкинская ул. 44, стр. 1	241-06-61
19.1.2000 ТВК-Конт	Королева Т. В.	Печатников пер. 15а	241-06-61
20.1.2000 Консул-Классик		Новочеремушкинская ул. 44, стр. 1	217-41-22
Мега-Консул	Королева Т. В.	М.Кисельный пер. 6, стр. 1	241-06-61
То же	Королева Т. В.		
Вилар-99	(изм. от 4.2000)	Печатников пер. 15а	Тот же
	Королева Т. В.	М.Кисельный пер. 6, стр. 1	Тот же
То же	Королева Т. В.		
То же	(изм. от 24.3.2000)	Печатников пер. 15а	Тот же
		Печатников пер. 15а	229-75-52
19.6.2000 Ремсервисмонтаж	Королева Т. В.	Одесская ул. 21/29	241-06-61
20.6.2000 Интерлинк	Королева Т. В.	Одесская ул. 21/29	241-06-61
Алюминэкс	Королева Т. В.	Одесская ул. 21/29	241-06-61
Реком-Траст	Королева Т. В.	Одесская ул. 21/29	241-06-61

* * *

Какие же нам остается сделать выводы? Вывод первый: что «любовница» Гочияева Т. В. Королева могла быть совладельцем фирмы «ЛАНТАНА-Л» вместе с Лазовским, и именно Татьяна Королева, а не жена Лазовского Татьяна, дала свои четыре буквы «ТАНА» для второй части названия. Вывод второй: что из милицейского изолятора, в который попала Королева, ее выпустили совсем не случайно и вовсе не случайные люди из российских спецслужб; что эти люди имели какое-то отношение к терактам 1999 года, что сама Королева, возможно, была сотрудником российских органов госбезопасности (ФСБ) и имела непосредственное отношение к терактам; что в розыск ее не давали ни в сентябре 1999 года, ни позже. Вывод третий: что по тем же причинам в розыск не объявляли партнера Гочияева и соучредителя фирмы «Капстрой-2000» Александра Юрьевича Кармишина. Вывод четвертый: что к терактам 1999 года безусловно имел отношение Лазовский, убитый (а можт быть, и не убитый) в 2000 году. Все остальные выводы – общеполитического характера о ситуации в стране – уверен, сделает читатель.

Юрий Фельштинский,
Бостон

ПРИЛОЖЕНИЕ 23

ФОТОРОБОТ НЕ ПЕРВОЙ СВЕЖЕСТИ. ЗА ЧТО АРЕСТОВАН БЫВШИЙ ПОДПОЛКОВНИК ФСБ?

«Московские новости», 11 ноября 2003 г.

За день до своего ареста бывший подполковник ФСБ Михаил Трепашкин побывал в редакции «МН». В своем интервью он привел ряд фактов, которые делают его признания сенсационными.

Речь – о взрыве жилого дома на улице Гурьянова в 1999 году. Но прежде чем перейти к этим событиям, необходимо рассказать историю семилетней давности с задержанием в Москве группы чеченцев, обиравших столичные банки.

ЗНАКОМЫЙ «ЖУЧОК»

Из интервью Михаила Трепашкина «МН»:

– Банду возглавлял Иса Бахарчиев. В нее входили Висруди-Новиков, Абдул по кличке Кровавый и некий Турпал. В эту же группу входил и Владимир Романович.

Когда банда пыталась взять под «крышу» банк «Сольди» и для начала потребовала наличными 1,5 млрд рублей, мы провели операцию.

В установленный день с утра выставили в банке и вокруг него засаду, но бандиты так и не появились. Выяснилось, что кто-то из своих нас предал. В офисе банка обнаружили штатный «жучок», который использует оперативно-поисковое управление ФСБ. На нем стоял номер 41772. По этому номеру без особого труда можно было выяснить, за кем числился «жучок» и каким образом он оказался в банке. Но мое руководство отказалось проводить экспертизу.

Спустя несколько дней банда все-таки явилась за деньгами. Мы задержали всех. Каково же было наше удивление, когда, помимо чеченцев, среди задержанных оказались начальник отдела ГРУ Генштаба МО полковник Голубовский, неустановленный отставной подполковник ФСБ, начальник охранной структуры при правительстве Москвы «Кобра-9» Карлен Азизбекян, группа сотрудников милиции, из которых двое были в звании майора.

Как позже сообщили сотрудники банка, в день, когда провалилась наша операция, за офисом с противоположной стороны улицы как раз и наблюдали Голубовский со своим партнером из ФСБ. Скорее всего, они в первый раз и вычислили засаду.

Уже на предварительном допросе полковник Голубовский и Карлен Азизбекян назвали своего патрона – консультанта Академии Генштаба МО генерал-майора Тарасенко. Генерал заявил, что он не последний в длинной цепочке. За ним якобы стоят командующий Закавказским военным округом и начальник Генштаба МО. Генерал намекнул: дело, в которое мы влезли, чрезвычайно тонкое, речь идет о торговле оружием.

Мне стало известно, что в то время, когда мы проводили операцию по задержанию вымогателей в банке «Сольди», Романович в одной из правоохранительных структур заказывал спецмашину, которая следила за банком. Точнее – вела запись переговоров, которые принимал, видимо, упоминавшийся уже «жучок». Я хотел допросить Романовича и провести обыски, чтобы изъять кассеты с записями. Но мое руководство не позволило этого сделать. С чего бы это? У меня сложилось впечатление, что Романович как-то связан с ФСБ.

Когда после взрыва дома на улице Гурьянова опубликовали фоторобот человека, арендовавшего подвал, в который заложили взрывчатку, я узнал в нем Романовича. Во всяком случае, аренду на имя Мухита Лайпанова (который, как потом оказалось, на самом деле был мертв) оформлял человек, сильно похожий на него.

Сделав неожиданное открытие, я сообщил об этом своим бывшим руководителям из ФСБ, передав им и фотографию Романовича, которая у меня была. Вскоре я обратил внимание на то, что фоторобот, очень похожий на Романовича, трансформировался: лицо становилось все более вытянутым. А спустя полгода узнал, что Романовича, который к тому времени выехал на Кипр, будто бы задавила машина.

ГЕНЕРАЛ УДИВЛЕН

Из всех действующих лиц, фигурировавших в рассказе Трепашкина о задержании в банке «Сольди», мне удалось разыскать одного генерала Тарасенко. Я связался с ним по телефону.

– Все, что вам наговорил Трепашкин, чушь, – заявил генерал.

– Меня проверяли, и никакие обвинения, выдвинутые в мойадрес, не подтвердились. То же самое могу сказать и о полковнике Голубовском. Я никому ничего не говорил о торговле оружием и о том, что за мной стоят командующий Северо-Кавказским военным округом и начальник Генштаба Министерства обороны.

Установить, кто прав – бывший подполковник ФСБ или генерал, без изучения документов, к которым редакция не имеет доступа, разумеется, невозможно. Единственное, о чем можно говорить с уверенностью, так это о самом факте вымогательства денег у банка «Сольди» и об операции, во время которой вместе с бандитами были задержаны представители спецслужб и правоохранительных органов.

Из всех задержанных в банке «Сольди» под суд попал лишь человек по имени Ламин Бокаев: он получил 5,5 лет. Висруди Новикова по требованию тогдашнего полевого командира Салмана Радуева обменяли на троих пензенских омоновцев. (Редакция располагает ксерокопией акта обмена.)

УЧАСТИЕ ГОЧИЯЕВА ВО ВЗРЫВАХ – ЛОЖЬ СЛЕДСТВИЯ?

А теперь о главном. За день до своего ареста Трепашкин передал мне фамилию и телефон бывшего бизнесмена, сдавшего подвал в доме на Гурьянова в аренду кавказцу, который сегодня обвиняется в организации теракта. Марк Блюменфельд был тем самым человеком, со слов которого правоохранительные органы и составили фоторобот преступника, предъявившего паспорт на имя Лайпанова.

С г-ном Блюменфельдом мы встретились в редакции «МН». Под диктофон бывший бизнесмен сделал сенсационное заявление: человек, который приходил к нему с паспортом Лайпанова и который публично представлен следствием как Гочияев, на самом деле не Гочияев.

— В Лефортове мне показали фотографию какого-то человека, — рассказывал Блюменфельд, — сказали, что это Гочияев и что это я якобы ему сдал в аренду подвал. Я ответил, что этого человека никогда не видел. Но мне настоятельно рекомендовали признать Гочияева. Я все понял и больше не спорил, подписал показания. На самом же деле человек, чью фотографию мне показали и которого называли Гочияевым, был не тем человеком, который ко мне приходил.

— Они были внешне похожи — Гочияев и тот, кто к вам приходил?

— На фото был изображен человек с простоватым лицом, а тот, который приходил и которому я сдал в аренду помещение, внешне выглядел интеллектуалом. У меня сложилось впечатление, что он еврей. Причем еврей с кавказскими корнями. Я об этом неоднократно заявлял следствию.

— Насколько первоначально составленный фоторобот совпадал с оригиналом?

— Кроме меня, лже-Лайпанова видели еще несколько человек. Все они утверждали, что фоторобот очень похож на реального человека.

Я показал Блюменфельду два фоторобота: один, который составлен с его слов и появился в СМИ в первые дни после взрыва, и второй, который опубликовали уже какое-то время спустя.

— К составлению второго фоторобота я не имею никакого отношения. Он совершенно не похож на реального человека. Он — подправлен.

Таким образом, бывший чекист, а теперь и адвокат Михаил Трепашкин был источником информации, которая могла радикально изменить весь ход следствия по делу о взрыве жилого дома. Видимо, этого заинтересованные стороны хотели меньше всего.

ДОСЬЕ «МН»

Азизбекян Карлен Нерсесович. Бывший руководитель охранной структуры «Кобра-9». Сейчас руководит охранной фирмой «Магма-В». Один из владельцев московского казино «Кристалл». Проходил по делу о фальшивых чеченских авизо и вымогательстве. Уголовное преследование прекращено по причинам, которые редакции установить не удалось.

ПРИЛОЖЕНИЕ 24

ЖЕНА МИХАИЛА ТРЕПАШКИНА ОБРАТИЛАСЬ ЗА ПОМОЩЬЮ К Т. БЛЭРУ

Grani.ru 26 февраля 2004 г.

Татьяна Трепашкина, жена адвоката Михаила Трепашкина, обратилась к премьер-министру Великобритании Тони Блэру с призывом о помощи. Российские правоохранительные органы обвинили Трепашкина в сотрудничестве с британскими спецслужбами. Татьяна Трепашкина просит Блэра опровергнуть эти обвинения, либо взять Трепашкина под защиту.

Трепашкина намерена лично передать свое обращение представителям посольства Великобритании в Москве 26 февраля в 11 часов.

«Согласно материалам обвинения, мой муж собирал информацию о взрывах жилых домов в Москве в сентябре 1999 года якобы по поручению британской секретной службы MI-5 "в целях дискредитации" российской службы безопасности ФСБ, – сообщила Татьяна Трепашкина. – В действительности мой муж занимался расследованием московских терактов сначала по просьбе покойного депутата Госдумы Сергея Юшенкова, а в последнее время в качестве адвоката семьи жертв московских взрывов», – сказала она.

ФСБ обвиняет адвоката Михаила Трепашкина в участии в операции спецслужб Великобритании по компрометации ФСБ путем обвинений в причастности к взрывам домов в городах России, в эту операцию также якобы вовлечены Александр Литвиненко и Борис Березовский. Об этом сообщил сам Трепашкин, которому удалось выслать на волю записку с описанием обвинений, предъявленных ему по делу о разглашении государственной тайны.

Дело слушается в Московском окружном военном суде в закрытом режиме. По этим обвинениям Трепашкин может получить 10 лет тюрьмы.

Трепашкин был тесно связан с Сергеем Юшенковым по делам Общественной комиссии, расследовавшей обстоятельства взрывов домов, а затем в качестве адвоката Татьяны Морозовой получил доступ к материалам дела Адама Деккушева и Юсуфа Крымшамхалова, которое также слушается в закрытом режиме. Незадолго до начала процесса Трепашкина задержали в Подмосковье по обвинению в нарушении подписки о невыезде и в незаконном хранении оружия – при задержании в его машине нашли пистолет. Сам Трепашкин заявил, что пистолет ему подбросили.

ПРОФИЛЬ ПОЛИТЗАКЛЮЧЕННОГО

Михаил Трепашкин – московский адвокат, арестованный по сфабрикованному обвинению накануне суда, где он планировал предъявить сенсационные доказательства причастности российских спецслужб к организации взрывов жилых домов в сентябре 1999 года.

ОБСТОЯТЕЛЬСТВА АРЕСТА

1. Михаил Трепашкин, адвокат из Москвы, был арестован 22 октября 2003 г. по обвинению в незаконном хранении оружия после того, как в его машине был обнаружен пистолет. Сам он утверждает, что пистолет был подброшен. Когда автомобиль Трепашкина остановила ГАИ, на обочине уже ждала группа захвата. Они открыто швырнули в машину сверток. В нем оказался пистолет, который исчез несколько лет назад, во время налета боевиков на федеральное учреждение в Чечне.

2. Трепашкин давно находился в конфликте с российскими спецслужбами. В прошлом он сам работал следователем, но в 1996 году его уволили из органов после того, как он отказался покрыть случай коррупции среди высших чинов ФСБ. В 1998 году он принял участие в знаменитой пресс-конференции, на которой прозвучали обвинения ФСБ в повальной коррупции и организации казней без суда и следствия. На момент ареста Трепашкин уже находился под следствием по другому обвинению по линии ФСБ – в разглашении государственной тайны.

Крайне маловероятно, что юрист, который знает, что ФСБ ведет против него следствие и что он находится под наблюдением, станет возить с собой незарегистрированное оружие.

3. В действительности Трепашкина арестовали для того, чтобы предотвратить его выступление в важном судебном процессе, ибо власть боялась, что он предъявит серьезные улики, которые представляют собой политическую угрозу президенту Путину.

ДЕЛО О ВЗРЫВАХ

4. Суд, который начался через неделю после ареста Трепашкина, рассматривает дело по обвинению двух российских мусульман в организации взрывов трех жилых домов в сентябре 1999 года. В результате терактов погибло около 300 человек. Взрывы были приписаны чеченским сепаратистам и послужили поводом для второй чеченской войны. Они помогли Владимиру Путину победить на президентских выборах 2000 года.

5. На суде Трепашкин должен был представлять интересы сестер Алены и Татьяны Морозовых, чья мать погибла в результате взрыва 9 сентября 1999 года. В настоящее время Морозовы проживают в США; Татьяна замужем за американским гражданином, а Алена ждет решения о политическом убежище. По российским законам жертвы преступления имеют право в уголовном деле вносить ходатайства, вызывать и подвергать перекрестному допросу свидетелей.

6. По указаниям своих клиентов г-н Трепашкин собирался озвучить в суде версию о причастности к терактам 1999 года российских спецслужб, в частности ФСБ. Подобного рода обвинения уже звучали и в прессе, и в политических кругах. Вкратце их содержание сводится к тому, что чеченцы к этим терактам могут быть и не причастны и что на самом деле они могли быть организованы ФСБ с целью склонить общественность поддержать войну. Почти половина населения России считает, что ФСБ могла организовать взрывы. В недавнем обращении к Сенату США сенатор Джон Маккейн заявил, что «остаются веские основания подозревать ФСБ в причастности к организации этих терактов».

7. Основным аргументом в пользу версии о причастности ФСБ до недавнего временни были события 23 сентября 1999 года, когда после третьего теракта милиция обезвредила взрывное устройство в подвале одного из многоэтажных домов г. Рязани. Подозреваемых в организации взрыва сначала задержали, а потом отпустили, поскольку они предъявили удостоверения сотрудников ФСБ. Власти объяснили весь инцидент неудачно задуманными учениями по гражданской обороне. Связь между «учениями» в Рязани и терактами так и осталась недоказанной. Однако г-н Трепашкин занимался самостоятельным расследованием взрывов в Москве и обнаружил новые улики, которые говорят о причастности ФСБ.

8. Процесс по делу о взрывах, который начался 31 октября, проходит за закрытыми дверями «по соображениям государственной безопасности». Два обвиняемых по делу, Адам Деккушев и Юсуф Крымшамхалов, обвиняются в перевозке взрывчатки. Один из них отрицает все предъявленные ему обвинения, другой частично признает свою вину, однако утверждает, что об истинном предназначении взрывчатки ничего не знал. Судья по данному делу, Марина Комарова, ранее участвовала в процессах по делам, инициированным ФСБ, – таких, как известные «шпионские» дела, вызвавшие озабоченность международной общественности из-за их очевидной политической мотивировки.

9. Большинство других жертв по данному делу либо вообще не представлены в суде, либо дали подписку о неразглашении. Сестры Морозовы ее дать отказались. Таким образом, г-н Трепашкин был бы единственным независимым наблюдателем на судебном заседании, закрытом от остального мира.

10. Человека, которого обвинение считает главным организатором взрывов 1999 года, зовут Ачемез Гочияев. Он все еще на свободе и, по слухам, укрывается в Панкисском ущелье, хотя грузинское правительство это и отрицает. Обвинение против Гочияева построено на том, что он якобы арендовал подвалы в домах, куда были установлены взрывные устройства.

11. Политические ставки на процессе по делу о московских

взрывах крайне высоки. Если оба обвиняемых будут признаны виновными, а само судебное разбирательство – объективным, то теория о вине чеченцев будет доказана, а версия о причастности ФСБ – развенчана.

НОВЫЕ УЛИКИ

12. Новые доказательства, обнаруженные Трепашкиным, свидетельствуют о том, что за чеченцами, которых позже обвинили в организации взрывов, стояли агенты ФСБ. После ареста Трепашкина газета «Московские новости» опубликовала часть этих доказательств, поскольку репортер газеты Игорь Корольков успел с ним побеседовать. Трепашкин сообщил Королькову имя арендодателя подвала в доме, где проживала Морозова: Марк Блюменфельд. Трепашкин сообщил, что Блюменфельд опознал в арендаторе подвала другого человека, нежели того, которого считают главным подозреваемым.

13. После ареста Трепашкина Корольков связался с Блюменфельдом. Хозяин подвала сообщил журналисту под запись на пленку о том, что на фотороботе преступника, составленном правоохранительными органами с его слов, фигурирует не Ачемез Гочияев. Первый фоторобот впоследствии исчез из дела, и, по словам Блюменфельда, сотрудники ФСБ вынудили его опознать Гочияева, которого он никогда ранее не видел, по фотографии.

14. В газете «Московские новости» говорится, что Трепашкин опознал человека, которого и он сам, и ряд других свидетелей видели на первом фотороботе. Им оказался некто Владимир Михайлович Романович, тайный агент ФСБ, который специализировался на внедрении в чеченские группировки и который спустя несколько месяцев после взрывов погиб на Кипре, попав там под машину. Трепашкин сталкивался с Романовичем шесть лет назад, когда еще работал в ФСБ. По словам Трепашкина, в 1996 году Романович был арестован в Москве как член чеченской ОПГ, которая занималась вымогательством и контрабандой оружия в Чечню, однако был вскоре отпущен после вмешательства высших чинов ФСБ. Именно тогда Трепашкину сообщили, что Романович работает на ФСБ.

15. Из отчетов Трепашкина своим клиенткам следует, что он также собирал информацию о Татьяне Королевой, которая зарегистрировала компанию, арендовавшую подвалы для закладки бомб от лица террористов, действовавших по поддельному паспорту. По сообщениям прессы того периода, Королеву задержали в промежутке между первым и вторым взрывами, но затем отпустили по непонятным причинам. Позже в прессе появились сведения со ссылкой на источники в правоохранительных органах, что Королева якобы была любовницей Гочияева и бежала вместе с ним в Чечню. Тем не менее Трепашкину удалось установить, что Королева никуда не уезжала и все годы после взрывов продолжала работать в Москве, причем ею были зарегистрированы десятки компаний.

ВЕРСИЯ ГОЧИЯЕВА

16. Эти доказательства существования «другого человека», арендовавшего подвалы, подтверждают рассказ самого Ачемеза Гочияева – главного подозреваемого, который до сих пор находится на свободе. В июле 2002 года Гочияев прислал из своего убежища письменное заявление и видеозапись Юрию Фельштинскому, российскому историку, проживающему в Бостоне, и Александру Литвиненко, бывшему сотруднику ФСБ, проживающему в Лондоне, которые ранее написали книгу о взрывах 1999 года.

17. Гочияев утверждает, что от имени его компании были арендованы четыре подвала в Москве, однако арендовал их не он сам, а его партнер, который, как он считает, был связан с ФСБ. Имени этого партнера он не сообщил. Гочияев заявляет, что ничего не знал о взрывных устройствах. Он сказал, что после второго взрыва, когда понял, что его подставили, он бежал.

18. Гочияев также заявил, что именно он предупредил власти о двух других бомбах, которые были обнаружены в Москве спустя несколько часов после второго взрыва. Власти так и не смогли объяснить, откуда им стало известно о точном местонахождении этих двух взрывных устройств.

СВЯЗЬ ТРЕПАШКИНА С УБИТЫМ ДЕПУТАТОМ

19. Трепашкин начал свое расследование по просьбе ныне покойного Сергея Юшенкова, депутата Госдумы, который поддерживал версию о причастности ФСБ и призывал провести парламентское расследование «учений» в Рязани. В апреле 2002 года Юшенков ездил в Вашингтон, где встречался с представителями Госдепартамента и членами Сенатской Комиссии по международным отношениям пытаясь заинтересовать США обстоятельствами прихода к власти Владимира Путина. В ходе этого визита Юшенков встретился с Аленой Морозовой и порекомендовал сестрам нанять Трепашкина в качестве их адвоката в Москве.

20. После того как в июне 2002 года было опубликовано письмо Гочияева, Юшенков обратился к Трепашкину с просьбой расследовать это дело от имени Общественной комиссии по расследованию взрывов 1999 года, председателем которой, совместно с другим депутатом Думы, Сергеем Ковалевым, он являлся. Те доказательства, которые Трепашкин планировал обнародовать на суде от имени сестер Морозовых, были получены именно в результате этого расследования.

21. Как только Трепашкин стал работать с Юшенковым, в ФСБ против него немедленно завели уголовное дело по обвинению в разглашении секретных сведений. В его квартире был проведен обыск, а самого его допрашивала военная прокуратура. Тогда же Юшенков, будучи депутатом Госдумы, официально запросил прокуратуру предоставить ему информацию по делу Трепашкина, благодаря чему, скорее всего, Трепашкину и удалось избежать ареста.

22. 17 апреля 2003 года Юшенков был убит. 3 июля другой член Общественной комиссии по расследованию обстоятельств взрывов домов, Юрий Щекочихин, умер, предположительно в результате отравления. Юшенков и Щекочихин были основной движущей силой Комиссии. После их гибели Комиссия фактически прекратила свою деятельность.

ЗАЩИТА ТРЕПАШКИНА

23. В поддержку Михаила Трепашкина выступили правозащитники. С поручительствами отпустить его на свободу под свою личную ответственность (в чем было отказано) выступили такие известные общественные деятели, как депутат Госдумы Сергей Ковалев, глава Московской Хельсинской группы Людмила Алексеева, адвокат и правозащитница Каринна Москаленко.

24. Международная комиссия юристов в Женеве выступила с протестом по поводу ареста Трепашкина, назвав его «пародией на власть закона».

25. В письме от 4 ноября группа бывших политических узников, среди них Елена Боннэр и Владимир Буковский, обратилась к организации Amnesty International с призывом признать Трепашкина политзаключенным.

ПЕРСПЕКТИВЫ СУДЕБНОГО РАЗБИРАТЕЛЬСТВА
ПО ДЕЛУ О ВЗРЫВАХ

26. Поскольку Трепашкин выведен из игры, нет объективной независимой информации о том, что происходит в зале суда. Как только Татьяна Морозова узнала об аресте Трепашкина, она обратилась к судье с телеграммой, в которой ходатайствовала вызвать Блюменфельда, Фельштинского, Королькова и Трепашкина в качестве свидетелей по делу о взрывах, а также рассмотреть обстоятельства ареста Трепашкина как препятствия отправлению правосудия. Ответа из суда она не получила.

ПРИЛОЖЕНИЕ 25

Ю. ФЕЛЬШТИНСКИЙ, А. ПОДРАБИНЕК
О КОНФИСКАЦИИ ТИРАЖА КНИГИ
«ФСБ ВЗРЫВАЕТ РОССИЮ»

Радио «Эхо Москвы» 13 января 2004 г.
Эфир ведет Нателла Болтянская

Н. БОЛТЯНСКАЯ: 16 часов 8 минут, вы слушаете «Эхо Москвы», у микрофона Нателла Болтянская. В нашей студии главный редактор правозащитного агентства «Прима» Александр Подрабинек. Здравствуйте.

А. ПОДРАБИНЕК: Здравствуйте.

Н. БОЛТЯНСКАЯ: Говорим мы об изъятии тиража книги бывшего разведчика Александра Литвиненко. Итак, краткий материал. 4 тысячи 400 экземпляров книги Александра Литвиненко и Юрия Фельштинского, предназначенные для продажи через книготорговую сеть, изъяли не так давно сотрудники ФСБ и милиции. Как это происходило, давайте подробнее расскажите.

А. ПОДРАБИНЕК: Фабула дела такова. Тираж книги был закуплен в Латвии одной псковской фирмой-посредником, которая по договору с нами должна была привезти их в Москву. 28 декабря вечером они выехали из Пскова, и 29 декабря утром их остановили на развязке Волоколамского шоссе и МКАДа просто для проверки в рамках операции «Вихрь-антитеррор», так было сказано. Начали искать в рамках этой операции, очевидно, принадлежности к террористической деятельности и нашли книги в фургоне. Книги показались милиции подозрительными, видимо, название повергло их в шок, они вызвали сотрудников ФСБ. Те приехали где-то к полудню и провели обыск.

Н. БОЛТЯНСКАЯ: Обыск чего?

А. ПОДРАБИНЕК: Обыск машины. В результате обыска они забрали, могу сказать точно, 4 тысячи 376 экземпляров книги Литвиненко и Фельштинского. Обыск закончился где-то к вечеру, шофера отпустили, он поторопился домой, в Псков вернулся. И мы созвонились, только вечером и узнали об этой истории. Некоторое время назад я получил протокол этого обыска, на основании которого можно уже более точно судить о том, что произошло, кто участники этого дела.

Н. БОЛТЯНСКАЯ: Что вы можете сообщить по делу, извините за терминологию?

А. ПОДРАБИНЕК: Из протокола обыска видно, что его проводил старший следователь следственного управления ФСБ России, старший лейтенант юстиции с очень непонятной фамилией, в протоколе написано, в присутствии понятых. В постановлении на обыск было указано, что обыск проводится с целью изъятия книги Литвиненко «ЛПГ» («Лубянская преступная группировка») и «ФСБ взрывает Россию». Из машины изъята была только «ФСБ взрывает Россию». Почему они в таком месте искали первую книгу Литвиненко – «ЛПГ», непонятно. Она продается в Москве, в нашем киоске на Пушкинской, она продавалась в Государственной думе, на книжных развалах. Но у них было обозначено две книги. Изъяли только одну. Судя по тому, что все коробки и мешки, куда все это складывалось, были опечатаны печатью Управления собственной безопасности ФСБ, очевидно, в производстве этого управления находится это дело. Я так понимаю, что, поскольку протокол – это следственное действие, то, стало быть, заведено дело. Однако ни по какому факту, ни кто обвиняемый – пока ничего неизвестно.

Н. БОЛТЯНСКАЯ: «Задержание тиража – антигосударственная пропаганда». На эту тему вы можете прокомментировать?

А. ПОДРАБИНЕК: Это было сказано устно шоферу.

Н. БОЛТЯНСКАЯ: Он не подписывал никакие протоколы? То есть ему сказали: спасибо большое, оставьте координаты?

А. ПОДРАБИНЕК: Нет. Понимаете, это фирма, которая занимается бизнесом.

Н. БОЛТЯНСКАЯ: Вы про какую фирму?

А. ПОДРАБИНЕК: Фирма из Пскова. Эта фирма была напугана, они не хотят разговаривать.

Н. БОЛТЯНСКАЯ: Там все понятно. Меня ваши действия в данной ситуации интересуют.

А. ПОДРАБИНЕК: Каждый день сталкиваешься с нечистой силой.

Н. БОЛТЯНСКАЯ: Меня интересуют ваши действия во всей этой ситуации.

А. ПОДРАБИНЕК: Понимаете, наши действия, если говорить о юридических, правовых, то они могли бы быть только одни. Мы могли бы предъявить этой фирме псковской иск, поскольку они не выполнили условия договора: мы им оплатили тираж, они не смогли привезти книги. А они должны были предъявить свой иск ФСБ, взять его вторым ответчиком и тогда в гражданском суде разбираться, кто виноват, почему изъяты книги, на каком основании и так далее.

Н. БОЛТЯНСКАЯ: А вот смотрите, вам вопрос от Андрея из Москвы: «Не разделяете ли вы мой пессимизм в том, что, если бы книга дошла до читателя, то это не изменило бы доброжелательного отношения россиян, в частности, к президенту?»

А. ПОДРАБИНЕК: Вы знаете, я в данном случае не ставил своей целью изменить отношение россиян к президенту, я хотел, чтобы до российского читателя дошла эта книга, которая представляет иную точку зрения, отличную от той, которая распространена официально. Читатель вправе сам вынести свои суждения и решить, как ему относиться к Путину, как ему относиться к ФСБ и вообще к окружающей российской действительности.

Н. БОЛТЯНСКАЯ: Вот уже пришли вопросы к вам, что, если тираж книги конфискован не полностью, то где ее можно добыть?

А. ПОДРАБИНЕК: Я говорил с издателями книги, и мы решили, что они напечатают еще один тираж и мы его все равно привезем в Россию.

Н. БОЛТЯНСКАЯ: А если его постигнет та же судьба?

А. ПОДРАБИНЕК: Тогда, я надеюсь, они напечатают третий. Но мне кажется, что эта история существенна не этим, не приложением именно к этой книге или именно к этому случаю.

Существенно то, что за последние 15 лет это первый случай изъятия книги по идеологическим причинам.

Н. БОЛТЯНСКАЯ: В общем, да. Я думаю, что мы продолжим нашу беседу после выпуска новостей. Мы попытаемся связаться с Юрием Фельштинским. И я надеюсь, что голос мы его услышим сразу после новостей в эфире «Эха Москвы».

(После выпуска новостей.)

Н. БОЛТЯНСКАЯ: 16 часов 16 минут. На линии Юрий Фельштинский. Юрий Георгиевич, вы с нами?

Ю. ФЕЛЬШТИНСКИЙ: Да, я с вами, здравствуйте.

Н. БОЛТЯНСКАЯ: Буквально пару слов о Юрии Фельштинском. Историк, который родился в 1956 году, в 1978 году эмигрировал в США, где продолжил изучение истории. Редактор-составитель и комментатор нескольких десятков томов архивных документов, автор книг «Большевики и левые эсеры», «К истории нашей закрытости», «Крушение мировой революции», «Вожди в законе». Юрий Георгиевич, я бы попросила ваш комментарий по поводу того, что случилось с книгой вашей и Литвиненко.

Ю. ФЕЛЬШТИНСКИЙ: Во-первых, я не слышал, что уже говорилось, поэтому если будут повторы, извините. Во-вторых, конечно, бороться с книгой через конфискацию тиража – это самое последнее дело. Самое последнее и достаточно бессмысленное, потому что я сразу же хочу сказать, что нами с Литвиненко этот вопрос уже обсуждался, и в этом году будет издано второе, дополненное издание книги «ФСБ взрывает Россию», и так или иначе читатели ее увидят. Если не увидят в 2004 году – значит, увидят в 2005 году. Мы готовы к длительной осаде. Причем хочу подчеркнуть, что осаждаемые – не мы, а люди в Кремле, а мы осаждаем эту крепость. И эту крепость мы рано или поздно возьмем. Все-таки таких прецедентов я на своей памяти не помню. Даже, по-моему, в советские годы тиражи не конфисковывались.

Н. БОЛТЯНСКАЯ: До тиражей, по-моему, не доходило.

А. ПОДРАБИНЕК: Тиражей не было, были единичные экземпляры.

Ю. ФЕЛЬШТИНСКИЙ: Да, поэтому, может быть, не доходило. Но, тем не менее, когда выпускались книги типа Солженицына, типа книги Некрича «1941, 22 июня», когда авторов потом подвергали критике – подвергали критике авторов, но не конфисковывались тиражи, такой инструмент подавления свободы слова не существовал даже в советские годы. Это, безусловно, нововведение путинской России. И я вам должен сказать, что я в эмиграции с 1978 года. Мы пережили советский, брежневский период, безусловно, переживем и путинский. Это не вопрос. Это только вопрос времени.

Н. БОЛТЯНСКАЯ: Понимаете, как, Юрий Георгиевич, ведь речь идет о том, что переживете, например, вы, переживут те, которых вы обвиняете. Не переживут люди, которым уже было суждено погибнуть в тех или иных трагических обстоятельствах. И которым, не дай бог, еще суждено будет погибнуть. Им-то что делать? Я понимаю, что вопрос риторический, но не могу его не задать.

Ю. ФЕЛЬШТИНСКИЙ: Вы знаете, я, конечно же, историк не только по образованию, но и по психологии. В этом плане я действительно смотрю за пределы сегодняшнего дня. Я не журналист, я не пиарщик. Я понимаю, что сейчас мы живем в эпоху сжатого времени. Поэтому, скорее всего, когда я говорю о том, что мы готовы к длительной осаде, мы не говорим о десятках лет, как это было в старые советские годы. Сейчас время очень сжато. Я не думаю, что относительно молодые (мы еще все относительно молодые) люди закончат свою физическую жизнь до того, как мы увидим результаты этой борьбы. Я действительно считаю, что все осужденные будут осуждены, я действительно считаю, что все виновные будут на скамье подсудимых. Просто так сложилось, что это займет не несколько месяцев, а несколько лет какой-то достаточно активной нашей деятельности.

Я считаю, что очень важно, тем не менее, что все лица, причастные к этим трагическим событиям 1999 года, названы. Судебный приговор, который был вынесен вчера, – он, конечно, не полный по своей справедливости, потому что осудили пока что только двух стрелочников в буквальном смысле слова, то есть людей безусловно виновных в этой трагедии, причастных к этой трагедии, но не игравших в ней никакой руководящей и инициирующей роли. Тем не менее этот приговор справедливый, и пожизненное заключение Крымшамхалову и Деккушеву безусловно справедливо.

Другое дело, что, как мы знаем, не были приобщены к судебному делу ни люди, которых они назвали как руководителей (в частности, назвали в опубликованном открытом письме), не были приобщены свидетели, не были приобщены документы, был арестован Трепашкин, который активно, как человек опытный, бывший сотрудник и следователь ФСБ и нынешний адвокат, собирал материалы, касающиеся взрывов домов в сентябре 1999 года. Поэтому нам есть с чего начать.

Н. БОЛТЯНСКАЯ: Я прошу прощения. Я бы хотела задать вопрос Александру и вам. Можно ли говорить, что на сегодняшний день ваши противники... основная, получается, их цель — экономическая? Потому что вон, я смотрю на наш пейджер, уже посыпались вопросы, будет ли эта книга в интернете, можно ли будет ее прочитать и когда. Таким образом, если ни справа, ни слева, ни с Запада, ни с Востока ее не ввезти, то она просто подвешивается в интернете и...

А. ПОДРАБИНЕК: Вы знаете, она давно висит в интернете, ее можно прочитать, это не проблема.

Н. БОЛТЯНСКАЯ: Таким образом, акция, которая была произведена, напомню, с мотивацией задержания тиража «антигосударственная пропаганда», — это удар по карману, вовсе не по пути книги к читателю. Я ошибаюсь?

А. ПОДРАБИНЕК: Нет, я думаю, что это не экономическая акция.

Ю. ФЕЛЬШТИНСКИЙ: Это акция абсолютно бессмысленная. Потому что арестовано всего лишь 4 тысячи 400 экземпляров. Это акция совершенно отчаявшейся ФСБ, которая просто не знает, что ей еще выдумать, чтобы хоть как-то противостоять тому потоку информации, который на нее выливается. Это акция из серии ареста Трепашкина, из серии предотвращения ввоза второй книжки Александра Литвиненко — «ЛПГ», потому что, как я понимаю, в документе об изъятии было написано, что изымаются две книги: «ФСБ взрывает Россию» и «Лубянская преступная группировка», так как

ФСБ точно не было известно, какие именно книги находятся в грузовике.

Н. БОЛТЯНСКАЯ: Я прошу прощения, Юрий, я еще раз вас прерываю еще одним вопросом к Александру. «Кто был понятыми: тоже милиция или посторонние люди?» – спрашивает Дмитрий.

А. ПОДРАБИНЕК: Здесь указаны их адреса. Очевидно, что это были либо посторонние люди, либо те, кого привезли с собой сотрудники ФСБ. Я по собственному опыту знаю, что ФСБ обычно приводит своих людей.

Н. БОЛТЯНСКАЯ: «Спросите, пожалуйста, у господина Фельштинского, – это обращение ко мне, – кого из организаторов преступления назвали вчерашние осужденные?» Вопрос от Виктора.

Ю. ФЕЛЬШТИНСКИЙ: Один из вчерашних осужденных в открытом письме назвал следующих конкретных людей: Лазовского, агента ФСБ, осужденного в свое время за террористические акты 1996 года в Москве и убитого, по всем данным, в мае 2000 года в Успенском уже после сентябрьских терактов 1999 года. Угрюмова, руководителя отдела по борьбе с терроризмом, который скоропостижно скончался в Чечне и про которого были, тем не менее, указания, слухи о том, что смерть его не была случайной. Угрюмов был генералом ФСБ. Патрушева как директора ФСБ. И еще одного функционера типа Лазовского, агента ФСБ, видимо, под вымышленной фамилией, который к тому времени уже был убит.

Поэтому, к сожалению, из названных ими людей в живых оставался только Патрушев, которого, я бы считал, необходимо было допросить, причем допросить не только по материалам открытого письма Крымшамхалова и Батчаева, но еще и по рязанскому эпизоду, который не был приобщен к делу. Кроме этого, абсолютно за рамками следствия вполне умышленно остался эпизод взрыва дома в Буйнакске. Я хочу напомнить, что в «Новой газете» была опубликована распечатка показаний старшего лейтенанта ГРУ Галкина, в которых все указывало на то, что взрыв дома в Буйнакске был произведен группой сотрудников ГРУ из 14-го отдела в количестве 12 человек. Эта группа была легко устанавливаема по фамилиям, были также названы руководители этой группы и, естественно, руководители ГРУ. Но этот эпизод остался за рамками следствия.

Таким образом, за следствие были выведены два серьезных эпизода – взрыв дома в Буйнакске на основании показаний старшего лейтенанта Галкина и рязанский эпизод, который ФСБ объявил учениями и про который любому здравомыслящему человеку, хоть как-то изучавшему и читавшему о событиях в Рязани 22–23 сентября 1999 года, было ясно, что в Рязани был предотвращен подрыв дома террористами – агентами ФСБ.

Кроме этого, за пределы следствия были выведены показания Гочияева, которого сама ФСБ считает при этом участником терактов сентября 1999 года. Показания эти были опубликованы, следствие имело к ним доступ. Эти материалы также следствие намеренно не изучало.

Н. БОЛТЯНСКАЯ: Посмотрите, что получается. Получается, что в списке людей, которых вы называете, – либо люди, которых нет в живых, либо люди, которых не так-то просто допросить. Вы уверяете, что арест тиража – это акция отчаяния ФСБ. Александр вот в эфире сказал, что попробуем еще раз издать книжку. В интернете она уже есть. И, собственно, отчаяния-то не видно, и изменений, собственно, никаких не намечается.

А. ПОДРАБИНЕК: Я думаю, это как раз не от отчаяния, я не согласен с Юрием, я думаю, что это акция устрашения именно, потому что мы помним, как 20 лет назад приходили с обыском, забирали Солженицына, Пастернака, Набокова – не тиражами, разумеется, а единичными экземплярами.

Н. БОЛТЯНСКАЯ: Даже статья была.

А. ПОДРАБИНЕК: Да, 70-я, 190-я прим. И все люди знали, что читать книги опасно, потому что могут посадить. И вот когда они сейчас изъяли тираж книги, они дают понять нашему обществу, что читать такие книги опасно, лучше от них отказываться.

Н. БОЛТЯНСКАЯ: Вы знаете, выбран очень нетрадиционный способ показа обществу, который может сработать разве что на усиление интереса к этой книге. Нет?

А. ПОДРАБИНЕК: Все советские времена это работало. Правда, у определенной части общества усиливался интерес, но многие боялись брать тогда книги. Я думаю, что эта акция есть попытка показать, что Россия сворачивает с пути демократического развития и возвращается в советское прошлое. Книги читать будет опасно.

Ю. ФЕЛЬШТИНСКИЙ: Конечно, эта акция говорит о том, что правила игры изменились. Потому что все-таки год или два года назад никакое правительство, ни федеральное, ни местное, не могло бы позволить себе роскоши конфисковать тираж. Это было бы что-то совсем из ряда вон выходящее.

Н. БОЛТЯНСКАЯ: Прошу прощения, время наше, к сожалению, истекает. Я вижу огромное количество сообщений на пейджер с просьбой объяснить, где искать книгу. Я попрошу Александра объявить таки, где можно искать эту книгу.

А. ПОДРАБИНЕК: Книгу можно найти в интернете на разных сайтах, в том числе на Grani.ru, по-моему, она опубликована.

Ю. ФЕЛЬШТИНСКИЙ: Она опубликована в библиотеке Максима Мошкова www.lib.ru. Если набрать на Google мою фамилию, то она сразу вылезет.

А. ПОДРАБИНЕК: Да, это просто, через поисковые системы. А сама книга будет продаваться опять в нашем киоске «Экспресс-Хроника» на Пушкинской площади, когда нам удастся привезти ее в Россию.

Н. БОЛТЯНСКАЯ: Напомню, что наш телефонный собеседник – Юрий Фельштинский, а в нашей студии Александр Подрабинек, главный редактор правозащитного агентства «Прима». Все это происходило в прямом эфире «Эха Москвы».

Спасибо.

ПРИЛОЖЕНИЕ 26

ФСБ: ОХОТА ЗА КНИГАМИ

«Московские новости», 16 января 2004 г.

*Похоже, политическая цензура стараниями
чекистов уже возрождена*

Под самый Новый год из Пскова в Москву выехала машина ЗИЛ-«Бычок» с грузом товара для одной московской фирмы. В половине десятого утра на 111-м пикете у развязки Волоколамского шоссе и МКАД машину остановил для проверки инспектор дорожно-патрульной службы Буревич. «В рамках операции «Вихрьантитеррор», – пояснил Буревич водителю Виктору Иванову. Товар осмотрели, оказалось – книги.

«Были обнаружены литературные издания, содержащие, на наш взгляд, политическую подоплеку, вследствие чего я посчитал нужным передать данную а/м для дальнейшего выяснения о происхождении груза сотрудникам ФСБ», – напишет позже в своем рапорте инспектор Буревич.

Сотрудники ФСБ не заставили себя ждать. К полудню они приехали на место задержания машины, в 14.15 начался обыск. В постановлении было указано, что проводится он в целях изъятия партии книг А.В. Литвиненко «ЛПГ – Лубянская преступная группировка» и «ФСБ взрывает Россию», а также сопроводительных документов к ним.

В машине действительно находилось 4 тыс. 376 экземпляров книги Александра Литвиненко и Юрия Фельштинского «ФСБ взрывает Россию». Все это изъяли, упаковали в 23 коробки, 19 холщовых мешков и еще несколько пачек связали бечевкой. Затем все упакованное опечатали печатью Управления собственной безопасности ФСБ России. В 17.20 обыск закончился. Шофера Иванова, которому сотрудники ФСБ сказали, что он вез антигосударственную пропаганду, отпустили, и он счел за благо поскорее вернуться в Псков.

Произойди эта история 20 лет назад, вряд ли бы кто этому удивился. Обычное дело. Приходит с обыском КГБ, забирает «антисоветскую» литературу – Пастернака, Солженицына, Набокова. Хозяин книг будет рад, если его только выкинут с работы или вышлют из Москвы: слава Богу, не посадили...

А сегодня все интересуются: какие были основания? Законных – никаких. Тираж книги был выкуплен псковской фирмой в Латвии, привезен в Россию с доскональным соблюдением всех таможенных правил и предназначался московскому правозащитному информационному агентству «Прима» для дальнейшего распространения через книготорговую сеть. Книги – не товар, запрещенный к обороту, как наркотики или оружие, даже если их изымают в рамках операции «Вихрь-антитеррор».

Оснований нет, но объяснение есть. В книге «ФСБ взрывает Россию» анализируются террористические акты в России осенью 1999 года с точки зрения причастности к ним органов ФСБ. Об этом много писала российская пресса, но самой книги в России до сих пор не было. Первая попытка познакомить с ней российского читателя закончилась неудачей.

У другой книги Литвиненко – «ЛПГ – Лубянская преступная группировка» – в России более счастливая судьба. Непонятно, почему ФСБ охотится теперь и за ней: «ЛПГ» уже полтора года свободно продается в киоске «Экспресс-Хроника» на Страстном бульваре в Москве, продавалась она и в Госдуме, и на книжных развалах.

Очевидно, по определенным книгам (или определенным авторам?) принято некое решение. Судя по тому, что книги изъяты в ходе обыска, существует уголовное дело. По какому факту, кто обвиняемый – неизвестно. ФСБ о проведенной операции не обмолвилась ни словом, от комментариев ее представители отказываются. Вероятно, госбезопасность считает, что пострадавшие от ее действий люди должны радоваться, что за ними еще не захлопнулись двери Лефортовской тюрьмы.

Потери, понесенные продавцом и покупателем изъятых

книг, не так уж велики. Но за последние 15 лет, со времен начала перестройки, это, кажется, первый случай изъятия на обыске книг по идеологическим соображениям. Или «по политической подоплеке», как выразился неискушенный инспектор милиции Буревич.

Александр Подрабинек

ПРИЛОЖЕНИЕ 27

МОЕ ИМЯ АЧЕМЕЗ ГОЧИЯЕВ.
ЕСТЬ ПРИКАЗ ЖИВЫМ МЕНЯ НЕ БРАТЬ

14 марта 2005 г. Новая газета, Москва

С 1999 года «Новая газета» наблюдает за тем, как ищут исполнителей и заказчиков взрывов жилых домов в Москве и Волгодонске (серия материалов «ФСБ. Гексоген. Рязань», «Гексогеновый след» и т.д.).

В 2004 году Мосгорсуд вынес приговор Адаму Деккушеву и Юсуфу Крымшамхалову, которым было предъявлено обвинение в подготовке и осуществлении этих чудовищных терактов. Кроме них, на скамье подсудимых должны были оказаться Тимур Батчаев (но он был убит во время операции российских спецслужб на территории Грузии) и Ачемез Гочияев, который до сих пор скрывается за пределами России.

«Новая газета» в 2003 году публиковала открытое письмо Крымшамхалова и Батчаева в комиссию по расследованию взрывов жилых домов в Москве и Волгодонске: «Из-за сделанных недавно нами и Гочияевым заявлений..., похоже, в недалеком будущем нас действительно постигнут задержание или смерть... 1. Мы признаем себя соучастниками террористических актов, состоявшихся в Москве и Волгодонске в сентябре 1999 года... 2. Мы являемся соучастниками терактов на низшем исполнительском уровне, причем к самим взрывам отношения не имеем».

Позднее к нам попала и видеокассета с обращением самого Гочияева, в котором он уверяет, что к подготовке терактов имели отношение сотрудники ФСБ. Как нам стало известно, в тот момент, когда делалась эта запись, сам Гочияев находился на положении заложника. Он был готов поделиться известной ему информацией, но в своих записках требовал за это довольно крупные денежные суммы – очевидно, требовал не сам, а те, кто его удерживает. Первая цена была назначена в 500 000 долларов США, последняя упала до 150 000. Как можно догадаться, Гочияев действительно был превращен в товар, обязанный приносить деньги. И те, кто его полностью контролирует, выдают известную Гочияеву информацию по законам киднепинга – порционно.

И вот к нам в редакцию попал очередной документ: собственноручные (как нам было представлено) показания Гочияева. Передал их в редакцию историк Юрий Фельштинский, получивший их от посредника в феврале 2005 года в двух форматах: письменном и на аудиокассете.

Газета – не спецслужба, поэтому мы не можем утверждать, что это письмо – подлинник, как и не можем подтвердить или опровергнуть изложенную в нем информацию. Мы не знаем, где в данный момент находится автор письма, волен ли он в своих поступках или по-прежнему находится под чьим-то контролем. Мы лишь можем официально заявить: за эти несколько листочков нами не было заплачено ни копейки. В сопроводительном письме Юрия Фельштинского также было указано, что материалы он получил на безвозмездной основе.

Почему публикуем? Потому что считаем, что суд над подельниками Гочияева, проходивший в закрытом режиме, не дал исчерпывающих ответов на все вопросы, которые возникли в ходе независимого расследования, проводимого депутатами Государственной Думы и журналистами. И, быть может, эта новая информация позволит приблизиться к истине? Это – вопрос к спецслужбам. А то вырисовывается странная закономерность: чем больше в стране терактов, тем меньше ясности по поводу их заказчиков и исполнителей.

«Прокуратура России обвиняет меня в организации взрывов жилых домов произошедших осенью 99 года в Москве. Я считаю себя не виновным и обвиняю спецслужбы, а конкретно ФСБ России в подготовке и осуществлении этих чудовищных взрывов.

Мое имя Ачемез Гочияев, я хочу рассказать правду и донести до всех людей скрытую истину произошедшего. Проанализировав все те события которые происходили до этих взрывов и последующие события я пришел к выводу, что это была в заранее спланированная и хорошо подготовленная операция спецслуж.

Когда происходили эти события я жил и работал в Москве занимался строительством, фирма называлась «Капстрой-2000» и располагалась у метро «Барикадная». В начале лета 99 года ко мне на фирму пришел мой старый школьный товарищ, с которым я не виделся почти с самой школы его зовут Дышеков Рамазан. Он мне сказал, что работает и живет в Москве, занимается реализацией продуктов питания. В последствии он еще несколько раз заходил и как-то он предложил мне заняться с ним реализацией минеральной воды и попросил меня найти ему воду. У меня на фирме работал один мой земляк его звали Чинчиков Рауль, я поручил ему это дело и в дальнейшем всю работу от моей фирмы с Рамазаном вел Рауль. Работа у нас шла нормально, Рамазан во время расплачивался не каких проблем не было. Через некоторое время Рамазан попросил меня помочь ему арендовать помещения под склады на юге Москвы и в городе Рязане, он сказал, что у него в этих районах есть хорошие точки реализации. Я попросил Рауля чтобы он занялся поиском этих помещений, он нашел много вариантов и предложил их Рамазану, тот в свою очередь отобрал подходящие для него помещения. Я дал им деньги на аренду этих помещений и они вдвоем занялись арендой. Рамазан сам лично арендовывал эти помещения под свою фирму.

Когда произошел взрыв в доме на Гурьянова я находился в гостях и мне на мобильный позвонил Рамазан, он говорил, что у него срочное дело и нужно встретится, он спрашивал где я нахожусь звонил он под утро часов в 5, я ему сказал, что приеду сам и стал собираться. И когда уже собирался выйти из дома я увидел в новостях по телевизору, что произошло.

Я сразу поехал на Гурьянова и после всего того, что я там увидел я не стал встречаться с Рамазаном решил переждать, но 13 сентября когда произошел второй взрыв в доме на Каширском шоссе и когда по телевидению показали мою фотографию я понял что меня хотят подставить. Я связался с Раулем, узнал у него о других помещениях, затем позвонил в милицию и в службу спасения и сказал про помещения на Борисовских прудах и Копотне и после этого я покинул Москву и вернулся в Карачаево-Черкессию. Дома от своего брата который в то время работал в уголовном розыске, я узнал, что меня сильно ищут и у них есть негласный приказ из Москвы меня живым не брать, и с того времени по сегодняшний день я вынужден скрываться.

Сейчас я знаю, что Дышеков Рамазан работает официально в ФСБ, в то время некто даже не мог догатываться о каких либо его связях с ФСБ, он тогда был скрытым агентом. Чинчиков Рауль который вел с Рамазаном дела от моей фирмы, через короткое время после этих событий был убит его труп был найден в поселке Московский Карачаево-Черкесской республики, его убили а тело пытались сжеч. Таким образом ФСБ устранило главного свидетеля в этом деле.

Мои родственники и друзья подвергаются жесточайшему прессу со стороны ФСБ их постоянно допрашивают и обыскивают. Моя сестра была вынужденна уехать с республики, после того как ее с малолетней дочерью сотрудники ФСБ вывезли на кладбище и угрожая убить ребенка требовали у нее, что бы она дала интервью в прессу, что я мог это сделать и что я психически не уровновешенный человек и после этого она боясь за жизнь своих детей была вынуждена уехать.

На сайте ФСБ помещена фотография молодого человека в черной кепке с бородой и это фотографию ФСБ приводит как доказательство в свою пользу, я заявляю, что это ложь человек изображенный на этой фотографии не я. Это можно убедится даже если сравним внимательно мою фотографию и фотографию этого человека. Кроме этого проводилась экспертиза и по результатам которой было доказано, что этот человек не я. Вот на такой наглой лжи, ФСБ строит все обвинения против меня.

Сразу после взрывов по телевидению показали мою

фотографию и было сказано, что это фотография человека арендовавшего эти помещения и якобы это фотография с ксерокопии паспорта оставленного в одной из реэлторских контор. Но эта фотография идинтична фотографии в моем настоящем паспорте, а как мы все знаем, когда человек получает паспорт, то копия фотографии остается в паспортном столе, и когда ФСБ фабриковало это дело против меня, то им не составило труда взять копию фотографии и показать ее по телевидению. Здесь не маловажный факт, показания того человека который сдал помещение на Гурьянова. Он не узнал в моей фотографии человека которому сдал в аренду свое помещение, а под то описание внешности которому он арендовал свое помещение подходит Дышеков Рамазан, я думаю если ему показать фотографию Рамазана, то он узнает в нем того кому он сдал помещение.

Кроме всего того, что я рассказал у меня есть другие факты и свидетели которые доказывают, что взрывы подготовлены и осуществлены спецслужбами России, но на сегодняшний день есть большая опасность для этих людей и по этой причине я не могу до конца обнародовать эти факты. Было бы очень хорошо, если бы в этом деле была проведена независимое международное расследование, я со своей стороны готов полностью участвовать и помогать такому расследованию предоставив факты и свидетелей. Я уверен, что только такое раследование может выявить настоящих организаторов и исполнителей этих взрывов.

Я много думал почему меня карачаевца по национальности спецслужбы подставили в этих взрывах, ведь если логично рассуждать им нужно было в то время подставлять чеченцев, а не карачаевцев. Сейчас это уже не секрет. Спецслужбы преследовали несколько целей, они все ровно связали эти взрывы с Чечней, которые фактически и послужили поводом для войны, а второе то, что ФСБ планировала и готовит на сегодняшний день войну и в Карачаево-Черкессии. В настоящее время у нас в республике сконцетрировано очень много войск. В СМИ очень много говорится про нашу республику, нас как нацию мало кто знал, сейчас нас знают во всем мире и знают как опасных террористов, в этом направлении ФСБ добилось чего хотело.

Используя СМИ которые они почти полностью контролируют, регулярно сообщают о террористах карачаевцах, оказывается не только московские взрывы, но и почти все террористические акты совершают карачаевцы. Чтобы начать войну нужен "образ врага" и чем этот образ будет страшнее, тем им будет легче воевать. Теперь если будет война все будут думать, что Россия борется с терроризмом, хотя на самом деле она будет уничтожать простой народ. И вот по этой причине спецслужбы подставили меня в этих взрывах.

И в заключении я бы хотел обратится ко всем тем людям которые хотят знать правду взрывов жилых домов в первую очередь это касается тех людей которые постродали от этих взрывов, необходимо чтобы была проведено независимое международное расследование, та власть которая сейчас находится в России это власть ФСБ, вспомните историю этой чудовищной структуры, сколько миллионов без винных людей стали жертвами этой структуры, а сейчас вся власть в России в руках ФСБ: Что тут еще говорить это же все так понятно и ясно.»

(Орфография и пунктуация оригинала сохранены.)

ПРИЛОЖЕНИЕ 28

ФСБ УНИЧТОЖАЕТ КНИГУ «ФСБ ВЗРЫВАЕТ РОССИЮ»

Grani.ru, 10 июля 2009 г.

Уничтожена партия книг Александра Литвиненко и Юрия Фельштинского «ФСБ взрывает Россию», изъятая ранее Следственным управлением ФСБ в рамках уголовного дела. Об этом сообщили в пресс-службе общественного движения «За права человека».

30 декабря 2003 года представители движения «За права человека» обратились в правоохранительные органы в связи с поступившими в организацию жалобами на изъятие партии книг «ФСБ взрывает Россию». 1 июня 2004 года на эту жалобу был получен ответ СУ ФСБ. В нем говорилось, что изъятие книг проведено в рамках уголовного дела, а изъятый тираж приобщен к материалам в качестве вещественных докозательств.

В январе 2004 года главный редактор правозащитного информационного агентства «Прима» Александр Подрабинек был допрошен ФСБ как свидетель по уголовному делу по факту разглашения государственной тайны в книгах «ФСБ взрывает Россию» и «ЛПГ – Лубянская преступная группировка». На допросе старший следователь Следственного управления ФСБ Александр Сойма заявил Подрабинеку, что тираж книги изъят в качестве вещественного доказательства. Он также добавил, что эта книга, равно как и другая книга Литвиненко – «ЛПГ – Лубянская преступная группировка», – будет изыматься из продажи. Следователь заявил, что в отношении этих книг существует экспертное заключение и этого достаточно для изъятия их из оборота.

16 января 2007 года дело «было прекращено на основании п.4 ч.1 ст. 24 УПК в связи со смертью обвиняемого Литвиненко А.В.», сообщили в ФСБ. «Указанная партия книг в установленном порядке уничтожена», – говорится в сообщении.

Рапорт.

Я ин-р 3ей роты ОБ ДПС УВД СЗАО г. Москвы работая 29.12.2003г. во IIую смену на посту-пикете № 111 совместно с с-том милиции Жироковым примерно в 9ч 30мин. остановил а/м ЗИЛ (бычок) г/н У 954 ВА 60. При проверке содержимова кузова автомашины, в рамках операции «Вихрь-антитеррор» были обнаружены литературные издания содержащие на наш взгляд политическую подоплёку, в следствии чего я посчитал нужным передать данную а/м для дальнейшего выясления о происхождении груза, сотрудникам ФСБ.

29.12.2003г.

Ин-р 3ей роты ОБ ДПС
УВД СЗАО г. Москвы
мл. с-т. милиции
Будревич С.С.

Р:21

Приложение 80

ПРОТОКОЛ
~~обыска~~ (выемки)

~~г/у~~ *Москва*
(место составления)

« » *декабря* 20 г.

Обыск (выемка) начат в *14* ч *15* мин
Обыск (выемка) окончен в *17* ч мин

Следователь (дознаватель) *Старший следователь Следственного управления ФСБ России старший лейтенант юстиции Сонина А.В.*
(наименование органа предварительного следствия или дознания, классный чин или звание, фамилия, инициалы следователя (дознавателя))

в присутствии понятых:

1. *Букановой Галины Михайловны* проживающей по адресу *г. Москва, ул. Дубровная д 36, кв 45*
(фамилия, имя, отчество и место жительства понятого)

2. *Иванова Михаила Николаевича* проживающего по адресу *г. Москва, ул. Краснопрудная д 13, к.1, кв.*
(фамилия, имя, отчество и место жительства понятого)

и с участием *владельца авто ЗИЛ-... гос рег № У 854 ВА 60 RUS Иванова Виктора Валерьевича*
(процессуальное положение, фамилии, инициалы участвующих лиц)

на основании постановления от « *29* » *декабря* 20 *23* г. и в соответствии с частями четвёртой-шестнадцатой ст. 182 (частями второй, третьей и пятой ст. 183) УПК РФ произвёл обыск (выемку) *в автомашине ЗИЛ-Бычок, ... регистрационный номер У 854 ВА 60 RUS, расположенной по адресу г. Москва ... шоссе д 9,*
(где именно)

в целях отыскания и изъятия *... ... Литвиненко "АП" - чубенная преступная группировка и "АСБ ... ...", а также сопроводительных документов* или
(каких именно предметов, документов, ценностей, имеющих значение для уголовного дела)

Перед началом обыска (выемки) участвующим лицам разъяснены их права, ответственность. а также порядок производства обыска (выемки).

Участвующие лица:

____
(подпись)

____
(подпись)

____
(подпись)

Понятым, кроме того, до начала обыска (выемки) разъяснены их права, обязанности и ответственность, предусмотренные ст. 60 УПК РФ.

____
(подпись понятого)

____
(подпись понятого)

Участвующим лицам также объявлено о применении технических средств _______________________
(каких

_________ *не применялось* _________
именно, кем именно)

Перед началом обыска (выемки) следователем (дознавателем) было предъявлено постановление о производстве обыска (выемки) от "*29*" *декабря* 20*03* г., после чего *водителю а/м ЗИЛ-Бычок гос N У 954 АВА 60 RUS Иванову Виктору Владимировичу* было предложено выдать *партию книг А. Литвиненко "ЛПГ — Лубянская преступная группировка" и "ФСБ взрывает Россию" а также сопроводительные документы и иное*
(указать, какие именно предметы, документы, ценности, имеющие значения для уголовного дела)

Указанные предметы, документы и ценности *добровольно*
(выданы

добровольно либо изъяты принудительно)

В ходе обыска (выемки) изъято: *1. Партию книг А. Литвиненко "ФСБ взрывает Россию" в количестве четырех тысяч*
(излагаются обстоятельства производства обыска
приятии экземпляров в десяти ярах
(выемки), предусмотренные частями десятой,
тринадцатой и четырнадцатой ст. 182 УПК РФ,
Всего 547 (пятьсот сорок семь) упаковок (по 8 книг
перечень и индивидуальные признаки
в каждой упаковке)
изъятых предметов, их упаковка)
3. Накладная N 15 от 26 декабря 2003 в одном в
двух экземплярах

3 Счет-фактура 25 от 26 декабря 2003 г. на одном листе;

4. Счет №25 от 5 декабря 2003 г. на одном листе.

Изъятые в ходе выемки книги упакованы в 23 (двадцать три) коробки, 19 (девятнадцать) холщовых мешков и пять упаковок книг связаны между собой бичевой верёвкой. Опечатаны обшивками с печатью "Управление собственной безопасности ФСБ России" для пакетов №2", скреплены подписями понятых и расследующего лица.

В ходе обыска (выемки) проводилась ___*не проводилась*___
(фотосъемка, видео-, аудиозапись)

Перед началом, в ходе либо по окончании обыска (выемки) от участвующих лиц ___
___*понятые Куклановой Г. М., Иванова М. А, водителя*___
(их процессуальное положение, фамилии, инициалы)
___*а/м ЗИЛ-бочок Иванова В. В*___
заявления ___*не поступили*___. Содержание заявлен ___:___
(поступили, не поступили)

Понятые:

            (подпись)

            (подпись)

Иные участвующие лица:

            (подпись)

            (подпись)

            (подпись)

Протокол прочитан ___*лично*___
(лично или вслух следователем (дознавателем)
Замечания к протоколу ___*не имеются*___
(содержание замечаний

либо указание на их отсутствие)

Понятые:

            (подпись)

            (подпись)

Иные участвующие лица:

            (подпись)

            (подпись)

            (подпись)

Следователь (дознаватель)

            (подпись)

Копию протокола получил ___: ___*Иванов виктор валерьевич*___
(фамилия, имя, отчество лица,
___*водитель а/м бочок*___ ___
в помещении которого произведен обыск (выемка), или представителя администрации организации)
"___" ___*октября*___ 20__ г.

            (подпись лица, получившего
            протокол)

ПРИЛОЖЕНИЕ 29

ИНТЕРВЬЮ РАДИО СВОБОДА

31 августа – 7 сентября 2009 г.

МИХАИЛ СОКОЛОВ: Мой собеседник в Бостоне – американский историк, доктор исторических наук Юрий Фельштинский. С 1978 года Юрий Фельштинский живет в Соединенных Штатах Америки, за эти годы им был подготовлен четырехтомник «Коммунистическая оппозиция в СССР», документы из архива Льва Троцкого; напечатаны исследования «Большевики и левые эсеры», «К истории нашей закрытости», «Крушение мировой революции», «Вожди в законе». В 90 годы Юрий Фельштинский защитил в России докторскую диссертацию, регулярно бывал в Москве. В последнее время Юрий Фельштинский много занимался современной историей, первой работой в этом жанре стала книга «ФСБ взрывает Россию».

Недавно Юрий Фельштинский в соавторстве с политологом Владимиром Прибыловским выпустил новое исследование по истории современной России – «Корпорация. Россия и КГБ во времена президента Путина». Ни одно российское издательство не берется пока печатать книгу, которую издают в США и Европе.

С Юрием Фельштинским мы побеседуем в двух передачах об истории России 20 века, от Николая Второго и Владимира Ульянова-Ленина до Владимира Путина и Дмитрия Медведева.

Юрий Георгиевич, я хотел бы начать разговор с темы, как вы понимаете события 17 года, что это было для страны – случайность, неизбежность, заговор? Есть ли у вас своя концепция?

ЮРИЙ ФЕЛЬШТИНСКИЙ: Своя концепция, наверное, есть. Хотя, я думаю, она сложная, и в течение лет, которые я жил здесь, в Америке, с 78-го по сегодняшний день, проходя через всю российскую историю, в том числе через историю августа 91-го года и через историю 2000-х, и выборов 2008 года, она менялась. Если на все это смотреть, как Вы предложили, от Николая Второго до Путина или до Медведева, наверное, у любого человека концепция за годы обязана была меняться, становиться, может быть, из черно-белой – цветной.

Черно-белая концепция в период до перестройки, до августа 91-го года, наверное сформулирована должна быть следующим образом. И тут были два мнения. Так, чтобы упростить чуть-чуть эти концепции назовем одну концепцию концепцией Солженицына, а другую – концепцией Ричарда Пайпса. Я сосем не хочу сказать, естественно, что именно эти люди сформулировали эти концепции, но они просто являются представителями этих концепций, тем более, что в период, когда спор велся по этому вопросу, оба эти человека находились в Соединенных Штатах, потому что Александр Исаевич был тогда в ссылке в Вермонте.

Концепция Солженицына заключалась, наверное, в том, что была не самая хорошая и не самая плохая страна Россия, обычная страна, которая жила своей жизнью. В октябре 17-го года, а в общем-то раньше, в феврале 17-го года, в этой стране достаточно искусственно относительно большой разнообразной, но тем не менее группой людей, не без помощи враждебных правительств, например, германского, была организована революция, которая по форме своей больше всего походила на военный переворот. И в результате военного переворота или военного мятежа к власти в России пришли большевики, абсолютно чуждый для России элемент, который совершенно варварским, бандитским способом удерживал власть в этой стране до 91-го года. Ну, с теми последствиями, которые нам хорошо известны, которые не буду долго перечислять – коллективизация, индустриализация, гражданская война, чистки, миллионные потери населения и так далее. В 91 году эта власть рухнула.

Мнение Ричарда Пайпса, наверное, можно сформулировать следующим образом: да, большевики пришли к власти, но было это не результатом какого-то захвата власти группкой революционеров, а собственно неким продолжением плохой русской истории, продолжением русской истории в больной стране России, где никогда ничего хорошего в общем-то не происходило, где никогда ни народ, ни правительство не уважали ни свободу, ни жизнь, ни право на свободу. И в результате этого многовекового бескультурья, с одной стороны, политического бескультурья, пренебрежения к западным ценностям, с другой стороны, нежеланием быть Западом, с третьей стороны, и желанием, наоборот, быть чем-то особенным, с четвертой стороны, в России в результате к власти пришли большевики. И собственно в этом и была особенность России, и заключалась в том, что у власти на 70 с лишним лет оказались бандиты.

Надо сказать, что после 91-го года в течение, по крайней мере, нескольких лет, с 91-го по 99-й, всему миру было ясно, что не прав Пайпс, а прав Солженицын. А начиная с 2000-го года, к глубокому сожалению, должен сказать, всему миру становится ясно, что в общем-то прав Пайпс. Потому что Россия, получив шанс на то, чтобы стать нормальной демократически западной страной, снова встала на путь поисков своего Я, которого, между нами говоря, не существует не только для России, не существует для Африки, не существует для Франции, не существует для Америки.

Но это надо понять, и надо признать, а признать это Россия не готова. И не готово не только правительство и не только элиты, как сейчас любят говорить, хотя я не люблю это слово, в данном смысле, когда оно используется, но не любит народ, который тоже постоянно, я уж не знаю, самостоятельно или под влиянием телевидения и пропаганды, все время хочет доказать себе, что он чем-то отличается от любого другого народа.

МИХАИЛ СОКОЛОВ: То есть вы где-то совпадаете с Юрием Афанасьевым, который мрачно пророчествует, что ничего хорошего в России ждать нельзя, поскольку та матрица, которая заложена в течение сотен лет, она срабатывает. А уж то, что сделано за 70 лет, уничтожило всякие перспективы для такого западнического пути России, который многим был бы хорош. Но вы же занимались альтернативами, скажем. Для 17-го года у вас было независимое рабочее движение, эсеры и так далее. Неужели это все случайности? Или 91 год, было демократическое движение, которого сейчас нет. Это что, случайное отклонение от матрицы, которую все равно народ выкорчевывает?

ЮРИЙ ФЕЛЬШТИНСКИЙ: Когда изучаешь социалистическое движение, а я действительно какое-то время потратил и на левую оппозицию, в частности, на Троцкого, я много лет разрабатывал архивы Троцкого, наверное, достаточно справедливо считаюсь крупнейшим специалистом по архивам Троцкого; я занимался меньшевиками, провел достаточное количество времени и в амстердамском архиве международной социальной истории, и в гуверовском институте в Калифорнии. Так вот, объективно говоря, когда занимаешься изучением социалистического движения, надо понимать, что этот спектр политический очень узкий. Это в общем-то примерно то же самое, как изучать различные течение национал-социализма внутри гитлеровской Германии, изучая историю гитлеровской Германии. Представьте себе, что люди писали бы книжки о том, как расходились, принципиально расходились, политические взгляды Гитлера и Геббельса по вопросу уничтожения евреев. Что, например, один считал, что их нужно уничтожать таким-то образом, а другой считал, что другим. И писались бы докторские диссертации, и люди бы доказывали, что эти расхождения принципиальные, а еще где-нибудь посередине сторонники одной концепции уничтожали бы сторонников другой концепции как врагов народа.

МИХАИЛ СОКОЛОВ: Что, кстати, и было.

ЮРИЙ ФЕЛЬШТИНСКИЙ: Совершенно верно. Что было в начальном периоде нацистского движения в Германии, просто там был период достаточно короткий, поэтому все оказалось так сжато, не так, как в нашей истории 17-53 года. Но в общем, когда мы занимаемся разногласиями внутри социалистического лагеря или разногласиями внутри коммунистической партии, нужно отдавать себе отчет, что это разногласия внутри коммунистической партии. И не то, что я не считаю, что нет разницы между Лениным, Сталиным и Троцким, я как бы знаю, что она есть, я вижу, в чем она есть, но для крестьянина тамбовского в 18-м году или для крестьянина российского в период коллективизации никакой разницы между этими людьми не было.

МИХАИЛ СОКОЛОВ: А Бухарин в 27-28-м году, для крестьянина разница была, если бы пришли к власти Рыков, Бухарин и так далее вместо Сталина.

ЮРИЙ ФЕЛЬШТИНСКИЙ: Вы знаете, это сложный и спорный вопрос. Дело в том, что Бухарин тоже проходил через разные периоды в том числе и через периоды крайней левизны. А то, что в какой-то момент он был объявлен защитником крестьянства и то, что из-за этого он как бы и пострадал, в общем-то, я думаю, это историческое недоразумение. Бухарин, конечно, правым никогда не был. Вообще понятие правый в коммунистической партии, повторяю, это момент очень спорный, необязательно существующий, и еще раз – это все дискуссии на тему расхождения взглядов между Гитлером и Геббельсом.

МИХАИЛ СОКОЛОВ: Либералы, в конце концов, в России была либеральная традиция, начиная с Союза освобождения и кадетской партии. В конце концов, эта мысль развивалась либеральная в эмиграции. Опять же, почему она оказывается бесплодной на российской почве?

ЮРИЙ ФЕЛЬШТИНСКИЙ: Вы знаете, что бесплодно на российской почве, что не бесплодно – очень интересный вопрос. Август 91-го года, который был, вот не вычеркнешь уже этих страниц из российской истории, показал, что у российского населения нет никаких проблем с демократией, что россияне, как и любой другой цивилизованный народ, хотели бы иметь свободу слова, свободу печати, право выезда за границу, хотели бы иметь рыночную экономику. И собственно все то, что есть сегодня, повторяю, у всего цивилизованного мира, скажем так, у Западной Европы и у Соединенных Штатов.

Этот период был и он, я считаю, был очень успешным. Вот этот период 91-го года, 91-99-го, показал, что Россия может быть абсолютно нормально западноевропейской страной с несколькими поправками. Поправка первая: к сожалению, россияне считали, что все зло от коммунистической партии. От коммунистической партии зла было очень много, в частности, не было рыночной экономики, в частности, не было политических и всех других свобод, и граница была закрыта. Но общее убеждение, всеобщее убеждение было в том, что благосостояние придет с крушением коммунистической партии. И не то, что оно не пришло, оно на самом деле пришло.

МИХАИЛ СОКОЛОВ: Да ко многим пришло.

ЮРИЙ ФЕЛЬШТИНСКИЙ: Ко многим пришло. Ко многим пришло сразу, а к большей части приходит, в конце концов, сейчас. Есть очередная историческая несправедливость, которая заключается в том, что цены на нефть при Ельцине были крайне низкими, а при Путине крайне высокими. И то благосостояние, которое при другой цене на нефть, безусловно, смог бы обеспечить народу и Ельцин в своей период, к сожалению, пришлось на период Путина.

К сожалению, в том смысле, что люди, это для людей естественно, связывают периоды благосостояния с руководством, и поэтому считается дружно всеми, что при Ельцине жилось плохо, а при Путине живется хорошо. К сожалению, в этот же период, при Путине, у народа забрали те свободы, которые были даны, я бы считал, кроме одной свободы, которая очень важна и которая до сих пор осталась – это право путешествовать, право выезжать за границу – это очень важная свобода.

МИХАИЛ СОКОЛОВ: Возможности для мелкого бизнеса сохраняются.

ЮРИЙ ФЕЛЬШТИНСКИЙ: Возможности для мелкого бизнеса – это не свобода, это рыночная экономика. А рыночная экономика осталась – это важнейший фактор. Вообще, понимаете, я неслучайно в самом начале сказал, что период черно-белых картинок закончился. Сейчас у нас период такого широкоформатного цветного кино, которое не дает нам возможности всё свести к каким-то примитивным объяснениям и примитивным взглядам. Всё действительно сложно, всё неоднозначно.

Мы просто, для многих, к сожалению, для меня к моей радости, мы прошли через этот период 91-99-го года, поэтому мы знаем, что возможность стать западного типа демократической страной была. И волей-неволей я, по крайней мере, ловлю себя на том, что я все равно сравниваю, допустим, сегодняшнюю Россию или Россию Путина, Россию Медведева с этой не состоявшейся ельцинской Россией. И из-за этого у меня путинский период оказывается сильно черненьким.

МИХАИЛ СОКОЛОВ: А как же быть с «лихими 90-ми»? Все-таки коррупция, олигархия, семибанкирщина и все прочее было заложено тогда, не в 99 году, все это тоже было в этом периоде. Это вам все скажут и те, кто верит в Путина, и те, кто с ним спорит.

ЮРИЙ ФЕЛЬШТИНСКИЙ: С этим никто не спорит, что коррупция была заложена вместе с рыночной экономикой и, естественно, при Ельцине, естественно, людьми, которых потом стали называть олигархами и так далее. Но я думаю, что никто не спорит и с тем, что все это осталось, абсолютно все. Спорить можно о том, больше коррупции при Путине в России, меньше коррупции. Я думаю, что больше, потому что денег больше, а раз денег больше, то и, наверное, коррупции больше. Я думаю, что ни один нормальный человек, ни один бизнесмен не будет спорить с тем, что проблема коррупции не была Путиным хоть как-то уменьшена и поправлена.

Я думаю, что совершенно очевидно, что при Путине все было разложено по полочкам, упорядочено, в том числе и проблема коррупции. Поэтому лохматого человека причесали, но все же осталось. Суть, я думаю, не в этом, потому что никто всерьез не будет утверждать, что может решить проблему коррупции в России.

Знаете, есть итальянская мафия, с которой живет Италия много веков и в общем-то живет при этом нормальной жизнью. Есть страны, где нелегальный бизнес доминирует над легальным, и эти страны тоже живут нормальной жизнью. У всех стран есть какие-то свои в этом смысле особенные национальные экономические черты. Не в этом проблема. По крайней мере, я не вижу главную проблему в этом.

Я вижу, конечно же, главную проблему в том, что правительство одурачивает народ и народ с этим согласен. То есть у народа нет принципиальных возражений против такой постановки вопроса. Мне лично это не нравится, но при этом я себя ловлю на мысли, что представьте человека, который заснул, скажем, в 88-м году во время перестройки, а проснулся в 2001-м, в 2008-м, неважно, при Путине, короче говоря. И вот проспал весь ельцинский период, проспал и не знал, что этот период существовал. Представьте ленты кинохроники, из которой просто взяли и ножницами вырезали весь ельцинский период с 90-го по 2000-й год.

И на самом деле, будем откровенны, картина, которую мы видим сегодня, абсолютно восхитительная, если сравнивать ее с советским периодом, с периодом 88-89-го, 90-го года. Нет компартии, по крайней мере, компартия существует как одна из многочисленных политических партий. Нет идеологии, есть рыночная экономика, есть свобода выезда за границу. Выборы, конечно, сложно назвать выборами, но это если мы их сравниваем с Францией, или с Америкой, или с Англией. А если сравниваем с выборами Советского Союза – нынешние российские выборы это просто предел мечтаний. Причем и местные выборы, и центральные выборы.

Свободы слова, конечно, абсолютной нет, будем откровенны. Но тем не менее, есть какая-то оппозиционная пресса, есть «Новая газета», есть какие-то журналисты, есть Латынина. Да, время от времени журналистов убивают. Но мы же не говорим про многомиллионные чистки сталинского периода, а в общем мы говорим, по-разному можно считать, эта статистика всегда грустная, и какие-то погибшие люди были моими очень хорошими знакомыми, например, Аня Политковская (это утрата личная), но мы тем не менее, говорим о 200-300 журналистах, которые были убили, мы не говорим о тотальном политическом контроле.

Есть, безусловно, можно говорить об убитых политиках, но, тем не менее, нет глобального политического террора времен Советского Союза.

Так что, понимаете, все зависит от того, как мы сравниваем эти периоды. И может быть действительно нужно согласиться с тем, что да, Россия не способна, по крайней мере, на нынешнем историческом этапе, причем речь не идет о 10-30 или даже о 50 годах, не способна, не готова к тому, чтобы стать наконец-то европейской цивилизованной демократической страной. Россия все еще пытается найти свое место в истории и свой путь в истории. Другое дело, что россияне, как показывает история, за все эти поиски все время платят. И это – то, что Россия еще ищет свой путь в истории – это дорогое предприятие в сегодняшнем мире. Конечно, мне бы хотелось, чтобы страна Россия и русский народ, или россияне, скорее успокоились и скорее поняли, что никакого своего пути нет.

МИХАИЛ СОКОЛОВ: Особого.

ЮРИЙ ФЕЛЬШТИНСКИЙ: Особого пути нет.

МИХАИЛ СОКОЛОВ: Юрий Георгиевич, вы четко совершенно говорите об этой дате 99-й год, собственно – этому была посвящена ваша книга. Время с момента этих событий до выхода книги уже прошло. Как-то вы по-новому посмотрели на ситуацию прихода Путина к власти, взрывов домов или ваша концепция здесь сохраняется?

ЮРИЙ ФЕЛЬШТИНСКИЙ: Я историк по образованию, написавший какое-то количество книг, и очень многие книги либо со спорными концепциями, либо с новыми концепциями, все зависит от того, как их видит читатель. Но, по крайней мере, я всегда претендовал на то, что я открываю читателю что-то новое, какой-то другой взгляд, не тот, к которому он привык и про который были написаны сто или тысяча книжек.

Знаете, когда приходишь к какой-то концепции новой, идея возникает – это на самом деле умозаключение. Еще у вас нет ни фактов, ни материала – это просто некая идея, посмотреть, а было ли восстание левых эсеров, например, или это была провокация. И дальше начинаешь исследовательскую работу. И если концепция неправильная, то можно на голову встать, ничего не получится, потому что все факты будут против. А если концепция правильная, то все факты, как в пазле, будут ложиться на места.

МИХАИЛ СОКОЛОВ: И что, ложится?

Юрий Фельштинский: С «ФСБ взрывает Россию» – абсолютно. И больше того я вам скажу, эта книжка была написана в 2001-м году по горячим следам событий. Для меня это был эксперимент новый, я все-таки привык иметь дело с героями, жившими какое-то количество лет назад, давным-давно умершими, с Лениным, со Сталиным, с Троцким. Я впервые для себя брался за политическую тему и тему сегодняшнего дня.

Когда я в общем-то из озорства начал изучать сентябрьские

взрывы и понял, к каким выводам я прихожу, потому что у меня не было изначально концепции, а не ФСБ ли взрывало дома. То есть мне такая дурацкая мысль просто в голову не приходила. Я просто стал смотреть, что же все-таки произошло с этими взрывами. Какие-то моменты меня смущали в самом начале, Рязань, конечно, смутила, учения так называемые.

И когда я понял к своему глубокому огорчению, потому что мы говорим о периоде 99-го года, когда во главе страны стоит Ельцин – это был тот самый мой любимый демократический период моей любимой России, когда Россия вроде бы была нормальной западной страной, и к глубокому для себя огорчению, я вдруг увидел, что дома взрывала ФСБ, сказать, что я расстроился, придя к этим выводам, это не сказать ничего. На самом деле для меня это было событие, приведшее к моей второй эмиграции, потому что я жил в России в период 98-99-го года и в общем-то, будем откровенны, вопрос возвращения в Россию мною рассматривался, по крайней мере, он не казался неправильным. И когда я понял, что дома взрывала ФСБ, по крайней мере, точно не чеченцы, для меня это было крушение очень многих моих надежд и началом абсолютно нового этапа в моей жизни.

Я написал какое-то количество страниц и решил эту тему бросить, решил просто этим не заниматься. Тому есть подтверждение. У меня есть старый мой знакомый, в общем-то друг, Витя Суворов, известный публицист, историк Второй мировой войны, который живет в Англии. Я позвонил Вите и сказал: «Витя, у меня есть очень интересная тема, но я не хочу ею заниматься. Хочешь, я тебе отдам все, отдам то, что уже написано, отдам все материалы, которые собраны, отдам всё, займись ею. Интересная тема». Витя отказался, я уже не помню, по каким соображениям, и я остался с этой темой. Я себе не верил, я всех мучил, я мучил Витю банальным вопросом о том, могла ли ФСБ взорвать дома.

Первый раз мы с Витей увиделись именно по это причине. Я сказал Суворову, что мне необходимо с ним встретиться, потому что я хочу, чтобы он мне кое-что разъяснил. Я полетел в Англию, мы встретились у Буковского, и у нас был довольно интересный разговор. Я ему сказал: «Витя, смотри, какая у меня проблема: я занимаюсь изучением некоей темой, а именно взрывами домов и, к сожалению, получается, что дома взрывала ФСБ. Скажи мне, пожалуйста, возможно ли это?» Витя сказал: «А чего невозможно? Конечно, возможно». Я говорю: «Подожди, сентябрь 99 года, Москва, группе людей дают задание взорвать дома. Это задание в сентябре 99 года могло быть выполнено?». Витя говорит: «Без проблем». Я говорю: «Подожди, Витя, вот ты работал в ГРУ, вам дают задание взорвать дом. Вы его взорвете?». Витя говорит: «Ты же сам сказал: Витя, ты работал в ГРУ. Подожди, это наша работа. Мы делаем то, что нам говорят».

МИХАИЛ СОКОЛОВ: То, что приказали.

ЮРИЙ ФЕЛЬШТИНСКИЙ: То, что приказали. Я говорю: «Витя, и у вас нет проблем взорвать дом в Москве с живыми людьми, просто с мирными жителями?». Он говорит: «Нет, ведь это наша работа, Юра, работа у нас такая». Я говорю: «Хорошо, Витя, допустим, ты знаешь, что в этом доме твой друг живет,ты его предупредишь?». Он говорит: «Нет». Я говорю: «Ну что, ты убьешь своего друга?». «Ну убью. Работа у нас такая». Я говорю: «Хорошо, Витя, допустим, там твой брат или сестра, предупредишь?». «Нет». «Витя, а жена?». Он говорит: «Нет». Я говорю: «А дети?». А у Вити двое детей, мальчик и девочка. И тут Витя задумался и сказал: «Знаешь, если бы сын был бы там, то, наверное, взорвал бы, а если дочка, я думаю, что не смог бы». И вот после этого я понял, что все мои проблемы с «верю, не верю» в то, что ФСБ могла взорвать дома, это мои проблемы, они к реальной жизни не имеют отношения.

Я двинулся дальше, я полетел к Саше Литвиненко. Саша Литвиненко, с которым я был знаком с 98-го года, есть у нас долгая история отношений (наверное, тема отдельного разговора), тогда вышел из тюрьмы, где просидел с марта по декабрь 99-го года, если мне не изменяет память, и был в Москве под наружным наблюдением. Я к нему прилетел. Встреча эта наша произошла в сентябре месяце. Я Саше задал тот же вопрос, что я задал Вите: вот такие у меня выводы получаются из моего исследования, что в сентябре 99-го года дома взорвала ФСБ. Это могло быть? Саша сказал, что да.

Так вот, теперь возвращаясь к концепции. Понимаете, это все было в 2000-2001-м году, с тех пор прошло уже 8 лет. За эти 8 лет не появилось ни одного маленького фактика, не то, что глобальной другой концепции, а маленького фактика, противоречащего тому, что писалось в 2001-м. Абсолютно вся новая информация, которая появилась за последние годы, говорит исключительно о том, что за взрывами домов стояла ФСБ.

ФСБ, которая выдвинула изначально свою концепцию, а именно что за взрывами домов стояли чеченцы; ФСБ, которая из-за этого, или российское правительство, которое из-за этого, собственно начало вторую чеченскую войну, за все эти годы не предъявила нам ни одного чеченца, я сейчас не преувеличиваю, ни одного. То есть даже по версии ФСБ, вот если забыть про все то, что я писал и говорил, и принять на сто процентов версию ФСБ, даже по версии ФСБ в этих событиях не принимал участия ни один чеченец. Ну, кроме Хаттаба и Басаева, которые по версии ФСБ собственно дали приказ взорвать дома. Но этого никто не знает, и ни на каком уровне тут никаких подтверждений нет, а наоборот есть, между нами говоря, последнее по хронологии известное письмо Басаева Путину, где он пишет, что они не взрывали дома. Так что, понимаете, даже по версии ФСБ, хотя из-за этого была начата вторая чеченская война, нет ни одного чеченца. Так что тут просто говорить не о чем.

А уж после убийства Литвиненко, знаете, я одно могу сказать: мне звонили все эти годы (естественно, после убийства Литвиненко это уже была лавина звонков, сотни интервью)... но в общем-то все эти годы с 2001-го звонили журналисты с какими-то вопросами, связанными с сентябрьскими событиями 99-го года. И в общем-то я всегда начинал с того, что доказывал, что моя концепция имеет право на существование. Это было не легко, потому что не все готовы были поверить в то, что дома в России взрывали не чеченцы, а российское правительство или российские государственные службы.

Так вот, после убийства Литвиненко, когда я по инерции

начинал с такой защитной позиции по вопросу, о том, что я прав, мне говорили: что вы нам объясняете? Кто же еще? Это мы знаем. То, что дома взрывала ФСБ – это известно, это мы знаем, так что доказывать не надо уже. И я подумал: ну ничего себе, дожили до периода, когда это всем «хорошо известно», что дома в России взрывала ФСБ.

Кстати говоря, когда был опрос после первой публикации в «Новой газете» в августе 2001-го года глав из нашей книжки, то примерно 50% считало, что да, есть вероятность, что дома взрывала ФСБ. Не нужно опять же делать вид, что мои выводы были выводами одиночки, количество людей, которые считали и считают, что дома взрывали не чеченцы, очень большое. Количество людей, которые считают, что взрывали не чеченцы, а ФСБ, может быть меньше, но тем не менее, очень существенное. Потому что многие люди, тем не менее, считают, что дома взрывали какие-то неизвестные нам силовые структуры, но совсем необязательно ФСБ. Это концепция, имеющая право на существование.

Просто так, как я вижу, в России главный приз получает тот, кто больше всего рискует. И то, что Путин получил главный приз, а главный приз – это была должность президента России, означало, что риски на себя брал он. И я очень хорошо понимаю, в чем эти риски заключались. Он был руководителем ФСБ до августа 99-го года. Всем очевидно, что операция по взрывам домов могла готовиться несколько месяцев, то есть начало этой операции приходилось на тот период, безусловно, когда Путин стоял у руля в ФСБ. Так что, я думаю, он очень хорошо знал, и не мог не знать, какая операция планируется.

Кроме того, понимаете, у нас же есть абсолютно, я считаю, формально-юридическое доказательство того, что дома взрывала именно ФСБ. Ведь вторая чеченская война началась неслучайно 23 сентября, то есть даже неслучайно в те конкретные минуты, в тот момент, когда в Рязани взяли двух сотрудников ФСБ. Потому что российскому руководству было понятно, что если войну не начать вот прямо просто сейчас, сегодня, то уже завтра журналисты и общественное мнение еще свободной России (в сентябре 99-го года) очень быстро разберутся, что произошло в Рязани, и очень легко сопоставят взрывы домов в Москве и несостоявшийся взрыв в Рязани. Поэтому всех нужно было поставить перед свершившимся фактом.

Именно поэтому бомбардировки Грозного и война начались в 12 часов дня 23 сентября, то есть ровно в те часы и минуты, когда рязанское ФСБ взяло двух сотрудников московского центрального ФСБ с поличным. Так что это абсолютное доказательство того, что именно ФСБ, причем именно центральное ФСБ, стояло за взрывами домов, поскольку решение о войне, безусловно, принимало центральное руководство.

МИХАИЛ СОКОЛОВ: Ельцин был в курсе?

ЮРИЙ ФЕЛЬШТИНСКИЙ: Я уверен, но это мое, наверное, чувство интуитивное, что Ельцин не был в курсе и не мог быть в курсе.

МИХАИЛ СОКОЛОВ: За этот период с 99 года было много разных событий – подводная лодка, которая утонула, «Норд-Ост», Беслан, дело Ходорковского, изменения политической системы в несколько этапов. Какие события как историк вы считаете наиболее принципиальными для этого периода, которые создали систему, о которой вы, собственно, пишете в книге – «корпорация ФСБ»?

ЮРИЙ ФЕЛЬШТИНСКИЙ: Главное событие, безусловно, это приход к власти Путина. В этом смысле как одна из таких ступенек, по которой Путин шел к власти, главным событием оказалась вторая чеченская война. Но тут может быть чуть-чуть правильно отступить назад, что, кстати, тоже помогает в том, чтобы понять, кто взрывал дома в России, и увидеть, что в 99-2000-м году была просто повторена «слово в слово», «буква в букву» схема первой чеченской войны 95-го года и выборов 96-го года. Теракты в 95-го году в Москве, начало чеченской войны Степашиным и выборы 96-го года. Теракты в сентябре 99-го года в Москве и других городах, начало второй чеченской войны и выборы 2000-го года. То есть была повторена абсолютно та же схема, когда выборы проводятся непременно на фоне войны.

Задачи были разные. В 95-м году чеченская война начиналась для того, чтобы создать ситуацию для возможной отмены выборов 96-го года, если Ельцин не сможет стать президентом законным путем. Мы знаем, что приказ об отмене выборов был подписан, что он был в последнюю минуту отозван. Мы знаем, что с этого началось политическое восхождение олигархов, Семьи, конкретно Березовского в том числе, конкретной группы людей, мы всех этих людей знаем, это прежде всего Чубайс, Березовский, Абрамович, Таня Дьяченко, Юмашев. В благодарность за то, что эти люди привели Ельцина к власти законным путем в 96 году, Ельцин отдал Россию во власть этих людей на четыре года. 96-2000 год – это власть олигархов.

Путин, когда приходит к власти в 2000-м году, опирается на две группы. Про одну группу мы знаем, это все те же – Семья, олигархи. А вот вторая группа людей она сильно оставалась в тени и мы ее не видели, ошибочно считали поэтому, что Путин – ставленник Березовского. А когда Путин пришел к власти, вдруг неожиданно для всех, в том числе и для Березовского, оказалось, что Путин – не его человек. То есть для Березовского это была очень большая неожиданность, потому что он тоже не знал о том, что Путина приводят к власти другие люди; что он, Березовский, во всем этом участвует, но что он далеко не главный участник, а может оказаться, что и последний.

А вот главными участниками, как потом стало известно, была как раз система ФСБ. И именно потому, что Путин пришел к власти благодаря этим двум группам людей, он и сохранял лояльность в период 2000-2004-го года и первой, и второй группе.

Поэтому действительно, если не иметь в виду конфликт с Гусинским, который был предопределен поддержкой Гусинским противоборствующего клана, и если не иметь в виду конфликт с Березовским, который полностью был спровоцирован самим Березовским, а не Путиным, Путин проявил себя как человек, я считаю, очень лояльный, игравший все эти четыре года по правилам, за исключением дела Ходорковского. Дело Ходорковского выделяется.

Мы видим, я думаю, это всем понятно, что в эти четыре

года с 2000 по 2004-й год, Путин постепенно уходит от олигархов или от Семьи и плавно переходит полностью в клан ФСБ.

В 2004 году он уже приходит к власти, естественно, опираясь только на одну группу, на силу бывшего КГБ, нынешнего ФСБ. Собственно политическую лояльность он теперь сохраняет только в отношении этого клана. Другое дело, что Путин вырабатывает определенные правила по отношению к бизнесменам. И в двух словах, я думаю, эти правила можно сформулировать так: деньги зарабатывайте, но в политику не лезьте. Вернее не так: не претендуйте на власть. Если увидим, что претендуете власть, отнимем бизнес и отрубим голову.

По той же причине, кстати говоря, все политические партии России очень слабенькие. То, что создал Путин – это некая структура, которая существует над политическими партиями. Как только какая-то политическая партия вдруг окажется неожиданно сильной, станет конкурировать в борьбе за власть, то, наверное, у Путина возникнет желание и необходимость эту партию каким-нибудь образом уничтожить или раздробить.

Теперь возвращаемся к вашему вопросу про Ходорковского. Я, естественно, знаю, что есть версия о том, что Ходорковский как раз стал конкурировать в борьбе власть с Путиным. Я читал все эти статьи о том, что Ходорковский в думе голоса покупал и оппозицию поддерживал, и чего только Ходорковский ни делал. Я не думаю, что это та причина, по которой Ходорковского посадили. Более того, я думаю, что вся эта информация была вброшена в прессу специально, чтобы создать видимость и концепцию того, что Ходорковского посадили по политическим соображениям. Я думаю, что его посадили по экономическим соображениям.

В тот момент проводилась очень крупная сделка, крупнейшая российская сделка, а может быть даже крупнейшая мировая сделка – ЮКОС покупал «Сибнефть». Не исключаю, что я абсолютно не прав, но я думаю, что Ходорковского посадили в рамках операции по замене покупки «Сибнефти» ЮКОСом покупки «Сибнефти» «Газпромом». Экономически эта операция оказалась крайне выгодна Абрамовичу, а подозреваю, что и Путину. «Сибнефть» была в результате продана «Газпрому» за

13 миллиардов долларов. Одновременно была отменена сделка, которая начала уже проводиться – по продаже «Сибнефти» ЮКОСу. ЮКОС вернул «Сибнефти» 20% акций, которые уже были проданы за три миллиарда, но Абрамович не вернул, что известно, три миллиарда долларов. Таким образом общая сума сделки составила для Абрамовича 16 миллиардов долларов.

Предположить, что все это случайность, что арест Ходорковского по неким абстрактным политическим причинам произошел именно в эти дни, мне очень сложно. Шансов у Ходорковского стать президентом, между нами говоря, не было по многим причинам, включая то, что он был и олигарх, и еврей. Как-то не вижу я Ходорковского до посадки как конкурента на власть Путину или кому бы то ни было.

МИХАИЛ СОКОЛОВ: Но он все-таки был спонсором нескольких партий сразу.

ЮРИЙ ФЕЛЬШТИНСКИЙ: Как и многие другие. Как раз главное в вашем вопросе заключается в последнем слове – сразу. Был спонсором нескольких партий сразу, что говорит о том, что он не боролся за власть. Потому что, когда борются за власть, то спонсируют одну партию и идут во главе этой партии на баррикады. Вот Березовский финансировал одну партию, шел, неудачно, правда, в бой. Так что, когда человек финансирует всех подряд, это как раз говорит о том, что он хочет иметь влияние, контакты, лоббистов, но не борется за власть сам. Никак я не вижу Ходорковского борцом, политическим борцом с Кремлем.

Все эти люди, некоторых из них я знаю лично, они прежде всего бизнесмены и вопрос больших денег, не просто денег – деньги никого из них не волнуют – а больших денег, оказывается, волнует всех. Я, в общем-то, почти не знаю исключений. Так что, мне кажется, экономические причины посадки Ходорковского принципиально больше достойны рассмотрения, чем известные политические причины.

МИХАИЛ СОКОЛОВ: На ваш взгляд, сейчас идет «судебный» процесс, вы думаете, что Ходорковский и при нынешнем режиме будет продолжать находиться в тюрьме?

ЮРИЙ ФЕЛЬШТИНСКИЙ: Я буду очень рад, если я окажусь не прав. Я очень хотел бы оказаться не прав, потому что я ему симпатизирую. Его посадили несправедливо. Я, тем не менее, боюсь, что Ходорковский из лагеря не выйдет никогда, и что это собственно было условием той сделки, результатом которой была посадка Ходорковского. То есть за посадкой Ходорковского стоят несколько ключевых фигур.

Я считаю, что, по крайней мере две ключевые фигуры очевидны и известны – одна Абрамович, другая Путин. Наверное, есть еще какие-то ключевые фигуры. Но я уверен, что между этими людьми было соглашение о том, что Ходорковский не выходит из тюрьмы никогда, потому что как только он выйдет из тюрьмы – это всем понятно – он поставит вопрос о правомерности, экономической правомерности состоявшейся сделки по разгрому ЮКОСа и перепродаже «Сибнефти» «Газпрому». Всем ясно, что эта сделка была абсолютно незаконна, и юридической машине любой цивилизованной страны (а мы все-таки живет в период, когда корпорации типа «Газпрома» и «Сибнефти» вынуждены работать в мировом юридическом поле), любому независимому суду будет очевидно, что эта сделка была незаконна. Для людей, которые заработали на этой сделке, выход Ходорковского из тюрьмы может оказаться очень дорогим удовольствием.

МИХАИЛ СОКОЛОВ: Юрий Георгиевич, вы сказали, что с 2004 года корпорация ФСБ – это главная опора режима Путина, то есть он опирается на одну группу, и она правит Россией. Как она, собственно, правит, опять же, исторические факты?

ЮРИЙ ФЕЛЬШТИНСКИЙ: На события, которые проще всего называть, как мы называем, перестройкой, на события перестройки, приведшей к августу 1991 года, есть несколько точек зрения. Есть несколько концепций. Одна концепция, к которой изначально я относился очень подозрительно и с большим недоверием, называлась восстанием номенклатуры. На самом деле перестройка, про которую мы точно знаем, что она началась по инициативе сверху, а не по инициативе снизу, была вызвана тем, что самому российскому, советскому руководству (советской элите – тут, может быть, правильнее было бы сказать) надоело быть нищей.

Потому что, знаете, я думаю, Брежнев, вот – Брежнев, генеральный секретарь, что собственно он имел? Ничего он не имел. Дача у него была государственная, квартира у него была государственная, машина у него была государственная, за границу он мог ездить только с официальными визитами. То есть на самом деле он был абсолютно нищий, но он за это хотя бы имел чин генерального секретаря, маршала, награды и прочее. А вся двухмиллионная элита была нищей ради ничего. Денег не было ни у кого, в том числе у них. Редкие загранпоездки, редкие какие-то подачки типа джинсов и видеомагнитофонов, а весь мир в этот период намного лучше, как мы теперь знаем, оказывается, хорошо, и счастливо, и сытно жил.

Поэтому когда монополия компартии рушилась, в общем-то не так много людей готово было встать на ее защиту, потому что надоело быть нищими, все хотели быть богатыми и счастливыми; и КГБ и компартия – это отдельный, очень серьезный разговор.

Я когда для американского издательства готовил американское издание книги «Корпорация. Россия и КГБ во времена президента Путина», я для удобства (сначала для своего, а потом и читателя, потому что куча сокращений, и несчастные американцы путаются во всех этих сокращениях – ФСБ, КГБ, НКВД, ВЧК, голову сломаешь), решил составить такую табличку, когда как назывались КГБ-ФСБ. И к своему изумлению увидел, что эту организацию переименовывали бесчисленное количество раз. Бесчисленное количество раз переподчиняли разным структурам. То это Министерство внутренних дел, то это Совет министров.

У меня создалось впечатление, что, создав этого монстра под названием ВЧК в конце 1917 года, в декабре, сами коммунисты даже не очень понимали, что же теперь с этим монстром делать. Потому что с одной стороны он был необходим, потому что нужно отбиваться от внутренних врагов, от демократов, от свобод, от буржуазии, от всех этих врагов, от которых, кстати говоря, и сейчас отбиваются: от журналистов, от политической оппозиции, от демократов, от шпионов, теперь еще даже от коммунистов.

С одной стороны, нужна эта организация, а с другой стороны, она же все время пожирает в том числе и самих коммунистов. То есть если смотреть на КГБ с точки зрения коммунистов, КГБ постреляло большое количество коммунистов. А если смотреть на КГБ глазами КГБ, или на компартию глазами КГБ, то на самом деле все, что видят кагэбешники – это постоянную попытку коммунистов как-нибудь ослабить КГБ и как-нибудь переподчинить.

МИХАИЛ СОКОЛОВ: Взять под политический контроль.

ЮРИЙ ФЕЛЬШТИНСКИЙ: Более того, руководителей КГБ расстреляли: и Берию, и Ежова, и Ягоду, и Менжинский умер странненько, потом выяснилось, что его отравили. Есть версия, которой я придерживаюсь в том числе (я не единственный, сразу хочу сказать), что и Дзержинский умер не своей смертью. Если принять версию о том, что Дзержинский тоже был убит, то тогда убиты просто все руководители КГБ сталинского периода, включая и несколько месяцев послесталинского, потому что Берия убит уже после Сталина, и в период 1953-54 годов идет серьезная чистка высшего руководства МГБ. Поэтому Берия совсем не единственная жертва. И это всё борьба компартии с КГБ. То есть, с одной стороны, есть постоянное желание компартии ослабить КГБ, с другой стороны, есть постоянное желание КГБ придти к политической власти. Самый яркий у нас будет эпизод это, безусловно, убийство Берия, про которого было известно, что он претендует на политическую власть, и это один из примеров неудачной попытки прихода КГБ к политической власти.

Затем у нас, я бы считал, следующий эпизод – это август 1991 года, это попытка в том числе людей спецслужб, Крючкова, который входил в ГКЧП, придти к политической власти в Советском Союзе.

До этого у нас есть пример удачной попытки захвата власти – это Андропов, конечно. То есть на самом деле у нас есть два человека, которые возглавляли КГБ, а затем стали руководителями страны – Андропов и Путин.

МИХАИЛ СОКОЛОВ: А Берии не удалось.

ЮРИЙ ФЕЛЬШТИНСКИЙ: А Берии не удалось. И если

вы задумаетесь над тем, почему такое уважение именно к Андропову у сотрудников бывших и нынешних КГБ, то, конечно, именно потому, что Андропов для них стал первым руководителем КГБ, который осуществил заветную давнишнюю мечту этой организации – получить политический контроль над страной. По этой же причине, поверьте, Путину тоже грозит мемориальная доска на здании на Лубянке, потому что он был вторым таким человеком. Причем, если Андропов должен был делить власть с коммунистами, время было такое, то Путин как раз осуществил уже идеал КГБ.

МИХАИЛ СОКОЛОВ: Он все-таки делит власть, например, с Абрамовичем. Или с Абрамовичем он делит деньги?

ЮРИЙ ФЕЛЬШТИНСКИЙ: Я думаю, что вы правы, что с Абрамовичем он делит деньги, причем даже известно, как он их делит. Потому что во всех крупных сделках такого типа дележка идет 50 на 50, просто иначе не бывает. А политическая власть – это более сложный вопрос, потому что у Абрамовича была некая власть, доставшаяся по наследству от периода 1991-99 года. Сколько этой политической власти, доставшейся Абрамовичу по наследству, есть сегодня у него, я просто не знаю.

МИХАИЛ СОКОЛОВ: Все-таки к событиям. Я еще раз хочу акцентировать на этом процессе разнообразных политических преобразований по ущемлению партий, по сжатию гражданского общества, затыканию рта прессе и так далее. Как вы считаете, это была системная политика, то есть она была продумана? Как историк вы видите, что был некий план или это были хаотические некие действия, безусловно, в одном направлении, но приведшие к тому, что сейчас имеется в России?

ЮРИЙ ФЕЛЬШТИНСКИЙ: Вы знаете, план, безусловно, был, причем опять же у нас есть четкое доказательство того, что план этот был. Это декрет № 1 Путина о создании семи федеральных округов. Собственно на самом деле абсолютно все, что произошло дальше с Россией, сформулировано в этом гениальном документе. Он абсолютно гениален. Его писал Александр Волошин, писал для себя и под себя, потому что по этому документу вся власть в стране формально принадлежит администрации президента. То есть президент существует, царствует, как Медведев сегодня, а вся власть сосредоточена в руках Волошина.

В общем-то Волошин один из, я думаю, самых серьезных российских политиков этого периода. Он ушел в отставку, хочу напомнить, после того, как Ходорковского арестовали. И мое мнение, конечно, что он ушел не в знак протеста, потому что арестовали Ходорковского и совесть Волошина замучила, и он не смог больше работать в аппарате Путина. Он ушел в отставку, потому что эта операция, эта сделка была осуществлена за его спиной, что, Волошин, я думаю, просто не знал о том, что готовится операция по аресту Ходорковского, независимо от того, кстати говоря, арестован Ходорковский был по политическим соображениям, как все считают, или по экономическим, как считаю я.

В тот период, когда Волошин существовал в Кремле как руководитель администрации, я думаю, безусловно, его можно называть одним из самых влиятельных политиков не в том плане, что он на кого-то влиял, а потому что, я уверен, что именно он определял политику Путина. Потому что вообще в правлении Путина и в существовании Путина политики очень мало. Там нет программных действий, там есть желание известное, старое желание «держать и не пущать», то есть контролировать, иметь власть, а как именно это делать, как придти к этому идеалу, когда все принадлежит тебе и все подчиняется тебе, как выстраивать эту вертикаль власти, этого понимания, конечно, не было. Я думаю, это понимание Путину как раз принес на блюдечке Волошин.

Надо отдать должное Путину. Он, видимо, быстро и легко воспринимает то, что считает правильным, то, что мило его душе. Что если бы ему принесли другой вариант типа преобразования России в западную демократическую республику, наверное, Путин это бы не воспринял. А когда Волошин ему преподнес схему, при которой вся власти в России принадлежит кому-то, неважно кому, Волошину или Путину, то это идея, конечно же, Путину по вкусу пришлась.

Так что программа была. А во всем остальном, отчасти мы же имеем дело со старым Советским Союзом. Есть отдельные представители эмиграции типа меня, есть люди типа Каспарова, живущего в России, бьющегося за право России быть свободной и демократической. Но он же в меньшинстве. А большинство людей совсем не считают эти права основными, а считают основным что-то другое.

В этом смысле социальная поддержка у Путина, безусловно, есть. А когда эта социальная поддержка сочетается еще и с контролем над прессой и над телевидением, то, конечно, она становится вполне серьезной.

Путин не случайно начал с борьбы с телевидением. Он по собственному своему опыту, когда он из никого стал всем, знал, что обязан он этому исключительно экрану. Березовский как-то однажды цинично сказал, что он и из обезьяны может сделать президента, имея в виду, что все, что для этого нужно — это контролировать телевизор. Я не знаю, прав Березовский или нет, но Путин в это поверил.

То есть он поверил в то, что без контроля над телевидением получить контроль над страной нельзя. Наверное, это так и есть в современном мире. Потому что мы все немножечко живем в виртуальном мире и считаем, что если нам что-то показывают по телевизору, то это есть, а если этого не показывают по телевизору, значит, этого нет. Так что телевизор, конечно, на нас сильно влияет. И поэтому контроль над телевизором очень важен. Поэтому, если есть контроль над телевизором и контроль над финансами, то есть, собственно, контроль над теми двумя инструментами, которые обеспечивают победу следующего кандидата на следующих президентских выборах.

Опять же не надо делать вид, что это выдумал Путин и ФСБ. Это, между нами говоря, выдумали как раз олигархи во главе с Березовским и Абрамовичем в 1996 году, когда они пришли к Ельцину, у которого популярность была 2-3% по опросам, и шансов не было выиграть выборы. Именно поэтому Ельцин подписал указ, который ему подготовил Коржаков, об объявлении чрезвычайного положения в связи с войной в Чечне и об отмене выборов. И олигархи сказали: Борис Николаевич, время танков прошло, мы даем вам деньги, мы контролируем прессу, мы контролируем телевидение, и с помощью денег и телевидения вы станете у нас президентом. И Ельцин стал плясать тогда, как вы помните, под дудочку на сцене и действительно стал президентом.

МИХАИЛ СОКОЛОВ: А Путин летал на самолете.

ЮРИЙ ФЕЛЬШТИНСКИЙ: А Путин летал на самолете. До того как Путин летал на самолете, он-то был никем. А Ельцин был Ельциным.

А вообще в этом разница между диктаторами и политиками, которые сами себя делают, и политиками, которых сделали. Гитлер, Сталин, Мао Цзэдун, Горбачев, в конце концов, они стали такими, какими они стали. А Путина делали разные люди, лепили Путина-президента. Многие люди действительно приводили его к власти.

МИХАИЛ СОКОЛОВ: Как вы объясните тогда зачем режим, который контролирует все, зажимает, не допускает существования небольшой оппозиции, которую легко демонстрировать Западу или, принимает какие-то решения, довольно странные: ну, зачем менять порядок избрания Конституционного суда? Двойная, тройная, четверная перестраховка?

ЮРИЙ ФЕЛЬШТИНСКИЙ: То, о чем вы говорите, имело бы значение для политиков, действительно для людей, которые занимаются политикой. Им важно общественное мнение Запада, например, им важно показать, что они демократы, например, им нужно показать, что в стране есть оппозиция. Но это все нужно тогда, когда вы политик и когда вы действуете и живете в некоем политическом море, где плавает куча разных корабликов по известному морскому законодательству.

Люди, которые сегодня управляют страной, прежде всего Путин и все те, кто пришли вместе с ним во власть из ФСБ, они абсолютно не политики, они понимают только одну вещь и любят и ценят только одну вещь; из своего жизненного опыта знают, что это единственное, что важно. У нас один жизненный опыт, а у них другой. И их жизненный опыт говорит о том, что очень важно контролировать все. Контроль нужен по максимуму. Маленькая партия, большая партия – абсолютно не имеет значения. Мы поэтому теряемся в догадках: как же так, какую-нибудь маленькую партию, у которой, шансик полпроцента на выборах получить, может быть, есть, а ее вдруг берут и запрещают. Зачем? Потому что важно контролировать.

У нас всегда есть ответ на вопрос, кого контролируют, а кого нет. Если мы видим, что какую-то маленькую партию или группку сильно давят или сильно запрещают, мы точно знаем, что ее не смогли поставить под контроль, не контролируют.

А если мы видим, что какую-нибудь более даже серьезную какую-то оппозиционную группку не трогают, значит знают, что контролируют или считают что контролируют. Поэтому и получается, что есть какие-то отдельно взятые оппозиционеры или отдельно взятые политические партии, на которые приходится очень большая часть давления.

МИХАИЛ СОКОЛОВ: Как тогда объяснить одно исключение – Чечня? Чечня отдана во власть одному человеку, этот человек Рамзан Кадыров, даже фактически ведет свою, внешнюю политику. Происходят загадочные убийства его оппонентов чуть ли не по всему миру. Это действительно такой интересный случай.

ЮРИЙ ФЕЛЬШТИНСКИЙ: Это случай с серьезными последствиями. Во-первых, я думаю, что того уровня государственной независимости, который есть сегодня у Кадырова как руководителя некоей территории, не было, конечно, ни у одного из прошлых президентов в Чечне. Более того, я думаю, ни Дудаев, ни Масхадов мечтать не могли о том, чтобы получить такую независимость, которую сегодня имеет Кадыров. Мало того, что он контролирует всю Чечню, мы же с вами понимаем, что с точки зрения российских интересов Чечня абсолютно потеряна для России. То есть это территория, на которой русский человек не сможет не просто жить никогда, а на которую вступить он даже не сможет, потому что его убьют.

МИХАИЛ СОКОЛОВ: Без разрешения Кадырова?

ЮРИЙ ФЕЛЬШТИНСКИЙ: Я думаю, что те русские, которые вступают на территорию Чечни, они просто являются некоей частью политической игры, которая до сих пор ведется. В основном либо военные, либо представители правительства, которые деньги возят в рамках программы восстановления Чеченской республики. Но это отдельный разговор. Я имею в виду людей, как людей. Для России Чечня абсолютно потерянная территория. Более того, я убежден совершенно искренне, что Кадыров в относительно близком будущем поставит вопрос о формальном отделении Чечни. Я думаю, просто, что этот вопрос будет поставлен в тот момент, когда федеральный центр перестанет финансировать Кадырова в рамках программы по восстановлению Чеченской республики.

Иными словами, пока в Москве денег много и Москва, федеральный центр субсидирует Кадырова (кстати, это относится не только к Чечне, это относится и к Дагестану, и к Ингушетии), все эти территории вопрос о независимости ставить не будут. Он будет поставлен ровно в тот момент, когда по все равно каким соображениям кончится поток этих денег или уменьшится поток денег или поток денег останется тот же, а аппетиты местного руководства и местных элит вырастут. Так что эта проблема – с последствиями.

Но обсуждать сейчас моральные качества политического руководителя Чечни Кадырова я просто не стану. Потому что, наверное, с точки зрения интересов России Кадыров, тем не менее, худший вариант. Я думаю, что и Дудаев, и Масхаддов были бы для России куда более приемлемыми президентами, если бы через две чеченские войны Россия не решала бы конкретные внутренние задачи. Поэтому чеченцы тут просто стали крайними случайно, могло бы как-то повернуться иначе, какая-то другая территория могла бы быть избрана Россией для решения свои предвыборных дел. Как-то так сложилась, что этой территорией к сожалению для чеченцев оказалась Чечня.

МИХАИЛ СОКОЛОВ: Не повезло.

ЮРИЙ ФЕЛЬШТИНСКИЙ: Не повезло – это не то слово, учитывая, что, конечно же, Чечня – это выжженная земля. То, что не смогут там жить русские никогда – это одна сторона дела. А другая, более важная, что там и чеченцы никогда не смогут жить нормальной мирной жизнью, то есть той жизнью, которую мы называем жизнью. Потому что, то, что там сейчас происходит, к жизни точно не имеет никакого отношения.

МИХАИЛ СОКОЛОВ: Юрий Георгиевич, если взять ситуацию недавнюю, вот собственно операция «Преемник-2», появление на президентском троне Дмитрия Медведева. Что это было, в рамках вашей, опять же, концепции путинского режима?

ЮРИЙ ФЕЛЬШТИНСКИЙ: Я должен сказать, и это хорошо, мне это нравится – я совсем не всегда оказываюсь прав. Я говорю, что «мне это нравится», потому, что я очень часто, наверное, выгляжу таким пессимистом, в деле Ходорковского, например. Поэтому я буду очень рад, если я окажусь не прав. Мне как автору концепции совсем не всегда важно быть правым любой ценой.

Здесь вот тоже... Я был убежден, причем абсолютно убежден, что президентом России после Путина станет Сергей Иванов. При этом я был убежден, всегда был убежден в том, что Путин не останется на третий срок. Вокруг меня было много людей, в том числе Березовский, которые считали твердо, что Путин останется на третий срок, что он изменит конституцию, что он от власти не уйдет. А я был уверен, что он не будет менять конституцию и что он не останется на третий срок.

Другое дело, что Путин нашел форму, при которой он не уходит от власти, во что тоже я не верил. Поскольку я считал, что президентом будет Сергей Иванов.

Могу объяснить, почему я так считал. Я считал, что это достаточно логическое продолжение планомерного захвата власти ФСБ. Я считал, что будет попытка создать такую традицию, когда президентом России становится бывший сотрудник КГБ. Вот эта традиция, начатая Андроповым и продолженная Путиным, затем будет продолжена генералом ФСБ Ивановым. И собственно традиция будет заключаться в том, что генерал КГБ непременно становится президентом.

Когда президентом был назначен Медведев, надо сказать,

что большего подарка никто из нас, я сейчас говорю про довольно широкий круг людей, что большего подарка просто никто из нас предвидеть не мог и ожидать не мог. Потому что всем известно, как бы ни относиться к Медведеву, к Путину, к Иванову, к любым другим кандидатам, что кандидат, который не из КГБ, всегда лучше, чем кандидат, который из КГБ.

Поэтому все остальные разговоры о том, подкаблучник Медведев, самостоятельный он, несамостоятельный, будет он играть когда-нибудь роль как независимый президент с собственными мыслями, с собственной политикой, идеями и так далее, или не будет – абсолютно не имеет значения. А имеет значение то, что он не из КГБ.

МИХАИЛ СОКОЛОВ: В «оттепель» верите?

ЮРИЙ ФЕЛЬШТИНСКИЙ: Нет, в «оттепель» абсолютно я не верю. Но по крайней мере, я вижу, что не будет, извините за банальность, хуже, чем при Путине было. Это для России абсолютно великая вещь. Потому что, поскольку мы с вами вырезали период 1990-х годов из нашей истории, мы тоже очень хорошо помним нашу историю 1917 года. Мы же знаем, какие плохие варианты были практически и могут теоретически повториться. Поэтому то, что Медведев – это был просто рождественский подарок.

Понятно, почему родился этот восхитительный план с Медведевым и понятно, почему этот же план не мог быть реализован при Сергее Иванове. При Медведеве Путин может позволить себе быть премьер-министром и главным политиком в стране, а при Сергее Иванове, конечно, нет. И собственно, это та причина, почему Путин (уверен, что он размышлял над тем, по какому пути идти) не выбрал путь: отдать власть Сергею Иванову и уйти от власти, стать, например, руководителем «Газпрома», к примеру.

МИХАИЛ СОКОЛОВ: Национальный лидер, почему же?

ЮРИЙ ФЕЛЬШТИНСКИЙ: Национальный лидер – это все абстракции. В это я не очень верил, это очень неконкретно. Партийная власть никому не нужна, партии специально держатся слабыми, делаются слабыми для того, чтобы не конкурировать с ФСБ за власть. Но, тем не менее, у Путина был нормальный вариант, он мог просто уйти от власти, что, наверное, редко бывает, но тем не менее, я допускал такой вариант. Или же возглавить чисто экономическую структуру, мощную экономическую структуру, например, «Газпром» и отдать всю политическую власть Сергею Иванову.

Почему Путин это не сделал – из любви ли к власти или потому что соблюсти его экономические интересы, которые есть, проще будучи премьер-министром, а не будучи руководителем «Газпрома», я не знаю. Почему совет директоров корпорации «Россия» остановился именно на варианте с Медведевым, а не с Сергеем Ивановым я тоже не знаю. (Я убежден, что это решение было не единоличное Путина. Другое дело, что, может быть, главный голос принадлежал ему, но тем не менее, я уверен, что это решение не было единоличное.) Но уже теперь мы видим, что схема премьер-министра Путина при Медведеве, не претендующем на власть, – абсолютно работающая схема. То есть в этом плане Путин очень грамотно подобрал себе преемника.

МИХАИЛ СОКОЛОВ: Все-таки преемника или соправителя? Мы за год имеем ряд событий: это – российско-грузинская война, это – изменение конституции, это – некоторые реформы политической системы. По этим признакам, какие вы делаете выводы?

ЮРИЙ ФЕЛЬШТИНСКИЙ: Я не вижу признаков восхождения Медведева к власти, я их не вижу. Средний руки политик. Я не вижу масштабности в Медведеве. Я думаю, это та причина, наверное, по которой Путин остановил выбор именно на нем. Вообще мне кажется, что для Путина закономерно выбирать в соправители людей абсолютно серых. Мы это видим по выбору Фрадкова, Зубкова. Он выбирает всегда абсолютно никаких людей, которые ничем не выделяются, которые абсолютно не яркие, которые ни в чем себя проявить не могут, кроме абсолютного послушания.

МИХАИЛ СОКОЛОВ: В принципе Россия продолжает двигаться по путинскому пути, то есть антизападничество, мягкая диктатура и так далее или нет?

ЮРИЙ ФЕЛЬШТИНСКИЙ: Вы знаете, то, что происходит

в России сегодня, я в общем-то не могу назвать ни антизападничеством, ни даже мягкой диктатурой. Там у власти в целом стоят люди, работавшие всю свою жизнь в КГБ, иногда в каких-то других силовых ведомствах. В дополнение к тому, что все эти люди родились и жили в советское время и воспитаны были в советской системе, эти люди прошли через школу силовых структур.

Не для того, чтобы обидеть бывших или нынешних руководителей КГБ, но мы с вами знаем, как осуществлялся отбор в эту организацию, прежде всего в КГБ. То есть, скажем так, хороших людей там нет. Я это говорю совершенно ответственно.

В КГБ хороший человек работать в Советском Союзе не шел.

Я по Саше Литвиненко знаю. Я Саше Литвиненко говорил всегда, что: «Саша, знаешь, в твоей организации есть два человека. Одного нужно наградить, а второго наказать». Он говорит: «Кого?». «Наградить того, кто тебя отобрал для работы в ФСБ, в КГБ. Потому что это что-то потрясающее, ты же типичный кагэбешный кадр. А наказать того, кто пропустил тот момент, когда ты решил сбежать из структуры, потому что иметь тебя врагом структуре крайне опасно». И Литвиненко как враг ФСБ был действительно очень опасен и поэтому его убили. Они не нашли другого способа борьбы с ним, пришлось убить.

Возвращаясь к нашей теме, в КГБ хороший человек работать не шел, поэтому по определению абсолютно все те люди, которые служили в КГБ, плохие люди. Это может быть наивная фраза.

МИХАИЛ СОКОЛОВ: Не научная.

ЮРИЙ ФЕЛЬШТИНСКИЙ: Да, не научная, но это именно так. Житейски рассуждая, мы все с вами знаем, что все эти люди — нехорошие люди. Поэтому, что можно ожидать от политики страны или от будущего страны, которая в подавляющем своем большинстве руководима вот этими плохими людьми. Конечно, ничего хорошего от этого всего ожидать нельзя. То, что мы время от времени сталкиваемся и с какими-то антизападными заявлениями, например, и с какими-то мелкими войнами типа грузинской – это все результат того, что эти люди управляют сегодня Россией. Они никак иначе не умеют, не могут, нутро у них такое.

МИХАИЛ СОКОЛОВ: А вы не обратили внимание на то, что они пытаются сейчас как-то все-таки выработать некую идеологию? Вот этот «закон Шойгу», фактически угрожающий тем, кто ведет какие-то исследования, связанные со Второй мировой войной, не совпадающее с их взглядом, – это уже некое идеологическое мероприятие.

ЮРИЙ ФЕЛЬШТИНСКИЙ: Да. Хотя я не считаю это опасным, потому что считаю все это достаточно абсурдным. Я, например, никогда не верил, и это относится к дискуссиям, которые в эмиграции велись всегда, по крайней мере, с тех лет, когда я тут был, с 1978 года, никогда не верил, что в Советском Союзе или в России будет фашизм. Никогда в это не верил и не верю до сих пор. Никогда не верил в то, что в Советском Союзе и теперь в России будет национализм. Потому что Россия на самом деле многонациональное государство. И количество русских, которых никогда не подсчитывали, тем более количество чистых русских, которое точно никто не подсчитывали, не такое критическое, чтобы Россия стала жестким национальным государством.

Да и сами русские больше, наверное, могут видеться как люди мягкие, а не жесткие, скорее неорганизованные, чем организованные, скорее безалаберные, чем сконцентрированные на каких-то идеях и правилах.

И Россия огромное государство. И при любых попытках сделать его снова централизованным и отстроить «вертикаль власти», на самом деле мы с вами знаем, что власть кончается кольцевой дорогой. А в общем-то многие будут, кстати говоря, серьезно утверждать, что вся власть кончается стенами Кремля. Вся централизация и вся «вертикаль власти» за стенами Кремля уже не работает.

Так что можно писать идеологию и пытаться создать идеологию. Я знаю, что Слава Сурков все время пытается чего-то сочинить для России, какую-то такую мудрую мысль выродить из себя, чтобы на базе этой мысли родилась бы какая-то идеология, чтобы у страны наконец-то появилась идеология. Почему, как же так, существует страна без идеологии.

Не будет никогда у России никакой идеологии, тем более ее не сможет выдумать Слава Сурков! Это хорошо! И то хорошо, что Слава не сможет выдумать, и то хорошо, что у России ее никогда не будет. Потому что если у России появится идеология, она точно будет плохой. Не верю я в то, что с тем историческим опытом, который есть у России, эта идеология у России будет хорошей.

В этом смысле, как это может быть ни парадоксально звучит, то, что у власти в России сегодня стоит ФСБ, наверное, является залогом того, что никакой идеологии у России точно не появится. Потому что этих людей интересует сегодня, я думаю, два момента. И надо сказать, что оба эти момента уже имеются. Первый – это контроль, в том числе контроль над политической властью, и второе – это деньги. И если смотреть на всю историю ВЧК, КГБ, ФСБ, как на попытку этой организации захватить власть в стране, то собственно задача решена. Причем эта власть захвачена и над страной, и над экономикой страны, что очень важно. Потому что сегодня эти люди не должны уже брать взятки. Может быть, они их берут как-то по инерции. Особенно на мелком, среднем, тем более провинциальном уровне эти взятки берутся. Но сегодня они берут не взятки, сегодня они берут предприятия, берут сектора, берут экономику. То есть они – хозяева над всей страной.

МИХАИЛ СОКОЛОВ: Да, у них есть кормления. Скажите, а кризис может влиять на такого рода режим? Не будет ли он все-таки постепенно эволюционировать, разлагаться? Ведь есть примеры разных диктатур типа Индонезии которые, в конце концов рухнули.

ЮРИЙ ФЕЛЬШТИНСКИЙ: Наверное, надо разделить период ожидания. Если мы говорим о перспективе ближайших 5, 10, 20, 30 лет, я думаю, что та система, которая создана в России, стабильная. Если мы говорим о том, что с Россией может быть через 50-100 лет, то, я думаю, мы вынуждены с вами признать, что мы не знаем ответа на этот вопрос. Потому что системы, которая сегодня существует в России, аналогов этой системы нет.

МИХАИЛ СОКОЛОВ: В мире нет?

ЮРИЙ ФЕЛЬШТИНСКИЙ: В мире нет. Потому что ни разу не было нигде и никогда, чтобы страной управляла тайная полиция. Просто нет таких примеров. Управляли диктаторы, управляли политические партии, хорошие или плохие, управляли люди с идеологией. Но примеров, когда гестапо, условно говоря, руководило бы посленацистской Германией, мы не знаем.

Лично я скептически в целом к этому отношусь именно потому, что не верю я в успешное управление страной гестапо, когда оно приходит в Германии, например, в 1945 году после падения нацистского режима. Но это, повторяю, уже может быть мои проблемы – того, что я так плохо отношусь к нему, как и к КГБ.

Кризис, понимаете, любой кризис, он чуть-чуть связан со свободой всегда. Ведь если правительство контролирует телевизор, если по телевизору показывают только то, что разрешает правительство, между нами говоря, завтра весь Дальний Восток может уйти под воду, и если этого не показать по телевизору, об этом в Москве никто не узнает. Это первое.

Второе. Россия все-таки всегда была страной двух городов – Москвы и Санкт-Петербурга. Мы знаем, что в силу целого ряда обстоятельств конкретно в этих двух городах ситуация лучше всегда, чем во всей остальной стране. Ну, в Москве это сделано отчасти благодаря деятельности мэра Москвы Лужкова, который, кстати, если говорить про политиков России, – то он один из людей, которых можно отнести к политикам. Повторяю ни Путина, ни Медведева я к политикам не могу отнести, а вот Лужкова могу. И в Москве создана система, Лужков вовремя смог пробить через Ельцина несколько очень полезных для москвичей законов, которые привели к тому, что фактически вся страна, а реально еще все бывшие страны СНГ, держат свои деньги в Москве. А поскольку они держат деньги в Москве, проводят большую часть времени либо за границей, либо в Москве, офисы, открывают в Москве, то Москва хорошо и жирно живет.

Если к этому добавить, что пока что-то не начнется в Москве, не начнется нигде... Ведь августовский 1991 года революционный порыв, он тоже был в двух городах, в Москве и в Санкт-Петербурге (в Ленинграде), и если бы не это, не было бы августовской революции. Значит опыт, который есть, говорит о том, что если правительство контролирует Москву и контролирует Санкт-Петербург, и если население Москвы и Санкт-Петербурга в целом довольно, то ожидать неприятностей правительству нечего.

Я думаю, что это ровно то, что есть; и так, как это будет. И я думаю, что это некий залог стабильности того режима, который создал Путин в период 2000-2008 года.

И в этом плане не очень важно для Путина, для совета директоров корпорации «Россия», не очень важно, кто именно президент. Потому что корпорации, как мы знаем, бывают разные. Есть корпорации, где президент сильный или диктатор, а есть корпорации, где президент слабый. Когда Путин был президентом, он стоял во главе совета директоров как президент, постепенно усиливающий свою позицию, начал слабым в 2000 году политиком, безусловно, а кончил в 2008 очевидным руководителем корпорации «Россия», поставил вместо себя слабого президент.

А есть ли у Медведева шанс стать сильным председателем совета директоров? Я думаю, что нет. Потому что у Медведева, как мы точно знаем, никакой опоры, кроме Путина, нет вообще. Что единственная опора Медведева – это Путин. И что в минуту, когда Медведев перестает иметь поддержку Путина, он просто перестает иметь какую-то поддержку, потому что никакой другой поддержки нет. А окружен он Путиным и людьми из ФСБ.

Стал он президентом исключительно благодаря такой сделке, то есть междусобойчику, на котором группа людей договорилась о том, что именно он становится президентом. Так что самостоятельной роли Медведев, как мне кажется, не может, и не будет, да в общем-то не хочет играть. По крайней мере, он не дает нам оснований считать, что хочет. Слава Богу.

МИХАИЛ СОКОЛОВ: То есть Россия обречена в ближайшее десятилетие давать миру еще один негативный урок, какие уже были: был коммунизм, сталинизм, а теперь будет Россия под управлением тайной полиции или корпорации этих самых путинских менеджеров.

ЮРИЙ ФЕЛЬШТИНСКИЙ: Хотя в вашем вопросе звучит грустный укор, а на самом деле можно немножко иначе посмотреть на то, как мир видит Россию. Ведь на самом деле это, смотря с чем сравнивать. А сравнивать нынешнее руководство России Западу, например, и всему остальному миру приходится со Сталиным, с Хрущевым. Сталин, понятное дело, не будем говорить. Хрущев бил ботинком по трибуне. Брежнев – тоже не будем говорить. Ельцин время от времени появлялся пьяным. Послушайте, на таком фоне Медведев – это просто цвет русской интеллигенции. Да и Путин в общем-то молодой прогрессивный политический деятель, умеющий улыбаться, разговаривать, вести себя более менее, не всегда, не везде, мы хорошо знаем все его проколы, которые он, как руководитель страны, делал: и когда он шутил по поводу утонувшей лодки «Курск», и когда он предлагал журналисту делать обрезание, и про «мочить в сортире». В общем, все это мы знаем, не будем даже перечислять. Но, тем не менее, если это сравнивать, извините, со Сталиным, с Хрущевым, с Брежневым, то совершенно не удивительно, что все западное сообщество считало Путина лучшим президентом, с которым им, западному сообществу, приходится иметь дело.

Медведев в этом плане еще лучше, просто они с ним не имеют дело, поскольку знают, что не он решает важные политические вопросы в стране. Так что в этом плане то, что ожидает Запад – не такой плохой вариант.

Запад по отношению к России настроен осторожно-скептически. Это как хулиган в классе. Ничего хорошего, между нами говоря, от России никто никогда не ждет. Все ждут чего-нибудь плохого. Когда плохое случается, типа войны в Чечне или войны в Грузии, то все говорят: ну естественно, ну да, ну чего от них еще ждать? А когда плохое не случается, тогда наоборот ставят галочку: слушайте, могло случиться, а не случилось. То есть к России относятся как к такому непослушному ребенку, который вроде бы член семьи, все равно ничего с ним сделать нельзя, он есть.

И (кстати говоря, это серьезный момент) все же понимают, что Россия есть, была и будет. Будет и как участник всех политических диалогов, и как очень важный экономический партнер, особенно для Европы. Так что всем с Россией нужно жить. У абсолютно всех задача облегчить себе существование и сделать эту совместную жизнь с Россией максимально легкой и безболезненной.

ПРИЛОЖЕНИЕ 30

Ю. ФЕЛЬШТИНСКИЙ
«ВАМ ПЕРЕСТАНУТ ВЕРИТЬ»

ОТКРЫТОЕ ПИСЬМО Ю. ЛАТЫНИНОЙ
в связи с выступлением на радио

«Эхо Москвы» 19 сентября 2009 года

Дорогая Юлия!

Я очень хорошо к Вам отношусь и считаю Вас серьезным журналистом. Но в вопросе о взрыве домов Вы не правы. Уже много лет Вы упрямо настаиваете на некой своей версии, и Вам почему-то очень важно доказать, прежде всего себе самой, что за сентябрьскими 1999 года терактами стояло не российское правительство, причем темы этой Вы страшно боитесь, она очень для Вас болезненна. Не огорчайтесь, такое бывает. Я тоже, когда стал заниматься взрывами, первые несколько недель поверить не мог в то, что дома взрывали не чеченцы. А потом поверил, потому что версий других просто не осталось. Это было в 2001 году. А сейчас, в 2009-м, и тем более. Вы обратили внимание на то, что в десятилетнюю годовщину взрывов ни один российский диктор телевидения, в том числе и дикторы новостей официозного Первого канала, не смог выдавить из себя фразы о том, что дома взрывали «чеченцы»? Не обратили. А я обратил. А на то, что правительство решило «идя на встречу пожеланиям родственников» (я не шучу, это так было сформулировано), не проводить никаких официальных церемоний по случаю годовщины самого крупного в истории России (после Беслана) теракта? На это Вы тоже не обратили внимания. А очень жаль.

Я умышленно пишу Вам это письмо до Вашего выступления по «Эху», назначенного на 22-23 сентября – годовщину «учений» в Рязани. Юля, дорогая, Вы когда-нибудь видели, чтобы войны и учения начинались одновременно? Ведь «учения» в Рязани проводились за день до начала Второй чеченской войны. Такое, что, было хоть раз в мировой истории? За день до начала войны во всем мире всегда проводятся провокации, а не учения. Война потому и началась 23 сентября, что на 22-е был намечен еще один взрыв – в Рязани. И когда он не произошел – по вине спецслужб – потому что одни фсбешники закладывали взрывчатку, а другие ее же искали (абсолютно российский случай), войну все равно решили начать и именно 23-го, чтобы журналисты не успели сопоставить факты и понять, кто и для чего проводит теракты в российских городах.

Огорчает меня больше всего, что по неведомым мне причинам Вы не хотите разобраться в произошедшем, но хотите в очередной раз заявить (причем громко), что ФСБ не виновато. Ведь мы же с Вами знакомы. И за все эти годы ни разу Вы не позвонили мне (и не написали) и не задали те вопросы, которые Вас интересуют. Если Вас эти вопросы интересуют, разумеется. Кстати это и к «Эху Москвы» относится. Меня, конечно же, умиляет, что наша самая свободная радиостанция предоставляет право каждому высказаться по вопросу о взрывах, кроме меня. За все эти годы, если не считать пары звонков по мелким вопросам, микрофон «Эха Москвы» мне не был предоставлен ни разу.

Все предпосылки Ваших грандиозных выводов о том, что дома взрывала не ФСБ, ошибочны. Абсолютно все. Начнем с первой и для Вас главной – Вы с нее начинаете: «Я считаю версию о том, что взрывы сделала ФСБ, не просто абсурдной версией. Я считаю, что эта версия нарочно придумана Борисом Абрамовичем Березовским после того, как его отлучили от власти». Ну и дальше про то, что Березовский не привел бы Путина к власти, если бы Путин взрывал дома.

Юля, ну, Вы бы все-таки хотя бы из приличия позвонили мне и спросили бы: Юра, а как вообще эта версия появилась? Кто ее придумал? Березовский? Литвиненко? Вы? А то я тут собираюсь на «Эхе Москвы» на всю страну в годовщину говорить о взрывах и ничего про это не знаю. И я бы Вам ответил: «Юля, Вы правильно сделали, что позвонили. Я Вам сейчас все расскажу...»

Но сначала определим еще одну Вашу важную предпосылку, тоже абсолютно неверную: «Если бы Путин взрывал дома, Березовский никогда не привел бы его к власти, он бы понимал, что Путин не его марионетка».

Видите ли Юля, Березовский не придумывал версии о взрывах домов. И Литвиненко ее не придумывал. Эту версию придумал я. И текст писал я. И когда уже и версия была, и текст был написан, я прилетел в Нью-Йорк поговорить на эту тему с Березовским, с которым я был знаком с 1998 года, и долго-долго (несколько дней) упрашивал его выделить мне время, потому что хочу поговорить с ним на одну важную тему. И когда после четырех дней ожиданий – потому что очень мне хотелось рассказать Борису Абрамовичу, кого именно он привел к власти – Березовский, наконец, по дороге в аэропорт, улетая к себе в Ниццу, согласился меня выслушать, я начал свой неторопливый рассказ (нам в аэропорт ехать было минут сорок).

Борис слушал, очень долго и внимательно слушал. В какой-то момент спросил:

– Подожди, а Рязань?

– Рязань? Рязань я даже обсуждать с Вами сейчас не буду. Там все понятно. В Рязани их поймали с поличным при попытке взрыва.

– Подожди минуту. Помолчи, не говори ничего больше, – сказал Березовский. – Не говори больше ничего. Подожди.

Пару минут мы действительно ехали молча. Затем Борис сказал следующее (причем этот текст я передаю буквально, звук в звук):

– Боже мой, какой я мудак. Я все понял, какой я мудак. Лена, я все понял, какой я мудак...

Лена – жена Бориса. Она сидела на переднем сидении машины, рядом с шофером. Мы с Борисом сидели на заднем.

Еще несколько минут Березовский сидел, покачиваясь вперед-назад, и тихо повторял: «Я все понял, какой я мудак...»

– Послушай, а еще кто-нибудь может на эту тему что-то знать? – спросил Борис.

– Не знаю, – ответил я. – Я могу с Литвиненко поговорить. Может, он что-то знает.

— А ты можешь прямо сейчас полететь к нему в Москву? На моем самолете в Ниццу, а из Ниццы в Москву?

И я полетел в Москву. Так появился в этом сюжете Литвиненко.

В Москву я прилетел 23 сентября 2000 года. А 1-го октября Саша Литвиненко пересек границу в районе Грузии (там я его и подобрал). И дальше мы стали уже работать над этой темой вместе.

Так вот, Юля, если бы Вы знали, как не хотелось Борису Абрамовичу верить в то, что дома взрывала ФСБ. Ваше упрямство в этом вопросе просто детский каприз по сравнению с той проверкой, которую проводил Березовский. Кто только ни читал эту рукопись, кому только он ее ни давал в надежде, что его смогут переубедить, что версия, как Вы говорите, «абсурдная».

В общем, когда ни от кого, кто прочитал рукопись (Вам, правда, он не давал ее читать, я думаю), Березовский не услышал, что версия абсурдная, он решил дать ее прочитать — как Вы думаете кому? Угадали? Не угадали? Не мучайтесь, скажу. Он решил дать прочитать рукопись Путину и повез ее в Москву. После очередного разговора со мною в Ницце, несмотря на мою просьбу этого не делать (всему этому есть независимый свидетель: при разговоре присутствовал Владимир Буковский, которого я привез познакомиться с Березовским), кстати, несмотря на обещание Березовского не говорить Путину о рукописи, Борис Абрамович сел в самолет и полетел в Москву. Я могу ошибиться сейчас, но, кажется, это была его последняя поездка в Россию.

Прилетел Березовский в Москву, поехал к Путину, и состоялся у них разговор. Опять же, могу ошибиться, но, кажется, это был последний разговор Путина с Березовским (и Березовского с Путиным). Со слов Бориса Абрамовича разговор был следующий:

— Боря, что ты на меня все время наезжаешь?

— Я на тебя не наезжаю, ты что имеешь в виду?

— Ну, «Курск»...

(Тогда, если Вы помните, подводная лодка «Курск» затонула, и Первый канал, которым частично владел Березовский, в лучших журналистских традициях свободных перестроечных времен «наехал» на правительство.)

— Володя, я на тебя не наезжаю. Какой «Курск»? Если бы я хотел на тебя наехать, я поднял бы совсем другой вопрос. Я поднял бы вопрос о том, кто взорвал дома в сентябре 1999 года.

— И что Путин ответил? — спросил я Березовского, когда он пересказывал мне свой разговор с Путиным.

— Он промолчал.

Так вот теперь, Юля, вернемся к Вашей неправильной предпосылке, а заодно проведем викторину и ответим на два вопроса: 1) Что именно понял Березовский, когда, сидя со мною в машине, говорил «Я все понял, какой я мудак...» и 2) Почему промолчал Путин и что это означало для Березовского.

Березовский назвал себя «мудаком» не потому, что раньше не догадался о взрывах... И понял он в том момент не то, что: «Ага, дома взрывал Путин!!!». Совсем не это он понял. Он понял то, чего до сих пор не можете понять Вы: Путин потому так уверенно и шел к власти, что ощущал за собой поддержку двух сих – «семьи» и ФСБ. Только такая поддержка обеспечивала в 2000 году президентство. Но Березовский-то этого не знал. Он ведь считал, что кроме «семьи», Путина никто не поддерживает! Он искренне считал, что Путина ставит он, Березовский. Да и все остальные так считали.

Понимаете, у вас вся страна, как ошалелая, начиная с Березовского, кстати, и кончая Вами, верила в то, что страной управляет Березовский. А Березовский ничем не управлял, и власти у него никогда не было. Понимаете? Никогда! И он это теперь понял, а Вы еще нет. Потому что власть была у Абрамовича, у Волошина, у Чубайса, у Лужкова... И заметьте, все эти люди до сих пор при власти. У Березовского власти не было. Поэтому и только поэтому он оказался в изгнании за границей.

Теперь второй вопрос нашей викторины: почему промолчал Путин и что это означало для Березовского. Путин промолчал, потому что сказать ему было нечего, потому что он очень хорошо знал, кто и зачем взрывал дома. И не смог он, как и сегодняшние дикторы Первого канала, выдавить из себя в частном разговоре с Березовским, что дома «взрывали чеченцы», потому что чеченцы их не взрывали. А Березовский в этот самый момент, наконец-то, понял не только то, что ФСБ взрывала дома. Это он еще до визита к Путину начал понимать. Березовский понял для себя главное: что Путин об этом знает.

— И что ты хочешь с этой рукописью делать? – спросил Борис, когда закончил свой рассказ о полете в Москву.

— Публиковать.

— Где?

— Не знаю. В «Новой газете», если получится. Больше ведь негде...

И я позвонил Юрию Щекочихину. Я не помню сейчас, кто дал мне телефон Щекочихина. Не Березовский. Я позвонил Щекочихину. Это был мой первый звонок ему. Мы не были знакомы. Я попросил его встретиться со мною в любой указанной им стране, кроме России, для разговора. Он предложил Загреб. Мы встретились (в первый и последний раз в жизни).

— Ну, что Вы меня потревожили, пожилого человека?

— Я написал книгу о взрывах домов в России в сентябре 1999 года.

— То есть Вы из-за этого меня вызвали.

— Из-за этого.

— Юрий, – сказал разочарованно Щекочихин, – простите, я Вас считаю серьезным историком, я поэтому прилетел. Но на теме взрывов у меня вся газета сидела несколько месяцев. И предположить, что Вы раскопали что-то, чего мы не знаем, мне очень сложно. И потом, мы же газета, мы не издательство. От меня-то Вы что хотите?

— Я хочу, чтобы «Новая газета» дала спецвыпуск, т.е. чтобы спецномером газеты была опубликована вся книга. И чтобы в Думе был поставлен вопрос о создании комиссии по расследованию взрывов, потому что, в общем-то, это не моя работа – расследование проводить. Это функция следствия.

— Юрий, не сердитесь... Я даже представить себе не могу, что должно быть написано в этой рукописи, чтобы мы согласились на спецвыпуск. Мы вообще такого никогда не делали.

– Юрий Петрович, – ответил я. – Что мы теряем время. Сейчас 8 вечера. За ночь Вы ведь успеете все прочитать?

– Успею.

– Давайте встретимся завтра утром, и Вы мне скажете, что думаете про книгу.

Мы встретились следующим утром. Щекочихин сказал:

– Юра, простите. Я Вас недооценил. Я обещаю Вам спецвыпуск. Думскую комиссию по расследованию не обещаю, потому что, если бы это от меня зависело, я бы ее организовал. Но это зависит не от меня. Но спецвыпуск обещаю. Осталось, правда, довезти Вашу рукопись живым в Москву.

– У Вас же неприкосновенность?

– Неприкосновенность. Но она не всегда и не от всего спасает.

Щекочихин привез рукопись в Москву. Сначала ее читал Дмитрий Муратов. Затем Горбачев. Ну, наверное, еще кто-то читал. 21 августа 2001 года вышел спецвыпуск.

Юля, специально для Вас важная информация: публикация готовилась в абсолютной тайне, и никто, кроме людей, отвечающих за издание спецвыпуска в «Новой газете», не знал, что 21 августа выйдет спецвыпуск «ФСБ взрывает Россию». В том числе об этом не знали Березовский и Литвиненко. В ночь на 21 августа находившийся в Лондоне сотрудник «Новой газеты» Акрам Муртазаев, которому в голову не могло придти, что Березовский с Литвиненко не знают о планируемом спецвыпуске, случайно проговорился о «завтрашней публикации». О том, как на это отреагировали Березовский с Литвиненко Вам расскажет, уверен, Акрам (если Вы его спросите, конечно). Но остановить уже было ничего нельзя. Спецвыпуск вышел.

– Что ты наделал,- сказал при встрече Борис (я в те дни был в Лондоне). – Теперь тебя засудят за клевету.

– Борис, будет тишина, как на кладбище. Ни одного писка не услышите. Знаете почему? Потому что дома взрывали они, и они это знают.

И наступила тишина. Ни звука. Будто не было спецвыпуска. А потом появилась статья Проханова, типа: дорогие друзья, вы, наверное, не заметили, что несколько дней назад «Новая газета» опубликовала спецвыпуск, обвиняющий Кремль в том, что он взорвал дома. А Кремль молчит. А молчит он потому, что спецвыпуск «НГ» это орудийный выстрел по Кремлю. И этим выстрелом всех в Кремле убило.

Я очень благодарен Проханову за эту публикацию. Он первый не побоялся в те дни нарушить молчание. А парламентскую комиссию Щекочихину создать не дали.

Это затянувшееся предисловие мне нужно было для того, чтобы избавить Вас от первой Вашей неправильной предпосылки: о Березовском. Только после августовской публикации в «НГ» Березовский действительно включился в тему и стал мне очень активно помогать. Без его поддержки все остановилось бы на публикации спецвыпуска и издании книги. А так все-таки был сделан еще и фильм «Покушение на Россию», который Березовский взял в обойму для политического проекта «Либеральная Россия».

Теперь еще одна Ваша предпосылка, я даже считал бы — комплекс, потому что Вы несколько раз об этом говорили в своей беседе, хотя понимали, что себе же противоречите: про Трепашкина, который «за свои утверждения был совершенно несправедливо посажен в тюрьму», «Литвиненко, с которым, как известно, случилось еще хуже», и про то, что «действительно Сергей Юшенков и Юрий Щекочихин погибли»... «Это в любом случае не имело никакого отношения ко взрывам в Москве».

Простите, Юля, откуда Вам это известно? Вы всерьез считаете, что Литвиненко убили за то, что он клеветал, а Трепашкина посадили за то, что он поддерживает «абсурдную», по Вашим словам, версию? Вы считаете, что к смерти Юшенкова, Головлева и Щекочихина фактор расследования взрывов «никакого отношения» не имел? Вы когда-нибудь видели, чтобы в России убивали или сажали за клевету? Вы хотя бы одну фамилию можете мне назвать? Не можете. В России за клевету не убивают и не сажают. В России убивают и сажают только за правду (или не убивают и не сажают — такое, разумеется, случается).

С Путиным и Березовским мы разобрались. Теперь давайте разбираться с Гочияевым, Батчаевым, Крымшамхаловым и другими. Видите ли, Юля, все эти люди абсолютно спокойно жили, будучи в федеральном розыске, пока я их не нашел. А вот когда я их нашел, и когда я стал с них снимать показания – отмечу сразу – как умею, я ведь не следователь, не полицейский, не федеральный агент, я всего лишь историк, обобщающий информацию – вот тут-то и началось самое интересное.

Подчеркнем одно важное обстоятельство. Давайте считать, что существует только одна официальная версия взрывов, та, которая так удобно устраивает Вас: дома взрывали чеченцы. Это то, что нам говорилось весь сентябрь 1999 года, ну и потом тоже, когда война была в полном разгаре.

В этой версии оказался один очень важный прокол: даже по версии ФСБ среди обвиняемых не оказалось ни одного чеченца. Ни одного. Понимаете, в Беслане – чеченцы. В Норд-Осте – чеченцы. Самолеты, взорванные по маршруту Сочи-Москва и Москва-Волгоград – тоже чеченцы. А вот в 1999 году – ни одного чеченца (как, кстати, и в 1995-м, когда проводились теракты, предшествовавшие первой чеченской войне).

Фактологическая часть Вашего интервью основана буквально на одной публикации в «Коммерсанте» от 10 декабря 2002 года, и, мне кажется, что к опубликованной в этой статье информации Вы относитесь абсолютно некритично, с готовностью воспринимая на веру все то, что там написано. Там, кстати, много интересного написано:

«Среди них – лидер карачаевского джамаата и один из организаторов московских терактов Тимур Батчаев» – это про уже убитого Батчаева. Давайте уточним: Батчаев, 1978 года рождения, деревенский парень. В сентябре 1999 года ему 21 год. Это он у нас «лидер» и «один из организаторов»? Да Вы попросили бы у меня пленки с видеозаписью интервью лета 2002 года. Вам бы сразу стало ясно, что он не может быть ни «лидером», ни «организатором». Тут даже обсуждать нечего.

«На операцию по задержанию террористов грузинские спецслужбы решились через полгода после того, как Генпрокуратура России обратилась к грузинским коллегам с просьбой о задержании и выдаче карачаевских ваххабитов, разыскиваемых за совершение терактов в Москве и Волгодонске: 40-летнего Адама Деккушева, 35-летнего Юсуфа Крымшамхалова и 23-летнего Тимура Батчаева», – пишет «Коммерсант».

Попробуйте ответить на вопрос – Вы же журналист – почему генпрокуратура России обратилась к «грузинским коллегам» только летом 2002 года? Почему не раньше? Да потому, что летом 2002 года Крымшамхалов и Батчаев стали давать мне показания. Вот тут-то генпрокуратура России засуетилась – очень не выгодны были ФСБ эти показания.

Описание задержания Крымшамхалова и расстрела Батчаева, имеющееся у меня, абсолютно не соответствует тому, что написано в статье в «Коммерсанте». Я ни в коем случае не хочу сказать, что публикация Ольги Аленовой – это «слив ФСБ». Это не «слив ФСБ». Нам с Вами даже гадать не нужно, что именно публикация Аленовой. Аленова нам об этом, не скрывая, пишет: «Как утверждало следствие». Так что журналист Аленова честно пересказала нам то, что утверждает следствие. Какая же это «открытая информация»? Это материалы следствия. Они важны и интересны, но это односторонняя информация и относиться к ней – не мне Вас учить – нужно очень осторожно.

Когда Вы пишете про задержанных и этапированных в Москву террористов, что, если бы они работали на ФСБ, «господин Шеварднадзе ... он бы их допросил ... у него был бы рычаг воздействия на Россию», то наступает моя очередь – как Вы сказали про статью Скотта Андерсена: «Я стала читать статью и немножко обалдела» – так вот, наступает моя очередь «обалдевать», причем не немножко, а сильно. Вы как это себе представляете? Шеварднадзе ведь умный человек. И всегда был умным. Зачем же ему добывать компромат на руководителей российских спецслужб? Он же не умалишенный.

Вот Вам информация к размышлению. Я лечу в Грузию встречаться с Гочияевым. На Гочияева меня выводит некий посредник. Вся история мне не нравится с самого начала, так как я не понимаю, кто со мной ведет переговоры, не понимаю, кто такой Гочияев. Не понимаю, террорист он или нет, фэесбешник он или нет, жив он или нет, т. е. действительно ли со мною связывается Гочияев или это провокация. Абсолютно ничего не понимаю, но лечу в Грузию на встречу с человеком, который заявляет, что он Гочияев и хочет со мною встретиться.

В Грузию прямых самолетов из Бостона нет. Я лечу через Лондон. У меня есть несколько часов между самолетами. Я встречаюсь с Борисом. Борис просит приехать на встречу со мною Ахмеда Закаева. Ну, и Саша Литвиненко конечно подскакивает. Чего-то интересное происходит, а он не в курсе. У Закаева я выясняю, как он считает, кто со мною собирается встречаться и убьют меня или нет. Закаев полушутя говорит, что убить не убьют, но уши могут отрезать. Я пытаюсь представить себя без ушей и понимаю, что не получается такое представить. Саша неожиданно говорит, что полетит со мною. Я, между нами, вполне этому рад, все-таки Саша – бывший боевой офицер, в случае чего защитит мои уши. В эту секунду нам становится понятно, что мы опаздываем на самолет, что времени нет ни секунды, так как нам нужно заехать к Литвиненко домой (а живет от черти где), взять его паспорт и вещи в дорогу, мы выскакиваем из офиса Березовского, кидаемся в такси, и на самолет, в конце концов, успеваем. Борис нам по дороге сообщает, что в аэропорту нас встретят люди из охраны Бадри Патаркацишвили и они же будут отвечать за нашу безопасность.

Я проверяю время от времени, на месте ли у меня уши, и мы летим. Прилетели. Бадри явно недоволен, что прилетел и Литвиненко. Его предупредили только о том, что лечу я. Но делать нечего. Приходится охранять нас двоих. Охрана у нас круглосуточная, и охраняет нас, как потом оказывается, президентская охрана, т.е. охрана президента Грузии Шеварднадзе. Курьер, прибывший от Гочияева, сообщает мне, что я должен ехать на встречу к Гочияеву в Панкийсское ущелье. Бадри говорит, что за пределами Тбилиси Шеварднадзе за мою безопасность отвечать не может и что он, Бадри, категорически против того, чтобы я ехал на встречу, потому что живым я не вернусь. И мы с Литвиненко гоним курьера назад к Гочияеву с составленными нами вопросами, на которые просим дать ответ, и с моей кинокамерой, на которую просим эти показания записать.

Вечером курьер позвонил, сказал, что благополучно добрался до места, что все Гочияеву передал и завтра вернется с материалами, но сказал, что по пути за ним была погоня и он еле ушел. А еще он сказал, что во время нашей встречи заметил, что нас «пасут» несколько неизвестных ему машин, не из охраны президента. Я, правда, сколько по сторонам не смотрел, никаких машин не видел. Зато Литвиненко все время причитал, что «шкурой чувствует, что нас ведут», и очень меня этим раздражал.

Утром мы проснулись. Я проверил, уши на месте. Но приехал парень из охраны Бадри и сказал, что мы немедленно должны улетать из Грузии: ночью был похищен наш водитель (из охраны Шеварднадзе). Первый самолет был во Франкфурт. Мы улетели грузинским самолетом. В ряду за нами сидела охрана. Она должна была удостовериться в том, что мы живыми долетим до Франкфурта.

Когда мы были уже в Германии, позвонил Бадри и сказал, что водителя нашли убитым.

Так что Вы там говорили про «рычаг воздействия» Шеварднадзе на Россию?

В общем, как написано у Аленовой: «ожидания российских коллег грузинские спецслужбы оправдали: один из главных разыскиваемых Юсуф Крымшамхалов в «Лефортове», а организатор взрыва в Волгодонске Тимур Батчаев убит. Из тех, кто осенью 1999-го взорвал мирные дома в Москве и Волгодонске, на свободе остается пока только главарь – Ачимез Гочияев. Но и ему, судя по всему, скрываться осталось недолго: вчера грузинские власти пообещали задержать и выдать Гочияева российской стороне».

Вчера – это 9 декабря 2002 года. И забыли про Гочияева. А знаете, почему забыли? Потому что он выговорился, рассказал мне все, что знает. Это только Вы считаете, что Гочияев – руководитель «ваххабистского экстремистского карачаевского общества». В ФСБ же знают, что он не «террорист» и не «руководитель», и в этом плане абсолютно безвреден. Поэтому пока он давал мне показания, за ним охотились. А перестал давать – его и оставили в покое.

Вам вообще не кажется странным, что абсолютно все «террористы»: Хаттаб, Басаев, Крымшамхалов, Батчаев – воевали с оружием в руках. А «руководитель» успешного и самого крупного в истории России (на 1999 год) теракта в Москве Гочияев где-то скрывается, и даже памфлетов «ваххабистского экстремистского» толка не пишет? Ни тебе обращения к карачаевскому народу: «Восстаньте против неверных!», ни фотографий или записей с автоматом в руках (Крымшамхалов с Батчаевым для меня под запись всегда с оружием снимались). А Гочияев только и повторял все время, что не виноват и никого не взрывал. Кстати, он ведь очень сильно рисковал, выходя на контакт со мною. Жизнью рисковал, что выследят и убьют.

Я долго и нудно мог бы разбирать по косточкам фактическую сторону темы взрывов, освещенную в Вашей беседе. Но в любом тексте приходится в какой-то момент ставить точку. Мы не в равной позиции. Книга «ФСБ взрывает Россию» до сих пор полностью не опубликована в России. Вы сказали, что читали издание 2004 года – такого издания нет. Фильм «Покушение на Россию» до сих пор не показан ни одним российским каналом. «Эхо Москвы», неоднократно предоставляющее эфир Вам для высказывания мнения о взрывах 1999 года, ни разу не обратилось за интервью ко мне. Написанная мною и Прибыловским книга «Корпорация: Россия и КГБ во времена президента Путина» так же не издана в России.

Если бы я относился к Вам плохо или считал бы Вас несерьезным журналистом, я не писал бы это письмо. Я написал его только потому, что очень хорошо к Вам отношусь и знаю, что в России Вас слушают, слышат, читают. И Вам верят. Но именно потому, что в России Вам верят, а меня лишают возможности беспрепятственно высказывать свою точку зрения, Вы должны очень внимательно относиться к тому, что говорите. Иначе Вам перестанут верить.

Бостон,
21 сентября 2009 г.

ПРИЛОЖЕНИЕ 31

ЮРИЙ ФЕЛЬШТИНСКИЙ ПРОТИВ ЮЛИИ ЛАТЫНИНОЙ

Радио Свобода, 3 октября 2009 г.

В интересное время мы живем. 19 сентября в эфире «Эха Москвы» Юлия Латынина обнародовала свою версию взрыва домов в России в 1999 году. В ответ я написал ей письмо. Оно было отослано по интернету в редакцию «Эха Москвы» с просьбой о публикации на сайте. Письмо опубликовано не было. Ответа от редакции «Эха Москвы» я не получил. После этого я разослал письмо десяти моим знакомым с просьбой переслать письмо Латыниной. Как сообщила нам Латынина во второй своей передаче 26 сентября, посвященной тому же сюжету, семь человек письмо ей переслали (спасибо им большое). Латынина на мое письмо не ответила. «Эху Москвы» и Латыниной я предоставил фору в 48 часов. Затем письмо было вывешено в интернете.

Я хотел бы обратить внимание на формат дискуссии. Латынина дискутирует со мною на «Эхе Москвы», а я с нею — путем рассылки письма десятку своих знакомых. Лично я сгорел бы со стыда, если бы мой оппонент был бы поставлен в такие неравные условия. Латынина, видимо, считает такую постановку вопроса корректной и этически приемлемой, по крайней мере, совесть ее на эту тему не мучает.

Я хочу подчеркнуть, что речь идет об уважаемой радиостанции — «Эхе Москвы» и об уважаемой журналистке — Латыниной. Но, видимо, это и есть тот максимальный уровень свободы, разрешенный в сегодняшней России, — запрет на мой доступ к эфиру.

Как справедливо указала Латынина, я написал ей «слезное письмо». Больше того: это письмо — реквием по Латыниной. По той Латыниной, которую я когда-то знал. Мое письмо было протянутой рукой, соломинкой, которую я протянул Латыниной, чтобы вытянуть ее из болота, в котором она увязла. За эту соломинку Латынина ухватиться отказалась. И – утонула.

Проблема не в том, что я придерживаюсь одной точки зрения, а Латынина другой. Я считаю выступления Латыниной 19 и 26 сентября откровенным циничным хамством по форме и содержанию. Когда журналист с филологическим образованием – как подчеркивает, говоря о себе, Латынина – в эфире уважаемой российской радиостанции про книгу «ФСБ взрывает Россию», вышедшую на двадцати языках в более чем двадцати странах, позволяет себе сказать «валяется в Сети», это нельзя назвать иначе как откровенным хамством. В том-то и дело, что во всем цивилизованном мире эта книга продается в магазинах, а в России она запрещена к изданию и продаже и «валяется в Сети». И свободную журналистку Латынину это абсолютно не смущает. В эфире самой свободной российской радиостанции мы обсуждаем, заметьте, не вопрос о том, почему запрещена к изданию и распространению книга «ФСБ взрывает Россию» (а запрещена она – напоминаю – по требованию ФСБ с классификацией «за разглашение государственной тайны» и имеется официальный документ из ФСБ об уничтожении тиража). Латынина спорит, в чем именно неправы в своей книге Литвиненко и Фельштинский (вам это не напоминает критику в советской прессе Солженицына?). Причем за мои выводы о том, что дома взрывали спецслужбы, Латынина удостаивает меня пренебрежительным обращением «господин Фельштинский».

Я не опущусь на тот уровень, на который позволила себе скатиться Латынина. Я не буду писать, подражая ей, «госпожа Латынина». Но «дорогая Юлия», как в первом письме, она от меня уже никогда не услышит. Я буду отслеживать все ее заявления, касающиеся взрывов 1999 года, и, как платок обезумевшей Фриды из «Мастера и Маргариты», на экране Латыниной будут появляться мои ответы, потому что на эти ответы я имею право. Как справедливо отметила Латынина, «эта тема, наверное, одна из самых важных». Совершенно согласен.

Решив окончательно закрыть вопрос о причастности ФСБ к взрывам в России в 1999 году, Латынина, сама этого не понимая, дала сюжету второе дыхание. О нем снова вспомнили и заговорили. Как в уроках ненависти в романе «1984». О чем мы должны забыть? Мы должны забыть о книге Литвиненко и Фельштинского «ФСБ взрывает Россию». Спасибо вам большое, Латынина. Снова все вспомнили о книге. И книга, видимо, не такая никчемная, раз уж мы говорим и спорим о ней с 2001 года.

Я очень рад тому, что ФСБ защищает именно Латынина и что происходит это на «Эхе Москвы», потому что лучшего защитника, чем Латынина, у ФСБ быть не может. И лучшей трибуны для пропаганды взглядов — тоже. С пониманием того, что Латынина обеспечивает ФСБ самый серьезный уровень защиты, я и позволю себе проанализировать выступление Латыниной и эту защиту разгромить.

Начнем с простого и очевидного — Рязани. В книге «ФСБ взрывает Россию», в целом построенной хронологически, глава о Рязани не случайно идет перед главой о Буйнакске, Волгодонске и Москве. Дело в том, что на примере Рязани проще продемонстрировать, как именно взрывались дома. «Расследование рязанской истории... сделано безукоризненно», — сообщает Латынина. Абсолютно с нею согласен. И позволю себе напомнить читателю выводы книги: 22 сентября 1999 года трое сотрудников центрального управления ФСБ (похоже, что сегодня мы даже знаем их имена) заложили в подвал дома в Рязани мешки с гексогеном, замаскированным под сахар. Милиция обнаружила мешки благодаря бдительности одного из жильцов. Рязанское УФСБ прибыло на место, удостоверилось в том, что взрывчатка и детонатор были боевыми, эвакуировала жильцов и завела уголовное дело. Двое террористов вскоре были схвачены, и тут-то и оказалось, что они являются сотрудниками центральной ФСБ. Дальше все стали врать, чтобы запутать общественность, потому что ни центральная ФСБ, ни рязанское УФСБ правды сказать не могли. Патрушев придумал версию об учениях. И все сделали вид, что вопрос закрыт. И вот сегодня, через 10 лет, Латынина сочинила новую версию, причем именно сочинила, так как фактами эта версия не подкреплена, никакой новой информации за 10 лет у Латыниной не появилось. Версия Латыниной: на фоне взрывающихся домов в Волгодонске, Буйнакске и Москве ФСБ решила один дом заминировать, разминировать и получить награды за удачно предотвращенный теракт.

Чисто теоретически такое даже можно себе представить. Только Латынина забывает пару мелких деталей, одну – психологическую, другую – фактологическую. То есть, что же это получается, граждане: Патрушев в Москве потеет, работает, рискует, придумывает закладку взрывчатки в подвал дома, а награду «Герой России» за разминирование получает руководитель рязанского УФСБ Сергеев? Золотые часы с надписью «Спасителю Рязани от благодарных горожан» – Сергеев. Бронзовый бюст во дворе спасенного дома – тоже Сергеев. Такую схемку только Латынина придумать может. Еще можно было бы предположить, что Сергеев сам заложит взрывчатку в подвал и сам же ее найдет. Но ведь мы точно знаем, что закладывала взрывчатку центральная ФСБ, а находила – местная, рязанская.

Обратим внимание на то, какой грустью пронизано сообщение рязанского УФСБ о предотвращенном теракте. Вроде бы нужно радоваться, теракта нет, никто не погиб. Террористической угрозы тоже нет. А сообщение грустное-грустное:

«Как стало известно, закладка обнаруженного 22.09.1999 имитатора взрывного устройства явилась частью проводимого межрегионального учения. Сообщение об этом стало для нас неожиданностью и последовало в тот момент, когда Управлением ФСБ были выявлены места проживания в городе Рязани причастных к закладке взрывного устройства лиц и готовилось их задержание. Это стало возможным благодаря бдительности и помощи многих жителей города Рязани, взаимодействию с органами внутренних дел, профессионализму наших сотрудников. Благодарим всех, кто содействовал нам в этой работе. Мы и впредь будем делать все возможное, чтобы обеспечить безопасность рязанцев».

Грустное оно потому, что в рязанском УФСБ понимают, что

сорвали проводимую центром операцию и по головке их за это не погладят.

Фактологическая деталь, намеренно упускаемая Латыниной, заключается в том, что в день и час, когда были пойманы два террориста-эфэсбешника, Путин отдал приказ бомбить Грозный, начать вторую чеченскую войну. В ответ на учения? В ответ на предотвращенный теракт? Понимаете, если бы война началась после вторжения Басаева в Дагестан, мы бы считали, что ее начали в ответ на нападение на Дагестан в августе 1999 года. Если бы война началась после взрывов домов в Буйнакске, Волгодонске, Москве, мы бы вправе были считать, что ее начали в ответ на эти взрывы. Но ведь война началась в ответ на предотвращенный теракт (как считаю я) или в ответ на «учения» (как могут считать другие). Только кто и когда в мировой истории начинал войны в ответ на «учения»? «Пришлось поднять лапки» (выражение Латыниной). Это Патрушев «поднял лапки»? Пришлось «мочить в сортире» целый народ – в ответ на «учения» в Рязани.

И еще одно уточнение – относительно вопроса, который филологу Латыниной не дает покоя. Патрон был боевой (есть заключение российских рязанских следователей и английских экспертов). Взрыватель был тоже боевой (есть заключение экспертов). Имеется предположение, причем именно предположение, так как ни рязанские, ни английские эксперты не проводили опытов по подрыву гексогена патроном, что гексоген не может сдетонировать от охотничьего патрона. Но именно по этой причине в мешок с гексогеном вокруг взрывателя была вложена обычная взрывчатка. И экспертиза показала наличие гексогена с примесью взрывчатки. Патрон детонировал взрывчатку, а взрывчатка – детонировала гексоген. Именно так были взорваны дома в Москве.

В общем, я советую Латыниной на изучение рязанской истории больше энергии не тратить, а обратить внимание на теракт в Каспийске 9 мая 2002 года. В тот день террористы взорвали во время парада противопехотную мину направленного действия МОН-50. 43 человека были убиты, в их числе 12 детей. Многие были ранены. Президент Путин заявил, что «эти преступления совершили подонки, для которых нет ничего святого». Патрушев на организованной вскоре в Махачкале пресс-конференции сообщил, что теракт организовали чеченские сепаратисты.

Каспийский теракт остался бы в ряду обычных российских терактов, если бы не события, происшедшие через несколько дней. Вечером 16 мая правоохранительные органы Каспийска сообщили о предотвращении нового теракта. При попытке установить на одной из центральных улиц города противопехотную мину МОН-100 были задержаны три террориста. Кроме мины милиция обнаружила в салоне их автомобиля ВАЗ-2107 электродетонатор и пульт дистанционного управления.

Сначала все развивалось по сценарию «Рязань-99». Власти города торжественно объявили миру о поимке террористов и предотвращении теракта. Но в эфире ОРТ появился директор ФСБ Патрушев и точно так же, как он сделал это в сентябре 1999 года, заявил, что «задержанные не имеют никакого отношения к террористам и теракта в Каспийске не планировалось». Ну что, поверим Патрушеву?

В 2002 году я получил материал, который настойчиво искал, так как упоминания о нем были в западной прессе: видеозапись с показаниями старшего лейтенанта ГРУ А. Галкина. Я расскажу сейчас об этом довольно интересном эпизоде, но сначала процитирую Латынину: «Нам предлагают обсудить, что чекист Галкин попался в руки чеченским сепаратистам и там он им на камеру заявил, что дома взрывала ФСБ. Я просто не знаю, как это назвать. Прежде всего, меня потрясает в этой истории, как я уже сказала, не уровень подтасовок, которыми занимаются люди Березовского, а меня потрясает легковерие либеральной публики».

Если я, с дипломом доктора исторических наук из Института истории Российской Академии наук и десятками опубликованных книг, это всего лишь «люди Березовского», и этим все объяснено, то тогда Латынина, защищающая ФСБ, — это «люди ФСБ». И этим тоже все объясняется. Ведя с Латыниной дискуссию на таком уровне, мы далеко уйдем. Или, может быть, «люди Березовского» — это Дмитрий Муратов, главный редактор «Новой газеты» (где Латынина является обозревателем)? Потому что пленку с показаниями Галкина я передал для публикации именно Муратову. А Муратов переслал ее в ФСБ с просьбой прокомментировать.

Краткое содержание пленки. В ноябре 1999 года пленненный чеченскими боевиками старший лейтенант Галкин дал под видеозапись следующие показания (я даю сжатые выдержки):

«За подрыв зданий в Москве, в Волгодонске ответственны спецслужбы России – ФСБ совместно с Главным разведывательным управлением. Подрыв зданий в Буйнакске – это дело рук сотрудников нашей группы, которая в это время находилась в командировке в Дагестане... Мы были назначены и отправлены в командировку распоряжением начальника Главного разведывательного управления вооруженных сил Российской Федерации... Это генерал-полковник Корабельников, начальник главного разведывательного управления, и начальник 14-го управления Главного разведывательного управления генерал-лейтенант Костечко... Лично наше подразделение к взрывам в Москве отношения не имеет, так как в то время мы находились в Дагестане. Сотрудниками нашего подразделения, численностью в 12 человек, которые находились в это время в Дагестане, был произведен взрыв дома в Буйнакске».

Началась паника. Забегали генералы, зазвенели телефоны. ФСБ вызвала на ковер ГРУ, которое, оказывается, не сообщило в ФСБ о существовании записи и о факте пленения. ГРУ стало оправдываться. Со страху привезли в Останкино, в студию «Человек и закон», давным-давно бежавшего из чеченского плена Галкина, чтобы он сам выкручивался. (Не растерявшийся Муратов записал с Галкиным новое подробное интервью.) И в суматохе никто – слышите, Латынина, никто: ни замы Патрушева по ФСБ, ни генералы ГРУ, ни даже Галкин – не сказал Муратову, что показания не соответствуют действительности, что они выбиты пытками, что им нельзя верить. Только после этого Муратов опубликовал никем не опровергнутые записи.

Латыниной рядом не было. Если бы Латынина была рядом, она бы придумала для ФСБ какую-нибудь версию или сказала: «Дурачки, зря нервничаете. Это подтасовка, которой занимаются люди Березовского и в которую поверить может только легковерная либеральная публика».

А в ФСБ между тем началась крупнейшая пиар-акция по дезавуированию пленки Галкина. Решено было сделать на эту тему полнометражный художественный фильм, в котором Галкин будет представлен национальным героем. Вызвали руководителя Первого канала Константина Эрнста, передали ему пленку. Сценаристы из ФСБ предложили сценарий: Галкин попадает в плен. Под пытками дает показания (под пытками чего не сделаешь!). Во время пленения случайно узнает, что Березовский готовит захват «Норд-Оста». Ну, понятно, что у Березовского будет другое имя, а захватывают пусть московский цирк. Галкин тем временем бежит из плена, доезжает до Москвы, поспевает в осажденный террористами цирк, убивает террористов и освобождает заложников (ну, придумаете еще что-нибудь, пусть там у Галкина дочка окажется среди заложников, это же фильм, имеете право на художественный вымысел).

– А деньги? – спросил Эрнст. – Деньги на фильм где я возьму?

– Абрамович даст, мы согласуем.

Я представляю, как Латынина, читая эти строки, приговаривает: бред сумасшедшего. Вовсе не бред. Латынина, Вы этот фильм видели: «Личный номер». Если будете пересматривать, обязательно обратите внимание на титры, в самом конце. Это очень важная часть информации: фильм сделан на основе реальных событий (по моей пленке) Первым каналом телевидения (К. Эрнстом). Создатели фильма благодарят Сибнефть (Р. Абрамовича) за финансирование проекта. Старшему лейтенанту ГРУ А. Галкину за проявленное мужество (я не шучу) присвоено звание «Героя России». В общем – награда нашла героя.

А причем же здесь «Норд-Ост»? – спросите вы. Да при том, что пленку Галкина я передал Муратову в Берлине 23 октября 2002 года. В день захвата террористами «Норд-Оста». Вот такая историческая случайность. И когда Муратова вызывали в ФСБ, то долго допрашивали на тему, случайность ли. О подробностях этого разговора Латынина может узнать у Муратова (мне она все равно не поверит).

Латынина для дискуссии использует «валяющееся в сети» издание «ФСБ взрывает Россию» 2004 года. Она пытается создать у читателя впечатление, что выводы книги основаны на показаниях Гочияева, старшего лейтенанта ГРУ Галкина, Батчаева и Крымшамхалова и не опираются на материалы судебного дела арестованных террористов – Крымшамхалова и Деккушева. Между тем книга «ФСБ взрывает Россию» была написана в 2001 году, тогда же была впервые опубликована на русском и английском. С 2002 года начали поступать дополнительные материалы. Они ни в чем не изменили общей концепции и выводов издания 2001 года и в книги, вышедшие после убийства Литвиненко, были включены как приложения.

Вопрос надежности источника в историографии очень важен. Когда в 2002 году на меня вышел Гочияев, ситуация возникла неоднозначная. Я не понимал, действительно ли человек, обсуждающий со мною возможность дать показания, – Гочияев. Я не знал, что будет в тех показаниях, которые он собирается давать. Можно было ожидать любой провокации. Гочияев мог быть виновен в терактах. Он мог быть не свободен в своих показаниях, а контролироваться другими людьми (так и оказалось). После первого заявления Гочияева, в котором, не скрою, к большому для меня облегчению он сообщил, что не виновен и не принимал участия в организации терактов, возникло новое осложнение: контролировавшие Гочияева люди запросили за показания деньги – 3 миллиона долларов.

Разумеется, можно согласиться с Латыниной в том, что люди, предлагавшие товар за деньги, интересовались прежде всего деньгами, а не исторической истиной. И, конечно, когда я летел в Грузию для встречи с Гочияевым, был шанс, что заманивают в западню меня и Литвиненко. Но вопрос о трех миллионах впервые был поднят уже после того, как я улетел из Грузии и через Франкфурт прилетел в Париж для встречи с посредником. Хочу подчеркнуть, что конкретно с этим посредником я ни в чем не нашел общего языка и расстались мы плохо. Но даже он передал мне в конце концов заявление Гочияева и видеозапись бесплатно.

Разругавшись с первым посредником, я терпеливо ждал новых контактов. Вскоре на меня вышел другой человек, и именно благодаря ему были получены все остальные материалы: Гочияева, Крымшамхалова и Батчаева. Я хочу подчеркнуть, что все разговоры всегда начинались с вопроса о деньгах, но кончались бесплатной передачей материалов. Конец истории мне в этом плане всегда был известен. Просто очень поджимало время. С каждым новым контактом сжималось кольцо вокруг Крымшамхалова и Батчаева. Это понимал я. Это понимали они.

Латынина напрасно считает, что грузинский спецназ участвовал в охоте на Деккушева и Крымшамхалова из-за давления американцев. Такого давления в этом вопросе не могло быть до 19 февраля 2003 года, когда в Москву для подготовки политической почвы будущего сотрудничества американских и российских спецслужб прибыл американский сенатор Томас Лантос. Латынина и сама не верит в американское давление в 2002 году, поскольку рассказывает нам, «как господин Патрушев» говорил высокопоставленному сотруднику грузинского МВД, «взяв его за пуговицу»: «За что же вы водитесь с американцами? Они же хотят построить кавказский халифат со столицей в Тбилиси».

Так что одно из двух: либо американцы строят халифат, либо помогают вылавливать террористов в Панкисском ущелье. Подозреваю, впрочем, что американцы не делали ни того ни другого. Это все воображение Латыниной и Патрушева.

Абсолютно не понятен мне упрек Латыниной в том, что в книге «ФСБ взрывает Россию» не уделено должного внимания ваххабитам и Басаеву. Извините, конечно, какое отношение ваххабиты и Басаев имеют к рязанским событиям? Там что – Басаев «учения» устраивал? Я же исхожу из того, что дома взрывали ФСБ и ГРУ. А если Латынина считает, что дома взрывал Басаев, пусть и расследует деятельность Басаева. Какое отношение к ваххабитам имел Макс Лазовский, организатор серии терактов в Москве в 1994 году, сотрудник ФСБ, арестованный и осужденный, и стремительно выпущенный из лагеря в феврале 1999 года постановлением Верховного суда России? Не для того ли, чтобы он сумел подготовить сентябрьские теракты?

Когда Латынина призывает не верить заявлениям Крымшамхалова и Батчаева, я готов с ней согласиться. Верить людям, участвовавшим в подготовке и проведении терактов, рискованно. Но я не понимаю, почему Латынина предлагает не верить показаниям Крымшамхалова и Батчаева, данным мне, пока они были на свободе, но верит показаниям, данным следователям ФСБ в застенках Лефортово.

Очень важно понимать, что Крымшамхалов и Батчаев сразу же указали, что принимали участие в операции по подрыву домов, что они виновны и заслуживают наказания. Но «верить — не верить» — сложный методологический вопрос. Давайте на нем остановимся.

После публикации книги мне позвонил представитель президента Масхадова в Европе и сказал буквально следующее: «Президент Масхадов спрашивает, чем он может вам помочь в расследовании взрывов». Я, откровенно, даже растерялся, и все, что мне в тот момент пришло в голову, это ответить: «Знаете, правительство Чеченской республики никогда не высказывало мнения по поводу взрывов домов в России. Я бы считал полезным, если бы президент Масхадов сделал по этому поводу официальное заявление». 11 февраля 2002 года на мой факс пришло заявление президента Масхадова. Оно было включено в электронное издание 2004 года, «валяющееся в сети». Масхадов категорически заявил, что чеченцы отношения к терактам не имели.

Я думаю, Латыниной известно письмо Басаева Путину (рукописный текст, не предназначавшийся для публикации). В нем Басаев также заявляет, что чеченцы не имели отношения к сентябрьским терактам в России. Наш ведущий чеченский террорист и ваххабит (по версии ФСБ и Латыниной) Гочияев также опровергает свою причастность к терактам. Так кто же их организовывал? Вы вообще видели когда-нибудь, чтобы от успешно проведенного теракта отказывались абсолютно все потенциальные заказчики или исполнители? Вы видели хоть одного Бин Ладена, который бы кричал, что его подставило ЦРУ? Не видели. Не бывает такого. И Гочияев заявляет о своей невиновности не потому, что надеется на снисхождение со стороны ФСБ или Латыниной. Он понимает, что ФСБ все равно, если доберется до него, то убьет или осудит, как Крымшамхалова с Деккушевым.

Если Латынина не готова верить Масхадову, Басаеву, Гочияеву, Крымшамхалову и Батчаеву, она имеет на это полное право. Однако я не понимаю, почему она не готова верить Масхадову и Басаеву, но готова верить Путину и Патрушеву. Почему она ставит под сомнение выводы рязанских и английских экспертов и предлагает нам опираться на выводы, сделанные ФСБ.

С видом очевидца Латынина описывает, как именно арестовывали Крымшамхалова. Давайте и я расскажу, что знаю на эту тему. Оставаясь в данном случае только историком, описывающим факты, я процитирую пересланный мне текст:

«Мне удалось узнать некоторые подробности расстрела карачаевцев в Лагодехи.

Легковой автомашиной, выехавшей из Панкисси, управлял Кавтарашвили Алекс (1970 г. р.). Проехав через селение Кабали, где живут азербайджанцы, и через грузинское село Баисубани, которые находятся впритык, машина с указанными пассажирами стала въезжать в лесной массив, где их ждала засада работников антитеррористического центра Грузии. Ехавшая навстречу другая автомашина сделала «аварию» в указанном месте. Когда из машины вышли карачаевцы и остальные, над их головами раздались автоматные очереди, было приказано лечь на землю. В таком положении все пассажиры были расстреляны в упор, причем стреляли в тело, не в голову, целенаправленно, зная, в кого стреляют. А наиболее ценного «клиента» Ю. Крымшамхалова они забрали с собой, за которого и получили солидный куш от российского руководства. Подробности об аварии и т. д. рассказала девушка водителя Кавтарашвили Алекса, который разговаривал во время движения и аварии. И водитель, и тот, кто был рядом – Маргошвили Эльдар (1968 г. р.), были из грузин (кистинцы), служили во внутренних войсках Грузии по контракту, но и их причислили к террористам. Таково было объяснение МГБ Грузии родственникам погибших.

Карачаевцы сели в машину только лишь в городе Телави. Марка машины то ли «Опель», то ли БМВ. О маршруте движения группы знал Зураб Отиашвили, по предположению этот человек замешан практически во всех панкийских преступлениях, его подозревают и в причастности к убийству Антонио Руссо, к похищению британца Питера Шоу и, наконец, в последнем расстреле.

Никто из убитых людей не воспользовался поясом смертника, хотя они были на них. Причем от попадания пуль эти пояса не взрываются, а только от электрического контакта.

На телах всех пятерых были следы только пулевых ранений. Тела убитых получены при содействии Джараба Хангошвили – главы администрации села Дуиси, где и похоронены убитые.

Подробность – убитые не были вооружены ни автоматами, ни гранатами, в лучшем случае у некоторых были пистолеты».

После ареста Крымшамхалова мне позвонили из Москвы, человек из ФСБ, с которым я был знаком:

– Ты про Крымшамхалова слышал?

– Слышал.

– Ты как, намерен и дальше что-то публиковать? У тебя еще что-то есть?

Я молчу.

– А что ты молчишь?

– Думаю, что ответить. Ты же записываешь.

Теперь уже он молчит.

– Давай так, – говорю я. – Если с вашей стороны будут

предприняты попытки заставить Крымшамхалова отказаться от тех показаний, которые он и Батчаев мне давали, мне придется публиковать рукописные тексты показаний и видеозаписи.

– Я так и передам.

– Ты так и передай...

Как нам сегодня достоверно известно, Крымшамхалова не пытались заставить отказаться от показаний, которые он давал мне в течение 2002 года. Ему даже не задали вопрос, получил ли он те три миллиона или хоть малую их часть, которые были ему «обещаны» за показания и которыми Латынина машет перед нами, как красной тряпкой перед быком.

Должен сказать, что звонки мне – вещь исключительно редкая. В частности, вскоре после убийства Литвиненко, после серии каких-то моих интервью, мне все-таки позвонили, не выдержали, сообщив, что стоит побеспокоиться о своём здоровье, что Бостон очень опасный город с плохими водителями и в любую минуту может выскочить машина, сбить меня, и я даже сообразить не успею, что произошло. И вот пару дней назад мне позвонил тот же человек, сказал, что с пристальным вниманием прочитал мое письмо Латыниной и все 500 отзывов в ЖЖ, что у меня много описок и он готов приехать, поставить на мой компьютер специальную программку.

Когда я писал свое первое письмо Латыниной, я наивно считал, что она заблуждается. Сейчас я понимаю, что в отношении Латыниной заблуждался я. Потому что с Крымшамхаловым, Деккушевым и Батчаевым разбираться и разбираться. К Гочияеву тоже много вопросов. Тем не менее Гочияев назвал достаточно важное имя действующего сотрудника ФСБ Рамазана Дышекова, которым никто не заинтересовался – ни ФСБ, ни милиция, ни сама Латынина, предъявляющая мне столько претензий. Но что мне абсолютно непонятно, это логика Латыниной в отношении рязанских событий. Ее беспомощная попытка сослаться на авторитет Сергея Ковалева некорректна. Сергей Ковалев сформулировал свою позицию очень давно: если я поверю в то, что за взрывами домов стоит ФСБ, я должен буду уехать из России. А он не хочет из России уезжать. Он хочет жить на своей родине. Мне проще. Я в России не живу.

Призыв Латыниной к ФСБ уволить Патрушева (которого, как мы знаем, никто тогда не уволил) и начать расследование (которое, наоборот, запретили проводить), чтобы показать всей стране, что ФСБ не взрывала дома — в лучшем случае звучит наивно. Потому и не уволили Патрушева, потому и не провели расследование, что ФСБ взрывала дома. А чем еще можно объяснить такое «глупое» поведение?

Мне очень не хочется пространно цитировать Латынину. Это сделает мой ответ тяжелым. Вся моя достаточно интересная и важная работа в период 2002 года в описании Латыниной предстает как в каком-то кривом зеркале. Хочу еще раз уточнить, что за все эти годы Латынина ни разу мне не позвонила и не написала, не задала мне ни одного вопроса.

Ни Гочияев, ни Крымшамхалов, ни Батчаев не вели переписку и не были в контакте с Литвиненко. Всю переписку и весь сбор материалов вел только я. Быстро стало понятно, что Гочияев находится в плену; что пленившие его люди надеются продать показания Гочияева за большие деньги; что именно они не разрешают Гочияеву назвать все имена и ответить на все вопросы; что они же заставляют его заниматься шантажом типа: не дадите денег, так я заявлю, что заказчиком взрывов был Березовский. (А еще у Гочияева есть семья!)

Хронология событий представляется Латыниной абсолютно искаженной. Публикация спецвыпуска «Новой газеты» была 21 августа. Но для Гочияева и всех тех, кто сидели в Панкийском ущелье, она прошла незамеченной. От того, что Литвиненко с Фельштинским что-то в газете опубликовали, им там было не тепло и не холодно. Мало ли было газетных публикаций. А вот в марте 2002 года произошло другое событие. (Латынина совсем про него забыла.) 5 марта в Лондоне состоялась презентация документального фильма «Покушение на Россию». Несколько раньше информация о том, что Березовский финансирует фильм о сентябрьских терактах, появилась в прессе. Это заинтересовало абсолютно всех, потому что все знали, что у Березовского – большие деньги. Так что отсчет нужно вести не от 21 августа 2001 года, а от первых сообщений СМИ о финансировании Березовским фильма «Покушение на Россию».

И еще на один вопрос, поставленный Латыниной, я должен ответить. Латынина, правда, считает, что это «самый простой вопрос». Это мелкое лукавство пусть останется на ее совести. Это самый сложный вопрос: «Если эти боевики сидели в Панкисси, то как они там оказались, если они взрывали дома, как они утверждают, будучи использованы ФСБ? Вы представляете себе человека – чеченца, карачаевца – который приезжает к боевикам и говорит: "Я тут взрывал дома, но я думаю, что меня использовали"?»

Интересный и правильный вопрос. И тут уж действительно должно «хватить ума», чтобы в нем разобраться. Мы сейчас в нем разберемся, но сначала я хочу указать на очередной некрасивый, нечестный ход. Латынина говорит «чеченца, карачаевца», прекрасно зная, через 10 лет после терактов, что «чеченца» ни одного не было даже по версии ФСБ. Карачаевцы – были, а чеченцев – не было. Зачем же нам «представлять чеченца», которого не существует.

Поэтому «представлять» мы будем конкретных карачаевцев: Гочияева, Крымшамхалова, Деккушева и Батчаева.

Сентябрь 1999 года. Произошли взрывы. Началась война. Все упоминаемые нами лица объявлены в федеральный розыск. Все они понимают, что если их поймают, то, скорее всего, убьют. Нужно бежать. Бежали. А куда бежать? Сначала, понятно, в родные карачаевские места. Потом, когда кольцо стало сжиматься, в Чечню. Ну, а оттуда – в Грузию, там безопаснее.

В Чечне, разумеется, все попали к повстанцам. С Гочияевым все просто, как он объясняет в показаниях, что подвалы снимал под бизнес. А с террористами-карачаевцами – сложнее. Они прибывают в Чечню и докладывают, что «задание выполнено», но взрывы, правда, произошли преждевременно и не там. «Какое задание? Какие взрывы? Вы кто? Кто вам задания давал? » – «Да как кто? А разве это не вы давали?»

В общем, тут бы Латынина повеселилась (мне в выражениях за нею, не угнаться, она все-таки филолог), потому что приехали в Чечню «лохи» «получить бабло» за взрывы домов, а вместо этого... А вместо этого им говорят: мы не давали вам приказов взрывать дома, мы вообще никаких указаний вашей группе не давали. Кто эти указания вам давал, мы не знаем. Вы провокаторы, из-за которых русские начали войну. Сейчас мы проведем дознание и вас расстреляем. И начали чеченцы карачаевцев допрашивать, дабы понять, кто стоит за взрывами домов в России. И поняли, что карачаевские наши ваххабиты искренне считали, что выполняют поручение руководителей чеченской республики. Что теперь делать – непонятно. Не выдавать же их России. Война уже идет, да и братья-мусульмане они все-таки, не положено. И расстреливать своих братьев-мусульман нельзя. Посовещались, погоревали, дали им в руки автоматы и сказали: ладно, будете искупать свою вину перед чеченским народом кровью, будете биться с оккупантами.

Заканчивая эту статью, я не могу сказать, как Латынина: «До встречи через неделю». У меня нет рубрики на «Эхе Москвы», я не обозреватель «Новой газеты». Но у меня есть семь надежных знакомых. Я напишу текст, отправлю его по семи адресам. И затрясутся стены.

Бостон, 3 октября 2009 г.

P.S.

«И затрясутся стены...»

Уже несколько человек задали мне вопрос о том, что я имел в виду, когда в ответе Ю. Латыниной написал: «И затрясутся стены». Я имел в виду стены Лубянки. Здание это старое. Построено оно было в 1898 году. Когда происходит ЧП и офицеры ФСБ бегают из кабинета в кабинет и хлопают дверьми, стены здания трясутся.

А наша дискуссия с Латыниной оказалась таким ЧП. И, конечно, то, что Латынина заступилась за ФСБ, да еще трижды, для ФСБ было приятной, неожиданностью (я надеюсь – что неожиданностью). Но была и плохая новость, которая заключалась в том, что мы разбередили старую тему и старую рану. На это как-то нужно было реагировать, и ФСБ отреагировала. Не многие, наверное, поняли, как именно.

6 октября 2009 года ФСБ сообщила о раскрытии терактов 1999 года – правда других, не сентябрьских: в гостинице «Интурист» (взрыв в офисе Иосифа Кобзона 26 апреля) и в торговом центре Умара Джабраилова «Охотный ряд», 31 августа.

Нам с вами даже сообщение читать не нужно, чтобы угадать, кто именно был заказчиком терактов. Заказчиком терактов был конечно же... правильно, угадали... садитесь, 5 с плюсом: Шамиль Басаев. Он таким образом вымогал деньги у Кобзона и Джабраилова (и не получив их, организовал теракты).

Неужели понадобилось 10 лет следствия, чтобы понять, кто именно организовал взрывы в офисе Кобзона и торговом центре Джабраилова?

Неужели эти два серьезнейших и уважаемых человека в первые же минуты после терактов не знали, кто был заказчиком, если Басаев действительно вымогал у них деньги и действительно денег не получил?

21 октября 2009 г.

ПРИЛОЖЕНИЕ 32

Ю. ФЕЛЬШТИНСКИЙ
СЕНТЯБРЬ 1999 – КОНЕЦ СВОБОДНОЙ ЭПОХИ

Ежедневный журнал, 7 октября 2009 г.

У меня теперь новая работа: отвечать на публикации Юлии Латыниной по поводу терактов в России в сентябре 1999 года. Мне бы очень не хотелось, чтобы эта работа стала постоянной. Я предпочел бы иметь какую-нибудь другую.

Неожиданно для себя я вдруг оказался в состоянии мне до боли знакомом. Когда я уехал из СССР в 1978-м, потому что хотел заниматься советской историей, я стал писать книги, которые никто не публиковал. Нет, они выходили в эмиграции маленькими тиражами – для библиотек и эмигрантов, но в целом эту работу можно было считать писанием в стол. И вдруг через какие-то 10 лет (исторически говоря срок маленький) в СССР появилась свобода слова, и с 1989 года все мои книги стали публиковаться сначала в СССР, потом в России.

Когда впервые в новейшей российской истории в России была запрещена к изданию и распространению книга и она оказалась моей (в соавторстве с Александром Литвиненко) – «ФСБ взрывает Россию» – я снова почувствовал себя эмигрантом, которого не публикуют. Этим расставлены были все точки над i относительного нового режима в России.

Я вовсе не считаю, что любая точка зрения достойна внимания, любая версия достойна существования и любая книга должна быть опубликована. Отнюдь. В каком-то другом вопросе я бы уступил Латыниной и прекратил дискуссию. Но вопрос о взрывах домов – вопрос особый. И не только потому, что погибли люди. Есть теракты, которые остаются всего лишь терактами. А есть теракты с последствиями. Теракт 11 сентября 2001 года в Нью-Йорке изменил США. Мы теперь живем здесь в другой стране. Эта страна хуже той, в которой мы жили до 11 сентября (и не только потому, что мы вовлечены в войну в Ираке, о которой, откровенно, тут уже чуть-чуть начинают забывать).

Сентябрьские теракты 1999 года изменили Россию. Потому что началась вторая чеченская война. Здесь речь шла уже не о сотнях людей, погибших от самих терактов, а о космических масштабах потерь – человеческих и моральных. Именно по этой причине очень важно понять, кто же организовывал эти теракты, кто поставил страну в такое положение, в котором она оказалась сегодня, с сильно ограниченными свободами, снова смотрящая внутрь себя, а не вверх и вширь.

Меня многие спрашивают, какой именно вклад внес в книгу Литвиненко. Большой. Дело в том, что именно он в первый же наш разговор в Москве 23 сентября 2000 года указал на Макса Лазовского. Когда я описал Литвиненко свою версию событий сентября 1999 года, он сказал: «Послушай, а ведь точно так же начиналась первая чеченская война, которую организовывал Степашин. Копни Лазовского. Уверен, у тебя все встанет на свои места». Я начал «копать» Лазовского, и, как в пазле, стала складываться цельная картина.

Расследование терактов 1999 года нужно начинать с терактов 1994-го, когда группа Лазовского начала организовывать в России взрывы, дабы спровоцировать Ельцина на первую чеченскую войну. Во главе ФСБ (в тот период она называлась ФСК) стоял Степашин. А когда Лазовского и его товарищей арестовали, а арестовывала их милиция, так как в то время подследственность по терактам находилась в ведении МВД, то ФСБ дала ему в суде положительную характеристику как полезному сотруднику. Лазовского осудили по смехотворной статье, дали небольшой срок и амнистировали в феврале 1999 года решением Верховного суда России. Редкий случай, кстати сказать. После дела Лазовское подследственность по терактам перевели из МВД в ФСБ. И стало совсем удобно: кто взрывал, тот и искал. Поэтому уже никого никогда не находили, и проколов типа ареста и позорного суда над агентом ФСБ Лазовским больше не было.

Теракты 1994 года были по нынешним временам мелкими. Но войну все-таки начали. И до сих пор лучшие умы не могут понять, кому эта война понадобилась. А понадобилась она спецслужбам, чтобы Россия стала другой, не такой, какой видел ее в мечтах все больше и больше пьянеющий и сдающий свои позиции Ельцин.

Правда, когда прошли президентские выборы 1996 года, Ельцину хватило духа закончить безумную войну против Чеченской республики. И три года Россия жила в состоянии мира. Потом кто-то снова начал устраивать теракты, да куда похлеще терактов 1994-го. И Ельцин снова объявил войну (теперь уже при активной поддержке своего нового премьер-министра Путина).

С сентября 1999 года политика России может быть сформулирована тремя словами: «мочить в сортире». Мочим всех, кого можем и как можем. Чеченцев, грузин, поляков, прибалтов... Как можем, так и мочим. И делает это ФСБ открыто, цинично. Эти люди продолжают политику и традиции своих предшественников, основавших ВЧК в далеком 1917-м. Сегодня у них в кабинетах все еще стоят бюсты Дзержинского, висят портреты Берии и Андропова. Потому что сегодняшняя ФСБ считает себя продолжательницей старых гэбистских традиций и даже из хитрости не хочет делать вид, что это не так. Это так. Они это и не скрывают. Они ребята честные.

Сентябрь 1999 года. На носу парламентские и президентские выборы. Рождается новый политический проект: сделать так, чтобы на выборах 2000 года победил «наш кандидат». Кандидатов было несколько, но все «наши» – бывший директор ФСК Степашин, бывший руководитель СВР Примаков, бывший директор ФСБ Путин. Выбирай любого, не ошибешься. Так легла карта, что «нашим президентом» – помните лозунг «Путин – наш президент»... так вот, так легла карта, что президентом оказался Путин. Потому что кроме ФСБ его поддержала «семья» и «Альфа-Групп».

Трюк был в том, что ФСБ знала про существовании «семьи» и «Альфа-Групп»; «Альфа-Групп» знала только про существование «семьи»; а «семья» считала, что Путина только она и поддерживает и поэтому он будет послушной марионеткой. Глупо, конечно, но именно так они считали. И еще считали, что они со всеми договорятся, а если не договорятся, то купят. Потому что они умные и богатые, а Путин бедный и глупый. Не сможет он без них.

Поддержка Путина шла по нескольким направлениям. (Я, разумеется, не претендую на то, что даю исчерпывающий анализ.) Некоторые нам очевидны: информационная поддержка (ОРТ, Березовский), финансовая (Сибнефть, Абрамович), административная («семья», «Альфа-Групп», Чубайс). Но было и еще одно направление: поддержка со стороны спецслужб. Вот на них и лежала ответственность за развязывание чеченской войны. И война эта была развязана именно после терактов, в сентябре 1999 года.

Я был потрясен, когда в десятилетнюю годовщину взрывов ни один российский телеведущий – ни один! – не сказал, что это были теракты, а уж тем более теракты «чеченцев» или «ваххабитов». Мне понятно, почему: язык не поворачивается. Потому что в глубине души все понимают, что это не чеченские и не мусульманские теракты. В то время как годовщины Беслана и «Норд-Оста» отмечались официальными правительственными траурными церемониями, ни один (подчеркиваю – ни один!) сентябрьский теракт не был отмечен официальной церемонией, так как правительство, в существенной своей части состоящее из бывших сотрудников силовых ведомств, заинтересовано не в том, чтобы о взрывах помнили, а в том, чтобы о взрывах как можно скорее забыли.

Могло бы это так быть, если бы дома взорвали мусульманские экстремисты? Мне кажется, не могло.

Сказанное мною, разумеется, не является формально-юридическим аспектом расследования взрывов. Я описываю лишь общую политическую картину, на фоне которой эти взрывы произошли, и последствия, к которым они привели. А привели они, в частности, к тому, что в десятилетнюю годовщину взрывов нашелся лишь один человек, про них вспомнивший и статью написавший: американский журналист Скотт Андерсен.

Конечно, у меня свои претензии к статье Андерсена. Нельзя писать о теории относительности, не упоминая Энштейна. Нельзя исследовать «Архипелаг ГУЛАГ», не называя Солженицына. Нельзя писать о взрывах домов и не сказать о книге «ФСБ взрывает Россию». Мне понятны соображения автора. Если бы он упомянул нашу книгу, в американской редакции ему бы сказали, что тема исчерпана и отказали бы в публикации. Но нам повезло. Западная редакция журнала GQ не знала, что о взрывах уже писали. Российская испугалась публиковать статью (может быть, и не испугалась, но уж точно не горела желанием ее публиковать в модном журнале, предназначенном для российской элиты). Западная теперь уже тоже перепугалась. И на общем фоне скучной российской журналистики получилась сенсация.

Тут Латынина и впрыгнула на колесницу, и я за ней...

Я не отрицаю права Латыниной иметь свое мнение по вопросу о взрывах. Собственно, она всегда его имела и всегда утверждала, что не считает, что дома взрывали спецслужбы. Но одно дело иметь свое мнение, а другое – активно выступать против других мнений, да еще используя по существу монопольное право на трибуну в СМИ, когда ни статью Андерсена, ни мои книги не печатают в России, а мнение Латыниной расходится по волнам радиостанций.

Вопрос не в том, выгодно или не выгодно было чеченцам взрывать дома в России в сентябре 1999 года. Вопрос, делали они это или не делали. А они этого не делали. То есть чеченцы дома не взрывали. У нас есть один подозреваемый, утверждающий, что он не виновен (Гочияев) и три участника (убитый Батчаев и осужденные Деккушев и Крымшамхалов). Все они не чеченцы. Они карачаевцы.

Латынина очень грубо протягивает ниточку связи между чеченцем Басаевым и нашими ваххабитами-карачаевцами: «Басаев – исламский Че Гевара всегда был воином-интернационалистом... Карачаевцы как исполнители взрывов домов в Москве прекрасно вписывались в эту стратегию интернационального джихада». Я правильно понимаю, что Латынина обвиняет Басаева в организации терактов в Москве и Волгодонске? Для этого нет вообще никаких оснований. После 10 лет расследований нет никаких указаний на то, что Басаев и Хаттаб имели к этим терактам хоть какое-то отношение. И наоборот, есть много доказательств того, что Басаев и Хаттаб к этим терактам никакого отношения не имели.

Оставим на совести Юлии Латыниной ее теорию о неизбежной гражданской войне в Чечне между Басаевым и Масхадовым (пока что мы видим, что эта война если и развязана, то московским ставленником Кадыровым) и размышления о «полете орла-Басаева», и рассказы про учебные лагеря Хаттаба (которые действительно были), Чабанмахи, Карамахи, машину Саида Амирова, «Конгресс народов Ичкерии и Дагестана», Наполеона, Шамиля II – все эти рассказы я даже готов выслушать. Но извините за мою земную простоту: зубы-то нам не надо заговаривать. То, что ваххабиты плохие люди, мы уже поняли, даже готовы с этим не спорить. Вы нам расскажите, кто дома взорвал.

И Латынина рассказала: «4 сентября... на воздух взлетел первый жилой дом в дагестанском Буйнакске». Боевики надеялись, что «русские испугаются и война в Дагестане прекратится», – как утверждает в своих показаниях в 2003 году Адам Деккушев» (по словам Латыниной).

Но к взрыву дома в Буйнакске Деккушев не имел никакого отношения. В этом его даже ФСБ не обвиняло. 10 лет спустя Латынина использует его показания следователю в 2003 году, чтобы доказать, что фундаменталисты взорвали дом в Буйнакске. Такое доказательство мы принять не можем. Это не доказательство. Это пустое место.

Должна же быть хоть какая-то последовательность и какая-то логика. Меня Латынина упрекает в том, что я как доказательство использую пленку Галкина, записанную, когда Галкин находился в чеченском плену. А сама как доказательство виновности «боевиков» (боевиков-карачаевцев, что ли?) использует тюремные показания карачаевца Деккушева. Ну, извините, в моей пленке фактологии куда больше, чем в философской фразе осужденного Деккушева.

Несколько слов о пленке. В ноябре 1999 года, т. е. меньше через два месяца после начала второй чеченской войны, боевики взяли в плен трех офицеров ГРУ. Один из них, старший лейтенант А. Галкин, дал под видеозапись показания. Да, всем нам понятно, что условия, в которых Галкин находился в плену, были чудовищные. Тем не менее, я не увидел на пленке указаний на то, что сообщенная Галкиным информация была придумана чеченцами и лишь озвучена Галкиным. В ноябре 1999 года никто не подвергал сомнению тот факт, что дома «взорвали чеченцы». И даже чеченские боевики, получившие в свое распоряжение показания Галкина, никак ими не воспользовались в пропагандистских целях. Так и лежала пленка мертвым грузом, пока я ее не нашел и не опубликовал в «Новой газете».

Я не принимаю упрека в том, что в книге «ФСБ взрывает Россия» должно было быть уделено (но не уделено) внимание теме исламского фундаментализма. Мы писали книгу о ФСБ, а не о ваххабитах. Какое отношение исламский фундаментализм имеет к рязанским событиям? Там что, Басаев «учения» устраивал? Какое отношение к исламскому фундаментализму имеет группа Лазовского и взрывы 1994 года, предшествовавшие первой чеченской войне? Мы много спорим о том, кто именно стоял за убийством Щекочихина, Юшенкова, Головлева. Но одно мы знаем точно: не исламские фундаменталисты. Нет, конечно, если Нухаева или Кадырова считать исламскими фундаменталистами, то тогда, наверное, можно предположить, что ваххабиты причастны к убийству Хлебникова и Политковской. Но Латынина, думаю, Нухаева и Кадырова к ваххабитам не относит, хотя они и чеченцы.

Я согласен с утверждением Латыниной, что «война с Басаевым летом 1999 года началась за 40 дней до взрывов, и начал ее Басаев, а не Россия». Но ведь войну в Чечне начали не в ответ на вторжение Басаева в Дагестан, и не в ответ на взрывы в Буйнакске, Москве или Волгодонске. Если бы войну начали в августе, мы бы сейчас эту проблему, скорее всего, не обсуждали. Войну с Чечней начали в ответ на предотвращенный взрыв в Рязани – 23 сентября 1999 года. Где и когда войны начинали в ответ на предотвращенный взрыв, да еще когда оказалось, что этот взрыв готовился руками тайной полиции? И даже если предположить (чего я никак не в состоянии сделать), что в Рязани проводились «учения», где и когда войны начинались одновременно с учениями, а учения проводились одновременно с войнами? И это главное, абсолютно неопровержимое доказательство того, что, во-первых, в Рязани был предотвращен теракт, планируемый спецслужбами, и, во-вторых, войну в Чечне начали в ускоренном порядке, чтобы отвлечь общественность от рязанского провала.

«К сентябрю 1999 года Путин не нуждался в предлоге для вторжения в Чечню», – пишет Латынина. Путин, может, в этом и не нуждался. Он вообще не все и не всегда определял в сентябре 1999-го. В этом нуждались те люди, которые обеспечивали дорогу к власти на направлении силового прикрытия. А по этому сценарию уже давно была намечена война в Чечне, а как повод для войны – теракты. Даже вторжение Басаева в Дагестан ничего не изменило в этом сценарии. Не менять же план действий из-за того, что какие-то там ваххабиты пересекли границу с Дагестаном... Кого этот Дагестан волнует.

Конечно, верить можно не всегда, не всем и не во всем. Вопрос доверия к показаниям Гочияева, Крымшамхалова и Батчаева – очень сложная тема. Но мы видим, что сама Латынина абсолютно тенденциозна. Если мы не верим Гочияеву, то почему мы верим Деккушеву? Можно принять утверждение Латыниной, что многие преступники склонны на следствии заявлять, что их «подставили». Но если Гочияев (по версии Латыниной и ФСБ) – организатор самого крупного в тот период и самого успешного в России теракта, почему же он не ведет себя как бен Ладен? Почему не берет ответственность за теракт? Ведь смысл теракта в манифестации. И мы не знаем ни одного примера, когда бы от теракта открещивались совершившие его террористы (мы знаем много примеров, когда сразу несколько террористических групп брали на себя ответственность за один теракт, а вот обратных примеров мы не знаем).

Я приведу еще один аргумент, хотя он чисто психологический. Если бы Гочияев лгал, он бы такую гладенькую историю сочинил, что мы бы с вами долго голову ломали, что делать с таким потоком информации. А мне приходилось выжимать из него информацию по каплям. Понятное дело: людям, которые контролировали Гочияева, мерещились деньги. Постепенно становилось ясно, что денег им никто не заплатит, инфорция медленно высвобождалась, и в конце концов, в 2005 году, уже когда был убит Батчаев, посажен Крымшамхалов, когда, похоже, Гочияев освободился от контролировавших его людей, он рассказал нам в своей последней записке достаточно много интересного. Хотите верьте, хотите нет.

Кстати, о фотографии. Речь идет как раз о той фотографии с сайта ФСБ, которую поместила в своей статье Латынина. Между тем мы с Литвиненко действительно провели экспертизы снимков, и экспертизы эти опубликовали.

Я, к сожалению, часто не понимаю, откуда Латынина взяла все то, о чем пишет. Да, на многочисленные вопросы, заданные Латыниной про Гочияева, у меня действительно нет ответов (как, правда, и у нее). И я совсем теряюсь, когда Латынина пишет, что Гочияев, оказывается, и вооруженным отрядом вах-хабитов в КЧР успел покомандовать... Ну, может, действительно командовал, и я чего-то не знаю. Но я всегда считал, что известная фраза «все подвергай сомнению» в равной степени относится к материалам, получаемым от ФСБ, а не только к по-казаниям Гочияева.

«Что за таинственная сила помогает Гочияеву в течение де-сяти (!) лет оставаться неуловимым, посылать своих эмиссаров в Лондон, переписываться с Литвиненко и Фельштинским?» – восклицает Латынина. Простите, откуда у Латыниной взя-лись посылаемые в Лондон эмиссары? Это я летал в Грузию для встречи с Гочияевым (встреча не состоялась). Это я летал в Париж к посреднику, который вымогал деньги за показания. «Эмиссары» никуда не посылались, тем более в Лондон, где, как Латынина знает, живет не только британская королева, но еще и Березовский (почему-то мне кажется, что именно по этой причине, то есть для «черного пиара», Латынина подталкивает наши мысли в сторону Лондона).

«Я обращаю ваше внимание, что вопросы, заданные выше, строятся на открытых данных. ФСБ, например, утверждает, что у нее есть фото Гочияева совместно с Хаттабом; Литви-ненко утверждает, что фото поддельное. Я... полагаю, что обе стороны соврут с легкостью», – пишет Латынина. Извините, хочется вмешаться в спор. Литвиненко уже убит и возразить не сможет. А я пока могу. То, что Латынина на одну доску ставит мнение ФСБ и Литвиненко, само по себе знаменательно. Но экспертизы ведь есть. И проводил их не Литвиненко. Проводили их эксперты в Великобритании. Так что не надо делать вид, что речь идет о противостоянии точки зрения ФСБ и точки зрения Литвиненко (где Латынина трогательно сообщает, что она в этом споре нейтральна, «обе стороны солгут с легкостью»). Ой, а куда же я делся? Я тоже отношусь к той стороне, которая «соврет с легкостью»? И английские эксперты тоже с легкостью соврут? Так что давайте называть вещи своими именами: Латынина меня только что оклеветала и обозвала лгуном, и, поместив, тем не менее, не опубликованные экспертизы, а фотографию с сайта ФСБ, заняла в этом вопросе сторону ФСБ. И не нужно делать вид, что это не так. Прилагаю материалы экспертиз.

Я не могу по лицу определить, террорист человек или нет, возглавлял он вооруженный отряд в КЧР или не воглавлял. Но у меня есть видеопленки с Крымшамхаловым и Батчаевым, и они не оставляют сомнений в том, чем эти люди занимаются. Они все обвешаны оружием. Прилагаю фотографию Гочияева с моими к нему вопросами и последнюю видеозапись с Гочияевым, сделанную в августе 2002 года. Похож Гочияев на человека с сайта ФСБ или нет, пусть теперь решает читатель.

Уже в третьей публикации Латыниной звучит вопрос, который ну прямо основной у нас: почему Гочияев развез одну фуру сахара по четырем подвалам и почему «ни Литвиненко, ни Фельштинский в ходе своей долгой переписки с Гочияевым ни разу не задали подобного вопроса». Этот вопрос мы не задали, потому что он нам в голову не пришел, и я до сих пор не понимаю, почему он так волнует Латынину, тем более что про любой ответ Гочияева она все равно заранее знает, что это вранье. Да вроде бы из заявлений Гочияева следует, что не развозил он фуры. Это если он правду говорит, а если он врет – ну тогда, может, и развозил. Но кто бы ни развозил сахар – Гочияев или нет, – ответ-то мы знаем: фура развозила по четырем подвалам не сахар, а гексоген (по крайней мере, так считали те, кто развозил мешки, и закладывался он в четыре подвала, чтобы взорвались четыре дома). Чего тут Латынина понять не может?

В версию про Рязань я вчитываюсь как в какую-то глупую шутку: «В атмосфере всеобщей паники ФСБ особенно нуждалась в героическом предотвращении и эпохальном раскрытии чего-нибудь эдакого. Послали "вымпеловцев" на их собственных "жигулях" и рассчитывали с триумфом "предотвратить теракт". Когда взрывчатку обнаружили бдительные граждане, пришлось поблагодарить их за бдительность. Когда вслед за взрывчаткой застукали и чекистов, пришлось нести околесицу».

Очень странные рассуждения. Машина была в угоне (в нашей книге подробным образом расписано, почему не делают таких операций на своих машинах). «Вымпеловцы» вроде бы нам уже сегодня и по именам известны (что-то Латынина по этому поводу не проявляет исследовательского энтузиазма и не пытается их расспросить). Нет, давайте вчитаемся: «В обстановке всеобщей паники ФСБ нуждалась в героическом предотвращении и эпохальном раскрытии...» Да когда это в чем у нас ФСБ нуждается? Все, в чем они нуждаются, они без проблем получают. Ну может, Ельцин в чем нуждался как президент, Путин, в конце концов, как премьер-министр и будущий преемник. Это еще хоть как-то принять можно. Но ФСБ?.. И потом, закладку ведь производят «москвичи», т. е. центральное ФСБ. А награды будет получать глава рязанского УФСБ Сергеев. Ведь это он, по версии Латыниной, должен был найти (и нашел) мешки с гексогеном. И что-то мы не видели на его лице счастливой улыбки (потому что сорвал он операцию центра по взрыву дома и, с одной стороны, его должны были теперь завалить вопросами журналисты еще свободной России, а с другой – Патрушев за срыв операции). Где же победный звук фанфар?

«Эпохальное раскрытие»... Кстати, тут Латынина абсолютно права: раскрытие оказалось эпохальным. На этом раскрытии закончилась ельциновская демократическая Россия и началась вторая чеченская война и Россия путинская, для определения которой ни один политолог мира не может сегодня правильного слова подобрать, потому что никогда еще в мировой истории страной не управляла тайная полиция. Не было такого.

В рамках этого «эпохального раскрытия» рязанское УФСБ 23 сентября завело уголовное дело. Хочу особенно отметить, что не я его завел, и не Литвиненко. Его завели рязанцы. И успели провести экспертизы. Латынина пишет про детонатор, что обычный охотничий патрон не подорвал бы гексоген, а необычный – подорвал бы. «Иными словами, для окончательных выводов нет данных. Однако Юрий Фельштинский в многочисленных интервью суммирует выводы экспертов так: "Детонатор был боевой". Я не являюсь специалистом по взрывчатым веществам и ничего не могу сказать по поводу патрона, но как филолог могу заметить, что выводы экспертизы Юрий Фельштинский излагает в несколько произвольной форме».

Я не филолог, но мозги и глаза у меня есть. Я хоть и стрелял из оружия в первый и в последний раз в жизни в тире Лас-Вегаса в прошлом году, но боевой патрон от небоевого отличить могу. Тем более что мы обсуждаем не то, был ли патрон боевым или нет, а был ли детонатор боевым или нет. Чтобы не быть голословным, прилагаю фотографии из рязанского следственного дела. Пусть и этот спор между филологом и историком рассудит читатель.

Теперь про теракт в Волгодонске. У меня возник вопрос, который почему-то не приходит в голову Латыниной. А откуда у наших ваххабитов деньги? Приехала группа из трех человек в Волгодонск из Москвы на КамАЗе... Откуда деньги на КамАЗ? На бензин? Взяли у приятеля? Откуда деньги на аренду КамАЗа у приятеля? 13 сентября купили у местного жителя ГАЗ... Откуда деньги на ГАЗ? Прикрыли взрывчатку мешками с картошкой... Откуда деньги на картошку? Заплатили задаток – 300 долл. и 2200 рублей... Откуда взяли 300 долл. и 2200 рублей?

«Дело в том, – поясняет Латынина, – что теракт, совершенный Батчаевым, Крымшамхаловым и Деккушевым, вовсе не был высокотехнологическим дорогостоящим терактом, при котором террористы используют фальшивые имена, останавливаются в пятизвездочных отелях и расплачиваются чужими кредитками». Нормальное объяснение. Но вопрос остается. Чужих кредитных карточек нет. А свои наличные деньги на теракт откуда у бедняков-ваххабитов? Кто давал деньги? Кто заказывал теракт? А гексоген откуда? Гексоген-то откуда у наших ваххабитов?

Высокая политика, а особенно американо-российские отношения – не самая сильная сторона творчества Латыниной. Я не стал бы так уверенно утверждать, что американцы давили на Грузию. В 2002 году «единого фронта» России и США, как пишет Латынина, не было. Это сотрудничество началось в 2003 году после визита в Москву 19 февраля 2003 года американского сенатора Томаса Лантоса. Описание задержания Крымшамхалова в статье Латыниной не соответствует действительности. Всех, кроме Крымшамхалова, при задержании просто расстреляли. Крымшамхалова, как самого ценного, взяли живым. Произошло это в декабре 2002 года, и совсем не потому, что на Шеварднадзе давили американы, как утверждает Латынина. Просто Латыниной нужно хоть как-то объяснить активность ФСБ в 2002 году, и она придумала версию о давлении американцев. Мне кажется, что есть более простое объяснение: за Крымшамхаловым, Батчаевым и Деккушевым началась охота, после того как Крымшамхалов и Батчаев стали давать мне показания, а я стал их публиковать. И хотя и Крымшамхалов, и Батчаев сразу же подтвердили, что участвовали в организации терактов в Москве и Волгодонске, они настаивали на том, что организаторами их операции была ФСБ, только узнали они об этом много позже, уже когда бежали после терактов в Чечню и оказались у сепаратистов.

Латынина предполагает, что террористы взрывали дома с простыми гражданами, так как «они совершали преступление в той среде, которую знали» и они просто не представляли, «как на грязной фуре проехать к элитному дому в Москве». Это версия, и она имеет право на существование (в отличие от версии Латыниной о Рязани, которая права на существование не имеет). Но есть тогда уже и другая версия: что люди, стоявшие за Крымшамхаловым, Батчаевым и Деккушевым, «заказывавшие» теракт, планировали взорвать не элитные дома, а именно дома с простыми гражданами.

Я понимаю, что Латынина и тут может меня спросить: а почему мы должны Вам верить? Не должны. Но я все-таки напишу, что Крымшамхалов и Батчаев, согласно исходящей от них информации, считали, что они участвуют в операции по взрывам федеральных объектов. Ну, наверно, они представляли себе, как взлетает на воздух Кремль, Лубянка, здание Генштаба... Но взрывы произошли преждевременно и не в тех местах, которые предполагалось взорвать. То есть их банальным образом обманули. Они считали, что их взрывчаткой будут взрывать Кремль, а взорвали жилые дома, те самые, где складировалась взрывчатка.

– Ну, первый дом – преждевременно и не в том месте, – мучил я посредника. – А ты спроси, когда второй дом взорвался «преждевременно» и тоже «не в том месте», их это не смутило? Крымшамхалов ответил: «Не смутило».

«Между августом 2001 года, когда отрывки из книги Фельштинского и Литвиненко впервые появились в «Новой газете», и переизданием в апреле 2004-го случилась удивительная история, – сообщает Латынина. – ...Гочияев, Батчаев и Крымшамхалов вышли на контакт с Литвиненко и оживленно стали обмениваться с ним письмами. Обстоятельства этого обмена... настолько фантастичны, что они заслуживают отдельного рассказа».

Заслуживают, и сейчас вы этот рассказ услышите, как говорится, из первых уст. Мелкие уточнения по ходу рассказа. Как историк я все придираюсь к фактам. Гочияев, Батчаев и Крымшамхалов вышли на контакт со мною, а не с Литвиненко (о чем было заявлено нами С. Ковалеву 25 июля 2002 года, текст заявления опубликован). И всю работу с ними проводил я, а не Литвиненко. И конечно, хотелось бы, чтобы в следующий раз, пересказывая про меня какие-то «фантастические» историии, Латынина предварительно узнавала бы у меня, что правда, а что нет.

Заявление Гочияева, датированное 24 апреля 2002 года, я получил позже, не 24 апреля. Письмо Крымшамхалова и Батчаева, датированное 28 июля и полученное после 28 июля, я никак не мог обнародовать 25 июля во время телемоста с Общественной комиссией по расследованию взрыва жилых домов. Во время телемоста я сообщил о поступающей от Крымшамхалова и Батчаева информации и о смысле этой информации.

«Никаких доказательств этой версии ни до, ни после представлено не было», – пишет Латынина. Простите, а письмо Крымшамхалова и Батчаева – это не доказательство? А какой мне смысл предъявлять Латыниной доказательства, если на любой поступающий от меня документ она говорит «это не доказательство». А что тогда доказательство? Письменный приказ Патрушева Крымшамхалову взорвать дом в Москве? Но и в этом случае Латынина скажет, что приказ – подделка, потому что никто никогда такой приказ письменно не даст ни на каком уровне. И действительно, нет такого письменного приказа и быть не может.

Латынину все мучает вопрос, почему именно в марте 2002 года стали выходить на меня посредники? Уточним, что только один посредник. Всего один! И потом его сменил другой посредник. То есть мы говорим о двух людях, а не о какой-то армии посредников. Почему именно в марте? Версия Латыниной: «Ответ прост: именно весной 2002-го грузины, под давлением американцев, начали вычищать боевиков из Панкиси».

Да, дались Вам эти американцы. В январе 2002 года Березовский заявил, что он финансирует документальный фильм «Покушение на Россию» и что за взрывами домов стоят российские спецслужбы. Стало ясно – всем стало ясно, и ФСБ, и чеченцам, – что его интересует эта тема. 5 марта в Лондоне состоялась презентация фильма. И уже через несколько дней на меня и вышел посредник Гочияева (или тех, кто его контролировал) и, не стесняясь, предложил показания Гочияева за 3 миллиона долларов.

Американцы... Березовский, а не американцы. И что я теперь должен от материала отказываться из-за того, что кто-то мечтает получить за него деньги Березовского? Пусть мечтают. Мечтать не вредно.

Латынина позволила себе процитировать отрывок из

показаний Крымшамхалова. Давайте и я коснусь этого момента. Да, моим вторым посредником был человек по имени Ваха. Я никогда не встречал его, я не знаю его фамилии. И не знаю его настояшего имени. Но я очень благодарен ему за все, что он тогда для меня делал. В отличие от первого посредника, жившего в Париже, Ваха находился в Грузии, там, где скрывались Гочияев, Крымшамхалов и Батчаев. Деккушев был тоже в Грузии, но к Крымшамхалову и Батчаеву по неизвестным мне причинам он отношения уже не имел. Он скрывался в каком-то другом районе. По моей информации, после того как Крымшамхалов и Батчаев вышли на меня, ФСБ связалась с грузинскими спецслужбами и на контрактной основе наняла людей для поимки Деккушева (с которым у меня никогда не было контактов), Крымшамхалова и Батчаева. И вот эта система – уверен, что в данном случае мне поверит даже Латынина – сработала. ФСБ заплатила грузинам деньги, и те схватили Деккушева. 14 июля его передали России. С этого момента и начала поступать ко мне информация от Крымшамхалова и Батчаева. Им стало ясно, что дни их сочтены. Было уже не до денег. С 14 по 28 июля я снимал с них показания письменно и на видео. 28 июля или вскоре после 28-го на мой факс пришло письмо Крымшамхалова и Батчаева Сергею Ковалеву. Через несколько дней почтой пришел оригинал документа.

Мне очень нравится, когда Латынина дает ФСБ советы, как этой организации лучше провести расследование, чтобы народ начал ей верить и чтобы можно было сохранить лицо. Как нужно открыто рассказать о том, что было в Рязани, чтобы народу стало ясно, что ФСБ не минировала там дом. Как было бы лучше уволить Патрушева после рязанских событий... Прямо так в ФСБ и ждут советов Латыниной; только и думают о том, чтобы лицо сохранить. Да нет там лица, Юлия, с 1917 года нет. И, конечно, меня коробит от того, что слова «либералы», «либеральная» у Латыниной по контексту какие-то ругательные, а о проколах ФСБ она печется ну как о своих собственных. Известный вопрос «С кем вы, мастера культуры?» просто напрашивается.

Я абсолютно не разделяю причитаний Латыниной, проходящих через всю ее статью: ах, какое у нас тупое правительство, ах, какая у нас глупая ФСБ. Все делают себе во вред, никак не соглашаются рассказать народу правду, провести объективные расследования, чтобы все увидели, что не они убивали и взрывали. «В 1999 году ФСБ как единой злой воли не существовало. Это была толпа одичавших рэкетиров, каждый из которых окучивал свой кусок. Эта единая воля появилась только с Путиным: Путин создал ее, чтобы перебить крышу. Чтобы уйти из-под семьи», – это еще один аргумент Латыниной в пользу того, что не ФСБ взрывала дома.

Только, как мне видится, это как раз аргумент в пользу того, что за сентябрьскими терактами стояла ФСБ, чтобы проще было поставить у власти своего президента; чтобы можно было перестать наконец быть «толпой одичавших рэкетиров»; чтобы можно было забрать себе всю Россию, а всех своих просто продвинуть на высшие государственные посты. Да умное у вас правительство. Очень умное. И ФСБ у вас очень умная. Они согнули вас в бараний рог за какие-то 10 лет так, что Венедиктов боится меня в эфир пустить.

Бессмысленно разговаривать с человеком, который не слышит и не читает. Юлия Латынина, безусловно, меня если и читает, то не слышит. Будем надеяться, что прочитают и услышат другие.

Бостон, 4 октября 2009 г.

ПРИЛОЖЕНИЕ 33

ДЕЙСТВУЮЩИЙ РЕЗЕРВ
СОЗДАННАЯ ПУТИНЫМ СИСТЕМА НАДОЛГО

28 сентября в «Ежедневном журнале» была опубликована статья Юлии Латыниной, в которой журналист представила свою версию о том, кто стоит за взрывами жилых домов в России в 1999 году. В ответ на эту публикацию свое видение этих событий предложил Юрий Фельштинский, ранее написавший в соавторстве с Александром Литвиненко книгу «ФСБ взрывает Россию». Исследования Фельштинского показались нам интересными, и мы попросили его подробнее осветить тему силовиков во власти.

– Юрий, в чем суть Ваших разногласий с Юлией Латыниной?

– Латынина считает, что дома взрывали «чеченцы» (сейчас уже невозможно писать «чеченцы», поэтому она указывает на ваххабитов, но намекает на связь с Басаевым). А я считаю, что дома взрывали спецслужбы (по аналогии с терактами 1994-1996 годов и с эпизодом в Рязани). И у нас много тому подтверждений (не только собранная мною информация), например, заявление генерала Александра Здановича, директора Центра общественных связей ФСБ, в котором косвенно подтверждаются мои догадки.

Разумеется, это необходимо доказывать. А доказывать что-либо тут очень сложно. Здесь новое расхождение между мной и Латыниной – в методологии подхода к доказательствам.

Но ведь это редко в истории бывает, что версию можно доказать. На все мои доводы Латынина говорит: «Это не доказательства», и предъявляет свои, которые, будем откровенны, ничем не лучше, а, скорее всего, хуже, слабее. Все-таки я этой темой занимаюсь уже почти 10 лет, а Латынина – только пару часов перед эфиром. И то, что ее выводы поспешные и сырые, я вижу.

– Ваш спор имеет отношение только к установлению исторической правды или он актуален?

– И то, и другое. Через 50 лет мы будем говорить только об исторической правде. Сегодня речь идет о том, что если я прав, то у власти в России стоят в том числе и те люди, которые организовывали сентябрьские теракты в России. А они преступники, убийцы (это если я прав). Именно по этой причине очень важно понять, прав я или нет. И поскольку именно те люди, которых я обвиняю в организации терактов в России, делают все от них зависящее, чтобы блокировать не только формальное расследование событий тех дней, но и доступ людей к информации, нам приходится лишь утверждаться во мнении, что за взрывами стоят спецслужбы.

Даже Латынина признает, что людей, верящих в то, что за взрывами стояла ФСБ, все больше и больше. Абсолютно согласен. Это происходит потому, что – по старой пословице – на воре и шапка горит. Власти ведут себя так, как если бы за взрывами домов стояли они: убивают Литвиненко; запрещают к распространению книгу «ФСБ взрывает Россию»; арестовывают тираж (прилагаю документы); запрещают показ фильма «Покушение на Россию»; замалчивают десятилетнюю годовщину взрывов (в то время как пышно отмечают годовщины других трагедий); санкционируют показ фильма «Личный номер». Все это не может не привести людей к выводу, что за взрывами стояли спецслужбы.

– Считаете ли вы, что силовики по-прежнему контролируют власть?

– Я считаю, что операция по захвату спецслужбами власти в России, с точки зрения историка, – интереснейший эпизод в истории страны. Такого не было ни до, ни после; ни в России, ни в остальном мире. Началась эта операция во второй половине 80-х годов, когда КГБ стало ясно, что Советский Союз рушится. Мы знаем этот процесс как «гласность и перестройка». Но мы видим только его политико-идеологическую и финансово-экономическую части.

А была еще и административная часть (не знаю, как лучше назвать). Она заключалась в создании внутри КГБ института «офицеров действующего резерва». Это когда в гражданский сектор засылались на работу сотрудники КГБ точно так же, как раньше засылались шпионы за границу. Приходил на работу человек в государственную структуру, например, на должность заместителя редакции, заместителя директора банка, заместителя руководителя новостной редакции телевидения и прочее и прочее, и никто не понимал, почему именно этого человека продвинули, да как-то неожиданно и в обход других. А оказывалось потом, что человек этот пришел из КГБ, что получает он зарплату и там, и там. И обязанность его – быть сотрудником КГБ в этом учреждении и обо всем докладывать в КГБ. Только не путайте, пожалуйста, с Первым отделом и с тайно завербованными агентами КГБ – это все в дополнение, причем и Первый отдел, и агентура КГБ этому человеку помогают, как могут.

Представьте себе, что в «действующий резерв», в мирный сектор на работу отправляются десятки тысяч офицеров КГБ, теперь учтите, что сначала занимаются самые лакомые должности гражданского сектора (шоферами и дворниками офицеры КГБ работать не стремятся), и у вас сложится относительно полная картина происходящего. И когда Путин в 2000 году стал президентом и свистнул в старый свисток, все сразу выползли из своих нор и надели форму с погонами. А мы рты открыли и до сих пор не можем понять: как же Путин так ловко и быстро захватил контроль над страной? Да просто, как в шахматной игре, все фигуры уже были расставлены, все позиции захвачены. Только и оставалось дело за своим президентом, которого ФСБ в 2000 году, наконец-то, поставила.

Мои выводы подтверждают две фотографии. Помните первый день нашей спонтанной августовской 1991 года революции? Ельцин выступает с пламенной речью с бронетранспортера перед народом на площади. И за его спиной стоит нам тогда еще не знакомый человек – будущей генерал Александр Коржаков, офицер КГБ, из личной охраны Андропова. (Вы понимаете, как проверяли в советские годы человека, входящего в личную охрану Андропова?) И вторая фотография, сделанная в те же минуты в Ленинграде. Собчак выступает со спонтанной речью перед толпой народа на площади. И за его спиной тоже стоит человек, никому не знакомый. Угадали? Сегодня этого человека знает весь мир. Этот человек – Владимир Путин.

Вот пусть мне и объяснят, каким образом два главных демократа страны уже к первой минуте революции опирались на двух гэбэшников? Каким образом при Гусинском оказался генерал армии КГБ Филипп Бобков, при Ходорковском – генерал Алексей Кондауров, при Березовском и Патаркацишвили, а до этого при премьер-министре Егоре Гайдаре – Андрей Луговой (может, он теперь уже тоже генерал, мы просто об этом не знаем; раньше награждали, было такое определение, «без публикации»).

Возьмите любого значимого человека в политике, в бизнесе, в творчестве – везде вы найдете совсем рядом офицера КГБ, к этому человеку приставленного, причем человек этот знает о том, что его правая рука – из КГБ (ФСБ), но почему-то не возражает, даже считает эту «руку» полезной. Постепенно все эти заместители директоров из КГБ стали директорами. Вот они сегодня и управляют государством, как хотят и как могут.

– Есть ли, на ваш взгляд, в Кремле люди, готовые противостоять силовикам?

– Я не думаю, что в Кремле есть люди, которые готовы противостоять силовикам. Дело в том, что те, кто были готовы, уже не в Кремле. У людей, которые поддерживают силовиков во власти, есть свое оправдание. Они считают, что поддерживают государство и работают на страну. Здесь есть своя логика.

В ФСБ считают, что именно они и есть государство, а те, кто с ними, считают, что поддерживают государство, а не ФСБ. К таким людям относятся Чубайс, Сурков, Волошин (до отставки). Они видят, что государство захвачено спецслужбами, но считают, что это и неплохо, что это лучше, чем когда государством управляла «семья». И с этим можно было бы согласиться, но про «семью» всем нам было понятно, что это период временный.

Про созданную Путиным систему я не стану утверждать, что она ненадолго. Я думаю, что она надолго. Стратегически Ельцин (при всех его минусах, которые мы не будем здесь перечислять) разворачивал страну в сторону Европы и искренне хотел, чтобы Россия стала частью западно-европейской цивилизации. Задача Путина и людей из ФСБ – сделать из России некую изолированную территориальную единицу (так им проще управлять), непонятно как называющуюся (они и сами не знают), непонятно с кем дружащую (похоже, что ни с кем – в союзниках то Куба, то Венесуэлла, то Иран). Стратегия у Путина одна: контроль над страной, над ее финансовыми и экономическими ресурсами. Этой глобальной стратегии все и подчинено.

– Какое поведение силовиков в ближайшие годы вы прогнозируете?

– Я думаю, что суть политики России в 1999 году очень точно в трех словах сформулировал Владимир Путин: «мочить в сортире». И этой политики он придерживался все годы своего президентства. Мочим всех, кого можем и как можем. Кого-то буквально: чеченцев, грузин. Кого-то фигурально: Украину, Польшу, Прибалтику. Да и американцам достается, и англичанам, и континентальной Европе. В общем-то, все, что нынешние руководители России умеют, это «мочить», как внутри страны, так и за границей. И понятно почему – в КГБ не учили создавать и строить. Там учили подавлять, разрушать, убивать, брать под контроль. Вот они и пытаются прежде всего брать под контроль. Ну, а уж если не удается под контроль взять, тогда... Сами понимаете... Привычка. Инстинкт.

– Есть, по вашим наблюдениям, какое-либо противоборство между разными группами силовиков?

– Я помню, сколько мы жили в СССР, столько нам «Голос Америки» рассказывал о противоборстве внутри Политбюро. И точно известно, что это противоборство было – там боролись за власть какие-то люди, убирали одних, ставили других. Только к жизни советских людей это никакого отношения не имело. И среди силовиков сегодня это противоборство, уверен, есть, причем еще более очевидное и жесткое (время такое, деньги большие, опять же инстинкт). Но к нам с вами это не относится. Хотя иногда все же относится.

Не буду скрывать: назначение Дмитрия Медведева президентом было для меня приятной неожиданностью. Потому что все мы знаем, кто был альтернативным президентом, – генерал ФСБ Сергей Иванов. А всегда лучше, когда президент не из ФСБ, чем когда он из ФСБ. Потому что в КГБ хороших людей на работу не брали. Они там все – плохие люди. Но в целом, как мне кажется, журналисты и историки не в состоянии разобраться в сути борьбы силовых кланов друг с другом (даже если думают, что в состоянии). Пытаться определять, какой клан лучше, я бы не рискнул.

– Могут ли повториться истории со взрывами домов?

– Взрывы домов в 1999 году, как и теракты 1994 года, проводились с конкретной политической целью: подготовить в стране почву для начала чеченской войны. Война же организовывалась на случай необходимости отмены выборов и введения в России чрезвычайной ситуации. Как перед первой чеченской войной, так и перед второй в спецслужбах были люди, отвечавшие за этот чрезвычайный сценарий, и в рамках этого плана проводились теракты и начинались войны. Просто так дома взрывать никто не будет. Если взорван дом, но нет всемирно известных террористов, принявших на себя ответственность за теракт, значит, это не теракт, а первый этап другой, более масштабной операции. Я не могу делать прогнозов о взрывах домов в России, так как не знаю, какие крупномасштабные операции планирует проводить в ближайшие годы правительство этой страны.

– Что, по-вашему, должны предпринять оппозиция и гражданское общество, чтобы лишить силовиков их влияния?

– Я, наверное, скептик, но я не верю в революцию «снизу», тем более что все последние либеральные революции в России происходили «сверху». Хрущевская оттепель и горбачевская перестройка не были вызваны восстанием или неповиновением масс. Гражданское общество и оппозиция в России умышленно ослаблены правительством до такого предела, что не могут конкурировать за политическую власть в стране. Другое дело, что, как мы знаем на примере СССР, даже самые прочные диктаторские режимы имеют тенденцию неожиданно рушиться.

И когда этот обвал происходит, нам становится понятно, что произошел он отчасти и потому, что маленькие группки диссидентов подтачивали устои тирании, где могли. Противостоять злу и несправедливости – естественная потребность честного человека. Эта потребность не связана с желанием в скором времени увидеть практический результат борьбы. Просто мы не можем жить, не борясь. А империи в конце концов все равно рушатся.

12 октября 2009 г.
Юлия Галямина

ПРИЛОЖЕНИЕ 34

ЮРИЙ ФЕЛЬШТИНСКИЙ

ПУТИН И БЕРЕЗОВСКИЙ: КТО КОГО ИСПОЛЬЗОВАЛ? РУКОВОДИЛ ЛИ БОРИС БЕРЕЗОВСКИЙ ПОЛИТИЧЕСКИМ ПРОЦЕССОМ?

Я читал публикации Михаила Шевелева и Олега Мороза, которые появились как отклики на мою статью от 3 октября, и думал об одном очень обидном обстоятельстве: что мы тут гадаем на кофейной гуще, как же все было в том «далеком» 1999 году, а ведь есть несколько человек, которые знают ответы на все вопросы.

И нельзя сказать, что информация эта секретная. Она не секретная. Она просто важная, и нужна для понимания того, как Россия оказалась во власти людей, управляющих ею сегодня. Для начала назовем тех, кто знает ответы на все вопросы. Первый эшелон – это Александр Волошин и Роман Абрамович. Второй: Владимир Путин, Валентин Юмашев, Татьяна Дьяченко, Петр Авен, Борис Березовский, Анатолий Чубайс. Ну, есть много других осведомленных людей. Я назвал только тех, кто на виду и на слуху. Но так как люди эти молчат, давайте собирать пазл без них, с теми кусочками, которые имеем. Вдруг что и получится.

Путин не был первым кандидатом Ельцина. Он просто оказался самым удачливым. Два его предшественника «сгорели» – Примаков и Степашин. Между тремя этими людьми общего было только то, что все они были из спецслужб. Примаков в прошлой жизни возглавлял СВР, Степашин – ФСК, а Путин – ФСБ. Те исследователи, которые считают это банальной случайностью, очевидным образом не правы.

В чью мудрую голову пришла идея сделать следующим президентом России человека спецслужбы? Голов этих было несколько. И важно даже не то, кто первым озвучил идею, а то, что никто из участвовавших в операции «Преемник» не возразил. Почему? Да потому, что люди, которые окружали Ельцина, не верили ни в народ, ни в демократию, ни в законы и законодательство. Ни, тем более, в Конституцию страны. Они очень боялись потерять власть, а с властью – еще и деньги. И как в старые добрые времена, их вдруг осенило, что лучше всего защитить власть (и деньги) они смогут с помощью спецслужбы – ФСБ. А то, что с ФСБ они договорятся, в этом почему-то сомнений у них не было.

Так что коллективный портрет «заговорщика» нам известен. И портрет будущего президента тоже был обрисован к сентябрю 1998 года, когда премьер-министром стал Примаков: кто угодно, но из КГБ.

Примаков, правда, «заговорщиков» испугал. Помните известное заявление Примакова о том, что он объявит амнистию, освободит в тюрьмах 90 тысяч мест и посадит туда 90 тысяч бизнесменов, которые еще большие преступники, чем уголовники. 90 тысяч за 4 года правления это 60 бизнесменов в день без выходных и праздников. После того как первый список на 60 человек был составлен, дни Примакова оказались сочтены. Кроме того, Примаков стал заигрывать с коммунистами и раздавать им министерские портфели, а коммунисты стали считать Примакова своим. Запахло коммунистическим реваншем со всеми последствиями.

Тут нам самое время вспомнить о Ельцине. Ельцина действительно шантажировали, но не компроматом на родственников и друзей (кого волнуют друзья?). Политическая реальность заключалась в том, что Примаков, опирающийся на прокоммунистическую Думу, почувствовал себя настолько всесильным, что не стал противостоять импичменту. И хотя Дума снять Ельцина не смогла, сигнал президенту был послан. Он всерьез стал задумываться над тем, что может случиться с ним лично (и с его дочерьми) после ухода в отставку. Репетиция импичмента сослужила и коммунистам, и «Яблоку» дурную службу. Ельцин стал искать преемника, который гарантирует ему и его семье иммунитет. Нужна была сильная рука, которая сможет свернуть шею еще и Думе. А где же эту руку взять, как не в КГБ? Чья еще рука гарантированно сможет провести через Думу закон об иммунитете бывшего президента и его семьи?

Итак, Примакова – в отставку. Кто там следующий из КГБ? Степашин.

Отметим еще одного верного союзника «заговорщиков», на которого они всегда могли рассчитывать, но лишь в том случае, если кандидат выбирался из КГБ. Обратим внимание на то, как мужественно противостояла Дума назначению Виктора Черномырдина, блокировала его прохождение и так подтолкнула Ельцина к выбору Примакова. Потому что Черномырдин – не из КГБ. Непроходным считался и другой кандидат в премьер-министры – Аксененко. Именно он должен был по одному из сценариев сменить Примакова (и стать затем президентом). Именно Аксененко поддерживал Березовский. Но ко дню голосования уже было известно, что за Аксененко Дума тоже не проголосует.

Помните прямую трансляцию заседания Думы под председательством Селезнева, где Селезнев божился, что премьер-министром Ельцин решил назначить именно Аксененко? Но Аксененко переиграли на Степашина. Кто переиграл, мы знаем: наш первый эшелон, те, кто определял кремлевскую политику в 1999 году – Волошин и Абрамович. Премьер-министром стал Степашин. За него Дума дружно проголосовала. Но Степашин так и не стал президентом.

Я помню, как годы спустя в Лондоне в офисе Березовского я разговаривал с прилетевшим из Москвы Сергеем Доренко. Зашла речь о причинах снятия Степашина. И Доренко сказал, что его сняли, потому что до Волошина дошли тревожные слухи: Степашин начал переговоры с Лужковым и Примаковым.

– А он действительно с ними начал переговоры вести? – спросил я.

– Представь себе, – ответил Доренко, – Би-би-си передаст сейчас, что на Англию летит метеорит, который врежется в землю в районе Лондона через три дня, причем от всей Англии ничего не останется. Знаешь, тут такое начнется, что через три дня уже не будет иметь никакого значения, врежется этот метеорит в Англию или нет. Не имеет значения, вел Степашин переговоры с Лужковым или не вел. Но когда слухи об этих возможных переговорах пришли в Кремль, там такое началось, что Степашина срочно решили отправить в отставку.

Так премьер-министром стал Путин. И за него Дума тоже проголосовала.

Должен ли я называть вещи своими именами? Должен ли я предположить, что в составе членов Думы, входящих в разные фракции, есть достаточное количество действующих, бывших и тайных сотрудников и агентов ФСБ, и этим депутатам с Лубянки пришло указание поддерживать кандидата спецслужбы? Или такое умозаключение – очередная «теория заговора»?

Как с известным бревном Ленина на субботнике в Кремле, которое, если судить по мемуарам, несло несколько сот человек, Путина к власти чуть ли не вся страна вела. Одни переводили его с повышением на работу в Москву. Другие знакомили с кремлевской тусовкой. Третьи – с Березовским. Четвертые – с Ельциным. В общем, все на славу потрудились и сделали из подполковника КГБ премьер-министра.

Олег Мороз напрасно считает, что автором всех избирательных идей был Березовский. Но одна идея у Березовского родилась: создать «Медведя», более известного как «Единство». Когда Березовский впервые огласил свою «утопическую идею», Абрамович с Волошиным на него посмотрели, как на сумасшедшего. Создать в такие короткие сроки новое движение (регистрировать новую партию по закону уже времени не оставалось), да еще и победить? Бред какой-то. Но Березовский объяснил, что других ходов нет, выборы будут иначе проиграны, а вместе с выборами будут проиграны и жизни, так как «Лужок с Примусом» всех посадят. Соответственно, принимая предложение Березовского, Кремль ничем не рискует. «Что тебе для этого нужно?» – «Ничего. Назначьте Игоря Шабдурасулова заместителем Волошина», – ответил Березовский. «И всё?» – «И всё».

После 1996 года, когда усилиями прежде всего Березовского и Чубайса была обеспечена победа на президентских выборах Ельцина, это была вторая блестящая операция Березовского.

Березовский сел в свой самолет, облетел всех губернаторов и договорился со всеми о поддержке «Единства». А уж губернаторы во время выборов постарались и обеспечили «Медведю» голоса. (Это так, в упрощенном описании.)

Со второй возложенной на него задачей – пиарное прикрытие «Единства» и Путина на ОРТ и в подвластных Березовскому остальных СМИ – Березовский тоже справился. В результате «Единство» получило на выборах в Думу относительное большинство; Лужков с Примаковым выборы проиграли; и униженный Примаков снял свою кандидатуру с президентских выборов. Единственным серьезным конкурентом Путина оставался теперь Зюганов.

Но полдела – это не дело. Нужно двигаться дальше. План добровольного и досрочного ухода Ельцина разрабатывали Волошин и Абрамович. Ельцин добровольно уходит в отставку 31 декабря 1999 года (когда еще, как не в новогоднюю ночь, с точки зрения бесплатного пиара, можно заполучить внимание всей страны, сосредоточенно смотрящей в экран телевизора). Путин становится не просто премьер-министром, а преемником, исполняющим обязанности президента. Биться с и.о. президента за власть на очередных выборах будет куда сложнее. И.о. президента это фактический президент.

Предположения о том, что Березовский и дома взрывал, и войну с Чечней готовил, фактами не подтверждаются. Я думаю, что достаточно подробно коснулся этой темы в своих недавних публикациях и интервью. Нет оснований считать, что Березовский знал о предстоящих взрывах домов. Нет оснований считать, что он участвовал в подготовке войны с Чеченской республикой (это после его-то участия в подписании Хасавюртских соглашений 1996 года?). Березовский – человек гражданский, в конце концов. А такими делами, как войны и взрывы, в России занимаются все-таки профессионалы, люди военные. Кстати, это и к Абрамовичу с Волошиным относится. Они тоже дома не взрывали и войну не готовили.

Ошиблись ли в Путине те люди, которые его продвигали? Безусловно, нет. Обозначим три силы (или группы), приведшие Путина к власти: Ельцин и его семья; «семья»; ФСБ. Все оказались в выигрыше. Ельцин и его семья получили неприкосновенность, которая легко была подтверждена новой Думой. А это была главная цель уходящего на покой Ельцина. Он хотел после отставки покоя, и он его получил. Остальные сохранили (как олигархи) или приобрели (как ФСБ) власть. И все вместе преумножили деньги. Я помню, как Бадри Патаркацишвили объяснял мне в Тбилиси:

— Вот ты нас критикуешь за то, что мы Путина к власти привели, говоришь, что мы ошиблись. А я тебе скажу так. До прихода Путина к власти капитализация Сибнефти была 600 миллионов долларов, а после прихода Путина – 2 миллиарда. Вот ты мне теперь и скажи, правильно мы сделали, что привели Путина к власти, или неправильно, ошиблись мы или нет?

Особняком в этой идиллии победителей стоит конфликт Путина с Березовским. Но и тут нужно уточнить: конфликт этот возник не у Путина с Березовским, а у Березовского с Путиным. Сначала Березовский поздравил Путина с победой:

— Володя, я тебя поздравляю. Великое дело сделали. То, что ты стал президентом — великое дело. Ни о чем не беспокойся. Мы тебе будем говорить, что делать. Отсидишь четыре года, уйдешь, будешь жить, хлопот не знать. Понимаешь, у нас просто не было времени нормального кандидата в президенты найти, поэтому остановились на тебе. Но это только на четыре годы. За четыре года мы замену тебе подберем. Ну всё, извини, мне бежать нужно. Я опаздываю. Я тебя поздравляю.

Березовский, безусловно, недооценивал Путина, не понимал, кто именно вел его к власти. Что еще важнее, Березовский переоценивал свои силы и свое влияние как на Путина, так и на Волошина с Абрамовичем.

Началось все с конфликта политического – написанного Волошиным и подписанного Путиным указа «О создании семи федеральных округов». Одним росчерком пера была разрушена система, много лет отстраиваемая Ельциным и гарантированная перед выборами Березовским в его сложных переговорах с губернаторами в обмен на поддержку губернаторами «Единства» и Путина на парламентских и президентских выборах.

Теперь получалось, что Березовский губернаторов обманул, а Путин их «кинул».

От этого путинского указа № 1 и отсчитывается новый этап политического развития России. Все остальное – разгон Совета федерации, фактическая отмена местных и центральных выборов, вертикаль власти, отмена свободы слова – было лишь следствием.

– Ты понимаешь, что я под тебя никогда не лягу, – сказал Березовский Путину вскоре после выборов.

– Не ляжешь как под человека или как под президента?

– Ни так, ни так...

А в Кремле закон был простой: кто не ложится, того уничтожают. Березовский про закон этот знал. Он просто искренне считал, что сильнее Путина, потому что у него было два верных друга: Волошин и Абрамович. За верность Волошина и Абрамовича Березовский мог поручиться. В те дни у него состоялся один показательный разговоров с женой Еленой:

– Леночка, собирайся, едем отдыхать!

– Куда?

– Куда-нибудь. Отдыхать. После такой победы имеем право и отдохнуть.

– Надолго?

– Надолго. Ну, отдыхать, понимаешь. Мы же давно не отдыхали.

– А здесь кто останется?

– Ты что имеешь в виду? Здесь же Саша остается, Рома.

– А, я поняла. Мы уедем, а здесь за нас остаются Волошин и Абрамович?

– Ну да, это же мои друзья, я им абсолютно доверяю.

– Понятно... Тогда я просто складываю вещи, все вещи, потому что, если следить за всем остаются Рома с Сашей, это значит, что сюда вернуться мы уже не сможем.

Лена Березовская оказалась абсолютно права. Прошло совсем немного времени, и друг и ставленник Березовского Волошин грозил теперь Березовскому арестом, если тот не продаст свои акции ОРТ. А друг и партнер Березовского Абрамович грозил отнять у Березовского Сибнефть, если тот не продаст

Абрамовичу (по сильно заниженной цене) свою долю в Сибнефти.

— Как же вас так все ваши друзья предают? — спросил я както Бориса.

— Понимаешь, цена вопроса очень большая. Очень большие деньги. А когда вопрос стоит о таких больших деньгах, дружба уже не работает.

Бостон
28 октября 2009 г.

ПРИЛОЖЕНИЕ 35

Ю. Фельштинский

КРОВАВЫЙ СЕНТЯБРЬ

Исторически рассуждая, сентябрь кровавый месяц. Наверное, найдутся читатели, которые скажут, что и другие месяцы года не лучше. Не буду настаивать на своей правоте, хотя и Вторая мировая война, и теракт в США в 2001 году, и теракты в России 15 лет назад – это всё сентябрь. Случайность? Конечно, случайность – статистически рассуждая...

Поразительно, что «Эхо Москвы» в столь непростой период российско-украинской войны и жесткой пропагандистской кампании российского правительства против всего цивилизованного мира нашло в себе мужество провести пару дней назад опрос слушателей по острополитическому сюжету 15-летней давности: *Верите ли вы в официальную версию взрыва дома на улице Гурьянова?* 8% ответили, что верят; 79% ответили, что дома взрывали спецслужбы.

Я считаю, что это удивительный результат. С сентября 1999 года, 15 лет, ФСБ, российское правительство и основные российские СМИ неустанно заявляют, что дома взрывали чеченцы, и 15 лет спустя в это верит 8% слушателей «Эха Москвы», а 79% считают, что взрывали спецслужбы. Я хочу напомнить, что в августе 2001 года спецвыпуском «Новой газеты» были опубликованы главы из моей и Литвиненко книги «ФСБ взрывает Россию». Вскоре после этого ФСБ через суд добилась запрета на публикацию и распространение в России самой книги под предлогом «разглашения государственной тайны». В интернете, впрочем, книга была опубликована. В 2007 году, уже после убийства в Лондоне Александра Литвиненко, книга была опубликована на примерно 20 языках. Было и два русских издания: в Украине и Эстонии. В России «ФСБ взрывает Россию» издана не была и стала единственной моей книгой, неизданной в Москве. Даже

«Корпорация: Россия и КГБ во времена президента Путина» выдержала два российских издания.

Должен отметить, что все эти годы, всякий раз, когда предоставлялась возможность, особенно в очередную сентябрьскую годовщину, резкой критике и концепцию книги, и меня лично подвергала ведущий журналист «Эха Москвы» Юлия Латынина, причем критика эта шла в одностороннннем порядке, поскольку на «Эхе» у Латыниной по вопросу взрыва домов была полная монополия, и за все эти годы ни разу «Эхо Москвы» не предоставило мне право ответного слова. Поэтому результат последнего опроса «Эха Москвы» вдвойне сенсационен. Это не только вотум недоверия Путину, но и вотум недоверия 79% слушателей «Эха» тому, что все эти годы вещает по поводу взрывов 1999 года Латынина.

Некоторые приемы Латыниной я считаю некорректными и неприличными. Я считаю некорректным обвинять меня в «измене родине» и в «сотрудничестве с международным терроризмом» за сбор информации о терактах 1999 года (причем это не случайные обвинения, поскольку из уст Латыниной они звучали и раньше). Я считаю неприличным писать с ошибкой, как это сделано в «Коде доступа» от 13 сентября, мою фамилию при том, что написание моей фамилии Латыниной хорошо известно.

Я советую Латыниной сменить аудиторию. Если после стольких лет отчаянной пропаганды тебе верят только 8% слушателей, стоит ли оставаться на «Эхе»? Пусть лучше возьмут меня: я там еще и рта не открыл, а у меня уже 79% поддержки. Трудно даже представить, что будет, если меня в России в эфир пустят.

P. S. Хочется верить, что контракт Латыниной с Путиным и ФСБ по тематике сентябрьских терактов был подписан не пожизненно, а сроком на 15 лет, и в сентябре 2015 года Латынина защищать Путина и ФСБ уже не станет, тем более, что к тому времени у Латыниной не будет даже 8% поддержки.

Юрий Фельштинский
15 сентября 2014 г.
Бостон

ПРИЛОЖЕНИЕ 36

ФАКСИМИЛЬНЫЕ ДОКУМЕНТЫ
ИЗ АРХИВА Ю. ФЕЛЬШТИНСКОГО

Экз. 1

Л И Ч Н О

Начальнику 7 отдела УРПО ФСБ РФ
подполковнику   Гусаку А. И.

Р А П О Р Т

Довожу до Вашего сведения, что не считаю для себя возможным выполнить Ваш приказ о включении меня в работу по ДОР "Термиты" находящегося в производстве у заместителя начальника 7 отдела подполковника
Енина Н. В. в связи с тем, что в данном случае моя работа по делу оперативного учёта может быть квалифицирована статьями 285 (Злоупотребление должностными полномочиями) и статьёй 290 (получение взятки) УК
РФ.

Основаниями для данного заключения являются имеющиеся у меня данные, говорящие о том, что охранное агенство "Стелс" руководителем которого является офицер действующего резерва УРПО ФСБ РФ полковник Луценко В. С. получили от потерпевшего , проходящего по данному делу
крупную сумму денег для решения вопроса о " сдвижке криминальной крыши
" с ряда коммерческих предприятий входящих в автомобильный рынок дис-
лоцирующийся в Южном порту г. Москвы. Данное дело начиналось, когда я
занимал должность начальника направления в 6 отделе УРПО ФСБ РФ. Я
располагаю информацией о том, что начальник охранного агентства
"Стелс" получил крупную сумму денег в иностранной валюте от пострадавшего для решения вопроса об избавлении его от криминальной крыши. В
связи с вышеизложенным сотрудниками охранного агентства "Стелс" выска-
зывались претензии в мой адрес о недостаточно эффективной работе по
выполнению полученного ими заказа. В частности выдвигались конкретные
претензии о том, что ими от заказчика была получена в виде предоплаты
крупная сумма денег для решения данного вопроса, а результатов до сих
пор никаких не получено. Сотрудниками охранного предприятия "Стелс"
неоднократно высказывалась мысль о том, что их охранное предприятие и
Начальник Управления разработки преступных организаций генерал-майор
Хохольков Е. Г. это одно и тоже, что данное управление было создано
исключительно для решения их коммерческих вопросов и совместного зара-
батывания денег. Это и есть главная задача данного Управления, так как
начальник Управления является совладельцем (через подставных лиц) их
предприятия и имеет фиксированную часть прибыли от его деятельности.

На данные утверждения со стороны руководителей охранного агентства оперработником было замечено, что он является сотрудником Феде-

FROM :   FAX NO. :   01 Apr. 2000 16:30   P6

- 2 -

ральной службы контрразведки а не наёмным рабочим в частном охранном предприятиии и не намерен выполнять их указание. На что оперработнику было замечено, что он не до конца отдает себе отчёт где он работает и на кого и в случае если в дальнейшем указания руководителей охранного агентства им не будут беспрекословно выполняться в отношении него могут быть применены санкции дисциплинарного воздействия со стороны руководства Управления.

Данное заявление в дальнейшем нашло своё подтверждение. Так как мною не смотря на предупреждение руководителей "Стелс" не было проявлено должного рвения в выполнении заказа за которое они получили предоплату в конце 1997 года в ходе очередной реорганизации Управления Я был выведен за штат, где и находился в течении пяти месяцев.

Помимо выше приведённых фактов я располагаю достаточно обширными материалами о злоупотреблении руководства УРПО ФСБ РФ, включая и заместителя начальника управления генерал-майора Макарычева А.К., служебными полномочиями. В случае дальнейшего склонения меня к злоупотреблениям служебным положением я буду вынужден обратиться с исковым заявлением в организации контролирующие работу ФСБ РФ (военный суд и военная прокуратура).

Я отдаю себе отчёт в том, что легализация данной информации нанесет вред и без того подорванному иммиджу Федеральной службы безопасности. Я, как старший офицер Федеральной службы безопасности, почётный сотрудник контрразведки, готов и в дальнейшем служить на благо Родины а не в целях наполнения карманов своих руководителей. В случае необходимости я готов предоставить дополнительную исчерпывающую информацию лично Начальнику ФСБ РФ генерал-лейтенанту Ковалёву Н. Д.

Начальник 1 направления 7 отдела УРПО
ФСБ РФ подполковник   А. В. Скрябин.

"20" января 1998 года.

Директору Федеральной Службы
Безопасности России
Путину В.В.

Рапорт

Уважаемый Владимир Владимирович!

9 сентября 1998 года на основании статьи 111 Дисциплинарного Устава ВС РФ, сотрудником Управления кадров Родиным А.Н., я был ознакомлен с материалами проверки моего рапорта №П-5494 от 27.08.98 г., направленного на Ваше имя. В документе № 14/1/5609 от 4.09.98 г., составленным по результатам проверки, подписанным генерал - полковником Беспаловым А.А. и доложенным Вам, указаны не имевшие место факты, а именно:

1. Утверждение того, что я при убытии в очередной отпуск, отказался исполнить распоряжение начальника отдела подполковника Гусака А.И. о сдаче личного табельного оружия, доказательством чего, является резолюция Гусака на двух моих рапортах, где он разрешает мне убыть в отпуск с оружием (копия рапорта прилагается).

2. Утверждение того, что я отказался от получения денежного довольствия за июль месяц с.г., доказательством чего являются сотрудники отдела майор Понькин А.В., капитан Шевчук Н.П. и начальник отдела подполковник Гусак А.И., которые присутствовали при моем общении с начальником ФХО Захаровым Б.А., где последний официально отказался выдать, находящиеся в его сейфе, положенные мне деньги, сославшись при этом на распоряжение т. Камышникова А.П.

3. Утверждение того, что денежное содержание мне было выдано 12.08.98 г., доказательством чего является

отсутствие моих подписей в ведомостях о получении денег до настоящего времени.

Исходя из изложенного и с учетом того, что в ходе проверки моего рапорта № П-5494 от 27.08.98 г., были допущены нарушения требования ст. ст. 111 и 118 Дисциплинарного Устава ВС РФ (майор Понькин А.В., капитан Шевчук Н.П., я и другие сотрудники нашего отдела лицами, проверяющими мое заявление, опрошены не были), что привело к необъективной оценке событий, изложенных в документе № 14/1/5609 от 4.09.98 г. и доложенных Вам искаженных фактах. На основании ст. 110 Дисциплинарного Устава ВС РФ, прошу Вас назначить дополнительную проверку моего рапорта № П-5494 от 27.08.98 г.

Кроме этого, считаю необходимым отметить, что в настоящее время я являюсь заявителем по уголовному делу № 29/00/0004-98, возбужденному и расследуемому ГВП России по факту злоупотребления служебным положением и превышением власти руководством УРПО ФСБ России, где мною были даны показания в отношении руководителей Управления и лично т. Камышникова А.П. (одного из руководителей УРПО), в связи с чем действия последнего рассматриваются мною, как возможное оказание давления на меня, как свидетеля по уголовному делу.

С уважением!

подполковник   Литвиненко А.В.

В настоящее время нахожусь в распоряжении Службы кадров УФСБ России по г. Москве и Московской области.

Приложение:

1. Копия рапорта от 6.08.98 г. на 1 листе - не секретно.

10.09.98 г.

Исп. вх. №

ГЕНЕРАЛЬНАЯ ПРОКУРАТУРА
РОССИЙСКОЙ ФЕДЕРАЦИИ

ГЛАВНАЯ
ВОЕННАЯ ПРОКУРАТУРА

" 2 " октября 199 8 г.

№ 29/00/0008-98

103160, Москва, К-160

Исполнительному Секретарю СНГ
Березовскому Б.А.

гор. Москва, ул. Новокузнецкая, 40

Уважаемый Борис Абрамович !

Сообщаю, что 30 сентября 1998 года предварительное следствие по уголовному делу в отношении бывшего начальника Управления Федеральной службы безопасности РФ Хохолькова Е.Г. и его заместителя Камышникова А.П., возбужденное после Вашего обращения 15 апреля 1998 года к Заместителю Руководителя Администрации Президента РФ Савостьянову Е.В., закончено. Дело прекращено на основании п. 2 ч. 1 ст. 5 УПК РСФСР - за отсутствием состава преступления.

Установлено, что руководством и сотрудниками указанного Управления в 1997-1998 годах никаких противоправных действий в отношении Вас не планировалось и не осуществлялось.

По поводу заявления работника того же Управления Гусак А.И. о том, что в ноябре 1997 года Хохольков интересовался у него, сможет ли он убить Вас, то на допросе Гусак А.И. показал следующее: Разговор с Хохольковым происходил в отсутствии других лиц. В ходе разговора Хохольков, рассуждая о жизни и делясь впечатлениями о своем участии в боевых действиях в Чеченской Республике, спросил, смог бы Гусак "хлопнуть" Вас. Этот вопрос был задан Хохольковым в контексте рассуждений на темы, непосредственно Вас не касавшиеся, поэтому он, Гусак, не воспринял слова своего начальника как постановку конкретной задачи о совершении убийства. По показаниям Гусака, ни в ходе дальнейшего разговора, ни в последующие дни Хохольков с подобными вопросами к нему больше не обращался.

Сам Хохольков категорически отрицает наличие каких-либо намерений убить Вас или высказывания на эту тему.

Что же касается необдуманных высказываний Камышникова А.П. в Ваш адрес, допущенных 27 декабря 1997 года в присутствии подчиненных Литвиненко, Шебалина, Понькина и Латышонка

- 2 -

то эти высказывания дискредитируют его, как руководителя, однако также не свидетельствует о намерении организовать совершение убийства.

О том, что никаких оперативных мероприятий в отношении Вас не планировалось и не проводилось, свидетельствуют, помимо анализа показаний перечисленных выше лиц, также показания иных допрошенных по делу сотрудников и руководителей ФСБ РФ, изучение планов и отчетов о проделанной указанным Управлением работе.

Уведомляю Вас, что в соответствии с законом постановление о прекращении уголовного дела может быть обжаловано Главному военному прокурору или в суд в течение пяти суток с момента уведомления о прекращении дела.

Старший следователь по особо важным делам
при Главном военном прокуроре
полковник юстиции   Н. И. Павлов

Экз. N 1

Главному военному прокурору
Демину Ю.Г.

от **Литвиненко Александра
Вальтеровича**, сотрудника
ФСБ РФ, подполковника,
р.тел.951-15-03 (анкетные
данные имеются в уголовном
деле ГВП N 29/00/0004-98).

ЖАЛОБА
(в порядке ст.ст.209 и 113 УПК Российской Федерации)

30 сентября 1998 года 6 управлением ГВП прекращено уголовное дело N **29/00/0004-98**.

Прошу данное постановление отменить как необоснованно прекращенное по п.2 ст.5 УПК Российской Федерации по следующим основаниям:

а) по делу в нарушение ст.20 УПК России не выполнено ряд следственных действий в целях полного, всесторонннего и объективного исследования обстоятельств дела;

в) в постановлении о прекращении уголовного дела имеется ряд неточностей, что позволяет по иному трактовать противоправные действия руководителей УРПО ФСБ РФ.

В частности:
по первому эпизоду, связанному с получением приказа убить Березовского Б.А.

Я получил распоряжение Камышникова А.П. о физическом устранении Березовского, которое рассматривал как приказ. Не выполнил я этот приказ только потому, что он был преступным. О том, что это был приказ подтвердил на допросе и при очной ставке Шебалин В.В.

В последующем этот приказ никто из руководителей УРПО ФСБ РФ не отменял. И в действиях руководителей УРПО нет добровольного отказа.

- 2 -

В постановлении неполно приведен перечень доказательств по данному эпизоду.

Кроме того, в постановлении о прекращении уголовного дела указано, что распоряжение Камышникова об убийстве Березовского носило разговорный характер и его нельзя расценивать как приказ. Это опровергается рядом доказательств. Тем не менее, даже усли допустить, что указание Камышникова не носило приказного характера, в его действиях есть законченный состав подстрекательства к тяжкому преступлению - убийству Березовского, поскольку я и другие сотрудники отдела посчитали это указание приказом;

по второму эпизоду, связанному с приготовлением к похищению Джабраилова Умара или его брата Хусейна.

Планируемые должностными лицами УРПО ФСБ РФ противоправные действия не доведены до конца по причинам, от них не зависящим.

Не допрошены по делу братья Джабраиловы; не исследован вопрос о планировавшемся убийстве сотрудников милиции,   охранявших Джабраилова; не произведен следственный эксперимент с выездом на место происшествия.

По данному эпизоду не устранены противоречия, в том числе путем проведения очных ставок, по показаниям свидетелей, в частности не проведена очная ставка Понькина и Хусейна.

В данном случае имело место приготовление к тяжкому   преступлению и виновные лица должны быть привлечены к уголовной ответственности.

по третьему эпизоду, связанному с получением незаконного приказа о применении в отношении бывшего сотрудника ФСБ РФ подполковника Трепашкина М.И. мер насилия (избиения и изъятия сумки и удостоверения).

В постановлении указано, что я был ознакомлен с фотографией Трепашкина. В действительности меня ознакомили с   личным делом Трепашкина в полном объеме.

В постановлении о прекращении уголовного дела указано,   что указание избить Трепашкина мы получили для того, чтобы забрать у него служебное удостоверение. Однако, нужно ли было избивать человека, чтобы отнять удостоверение. Можно было просто забрать удостоверение и уехать. Кроме того, я четко помню указание, что

- 8 -

нужно было забрать у Трепашкина сумку с документами. Ясно, что в сумке служебное удостоверение никто не носит.

На основании изложенного выше **ходатайствую:**

Рассмотреть данное заявление в соответствии со ст.ст.218-219 УПК Российской Федерации и, руководствуясь ст.210 УПК России, отменить постановление о прекращении уголовного дела N 29/00/0004-98 в связи с необходимостью выполнения дополнительных следственных действий в целях всестороннего, полного и объективного исследования всех обстоятельств дела (ст.20 УПК России); предоставить возможность мне как заявителю реализовать свои права в соответствии с Законом.

А. В. Литвиненко

6 октября 1998 года.

Дополнение: ПО _Литвиненко._

1. Давал показания в отношении Ковалёва Н.А. — следователь об не записал в протокол и обещал допросить позже но не допросил.

2. В отношении Еника Н.В. и нападении на меня 31.05.98г.

По Шебалину Виктору Васильевичу:

= что на очной ставле слышал распоря и при допросе ———→ мнение убить Береза а в постановлении указано, что просто разговор.

= _По Пономину:_

Указывал следователю, что Камышников угрожал убийством Пономину, если он

FROM :   FAX NO. :   01 Apr. 2000 16:56   P1

Экз. N 1

Главному военному прокурору
Демину Ю.Г.

ОТ **Литвиненко Александра
Вальтеровича**, сотрудника
ФСБ РФ, подполковника,
проживающего по адресу:
гор. Москва, ул. Днепро-
петровская, дом 14,
кв. 14, д. тел.: 389-58-47.

ЗАЯВЛЕНИЕ

Прошу Вашего указания рассмотреть данное мое заявление в рамках расследования уголовного дела N **29/00/0008-98** по фактам правонарушений со стороны должностных лиц ФСБ РФ.

В частности:

1. В марте-апреле 1998 года, спустя несколько дней после обращения Березовского Б.А. к Директору ФСБ РФ Ковалеву Н.Д. в связи с распоряжением о его убийстве (отданным мне Камышниковым), на совещание к Ковалеву были вызваны: я, полковник Шебалин В.В., подполковник Гусак А.И., майор Понькин А.В. и старший лейтенант Латышонок К.А. В кабинете Ковалева мы все подтвердили о полученном распоряжении. Ковалев попросил нас никому не рассказывать об этом распоряжении, обещая в целях проверки данной информации взять Камышникова в оперативную проверку силами УСБ ФСБ РФ.

По окончании совещания, Ковалев всех отпустил, кроме Гусака, которого попросил задержаться. Минут 5-10 они беседовали наедине. Мы дожидались Гусака на автомобильной стоянке по ул. Большая Лубянка, расположенной напротив магазина "Седьмой континент". Подошедший вскоре Гусак рассказал, что Ковалев предупредил, что если будет шум, то нам перестанут доверять, нас все будут бояться и мы все будем уволены.

- 2 -

На следующий день в отношении Гусака Макарычевым А.К. и Соболевым В.А. была попытка назначить служебное разбирательство по факту выдачи им сведений, якобы составляющих государственную тайну, заместителю начальника ГУВД Московской области генерал-майору милиции Чекмазову Н.Н.

На следующий день Гусак передал всем ранее присутствующим на совещании у Ковалева, что служебное разбирательство в отношении него отменено, но начальник УРПО Хохольков приказал прибыть к нему для объяснений по факту нашего обращения к Ковалеву и Березовскому о получении противоправного распоряжения. При этом Гусак заявил, что Хохольков просит отказаться от своих слов и все это дело "замять". В связи с тем, что Ковалев ранее приказал никому не рассказывать о противоправном распоряжении Камышникова, я позвонил Ковалеву по оперативной связи (ОС) и доложил, что Хохолькову обо всем известно и он вызывает нас к себе. При этом я попросил Ковалева узнать, откуда Хохолькову все стало известно. Через несколько минут Ковалев перезвонил и сказал, что Хохолькову обо всем рассказал Гусак.

По этой причине мы к Хохолькову не пошли, а дождались приезда Гусака, которому задали вопрос, почему он не исполнил распоряжение Директора и обо всем рассказал Хохолькову. Гусак ответил, что Ковалев Н.Д. попросил "все взять на себя" и его прикрыть.

2. Весной 1998 года сотрудники нашего отдела (Щеглов, Шебалин, Понькин и др.) были у Гусака дома на Мичуринском проспекте. Гусак рассказал, что его вызывал к себе Ковалев, где совместно с начальником УСБ Зотовым опрашивали его для выявления, кто подал мысль заявить о противоправных действиях руководства и кто чьему влиянию подвержен в коллективе. Кроме этого, со слов Гусака, Ковалев и Зотов спрашивали его, что рассказывал Литвиненко о взаимоотношениях Березовского и Президента РФ, какие подарки и покупки Березовский делал Президенту РФ, о взаимоотношениях Березовского и руководителя Администрации Президента Юмашева В.Б., о взаимоотношениях Юмашева и Президента РФ. Кроме того, Ковалев и Зотов спрашивали Гусака, что ему известно о якобы купленном Березовским во Франции за 12 млн. долларов США доме для семьи Президента РФ

- 3 -

Ельцина Б.Н. При этом Гусак сообщил, что по нам начинает работать УСБ ФСБ РФ.

3. 20 апреля 1998 года Директор ФСБ РФ Ковалев собрал у себя в кабинете совещание сотрудников 7 отдела УРПО ФСБ РФ. На этом совещании присутствовал также генерал-лейтенант Лысков А.Г.

В ходе указанного совещания, длившегося около 3-х часов, Лысков, обратившись ко мне, попросил в ходе проверки в прокуратуре (ГВП) указать, что Камышников не отдавал распоряжение убить Березовского, а просто якобы высказал вслух свою мысль. Лысков пояснил, что в случае дачи таких показаний, в действиях Камышникова будет "голый умысел", а следовательно ГВП не возбудит против него уголовного дела. Об этом слышали многие сотрудники отдела.

Ковалев, в присутствии всех, просил не ходить в прокуратуру трое суток. За это время он обещал провести служебное разбирательство по всем направлениям, затронутым в ходе совещания, и наказать виновных. В целях уклонения от явки в прокуратуру Ковалев рекомендовал взять больничные. Он объяснил, что если мы пойдем в прокуратуру, то вынесем сор из избы и погубим всю систему. "Я боюсь, чтобы не было крови", заявил Ковалев. При этом он предложил весь отдел перевести на линию борьбы с наркобизнесом.

4. В апреле-мае 1998 года две комиссии ФСБ РФ комплексно проверяли работу нашего отдела. По результатам работа отдела была признана положительной. Замечания серьезного характера были высказаны только заместителю начальника 7 отдела подполковнику Енину Н.В. на время работы комиссии у всех было изъято оружие.

5. В марте 1998 года от начальника отдела Гусака мне стало известно, что бывший начальник отдела кадров Баев рассказал ему, что на него (Гусака) готовится покушение из-за того, что мы даем показания на свое руководство и что через него как связующее звено могут выйти на руководителей, отдававших приказы совершать противоправные действия.

Гусак вызвал меня и Понькина и сказал, что нужно найти

- 4 -

журналиста, записать все, что нам известно о противоправной деятельности руководства, оставив пленку у журналиста, который мог бы ее предать гласности, если что случится с кем-то из нас. Выполняя распоряжение Гусака, я организовал встречу с Доренко из ОРТ.

6. В марте-апреле 1998 года в наш отдел неоднократно приезжал помощник начальника управления Семаев В., который в беседах с сотрудниками отдела высказывал угрозы увольнения нас, если мы "не остановимся", то есть если будем давать показания следователю ГВП.

7. За несколько дней до вызовов меня на допросы к следователю ГВП Павлову Н.И., который меня допрашивал в течение нескольких дней подряд в конце мая-начале июня с.г.:

*15 мая подполковник Енин Н.В. в присутствии подчиненных, в том числе и младших офицеров, в одном из служебных помещений, в рабочее время, в период работы одной из комиссий оскорбил меня нецензурной бранью, угрожая физической расправой, заявил, что я "не дал патриотам Родины убить еврея, обокравшего полстраны", что из-за меня могут "пострадать хорошие люди", оскорбил следователя, ведущего уголовное дело, заявив, что в ГВП одни пьяницы, а мы открыли им свои сейфы, обещал дать на меня показания, за которые меня "посадят в тюрьму". Обо всем этом я написал рапорт на имя начальника УРПО (N 145/7/251 от 15.05.98 г.). Мне известно, что сотрудником Управления кадров была проведена проверка, по результатам которой Енину объявлено замечание, о чем меня устно поставил в известность начальник отдела Гусак. В ознакомлении с материалами проверки на основании ст.ст. 111 и 118 Дисциплинарного устава мне было отказано;

* В этот же период мне дважды звонил врач-невропатолог из поликлиники ФСБ с требованием прибыть на медицинский осмотр, чего ранее не было за всю мою службу;

* 18 мая мне позвонил корреспондент газеты "Московский комсомолец" Хинштейн А.Е. и по служебному телефону пытался выяснить подробности показаний, данных мною при прокурорской проверке. При чем, Хинштейн знал (судя по излагаемым фактам) все о распоряжении, отданном Камышниковым убить Березовского.

FROM :   FAX NO. :   01 Apr. 2000 16:58   P5

- 5 -

Мой разговор с Хинштейном слышали сотрудники отдела по громкоговорящей связи. Я позвонил в приемную Директора ФСБ РФ Ковалева и попросил связать меня с последним. однако из-за отсутствия его на работе, лично мне не удалось сообщить ему о звонке Хинштейна. Дежурному в приемной Ковалева я передал просьбу сообщить названную информацию Директору. Кроме того, я написал рапорт N 145/7/253 от 18.05.98 г. об имевшем место звонке и разговоре с Хинштейном;

* 31 мая на меня было совершено нападение, о чем я подробно был допрошен следователем ГВП Андрюниным Ю.А. в декабре 1998 года.

Об указанном нападении мною был написал рапорт на имя начальника УРПО ФСБ РФ за N 145/7/270 от 1.06.98 г.;

* в связи с тем, что на написанные рапорта в нарушение Дисциплинарного устава и Закона "О статусе военнослужащих" я ответов не получил, мною был написан рапорт на имя Директора ФСБ РФ Ковалева Н.Д. с изложением выше сказанного (N 145/7/271 от 2.06.98 г., рег.N в ДПУ ФСБ РФ 3268 от 4.06.98 г.);

* 22 мая 1998 года в газете "Московский комсомолец" была опубликована статья "Борис Абрамович, мне поручено вас убить", автор Хинштейн А.Е., в которой полностью была расшифрована с подачи сотрудников ФСБ моя принадлежность к ФСБ РФ и линия работы;

* 28 мая в газете "Сегодня" была опубликована статья "Братки с Лубянки", автор И.Скакунов, в которой я обвинялся в пытках, вымогательствах, разбоях и иных тяжких преступлениях. Заявление о клевете написано мною и направлено в Генеральную прокуратуру РФ для привлечения виновных лиц за клевету. Кроме того, я написал рапорт на имя Директора ФСБ РФ Путина В.В. с просьбой разобраться, кто из сотрудников ФСБ и по чьему указанию передал ложную информацию в СМИ. Рапорт передал через приемную ФСБ РФ с пометкой "Лично" еще 5 ноября 1998 года, однако ответ мне не дан;

* В июне 1998 года Гусак в присутствии Шебалина заявил, что Хохольков обещал посадить меня за якобы совершенное мною убийство из-за того, что я дал показания о его противоправной деятельности по уголовному делу.

- 6 -

8. В июле 1998 года Гусак в присутствии Шебалина заявил, что УСБ ФСБ РФ при проведении ОРМ удалось задокументировать факт получения мною от Березовского Б.А. 1 млн. долларов США, находящихся в кейсе-"дипломате" зеленого цвета. При этом Гусак сослался на получение информации от начальника 1 отдела УСБ ФСБ РФ Кукушкина В.П. Кроме того, Гусак сослался на сообщение об имеющемся на меня компромате, чтобы я подумал, как вести себя в дальнейшем.

9. На дне рождения Ермолова С.А. упоминавшийся ранее Енин в присутствии Шебалина угрожал мне смертью в тюрьме, что я "сдохну на очке", заявляя, что я враг его, Хохолькова и Камышникова. При этом он ударил меня по лицу (дал пощечину). Кроме того, он оскорблял Гусака, обвиняя его в предательстве якобы сотрудников отдела и заявил, что Березовский нас всех "использует и кинет".

10. 10 августа 1998 года, согласно графика, я отбыл в очередной отпуск. Однако, несмотря на то, что всем сотрудникам отдела были выплачены денежные содержания, мне в этом было отказано со ссылкой на распоряжение Камышникова. При этом мне было передано указание Камышникова прибыть к нему для какого-то разбирательства. По факту незаконного указания о невыплате мне заработной платы я трижды писал рапорта Директору ФСБ РФ (NN 145/7/343 от 11.08.98 г., вх. в ДПУ N 5052 от 11.08.98 г.; Л-5494 от 27.08.98 г.; Л-05751 от 10.09.98 г.). В ходе разбирательств должностные лица ФСБ РФ допускали нарушения требований Дисциплинарного устава (ст.ст. 111, 118 и 119), а также отразили в заключении заведомо ложный факт о якобы отказе мною исполнить распоряжение начальника отдела о сдаче табельного пистолета, что, на мой взгляд, является клеветой.

11. 17 августа 1998 года я единственный из отдела был отозван из отпуска без соответствующего приказа, издания которого я добивался около недели и который был оформлен в последующем "задним числом".

В это время мне было объявлено, что я выведен за штат и нахожусь в распоряжении Управления кадров.

- 7 -

7 сентября 1998 года мне был объявлен приказ начальника Управления кадров N 35-лс (по личному составу), что я откомандирован из Центрального аппарата для дальнейшего прохождения службы в распоряжение Управления ФСБ РФ по гор. Москве и Московской области. Приказ был вынесен без моего согласия.

Через несколько дней приказом УК ФСБ РФ N 36-лс я был возвращен обратно в распоряжение Управления кадров ФСБ РФ.

Из беседы с первым заместителем начальника УК ФСБ РФ Смирновым В. М., состоявшейся в конце августа-начале сентября 1998 года в присутствии сотрудников нашего отдела, мне стало известно, что в нашем распределении по подразделениям для дальнейшего прохождения службы активную роль (влияние) оказывал Камышников А. П. Замечу, что в ходе очной ставки со мной по возбужденному уголовному делу Камышников заявил, что имеет ко мне **личные** претензии.

После этого в течение некоторого времени (примерно в течение месяца) мне не предлагали никаких вакантных мест для дальнейшей службы, а предложили самому поискать себе место работы по управлениям ФСБ РФ.

1 октября 1998 года генерал-лейтенант Миронов И. К., исполняющий обязанности начальника Оперативного управления Департамента по борьбе с терроризмом ФСБ РФ, к которому я обратился с рапортом принять меня для прохождения службы, дал согласие взять меня на работу в Управление и поставил резолюцию: "С предоставленной должностью согласны разместить". Однако, несмотря на распоряжение Директора ФСБ РФ о выделении сотрудникам расформированного УРПО ФСБ РФ должностей вне лимита, о чем есть письмо начальника Управления кадров N 14/К/6982 от 27.10.98 г., где говорится об этом, я не назначен в Оперативное управление до настоящего времени. В личных беседах с сотрудниками УК ФСБ РФ и другими должностными лицами ФСБ мне неоднократно говорили, что я имею влиятельных врагов в руководстве ФСБ РФ, что я "вынес сор из избы", "предал систему", за что буду уволен. Мне заявляли, что на меня собран компромат в УСБ ФСБ РФ, который сосредоточен якобы в 7 томах. В этой связи я обращался с заявлениями на имя начальника УСБ Иванова В. П. с просьбой ознакомиться с имеющими на меня материалами и материалами проверки о нападении на меня (NN 2887 от 28.08.98 г., Л-149 от 2.11.98 г.). На мои обращения

- 8 -

был получен ответ, что в отношении меня оперативно-технические мероприятия **не проводились.**

Тем не менее, 20 ноября 1998 года в газете "Московский
комсомолец" в статье "Офицеры по вызову" Александр Хинштейн
указал, что по приказу Ковалева Н. Д. УСБ ФСБ РФ проводила в
отношении меня и моих сослуживцев оперативно-технические мероприятия, в частности, прослушивание телефонных переговоров.

Получается, что либо Хинштейн опубликовал клеветнические
сведения, либо должностные лица ФСБ РФ неправомерно отказали
в выдаче сведений, затрагивающих мои права и свободы (ст.140
УК РФ).

12. В середине ноября 1998 года с моей первой женой -
Литвиненко Натальей Ивановной встречался сотрудник УСБ ФСБ РФ
Мадекин Павел Алексеевич, который, насколько мне известно,
принял от нее заявление в отношении того, что я якобы скрыва-
юсь от своей первой семьи и не плачу алименты.

Хочу отметить, что Мадекин П. А. является подчиненным Кукушкина - начальника 1 отдела УСБ ФСБ РФ.

Через несколько дней после этой беседы в газете "Московский комсомолец" в статье "Офицеры по вызову" Хинштейн
указал, что последние 5 лет я не платил алименты на двух детей, 5 и 12 лет, говоря, что я уволился из ФСБ РФ и сижу без
работы. Это является клеветой.

13. В газете "Комсомольская правда" от 18 ноября 1998
года в статье "А был ли киллер?" указано, что я участвовал в
мероприятиях по задержанию жены первого президента Чечни Дудаевой Аллы, оскорблял ее при этом нецензурной бранью и угрожал ей физическим насилием в тюрьме.

Изложенную выше информацию журналистам передали сотрудники ФСБ РФ, выдав при этом сведения, составляющие государственную тайну. Кроме того, в этих действиях содержится клеве-
та, которой необходимо дать оценку в ходе следствия.

14. В газете "Коммерсант-Daili" от 20 ноября 1998 года
генеральный директор ЧОП "Стеллс" Владимир Луценко публично
оскорбил нас, заявив, что мы якобы психически больные.

Прошу этому факту также дать правовую оценку, так как

FROM :   FAX NO. :   01 Apr. 2000 17:00   P9

- 9 -

названные обвинения связаны с дачей показаний о противоправной деятельности должностных лиц ФСБ РФ и Луценко как их соо-
бщника.

15. В "Независимой газете" от 28 ноября 1998 года, адвокат Ковалева - Штейнберг публично высказал угрозы в наш адрес, заявив, что три года назад за такие действия (связанные
с сообщением о противоправных действиях должностных лиц ФСБ
РФ) нас бы вывели в наручниках.

16. В газете "Совершенно секретно" N 12 от 1998 года в
статье "И с оружием убийства все не так просто" Коржаков А.
оскорбил меня и моих сослуживцев, назвав нас "мерзавцами".
Помимо этого, он оклеветал меня, указав, что я работал в охране Березовского, а также обвинил меня в совершении тяжкого
преступления - выполнял роль посредника в вымогательстве.

*Изложенное все выше я рассматриваю как элементы пресле-
дования меня за мои разоблачительные показания о совершенных
противоправных действиях должностными лицами ФСБ РФ и их со-
общниками.*

**На основании изложенного прошу рассмотреть данное мое заяв-
ление в рамках расследования уголовного дела N 29/00/0008-98.**

*<u>Приложение:</u> 1. Ксерокопии рапортов: NN Л-628 от 26.10.98
г., на 1 листе; Л-149 от 2.11.98 г., на 1
листе; вх.N 6174 от 21.10.98 г., на 1 листе; Л-05751 от 10.09.98 г., на 3-х листах
(с приложением);
2. Ксерокопии ответов на мои рапорта: N
22/1-1601 от 11.09.98 г., на 2-х листах;
N 22/3-606 от 10.11.98 г., на 2-х листах;
3. Ксерокопии статей из газет:
- "Московский комсомолец" от 20 ноября
1998 года (статья "Офицеры по вызову"),
на 2-х листах;
- "Комсомольская правда" от 18 ноября
1998 года (статья "А был ли киллер?"),
на 1 листе;
- "Коммерсант-Daili" от 20 ноября 1998
года (статья "Освобождая своих чекисты
брали заложников"), на 1 листе;
- "Независимая газета" от 28 ноября 1998
года (статья "Бывший Директор ФСБ готов*

— 10 —

судиться"), на 1 листе;
- "Совершенно секретно" N 12 от 1998 года
(статья "И с оружием убийства все не так
просто"), на 1 листе;
4. Ксерокопия листа из моей записной книжки
с дарственной надписью А. Дудаевой, на 1
листе.

А. В. Литвиненко

9 декабря 1998 года.

Копия

ПРИГОВОР

ИМЕНЕМ РОССИЙСКОЙ ФЕДЕРАЦИИ

26 ноября 1999 года   город Москва

Московский гарнизонный военный суд в закрытом судебном заседании в помещении военного суда в составе:

ПРЕДСЕДАТЕЛЬСТВУЮЩЕГО - судьи Московского гарнизонного
                          военного суда подполковника юстиции
                          Кравченко Е.В.,

НАРОДНЫХ ЗАСЕДАТЕЛЕЙ -   капитан-лейтенанта Комиссарова Е.В. и
                          капитан-лейтенанта Санникова А.Б.,

при секретаре Гнеденко Т.А.,

с участием государственного обвинителя - военного прокурора 6 управления Главной военной прокуратуры полковника юстиции Беседина А.В., защитников-адвокатов Кавуна Е.П., Свистунова В.О., Марова М.А., представителей потерпевших - адвокатов Бакатина Ю.Н. и Стрельникова Б.В.,

рассмотрел уголовное дело по обвинению бывших военнослужащих 7 отдела УРПО ФСБ РФ подполковников запаса

ГУСАКА Александра Ивановича, родившегося 19 октября 1957 года в городе
Донецке, украинца, с высшим образованием,
женатого, имеющего на иждивении двоих
несовершеннолетних детей, ранее не суди-
мого, проходившего военную службу с 1985
года по декабрь 1998 года, награжденного
"Орденом Мужества", орденом "За военные
заслуги", медалями "За отвагу", "За отличие
в военной службе 3 степени, "70 лет
Вооруженных Сил СССР", работающего
заместителем президента фирмы "Северная
строительная группа", проживающего в
городе Москве по адресу: Мичуринский
проспект, дом 25, корпус 2, квартира 165,

в совершении преступления, предусмотренного ст. 286, ч.3, п.п."а","б" УК
РФ
    и

2

ЛИТВИНЕНКО Александра Вальтеровича, родившегося 4 декабря 1962 года в городе Воронеже, русского, с высшим образованием, женатого, имеющего на иждивении троих несовершеннолетних детей, ранее не судимого, проходившего военную службу с 1980 года по январь 1999 года, в т.ч. в качестве офицера - с 1985 года, награжденного медалями "За безупречную службу" 3 степени, "За отличие в воинской службе" 1 степени, "За отличие в военной службе" 3 степени, "70 лет Вооруженных Сил СССР", работающего советником Исполнительного Секретариата СНГ, проживающего в городе Москве по адресу: улица Днепропетровская, дом 14, квартира 14,

в совершении преступления, предусмотренного ст. 286.ч.3. п."а" УК РФ.

Судебным следствием военный суд

У С Т А Н О В И Л :

Органами предварительного следствия Гусак А.И. и Литвиненко А.В. обвинялись в совершении ими, как должностными лицами, действий, явно выходящими за пределы их полномочий и повлекших существенное нарушение прав и законных интересов граждан, совершенных с применением насилия и угрозами его применения, а Гусак, кроме того, и с применением оружия, в связи с чем Гусаку было предъявлено обвинение в совершении преступления, предусмотренного ст.286.ч.3 п.п."а". "б" УК РФ, а Литвиненко - ст.286.ч.3,п."а" УК РФ.

Согласно обвинительному заключению по делу вменяемые в вину Гусаку Литвиненко действия были совершены ими при следующих обстоятельствах.

Во второй половине декабря 1997 года сотрудникам 7 отдела УРПО ФСБ Р поступила информация о совершенном на граждан Трохина А.Я. и Волобуева Ю.Е разбойном нападении и возможной причастности к нему сотрудника Московског ОМОН Малюги О.В., о местонахождении которого могла знать его знакомая гражданка Полищук В.Н., проживающая в квартире 77 дома 55 по улице Митинской города Москвы.

Вечером 23 декабря того же года Гусак в нарушение требований ст.25 Конституции РФ, пункта "з" статьи 13 Закона РФ "Об органах Федеральной безопасности РФ", превышая предоставленные ему должностные полномочия, без какихлибо законных оснований решил проникнуть в квартиру гражданки Полищук, провести там обыск и получить письменные объяснения проживающих в квартире л по интересующим его вопросам.

Для этого он дал указание своим подчиненным Литвиненко, Понькину, Ш балину, Щеглову, Шевчуку, Латышонку и Бавдею следовать с ним в муниципал ный округ "Митино" города Москвы для проведения оперативно-розыскных мер приятий.

При этом, как указано в обвинительном заключении по делу, Гусак с цели беспрепятственного проникновения в квартиру и психологического воздействия граждан для получения от них интересующих его сведений незаконно привле этому мероприятию вооруженных автоматами, экипированных бронежилетами касками пятерых сотрудников оперативно-розыскного отдела ГУВД горо Москвы, сообщив им заведомо ложные сведения о нахождении по указанному песу вооруженных преступников, посвятив в существо и цели планируемого ме

19

ности совершения ими упомянутых противоправных действий. При этом суд принимает во внимание то обстоятельство, что Камышников, как заместитель начальника управления ФСБ РФ, как об этом он сам и показал в суде, был осведомлен об участии самого Гусака и ряда подчиненных ему сотрудников в работе по уголовному делу по факту нападения на ЗАО "СК Комета", однако, вплоть до установления правоохранительными органами личности Гусака, Литвиненко и других, как побывавших в квартире Полищук 23 декабря 1997 года, и предъявления подсудимым обвинения весной 1999 года служебное расследование об обстоятельствах их работы по указанному делу компетентными на то должностными лицами не проводилось, к дисциплинарной ответственности за действия, связанные с осуществлением мероприятий по делам, не входящим в компетенцию органов ФСБ РФ, а также за "сокрытие" от правоохранительных органов характера и сущности этих мероприятий, ни Гусак, ни Литвиненко не привлекались.

С учетом изложенного, и принимая во внимание то, что приведенные выше доказательства, на которых органами предварительного следствия основано предъявленное Гусаку и Литвиненко обвинение, являются, по мнению суда, сомнительными в силу их противоречивости друг другу, а возможности получения достоверных доказательств исчерпаны, военный суд приходит к выводу о недоказанности вины подсудимых Гусака в совершении преступления, предусмотренного ст. 286,ч.3,п.п."а","б" УК РФ, а Литвиненко - в совершении преступления, предусмотренного ст. 286,ч.3, п."а" УК РФ.

Обсудив основания предъявленных потерпевшими Полищук и Харченко к подсудимым гражданских исков, военный суд полагает, что их исковые требования удовлетворению не подлежат, поскольку вина Гусака и Литвиненко в совершении инкриминируемых им противоправных действий, а равно и в причинении ущерба потерпевшим в результате этих действий, в судебном заседании не доказана.

На основании изложенного, руководствуясь ст.ст.300-303, 309, 310, 316, 317 УПК РСФСР, военный суд

ПРИГОВОРИЛ:

ГУСАКА Александра Ивановича по предъявленному ему обвинению в совершении преступления, предусмотренного ст. 286,ч.3, п."а","б" УК РФ, и ЛИТВИНЕНКО Александра Вальтерович по предъявленному ему обвинению в совершении преступления, предусмотренного ст.286,ч.3,п."а" УК РФ, оправдать за недоказанностью их участия в совершении преступления.

Меру пресечения Гусаку А.И.- подписку о невыезде, а Литвиненко А.В. - заключение под стражу - отменить.
Литвиненко А.В. из-под стражи освободить немедленно в зале судебного заседания.

В соответствии со ст.310 УПК РСФСР Полищук В.Н. и Харченко В.В. в удовлетворении предъявленных ими к Гусаку А.Н. и Литвиненко А.В. гражданских исков:

2и

-Полищук - о взыскании в ее пользу солидарно с Гусака и Литвиненко 1000 долларов США в рублевом эквиваленте в счет возмещения причиненного ей материального ущерба. и 50.000 рублей в счет возмещения причиненного ей морального вреда:

-Харченко - о взыскании в его солидарно с Гусака и Литвиненко в его пользу 50.000 рублей в возмещение причиненного ему морального вреда. отказать.

Приговор может быть обжалован и опротестован в кассационном порядке в Московский окружной военный суд через Московский гарнизонный военный суд в течение семи суток с момента его провозглашения.

ПОДЛИННЫЙ ЗА НАДЛЕЖАЩИМИ ПОДПИСЯМИ
верно
ПРЕДСЕДАТЕЛЬСТВУЮЩИЙ ПО ДЕЛУ
СУДЬЯ МОСКОВСКОГО ГАРНИЗОННОГО ВОЕННОГО СУДА
ПОДПОЛКОВНИК ЮСТИЦИИ

Е.КРАВЧЕНКО

ПОСТАНОВЛЕНИЕ
о применении в отношении обвиняемого меры
пресечения в виде заключения под стражу

«20» ноября 2000г.   город Москва

Подполковник ФСБ Литвиненко А.В., являясь должностным лицом – начальником 4-го направления 1-го отдела оперативного управления Антитеррористического центра ФСБ в январе 1997г. в поселке Фабрика имени Первого Мая Подольского района Московской области и в городе Москве в ходе проведения оперативно-розыскного мероприятия – опроса граждан с применением спецсредства – наручников, насилия и с угрозой его применения совершил действия, явно выходящие за пределы его полномочий, что выразилось в оскорблении и унижении человеческого достоинства, а также в незаконном задержании и избиении им гражданина Одинокова С.А. с целью принудить его к даче показаний и повлекло причинение физических и и моральных страданий последнему и существенное нарушение гарантированных Конституцией РФ прав и законных интересов потерпевшего, а также охраняемых законом интересов общества и государства.

20 ноября 2000г. в отношении Литвиненко вынесено постановление о привлечении его в качестве обвиняемого в совершении преступления, предусмотренного п. «а» ч.3 ст. 286 УК РФ. Принимая во внимание, что Литвиненко скрылся от следствия и суда,

ПОСТАНОВИЛ:

Применить в отношении Литвиненко А.В., 4 декабря 1962 года рождения, меру пресечения в виде заключения под стражу.
Литвиненко А.В. направить для содержания под стражей в учреждение ИЗ-48/2.

                                                С.В. Барсуков

Заключение Литвиненко А.В. под стражу санкционировано первым заместителем Главного военного прокурора генерал-лейтенантом юстиции Яковлевым.

Yuri Felshtinsky

From: Alexander [alex@mlitvinenko.fsnet.co.uk]
Sent: Thursday, December 19, 2002 5:33 PM
To: yra
Subject: Fw: из Москвы

----- Original Message -----
From: Трепашкин Михаил
To: Литвиненко
Sent: Thursday, December 19, 2002 7:05 PM
Subject: Fw: из Москвы

----- Original Message -----
From: Трепашкин Михаил
To: Литвиненко
Sent: Thursday, December 19, 2002 10:01 PM
Subject: из Москвы

Саша, здравствуй!
Отнесись серьезно к тому, что я тебе сейчас пишу.
Во-первых, Шебалин собирает информацию на всех твоих родственников и близких знакомых. Открытым текстом он заявил, что всех их перебьют (дословно "переебошат" - это его термин). При этом он мне сказал (как бы предупредил), что это сделает не он лично, а его знакомые. Он всегда, когда начинает чем-то заниматься лично, предупреждает, что это делает якобы не он. Об этом мне известно прямо со слов Шебалина.
Лучше меня знаешь, что "стволы" у него имеется.

Во-вторых, примерно месяц-полтора назад в США вылетела из Москвы одна женщина (фамилию ее пока не знаю), родственница одного измайловского авторитета. Кто ее направил, я м огу лишь догадываться. Ей поставлена задача: узнать все о месте проживания Фельштинского в Бостоне, чтобы потом направить туда киллера или вызвать его на встречу под предлогом сообщения интересной информации и убрать. Это информацию получена из источника, заслуживающего доверия. Постараюсь узнать фамилию этой женщины.
Почему-то меня предупредили, что если я сообщу эту информацию тебе, то на меня будет очередной наезд со стороны ГВП.
Сообщи мне по эл.почте, получил ли ты и раскрыл ли эту информацию.
Трепашкин

**ФЕДЕРАЛЬНАЯ СЛУЖБА БЕЗОПАСНОСТИ
РОССИЙСКОЙ ФЕДЕРАЦИИ**

СЛЕДСТВЕННОЕ УПРАВЛЕНИЕ

30.06.09г. № 6/1-2101

Москва

Исполнительному директору
Общероссийского общественного
движения «За права человека»

Л.А. ПОНОМАРЕВУ

125009, г. Москва, Малый Кисельный пер.,
д.7, стр. 1, помещение 21

Ваш запрос от 18 июня 2009 года, адресованный в Следственное управление ФСБ России, по поручению руководства рассмотрен.

В ходе расследования уголовного дела № 218 Следственным управлением ФСБ России была изъята партия книг «ФСБ взрывает Россию» авторов А. Литвиненко и Ю. Фельштинского, которая в соответствии с постановлением следователя была приобщена к материалам дела в качестве вещественного доказательства.

16 января 2007 года уголовное дело № 218 (уголовное преследование) прекращено на основании п.4 ч.1 ст. 24 УПК РФ в связи со смертью обвиняемого Литвиненко А.В.

Указанная партия книг в установленном законом порядке уничтожена.

Старший следователь по особо важным делам
Следственного управления ФСБ России
майор юстиции

А.В. Сойма

Несколько слов об авторах книги

Александр Вальтерович Литвиненко родился в 1962 году в Воронеже. В 1980 году, после окончания средней школы был призван в армию. За последующие двадцать лет прошел путь от рядового до подполковника. С 1988 года – в органах контрразведки КГБ СССР. С 1991 – в центральном аппарате МБ-ФСК-ФСБ России. Специализация – борьба с терроризмом и организованной преступностью. За проведение совместных с МУРом операций по розыску и задержанию особо опасных преступников получил звание «Ветеран МУРа». Участник боевых действий во многих так называемых горячих точках бывшего СССР и России. В 1997 году переведен в самое секретное подразделение ФСБ РФ – Управление по разработке преступных организаций – на должность старшего оперативного сотрудника, заместителя начальника 7-го отдела.

В ноябре 1998 года в Москве выступил на пресс-конференции с критикой руководства ФСБ, сообщив о полученных им противозаконных приказах. В марте 1999 года арестован по сфабрикованному обвинению и помещен в СИЗО ФСБ Лефортово. В ноябре 1999 года оправдан, но прямо в зале суда, после зачитанного ему оправдательного приговора, арестован ФСБ и посажен по второму сфабрикованному уголовному делу. В 2000 году второе уголовное дело было прекращено, Литвиненко выпущен под подписку о невыезде. Против него было начато третье уголовное дело. После угроз со стороны ФСБ и следователей в адрес семьи вынужден был нелегально покинуть Россию, в связи с чем против него было возбуждено четвертое уголовное дело. В мае 2001 года получил политическое убежище в Великобритании.

23 ноября 2006 года Александр Литвиненко умер от отравления полонием-210 в Лондоне. Смерть Александра Литвиненко всколыхнула мировую общественность.

Британская полиция считает ответственными за убийство Литвиненко Владимира Путина и российские спецслужбы, а непосредственными участниками преступления – офицеров ФСБ Андрея Лугового и Дмитрия Ковтуна.

Юрий Георгиевич Фельштинский родился в 1956 году в Москве. В 1974 году поступил на исторический факультет Московского педагогического института. В 1978 году эмигрировал в США, продолжил изучение истории сначала в Брандайсском университете, затем в Ратгерсском, где получил степень доктора философии в истории (Ph.D.). В 1993 году защитил докторскую диссертацию в Институте истории Российской академии наук, став первым иностранным гражданином, которому в России была присуждена ученая степень доктора. Редактор-составитель и комментатор нескольких десятков томов архивных документов по русской истории. Автор книг «Большевики и левые эсеры» (Париж, 1985); «К истории нашей закрытости» (Лондон, 1988; Москва 1991); «Крушение мировой революции» (Лондон, 1991; Москва, 1992, 2014); «Вожди в законе» (Москва, 1999, 2008); «Многоходовка века: Дональд Трамп и Дмитрий Рыболовлев на поводке у Кремля» (Лейпциг, 2024).

Соавтор книг «Корпорация: Россия и ФСБ во времена президента Путина» (Москва, 2010, 2012; Лейпциг, 2023, 2024, в соавторстве с В. Прибыловским и В. Поповым); «КГБ играет в шахматы» (Москва, 2009, 2010; Лейпциг, 2023, в соавторстве с Б. Гулько и В. Поповым); биографии Льва Троцкого (в четырех томах), Б. И. Николаевского и Джорджа Оруэлла (Москва, 2012-2014, 2019, в соавторстве с Г. Чернявским); «Третья мировая: Битва за Украину» (Киев, 2015, 2022, в соавторстве с М. Станчевым); «От Красного террора к террористическому государству: Спецслужбы России в борьбе за мировое господство, 1917-2036» (Киев, 2021, 2022, 2023; Лейпциг, 2024, в соавторстве с В. Поповым).

ИСПОЛЬЗОВАННЫЕ АББРЕВИАТУРЫ

АПГ	— Аграрно-промышленная группа
АТП	— автотранспортное предприятие
АТЦ	— Антитеррористический центр
АФБ	— Агентство федеральной безопасности
БВВ	— бризантные взрывные вещества
ВАЗ	— Волжский автозавод
ВВ	— взрывчатые вещества
ВДВ	— Воздушно-десантные войска
ВДП	— Воздушно-десантная подготовка
ВОВД	— Временный отдел внутренних дел
ВЦИОМ	— Всероссийский центр изучения общественного мнения
ГАИ	— Государственная автомобильная инспекция
ГИБДД	— Государственная инспекция безопасности дорожного движения
ГКПЧ	— Государственный комитет по чрезвычайному положению СССР
ГКУ	— Главное контрольное управление
ГРУ	— Главное разведывательное управление
ГУБОП	— Главного управления по борьбе с организованной преступностью
ГУВД	— Главного управления внутренних дел
ГУ ГОиЧС	— Главного управления гражданской обороны и чрезвычайных ситуаций
ГУСП	— Главное управление спецпрограмм президента
ДР	— партия «Демократическая Россия»
ДОР	— дела оперативной разработки дела оперативной разработки
ДТП	— дорожно-транспортное происшествие
ЗАО	— Закрытое акционерное общество
ИТО	— инженерно-технический отдел
КГБ	— Комитета государственной безопасности
КПРФ	— Коммунистическая партия Российской федерации

КСС	— Координационного совета спецслужб
КЧР	— Карачаево-Черкесская республика
ЛДПР	— Либерально-демократическая партия России
МБ	— Министерство безопасности
МВД	— Министерство внутренних дел
МИД	— Министерство иностранных дел
МИКОМ	— Металлургическая инвестиционная компания
«МК»	— газета «Московский комсомолец»
МКАД	— Московская кольцевая автомобильная дорога
«МН»	— газета «Московские новости»
МО	— Министерство обороны
МСБ	— Межведомственная служба безопасности
МУР	— Московский уголовный розыск
НПЗ	— нефтеперерабатывающий завод
НПО	— научно-производственное объединение
НТВ	— телевизионный канал
ОБРСЭ	— Отделение по борьбе с преступлениями в сфере экономики
ОВР	— партия «Отечество — вся Россия»
ОМОН	— Отряд милиции особого назначения
ООО	— Общество с ограниченной ответственностью
ОПГ	— организованная преступная группировка
ОРТ	— телеканал« Общественное российское телевидение»
ОУ	— Оперативное управление
ОЭП	— Отделение по экономическим преступлениям
ПГУ	— Первое главное управление КГБ СССР
РСК	— Русская страховая компания
РООП	— Рабочие отряды охраны порядка
РУБОП	— Районное управление с организованной преступностью
РУВД	— Районное управление внутренних дел
РУОП	— Региональное управление по борьбе с организованной преступностью
РФИВА	— Российский фонд инвалидов войны в Афганистане
СБП	— Службу безопасности президента

СВР	— Служба внешней разведки
СВУ	— самодельное взрывное устройство
СИЗО	— следственный изолятор
СКМ	— Служба криминальной милиции
СМИ	— средства массовой информации
СПС	— Союз правых сил
СФ	— Совет Федерации
УБТ	— Управления по борьбе с терроризмом
УВД	— Управление внутренних дел
УК РФ	— Уголовный кодекс Российской федерации
УПП	— Управления перспективных программ
УРПО	— Управление разработки преступных организаций
УСБ	— Управление собственной безопасности
УФСБ	— Управление Федеральной службы безопасности
УЭК	— Управление экономической контрразведки
ФАН	— Федеральное агентство новостей
ФАПСИ	— Федеральное агентство правительственной связи и информации
ФАРК	— Форсе армаде революционаре де Колумбия
ФПС	— Федеральной пограничной службой
ФСБ	— Федеральная служба безопасности
ФСК	— Федеральная служба контрразведки
ФСО	— Федеральная служба охраны
ЦАО	— Центральный административный округ
ЦОС	— цифровая обработка сигналов
ЧОП	— частные охранные предприятия
ЧП	— чрезвычайное происшествие

УКАЗАТЕЛЬ ИМЕН

А

Абаева Мадина 453

Абдул (по кличке Кровавый) 459

Абдулаев Весами 199

Абдулгафур (псевдоним Макса Лазовского) 402, 403, 422

Абдул Малик см. Межидов Идрис

Абитаев Апти 194

Абовян Эдуард 73, 75, 77, 449

Абрамович Роман 513-516, 519, 521, 536-539, 556, 570, 593, 595-600

Абросимов Владимир 68

Абубакар (Абу-Бакар) (имя, по-видимому, не настоящее) 402, 422

Абубакаров Таймаз 49

Авен Петр 593

Автурханов Умар 48

Агафонов Сергей 118

Азеф Евно 350

Азизбекян Карлен 266, 267, 460, 463

Айтупаев С. А. 267

Акимов Владимир 81, 82, 450

Аксененко Николай 595

Аксенов Олег 101

Алексеева Людмила 472

Алиев 241

Алихаджиев Руслан 261

Аленова Ольга 544

Амиров Саид 572

Андерсен Скотт 544, 570, 571

Андропов Юрий 33, 271, 518, 519, 525, 569, 587

Анкудинов Василий 88

Антропов Алексей 59

Арал Седат 200, 201

Ардзинба Владислав 143

Аслан Гачаев (Абдулла) 250

Аслаханов 251, 252

Аслаханов Асланбек 255

Астафьев Петр 85

Астахов Павел 197, 213, 217

Астраханкина Татьяна 287

Ашарин А. 177

Аулов Николай 241

Аушев Руслан 183, 253, 255

Ахмадов Ильяс 147, 168

Ахмадовы 251, 252, 254

Б

Бабицкий Андрей 255-260

Багаудин 148

Бажаев Зия 140, 145, 203

Базанов А. 85

Байрамов Александр 243

Бакаев Л. М. 266

Бараев Арби 250-255, 339

Баранов Анатолий 97

Барковский Сергей 67, 68

Барсуков Михаил 35, 42, 60, 61, 63, 73, 79, 88, 170, 195, 264

Басаев Шамиль 63, 64, 139, 140-142, 145-148, 150, 168, 172, 189, 201, 224, 344, 345, 360, 362, 365, 401, 419, 420, 510, 547, 553, 558-560, 566, 571-574, 585

Баткин Леонид 369, 380, 384

Батурина Елена 153

Батчаев Тимур 378, 391, 392, 396, 401, 403, 411, 413, 415, 417-424, 426, 435-438, 440, 447, 452, 479, 487, 543, 544, 546, 547, 557-560, 562-564, 571, 575, 576, 578-582

Бахарчиев Иса 459

Бено Шамиль 207

Березовский Борис 9-11, 13, 16, 17, 24, 25, 29, 290, 291, 341, 349, 405, 407-409, 416, 448, 465, 513, 515, 521, 525, 536-542, 545, 554, 556, 563, 564, 570, 575, 581, 588, 593, 595-599

Березовская Елена 599

Берия Лаврентий 433, 434, 518, 569

Беркут Константин 228

Бесфамильный Михаил 227

Бирюченко Юрий 239-241

Блудов Юрий 105, 107, 108, 223
Блюменфельд Марк 461, 462, 469, 472
Блэр Энтони (Тони) 465
Бобков Филипп 34, 588
Богданов Сергей 118
Богомазов 33
Богуславский Г. 85
Бойко Юрий 134
Бокаев Ламин 461
Болтянская Нателла 473-481
Бонапарт Наполеон 192
Боннэр Елена 257, 472
Борисов Владимир 239-241
Борисов Кирилл 241-243
Боровик Артем 140, 145, 203, 204
Боровой Константин 65, 154
Борщев Валерий 369, 379
Брежнев Леонид 517, 533
Бубнов В. 85
Будкин В. 85
Буковский Владимир 10, 11, 34, 472, 508
Буревич 483, 485
Буторин Сергей 229, 231, 232
Быков Роберт 152
Быховская Екатерина 451

В
Вараев Аслан 249, 250
Вараев Ризван 249, 250
Василенко Анатолий 71
Васильев Марат 68, 241-243
Владимиров Александр 188
Власов Валентин 250
Власов Виктор 128
Власов Владимир 233, 234
Волков Владимир 206
Волошин Александр 140, 142, 144-147, 255, 519, 520, 539, 588, 593, 595-599
Волошин Павел 120, 166, 222
Вольский Аркадий 63, 345
Вольтер 354
Вомак Елена 200

Воробьев Владимир 58, 81, 82, 139, 394, 449, 450
Воронов Станислав 213
Вощевоз Валерий 233
Вуколов Валерий 232
Высоцкий Владимир 263

Г
Газарян 242
Гайдар Егор 24, 345, 588
Галкин Алексей 199-203, 329-334, 415, 417, 421, 436, 437, 479, 480, 554-557, 572, 573
Галямина Юлия 591
Гантамиров Б. 256
Гачаев Аслан 250
Герасимов Дмитрий 114, 115
Гильманов Рафаэль 214
Гитлер Адольф 355, 502, 503, 522
Глак Кеннет 260
Глушков Николай 24
Голдберг Вадим (или Гольдберг) 226, 227
Голов А. Г. 285
Головлев Владимир 9, 542
Голубев Иван 257
Голубовский Г. У. 266, 459-461
Горбачев Михаил 32, 522, 541
Гочияев Ачемез 166, 167, 295, 299, 301, 303, 359-363, 365-367, 373-377, 379-392, 395, 396, 398, 401, 411-413, 421-428, 435-439, 441, 442, 447-449, 451-454, 456, 461, 462, 468-471, 480, 487, 488, 543-547, 557-560, 562-564, 571, 574-576, 580-582
Гочияев Борис 367
Гочияев-Лайпанов см. Гочияев Ачемез
Грачев Павел 45, 46, 48, 49, 52, 141
Гришин 70
Громов 153
Гусев П. 153
Гусинский Владимир 34, 153 218, 513, 588

Д
Давидович Альфонсо 143
Данилов Владимир 233
Даниэль Александр 369
Дахкильгов Тимур 173-175, 181
Дахкильгова Лидия 173
Дегаев Сергей 350
Деккушев Адам 377, 378, 392, 393,
420, 433, 466, 468, 478, 487, 544, 557,
558, 560, 562, 564, 571, 572, 574, 578,
579, 582
Демин Ю. 176
Демьяненко Евгений 227
Дениев Адам 258, 259, 337, 338
Денисов см. Хохольков Евгений
Джабраилов Умар 149, 153, 566
Джакони Марко 34
Дзасохов Александр 183
Дзержинский Феликс 166, 518, 569
Дмитриев Г. Ф. 267
Дмитриев Л. А. 73, 76
Докукин А. А. 73, 76
Донцов Владимира 70
Доренко Сергей 416, 595
Дудаев Джохар 39, 41, 42, 44-49, 51,
53, 54, 62-65, 207, 338, 345, 523, 524
Дудаев Лече 64
Дудаева Алла 64, 65
Дулян 242
Дышеков Рамазан 489-491, 562
Дьяченко Татьяна 513, 593

Е
Евтушенков 153
Евтушенко Александр 257, 258
Ельцин Борис 17, 31-33, 35, 36, 39-
42, 46, 47, 52-54, 62-64, 88, 100, 170,
171, 183, 201, 233, 263, 268, 271-273,
504-506, 508, 512, 513, 521, 522, 531,
533, 568, 569, 577, 587, 588, 593-598
Ерин В. 52

Ж
Жаворонков Геннадий 369, 381, 383

Жилин Александр 152
Жириновский Владимир 282, 284,
287
Житников Петр 116
Жуков Евгений 44

З
Завгаев Доку 199
Заикин Дмитрий 243
Зайцев Геннадий 114-117
Закаев Ахмед 545
Зверев Олег 237
Зверев Сергей 152
Зданович Александр 91, 104, 105,
121-125, 137, 139, 163, 172, 173, 179,
183, 184, 187, 189, 199, 200, 210, 213,
216-218, 220, 221, 260, 268, 354, 410,
585
Зеленько Николай 150, 151
Зотов Геннадий 265, 266
Зубков Виктор 527
Зуев Алексей 243
Зюганов Геннадий 245, 271, 272, 597

И
Ибрагимов Ваха 199
Иваненко В. В. 32
Иваненко Сергей 208, 209, 282
Иванов Валерий 45, 60, 126
Иванов Виктор 483
Иванов Зурико 199, 200, 329, 333-
335
Иванов Игорь 257, 284
Иванов Сергей 190, 195, 290, 329,
525-527, 590
Ивановский В. В. 261
Игнатов 229, 231
Идигов Муса 65
Имаев Усман 62, 63, 345
Измайлов Вячеслав 259
Изморосин 240
Индюков Н. П. 150, 151
Исмаилов Борзали 389
Исмаилов 206, 207

К

Кабашов Сергей 94, 98

Кавтарашвили Алекс 437, 560, 561

Кадыров Ахмад 207, 259

Кадыров Рамзан 523, 524, 572, 573

Калинин А. 85

Камышников Александр 64

Кантор Олег 238

Кармишин Александр 439, 451, 457

Карпеев Юрий 96

Карпычев С. Н. 71, 73, 74, 450

Картофельников Алексей 91, 92, 96, 166, 217, 223

Картофельникова Людмила 223

Карышев Валерий 232

Келигов Магомет 249, 250

Кенинг Фред 338

Киселев Евгений 218, 416

Кобзон Иосиф 153, 566

Ковалев Николай 73, 76, 77, 88, 264-266, 338

Ковалев Сергей 254, 328, 341, 344, 347, 349, 350, 352, 354, 359, 369, 387, 399, 443, 471, 472, 562, 580, 582

Ковтун Дмитрий 24

Кожемякин Борис 79

Козлов Владимир 173, 177

Козлов Михаил 245

Козловский Владимир 69

Колесников Владимир 74, 76, 78

Колесников Евгений 72

Колесников И. А. 267

Колигов 229, 231

Колмогоров Василий 443

Колпаков Юрий 238

Комарова Марина 468

Кондауров Алексей 588

Кондратьев Владимир 155, 158, 159

Кононов 266

Коржаков Александр 17, 33-35, 42, 46, 60, 61, 63, 192, 195, 196, 231, 416, 521, 587

Корнев Вячеслав 177

Королева Татьяна 453, 454, 456, 457, 470

Корольков Игорь 469, 472

Косман Яков 143

Косна Г. Н. (Касна) 451

Костечко 332, 555

Котельников А. А. 118

Котляр Эрик 159, 160

Краснолуцкая Елена 232

Крымшамхалов Юсуф 377, 378, 392, 396, 401, 403, 411, 413, 415, 417-426, 435-438, 440, 447, 452, 466, 468, 478, 479, 487, 543, 544, 546, 547, 557-564, 571, 574-576, 578-582

Крюков Андрей 44

Крючков Владимир 31, 518

Кублицкий Сергей 59, 74, 75

Кузнецов Борис 283, 284

Кузнецов Сергей 393

Кузовкин В. А. 264

Куликов Анатолий 73, 169

Куличкова Ирина 82

Кустов Сергей 240, 241

Л

Лазовский Максим (Макс) 41, 58, 59, 67-74, 76-85, 139, 202, 234, 237, 239, 241-243, 379, 403, 411, 415-417, 421, 422, 449-452, 456, 457, 559, 568, 573

Лазовская Татьяна 451

Лайпанов Мухит (по версии МВД под его именем скрывался Гочияев Ачемез) 166, 167, 440, 452, 453, 460-462

Лантос Томас 558, 579

Ларионов Александр 225-227

Ларионов Сергей 225-227

Латынина Юлия 506, 534, 549-560, 562-565, 567, 571-583, 585, 586, 602

Лацис Отто 369, 387

Лебедь Александр 51, 80, 172, 285

Левинсон Лев 328, 369

Ленин Владимир 499, 502, 507, 596

Лесин Михаил 207

Линьков Руслан 247
Липатов Владимир 70
Листьев Владислав 229, 237
Литвиненко Александр 9, 10, 14-26, 29-30, 72, 299, 301, 341-346, 348, 351, 356, 359, 360, 369, 371-373, 375, 376, 379-381, 383, 385, 387-394, 396, 397, 405, 406, 413, 416, 424, 426, 435, 439, 448, 465, 470, 473, 474, 476, 478, 483, 484, 493, 509, 510, 528, 536-538, 541, 542, 545, 546, 550, 551, 557, 562, 563, 567, 568, 575, 576, 578, 580, 585, 586, 601
Литвинка Александр 227, 228
Лиходей Михаил 232, 234
Лозинская Жанна 284, 286
Лопатин Герман 350
Лось 240
Луговой Андрей 24, 25, 26
Лужков Юрий 80, 100, 152-154, 181, 207, 531, 539, 595-597
Луценко В. В. 60, 61, 65
Лучанский Григорий 153
Лысенко Владимир 49
Лысюк Сергей 233, 234
Львов Феликс 238, 239
Любимов Вячеслав 108

М
Майоров 228
Макарычев А. К. 60
Макеев Евгений 72, 73
Маккейн Джон 467
Максимов Юрий 110, 210-212
Малашенко Игорь 218
Маматов Павел 98, 108, 183
Мамчиц Андрей 451
Маневич Михаил 237, 239, 241
Мао Цзэдун 522
Маргошвили Эльдар 437, 561
Марков Владимир 96
Марри Г. Т. 319
Маслюков Юрий 140, 144, 146
Матвеев Александр 136

Матешев Дмитрий 232
Масхадов Аслан 80, 147, 153, 168, 183, 184, 189, 190, 207, 257, 289, 292-294, 523, 524, 559, 560
Медведев Дмитрий 499, 500, 504, 520, 525-527, 531-533, 589
Межидов Идрис 250
Меркадер Раул 26
Мехков С. Н. 71, 73, 74, 450
Мехмед 144
Минуллин Ильгиз 167
Миронов Иван 228, 385
Михайлов Вячеслав 49
Мовсаев Абу 201, 203, 331, 333, 334, 337, 436
Морев Андрей 207, 244-247
Мороз Олег 593, 596
Морозов Олег 117, 118
Морозова Алена 268, 467, 468, 471
Морозова Татьяна 268, 369, 371, 396, 397, 466-469, 471, 472
Москаленко Каринна 369, 386, 472
Московкин Лев 397
Мошков Максим 481
Муратов Дмитрий 426, 437, 541, 554-557
Муртазаев Акрам 541
Мусаев Анзор 68

Н
Набоков Владимир 480, 484
Насибов Ашот 388
Натаев Атлан 70
Наумов Василий 230, 242
Нелюбин 229, 231
Немцов Борис 217
Никитин Александр 191
Николаев А. И. 52
Николаев Николай (бывший сотрудник КГБ, вице-президент финансово-промышленной группы компании «МИКОМ») 34
Николаев Николай (журналист, телеведущий) 210, 217

Новиков Висруди 267, 459, 461
Носин Г. Н. 77
Нухаев Хож-Ахмед 573

О
Обухов Платон 191
Овченко Юрий 196, 197
Овчинников Николай 265
Одом Вильям 171, 224
О'Коннор Джон 135
Оксли Джеффри Джон 295, 301, 305, 360
Олбрайт Мадлен 257
Орджоникидзе Иосиф 153, 154
Орлов Олег 341, 347, 351
Орьяхова Зоя 389
Отиашвили Зураб 561

П
Павлов В. И. 267
Пайпс Ричард 500, 501
Пасько Григорий 142, 191
Патрушев Николай 31, 57, 87-89, 91, 100, 104-106, 109, 111, 112, 115, 117-119, 123-125, 128-134, 137, 155, 164, 187, 188, 190, 199, 210, 219, 260, 264-266, 268, 290, 348, 352, 378, 383, 392-394, 402, 407, 408, 410, 411, 415, 417, 418, 421, 479, 551-554, 558, 560, 563, 577, 581, 582
Патаркацишвили Бадри 545, 546, 588, 598
Пахомов Виктор 199
Паша Умар 64
Петелин Игорь 259
Петрищев Владимир 150
Петухов Владимир 243
Пиночет Августо 35, 192
Пиняев Алексей 120, 121, 165, 166
Платонов Александр 72, 73, 83
Плохих Олег 229
Погосов Сергей 82-84
Подрабинек Александр 473-476, 478-481, 485, 493

Поздняк Вадим 240, 241
Политковская Анна 21, 22, 29, 438, 506, 573
Полонский Роман 68, 70-72, 449
Поляков Ю. А. 71
Пономарев Лев 369
Понькин Андрей 20
Попкович Р. С. 282
Портников Виталий 206
Порядин 266
Потехин Андрей 85
Примаков Евгений 140, 144, 145, 171, 172, 272, 569, 593-595, 597
Прокопов Сергей 257
Просвирин Юрий 369
Прохазкова Петра 168
Пугачева Алла 156
Путин Владимир 10-12, 22, 23, 26, 29, 34, 88, 89, 99-101, 117, 145, 148, 152, 171, 182-190, 192, 194, 199-202, 204, 206, 218, 221, 257, 258, 263, 268, 269, 271, 272, 289, 291, 292, 335, 345, 348, 350, 355, 394, 407, 409, 413, 414, 417, 418, 467, 471, 475, 477, 499, 500, 504, 505, 507, 510, 511-522, 525-527, 531-533, 536-540, 542, 547, 553, 559, 560, 569, 570, 574, 577, 583, 585, 587-589, 593, 596-599, 602

Р
Радуев Салман 224, 461
Радчиков Валерий 232-235
Раззувайло 240
Райков Геннадий 286
Редько Александр 243
Резник Генри 256
Решульский Сергей 285
Рогозин Георгий 61
Родин Анатолий 73
Ройтман Лев 341, 342, 344-347, 349-355
Романович Владимир 459, 460, 469
Рохлин Лев 150, 151
Рохлина Тамара 151

Руденко Роберт 70
Рузляев Дмитрий 228
Руссо Антонио 561
Рушайло Владимир 101, 102, 104, 112, 173, 188, 269
Рыжков Николай 285, 286
Рябов Александр 188

С
Савин Алексей 96
Савинков 383
Савина Алла 95
Савостьянов Евгений 33, 46, 71, 213
Саидов Абдурашид 147
Сайдуллаев Малик 207
Сайтаков Денис 167
Самихова Надежда 227
Самодуров Юрий 369, 381
Сапожков Николай 174, 175
Саралиев (имя, под которым жил боевик Аслаханов) 251
Саутиев Бекмарс 173, 181
Сахаров Андрей 257
Сацюк Владимир 26
Северина Марина 109
Селезнев Геннадий 281-283, 595
Семенюк Вадим 75
Сергеев Александр 95, 109, 130, 210, 213, 214, 216, 223, 552, 577
Сергеев Игорь 170
Сердюков Владимир 234
Сердюков Виталий 237
Симаев Владимир 60
Скуратов Юрий 73, 137
Смирнов Павел 241, 242, 284
Смуров Михаил 233, 234
Собчак Анатолий 34, 159, 587
Соколов Михаил 499, 501-505, 507, 509, 512, 515, 516, 518, 519, 522-532
Солженицын Александр 34, 193, 477, 480, 484, 500, 501, 550, 570
Солоник Александр (Саши Македонский) 228-232

Сосковец Олег 42, 50, 51, 53-55, 170, 195
Сосналиев Султана 140, 143, 144
Сталин Иосиф 159, 271, 406, 413, 414, 502, 503, 507, 518, 522, 533
Стальмахов 266
Старинов Илья 155, 167, 168
Старовойтова Галина 247
Сташина Елена 79
Степанов Валентин 283
Степанов Н. 59, 265
Степашин Сергей 33, 46, 49, 53, 87, 88, 146, 184, 185, 272, 512, 568, 569, 593, 595, 596
Столыпин Петр 406
Строев Егор 182
Судейкин Георгий 350
Судоплатов Павел 62, 159
Сукач Алексей 241-243
Супруненко Андрей 67, 85, 242
Суриков Антон 144-147
Суриков Александр (губернатор Алтайского края) 160
Суриков Александр (полковник ГРУ) 140, 142
Сурков Владислав 529, 530, 588
Суслов Петр 58, 59, 239, 243, 417, 449
Сухов 261

Т
Таранцев Александр 153
Тарасев Сергей 246
Тарасенко Ю. Г. 267, 460, 461
Тарпищев Шамиль 153
Тимофеев Сергей (Сильвестр) 228, 229
Титов Владимир 218-220
Титов Константин 190
Тищенко 244
Ткаченко Александр 369, 383
Ткаченко Юрий 93, 115, 116, 211-213, 219
Травин Игорь 85

Трапезов Дмитрий 58
Трахиров Сергей 232-234
Трепашкин Михаил 263, 268, 372, 379, 382, 396, 439, 459, 461, 462, 465-472, 478, 542
Трепашкина Татьяна 461
Тростанецкий 72
Трофимов Анатолий 61, 75, 78, 266
Троцкий Лев 26, 406, 499, 502, 507
Трошев Геннадий 46
Турпал 459
Тяжлов Анатолий 181

У
Уайатт Джон 311
Угланов В. В. 267
Угрюмов Герман 159, 378, 392, 411, 415, 416, 421, 479
Уленш Марк 414, 439

Ф
Федоров 206, 207
Федоткин Владимир 122
Фельштинский Юрий 12, 26, 30, 299, 341, 343-346, 348, 351, 353, 356, 359, 369, 371-373, 375, 376, 388, 389, 390-393, 395, 398, 405, 415, 435, 437, 439, 442, 457, 470, 472, 473, 474, 476-479, 481, 483, 488, 493, 499, 502-505, 507, 509, 512, 515, 516, 518, 519, 522, 523-531, 533, 535, 549-551, 563, 567, 575, 576, 578, 585, 593, 601, 602
Филиппов Владимир 399
Фирсов Яков 200
Фонарев Михаил 85
Фрадков Михаил 527

Х
Хамбиев Магомет 169
Хамзаев Абдулла 261
Хангошвили Джараб 561
Ханшев Б. Б. 267
Харисов Марсель 72, 78, 79
Хасбулатов Руслан 145

Хаттаб Амир 140, 148, 168, 172, 189, 299, 360, 362, 376-378, 384, 385, 390-393, 395, 401, 412, 418-421, 430, 436, 439, 440, 510, 547, 571, 572, 575
Хашогги Аднан 142, 143, 145
Хинштейн Александр 67, 136, 137
Хлебников Пол (Павел) 573
Ходорковский Михаил 512-516, 520, 525, 588
Хохольков Евгений 14-17, 20, 59, 64, 65, 265
Хрущев Никита 533, 590
Хэзлетт 201
Хэтчер Алан И. 325

Ц
Цагараев Магомед 251
Цвейба 143
Цория 441
Цхай Владимир 66, 67, 71, 72, 77, 81-85, 237, 242

Ч
Чекулин Никита 166, 443, 444
Черкасов Александр 341, 343, 344, 350, 355
Черномырдин Виктор 63, 345, 595
Чернышев Андрей 92
Чинчиков Рауль 489, 490
Читигов Резван 250, 260
Чубайс Анатолий 73, 513, 539, 570, 588, 593, 596
Чугунов Геннадий 246
Чурилов Олег 121

Ш
Шабдурасулов Игорь 596
Шагако Александр 179
Шатов 441
Шеварднадзе Эдуард 170-172, 544-546, 579
Шевелев Михаил 593
Шехоян Армен 241-243
Шойгу Сергей 529

Шолохова 75
Шоу Питер 561

Щ
Щекочихин Юрий 9, 73, 76-78, 208, 209, 213, 221, 349, 471, 540-542, 573
Щеленков Андрей 41, 70, 394, 449
Щукин Ю. Г. 164, 165, 443

Э
Эрбакан Нджметтин 144
Эрнст Константин 556

Ю
Юмашев Валентин 513, 593
Юмашкин Алексей 71-74, 77-79, 450
Юсупов Руслан 250-252
Юханова Надежда 106, 116
Ющенко Виктор 26
Юшенков Сергей 9, 47, 48, 256, 328, 369, 371, 373, 375, 376, 379-381, 384, 390, 394-399, 448, 465, 466, 471, 542, 573
Юшин П. 234

Я
Явлинский Григорий 204
Яндарбиев Зелимхан 26, 65
Янин А. Н. 75
Яровенко Юрий 64
Янукович Виктор 26
Ястржембский Сергей 78, 152, 257
Яфясов Вадим 238
Яцина Владимир 251

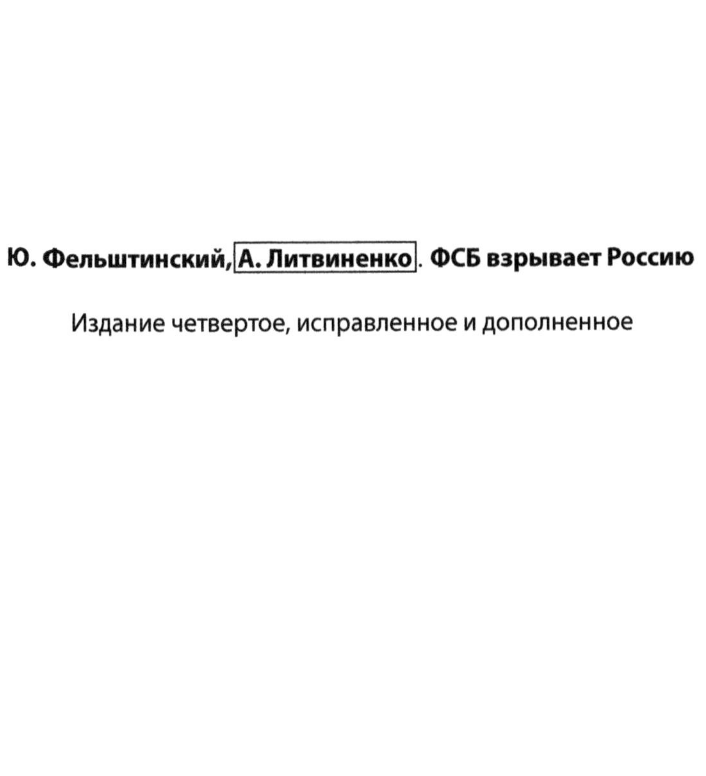

Ю. Фельштинский, А. Литвиненко. ФСБ взрывает Россию

Издание четвертое, исправленное и дополненное